한반도 핵무기정치

군사적 자산 또는 외교적 부담

김계동 편저

이상현 전봉근 김보미 함형필 권보람 김광진
황지환 정성장 이춘근 마상윤 이경석 공저

명인문화사

한반도 핵무기정치: 군사적 자산 또는 외교적 부담

제1쇄 펴낸 날 2025년 5월 30일

편저자 김계동
공저자 이상현, 전봉근, 김보미, 함형필, 권보람, 김광진,
　　　　　황지환, 정성장, 이춘근, 마상윤, 이경석
펴낸이 박선영
주 간 김계동
디자인 전수연
교 정 박진영

펴낸곳 명인문화사
등 록 제2005-77호(2005.11.10)
주 소 서울시 송파구 백제고분로 36가길 15 미주빌딩 202호
이메일 myunginbooks@hanmail.net
전 화 02)416-3059
팩 스 02)417-3095

ISBN 979-11-6193-147-0
가 격 32,000원

ⓒ 명인문화사

간략목차

세부목차

도해목차

도표

표

서문

현재 남북한관계의 가장 큰 걸림돌이 되고 있는 북한핵 문제, 다시 말해서 북한의 비핵화는 당분간 해결하기 어려워 보인다. 30여 년 전인 1993년 북한의 NPT 탈퇴선언으로 핵무기 개발 의혹이 시작된 이후 북한은 핵보유 선언, 여섯 차례에 걸친 핵실험으로 이제는 핵무기 보유국이라는 점을 부인하기 어렵다. 1990년대 초반 냉전이 종식된 상황에서 북한은 남한, 미국, 일본과 화해를 바탕으로 한 협력적인 외교를 추진하다가 1993년 3월 NPT를 탈퇴하면서 공개적으로 핵무기 개발 의혹을 보이기 시작했다. 당시에는 군사적 목적으로 핵무기를 개발하기보다는 체제위기를 극복하기 위한 외교적 협상카드의 성격이 짙었다. 따라서 국제사회는 핵무기 개발 의혹을 보이는 북한의 핵개발을 포기시키기 위한 협상, 즉 비핵화 협상을 중점적으로 추진했다.

북한의 비핵화 협상은 다양한 방식으로 추진되어 왔다. 1993년 3월에 시작된 1차 핵위기는 1994년 10월 21일 북미 제네바 기본합의에 의해서 비교적 빠른 시간 내에 일단락되었다. 그러나 8년 뒤인 2002년 10월 2차 핵위기가 시작되었고, 6자회담이라는 국제협상의 방식으로 북한 비핵화가 시도되었다. 6자회담이 전개되는 과정에 북한이 핵실험을 하는 난관이 있었으나, 9·19선언, 2·12합의, 10·3합의를 통하여 북한이 핵폐기를 하는 조건으로 서방측의 북한에 대한 안전보장 및 다양한 지원을 합의하였다. 그러나 사찰 및 검증 등의 문제가 불거지면서 결국 북한의 비핵화는 실패로 돌아갔다. 이후 2018년 북한과 미국이 정상회담을 두 차례나 하면서 비핵화 논의를 했으나 핵폐기와 제재해제의 동시 실시 또는 핵폐기 후 제재해제라는 시각 차이 때문에 결국은 실패로 돌아갔다.

이제 비핵화 협상은 당분간 어려워 보이고, 남한은 핵무기를 가진 주적에 대해서 보다 적극적인 대응책을 수립하지 않을 수가 없게 되었다. 핵무기를 가지지 않은 나라가 핵무기를 가진 나라와 맞서는 경우 선택할 수 있는 정책은 크게 네 가지로 요약된다. 첫째, 자국도 핵무기 개발을 추진하는 것이다. 핵무기 개발이 부담된다면 핵무기 개발 의혹을 보이거나 일단 핵무기 개발 계획을 수립하는 것이다. 핵 잠재력을 가지는 것도 한 방법이다. 둘째, 핵무기를 보유한 상대국과 대화를 하여 협력적인 관계를 맺어 핵무기를 사용할 수 있는 환경을 제거하는 것이다. 특히 핵무기 보유국이 핵무기를 개발하고 보유하는 목적 및 의도를 파악하여 자국의 국익에 크게 반대되지 않으면 조건들을 맞추어 나가는 것이다. 셋째, 핵무기를 보유한 다른 동맹국과의 관계를 강화하여 적대국이 핵무기를 사용한다면 보복을 할 것이라는 합의를 하는 것이다. 이 경우 동맹국이 얼마나 신뢰를 가지고 실제로 보복을 해줄지 장담할 수 없다는 점이 약점이다. 한반도의 경우, 지정학적 위치상 핵전쟁 발발 가능성에 대하여 미국이 대북 핵 보복을 해줄지 장담할 수 없다. 미국의 확장억제에 대한 신뢰성에 대해서 논쟁이 계속되는 이유다. 넷째, 핵무기는 개발하지 못하더라도 최첨단 재래식무기를 다량 확보하여 분쟁 발생 이후 상대국의 핵무기 사용 이전에 비핵무기를 활용하여 억지 전략을 추진하는 것이다. 이 경우 핵무기에 맞설 수 있을 정도의 비핵무기를 확보하는 비용이 엄청나게 들고, 완전한 억지역할을 할지에 대한 불안감이 지속되는 약점이 있다.

2019년 북한 비핵화를 위한 북미 정상회담이 실패로 끝난 이후 한국 내에 한국의 핵무기 개발을 주장하는 사람들이 늘어나고 있다. 한국의 핵무기 개발은 한국의 운명을 좌우할지도 모르는 사활적 문제이기 때문에 다양한 측면에 대해서 다양한 시각을 가지고 면밀하게 살펴볼 필요가 있다. 현재 한국의 핵무장을 주장하는 사람들은 북한이 비핵화를 하지 않고 핵무기를 고도화하여 보유할 것이기 때문에, 미국이 한미동맹 차원에서 북핵 대비 보장책으로 제시하는 '확장억제'에 대한 신뢰성이 부족하기 때문에, 그리고 국민 70% 이상이 찬성하기 때문에 핵무기 개발을 해야 한다고 주장을 한다. 이 세 가지만 생각하고 핵무기를 개발하는 것은 논리상 많이 부족한 편이다. 이 세 가지는 한국이 핵무기를 개발해야 할 이유에 해당할 수 있지만, 핵무기 개발과정에서 직면할 문제점, 핵무기 개발에 따른 대가와 비용은 고려하지 않고 있다.

추가적으로 남북한 사이에 북한이 핵무기를 사용할 정도의 무력 충돌이 발생할 가능성이 얼마나 높은지, 북한이 현재 핵무기를 보유하고 있지만 이를 전쟁 시 사용할 전략적 태세가 어느 정도로 갖춰져 있는지, 다각도로 발전하는 한국의 비핵전력이 북한에 대한 핵억지 능력을 어느 정도 보유하고 있는지, 미국이 동맹 차원에서 제공하는 '확장억제'가 정말로 한국이 핵무기를 개발할 정도로 신뢰성이 부족한지, 한국이 핵무기를 개발하면 미국 및 유엔이 어느 정도의 강압 또는 제재조치를 취하고 한국이 이를 이겨낼 능력을 보유하고 있는지에 대한 평가, 핵무기 개발을 지지하는 70%의 국민이 핵무기를 개발할 경우에 치러야 할 대가와 비용을 알았을 때에도 핵개발을 지지할 수준은 어느 정도 되는지, 이러한 질문들에 대한 정확한 답을 찾아내어 이를 바탕으로 한 핵무기 개발에 대한 정책결정을 수립해야 한다.

이 책이 한국의 핵정책 결정에 많은 기여를 하기 바란다. 어려운 작업에 참여해 주신 국내 최고 전문가들께 감사드리고, 기획과정에 많은 의견을 제시하고 원고 전체를 꼼꼼하게 검토하여 완성도 높은 책 출판을 주도해 준 명인문화사 박선영 대표와 책임있게 편집해 준 전수연 편집 디자이너에게 감사드린다.

2025년 5월 16일
편저자 김계동

제1부
핵무기 관련
국제정치적 담론

1장

국제사회에서 핵무기의
가치와 의미

이상현(세종연구소)

2025년 현재 '운명의 날 시계(Doomsday Clock)'는 자정 89초 전(23시 58분 31초)을 가리키고 있다. 운명의 날 시계는 미국의 원폭계획 추진 핵 과학자그룹을 중심으로 한 과학자들이 인류에게 핵위협을 경고하기 위해 미국 시카고대학에서 처음으로 고안한 시계로, 미국의 비영리 과학자 단체인 『원자과학자회보』에서 발표한다. 1947년 최초 발표 때 23시 53분을 기록한 이후 지금 시계는 운명의 시간에 가장 가까운 시간을 가리키고 있다. 이는 현재의 국제정치 상황이 핵전쟁의 위험에 그만큼 근접해 있다는 뜻이다.

핵전쟁의 위험이 커진 것은 최근의 혼란스러운 글로벌 지정학적 상황과 무관치 않다. 현재 진행 중인 우크라이나전쟁이 좋은 예이다. 바이든 미국 대통령은 2024년 11월 17일 우크라이나가 미국산 육군전술미사일시스템(ATACMS, 에이태큼스)으로 러시아 본토를 타격할 수 있게 허용했다. 이 미사일은 사거리가 300㎞에 달해 러시아 본토까지 타격이 가능하다. 그뿐만 아니라 바이든 대통령은 우크라이나에 대인지뢰 사용까지 승인했다. 곧이어 우크라이나는 러시아를 향해 영국이 제공한 스톰 섀도우 순항미사일도 발사했다. 러시아는 이 결정이 '제3차 세계대전 시작을 향한 매우 큰 발걸음'이라고 강하게 반발했다.

우크라이나 전황이 격화되면서 그동안 하나의 가능성으로만 논의되던 핵전쟁의 위험이 한 걸음 더 현실로 다가왔다. 러시아 본토에 대한 장거리 미사일 타격에 러시아는 새로운 중거리탄도미사일(IRBM: Intermediate Range Ballistic Missile) 발사로 대응했다. 푸틴은 대국민 연설에서 최신 러시아 중거리미사일 시스템 중 하나를 시험했다고 밝히면서 이 미사일 이름을 러시아어로 개암나무를 뜻하는 '오레시니크'라고 소개했다. 이 미사일은 마하10 이상의 극초음속 미사일로 아직 미국이나 유럽을 포함해 세계의 어떤 미사일 방어체계도 요격할 수 없다고 밝혔다. 미국 CNN 방송은 미국과 서방정부 당국자들을 인용하면서 러시아가 이번에 사용한 미사일은 탄두 여러 개를 실어 각기 다른 목표를 공격할 수 있는 다탄두 개별유도 미사일(MIRV: Multiple Independently Targetable Reentry Vehicle)이라고 보도했다.

핵탄두를 적재할 수 있는 미사일을 실전에 사용함으로써 푸틴은 세계를 상대로 핵전쟁을 시작할 수도 있다는 협박을 한 셈이다. 만일 우크라이나전쟁이 휴전협상의 실마리를 찾지 못한 채 확전의 수렁에 빠진다면 푸틴의 핵무기 사용 위협을 그저 공갈로만 받아들이기는 위험스러운 상황이 전개될 것이다. 러시아는 2024년 11월 모든 핵실험을 금지하고 검증체계를 강화하는 포괄적핵실험금지조약(CTBT: Comprehensive Test Ban Treaty) 비준을 철회한 데 이어 핵교리까지 개정한 상태다. 개정된 핵교리에 따르면 비핵보유국이 핵보유국의 지원을 받아 러시아를 공격할 경우 이를 두 국가의 공동 공격으로 간주하게 된다. 또한 러시아를 겨냥한 미사일 등의 대규모 공습 정보를 입수하면 핵무기 사용을 고려할 것이라고 강조했다.

영국 『이코노미스트』지는 이러한 최근의 추세를 겨냥해 '제3차 핵시대(third nuclear age)'가 도래했다고 지적했다. 제1차 핵시대는 미국과 소련이 각기 수만 개의 핵탄두를 보유한 채 서로 맞선 공포의 시기였다. 냉전 종식 후 찾아온 제2차 핵시대에 전 세계의 핵무기 비축량은 크게 줄었지만 인도, 파키스탄, 북한 같은 새로운 도전 요인을 안게됐다. 지금 우리가 목격하는 제3차 핵시대는 새로운 냉전과 비슷하지만 더욱 혼란스럽고 잠재적인 적들이 넘쳐나는 시대다. 핵무기는 더 많아지고 핵무기 보유 국가는 늘고, 핵무기 비축량에 제한도 없어지고 핵사용 위협에도 거리낌이 없는 시대다.[1]

이처럼 우크라이나부터 한반도까지 점점 짙어지는 핵전쟁의 그림자를 어떻게 막을 것인가? 세계의 핵 공멸을 피하기 위한 국제사회의 관심과 지혜가 더욱 필요한 때다. 핵 공멸을 막으려면 우선 국제정치에서 핵무기가 과연 어떤 의미인지, 핵무기를 갖는다는 것이 현실적으로 어떤 효용과 부담을 주는 것인지 살펴볼 필요가 있다. 다음 절에서는 핵무기에 관한 배경적 지식으로서 핵무기 관련 과학적 기초와 파괴적 효과에 대해 살펴보기로 한다.

1. 핵무기란 무엇인가?

1945년 8월 6일, 히로시마 상공에서는 인류가 이전에 경험하지 못한 강력한 폭발이 발생했다. 인류 역사상 처음으로 원자폭탄이 투하된 것이다. 60kg의 우라늄235(U^{235})가 담긴 포신형 핵분열 무기 '리틀보이

(Little Boy)'는 히로시마 현지 시각 08시 15분에 투하됐다. 리틀보이는 고도 9,470m 상공에서 43초 동안 떨어져 도시 580m 상공에서 폭발했다. 그리고 3일 뒤인 8월 9일에는 나가사키시에 또 하나의 원자폭탄이 투하되었다. 히로시마에 투하된 리틀보이는 우라늄 폭탄이고, 나가사키에 투하된 것은 플루토늄 폭탄 '팻맨(Fat Man)'이었다.

원자폭탄이 투하된 뒤 초기 2개월에서 4개월 동안 히로시마에서는 9만 명에서 16만 6,000명, 나가사키에서는 6만 명에서 8만 명 정도가 사망했으며 그 중 각 도시 사망자 절반은 원자폭탄을 떨어뜨린 당일에 집계된 숫자이다. 히로시마 의료기관은 원폭투하 탓으로 60%가 섬광화상으로, 30%가 건물 잔해물로, 10%가 기타 원인으로 사망했다고 보고했다. 이 보고가 있은 후 다음 달에 더 많은 사상자가 발생했는데 이는 원폭투하 탓에 후폭풍과 피폭과 기타 질병 합병증과 부상 탓에 발생했다.[2] 나가사키에 원폭이 투하된 지 6일이 지난 8월 15일 일본은 마침내 연합군에 무조건 항복을 선언했고 9월 2일 항복 문서에 서명함으로써 태평양전쟁과 제2차 세계대전은 공식적으로 종전을 맞게 되었다.

핵무기는 인류 역사를 바꾼 전혀 새로운 무기체계이다. 크리스토퍼 놀란(Christopher Nolan) 감독의 영화 〈오펜하이머(Oppenheimer)〉는 미국의 이론 물리학자 오펜하이머(J. Robert Oppenheimer)가 미국 핵개발 프로젝트인 맨해튼 계획에 참여하여 원자폭탄을 개발한 역사를 다룬 영화이다. 오펜하이머가 핵실험에 성공하고 나서 실제 했다고 하는 "Now I am become death, the destroyer of worlds. (나는 이제 죽음이요, 세상의 파괴자가 되었다)"라는 유명한 대사는 핵무기가 어떤 무기인지를 시사한다. 핵무기는 재래식무기와는 비교가 안 되는 '절대무기'의 시대를 열었다.

핵무기의 기술적 기초

핵무기는 핵분열물질인 고농축우라늄 혹은 플루토늄을 필요로 한다. 지구상의 모든 물질은 작은 원자들로 구성되어 있다. 이 원자들은 다시 양성자와 중성자를 포함하는 핵과 핵을 둘러싼 전자로 구성되어 있다. 핵폭발은 특정 화학원소의 불안정한 동위원소 원자 속의 핵이 외부의 핵과 충돌하여 그 원자가 분열하거나 융합할 때 발생한다. 외부의 중성자에 의해 불안전하게 된 핵은 분열의 결과로 원자 균형을 유지하기 위해 중성자를 배출하게 된다. 만약 이런 원자들이 충분할 정보로 합쳐지면 핵연쇄반응이 발생하여 원자 A에서 방출된 중성자가 원자 B를 타격하고, 다시 원자 B는 분열하여 또 다른 중성자를 방출하여 원자 C를 타격하는 등 연쇄반응이 일어난다. 임계량이라고 표현되는, 충분한 정도의 물질이 있다면 이러한 반응은 자급적이게 된다. 각 원자의 독립적 분열은 막대한 에너지, 특히 열을 발생시킨다. 만일 이러한 연쇄반응 과정이 서서히 진행되도록 통제할 수 있다면 그 열로 증기터빈을 돌려 에너지를 꾸준히 생산할 수 있다. 이것이 바로 원자력발전이다. 만일 핵반응이 급속도로 이뤄진다면 분출되는 에너지는 거대한 폭발을 일으키는 데 사용될 수 있다. 급속도로 거대한 폭발을 일으키는 것이 핵폭탄이다. 이처럼 원자력발전과 핵폭탄의 차이는 특정 원소의 원자 내외에서 일어나는 핵반응을 어떻게 통제할 것인가, 그리고 발생되는 에너지를 어떻게 극대화할 것인가의 문제로 귀착된다.

현재까지 알려진 바로는 오직 두 개의 화학적 물질만 핵폭탄을 제조하는 데 사용될 수 있다. 하나는 자연상태에 존재하는 우라늄235(U^{235})이고 다른 하나는 인공 원소인 플루토늄239(Pu^{239})이다. 핵분열과 연쇄반응을 유지할 수 있는 능력 때문에 이 둘을 핵분열물질(fissile material)이라고 부른다. 천연 우라늄 중 분열이 가능한 동위원소 U^{235}는 극히 소량이며 천연 우라늄의 99% 이상은 분열하지 않는 U^{238}이다. 따라서 핵폭탄을 제조하기에 충분한 U^{235}를 확보하기 위해서는 농축(enrichment)이라고 알려진 과정을 통해 U^{238}로부터 U^{235}를 분리, 정제하는 과정이 필요하다. 이러한 농축은 우라늄 동위원소 간의 유사성 때문에 화학적으로는 불가능해 다른 방법을 통해야 한다. 흔히 선호되는 방식은 고속회전 원심분리기를 이용하는 것인데, 중력이나 확산을 이용하여 원자 무게의 미세한 차이에 의하여 서로 다른 원소를 분리해낸다.

플루토늄239는 사용후핵연료를 재처리해서 얻어지는 인위적 물질이다. 플루토늄을 생산하기 위해서는 우라늄을 분열시켜야 하며, 모든 플루토늄 폭탄은 우라늄을 통해서만 만들어질 수 있다. 플루토늄도 여전히 다양한 화학적 반응을 통해 사용후핵연료에 같이 포함된 다른 폐기물로부터 분리되어야 한다. 가장 보편적인 방식은 원자로에서 우라늄 연료를 연소시킨 후 남은 부산물인 사용후핵연료를 방사화학 처리하는 것이다. 플루토늄을 생산하기 위해서는 우선 초기에 원자로를 가동시키기에 충분한 농축 우라늄의 생산 또는 획득이 전제되어야 한다.

민수용 원자력발전을 위해서는 U^{235}를 약 5% 정도만 농축하면 충분하다. 이것이 저농축우라늄(LEU: low-enriched uranium)이고, 핵폭탄을 제조하기 위해서는 약 80~90%의 고농축우라늄(HEU: highly-enriched uranium)이 필요하다. U^{235}를 20% 정도로 농축하면 의학적 용도로 사용할 수 있고, 20~50% 정도로 농축하면 핵추진 잠수함 및 함정에 사용할 수 있다. 최근 차세대 원전으로 각광받고 있는 소형모듈형원전(SMR)에는 농축도가 5~20%인 고순도 저농축우라늄(HALEU: high-assay low enriched uranium)이 사용된다. 평화적 목적으로 원자력을 생산하는 데 필요한 기술과 과정은 핵폭탄을 만드는 과정과 대체적으로 동일하다. 따라서 민수용 원자력발전소를 보유하고 적절한 기술을 가진 모든 국가는 이론적으로 민수용의 수준을 넘어설 정도로

우라늄을 농축하거나 원자로를 통해 생산된 플루토늄을 추출하여 핵폭탄을 만들 수 있다.[3]

핵무기에는 핵분열을 이용하는 원자폭탄과 원자폭탄을 기폭제로 열핵반응을 유도하는 수소폭탄, 그리고 중성자 방사를 통한 인명 살상 기능을 특화시킨 중성자탄 등이 있다. 가장 대표적인 핵무기는 핵분열을 이용한 것이다. 핵분열물질인 U^{235}나 P^{239} 등이 쉽게 핵분열을 일으키고, 이들을 임계질량 이상으로 모으면 연쇄반응이 폭발적으로 일어나는 것을 이용한 것이다. 더 큰 에너지를 얻기 위해서는 핵융합 반응을 이용한다. 핵분열 폭탄을 이용하여 중수소나 삼중수소, 리튬 등을 순간적으로 가열·압축하여 핵융합 반응을 일으킨다. 이 원리를 이용한 수소폭탄은 원자폭탄의 수백 배 이상의 파괴력을 지닌다.

핵무기의 기폭 방법에는 포신형(gun-type)과 내폭형(implosion-type)이 있다. 포신형은 원통 속에 임계량의 우라늄을 2개로 나누어 넣고, 화약의 힘으로 한쪽 우라늄 조각을 다른 쪽 우라늄 조각에 합쳐 임계상태가 되도록 하여 폭발이 일어나게 한다. 반면, 내폭형은 플루토늄 같은 핵분열물질을 공 모양으로 내부에 배치하고, 주위를 폭약으로 둘러싼 후 한꺼번에 폭약을 폭발시켜 순간적으로 고르게 압력을 가함으로써 임계상태에 도달하도록 유도한다 (핵무기의 기폭 방법에 대한 자세한 내용은 12장 참조).

핵무기는 전략적(strategic)인 것과 비전략적(non-strategic) 혹은 전술적(tactical)인 것으로 구분하기도 한다. 전통적으로 어느 곳에 있는 목표물이든 공격이 가능하고 주로 대량파괴나 국가 차원의 억지를 위한 것은 전략핵무기로 분류된다. 이에 비해 탄두의 파괴력이 작고 기본적으로 제한된 작전지역(전구)에서 적 군사력에 대한 공격을 목적으로 하는 것은 비전략, 혹은 전술핵무기로 구분하여 왔다. 하지만 핵무기 디자인의 발전과 성능이 향상되면서 이러한 구분은 사실상 큰 의미가 없다. 왜냐하면 어떤 종류의 핵무기는 기본적으로 둘 다에 해당될 수 있고, 어떤 투발수단은 이 분류 사이의 회색지대에 걸쳐 있기 때문이다. 오늘날 전술핵무기라고 해도 히로시마, 나가사키에 투하된 원폭보다 파괴력이 월등하게 클 수 있다. 좀 더 쉽게 말해 전략 핵전력은 전세계적 타격 범위와 타국에 막대한 전략적 피해를 가할 수 있는 큰 위력을 가진 자산으로 구성된다고 할 수 있다. 대표적인 것이 핵 3축체계(nuclear triad), 즉 대륙간탄도미사일(ICBM), 전략핵잠수함, 장거리 전략핵폭격기다. 비전략적 핵무기의 정의는 다소 불명확하나 지역적 수준으로 제한되는 핵전력(중장거리 탄도미사일), 전투기, 순항미사일 등이 포함된다. 또는 전장에서 적의 군사적 자산에 대해서 사용될 수 있는 핵전력(중력폭탄, 대포, 지뢰, 어뢰와 순항미사일 등)이 포함된다. 하지만 오늘날 핵무기는 파괴력을 거의 원하는 대로 조정할 수 있기 때문에 전략핵과 전술핵을 구분하기 어렵고, 사실상 모든 핵무기는 전략무기라고 보는 것이 맞을 것이다.

핵폭발의 효과

핵폭탄의 막강한 위력은 핵분열 동위원소(U^{235} 또는 P^{239}) 입자의 원자에 저장되어 있는 에너지로부터 나온다. 이러한 핵폭탄의 위력을 이론적으로 정립한 것은 아인슈타인(Albert Einstein)이다. 핵무기의 원리는 그의 유명한 공식, 즉 $E=mc^2$로 널리 알려진 "에너지는 질량과 상수(빛의 속도)의 제곱을 곱한 값과 동등하다"라는 이론으로부터 도출되었다. 이 공식이 우리에게 알려주는 핵심 원리는 특수상대성 이론을 통해 정립된 "질량과 에너지가 같다"라는 개념이다. 이러한 질량-에너지 등가 원리의 공식은 놀라운 개발로 이어진다. 곧 아주 작은 질량으로도 엄청난 에너지를 창출할 수 있다는 뜻이다. 일례로 1g의 수소가 헬륨 핵으로 바뀔 때 약 0.007g의 질량이 줄어드는데 이때 줄어든 질량만큼 에너지로 전환하게 된다. 이것을 $E=mc^2$으로 질량과 에너지의 관계를 계산하면, 1g의 질량이 무려 2,150,000,000Kcal(킬로칼로리)로 바뀐다. 이 에너지는 우리가 쇠고기 860t(톤)을 먹어야 섭취할 수 있는 에너지이다. 이러한 원리를 적용해 수소 원자 4개를 융합해 헬륨 원자 1개를 만들 때 사라진 질량으로 에너지를 이용하면 '궁극의 에너지원'으로 불리는 핵융합 발전을 일으킬 수 있다. 핵반응 전후에 1g이 사라져 에너지로 바뀌면 30만 가구가 1년 동안 쓸 수 있는 에너지를 만들 수 있다.[4]

1945년 일본에 투하된 핵폭탄 중 히로시마에 투하된 것은 리틀보이로 알려진 무게 4t(톤), 길이 3미터, 89%로 농축된 U^{235} 64.1kg을 사용했다. 이 폭탄에 사용된 점화 메커니즘은 '포신형'이었는데, 이는 하나의 임계치 이하 U^{235}를 또 다른 임계치 이하 U^{235}에 발사하여 임계량에 도달하게 함으로써 폭발을 발생시키는 방식이다. 히로시마 폭탄은 핵무기 시대 초기의 매우 조악한 설계에 따라 제조된 것이기에 전체 핵분열물질 중 극히 일부(약 1.4% 효율)만 실제 폭발을 일으켰다. 팻맨으로 알려진 나가사키에 투하된 폭한은 무게 4.6t, 길이 3m, 지름 1.5m로, 6.2kg의 플루토늄이 분열물질로 사용된 '내폭형'이었다. 플루토늄을 이용한 핵반응은 우라늄탄에 비해 훨씬 효율적이었지만, 이 폭탄도 여전히 총 폭발력의 17%만 활용하는 데 그쳤다.[5] 매우 제한적 효율에도 불구하고 리틀보이는 TNT 1만 6,000t, 팻맨은 TNT 2만t에 맞먹는 폭발력을 보여주었다. 두 폭탄 모두 폭발에서 발생하는 폭풍에 의한 파괴를 극대화하기 위해 지표가 아닌 각 도시의 상공에서 폭발되었다.

핵폭발이 미치는 영향은 재래식 폭발물에 의한 영향보다 훨씬 더 파괴적이고 다면적이다. 핵폭발 시 엄청난 에너지가 순식간에 분출되면서 파괴력을 발휘한다. 핵무기는 에너지(X선)·열·폭풍에 의한 파괴효과를 지니는데 핵반응에 의해 방출되는 $\alpha \cdot \beta \cdot \gamma$ 입자는 광범위하고 오랜 방사능 오염지대를 형성한다. 일반적인 경우 대기권 하층에서 폭발한 핵무기에서 방출되는 에너지는 몇 가지 기본 범주로 나눌 수 있다.

첫째는 폭발(blast)과 충격파(shockwave)로 핵폭발 시 발생하는 전체 에너지의 50% 정도를 차지한다. 폭발 시 섭씨 3,000~4,000도에 달하는 섬광 및 고열이 발생하여 폭발지점 반경 2.5km 이내 모든 것이 완전 연소된다. 둘째는 열복사선 형태로, 이는 전체 에너지의 30% 정도를 차지한다. 셋째는 방사선 및 EMP 형태로 15%(순간 5%, 잔류 10%)가 방출된다. 20kt(킬로톤)급 핵무기 영향 반경(일본 나가사키 투하 팻맨 기준) 폭발 원점 반경 1.7km 이내의 인원은 심각한 피해를 받게 되며, 방사선은 폭발 1일 후 전체의 80%, 2~5일 후에 약 10%, 6일 이후에는 남은 10%가 방출되어 초기에 상대적으로 많은 피해를 발생시킨다. 핵폭발 2일 후에는 제한적인 간헐적 활동이 가능하고, 14일 이후에는 전반적인 활동이 가능해진다.

유일하게 핵폭탄이 실제 사용된 히로시마와 나가사키의 경우, 증거에 따르면 사망자의 절반 정도가 최초의 폭발과 이에 따른 대화재로 인한 것이었다. 당시 두 도시 모두 건물 대부분이 불에 타기 쉬운 목조건물이어서 피해가 컸다. 다른 이들은 방사능 화상 및 암과 백혈병을 포함하는 다른 질환에 의해 추후에 사망했다. 히로시마에서는 건물의 60%를 포함하여 약 4평방마일(뉴욕시 면적의 1/8)이 파괴된 것으로 알려졌다.[6]

핵전쟁 상황이 벌어지면 주요 선진국의 핵심 도시나 군사시설들은 초토화될 것이 확실하기 때문에 엄청난 파괴와 인명 살상이 따를 것이 분명하다. 2004년 10월 26일 미국 국방위협감소국(DTRA: Defense Threat Reduction Agency)이 시뮬레이션 결과를 발표했다. 서울 상공에서 100kt 규모의 핵탄두가 폭발하면 31만 명이 즉사하는 것을 포함해 총 630만 명의 사상자가 발생하는 것으로 나타났다. 핵폭발에 의

표 1.1 핵폭발 시 예상 피해

구분	1kt	20kt	1mt
소멸	0.2km	0.6km	2.4km
소형건물 완파	0.6km	1.7km	6.2km
건물 손상	1.7km	4.7km	17.0km
4도 화상	0.5km	2.0km	10.0km
3도 화상	0.6km	2.5km	12.0km
2도 화상	0.8km	3.2km	15.0km

출처: 국민안전재난포털, 화생방무기 관련 자료, https://www.safekorea.go.kr/idsiSFK/ neo/main_m/set/CBP.html, 검색일: 2025년 3월 28일.

한 1차 인명피해는 현장에서 31만 명이 즉사하고 핵폭풍과 열복사선에 의해 23만 명이 중상을 입는 것으로 나타났다. 방사능 낙진에 의한 2차 인명피해는 핵폭발 1분 뒤부터 쏟아져 내리는 방사능 낙진이 북서풍을 타고 수도권 서남부지역으로 광범위하게 퍼지면서 많은 지역이 피해를 입는 것으로 예측됐다. 한국국방연구원의 시뮬레이션에서는 20kt(킬로톤)급 핵폭탄이 터질 경우, 폭발지점으로부터 반경 1.2km 이내의 모든 사람이 사망할 것으로 보고 있다. 1945년 8월 6일, 일본 히로시마시에 투하된 미군의 리틀보이가 20kt급으로서, 보통 핵폭탄의 위력이 히로시마 원폭의 몇 배나 되는가 하는 식으로 그 폭발력을 표시하는 한 기준으로 사용되고 있다.[7]

핵무기의 파괴력은 엄청나지만 그 영향을 지나치게 과장할 필요는 없다. 핵전쟁의 위험성을 강조하기 위해 핵전쟁 이후 인류 문명이 석기시대 수준으로 후퇴할 수 있다는 말이 나오는데 이 역시도 상당히 과장되었다. 핵무기의 개수나 위력을 종합한 타격력이 핵심 군사시설이나 대도시 혹은 수도로 한정되는 이상 핵무기는 전 세계의 인구나 인프라를 90% 이상 다 멸절할 수는 없으며, 상대적으로 중요도가 떨어지는 시골지역과 국제분쟁에 엮일 가능성이 적은 제3세계의 인프라는 상당 부분 핵전쟁의 참화에도 살아남을 가능성이 크다. 핵폭발 시 피해 관련 시뮬레이션 수치는 유일한 실전 폭발인 일본 히로시마, 나가사키를 많이 원용하는데 문제는 이런 피해 양상을 현대 서울에 그대로 적용하면 엄청난 괴리가 발생한다는 점이다. 예를 들면, 1945년의 히로시마 거주민들은 방사선에 무지했다. 따라서 낙진의 방사선 방출을 몰랐고, 폭발 후에도 방사능 오염지역에 거주하며 오염된 물을 마셨다. 그런 이유로 피하기 어려운 순간 방사선 5% 말고도, 피할 수 있었던 잔류방사선 사상자가 10%나 발생했던 것이다. 핵폭발 시 엄청난 태풍과 건물 붕괴, 비산되는 파편 등으로 가장 많은 피해가 발생하는데, 히로시마와 달리 콘크리트 고층건물들이 밀집된 서울에서는 폭심 바로 아래 외에는 폭풍파가 일방적으로 널리 전파되지 않는다. 또한 지하철처럼 깊고 튼튼하며 출구가 여럿인 곳은 특히 안전하다. 그러니 조기경보로 지하철 등에 대피할 수 있다면, 히로시마에서 50%에 달했던 폭풍파 피해도 크게 줄일 수 있다.[8)]

미국의 연방재난관리청(FEMA)의 자료에 따르면 '7:10 Rule of Thumb' 라는 경험적 수치에 의해 방사선 낙진의 강도는 개략적으로 매 7배의 시간마다 10배 감소한다고 알려져 있다. 예를 들어, 만약 핵폭발 1시간 후 초기 방사선의 강도가 시간당 1,000R/hr(뢴트겐)일 경우 7시간 지나면 100R/hr로 감소하고, 2일(49시간) 후면 10R/hr, 14일(343시간) 후면 1R/hr로 감소한다. 따라서 핵공격이 예상될 경우 민간인들의 피해를 줄이기 위해서는 우선 핵 피폭 시 피할 수 있는 대피소의 위치를 파악하고 정부의 경보와 안내를 청취할 수 있는 용품, 대피 도중 발생할 수 있는 부상의 대응, 개인위생 및 응급대응 용품 등을 준비하는 것이 좋으며, 신속한 이동과 운반이 용이하도록 물자를 한 묶음으로 배

낭·캐리어 등에 보관해 두는 것이 좋다.[9]

핵무기는 기존에 인류가 사용해왔던 재래식무기에 비해 엄청난 파괴력을 가져 흔히 대표적인 대량살상무기(WMD: weapons of mass destruction)로 불린다. 대량살상무기는 그 부피나 용량에 비하여 인간을 대량으로 살상할 수 있는 위력을 가진 비대칭적 무기를 말한다. 최근에는 핵무기 외에 화학무기, 생물학무기, 방사능무기, 고성능 폭약까지 포함하여 'CBRNE'로 부르기도 한다. 대량살상무기의 재앙적 파괴력 때문에 인류는 인도주의에 따라 핵확산금지조약, 화학무기금지조약, 생물무기금지조약과 같은 대량살상무기 사용을 규제하는 국제조약들을 만들어 이를 규제해왔다.

프로이센 왕국의 군인이자 군사학자로 『전쟁론』의 저자인 클라우제비츠(Carl von Clausewitz)는 "전쟁은 정치의 연장선상에 있다"라는 전쟁의 본질을 꿰뚫는 핵심적인 언급으로 유명하다. 전쟁이 결국 국제관계에서 국가 간 정치적 이견을 해소하는 최종적 수단이라는 점에서 전쟁은 수단과 방법을 가리지 않고 국가의 생존과 목적을 쟁취하는 최후의 방식이라고 할 수 있다. 전쟁에서의 패배는 결국 국가의 소멸로 이어지기 때문에 국가지도자들은 항상 당대 최고의 무기로 최강의 국방력을 갖는 것을 중요한 국정 목표로 삼아왔다. 제2차 세계대전 이후 핵무기는 강력한 무기를 원하는 국가지도자들에게 끊임없는 유혹을 제공했다.

2. 국제정치와 핵무기

국제정치에서 핵무기를 갖는다는 것은 어떤 의미인가? 국제관계에서 핵무기를 가진 것과 안 가진 것은 어떻게 다른가? 그리고 국가들은 왜 이 파괴적인 무기를 가지려고 애쓰는가?

1945년 7월 16일은 전쟁과 평화의 인류 역사가 바뀐 날이다. 이날 미국 뉴멕시코 주의 한 외딴 사막에서 코드명 '트리니티(Trinity)'로 알려진 인류 최초의 핵실험이 실시되었다. 당시 플루토늄을 사용한 최초 핵실험은 재래식폭약 20,000t(20kt)의 폭발력을 발휘했다. 미국 '맨해튼' 비밀 핵개발 프로그램의 총책임자이자 '핵무기의 아버지'로 불리는 오펜하이머 박사가 이 실험을 주도했다.

핵무기가 인류 역사에 등장하게 된 것은 과학과 지성 진보의 결과였다. 1900년대 초 이론물리학의 발전과 원자의 발견으로 핵분열 가능성에 대한 이론적 근거가 마련되었다. 유럽과 미국의 많은 핵물리학자들이 핵에너지 연구에 참여했다. 마침내 1938년 우라늄 핵분열이 발견되었고, 학계에 발표되었다. 당시 우라늄 핵분열이 분출하는 에너지와 파괴력을 알게 되자마자 무기화 가능성에 대한 관심이 고조되었다. 제2차 세계대전 중 미국에서는 독일이 핵에너지를 이용한 무기 개발에 먼저 나설 것을 우려하는 목소리가 높았다. 결국 미국은 1939년 핵무기 개발을 위한 맨해튼 프로젝트를 시작하게 된 것이다.

미국은 핵실험에 성공하자, 곧 핵폭탄을 제조하고 사용할 것을 결정했다. 당초 맨해튼 프로젝트는 미국과 영국의 공동연구였고, 핵무기 사용의 1차 대상국은 독일이었다. 그런데 유럽전쟁이 지속되면서, 영국은 독일과 전쟁에 집중하느라 핵개발에 투입할 여력이 없었고, 미국 주도의 프로젝트가 되었다. 더욱이 독일이 1945년 5월 7일 무조건 항복했기 때문에 더 이상 핵무기가 필요 없게 되었다. 자연스럽게 일본이 첫 핵무기 투하 대상국이 되었다.

히로시마와 나가사키에 원폭이 투하되면서 엄청난 인명 살상이 발생한 탓에 지금까지도 역사가와 논평가들 사이에 핵폭탄 사용의 정당성에 대한 이견이 존재한다. 전통주의 역사학에서는 당시의 결정이 원자폭탄 투하와 100만 명 정도의 미군 병사의 죽음을 초래할 고비용의 군사적 침공 작전 중 선택의 문제였다고 강조한다. 즉, 원폭을 사용함으로써 수많은 인명을 구하고 제2차 세계대전을 조기에 종결시킬 수 있었다는 것이다. 반면 수정주의적 설명은 외교적 경로를 통해 일본 국왕의 미래를 보장하고 항복을 유도할 수도 있었는데 핵무기를 사용한 것은 전쟁의 수단이 목적을 초월한 과도한 방식이었다고 비판한다. 그리고 일본은 어차피 패망을 목전에 두고 있었는데 굳이 핵무기까지 사용할 필요가 있었는지 묻는다. 그리고 무엇보다 단 두 발의 폭탄으로 희생된 수많은 원폭 희생자들에 대한 도의적 책임은 어찌 되는지를 묻는다. 이러한 의문에 대한 확실한 답이 도출되기는 힘들 것이고 아마도 논쟁은 앞으로도 계속될 것이다. 21세기 현시점에서도 핵무기 피폭에 대한 공포와 이를 막기 위해서는 핵무기로 맞서는 게 유일한 대응책이라는 논쟁이 이어지고 있다.

미국은 1945년 7월 역사상 첫 핵실험에 성공하여 최초의 핵무장국이 되었다. 당시 오직 미국만 핵분열과 핵탄두에 필요한 과학기술적 지식과 핵물질을 보유했다. 그러나 미국의 핵무기 독점은 오래가지 못했다. 1949년 러시아가 핵실험에 성공하여 두 번째 핵무장국이 되었다. 한 국가가 핵으로 무장하게 되면 이와 적대관계에 있는 국가도 핵무장을 선택한다는 소위 '핵확산의 연쇄반응(chain reaction of nuclear proliferation)' 현상이 발생했다. 곧 뒤이어 영국이 1952년, 프랑스가 1960년에 각각 핵실험에 성공하여 핵강대국의 반열에 올랐다. 미국이 핵무장한 지 채 20년도 되지 않아 1964년 중국이 핵실험에 성공하여 핵무장국은 총 5개국으로 늘었다. 핵무장국 수가 늘어나는 소위 '수평적 핵확산(horizontal nuclear proliferation)'은 1970년에 핵확산금지조약(NPT: Treaty on the Nonproliferation of Nuclear Weapons)이 출범하면서 일단락되었다. NPT의 발효로 추가적인 핵확산에 급제동이 걸렸기 때문이다.

핵무기 시대가 열리고, 다수 핵강대국이 등장하면서 이들 사이에 핵무기를 더 많이 갖기 위한 핵무기 경쟁이 벌어졌다. 특히 냉전체제의 두 맹주인 미국과 소련은 무한 핵경쟁을 벌였다. 그 결과, 미소가 각각 3만 기 이상의 핵무기를 축적하는 '수직적 핵확산'이 발생했다. 핵무기 시대 초기에 핵무장국들은 핵무기의 엄청난 파괴력과 살상력에 놀라면서도 이를 여전히 전쟁터에서 사용할 수 있는 실전용 무기로 보았다. 더욱이 초기에는 아직 핵무기를 어떤 목적으로, 어떤 용도로, 어떤 조건에서 사용하는지에 대한 핵전략(nuclear strategy)이 초보적인 상태에 있었다. 따라서 다른 재래식무기와 마찬가지로 핵무기가 많을수록,

표 1.2   국가별 핵실험 횟수[a]

국가	실험횟수(폭탄 수)	가장 최근 실험	CTBT 가입 여부
미국	1,030 (1,054)	1992년 9월	서명했지만 비준하지 않음
소련/러시아	715	1990년 10월	2000년 비준
영국	45	1991년 11월	1998년 비준
프랑스	210	1996년 1월	1998년 비준
중국	45	1996년 7월	서명했지만 비준하지 않음
인도	3(6) PNE 포함[b]	1998년 5월	가입하지 않음
파키스탄	2(6)	1998년 5월	가입하지 않음
북한	6	2017년 9월	가입하지 않음
계	2,056 (2,084)[c]		

출처: Andrew Futter 지음, 고봉준 옮김, 『핵무기의 정치』 (서울: 명인문화사, 2016), p. 51의 도표를 필자가 업데이트하여 작성.

(a) 국가별 숫자는 CTBTO 준비위원회 홈페이지(www.ctbto.org/nuclear-testing/history-of-nuclear-testing/nuclear-testing-1945-today)에서 취합

(b) PNE란 평화적 핵폭발(peaceful nuclear explosion)을 의미함. 이는 핵폭발을 민수용으로 활용할 가능성을 탐색하기 위한 실험임.

(c) 숫자는 계산법에 따라 달라짐. 폭발된 장치의 숫자를 모두 합산할 수도 있고, 실시된 실험의 숫자를 합산할 수도 있는데, 그 차이는 복수의 장치가 사용된 실험이 있기 때문임.

그리고 더 클수록 좋다고 보았다. 그 결과, 한때 최대 7만 기에 달하는 비인간적이고 비이성적인 핵무기의 축적이 발생했다.

첫 번째 핵무장국이 된 미국은 핵능력의 우위를 유지하기 위해 핵무기 수량을 지속적으로 늘렸다. 1966년에 핵탄두 3만 1,000기 이상을 보유하여 정점에 도달한 이후, 점차 핵무기 감축에 나섰다. 탈냉전기와 더불어 주적이었던 소련이 해체되고 핵전력이 급속히 감소하자, 미국도 급속한 핵감축에 나섰다. 소련은 1949년 후발주자로 핵무장에 성공한 이후 1986년에 핵탄두 4만 기 이상을 보유하여 정점에 도달했다. 그 이후 소련의 해체와 더불어 핵무기 재고가 급속히 감소했다.

오늘날 전 세계 핵무기의 거의 대부분은 미국과 소련이 차지하고 있다. 양국은 핵전략에서도 차이를 보인다. 미국은 전략핵탄두를 더 많이 보유하고 있는 반면 러시아는 상대적으로 전술핵탄두를 더 많이 보유하고 있다. 이는 양국 간 핵태세의 차이를 반영한다. 여기서 우리는 미국이 핵무기를 전쟁억제용으로 주로 사용하는 데 비해, 러시아는 핵탄두를 실제 전쟁용으로 사용하려고 한다고 추론할 수 있다. 비전략 핵무기에 대한 양국간 이견은 중거리핵전력조약(INF: Intermediate Range Nuclear Treaty) 폐기의 한 원인이 되기도 했다. 표 1.3에서 러시아의 비전략 핵탄두 숫자가 0으로 기록된 것은 이들이 모두 중앙 저장고에 있는 것으로 선언되었기 때문이다. 하지만 일부 저장고는 작전 부대가 있는 기지 근처에 있을 수 있어 필요 시 신속한 실전배치가 가능할 것으로 추정된다. 러시아의 경우 미국보다 훨씬 많은 퇴역 비전략 탄두가 해체를 기다리고 있는 것으로 추정된다. 러시아는 군용 비축량에 포함된 4,380개의 탄두 외에도 약 1,200개의 퇴역 탄두가 해체를 기다리고 있는 것으로 추정된다. 공개적인 세부 정보는 부족하지만 러시아는 매년 200~300개의 퇴역 탄두를 해체하고 있는 것으로 추정된다. 러시아의 향후 핵무기 총비축량에 관해서는 논란의 여지가 있다. 미국 전략사령부와 정보공동체 일각에서는 러시아의 전반적인 핵 비축량이 향후 10년 동안 크게 증가할 것으로 보이며, 주로 러시아의 비전략 핵무기 증가에 의해 주도되는 성장이라고 주장한다. 이러한 추산에 대한 이견도 있다. 미국은 벨기에, 독일, 이탈리아, 네덜란드, 튀르키예 등 5개국 6개 기지에 약 100개의 B61 폭탄을 배치하고 있다.

영국은 1952년 핵개발에 성공한 이후 1981년에는 핵탄두 약 500기를 보유하여 핵무기 재고가 최고점에 도달했다. 그 이후 점차 핵무기 감축에 나섰고, 2000년대 들어서야 급속한 핵감축을 거쳐 2018년 약 200기를 보유하고 있다. 프랑스는 1960년 핵개발에 성공한 이후 점차 핵무기 재고를 늘려 1992년에 최대 500여 기를 보유했다. 프랑스도 2000년대 들어 급속히 핵감축을 추진했고, 현재 약 300기 핵탄두를 보유하고 있다.

핵강대국 중 가장 후발 주자인 중국은 1964년 핵개발에 성공한 후 핵탄두 재고를 급속히 늘려 1985년 약 250기를 보유한 이후, 그 재고량 추세를 계속 유지하고 있다. 2010년대 들어 중국은 세계적인 강대국으로 부상하고, 동아시아와 서태평양에서 미국과 군사패권을 다투기 위해 재래식전력을 급속히 늘렸다. 따라서 국제사회는 중국이 미국과 경쟁하기 위해 핵전력을 크게 증강할 가능성을 우려하며 주시 중이다. 중국 내에서도 중국의 강대국 지위 부상에 상응하는 핵전력을 갖추어야 한다는 주장이 제기되고 있다. 2022년 미국 국방부는 2030년까지 중국의 핵 비축량이 약 1,000개의 실전배치된 핵탄두를 보유할 것이라고 주장했다. 중국의 핵무기 총량은 향후 얼마나 많은 미사일 사일로가 건설될지, 각 미사일이 얼마나 많은 탄두를 탑재할지, 중국의 향후 핵분열성 물질 생산에 대한 가정 등 많은 불확실한 요인에 따라 달라진다. 현재 소수의 핵탄두만 실전배치된 것으로 추정되며, 나머지 탄두는 중앙 통제하에 저장되어 있다. 중국은 모든 핵무기를 전략적 무기로 간주하지만, 미군은 중국의 중거리 미사일을 비전략 무기로 분류한다.

영국과 프랑스는 핵무기 국가 중 비교적 적은 수의 탄두를 보유하고 있다. 영국의 각 잠수함에 적재된 탄두 수는 48개에서 40개로 줄었다. 이로써 작전 가능한 탄두의 수는 160개에서 120개로 줄었다. 2020년대 중반까지 비축량을 180개 이하로 줄이겠다는 계획이었지만, 존슨정부는 2021년에 비축량을 260개까지 늘리겠다고 발표했다. 단일 항모를 운용 중인 프랑스의 핵무기는 정상적인 상황에서는 함정에 배치되지 않지만 단기간에 배치될 수 있다. 일부 잠수함 미사일은 탄두 적재량을 줄여 표적 유연성을 높였다.

5개 핵강대국 외 NPT체제 밖에서 핵개발에 성공한 이스라엘, 인도, 파키스탄은 각각 100여 기 내외의 핵무기 재고를 유지하고 있는 것으로 알려져 있다. 이스라엘은 100~200개의 탄두를 생산할 수 있는 충분한 플루토늄을 생산했지만, 미 정보당국의 추정과 운반수단을 고려할 때 이스라엘의 핵무기 비축량은 약 90개 정도로 추정된다. 인도와 파키스탄의 탄두 수를 추정하는 것은 양국 모두 공개 정보를 제공하지 않기 때문에 매우 불확실하다. 파키스탄의 탄두 중 미사일에 적재된 것은 없는 것으로 추정되고 중앙 저장고에 보관되어 있으며, 대부분 남부지역에 보관되어 있다. 파키스탄은 더 많은 탄두를 생산 중이다. 준비 태세를 강화하려는 노력에도 불구하고 인도의 핵탄두는 미사일에 적재되지 않고 중앙 저장고에 있는 것으로 추정된다. 폭격기용 무기는 비교적 짧은 시간 내에 사용될 수 있다. 인도 또한 더 많은 탄두를 생산 중이다. 표 1.3은 2025년 현재 세계 각국의 핵무기 보유 현황을 보여주고 있다.

표에서 보듯이 군용으로 비축 중인 핵탄두 중 실전배치된 것 외에 비활성 상태로 보관 중이거나 퇴역이 결정되었지만 온전한 상태로 해체를 기다리는 탄두들까지 포함하면 여전히 전 세계적으로 1만 2,000개 이상의 핵폭탄이 존재한다. 미국과 러시아가 신전략무기감축협정

(New START)에 합의한 이후 양국이 실전 배치하고 있는 전략핵무기는 비슷한 수준이다. 이 숫자는 냉전기 미소 핵전략 경쟁 시기에 양국의 최대 보유량에 비하면 매우 적은 숫자에 불과하다. 비활성 탄두는 삼중수소 버틀(tritium bottle)이 제거된 채 창고에서 작동하지 않는 상태로 유지된다. 퇴역 탄두는 운반 플랫폼에서 제거된 상태이며, 작동하지 않기 때문에 핵 비축물의 일부로 간주되지 않는다. 해체된 탄두는 핵전력 보수 유지에 부품으로 활용된다.

2018년 3월 미국정부는 2017년 9월 기준으로 3,822개의 핵탄두를

표 1.3   세계 각국의 핵무기 보유 현황 (2025년 현재)

국가	실전배치 전략탄두	실전배치 비전략탄두	예비/비실 전배치	군용 비축	총재고량
러시아	1,710	0	2,589	4,299	5,449
미국	1,670	100	1,930	3,700	5,277
프랑스	280	n.a.	10	290	290
중국	24	n.a.	576	600	600
영국	120	n.a.	105	225	225
이스라엘	0	n.a.	90	90	90
파키스탄	0	n.a.	170	170	170
인도	0	n.a.	180	180	180
북한	0	n.a.	50	50	50
Total(r)	~3,804	~100	~5,700	~9,604	~12,331

출처: 미국과학자연맹(Federation of American Scientists) 웹사이트 자료, https://fas.org/initiative/status-world-nuclear-forces/, 검색일: 2025년 3월 27일.
주: "실전배치된 전략 탄두"는 대륙간탄도미사일과 전략폭격기 기지에 배치된 탄두를 의미한다. "실전배치된 비전략 탄두"는 전술용 단거리 운반수단을 갖춘 기지에 배치된 탄두를 의미한다. "예비/비실전배치된" 탄두는 발사대에 배치되지 않고 보관 중인 탄두를 의미한다(폭격기 기지의 핵무기는 실전배치된 것으로 간주된다). "군용 비축"에는 군이 보유하고 있으며 위탁된 운반수단에 사용할 수 있도록 할당된 활성 탄두와 비활성 탄두가 포함된다. "총재고량"에는 군 비축 탄두뿐만 아니라 퇴역 탄두도 포함되지만 해체 대기 중인 온전한 탄두도 포함된다.

비축하고 있다고 선언했다. 그 후 트럼프 행정부는 더 이상 이 숫자를 공개하지 않기로 결정했다. 2021년 바이든 행정부는 비축량의 탄두 수와 해체된 탄두 수를 기밀 해제했으며, 2020년 9월 기준으로 3,750개의 탄두를 비축하고 있다고 언급했다. 2년간의 기밀 해제를 거부한 후 2024년 바이든 행정부는 2023년 9월 기준으로 3,748개의 탄두를 보유하고 있다고 확인했다. 그 이후로 약 3,700개의 탄두 수준을 유지하기 위해 추가적인 탄두가 퇴역되었다. 군용 비축 중인 약 3,700개의 탄두와 해체 대기 중인 약 1,500개의 퇴역 탄두 외에도 해체된 탄두에서 나온 약 2만 개의 플루토늄 코어(pits)와 약 4,000개의 캔 어셈블리(보조)가 텍사스의 판텍스 공장(Pantex Plant)과 테네시의 Y-12 공장에 보관되어 있다.

10~20kt(킬로톤) 규모로 두 번, 150kt 이상 규모 한 번을 포함한 여섯 번의 핵실험을 통해 북한은 최대 90개의 탄두를 만들 수 있는 충분한 핵분열성 물질을 생산했을 것으로 추정된다. 조립된 탄두의 수는 알려져 있지 않지만 이보다는 더 적을 것으로 추정된다. 북한은 약 50개의 조립 탄두를 보유하고 있을 것으로 추정되며, 최근 몇 차례 우라늄 농축 시설 공개를 감안하면 북한은 핵분열물질을 지속적으로 생산하고 있으며, 핵탄두 숫자 역시 확실히 증가하고 있는 것으로 보인다.

핵무기는 개발이 알려질 경우 초래될 국내외 압력과 불이익을 감수할 수 있을 만큼 강한 의지를 가진 국가만 핵무기 개발에 성공한다. 핵무기 보유는 강대국의 지위와 연관되어 있다. 실제로 핵무기 보유국은 모두 유엔 상임이사국이거나 지역의 강대국으로 인정받는 국가들이다. 핵무기를 개발한다는 것은 국가적 차원의 과학기술 뒷받침은 물론 대규모의 지속적인 재정적 지원이 필요하다. NPT체제하에서 공식적으로 핵무기 보유가 인정되는 5대 핵무기 국가(NWS: nuclear weapon state)가 유엔의 5대 상임이사국(P-5)과 동일한 것은 우연이 아니다.

미국과 소련은 냉전기에 무한 핵경쟁을 통해 각각 3만 기 이상의 핵무기를 축적했지만 재래식무기와 차별화되는 핵무기의 역할과 사용교리에 대한 이해는 매우 낮았던 것으로 알려져 있다. 핵개발 초기에는 핵무기를 단순히 파괴력이 큰 무기의 하나로 보고, 어떻게 실제 전쟁 상황에서 효과적으로 사용할지를 연구했다. 미국은 냉전 초기의 시행착오를 거쳐 점차 핵무기의 용도를 전쟁억제에 두었다. 이를 위해 상대방의 1차 핵공격에도 불구하고 생존 가능한 2차 핵공격력을 확보하여 상대를 섬멸시키는 상호확증파괴(MAD: mutual assured destruction) 전략을 핵전략으로 정착시켰다. 이 전략은 점차 소련으로 전파되어 미국과 소련은 상호 유사한 핵전략 개념을 공유하게 되었다. 핵무기 보유국이 선제 핵공격을 감행한다면 그 상대국 역시 핵전력을 동원해 보복함으로써 적성국을 전멸시키게 된다. 먼저 핵공격을 시작해도 양측 모두 공멸하게 되므로 이를 피하기 위해 핵보유국들끼리는 핵전쟁을 피하기 위해 노력하게 된다. 이러한 공포의 균형을 기반으로 강대국들은 핵무기를 통제하기 위한 군축협상을 시작하게 되었다.

핵전쟁의 위험이 커지면서 인류가 도달한 공감대 중 하나는 어떤 식으로든 이 위험한 무기를 규제하고 통제해야 한다는 것이었다. 그 결과 탄생한 것이 핵확산금지조약(NPT)이다. 1966년 후반부터 미소의 타협이 진전되어 1967년 초에는 미소 간에 기본적인 합의가 이루어졌다. 핵무기 보유국인 서명국 전부와 나머지 40개국의 비준을 필요로 하는 이 조약의 발효는 미소의 비준서 기탁이 끝난 1970년 3월 5일 이루어졌다. NPT는 조약당사국을 핵국가와 비핵국가로 구분하며, 비핵국가에 대해 어떤 경우에도 핵무기를 제조, 획득, 관리하거나 이양받을 수 없도록 규정하는 반면, 핵국가에 대해서는 핵무기 이양이나 개발 지원만 금지할 뿐이다. 핵군축에 관한 조치나 조약에 대해서도 아무 성과가 없으며, 핵확산금지나 핵무기의 완전한 부재도 전혀 실현되지 않고 있다. 이와 같이 NPT는 핵보유 국가가 비핵국가의 핵무장을 막기 위한 정책 위에 기초하고 있으며, 불평등조약이라는 것은 모든 가입국에게 공공연한 사실이다. 이러한 불평등 조약이 체결된 것은 어떤 경우에든 핵확산을 막음으로써 인류와 지구의 공멸을 피해야 한다는 국제사회의 공감을 반영한 것이었다. 그러나 비핵국가들 사이에서는 핵보유국들이 핵무기 감축을 전혀 하지 않는 것에 대한 불만이 잠재되어 있다. 게다가 조약의 비당사국들은 오히려 NPT의 틈새를 이용하여 핵국가와 비핵국가 사이에서 이익을 추구해왔으며 핵개발에 앞장서 왔다. 조약의 미래에 대한 불확실성에도 불구하고 1995년 5월 11일, 뉴욕에서 열린 NPT 검토회의에서 서명국이 합의하여 조약을 조건없이 무기한 연장하기로 결정했다.

3. 핵무기와 핵전략

국가가 핵무기를 갖게 되면 이를 어떻게 사용할 것인지에 대한 대략적인 전략을 갖게 된다. 국가가 핵개발을 추진하면 이는 반드시 핵무기의 정치군사적 용도가 있기 때문이다. 그런데 핵무기를 단순히 보유한다고 해서 저절로 핵보유의 정치군사적 효과가 자동적으로 발생하지는 않는다. 따라서 핵보유국들은 핵무기를 어떤 조건에서 어떻게 사용할 것인가에 대한 원칙을 정립하고, 이를 상대방에게도 전파하여 상대방의 특정 행동을 억제해야 한다. 핵무기를 어떤 조건에서 어떻게 사용할 것인지가 바로 핵전략(nuclear strategy), 그중에서도 핵교리(nuclear doctrine)의 핵심 내용이다. 보통 핵전략은 국가의 정치군사적 목적을 위해 핵무기를 전략화하고 이를 사용하는 것을 말한다. 핵전략은 핵무기의 수단적 성격을 의미하는 '핵태세(nuclear posture)'와 핵무기의 용도와 사용원칙을 의미하는 '핵교리(nuclear doctrine)'를 포함한다. 간략히 말해 핵태세는 핵무기의 배합과 배치 등 하드웨어에 대한 것이며, 핵교리는 핵무기의 역할과 사용원칙 등 소프트웨어에 해당된다.

핵전략은 여러 가지 요소를 포함한다. 가장 대표적인 것은 핵무기 전력의 규모를 어떻게 유지할 것인지, 그리고 핵무기를 어떤 원칙에 따라 사용할 것인지다. 첫째, 핵무기의 수량이 핵전략 수립에서 주요 변수로 작용하며 핵전략은 핵무기의 수량에 큰 영향을 미친다. 미소 핵경쟁에서 적의 선제 핵공격에서 살아남아 핵무기로 보복할 수 있는 능력, 소위 제2 타격력을 확보하는 상호확증파괴가 성립할 수 있는 가장 근본적인 요인은 미국과 러시아 모두 대규모 핵전력을 보유했기 때문이다. MAD는 미국과 러시아와 같은 핵무기 초강대국에게 가능한 핵전략이지만 200~300기를 보유한 대부분 핵중견국에는 가능한 핵전략이 아니다.

둘째, 핵무기의 사용 순서에 대한 문제가 있다. 상대방이 먼저 핵을 사용할 때만 핵으로 대응하는 것은 '핵 일차불사용(no first-use)' 원칙이다.

한편, 상대의 재래식 공격에 대해서도 핵무기를 먼저 사용하는 것은 '핵 일차사용(nuclear first-use)' 원칙이라 부른다. '핵 일차불사용' 원칙은 1964년 중국이 처음 선언한 이래 중국의 핵심 핵교리로 자리 잡았다. 인도도 핵 일차불사용 원칙을 채택하고 있다. 한편, 영국과 프랑스는 구소련과 동구권의 압도적인 재래식 군사력 우위에 대응하기 위해 '핵 일차사용' 원칙을 유지하고 있다. 파키스탄도 적국인 인도의 우월한 재래식 군사력에 대응하기 위해 핵 일차불사용 원칙을 채택하지 않고 있다. 인도의 우세한 재래식 군사력에 대응하기 위해 핵을 일차적으로 사용할 수도 있다는 입장이다. 유럽에 배치된 미국의 전술핵무기도 핵 일차사용을 위한 용도이다. 미국은 NPT의 비핵국가에 대해서는 핵무기 불사용 원칙을 표방하면서도 자신과 동맹국을 보호하기 위해서는 핵무기를 먼저 사용할 권리를 포기하지 않고 있다. 2006년 북한의 7차 당대회 결정서는 "책임 있는 핵보유국으로서 침략적인 적대세력이 핵으로 우리의 자주권을 침해하지 않는 한 이미 천명한 대로 먼저 핵무기를 사용하지 않을 것"이라고 선언하였는데, 이는 바로 핵 일차불사용 원칙을 채용한 것이다.[10]

치열한 전략핵경쟁이 전개됐던 냉전기 동안 미국은 핵억지전략을 채택했다. 억지는 기본적으로 상대방의 행동에 수반되는 비용이나 위험이 예상되는 이익보다 훨씬 크다는 것을 제시하거나 반대로 예상되는 이익이 비용과 위험보다 훨씬 작다는 것을 보여줌으로써 적이 군사적 행동을 실행하지 못하게 하는 것이다. 억지전략은 브로디(Bernard Brodie)나 칸(Herman Kahn), 쉘링(Thomas Shelling) 등 저명한 초기 억지 이론가들에 의해 정립된 이래 오늘날까지도 핵 관련 논의에서 여전히 중심적 위치를 차지하는 개념이다.

억지는 크게 거부에 의한 억지(deterrence by denial)와 응징에 의한 억지(deterrence by punishment) 두 가지 방식으로 작동한다. 거부적 억지는 행위자가 상대방에게 목표 달성이 불가능하다는 것을 확인시켜 줌으로써 억지를 달성한다. 응징적 억지는 상대방이 도저히 수용할 수 없는 가혹한 제재를 가할 것이라는 점을 인지시킴으로써 억지를 달성하는 것을 말한다. 한 국가가 억지의 대상을 자신의 우방국이나 피보호국(protégé)에 확대하여 적용하는 것을 확장억지(extended deterrence)라고 하는데 한국이나 일본처럼 미국의 핵우산 보호를 받는 경우가 대표적이다.[11]

억지전략은 시대에 따라 점차 진화와 단계적인 발전을 거듭했다. 미국이 핵무기를 독점한 1940년대 말까지 미국은 소련의 팽창을 막기 위한 봉쇄정책을 국가안보의 근간으로 삼았다. NATO가 탄생하면서 소련이 유럽의 어느 한 국가를 공격할 경우 미국은 자국이 공격당한 것으로 간주하는 집단방어 전략을 채택했다. NATO를 방어하기 위해 소련에게 핵공격을 가할 수 있다는 점을 천명한 것이다.

하지만 1949년 중국이 공산화되고 같은 해 소련이 핵보유국이 되면서 미소 간 핵경쟁은 본격화되었다. 봉쇄전략을 채택했던 트루먼 행정부에 이어 등장한 아이젠하워 행정부는 뉴룩(New Look)의 관점에서 대량보복전략(massive retaliation)을 채택했다. 이는 우세한 미국의 핵전력을 활용해 소련에 대한 대규모 보복을 공언하는 적극적 핵억지전략이었다. 이 시기 소련 또한 신속한 수직적 핵확산을 통해 미국과의 핵격차를 줄이는 한편, 인공위성 스푸트니크 발사와 ICBM 실험 발사에 성공하면서 지나치게 공세적인 핵전략의 수정을 거치게 되었다. 케네디 행정부는 전임 아이젠하워 행정부가 핵무기에 과도하게 의존한 것을 비판하면서 유연대응(flexible response)전략을 채택했다. 이는 미국의 핵무력 사용이 무모하지 않을 것이라고 인지한다면 상대도 미국에 대해 유연하게 대응할 것이라는 기대에서 나온 전략이다. 이후 미국의 핵전략은 닉슨 행정부에 이르러 이른바 '제한 핵전쟁' 개념을 도입했고, 미국의 군사력 우위가 더 이상 지속가능하지 않다는 판단하에 전략무기제한협정(SALT I)을 타결하기에 이른다. 힘에 의한 평화를 내세웠던 레이건 행정부는 전략방위구상(SDI: Strategic Defense Initiative)을 통해 탄도미사일제한(ABM) 협정의 한계를 보완하고자 했다. 어려운 경제 상황 때문에 레이건 행정부의 SDI와 경쟁하기 어려웠던 소련은 결국 미국과 중단거리 핵미사일을 폐기하는 중거리핵전력(INF) 조약을 체결했다.[12]

이러한 미국의 핵전략 변천사를 보면 그나마 미소(미러) 두 핵 강대국은 시대의 변화와 안보환경의 여건에 따라 핵전쟁의 위험을 안정적으로 관리하려는 노력을 기울여왔다고 할 수 있다. 하지만 현재 진행 중인 글로벌 안보정세의 근본적 변화와 갈수록 낮아지는 핵확산의 문턱으로 인해 국제 핵질서는 새로운 도전을 안게 됐다. 이러한 변화를 주도하는 것은 역설적이게도 그동안 글로벌 차원의 핵비확산 레짐을 주도했던 미국의 트럼프 2기 행정부이다. 트럼프 행정부는 또한 미국 우선주의에 바탕을 두고 기존에 맺어진 조약이나 협상들이 미국의 국익에 손실을 야기할 경우 이를 과감히 폐기하겠다고 공언했다. 미국과 러시아가 1987년에 체결한 중거리핵전력(INF) 조약이 트럼프 1기 행정부에서 폐기되면서 미러 양국의 핵경쟁이 재현되고 억지에 기반한 전략적 안정성 기반이 와해되고 있다.

트럼프 1기 행정부 국가안보전략의 가장 두드러진 기본 인식은 현재의 국제질서가 '경쟁적'이라고 보는 점이며, 역사의 변치 않는 연속성은 '힘의 대결(contest for power)'이라고 규정했다. 트럼프 행정부의 국가안보전략(NSS) 보고서에 뒤이어 발간된 국방전략(National Defense Strategy)도 미국의 안보와 번영을 위협하는 최대의 요인은 더 이상 테러가 아니라 중국, 러시아 같은 현상타파세력이 야기하는 국가 간 전략적이고 장기적인 경쟁이라고 규정하고 있다. 이러한 인식은 향후 적어도 트럼프 행정부 임기 동안은 강대국 경쟁과 긴장이 일반적인 양상이 될 것임을 시사하고 있다. 그러한 강대국 경쟁을 전제로 2018 핵태세검토보고서(NPR: Nuclear Posture Review)는 미국의 핵태세를 '유연한 맞춤형 핵억지전략(flexible, tailored nuclear deterrence strategy)'으로 제시했다. 핵무기 또한 상황과 필요에 맞게 사용할 수 있어야 한다는 의미이다. 물론 핵무기는 쉽게 사용해서는 안 되지만 최악의 경우 실제로 사용될 수 있다는 확신을 줄 수 있어야 억지력을 발휘한다는 인식을 반영해 저강도 전술핵무기 생산 및 배치를 시사하고 있는 것이다. 트럼프 행정부의 NPR은 이러한 인식에 근거해 오늘날 미국을 위협하는 도전을 첫째, 중국, 러시아 등 현상타파 세력, 둘째, 이란, 북한 같은 불량국가들, 셋째, 지하드 테러조직 같은 초국가적 위협으로 규정했다.[13] 핵무기 의존도를 줄이는 데 중점을 두었던 오바마 행정부의 핵태세에 비해 트럼프 행정부의 핵정책은 핵무기를 실제 사용가능한 무기로 간주하고, 이에 입각한 억지력을 강화하려는 것이 특징이다. 트럼프 행정부의 이러한 핵정책은 최근 국제정치의 뚜렷한 추세인 강대국 정치, 혹은 지정학의 부활 현상과 맞물려 강대국간 핵군비 경쟁의 재연 가능성을 높이고 있다.

강대국간 핵군비 경쟁은 국제 핵비확산 레짐에도 부정적 영향을 미침으로써 국제 핵비확산체제의 약화가 우려된다. 원래 비핵국가에 대한 선제 핵공격을 배제하는 소극적 안전보장 원칙은 NPT체제의 핵심 원리 중 하나이다. 핵무기를 갖지 않은 국가에 대해 핵무기 국가들이 핵무기를 앞세워 위협한다면 핵비확산을 막을 방도가 없어지기 때문이다. 하지만 트럼프 행정부가 주장하듯이 재래식 공격에 대한 핵무기 사용 언급은 소극적 안전보장에 위배되며, 결과적으로 NPT체제의 약화를 초래할 가능성이 매우 크다고 할 수 있다. 그뿐만 아니라 미국은 포괄적핵실험금지조약(CTBT)의 상원 비준도 추진하지 않는다고 밝혔고, 다만, CTBTO 준비위원회의 활동은 계속 지지할 것이라고 언급했다. 더 나아가 2017년에 성안되어 서명을 받기 시작한 핵무기금지조약(Nuclear Weapons Ban Treaty)은 현행 국제안보 환경의 개선 없이 핵무기를 완전히 없애자는 비현실적인 기대를 전제하고 있기 때문에 미국뿐만 아니라 동맹과 우방의 안보도 위협한다는 이유로 반대를 분명히 하고 있다.

4. 제3차 핵시대의 도래와 도전받는 전략적 안정성

갈수록 커지는 지정학적 불안정성과 핵무기 효용의 재발견, 핵비확산 체제에 대한 새로운 도전 등 여러 요인으로 말미암아 지금은 제3차 핵시대가 개막되었고, 현재의 상황을 제대로 통제하지 못하면 조만간 제2의 히로시마·나가사키를 보게 될 가능성이 현실로 성큼 다가왔다. 글로벌 차원에서 이른바 전략적 안정성(strategic stability)이 크게 흔들리고 있다. 전략적 안정성에 대한 확고한 정의는 부재하지만, 이는 원래 강대국 간 전략 핵경쟁 관리 차원에서 논의되던 개념으로서 핵 선제공격의 동기나 유인이 없는 상태, 핵 군비경쟁이 불필요한 상황, 핵위협이나 벼랑끝 전술이 불필요한 상황이 전략적 안정성이라 할 수 있다. 북한 또한 스스로를 핵무기 보유국으로서 한반도에 핵균형을 가져왔다고 주장하면서 전략적 균형을 거론하기 시작했다.

전략적 안정성은 몇 가지 차원을 포함하고 있다. 첫째는 군비경쟁 안정성(arms control stability)이 중요한 요소로 제기되고 있다. 액턴(J. M. Acton)은 이 안정성을 "위기 상황에서 적이 핵무기를 선제적으로 사용함으로써 의미 있는 우위를 점할 것이라는 두려움 없이 핵전력을 질적으로나 양적으로 증강할 유인이 실제로나 인식상으로 존재하지 않는 상태"라고 정의하고 있다. 이는 원래 냉전 시기 미소 간의 전략적 핵전력 균형 개념에서 비롯된 것으로, 어느 한 강대국도 전략적 우위를 점할 수 없으며, 억제 지향적 태세에서 강압적 태세로 전환할 수 없다는 원칙을 의미한다. 즉, 핵무기에서의 우위를 이용해 상대를 위협하거나 압박하는 강압 전략을 사전에 차단하는 것을 목표로 한다. 이러한 개념은 군비통제 외교에서도 핵심 논리로 작용한다.

현재 미국과 러시아 간의 군비통제 외교 프로세스는 사실상 마비된 상태이다. 2019년 트럼프 행정부가 중거리핵전력조약(INF 조약: Inter-mediate-Range Nuclear Forces Treaty)에서 탈퇴하면서 특히 유럽 전장에서 중요한 중거리 미사일의 개발 및 배치에 대한 제약이 사라졌다고 볼 수 있다. 트럼프 행정부는 러시아가 Novator 9M729로 알려진 중거리 순항미사일을 개발함으로써 조약을 위반했다고 주장하며 탈

글상자 1.1	'핵시대'의 구분
제1차 핵시대	• 1945년~1990년대 초 • 미국과 소련 간 초강대국 핵경쟁의 시대 • 미국과 소련이 각기 수만 기의 핵탄두를 보유한 채 서로 맞선 공포의 균형 달성
제2차 핵시대	• 냉전 종식 이후 • 미소, 미러 핵군비통제 협상의 결과, 전 세계 핵 비축량 크게 감소 • NPT체제하의 핵보유국 외에 인도, 파키스탄, 북한 등 신흥핵무장국 등장으로 새로운 도전 요인 확대
제3차 핵시대	• 양적, 질적으로 복잡성과 불안정성이 증가된 핵시대 • 기존 핵보유국들의 핵무기 현대화, AI 같은 신흥 첨단 기술과 핵전략의 접목 • 핵무기 비축량에 대한 제한이 사라지고 핵무기 사용에 대한 터부도 약화 • 핵무기 사용 및 위협 증가 • 핵전략에서 다극성(multipolarity), 통합성(integrity), 연결성(connectivity) 증가[14]

퇴의 근거로 삼았다. 이후 2024년 초 러시아 외교부 라브로프(Lavrov) 장관은 핵군비 통제에 대한 협상에 당분간 거부하면서 미국의 대러 태세를 전적으로 전환할 것을 요구했다. 2010년 미러 간에 서명된 신전략무기감축협정(New START)에서 러시아가 감시 활동을 중단했으며, 여전히 전략적 핵전력(대륙간탄도미사일)에 대한 한도를 준수하고 있다고 해명했다. 그러나 이 협정은 2026년에 만료될 예정이다. 앞으로 핵전력에 대한 통제와 감시가 현저히 약화되면서, 군비 안정성보다는 군비 불안정성이 심화될 것으로 예상된다. 미국은 러시아의 중거리 미

사일 개발과 전략적 핵전력 규모 확대에 대응하여 자국의 핵전력 규모를 크게 늘릴 수밖에 없을 것으로 보인다.

둘째는 위기 안정성 개념이다. 위기 안정성이란 어느 한쪽도 상대방이 핵무기를 먼저 사용할 것이라는 두려움 때문에 핵무기를 선제적으로 사용할 유인을 갖거나 그렇게 인식하지 않는 상태라고 할 수 있다. 즉, 위기 상황에서 선제적 핵무기 사용이 사전에 차단된다면, 해당 상황은 위기 안정적 상태에 놓여 있다고 할 수 있다. 군비통제와 마찬가지로 현 상황은 매우 우려스러운 것이 사실이다. 우크라이나전쟁에서 2022년 가을에는 우크라이나군의 성공적 반격으로 러시아군이 대대적으로 후퇴하게 되었을 때 핵사용에 대한 위험이 높다고 판단되었다. 푸틴 러시아 대통령은 2022년 9월 21일, "우리 국가의 영토보전이 위협받아 러시아와 국민을 방어해야 할 상황이 발생할 경우, 우리는 보유한 모든 무기체계를 사용할 것이다. 이것은 결코 허풍이 아니다"라고 주장하기도 했다. 또한 2024년 11월 푸틴 대통령은 러시아의 핵교리를 개정하며, 러시아 또는 벨라루스의 영토보전이 핵무기뿐만 아니라 재래식 공격으로도 중대한 위협을 받을 경우, 핵무기를 사용할 권리를 보유(reserve the right)한다고 밝혔다. 이러한 양상은 서방국가들의 대 우크라이나 군사원조를 최대한 차단하려는 강압전술로 해석될 수 있다. 그러나 푸틴 대통령의 발언이 단순한 허풍이 아니라면, 이는 핵 사용의 문턱을 낮춘 것이며, 향후 서방과 러시아 간 위기가 발생할 경우 러시아의 선제적 핵 사용 가능성이 높아졌다고 볼 수 있다. 즉, 위기 안정성이 약화되었다는 의미이다.

셋째는 안정-불안정의 역설(stability-instability paradox)이다. 안정-불안정의 역설이란 핵보유국 간 핵 사용에 대한 안정성이 확보되어 군비 안정성과 위기 안정성이 일정 수준 유지된다고 하더라도 오히려 재래식 군사충돌 가능성이 커지는 문제를 의미한다. 서로 적대적인 관계에 있는 핵보유국들은 핵 사용이 억제될수록 직접적인 핵전쟁에 휘말릴 위험은 줄어들지만, 핵무기를 보유하고 있더라도 재래식 군사충돌을 억제하는 데는 큰 도움이 되지 않는다는 것이다. 따라서 군비 안정성과 위기 안정성은 핵 사용을 억제할 수 있지만, 재래식 군사충돌을 막지는 못하며 오히려 핵보유국 간 갈등을 유발할 수도 있다. 특히 위기 안정성이 보장되더라도 군사충돌의 가능성이 반드시 감소하는 것은 아니다.

현재 글로벌 차원의 전략적 안정성이 크게 약화되는 추세는 분명히 세계평화와 안정을 위해 바람직한 것은 아니다. 앞에서 검토한 러시아나 북한의 사례 외에도 핵무기와 관련된 리스크는 여러 징후에서 찾아볼 수 있다. 그중 하나는 중국의 핵군비 증강이다. 최근 중국은 핵탄두 수량 증가, 투발수단 현대화, 사일로 기지 확장 등을 중심으로 핵전력 증강을 본격화하고 있다. 2020년을 기점으로 중국은 핵전력에 있어 양적 확대뿐만 아니라, 질적 현대화를 동시에 추구하는 움직임이 뚜렷하다. 중국은 2020년 최초로 프랑스의 핵탄두 보유량(290기)을 추월하며 러시아·미국에 이어 전 세계 핵탄두 보유량 3위에 등극했다. 대륙간탄도미사일(ICBM)·잠수함발사탄도미사일(SLBM)·전략폭격기로 구성되는 3대 핵전력(nuclear triad) 완성을 통한 투발수단의 다양화 및 현대화도 추진하고 있다. 중국의 핵무기 보유량은 2030년까지 1,000기, 2035년까지는 1,500기로 각각 늘어날 것으로 전망된다.

세계가 향후 마주칠 새로운 도전은 아직 남아 있는 마지막 군비통제조약인 신전략무기감축협정(New START)이며, 이 조약은 2026년 2월에 종료된다. 러시아는 이미 New START 핵심 검증 절차를 중단했다. 미국과 러시아가 후속 조약에 합의하지 못하면 세계는 다시 강대국 핵군비 경쟁의 시대로 들어갈 것이다. 트럼프를 비롯한 미 당국자들은 핵비확산보다는 중국 견제와 미국의 국익 방어에 더 관심이 크다. 군비통제를 경시하고 '핵 버튼'을 자랑하는 트럼프는 핵무력 증강에 나설 가능성이 크다.

이러한 미국의 정책 때문에 핵비확산 문턱이 낮아질지 모른다는 기대 속에 한국 내 독자 핵무장 지지 여론도 크게 자극받을 것으로 우려된다. 한국이 독자 핵무장의 길을 선택하면 이는 세계적인 핵확산 판도라의 상자를 여는 신호탄이고, 동북아 핵도미노의 출발점이 될 가능성이 크다. 김정은 북한 국무위원장은 2024년 11월 21일 개막된 군사장비 전시회 "국방발전-2024" 연설에서 "미국과는 협상으로 갈 수 있는 곳까지 다 가보았지만 확신한 것은 변할 수 없는 침략적이며 적대적인 대조선정책이었다"라고 확인하면서 안보를 위한 최강의 국방력 확보 의지를 거듭 천명했다. 그런 가운데 미국은 북한이 미국을 직접 위협하지 않는 한 북핵문제에 대해서도 별로 시급성을 느끼지 않는 것으로 보인다. 일부 정부관계자들은 향후 미국이 중국과의 경쟁에 집중하기 위해 모든 국방안보 자산을 중국 견제에 집중해야 하기 때문에 동맹국들은 스스로 방어해야 하고, 이를 위해 필요하다면 핵무장하는 것도 굳이 반대하지 않는다는 입장을 피력하기도 했다. 한국의 독자 핵개발이 불가능하다면 최소한 주한미군의 전술핵무기를 재배치하자는 주장도 힘을 받을 것으로 예상된다. 미국의 동맹과 우방국들 중 한국은 향후 국제핵비확산체제의 향배를 가늠할 리트머스 테스트와도 같다. 한국은 원자력 역량이나 위태로운 지정학적 환경 때문에 핵개발의 유혹이 큰 나라 중 하나다.

제3차 핵시대에 대응하여 유럽의 주요 핵보유국인 영국과 프랑스는 냉전 시기 및 그 이후 적용된 개념을 되살려 핵정책을 추진하는 양상을 보이고 있다. 영국 신임 정부는 전략적 안정성을 강조하며, 미국의 확장억제에 자국 및 프랑스의 핵무기를 더해 유럽안보의 기존 질서를 기반으로 운영되는 NATO를 강화하려고 노력하고 있다. 프랑스가 1950년대 이후 독자적인 핵무장을 추진하게 된 배경에는 미국의 핵우산 공약에 전적으로 의존할 수 없다는 판단, 즉 전략적 자주성이 필요하다는 인식이 있었다. 최근 마크롱 프랑스 대통령은 이에 더해 재래식무기의 양산과 재래식전력 강화를 넘어 유럽의 독자적인 핵억지력을 육성해야 한다고 주장하고 있다. 그런 가운데 독일은 자체 핵무기 보유로 선회할 가능성을 언급하기까지 했다. 독일 총리들은 제2차 세계대전 이후 한 번도 유럽 내 미국 핵우산을 대신할 어떤 것을 요청하거나 촉구한 적이 없었는데 최근 기조가 크게 바뀌고 있다.[15] 독일 차기 수상으로 확정된 메르츠는 프랑스와 영국의 핵억지력을 유럽 전체로 확대해야 하며, 독일의 자체 핵무장 가능성도 배제하지 않으면서 다만 아직은 때가 아니라는 입장을 피력했다. 현재 독일 뷔헬(Büchel) 공군기지에는 미국의 전술핵이 배치되어 있는데 미국 대통령이 승인할 경우 독일 전투기들이 폭탄을 투하하는 임무에 투입된다. 트럼프는 1기 때 유럽 전술핵 철수를 고려한 것으로 알려졌다. 해외에 두 번째로 많은 미군이 배치된 독일은 미국의 방기에 대한 우려가 심각하다.

5. 맺는말

국제정치에서 핵무기를 갖는 것과 갖지 못한 것은 국위와 영향력에 있어서 현격한 차이를 갖는다. 그런 이유로 국제관계에서 핵무기 보유의 유혹은 항상 국가 지도자들에게 끊임없는 정책적 도전이 되어왔다. 탈냉전과 함께 새로운 핵보유국들이 등장하면서 더욱 복잡해진 글로벌 안보환경으로 인해 앞으로도 비핵국가들이 핵무기를 획득하려는 잠재적 시도들을 멈추지 않을 것이다.

글로벌 안보환경의 불안정은 흔들리는 NPT체제의 미래와도 직결된다. 1970년 발효된 NPT는 핵무기와 관련 기술의 확산을 방지하고, 핵군축을 달성하기 위한 국제조약으로 현 핵비확산체제의 핵심이자 기본 기둥이다. 191개 당사국은 NPT 제8조에 따라 5년마다 조약의 운영 및 이행을 검토하는 NPT 검토 회의를 개최한다. 핵군축과 핵비확산, 원자력의 평화적 이용 등 조약의 이행과 결과를 평가하고 다음 5년간의 행동 방향을 결정하는 것이다. 2022년 8월 1일부터 26일까지 여러 차례의 연기 끝에 뉴욕 유엔 본부에서 제10차 핵확산금지조약(NPT) 검토 회의가 열렸지만 최종 선언문을 채택하지 못한 채 회의가 마무리됐다. 무엇보다 회의를 앞두고 가장 큰 문제는 단연 러시아의 우크라이나 침공과 핵 위협이었다. 러시아로 인해 유럽은 군축과는 반대의 길을 걷고 있다. 비핵보유국인 스웨덴과 핀란드가 북대서양조약기구(NATO)에 가입하면서 무기 구매 등을 안보정책의 중요한 부분으로 삼겠다며 NPT에 대한 신뢰를 약화시키고 있는 상황이다. 이번 회의에서 많은 당사국은 우크라이나 자포리자원전의 상황과 핵시설의 안전과 보안에 대한 우려를 표하며, 최종 선언문에 이를 반영하고자 했지만 러시아의 반대로 결국 최종 선언문 채택에 실패하게 된 것이다. NPT의 기본 원리는 비핵보유국들은 궁극적으로 핵보유국들이 핵군축을 해줄 것으로 믿고, 이 약속에 대한 대가로 핵무기 개발과 소유를 포기한다. 하지만 NPT가 발효된 지난 50년간 핵보유국들은 비축한 핵무기의 수를 줄이거나 핵무기에 대한 의존도를 줄이는 모습을 전혀 보여주지 않았다. 더 나아가 핵보유국이 핵무기로 비핵국가를 위협하는 상황이 현실이 되면서 국제 핵비확산 레짐의 미래는 커다란 불확실성에 직면하게 되었다.

그런 이유로 비핵보유국들이 핵보유국에 가지는 불만은 점점 높아지고 있으며, 불안정한 글로벌 안보환경 때문에 핵무기 보유의 유혹은 더욱 커져가고 있는 실정이다. 한국도 예외가 아니어서 북핵위협과 비례해 한국 내 독자 핵무기 개발 여론도 커지는 상황이다. 특히 트럼프 2기 행정부가 한국에게 주한미군 분담금 대폭 인상을 예고하고 있어 한국이 미국의 핵우산에 의존하는 것이 과연 지속 가능할지 여부가 논란의 핵심이다. 그런 가운데 최근 미국이 전쟁 당사국인 우크라이나를 배제한 채 러시아와 종전 협상을 하고 우크라이나가 받아들일 수 없는 조건을 강요하자 한국도 동맹에게만 의존하다가 방기되는 것 아닌가 하는 우려가 핵무장론을 부채질하고 있는 것이다. 하지만 핵보유는 상상 이상의 비용을 요구한다. 국제사회의 압박과 제재는 미국을 설득해 해결한다고 하더라도 보유비용이라는 현실적 장벽에 가로막힌다. 이러한 핵무장의 득과 실을 잘 따져서 현명한 정책결정을 하는 것이 한국정부의 과제이다.

결론적으로 위기에 처한 핵비확산 레짐과 전략적 안정성을 회복하는 것은 인류 전체의 사명이고 책임이다. 이러한 책임을 다하지 못하면 세계는 조만간 핵 아마겟돈을 마주하든지, 아니면 끝없는 핵확산 판도라의 상자가 열리는 것을 목격하게 될 것이다.

⌘ 참고문헌

김일수·유호근. "미국의 국가안보와 핵억지전략의 변화: 트루먼-트럼프 행정부까지." 『세계지역연구논총』 제37집 4호 (2019).
손한별. "제3차 핵시대의 핵전략: 한국의 국방 패러다임 전환을 위한 시론적 검토." 『국가전략』 제31권 1호 (2025).
앤드류 플러터 지음. 고봉준 옮김. 『핵무기의 정치』. 서울: 명인문화사, 2016.
이창위·박영준·손재락·조비연. 『기로에 선 북핵 위기』. 서울: 박영사, 2024.
전봉근. 『비핵화의 정치』. 서울: 명인문화사, 2020.

Bunn, Matthew, and Jason Ren Jeun Lee. "South Korea Reveals the Dangers of Nuclearization." *The National Interest* (4 March 2025).
Kim, Lami. "The Risks of South Korea's Nuclear Armament under a Troubled Democracy." *United States Institute of Peace* (2025).

Klingner, Bruce. "Special Report: Strengthened North Korea-Russian Relations Poses Risks to the US and Its Allies." NCNK (National Committee on North Korea), March 2025.

Peters, Robert and Eli Glickman. "Forward Deployment of Non-Strategic Nuclear Weapons Is Needed to Deter Adversary Aggression." *Issue Brief,* The Heritage Foundation (6 March 2025).

핵무기 통제를 위한 핵군축과 핵비확산 국제레짐

전봉근(국립외교원)

핵무기와 핵전쟁은 인류뿐만 아니라 지구상 모든 생명체의 생존에 대해 지금까지 알려진 최대 위협요인이다. 냉전기에 미국과 소련은 무한 핵개발 경쟁을 벌이고 2,000여 회 핵실험을 실시하고 최대 7만 기의 핵무기를 축적했다. 이는 전 지구를 수십 번 파괴하고도 남을 파괴력이다. 더욱이 1960년대에는 머지않아 20개국 이상이 핵개발에 나설 것으로 예상되었다. 이들이 모두 핵무장했다면 지구는 어떻게 되었을까? 우선 전 지구가 핵실험장이 되어 방사능으로 오염되었을 것이다. 실제 이렇게 핵무기가 확산했다면 어떤 지역분쟁도 핵전쟁으로 확전되고 그 결과, 지구는 초토화되었을 것이다. 핵전쟁과 인류 공멸의 공포를 배경으로 인간은 양심과 이성에 따라 핵확산을 저지하는 방안을 찾기 시작했다. 기성 핵보유국들이 핵전쟁을 방지하고 세계평화를 지키는 이상

40

주의적 동기 이외에도 핵비확산을 추진한 배경에는 핵무기를 독점하여 강대국 지위를 지키고자 하는 현실주의적 세력정치의 동기도 있었다. 따라서 이 장은 왜 국제사회와 초기 핵보유국들이 핵무기 확산을 저지하기 위해 나서게 되었는지, 국제사회는 핵군축, 핵비확산, 핵실험 금지를 위해 어떤 노력을 기울였으며 실제 어떤 성과를 거두었는지를 분석한다. 특히 핵무기의 정치화에 따라 NPT를 중심으로 하는 핵비확산 국제레짐에서 핵무기 보유국 대 비보유국, 안보 우선주의 대 평화 우선주의, 현실주의 대 이상주의 등이 어떻게 서로 갈등하고 타협했는지 분석한다.

1. 초기 핵보유국의 등장과 NPT의 출범

미국이 1945년 최초로 핵실험에 성공한 데 이어 소련(1949년), 영국(1952년), 프랑스(1960년), 중국(1964년) 등으로 '핵확산의 연쇄반응'이 발생했다. 추가적인 핵확산이 우려되자 미국과 소련이 주도하여 기존 5개 핵보유국 지위만 인정한 채 추가 핵확산을 저지하는 핵확산금지조약(NPT)을 출범시켰다. 1995년에 영구연장된 NPT는 현재 191개국 회원국을 보유하여 국제 핵비확산체제의 중심이 되었다.

냉전 초기 핵확산

소련은 미국의 첫 핵실험 성공에 대해 대외적으로 애써 냉정함을 유지했지만 내부적으로는 핵개발을 재촉했다. 1930년대 말부터 소련 과학계도 핵분열과 핵무기에 관심을 가졌지만 본격적인 국가 프로젝트로 추진하지는 않았다. 미국의 맨해튼 프로젝트에 대한 정보가 수집된 이후에야 스탈린은 핵개발 프로젝트를 출범시켰다. 1945년 8월 초 미국의 갑작스러운 히로시마와 나가사키 핵폭탄 투하 소식에 소련은 핵개발을 서둘렀다.

소련의 초기 핵개발은 필수 핵물질인 우라늄의 공급부족으로 지연되었지만 제2차 세계대전 종전 이후 동유럽에서 충분한 우라늄을 공급받게 되자 핵개발이 가속화되었다. 또한 소련은 핵개발 후발주자로서 이점을 활용했다. 미국은 엄청난 재정과 기술과 물자를 투입하고 수많은 시행착오 끝에 겨우 핵개발에 성공했다. 하지만 소련은 첩보활동을 통해 확보한 미국 맨해튼 프로젝트의 핵개발 정보를 이용함으로써 핵개발 시간을 크게 단축할 수 있었다. 소련은 또한 종전 후 패전국 독일의 핵물리학자도 동원할 수 있었다. 마침내 소련은 1949년 8월 29일 카자흐스탄의 세미팔라틴스크 핵실험장에서 '첫 번째 번개(First Lightning)' 명칭의 핵실험에 성공했다. 당시 핵폭발 장치는 미국이 나가사키에 투하한 플루토늄 폭탄인 '팻맨'의 복사판이었다. 이 핵폭발 장치는 소련이 1945년에 첩보활동을 통해 입수한 미국의 설계도를 이용하여 제작된 것으로 알려졌다.

소련의 핵개발 성공은 미소 간 핵무기 경쟁을 촉발했다. 양국은 핵무기의 폭발력과 수량을 늘리는 무한 핵 경쟁에 돌입했다. 핵 폭발력 경쟁은 기존 핵분열(nuclear fission)에 비해 수백 배의 폭발력을 내는 핵융합(nuclear fusion)을 이용한 수소폭탄(hydrogen bomb) 개발 경쟁을 촉발했다. 수소폭탄은 열핵폭탄(thermonuclear weapon) 또는 핵융합폭탄(nuclear fusion bomb)으로도 불린다. 미국은 1952년 11월 1일 남태평양에서 '아이비 마이크(Ivy Mike)'로 명명된 수소폭탄 실험에 성공했다. 첫 수소폭탄은 사실 무게가 82톤에 달하는 건물 규모의 폭발설비였다. 아이비 마이크의 폭발력은 10메가톤이며 불덩이의 반지름은 3km, 그리고 버섯구름은 높이 33km, 지름 160km에 달했다.

폭발로 인한 분화구는 반지름이 2km, 깊이 50m에 달해 인류가 상상하지도 못했던 파괴력을 보였다.

미국은 1954년 3월 1일 남태평양에서 수소폭탄 실험을 했는데 이 핵실험으로 예상치 못한 사고가 발생했다. 일본 어선 다이고후쿠료오마루(第五福龍丸)가 남태평양 비키니 환초 인근에서 조업하던 도중 수소폭탄의 방사능재를 뒤집어썼다. 일본 어선은 미국이 설정한 조업 금지선 밖에서 조업했지만 수소폭탄의 폭발력이 당초 예상을 훨씬 초월했고 바람의 방향도 바뀌어 어부들이 방사능에 피폭되었다. 당시 방사능에 대한 지식이 없어 어부들은 선박에 쏟아진 방사능재를 맨손으로 치웠다고 한다. 어부 중 한 명은 방사능오염과 기타 복합감염으로 6개월 후 사망했다. 당시 패전국이었던 일본정부는 미국의 금전 보상을 받고 이 사건을 종료하는 데 동의했다. 이후 이 피폭 사건은 〈고질라〉 영화로 만들어져 핵무기에 대한 경각심과 피폭자에 관한 관심을 촉발하고 핵군축과 핵실험 금지를 촉구하는 중대한 계기가 되었다.

소련은 1953년 8월 12일 첫 수소폭탄 실험에 성공했다. 그리고 소련은 1961년 10월 30일 코드명 '이반(Ivan)' 또는 서방에서 '짜르 봄바(Tsar Bomba)'라고 부르는 초대형 수소폭탄 실험에 성공하여 핵무기 기술력을 과시했다. 이 수소폭탄의 폭발력은 50메가톤으로 당시 최대 폭발력이었다. 이 핵무기는 무게 27톤, 길이 8m, 지름 2m에 달하는 대형폭탄으로 실전용이라기보다 과학기술력을 과시하는 용도로 알려졌다.

영국은 미국의 초기 맨해튼 프로젝트에 참여하고 기여했지만 유럽전선에 국력을 집중하면서 점차 소외되었다. 미국은 핵개발에 성공하자 1946년 원자력법을 제정하여 핵기술과 핵물질의 해외이전과 국제협력을 중단시켰다. 그 결과, 처칠(Winston Churchill) 수상은 1946년 독자적인 핵개발 프로그램을 가동했다. 마침내 영국은 1952년 10

월 25킬로톤 규모의 핵분열탄 실험, 1957년 11월 1.8메가톤 규모의 수소폭탄 실험에 성공하여 핵 강대국으로 부상했다. 영국이 핵실험에 성공하자 1958년 미국은 다시 영국과 핵개발 협력을 재개했다. 이후 영국은 자신의 핵실험을 미국에서 실시하고 미국 핵무기도 구입했다.

프랑스는 1960년 2월 13일 알제리에서 핵폭탄 실험에 성공하여 네 번째 핵무장국이 되었다. 제2차 세계대전이 끝난 직후 프랑스의 임시 정부 수반이었던 드골(Charles de Gaulle)은 1945년 10월 핵개발 프로그램을 가동했다. 그러나 미국의 반대와 간섭으로 우라늄 도입이 좌절되는 등 핵개발이 지체되었다. 미소 초강대국 중심의 냉전체제에서 프랑스의 국제적 지위가 더욱 하락하자 1958년 제5공화국 대통령으로 다시 취임한 드골은 프랑스의 독자적 억지력 확보와 강대국 지위 회복을 국가목표로 제시하고 마침내 1960년 프랑스 식민지인 알제리에서 핵실험에 성공했다. 또한 1968년 남태평양에서 2.6메가톤 규모의 수소폭탄 실험에 성공했다. 이로써 프랑스는 독자적 핵 능력을 보유한 핵 강대국 지위를 갖게 되었다. 그런데 프랑스 내부에서 독자 핵역량 유지가 과연 재정적, 안보적으로 최선인지에 대한 논란이 있었다. 프랑스는 이런 문제점을 인식하고 탈냉전기에 NATO에 재가입(2009년)하여 핵 전략도 상호보완적으로 조정했다.

중국은 1964년 10월 16일 신장 위구르지역의 롭누르 사막에서 25킬로톤 규모의 고농축우라늄탄 실험에 성공하여 다섯 번째 핵 강대국이 되었다. 마오쩌둥(毛澤東)은 한국전쟁 당시 미국으로부터 만주 핵공격 위협을 받았기 때문에 핵무기를 열망한 것으로 알려졌다. 1954년 베이징에서 열린 중소정상회담에서 마오쩌둥 주석이 당시 후르시초프(Nikita Khrushchev) 서기장에게 핵개발을 지원해 달라고 요청했지만 거절당했다. 후르시초프는 핵개발에 과도한 비용이 들고 소련이 핵우산으로 중국을 보호할 것이라는 명분을 내세웠다. 마침내 마오쩌둥은 1955년

당 회의에서 핵개발을 결정하고 이를 위한 정부조직도 만들었다.

이후 중국의 요청에 따라 소련이 일부 기술지원을 제공했지만 1959 년 6월 기술지원 계획을 전면 철회했다. 결국 중국은 자력 핵개발을 결정하고 추진했다. 중국은 유학 핵물리학자와 내부 자원을 총동원하고 소련의 기술지원 기억을 되살리며 핵개발을 대대적으로 추진했다. 1964년 10월 핵분열탄을 실험했고 불과 3년 후 1967년 6월 대기권에서 3.3메가톤 규모의 핵융합 수소폭탄 실험에 성공했다. 이로써 중국은 NPT가 인정한 5개 핵보유국 그룹에 마지막으로 가까스로 참가할 수 있었다.

핵비확산 필요성 제기와 NPT 제정

초기 핵무장국들은 왜 갑자기 핵무기 확산을 방지하려고 나섰을까? 1940년대 핵개발 초기에는 핵폭발 원리에 대한 과학기술적 증명부터

| 글상자 2.1 | 핵무기를 보유한 국가의 지위에 따른 명칭 구분 |

핵무기를 보유한 국가를 지칭하는 명칭에 대해 혼선이 있는데 이 글에서는 군축비확산 전문가들의 상례에 따라 그 명칭을 아래와 같이 사용했다.

① '핵무기 보유국(NWS: Nuclear Weapon State, 핵보유국)'이 있다. NPT가 국제법적으로 핵무기 보유 지위를 인정한 5개 핵보유국만이 이에 해당한다. NPT는 1967년 이전에 핵개발을 완료한 5개국(유엔 안보리 상임이사국과 일치)에 한정하여 NWS 명칭과 지위를 부여했다. 따라서 NPT체제에 따르면 NWS 5개국 이

계속

외 모든 국가는 '핵무기 비보유국(NNWS: Non-Nuclear Weapon Sate, 핵비보유국)'으로 분류된다. 따라서 인도, 파키스탄, 북한, 또는 새로운 핵무기 개발국이 핵무기를 보유한 채 아무리 오랜 세월이 지나도 NPT를 개정하지 않는 한 NWS의 법적 지위를 갖지 못한다. 한편, NPT가 핵보유국의 핵보유를 완전하고 합법화했다는 주장도 옳지 않다. NPT 6조 핵군축 조항에서 핵보유국은 핵군축(교섭)을 추진할 의무를 지고 있기 때문이다.

② '핵무장국(nuclear-armed state)'이라는 명칭이 있다. 이는 국제법적 지위와 무관하게 단지 핵무기를 보유한 국가를 지칭하는 학술적 용어이며 통상적으로 통용된다. 예를 들어, "세계에 9개 핵무장국이 있다"라고 말하면 맞는 표현이다. 한 예로 도널드 트럼프 미국 대통령이 "북한은 뉴클리어 파워(nuclear power)다"라고 발언했는데(2025년 1월), 이는 단지 북한이 핵무기를 보유하고 있는 현상을 말한 것이며 핵보유국 지위와는 아무 관계가 없다. 이때 전문가들의 통상적인 표현은 '핵무장국'이다.

③ '사실상 핵보유국(de facto Nuclear Weapon State)'이라는 표현이 있다. 전통적으로 이 명칭은 NPT에 가입하지 않고 핵개발에 성공한 인도, 파키스탄, 이스라엘을 지칭하는 정치적 용어이며 여기에도 어떤 국제법적 지위를 부여하지 않는다. 북한은 NPT에 가입했다가 불법 핵활동이 탄로나자 NPT를 탈퇴하고 핵무장했으므로 '사실상 핵보유국'과 구분된다. 필자는 북한을 '불법적 핵무장국'으로 지칭하는데 이는 북한의 핵무장 현상을 인정하면서도 핵보유의 불법성을 지적하는 표현이다.

④ 통상적으로 핵무기 보유국은 줄여서 '핵국' 또는 '핵보유국,' 핵무기 비보유국은 '비핵국'또는 '핵비보유국'으로 부르고 여기서도 이 표현을 주로 사용했다.

시작하여 모든 관련 시설을 처음 제작해야 하는 천문학적인 초기 투입 비용으로 인해 핵확산이 그렇게 빨리 일어날 것으로 미처 예상하지 못했다. 그런데 이런 예상은 곧 빗나가기 시작했다. 일단 핵무기가 개발되자 핵분열 지식과 핵개발 기술은 과학기술계의 교류를 통해 급속히 퍼졌다. 핵분열 지식의 판도라 상자가 열리자 이미 알게 된 지식을 되돌릴 수 없었다. 후발 핵개발국은 훨씬 적은 투자와 시행착오로 쉽게 핵무기 개발 과정을 재연할 수 있었다. 같은 진영 국가 간 핵기술 이전도 있었다. 첩보를 이용한 핵개발 정보 수집도 후발주자가 핵개발 기간과 자금을 크게 줄이는 데 기여했다.

특히 프랑스와 중국이 각각 자력으로 1960년 2월과 1964년 10월 핵실험에 성공하자 기존 핵무장국과 국제사회는 충격에 빠졌다. 미국의 기술협력을 받은 영국과 달리 프랑스는 독자적으로 핵개발에 성공했기 때문이다. 더욱이 중국은 당시 과학기술과 산업 후진국으로 알려졌는데 핵개발에 성공했다. 프랑스와 중국의 핵실험 성공 사례를 본다면 중진국 수준의 경제력과 과학기술을 가진 국가라면 누구라도 핵개발할 수 있다고 추정할 수 있었다. 프랑스와 중국의 핵실험을 계기로 핵무기의 추가 확산을 저지해야 한다는 국제적 공감대가 생겼다.

사실 1945년 핵무기의 등장과 동시에 그 엄청난 파괴력에 놀라 핵무기의 확산 방지 필요성이 대두했다. 1946년 미국정부는 '바루크 플랜(Baruch Plan)'을 통해 핵무기를 전면적으로 불법화하고 원자력의 국제적 관리와 이용을 제한했다. 하지만 소련의 반대로 진전이 없었다. 아이젠하워(Dwight D. Eisenhower) 미국 대통령은 1953년 12월 유엔 총회에서 '평화를 위한 핵(Atoms for Peace)'이라는 기념비적 연설을 통해 당시 미국이 독점했던 핵기술의 이전을 통해 원자력의 평화적 이용을 촉진하되 핵무기의 확산을 철저히 통제할 것을 주창했다. 그의 제안에 따라 1957년 원자력의 평화적 이용을 감시하기 위한 국제원자력기구(IAEA)가 설립되었다.

원자력의 평화적 이용이 확대되자 핵무기 확산 우려도 커졌다. 존 F. 케네디 미국 대통령이 1961년 9월 유엔 총회 연설에서 핵확산을 시급히 통제하지 않으면 1970년대까지 25개국이 핵무기를 보유하게 될 것이라고 경고한 것도 이런 경각심을 반영한 것이었다. 1960년대 들어 핵확산을 금지하기 위한 국제사회의 노력이 본격화되고 성과를 거두기 시작했다. 1961년 유엔 총회는 추가 핵무기 확산을 전면 금지하는 국제협정을 체결할 것을 촉구하는 아일랜드의 결의안을 채택했다. 이를 계기로 1965년부터 제네바 군축회의가 핵확산금지조약 초안을 심의하기 시작했다. 1968년 3월 미국과 소련이 제네바 군축회의에 핵확산금지조약(NPT) 공동 초안을 제출하면서 협상은 마무리 단계에 들어갔다. 마침내 1968년 6월 유엔 총회가 NPT 초안을 채택하고 7월 1일부터 서명을 받기 시작했다. 5개 핵보유국을 포함한 43개국이 비준하면서 1970년 3월 5일 NPT가 발효했다. 이렇게 만들어진 NPT는 오늘날 보편적인 국제규범으로 자리잡은 핵비확산 국제레짐의 시발점이자 근간이 되었다.

NPT는 1967년 1월 1일 이전에 핵무장한 국가만 '핵무기 보유국(nuclear-weapon-state, 핵보유국 또는 핵국)'으로 인정하기로 합의했다. 그 외 모든 NPT 회원국은 '핵무기 비보유국(non-nuclear-weapon state, 핵비보유국 또는 비핵국)'으로 남는 데 합의했다. NPT는 당초 25년간 효력을 가졌으나 1995년 영구연장되었다. NPT는 2025년 초 현재 191개국이 회원국으로 참여한 최대 규모 비확산 협정이며 북한, 이스라엘, 인도, 파키스탄, 남수단 등 5개국만이 비회원국으로 남아있다.

2. NPT의 '그랜드바겐'과 비핵국의 불만 증대

NPT는 핵비보유국이 핵개발을 포기(핵비확산)하는 대신 핵보유국으로부터 핵군축 이행과 원자력의 평화적 이용 지원을 약속받은 '그랜드바겐' 때문에 가능했다. 하지만 핵보유국이 비보유국에 핵비확산을 강력히 요구하는 한편, 핵군축 이행과 원자력의 평화적 이용 지원을 지체하면서 양측의 갈등이 깊어졌다. 원천적으로 불평등한 NPT 조약의 미래는 핵보유국과 비보유국 간 '그랜드바겐'의 충실한 실행 여부에 달려있다.

불평등한 NPT 체결 배경: 핵보유국과 비보유국 간 '그랜드바겐'

NPT에는 '핵무기 보유국(NWS, 핵국)'과 '핵무기 비보유국(NNWS, 비핵국)'이 함께 참가하고 있다. NPT에서 핵국은 핵무기를 보유할 특권을 인정받았고 비핵국은 핵개발과 핵무기 보유를 포기하기로 약속했다. 어떻게 이런 차별적이고 불평등한 조약이 가능했을까? 그 해답은 핵국과 비핵국 간 '그랜드바겐'에 있다. 핵국과 비핵국은 NPT의 3개 핵심 내용인 핵비확산, 핵군축, 원자력의 평화적 이용 등 소위 '3개 기둥(three pillars)'에서 상호 권리와 의무를 교환하는 대타협에 합의했다.

NPT '그랜드바겐'의 핵심은 핵국이 핵무기 보유의 특권을 유지하는 대신 핵무기를 감축하고 궁극적으로 제거하는 '핵군축' 약속을 이행하며 비핵국에 '평화적 원자력 이용 권리'를 인정하고 지원하는 의무를 지는 것이다. 또한 비핵국은 핵무기를 포기하는 '핵비확산' 의무를 지는 대신 핵국에게 핵군축을 요구하며 자신의 평화적 원자력 이용 권리를 보장받는다. NPT 조문에 나타난 '3개 기둥'에 따른 권리와 의무의 상세 내용은 아래와 같다.

NPT의 핵심 목표인 '핵비확산'은 NPT 1, 2, 3조에 기술되었다. 1조

(핵보유국 의무)는 핵국이 핵무기와 핵 폭발장치를 비핵국에게 이전하는 것을 금지하고 비핵국이 핵무기와 핵 폭발장치를 제조·획득하는 것을 지원하거나 장려하는 것을 금지한다. 2조(비핵국 의무)는 비핵국이 핵무기와 핵 폭발장치를 획득하거나 관리권을 행사하는 것을 금지하며 핵무기와 핵 폭발장치 제조를 위한 지원을 구하거나 받는 것을 금지한다. 3조(안전조치)는 비핵국이 자신의 관할에 있는 모든 원자력 활동과 핵물질이 평화적이라는 것을 검증하기 위해 IAEA의 안전조치를 받도록 한다. 다만, 안전조치는 원자력 국제협력을 방해하지 말아야 하며 핵국은 안전조치가 적용되지 않는 핵물질과 관련 장비를 비핵국에 제공하지 않는다. 참고로 '안전조치'란 원자력의 평화적 이용을 위한 핵물질과 핵장비 등이 군사용으로 전용되지 못하도록 검증하는 일련의 조치를 말하며 구체적인 조치로 사찰이 있다.

다음으로 그랜드바겐의 다른 핵심 기둥인 '핵군축(nuclear disarma-ment)'은 6조에 규정되어 있다. 6조에서 핵보유국은 "조속한 일자 내에 핵무기 경쟁 중지와 핵군축을 위한 효과적 조치, 그리고 엄격하고 효과적인 국제통제 하에서 전면적 군축에 관한 조약 등에 대해 성실히 교섭을 추구하기로 약속"했다. 비핵국은 핵군축이 핵국의 핵심 의무 사항이라고 보았다. 비핵국은 NPT가 자신에게 차별적이지만 이를 수용한 핵심 이유가 핵국의 핵군축 의무 때문이라고 주장한다. 그런데 핵국은 핵군축에 소극적이다. 탈냉전기 들어 핵국이 핵무기를 많이 감축했지만 완전한 핵군축을 추진할 가능성은 매우 낮다. 이런 핵국의 핵군축에 대한 소극적 태도가 바로 2017년 7월 유엔 총회가 일체의 핵무기를 금지하는 '핵무기금지조약(TPNW: Treaty on the Prohibition of Nuclear Weapons)'을 채택하는 배경이 되었다. 또한 2020년 NPT 탄생 50주년에 즈음하여 많은 전문가가 NPT체제의 위기를 경고하는 배경이 되었다.

그랜드바겐의 마지막 기둥에 해당하는 '원자력의 평화적 이용'은 4조에 규정되어 있다. 비핵국은 특히 4조의 중요성을 강조한다. 비핵국은 이 조항에 따라 원자력의 평화적 이용에 대한 '불가양의 권리(inalienable right)'를 갖고 핵국이 가진 원자력 기술을 지원받을 권리를 갖는다고 주장한다. 하지만 현실에서는 원자력의 평화적 이용에 대한 권리와 혜택이 크게 제약받고 있어 비핵국의 불만이 크다. 실제 원자력 기술을 보유한 핵국은 비핵국이 민수용 원자력 기술을 군사용으로 전용할 것을 우려해 원자력 협력에 소극적이다.

특히 '농축재처리'에 대한 양 그룹의 인식차가 크다. 비핵국은 농축재처리가 원칙적으로 '원자력의 평화적 이용' 범주에 속한다고 본다. 하지만 핵국은 농축재처리를 무기용 핵분열물질을 획득하는 통로로 보고 이에 대한 어떤 국제협력도 거부한다. 사실 한국도 에너지안보와 지속가능 원자력을 위해 농축과 재처리가 절실하지만 미국의 강한 반대로 이에 대한 접근이 완전히 차단되고 있다. 2015년 신 한미원자력협력협정에서 처음으로 농축재처리의 가능성이 열렸다고 하지만 이를 실제 확보하기 위해서는 갈 길이 매우 멀다.

NPT의 3개 기둥은 상호 연계되어 있어 각 기둥의 진전은 다른 기둥의 진전을 촉진하는 시너지 효과가 있다. 그런데 이런 상호 관련성에 대해 핵국과 비핵국은 인식을 공유하면서도 비핵국은 자신들의 핵비확산 의무가 과도하게 강요되는 반면, 핵국이 핵군축과 평화적 원자력 협력 의무를 불이행한다고 비판한다. 이에 대해 핵국은 핵비확산이 충분히 실행되고 정착되어야 이를 기반으로 핵군축도 진전되고 원자력의 국제협력도 확대될 수 있다고 주장한다. 핵국은 비핵국이 NPT 4조에서 갖는 원자력의 평화적 이용 권리도 "핵비확산 책무를 성실히 이행하는 조건"에서만 행사 가능하다고 해석한다.

한편, 비핵국은 원자력의 평화적 이용에 대한 '불가양의 권리'가 핵비확산이라는 이유로 과도한 제약을 받고 국제협력이 충분하지 않다고 불평한다. 더욱이 자신들은 핵비확산 책무를 성실히 이행하고 있는 데 비해 핵보유국이 약속한 핵군축은 이행되지 않고 있다며 핵군축 의무를 충실히 이행할 것을 촉구한다. 이런 핵국과 비핵국 간 갈등은 NPT 평가회의에서 매번 반복되었으며 최근 더욱 악화되는 추세이다. NPT는 추가 핵확산을 저지하는 데 크게 성공했지만 핵국과 비핵국을 차별함으로써 항상 정치적 논쟁에 휩싸여 있다. 화학무기금지협정(CWC: Chemical Weapons Convention)과 생물무기금지협정(BWC: Biological Weapons Convention)이 모든 회원국에게 예외 없이 화학무기와 생물무기를 전면 금지했다는 점에서 NPT의 차별적 특성이 돋보인다.

1995년 NPT의 영구연장 합의: 핵보유국과 비보유국 간 타협과 갈등

NPT는 당초 1970년부터 1995년까지 25년의 유효기간을 갖고 있었는데 1995년 NPT 연장회의에서 영구연장되었다. NPT는 10조 2항에서 동 조약이 발효되고 25년이 지난 후 그 효력을 무기한으로 지속할지 일정 기간만 연장할 것인지를 결정하기 위한 회의를 소집하도록 규정했다. 이에 따라 1995년 4월 17일 뉴욕에서 매 5년마다 소집되는 'NPT 검토회의'에 겸해 'NPT 연장회의'가 열렸다.

1995년 NPT 연장회의에 참가한 175개 NPT 회원국은 NPT를 영구연장하기로 투표 없이 컨센서스로 합의했다. NPT 영구연장 결정은 핵비확산 역사에서 중대한 이정표로 기록된다. 하지만 영구연장에 이르는 과정은 순탄하지 않았는데 영구연장을 앞두고 핵국과 비핵국 간 해묵은 갈등이 불거졌기 때문이다. 탈냉전기에 유일 초강대국이 된 미국은 NPT의 영구연장을 강력히 원했다. 미국이 1994년 10월 서둘러 북

제2조 (비핵국의 핵비확산 의무) 핵무기 비보유 조약당사국은 여하한 핵무기 또는 기타의 핵폭발장치 또는 그러한 무기 또는 폭발장치의 관리를 직접적으로 또는 간접적으로 어떠한 양도자로부터도 양도받지 않을 것과, 핵무기 또는 기타의 핵폭발 장치를 제조하거나 또는 다른 방법으로 획득하지 않을 것과, 또한 핵무기 또는 기타의 핵폭발 장치를 제조함에 있어서 어떠한 원조를 구하거나 또는 받지 않을 것을 약속한다.

제4조 (원자력의 평화적 이용 권리) ① 본 조약의 어떠한 규정도 차별 없이 또한 본 조약 제1조 및 제2조에 의거한 평화적 목적을 위한 원자력의 연구생산 및 사용을 개발시킬 수 있는 모든 조약당사국의 불가양의 권리에 영향을 주는 것으로 해석되어서는 아니된다.

제6조 (핵국의 핵군축 의무) 조약당사국은 조속한 일자 내의 핵무기 경쟁중지 및 핵군비 축소를 위한 효과적 조치에 관한 교섭과 엄격하고 효과적인 국제적 통제하의 일반적 및 완전한 군축에 관한 조약 체결을 위한 교섭을 성실히 추구하기로 약속한다.

제10조 (탈퇴 요건) ① 각 당사국은, 당사국의 주권을 행사함에 있어서, 본 조약상의 문제에 관련되는 비상사태가 자국의 지상 이익을 위태롭게 하고 있음을 결정하는 경우에 본 조약으로부터 탈퇴할 수 있는 권리를 가진다. 각 당사국은 동 탈퇴 통고를 3개월 전에 모든 조약당사국과 국제연합 안전보장이사회에 행한다. 동 통고에는 동 국가의 지상 이익을 위태롭게 하고 있는 것으로 그 국가가 간주하는 비상사태에 관한 설명이 포함되어야 한다.

한과 제네바 기본합의를 체결한 것도 북핵문제가 NPT 영구연장에 미칠 부정적 영향을 차단하기 위해서였다는 주장이 있다. 탈냉전의 평화 분위기 속에서 중국과 프랑스가 뒤늦게 1992년 NPT에 가입한 것도 NPT 영구연장 분위기를 조성하는 데 기여했다.

참고로 한국정부는 핵비확산을 중시하여 NPT 영구연장을 지지했다. 동시에 비핵국이자 원자력 후발국으로서 원자력의 평화적 이용과 국제협력 확대, 평화적 목적의 핵기술 이전, 정보제공 협조 강화, 핵연료의 장기적인 안정적 공급보장 등을 요구하고 비핵국에 대한 차별적 대우의 철폐를 주장했다.

NPT 연장회의는 핵보유국과 서방진영을 일방으로 하고 비핵국과 비동맹진영을 타방으로 하는 2개 진영의 대결장이 되었다. 비핵국과 비동맹국은 NPT가 핵국에게 일방적으로 유리한 불평등 조약이라고 주장하고 영구연장 결정에 앞서 이를 우선 시정할 것을 요구했다. 이들은 핵국의 핵군축 의무 불이행, 비핵국에 대한 안전보장 제공 문제, 일부 NPT 비핵국 회원국이 NPT 비회원국보다 불리한 대우를 받는 문제, 원자력 선진국의 소극적인 원자력 국제협력 등에 강한 불만을 표출하였다.

당시 충분히 예상되었듯이 5개 핵보유국은 NPT를 주로 핵확산을 저지하는 수단으로 보았고 이를 위해 NPT의 영구연장을 강하게 주장했다. 한편, 원자력의 국제협력과 기술이전에 대해서는 핵비확산이 충실히 이행되는 조건에서만 가능하며 핵비확산이 보장되어야 핵군축도 가능하다는 소극적인 태도를 보였다. 한 달에 걸친 치열한 협상 끝에 핵보유국과 서방진영 국가들은 비동맹운동 국가그룹의 요구를 일부 수용하여 NPT 영구연장에 대한 합의를 도출하는 데 성공했다. 그 결과, 연장회의는 핵비확산 및 핵군축의 원칙과 목표에 관한 결정, NPT 평가제도 강화에 관한 결정, 중동지역 비핵지대 촉구 결의안 등을 채택했다.

1995년 NPT 연장회의에서 새로 조성된 핵국과 비핵국 간 타협 정신은 2000년 제6차 NPT 평가회의에서도 계승되었다. 그 결과, 제6차 평가회의에서 '미래의 핵군축과 핵비확산을 향한 13가지 실질조치'

를 포함한 최종문서가 채택되었다. 이 평가회의에서는 스웨덴, 아일랜드, 뉴질랜드, 남아프리카공화국, 이집트, 멕시코, 브라질 등으로 구성된 '신의제연합(NAC: New Agenda Coalition)'의 활동이 부각되었다. 일부 서방진영 국가와 비동맹권 국가를 포함한 NAC 그룹은 핵보유국이 핵무기의 전면 철폐를 위해 '분명한 조치'를 취할 것을 강력히 주장하고 이전 NPT 평가회의에서 별로 주목받지 못했던 핵군축을 핵심 의제로 만드는 역할을 했다. 2000년 NPT 평가회의에서 채택된 '미래 핵군축과 핵비확산을 위한 13개 실질 조치'는 아래 상세 항목에서 보듯이 오늘날 국제사회가 안고 있는 주요 핵군축 의제를 포괄하고 있다. 이는 국제사회의 공통된 숙제이며 특히 비핵국의 숙원 사업이기도 했다.

① 포괄적 핵실험금지조약(CTBT) 조기 발효
② CTBT 발효 시까지 핵실험 모라토리움 유지
③ 제네바 군축회의(CD)에서 핵분열물질생산금지협정(FMCT) 협상 조속 개시
④ CD에서 핵군축을 다루기 위한 보조기구 설립
⑤ 핵군축 및 여타 감축 조치 시 불가역성 원칙 적용
⑥ 핵무기 완전 철폐를 위한 핵보유국의 명확한 공약
⑦ 전략무기감축조약(START II) 조기 발효와 완전 준수, 탄도미사일 방어(ABM: Anti-Ballistic Missile)조약 이행과 유지, START III 협상 조기 개시
⑧ 미국, 러시아, IAEA 간 3자 구상 체결과 이행
⑨ 핵보유국의 핵군축 조치: 핵군축 일방적 조치, 핵역량에 관한 투명성 증진, 핵군축 증진을 위한 자발적 신뢰구축조치, 전술핵무기 감축, 핵 태세 완화, 안보전략상 핵무기의 역할 감소, 핵보유국의 핵군축 프로세스 진행
⑩ 군사용으로 불필요한 핵분열물질을 IAEA 등 국제검증체제가 관리

⑪ 국제감시 하에서 일반적이고 완전한 군축 실현

⑫ NPT 6조, '핵비확산과 핵군축을 위한 원칙과 목적' 합의(1995) 이행 정기 보고

⑬ 핵군축 검증 기술 개발

비보유국의 불만 증가와 흔들리는 '그랜드바겐'

탈냉전기 들어 'NPT 전성시대'가 도래했다. NPT 회원국은 1995년 평가회의에서 영구연장에 합의하고 2000년 평가회의에서 '미래 핵군축과 핵비확산을 위한 13개 실질 조치'를 합의하는 성과를 거두었다. 그런데 탈냉전이 시작된 지 불과 10년 만에 평화에 대한 인류의 희망이 깨졌다. 2001년 9월 뉴욕 무역센터빌딩이 비행기 충돌 테러로 붕괴하면서 인류는 짧은 평화의 꿈에서 깨어났다. 동시에 NPT 영구연장을 가능케 했던 핵보유국과 비보유국 간 '그랜드바겐' 정신도 곧 깨지기 시작했다. 2005년 제7차 NPT 평가회의는 핵비확산에 집착하는 핵보유국과 핵군축에 집착하는 비보유국 간 갈등이 다시 악화하여 최종 결과문서를 채택하지 못한 채 끝났다. 2010년 제8차 평가회의에서 결과문서를 채택하는 데 성공했으나 2015년 제9차 평가회의는 또 결과문서를 채택하지 못했다.

참고로 NPT 평가회의는 NPT 8조 3항에 따라 NPT 발효 이후 5년마다 "조약 전문의 목적과 조항들이 실현되고 있음을 보장할 목적으로 본 조약의 활동을 검토"하기 위해 개최한다. 원래 NPT 평가회의는 주로 NPT 조항의 실행 실적을 평가하는 데 집중했지만 1995년 NPT 평가회의에서 "NPT의 발전을 위해 필요한 분야나 수단을 찾고 규명"하는 임무도 부여되어 검토 범위가 확대되었다.

비핵국은 1995년 NPT의 영구연장에 동의하면서 그 대가로 앞으로

핵국이 자신들의 요구에 귀 기울일 것을 기대했다. 그런데 NPT가 영구연장되자 핵국은 오히려 비핵국의 요구에 관심을 보일 필요가 없어졌다. 이런 핵국의 태도에 특히 비핵국을 대표하는 비동맹운동(NAM: Non-Alignment Movement) 국가는 강한 불만을 표출했다. 1961년 결성된 비동맹운동 그룹은 제3세계의 120개 회원국으로 구성되어 있다. 이들은 반제국주의, 반강대국정치, 반핵 가치를 공유하며 평소 NPT체제 내에서 핵국의 핵보유를 강하게 비판하고 핵군축을 요구했다. 이들이 집단적으로 탈냉전기 NPT 평가회의에서 주창했던 주요 NPT 의제별 입장은 아래와 같다.

첫째, 비동맹운동 국가들은 '핵군축'에 대해 궁극적으로 '핵무기의 완전한 철폐'만이 핵무기의 사용 또는 사용 위협을 제거하는 유일한 방법이라고 강조했다. 핵군축을 위해 단기적으로는 2000년 NPT 평가회의에서 채택된 '미래 핵군축과 핵비확산을 위한 13개 실질 조치'를 충실히 이행할 것을 강력히 요구했다. 또한 이들은 "NPT 영구연장이 핵보유국의 무기한 핵무기 보유를 허용한 것이 아니다"라는 점을 강조하며 NPT 6조(핵군축)의 이행을 위한 구체적인 핵군축 일정표와 검증 장치를 개발할 것을 요구하고 제1위원회에 핵군축 논의를 위한 하위 기구를 설치할 것을 주장했다. 또한 이들은 현재 설립된 6개 비핵지대를 핵군축의 중요한 진전으로 평가하며 비핵지대의 중요성을 인정하고 이를 정착시키기 위한 추가 노력을 핵보유국에 촉구했다.

둘째, '중동문제'에 대해 NPT 비회원국(이스라엘)이 핵무기를 개발하여 중동의 평화와 안정을 훼손하는 데 대해 비판하고 동 지역에 비핵지대를 조속히 설치할 것을 주장했다. 유엔 안보리 결의 487(1981년)과 관련 총회 결의가 이미 '중동 비핵지대' 설치를 요구하고 있다고 강조했다.

셋째, 핵국이 비핵국에 '소극적 안전보장(NSA: Negative Security

Assurance)'을 제공해야 한다고 주장했다. '소극적 안전보장'이란 핵 국이 비핵국에 핵무기의 사용 또는 사용 위협을 하지 않는다는 안전 보장책이다. 참고로 유사 용어로 '적극적 안전보장(Positive Security Assurance)'이 있는데 이는 NPT상 비핵국이 타국으로부터 핵무기 사 용 또는 사용 위협을 받을 때 핵국이 비핵국을 보호하기 위해 개입한다 는 안전보장책이다. NPT 체결 당시부터 비핵국은 핵국이 비핵국에 법 적 효력이 있는 NSA를 문서로 제공할 것을 요구했다. 최근 다시 비동 맹그룹 국가는 핵국이 비핵국에게 핵무기의 사용 또는 사용 위협을 하 지 않겠다는 안전보장을 위해 "보편적이고 무조건적이며 법적 구속력 이 있는 문건"을 제공할 것을 요구했다.

넷째, '원자력의 평화적 이용'에 대해 비동맹그룹 국가는 NPT 4조 '원자력의 평화적 이용을 위한 불가양의 권리'를 실천하는 데 어떤 제약 과 개입도 거부했다. 원자력의 평화적 이용을 위한 불가양의 권리에 따 라 "원자력 기술의 자유롭고 방해받지 않고 차별받지 않는 이전(free, un-impeded and non-discriminatory transfer of nuclear technology)" 을 요구했다. 2000년 평가회의 최종문서에서 강조되었듯이 "원자력의 평화적 이용을 위한 개별 국가의 선택과 결정은 그 국가의 정책, 국제 협정, 원자력의 평화적 이용 체제, 그리고 핵연료주기 정책 등을 위험 에 빠뜨리지 않고 존중"되어야 한다고 주장한다.

마지막으로 NPT '10조 탈퇴조항'에 대해 비동맹국들은 NPT가 이에 대해 명확히 합의하고 있다고 주장하고 원래 취지를 변형시키려는 기 도를 반대했다. 2003년 북한이 NPT 제10조를 원용하여 NPT를 탈퇴 하고 본격적인 핵개발에 나서자 서방진영 국가와 일부 핵보유국을 중 심으로 핵개발을 위한 NPT 탈퇴를 통제하자는 의견이 강력히 제기되 었다. 따라서 2005년 평가회의에서 NPT 10조에 따른 탈퇴를 규제하 자는 방안이 제기되었을 때 비동맹국은 이에 유보적인 입장을 보이며

"회원국의 협약 탈퇴 권리는 국제조약법에 따라 규제되어야 한다"라는 입장을 견지했다.

3. 수직적 핵확산과 핵군축의 진전

냉전 초기 미국과 소련은 무한 핵 경쟁에 나섰고 양국은 최대 약 7만기의 핵무기를 축적했다. 미국과 소련은 1970년대 데탕트 기조 속에서 전략무기제한조약(SALT I, 1972년)과 반탄도미사일조약(ABM, 1972년) 등을 체결하며 핵 군비통제를 시작했고 1980년대 후반 중거리핵전력조약(INF, 1987년), 전략무기감축조약(START I, 1991년) 등을 통해 본격적으로 핵군축에 나섰다. 2010년대 후반 이후 강대국 세력경쟁이 재현되면서 핵군축의 장래가 크게 어두워졌다.

수직적 핵확산과 핵 재고의 변천

1945년 미국의 핵개발을 기점으로 핵무장국이 속속 등장하면서 서로 핵 우위를 차지하기 위한 핵 경쟁이 시작되었다. 핵무기 시대 초기 핵국은 핵무기의 엄청난 파괴력과 살상력에 놀라면서도 이를 여전히 전쟁터에서 사용할 수 있는 실전용 무기로 보았다. 핵무기를 전투용이 아니라 전쟁 억제용으로 사용한다는 새로운 개념의 핵전략이 개발되고 수용되는 데는 오랜 시간이 걸렸다. 따라서 초기 핵국은 재래식무기와 마찬가지로 핵무기도 많으면 많을수록, 크면 클수록 좋다고 판단했다. 특히 냉전의 두 맹주인 미국과 소련이 무한 핵 경쟁을 벌인 결과, 각각 3만 기 이상의 핵무기를 축적하는 '수직적 핵확산(vertical nuclear proliferation)'이 발생했다.

첫 번째 핵보유국이 된 미국은 핵 능력의 우위를 지키기 위해 핵무기 수량을 지속적으로 늘렸다. 1966년 핵탄두 3만 1,000기 이상을 보유하여 정점에 도달한 이후 점차 핵무기 감축에 나섰다. 소련은 1949년 후발주자로 핵개발에 성공한 이후 1986년 핵탄두 4만 기 이상을 보유하여 정점에 도달했다. 이후 소련의 해체와 더불어 핵무기 재고가 급속히 감소했다. 영국은 1952년 핵개발에 성공한 이후 1981년에는 핵탄두 약 500기를 보유하여 핵무기 재고가 최고점에 도달했다. 영국은 점차 핵무기 감축에 나섰고 2000년대 들어서야 급속한 핵감축을 거쳐 2018년 약 200기를 보유하고 있다. 프랑스는 1960년 핵개발에 성공한 이후 점차 핵무기 재고를 늘려 1992년 최대 500여 기를 보유했다. 프랑스도 2000년대 이후 핵감축을 추진했고 현재 약 300기 핵탄두를 보유하고 있다.

핵 강대국 중 가장 후발주자인 중국은 1964년 핵개발에 성공한 후 핵탄두 재고를 급속히 늘려 1985년 약 250기를 보유한 이후 점차 증가 속도를 줄여 한동안 약 350기 재고를 유지했다. 2010년대 들어 중국이 세계적인 강대국으로 부상하고 미중경쟁이 치열해지자 중국 내에서 자신의 초강대국 위상에 상응하는 핵전력을 갖추어야 한다는 주장이 제기되었다. 따라서 중국은 2020년대 들어 핵무기를 급속히 늘리기 시작했고 2030년까지 1,000기, 2035년까지 미국과 러시아의 배치 핵무기 수에 버금가는 1,500기까지 늘릴 것으로 예상된다. 한편, 5개 핵보유국 외 NPT체제 밖에서 핵개발에 성공한 이스라엘, 인도, 파키스탄은 각각 100~200기 내외 핵무기 재고를 유지하고 있는 것으로 추정된다.

미국과 소련은 핵무기가 갖는 거대 폭발력과 방사능의 특성으로 인해 과도한 축적이 군사·정치적으로 별 의미가 없으며 핵무기 사용에도 한계가 있다는 점을 점점 깨닫게 되었다. 미국은 1960년대 후반 들어 핵무기를 감축하기 시작했다. 소련은 1980년대 후반 들어서야 미국과

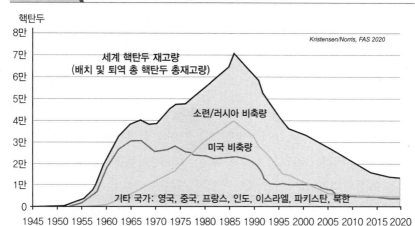

| 도표 2.1 | 세계 핵무기 재고 추정치: 1945~2020년 |

출처: Federation of American Scientists, "Status of World Nuclear Forces," https://fas.org/initiative/status-world-nuclear-forces/

핵감축에 합의하고 급속히 핵무기를 감축했다. 탈냉전기 들어 핵군축이 촉진된 결과, 2025년 현재 모든 핵무장국의 전체 핵무기 재고는 약 1만 2,000기로 추정된다. 이 수치는 과거 1980년대 후반 최고 핵무기 재고였던 약 7만 기에 비하면 1/6 수준이다.

핵 초강대국의 핵군축 추진 배경과 성과

핵국은 핵무기의 과도한 폭발력, 무차별적 살상력, 방사능오염 등 특성으로 인해 거대한 핵 축적의 정치군사적 의미가 미미하고 핵무기 사용에 한계가 있다는 점을 인식하게 되었다. 1962년 쿠바 미사일 사태로 일촉즉발의 핵전쟁 위기를 경험한 미국과 소련은 소통과 관계개선을 통해 핵전쟁 위험성을 통제하고자 했다. 1970년대 들어 미소 양국은 공멸의 핵전쟁을 피하자는 데 서로 공감하고 데탕트 시대를 열었다. 이를 배경으로 미소 핫라인 설치(1971년), 미소 간 최초 핵 군비통제조약인 SALT I 체결(1972년)로 운반체인 육상 대륙간탄도미사일(ICBM)과 잠수함발사미사일(SLBM) 수량 동결, ABM 조약(Anti-Ballistic Missile Treaty) 체결(1972~2002년)로 요격미사일 배치 제한 등 일련의 신뢰 구축조치와 핵 군비통제를 실행했다.

한편, 소련은 계속 핵탄두 보유량을 늘리다가 1980년대 후반 들어 고르바초프 대통령의 개혁개방 조치 및 레이건 대통령과 중거리핵전력 조약(INF) 체결(1987년) 이후에야 본격적으로 핵군축을 단행했다. 미국은 핵전력의 핵심이 수소폭탄이었기 때문에 탄두 수를 상대적으로 손쉽게 감축할 수 있었다. 하지만 러시아는 유럽 전선에서 재래식무기와 함께 사용할 저위력 전술핵무기가 필요해 핵군축에 시간이 걸렸던 것으로 보인다.

탈냉전기의 핵군축 진전은 탈냉전 초기와 2010년대 이후 시기로 구분할 수 있다. 탈냉전기 초기는 1990년대부터 2000년대까지 미국이 유일 초강대국이자 세계적 리더십 국가 위상을 유지했던 시기다. 당시 미국 주도의 핵비확산 국제질서와 안보환경의 안정화에 힘입어 미러 간 급속한 핵군축이 진행되었다. 1985년 취임한 고르바초프 소련 대통령은 국가노선을 급격히 개혁개방으로 전환하고 신사고 외교를 추진했다. 고르바초프 대통령은 새로운 국가노선에 따라 미국과 중거리핵전력조약(INF: Intermediate-Range Nuclear Forces Treaty, 1987년), 전략무기감축조약(START: Strategic Arms Reduction Treaty, 1991년)을 체결하고 급진적으로 핵무기를 줄였다.

2025년 현재 핵무기 초강대국의 핵탄두 재고 동향을 보면 미국은 총 5,044기를 보유하고 있다. 이 핵탄두 수량은 군사용 재고에 더해 퇴역하여 폐기를 기다리는 핵탄두도 포함한 것이다. 미국의 핵탄두 재고를 세분하면 배치 전략핵탄두 1,570기, 배치 전술핵탄두 100기, 비배치 및 예비 핵탄두 1,938기, 군사용 재고 3,708기(활성화, 비활성화 핵탄두를 포함한 군사용 재고) 등으로 구성된다. 사실 모든 핵무장국은 핵무기 보유량을 최고 군사기밀로 유지하기 때문에 정확히 알기 어렵지만 다수 민간 연구기관이 추정치를 발표하고 있다. 여기서는 미국과학자연맹(Federation of American Scientists)의 추정치를 주로 활용했다.

또 다른 핵무기 초강대국인 러시아는 핵탄두 총 5,580기를 보유하여 세계 최대 규모의 핵보유국이다. 러시아의 핵탄두 재고는 배치 전략 핵탄두 1,710기, 비배치 및 예비 핵탄두 2,670기, 군사용 재고 4,380기로 구성된다. 러시아의 비배치 및 예비 핵탄두 수량은 전략핵탄두 1,112기와 전술핵탄두 1,558기를 포함하므로 미국의 그것보다 훨씬 크다. 참고로 미국은 배치, 비배치 전술핵탄두를 포함하여 총 200기에 불과하나 러시아는 전술핵탄두를 1,500여 기 보유하고 있다.

미국과 러시아는 2010년 체결된 신전략무기감축협정(New Strategic Arms Reduction Treaty), 일명 '뉴스타트' 조약에 따라 각각 핵탄두를 최대 1,550기까지 배치할 수 있었다. 동 협정에 따라 2018년 2월 미러가 상호 교환한 핵무기 배치 자료에 따르면, 미국은 총 1,350기 전략 핵탄두를 총 652기의 ICBM, SLBM, 전략폭격기 등에 탑재 배치했다. 미국은 약 200기 전술 핵탄두를 보유하고 있는데 이 중 100기를 NATO 유럽 5개국에 배치했다. 한편, 러시아는 뉴스타트 조약의 신고에 따르면 2018년 2월 1,444기 전략 핵탄두를 배치했다. 그리고 이들은 총 527기의 ICBM, SLBM, 전략폭격기 등에 탑재되었다.

현존하는 유일한 핵군축 조약인 뉴스타트는 2021년에 연장되어 2026년 2월 만료된다. 따라서 국제사회는 미러가 뉴스타트를 대체하는 더욱 진전된 핵군축 조약을 위한 협상을 강력히 희망하고 있지만 현 강대국 세력경쟁의 국제정세를 볼 때 그런 협상의 개최 전망이 밝지 않다. 더욱이 2023년 1월 러시아는 우크라이나전쟁에 대한 미국의 제재 부과

표 2.1 미소(러) 간 주요 핵군축협정과 성과

핵군축협정	주요 군축 조치	배경과 의미
중거리 핵전력 협정 (INF)	• 1987년 서명, 1988년 발효 • 3년 내 지상발사 중거리 (500~5,500km) 탄도·순항 미사일(발사대) 폐기: 미러는 2,692기 중거리 미사일 제거 • 포괄적 검증체제 도입	• 1970년대 소련은 신형 다핵탄두 중거리미사일 SS20 배치; NATO 는 중거리미사일 배치와 제거협상 투트랙 접근; 1985년 고르바초프 취임 후 협상 급진전 • 레이건 대통령-고르바초프 총서기 레이캬비크 정상회담(1986) 결과 • 탈냉전의 전초적 핵군축 합의 • 최초의 실질적인 핵감축 협정 (이전 핵군축협정은 상한선 설정) • 러, 2000년대 중반부터 미국의 MD, 미사일 증강 대응 위해 INF 탈퇴 검토 • 미국, 2014년부터 러의 순항미사일 개발로 INF 불이행 제기; 2017년 러의 중거리 미사일 배치문제 제기 • 2019.2 트럼프 행정부는 러의 미준수와 중국의 중거리미사일 위협을 들어 INF 탈퇴; 중거리(비핵) 미사일 개발 및 동아시아 배치 추진
전략무기 감축협정 (START I)	• 1991년 부시, 고르바초프 서명, 1994년 발효, 2009년 만료 • 핵탄두 6,000기, 운반수단 (미사일, 폭격기) 1,600기 상한선	• 미러 각각 핵탄두 대거 감축
START II	• 1993년 서명; 러시아, 미국의 ABM 유지조건부 비준(2000)하에 미시행 • 핵탄두 3,500기 상한 설정, 미사일에 MIRV 탑재 금지	• 조지 부시 대통령, ABM 조약 탈퇴 (2002.6) 선언으로 푸틴 대통령이 START II 무효 선언

계속

핵군축협정	주요 군축 조치	배경과 의미
전략공격무기 감축협정 (SORT, 모스크바조약)	• 2002.5 서명, 2003.6 발효 • 2012년까지 전략핵탄두 1,700~2,200기 상한 설정	• START II 폐기로 SORT가 부상
신전략무기 감축협정 (New START, 뉴 스타트)	• 2010.4 오바마, 메드베데프 대통령 서명, 2011 발효 • 2021년까지 배치 전략핵탄두 1,550기, 운반수단(미사일, 폭격기) 700기 상한선 • 2023.2. 푸틴 대통령, 뉴스타트 참여 중단 선언	• START I(2009.12 만료), SORT 대체 • 기존 핵전략의 약 1/3 감축 • 전술핵무기, 비배치 핵탄두 상한 미규제

에 반발하여 뉴스타트의 실행을 중지한다고 선언했다. 2025년 1월 취임한 트럼프 대통령이 러시아와 핵군축에 관한 관심을 표명하면서 미러 핵군축에 대한 기대도 다소 되살아났지만 여전히 그 전망은 어둡다.

4. 핵비보유국의 이반과 21세기 핵군축의 과제

탈냉전 초기 미국 주도의 국제질서 속에서 핵군축이 진전되었으나 2010년대 강대국 간 경쟁과 핵 경쟁이 재부상하면서 NPT체제가 위기를 맞았다. 비핵국과 시민사회는 핵무기의 '인도적 참상'을 이유로 전면적인 핵군축을 재차 촉구했고 마침내 2021년 완전한 핵무기 폐기를 요구하는 '핵무기금지조약(TPNW)'을 발효시켰다. 한편, 스웨덴과 독일은 현실적인 대안으로 당면한 핵 위험인 '핵사용 위험' 감소를 목표로 한 '스톡홀름 구상'을 제창했다.

핵군축을 위한 '인도적 접근'과 핵무기금지조약(TPNW) 제정

탈냉전 초기 유일 초강대국 미국이 자신 주도의 패권적 국제질서 하에서 예측가능한 '전략적 안정성'을 제공하면서 핵군축과 군비통제가 진전했다. 하지만 2010년대 들어 미국이 패권국 역할을 포기하고 강대국 정치가 재현되자 '전략적 안정성'이 훼손되고 핵 경쟁이 벌어졌다. 특히 미중 간, 미러 간 전면적인 세력경쟁이 시작되면서 탈냉전기의 평화와 국제협조 분위기에서 체결되었던 다양한 양자, 다자 군비통제 협정도 해체되기 시작했다.

비핵국과 시민사회는 이런 핵국의 행태에 강하게 반발했다. 이들은 2009년 4월 오바마 미국 대통령이 프라하 연설에서 '핵무기 없는 세상'을 주창하고 2012년 노벨평화상을 수상한 데 힘입어 핵군축을 다시 주목했다. 당시 비핵국과 시민사회가 핵사용의 '인도적 참상(humanitarian catastrophe)'에 주목하면서 핵전쟁 방지와 핵무기 폐기를 더욱 강력히 요구하기 시작했다. 2010년 NPT 평가회의 결과 문서에 처음으로 핵무기 사용의 '인도적 참상'이 명기되어 핵군축의 주요 의제로 주목받았다.

당시 핵군축 논쟁에서 돋보였던 특징 중 하나는 비국가행위자의 역할이다. 보통 전쟁과 군비는 국가와 군인의 고유 영역이었다. 하지만 핵무기의 무차별적이고 과도한 살상력 때문에 핵무기 발명 직후부터 시민사회·NGO·개인·국제기구 등 비국가행위자가 주요 핵군축 행위자로 부상했다. 히로시마·나가사키 핵폭발 참상에 이은 메가톤급 폭발력을 가진 수소폭탄의 등장을 배경으로 1940년 중반부터 반핵운동이 시작되었다. 오늘날 반핵운동의 대표적인 상징으로 알려진 '운명의 날 시계(Doomsday Clock),' 일명 '지구 종말 시계'는 핵개발에 참여했던 과학자들이 1947년에 발표한 것이다. '운명의 날 시계'는 탈냉전 직후인 1991년이 자정(운명의 날) 전 17분으로 지구 종말에서 가장 멀었다가 이후 계속 가까워졌다. 2010년 자정 전 6분, 2020년 자정 전 100초, 2023, 2024년 자정 전 90초, 마침내 2025년 자정 전 89초를 기록하여 동 시계가 만들어진 이후 가장 지구 종말에 근접했다.

'인도적 참상'이 국제사회의 보편적인 관심을 받게 되자 이에 힘입어 2012년 유엔 총회는 '다자 핵군축 협상으로 진전' 결의를 채택했다. 동 결의에 따라 핵군축 다자협상을 위한 제안을 개발하기 위한 개방형 실무그룹회의가 개최되었다. 동시에 핵군축을 지지하는 비핵국가와 NGO가 협력하여 '핵무기의 인도주의 결과'에 대한 국제회의를 개최하여 핵군축 조약의 시급성에 대한 국제적 공감대를 조성했다. 특히 동 국제회의에는 NGO가 다수 참여하여 핵군축 분위기를 조성하는 데 크게 기여했다.

마침내 2016년 12월 유엔총회는 '핵무기금지조약(TPNW)' 협상 개시 결의를 채택했고 2017년 6월 협상 회의에서 찬성 122표로 조약문을 채택했다. 동 조약문은 2017년 9월 서명을 위해 개방되었고 2020년 10월 50개국이 비준함으로써 2021년 발효되었다. 동 조약의 출범에는 비핵국, 서방 중립국, 시민사회, NGO의 역할이 지대했다. 100여 개국에서 활동하여 핵군축 NGO를 대표한 핵무기폐기국제운동(ICAN: International Campaign to Abolish Nuclear Weapons)은 핵군축 활동과 TPNW 출범에 기여한 공로로 2017년 노벨평화상을 수상했다.

TPNW는 20개 조문으로 구성되었는데 핵무기 개발·실험·생산·획득·보유·배치·이전·접수 등 일체의 핵무기 행동을 금지하며 특히 핵무기 사용 및 사용 위협을 금지했다. TPNW의 의의로 핵무기 전면 폐기의 법제화, 핵무기 사용 금지, 핵실험 금지 등 핵군축 규범의 법제화, 핵무기 사용의 인도주의적 참상 주목 및 피해 복구, 핵무기 불사용 원칙, NSA 천명 등이 있다. TPNW는 핵무기를 보유하거나 통제 중인 국가에 대해 '폐기 후 가입' 또는 '가입 후 폐기' 방안을 제시하여 핵폐기를 위한 경과 규정을 두었다. '핵폐기 후 가입' 국가는 IAEA와 안전조치 협정을 체결하여 검증을 받아야 한다. 한편, '가입 후 폐기' 국가는 핵무기 실전배치의 즉각적인 철회, 정해진 시한과 계획에 따라 핵폐기, 폐기 검증을 위해 IAEA와 안전조치 협정 체결 등 절차를 따라야 한다.

TPNW의 등장은 '핵무기 없는 세상'을 만들겠다는 인류의 열망을 실행하고 핵군축을 거부하는 핵국에 경종을 울리는 효과가 있다. 동시에 국제 핵 질서에 혼선을 초래한다는 비판의 목소리도 크다. 지금까지 국제 핵질서는 NPT를 유일 중심축으로 유지되었지만, TPNW의 등장으로 서로 다른 지향점을 가진 2개 조약이 병존하면서 사실상 국제 핵 질서에 혼선을 초래하고 핵국과 비핵국 간 균열을 오히려 부각하는 결과를 낳았다. TPNW에는 5개 NPT 핵보유국과 NPT 밖 4개 핵무장국, 그리고 미국의 핵우산 보호를 받는 동맹국(나토 유럽국, 일본, 한국, 호주, 캐나다 등)이 모두 불참했다. 그 결과, TPNW는 '핵 없는 세상'을 염원하는 국제사회와 인류의 염원을 상징하는 데 그칠 뿐 국제 핵질서의 중심축이 될 수 없다는 평가를 받았다.

스톡홀름 구상의 '핵사용 위험 감소' 의제 부상

2010년대 후반 들어 미중 경쟁의 발발을 계기로 강대국 정치와 핵 군비경쟁이 재등장하자 서방진영 국가 중에서 핵군축과 세계평화를 지향하는 스웨덴과 독일은 임박한 핵 위험인 '핵사용 위험(nuclear risk)'의 감소를 주요 핵군축 의제로 제시했다. 스웨덴과 독일은 2019년 6월 한국을 포함한 주요 비핵국을 초청하여 '핵군축과 NPT 관련 스톡홀름 구상 장관급 회의'를 처음 주최했다. 이들은 2020년 2월 베를린에서 2차 장관급 회의를 주최하고 공동선언문 「NPT 50주년(The NPT at 50:

Advancing Nuclear Disarmament, Securing Our Future)」과 부속
문서로 「징검돌(Stepping Stones for Advancing Nuclear Disarma-
ment)」을 채택했다. 스톡홀름 구상은 비동맹국과 '인도적 접근' 주창
국가가 단기적, 전면적인 핵군축을 주장한 데 비해 우선 핵무기 사용의
위험성을 줄이는 데서부터 시작하여 점진적인 핵군축을 요구한다는 점
에서 일명 '징검돌 접근법'으로 불린다.

스톡홀름 구상 회의는 2020년 NPT 발효 50주년과 제10차 NPT 평
가회의를 앞두고 핵국과 비핵국의 갈등 심화, 제10차 평가회의에서 최
종문서의 2회 연속 채택 실패 가능성, TPNW의 비현실적이고 급진적
인 핵군축 요구 등을 배경으로 실현 가능한 핵군축 대안을 모색하기 위
해 열렸다. 스톡홀름 구상 참가국은 합의 가능, 실현 가능한 핵군축 조
치를 제시하여 핵국과 비핵국 간 간극을 좁혀 10차 NPT 평가회의를
성공적으로 마무리하려고 했다.

2차 장관급 회의 공동선언문은 스톡홀름 구상의 핵군축 목표와 원
칙으로 NPT 및 NPT의 3대 기둥에 대한 지지 재확인, NPT 공약 준수
와 핵군축 진전 필요성, 핵국의 핵위협 감소를 위한 투명성 제고 및 핵
무기 역할 축소, 뉴스타트 연장 및 차세대 핵 군비통제 준비, 핵실험 금
지, 핵분열물질생산금지조약(FMCT) 협상 개시, 핵군축 검증 역량 개
발, 북한 비핵화, 이란 핵합의(JCPOA) 보존과 완전한 이행, 군축을 위
한 청년 교육과 여성 참여, 핵무기 사용 및 실험 피해 지역에 대한 존
중, 원자력의 평화적 이용 및 핵비확산 등 관련 협력 등을 포괄적으로
제시했다. 특히 이 구상은 핵 위험 감소를 위한 구체적인 액션플랜으로
핵무기의 역할 감소를 위한 '일차 불사용' 또는 '유일 목적' 원칙 채택,
핵전력과 핵교리의 투명성 증진, 핵무기 준비 태세 완화(de-alerting),
핵탄두의 분리 보관, 핵 지휘통제권의 다중 통제, 핵보유국 간 '전략적
안정성 대화' 개최 등을 강조했다. 동 구상은 핵군축을 지향하면서도

핵사용 위험성이 고조하는 현실에서 그 위험을 제거하기 위해 실행 가능한 '핵사용 위험 감소' 조치에 주안점을 두었다는 특징이 있다.

스웨덴이 한때 TPNW협상에 적극 참여했으나 최종 서명 단계에서 돌연 빠졌다. 스웨덴이 2019년 스톡홀름 구상을 주도한 배경에는 TPNW 서명에 불참하여 핵군축 세력의 비난을 받는 데 부담을 느끼고 전통적인 핵군축 주도국으로서 명망을 유지하겠다는 의도가 있었던 것으로 보인다. 나아가 핵국과 비핵국의 일방이 아니라 양측이 동참하는 핵군축을 추구하며 점진적이지만 실질적인 핵군축 성과를 달성하겠다는 의지도 있었다. 당시 스웨덴정부는 자국이 TPNW 서명에 불참한 이유로 핵폐기 대상이 불분명하고 NPT와 관계가 불명확하며 핵국이 TPNW 협상에 전면 불참하여 비핵국의 입장만 반영한 반쪽짜리 핵군축 조약이 되었고 핵국의 반발로 핵군축의 실질적 효과가 없다는 점 등을 들었다.

5. 맺는말

사실 그동안 한국은 국제사회의 핵군축, 핵비확산에 별 관심이 없었다. 한국은 분단국으로서 북한의 군사적 위협에 대응한다는 이유로 안보적 관심이 한반도를 넘어서지 않았다. 1990년대 들어 북한이 핵개발을 개시한 이후 한국은 이를 저지하기 위한 비핵화 외교를 추진하면서 NPT에 관한 관심도 커졌다. 한국은 1970년 중반 미국이 한국에 대한 안보 공약을 축소하고 주한미군 철수를 추진하자 한때 핵개발을 모색한 적이 있었다. 하지만 한국정부는 미국의 반대로 핵개발을 포기하고 1975년 NPT 회원국이 된 후 일관되게 핵비확산 원칙을 견지했다.

한국은 에너지자원 빈곤국으로서 전통적으로 '원자력의 평화적 이용'에 대한 관심이 특별히 높았다. 국내 에너지원이 전혀 없는 상태에서 중화학공업 기반의 산업화를 추진할 때 원자력발전이 에너지원의 한 주요 축으로 필요했다. 한국은 핵개발을 포기한 이후 NPT 틀 내에서 핵비확산 규범을 충실히 준수하면서 미국 및 IAEA와 긴밀히 협력하고 오직 원자력의 평화적 이용에 집중했다. 국제사회에서도 한국은 북한의 군사적 위협, 핵 위협에도 불구하고 원자력의 평화적 이용에 집중하는 NPT 모범국가로 통했다. 그 결과, 한국은 원자력 후발국이지만 미국, 프랑스, 중국, 러시아, 일본에 이어 6번째로 많은 원전을 가진 원자력 대국이 되었고 2009년 UAE에 처음으로 원전을 수출하여 세계 4대 원전 수출국이 되었다.

오늘날 세계적인 중견국이자 통상국가로 성장한 한국의 국익은 NPT가 지향하는 세계평화와 '핵무기 없는 세상' 목표와 일치한다. 한국은 세계평화와 공영을 위한 다자주의와 규범에 기반한 국제질서의 최대 수혜자다. 특히 한국은 극도로 빈곤한 부존자원과 높은 대외적 경제의존도 때문에 지속 가능한 경제발전과 국민복지를 위해 세계평화, 지역안정, 국제시장과 자원·에너지원에 대한 안정적인 접근 등이 필수적이었다. 이때 핵확산, 핵전쟁, 핵경쟁, 핵테러 등을 방지하고 원자력의 평화적 이용을 확대하는 것이 한국의 사활적 국익을 구성한다.

2010년대 후반 지정학적 경쟁과 군비경쟁이 치열해지자 구테레스(Antonio Guterres) 유엔 사무총장은 2018년 『우리 공동의 미래를 보장: 군축을 위한 의제(*Securing Our Common Future: An Agenda for Disarmament*)』보고서를 발표하고 핵군축에 대한 국제사회의 관심을 촉구했다. 구테레스 사무총장은 이 보고서에서 핵무기가 인류에 대해 실존적 위협을 가하고 있다고 지적하고 핵군축을 위한 '새롭고 결정적인 행동'을 제안했다. 그는 최근 강대국 간 세력경쟁으로 인해 국제질서의 불안정성이 증가하지만 탈냉전기 세대들은 제1, 2차 세계대전의 참상을 겪은 냉전 세대와 비교할 때 군축의 논리와 용어에 무지하고 무관심하다고 지적했다. 따라서 인류 공동의 미래를 보장하기 위해 군축을 유엔의 핵심 의제로 추진하며 모든 정부·비정부기구·국제기구에 동 목표를 향해 협력할 것을 촉구했다.

한국은 NPT 모범국가이자 세계적인 중견국으로서 유엔의 군축 보고서를 적극 지지했다. 한국정부는 이 보고서가 제안한 액션플랜을 실천하기 위해 2019년 유엔 총회에 「청년과 군축·비확산」 결의를 제출해 통과시켰다. 또한 한국정부는 2019년 '스톡홀름 구상'에 참가하여 한국 외교사상 처음으로 핵군축 국가그룹에 동참하고 공동 입장을 발표하는 성과도 거두었다. 그 외에도 핵군축의 투명성을 보장하기 위해 다자검증 방안을 개발하는 '국제 핵군축 검증 파트너십(IPNDV: International Partnership for Nuclear Disarmament Verification)', 그리고 핵군축을 촉진하는 안보환경을 조성하고자 하는 '핵군축 환경 조성 구상(CEND: Creating an Environment for Nuclear Disarmament)'에도 참여하여 국제사회의 핵군축 활동에 적극 참여해 기여하고자 했다.

위의 유엔 군축보고서가 지적했듯이 최근 강대국정치의 귀환이 핵군축을 더욱 지체시킬 뿐만 아니라 핵 경쟁을 조장함으로써 NPT체제를 큰 위기에 빠뜨렸다. 향후 당분간 NPT의 미래와 관련한 국제사회의 관심은 2026년으로 예정된 '제11차 NPT 평가회의'와 이를 위한 '준비위원회'에 집중될 전망이다. NPT 평가회의는 이미 연이어 2회나 '결과문서' 채택에 실패했기 때문에 국제사회는 더 이상 NPT의 표류를 방치할 여유가 없다. 한국은 NPT 모범 회원국이자 NPT 3개 기둥의 균형적 발전에 특별한 이해관계를 가진 국가로서 차기 NPT 평가회의의 성공을 위해 최선을 다할 전망이다. 이때 이를 위한 한국정부와 국내 핵정책 공동체의 적극적인 참여와 역할이 기대된다.

마지막으로 핵비확산 국제레짐에 대한 주요 위협요인의 하나인 북핵 문제가 있다. 이는 한국의 최우선적인 외교·안보 과제이기도 하다. 북한이 2017년 '국가 핵무력 완성'을 선언한 데 이어 2022년 9월 '핵무력정책법'을 제정하고 한국에 선제적인 핵 타격을 위협했다. 따라서 한국은 북핵의 궁극적인 폐기뿐만 아니라 당면한 핵사용 위험, 핵안보 위험, 원자력 안전사고 등에 대비하기 위해 NPT체제를 더욱 강화하고 활용해야 할 숙제를 안고 있다. 동시에 북한의 핵위협 증가에 대응하기 위한 국내의 핵무장 주장은 한국의 핵비확산정책 및 국제사회의 핵비확산 레짐에 대한 중대 도전요인이다. 오늘날 한국은 NPT 내에서 핵비확산과 평화적 원자력 이용의 모범국가로 남을 것인지, 아니면 북핵의 실존적 위협에 대응하기 위해 핵개발을 추진함으로써 핵비확산 국제규범을 위반하는 문제 국가가 될 것인지를 선택해야 하는 갈림길에 서 있다.

⌘　참고문헌

앤드류 플러터 지음. 고봉준 옮김. 『핵무기의 정치』. 서울: 명인문화사, 2016.
외교통상부. 『군축비확산편람 2021』. 서울: 외교통상부, 2021.
이호재. 『핵의 세계와 한국 핵정책』. 서울: 법문사, 1981.
전봉근. 『북핵위기 30년』. 서울: 명인문화사, 2023.
_____. 『비핵화의 정치』. 서울: 명인문화사, 2020.
한국외교협회. 『외교 특집: NPT 체제 50주년, 어디로 가고 있는가』, 제133호 (2020년
　　4월).
한국핵정책학회. 『한국비확산원자력저널』. http://www.koreanuclearpolicysociety.
　　org (검색일: 2024년 3월 9일).
한용섭. 『핵비확산의 국제정치와 한국의 핵정책』. 서울: 박영사, 2022.
함택영 편. 『핵의 국제정치』. 한국과 국제정치 특집호, 제27권 제1호 (2011).

Evans, Gareth, and Yoriko Kawaguchi. *Eliminating Nuclear Threats: A
　　Practical Agenda for Global Policymakers*. International Commission on

Nuclear Non-proliferation and Disarmament, 2009.

Federation of American Scientists, "Status of World Nuclear Forces" https://fas.org/initiative/status-world-nuclear-forces/ (2025.9.18.)

Sagan, Scott D. "Why Do States Build Nuclear Weapons?" *International Security* 21–3 (Winter 1996/97): 54–86.

Sagan, Scott D., and Kenneth N. Waltz. *The Spread of Nuclear Weapons: A Debate Renewed*. New York: W.W. Norton, 2002.

UNODA. *Securing Our Common Future: An Agenda for Disarmament*. New York: United Nations, 2018.

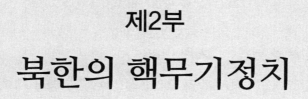

제2부
북한의 핵무기정치

3장

북한 핵무기 개발 환경:
탈냉전의 동북아와 한반도정치

김계동(건국대 안보·재난관리학과)

북한의 핵무기 개발이 처음으로 공식화된 것은 핵확산금지조약(NPT) 탈퇴를 선언한 1993년 3월부터였다. 이 시점은 4년 전인 1989년 냉전 시대의 갈등과 대결이 끝나고 화해와 협력이 세계질서의 중심으로 자리잡던 탈냉전의 시기였다. 이러한 평화의 시대에 북한이 갑자기 핵무기 개발 의혹을 보이면서 NPT 탈퇴를 선언했고 전 세계는 왜 이 평화의 시기에 북한이 핵무기를 개발하는가에 대한 의구심을 가졌다. 어떤 국가든 비용이 많이 들고 국제적으로 비난, 제재, 공격의 대상이 되는 핵무기를 개발하기 위해서는 그 핵무기를 개발해야 하는 동기를 가져야 하는데 북한이 그러한 절박한 동기를 가지고 있었다고 인정하기 어려운 상황이었다. 핵무기와 같은 대량살상무기의 개발은 군사안보적 위협을 받는 상황에서 개발하는 것인데, 당시 그러한 동기를 가질 만한 주변 상황을 찾아보기 어려웠기 때문이다.

주지하다시피 1989년 세계 탈냉전은 세계질서를 완전히 바꿔 놓았다. 제2차 세계대전 이후 40여 년간 미국과 소련을 중심으로 한 군사대결이 종식되었고 이 냉전적 대립이 미국을 중심으로 한 자본주의의 승리로 끝나게 되었으며 세계에는 미국 중심의 단극체제가 형성된 상황이었다. 공산진영을 주도하였던 소련이 해체되어 붕괴되었고 소련의 위성국이었던 동유럽의 모든 공산국가들의 체제가 붕괴하여 민주주의와 자본주의 국가로 전환되었다. 동북아에도 완전하지는 않지만 부분적인 탈냉전이 이루어졌다. 중소분쟁이 종식되었고 이에 따라 미중일러의 동북아 열강의 세력구도도 변화를 겪게 되었고 대체로 안정적인 질서가 자리잡는 방향으로 나아가게 되었다.

세계 및 동북아질서의 변화에 영향을 받아 제한적이나마 한반도의 탈냉전도 모색되었다. 우선 남한의 노태우정부가 사회주의권에 대한 적극적인 외교정책, 즉 북방외교를 추진하여 헝가리를 시작으로 동유럽 공산국가들과 외교관계를 수립했고 중국 및 소련과의 수교로 이어졌다. 이 북방외교는 대북정책과 연결되면서 북한과의 화해와 협력을 추진하여 괄목할 만한 성과를 거두었다. 북한의 입장에서도 종주국인 소련이 해체되고 기존 우호국들인 동유럽국가들의 공산체제가 연쇄적으로 붕괴되는 모습을 보면서 자국도 붕괴될지도 모른다는 우려 속에서 유연한 대외정책을 추진하기 시작했다. 한국이 중국 및 소련과 수교를 한 방식대로 북한도 미국 및 일본과 수교를 하는 교차승인을 하여 한반도 냉전을 종식시켜야 한다는 주장이 빈번하게 제기되었다.

이러한 전방위적인 탈냉전에 의한 화해와 협력의 분위기 속에서 북한은 1993년 갑자기 NPT 탈퇴를 선언했다. 탈냉전이 부분적으로 북한에 위기를 안겨 준 점은 있지만 갑자기 NPT를 탈퇴하면서 핵무기 개발 의혹을 불러일으킬 정도로 북한은 군사위협을 받는 상황이라고 하기는 어려웠고 더구나 북한은 탈냉전 이후 화해와 협력의 분위기에 편승하여 우호적인 대외정책을 적극적으로 모색하고 있는 상황이었다. 국가가 추진하는 모든 정책에는 이 정책을 추진하게 된 동기가 존재하게 된다. 그런데 1993년 3월 북한이 NPT 탈퇴를 선언하게 된 동기는 당시 국제적 환경이나 북한 내부의 상황을 평가할 때 정확한 해답을 내놓기 어렵다. 북한 자신도 그 동기를 명확하게 밝히지 않았다. 더구나 대체로 핵무기를 개발하는 국가들은 핵무기가 완성될 때까지 NCND(Neither Confirm Nor Deny, 확인도 부인도 하지 않음) 정책을 유지하는데 북한은 공개적으로 핵무기 개발을 공표하는 정책을 추진한 것이다.

이 장은 북한이 핵무기 개발을 선언할 당시 북한의 대내외적 환경에 대해서 살펴봄으로써 핵무기 개발의 동기와 목적을 추적한다. 앞에서 설명한 바와 같이 북한이 세계적으로 탈냉전이 이루어져 평화 분위기가 조성되는 시기에 핵무기를 개발한 이유를 명확하게 밝히지 않았고 추론하기도 어려운 상황이었다. 이를 명확하게 파악하기 위해서는 탈냉전(1989년)과 NPT 탈퇴선언(1993년) 사이에 한반도와 북한에 어떠한 상황이 전개되었는지를 면밀하게 파악하는 것이 필요하다. 그래야 북한의 핵무기 개발 의도와 목표를 파악할 수 있다.

1. 탈냉전 후 북한의 외교정책: 대미일 관계개선과 유엔 가입

1980년대 중반 세계는 냉전 해체의 과정으로 진입하고 있었다. 1940년대 후반에 시작된 냉전이 과도하게 격화되고 미국이 세계를 지배할 수 있는 능력에 한계를 보이기 시작했다. 이에 따라 미국은 1972년 중국과 관계개선하고 소련과 전략무기제한협정(SALT)을 체결했고, 이에 따라 세계는 데탕트 시대로 접어들었다. 그러나 데탕트는 1979년 소련의 아프가니스탄 침공으로 10년도 지속되지 못하고 끝났다. 1980년부터 시작된 신냉전 시기에 미국 레이건 대통령의 소련에 대한 봉쇄와 압박이 성과를 거두어 1985년 소련의 지도자로 등장한 고르바초프가 페레스트로이카, 글라스노스트, 신사고 외교 등을 추진하며 대서방 유화책을 추진하기 시작하여 동서긴장이 완화되기 시작했다. 이와 같이 세계질서가 평화를 향하여 진전되던 시기에 북한은 이러한 흐름에 역행하여 남한의 민항기를 폭파하는 등 세계질서의 이단아로 적대적인 활동을 지속했다.

1987년에 발생한 KAL858기 폭파 사건은 북한 로동당 소속 특수 공작원 김승일과 김현희에 의해 실행되었다. 1987년 11월 29일 그들이 KAL기에 설치하고 중간 기착지에 내린 폭발물이 항공기 재이륙 후 미얀마 상공에서 폭발하여 승객 및 승무원 115명이 전원 희생되는 항공기 테러사건이 발생했다. 이 사건이 북한이 계획한 소행으로 밝혀지자 북한에 대한 비난과 국제적인 압력이 거세어졌으며 미국은 1988년 1월 북한을 '테러지원국'으로 지정하고 제재를 강화하는 강경 조치를 취했다. 미 의회는 모든 교역의 중단을 포함한 대북한 제재조치를 세계 모든 정부들이 취해 줄 것을 만장일치로 승인했다.

이러한 테러행위가 냉전이 고조되던 시기에 발생했다면 북한은 국제사회에서 완전히 소외당하고 심각한 압박과 제재를 받았겠지만, 1980년대 후반은 냉전이 끝나가던 시기였기 때문에 극단적인 제재를 피할 수 있었고, 오히려 미국은 북한에 대한 접근을 시작했다. 미국은 1988년 서울올림픽을 앞두고 공산권의 올림픽 참가와 한반도의 긴장완화를 위해 북한에 접근할 필요성을 느끼고 있었다. 북한도 KAL기 테러 이후 국제적인 비난을 완화하고 외교적 고립을 피하기 위하여 미국과의 대화를 필요로 하고 있었다. 북한은 우선 미국 내 여론을 긍정적인 방향으로 유도하기 위하여 태러 직후인 1987년 12월 워싱턴 주재 소련대사관을 통해 한국전쟁 당시 실종된 미군들의 송환 문제를 제기했다.

북미 관계개선 모색

미국측에서도 한국정부의 북한에 대한 접근을 환영하는 동시에 북한 기술자들의 미국입국을 허용하는 등 유화적인 태도를 보이기 시작했다. 1987년 11월 16일 북한 김영남 외교부장은 미 슐츠 국무장관에게 서신을 보내 한반도에 주둔하고 있는 모든 군사력의 단계적 감축, 북미 간 평화협정 체결, 남북한 간 불가침 선언 등의 문제를 협의하기 위해 한국, 미국, 북한 간의 3자회담의 개최를 제의했다. 이에 대해 슐츠 장관은 중립적 환경하에서라면 미국은 북한당국과 어떤 문제에 관해서라도 대화를 나눌 용의가 있다고 답하였고, 1987년 12월 6일 중국의 주선으로 북경주재 미국과 북한 대사관의 정무 참사관들 사이에 실무 외교접촉이 시작되었다.

이러한 북미접근은 1988년 1월 미국이 북한을 테러지원국으로 지정함에 따라 일단 중단되었다. 그러나 1988년 7월 한국의 노태우정부가 '7·7선언'을 함으로써 다시 북미대화가 재개될 수 있었다. 노태우정부는 7·7선언에서 한반도의 평화를 정착시킬 여건을 조성하기 위하여 북한이 미국·일본 등 한국의 우방과 관계개선을 하는 데 협조할 용의가 있다고 함으로써 한국의 북방정책에 상응할 정도의 북미관계개선을 희망하고 있다는 점을 나타냈다. 이에 힘입어 1988년 10월 미국은 대북한 제재완화 방안을 발표하였다. 이는 비자 규정의 테두리 내에서 북한의 체육인, 학자, 문화인들의 비공식적인 민간차원의 미국방문 장려, 미국인들의 북한방문 제한 완화, 인도적 차원에서 미국의 대북한 교역허용, 미국외교관의 북한외교관 접촉완화 등 4개 항을 포함하였다.[1]

1989년 냉전이 공식적으로 종식된 이후 북미관계는 보다 활성화되었다. 1990년 들어서도 정무참사관급 접촉이 계속 이루어졌고, 1990년 6월에 북한은 미국 교수들을 평양으로 초청하여 학술토론회를 개최하였으며, 1991년 2월에는 미군유해 송환 문제를 놓고 북미 간 정무 참사관급 접촉이 북경에서 진행되었다. 이와 아울러 5월에는 북한 군축 및 평화연구소 대표단과 미국 아시아협회 대표단 간 회담을 평양에서 개최한 것을 비롯해 6월에도 전 유엔군사령관 스틸웰을 단장으로 하는 미국 국제안보연구소 대표단을 평양으로 초청하는 한편, 11월에는 최진우 등 3명을 조지워싱턴대 세미나에 참석시키는 등 대미접근 노력을 기울였다. 이어 12월에는 솔라즈 의원이 방북해 김영남 외교부장 및 김일성을 접견함으로써 의회차원에서의 교류도 성사되었다.[2]

이와 같은 북한의 대미접근 적극화 경향은 1992년 들어 더욱 본격화되었다. 1992년 1월 김용순 당국제부장과 켄터 미 국무차관 등의 고위급 외교관 접촉, 6월까지 지속된 참사관급 외교관 북경접촉 24회, 6·25참전 미군유해 30구 송환, 5월 미국 내 학술회의에 북한측 대표 파견, 미국학자 및 전직 고위관리·의원 등의 방북, 북한 기독교 대표단 방미 등이 그 구체적인 예다. 이와 같이 북한이 1993년 3월 NPT 탈퇴를 선언하고 핵무기 개발을 공식화하기 전 5년 동안 북한은 남한과 더불어 제1의 주적에 포함되는 미국과 접촉을 꾸준히 하면서 평화관계 수립을 위한 노력을 기울이고 있었다. 1987년 KAL기 테러로 테러지원국으로 지정되었지만 북한과 미국은 관계개선을 위한 접촉을 적극적으로 유지한 것이다. 미국을 비롯한 세계로부터 뚜렷한 위협, 특히 군사적 위협이 존재하지도 않았는데 북한은 왜 최고의 군사무기인 핵무기 개발을 선언했는지 의문이 남는다.

일본과의 관계정상화 추진

탈냉전 시기인 1990년을 전후하여 북한과 일본의 관계도 북미관계와 유사하게 진행되었다. 북한은 미국에 대해서는 관계개선을 추진했으나 일본과는 관계정상화(수교)를 본격적으로 추진했다. 1987년 11월 북한이 일으킨 KAL기 폭파사건으로 일본이 북한에 제재조치를 취하여 북일관계가 악화되었으나, 1988년 노태우의 '7·7 선언'을 계기로 양국 관계 발전의 계기가 만들어졌다. 일본은 서울올림픽 직전 북한에 대한 제재조치를 해제했고 1988년 9월 일본 사회당 야마구치 서기장이 북한을 방문하여 관계개선의 의향을 타진했다. 북한의 긍정적인 회답을 받은 후 사회당과 자민당은 북한과의 관계개선을 위해 일본정부, 자민당, 사민당의 3자 실무협의체를 구성하고 북한 방문을 적극적으로 추진했다.

탈냉전 직후인 1990년 초부터 북한은 일본에 대한 접촉을 적극적으로 시도하면서 일본에 대북 우호여론을 조성하기 위하여 일본의 정계 및 민간단체의 방북을 지속적으로 추진하였다. 일본도 냉전 종식 이후 동북아 질서변화 및 한국의 적극적인 북방정책 추진을 계기로 한반도에서 독자적인 영향력 확보를 위하여 북한에 대한 접근을 모색한 것이다. 특히 일본은 냉전종식 이후 국제적 역할확대를 목표로 한 외교정책을 추진하기 위해서, 또한 한반도와 동북아지역에서의 영향력 증대 및 대륙진출의 교두보 확보를 위해 북한과의 관계정상화가 필요하게 되었다. 따라서 북일 국교정상화는 일본 대외정책에 있어서 전후 처리 및 결산, 그리고 21세기 정치외교적 측면에서 대국으로서의 도약을 의미하는 것이었다.

1990년 9월 24일부터 28일까지 가네마루 신 자민당 전 부총재를 단장으로 자민당, 사회당 대표단이 평양을 방문하여 북한의 조선로동당과 '3당 공동선언'을 발표하였다. 3당 공동선언의 주요내용은 식민지 지배 35년 및 전후 45년에 대한 보상, 빠른 시일 안에 국교관계 수립, 교류협력 발전과 위성통신 이용, 직항로 개설, 재일 조선인의 법적 지위 존중, 남북대화에 의한 평화통일 인정, 핵 위협 제거, 국교수립 실현을 위한 정부간 교섭 권고, 상호 당적 관계강화 및 협조발전을 포함했다. 이후 양국은 1991년 1월부터 1992년 11월까지 8차례의 수교회담을 진행했다. 8차례나 수교회담이 개최되었다는 점은 큰 성과라 할 수 있지만 제대로 된 결실을 맺지는 못했다. 양측은 이 기간 동안 토의의제에 관련된 자신들의 입장만을 표명했을 뿐 실질적인 합의에는 이르지 못하였다. 이후 북한의 핵개발로 인해서 북일회담은 더 이상 진전되지 않았다.

남북한 유엔 동시가입

북한은 탈냉전 과정에서 미국 및 일본 등 주요 서방국가와 대화와 협력을 추진하는 동시에 남북한 유엔 동시가입도 수용하여 국제사회에 적극적으로 나서려는 태도를 보였다. 냉전이 종식되는 과정에서 한국정부는 소련과 중국을 비롯한 사회주의권에 대한 북방외교를 추진하면서 유엔가입을 추진하였다. 1989년 유엔 총회 기조연설에서 48개국이 한국의 유엔가입을 지지했고 단 3개국만이 북한의 입장을 공개적으로 지지했다. 1990년 제45차 유엔 총회는 보다 적극적으로 한국의 유엔가입을 지지했다. 미국의 부시 대통령이 총회 연설에서 한국의 입장을 공개적으로 지지했고 71개국 대표가 한국의 유엔가입을 지지했다. 반면, 북한은 남북한의 동시가입은 한반도 분단을 고착화시키려는 음모라고 하면서 남북한이 단일국호로 유엔에 가입해야 한다고 주장했으나 북한의 주장을 지지한 국가는 하나도 없었다.[3]

당시 북한은 유엔 분리가입을 '두 개의 조선' 조작 책동이라며 적극적인 반대를 하였고, 이에 대해 남한정부는 우월한 외교력을 바탕으로 유엔 단독가입을 추진하였다. 북한이 동시가입을 반대하자 중국은 남한에게 유엔 가입문제를 기다려 달라는 요청을 해 한국정부는 1990년 유엔가입신청을 보류하였다. 1991년 봄이 되자 한국은 유엔 가입문제를 북한과 더 이상 협상할 필요가 없다는 결론을 내리고 소련과 중국이 동시가입을 지지하게 되자 유엔가입을 다시 추진했다. 1991년 4월 8일 한국정부는 유엔가입에 대한 한국의 입장을 밝히는 각서를 유엔 안보리 공식문서로 유엔 전 회원국에게 회람시켰다. 한국은 유엔 헌장에 규정된 모든 의무를 수행할 의사와 능력을 갖춘 평화애호국가로서 유엔의 보편성 원칙에 따라 유엔에 가입되어야 하며, 남북한이 가입할 경우 유엔 헌장의 의무와 원칙에 따라 상호신뢰가 구축될 수 있을 것이라는 내용이었다. 한국은 북한과 함께 유엔에 가입하기를 원하고 있으나 북한이 응하지 않을 경우 제46차 유엔총회가 개막되기 전 유엔가입에 필요한 조치를 취할 것이라고 천명하였다.[4]

'하나의 조선'을 내세우며 유엔 단일의석 가입을 주장하던 북한은 남한의 유엔 단독가입이 거의 기정사실이 되자 태도를 바꾸어 유엔 동시가입을 받아들였다. 북한은 "남조선 당국자들이 기어이 유엔에 단독으로 가입하겠다는 조건에서, 이것을 그대로 방임해둔다면 유엔 무대에서 전 조선민족의 리익과 관련한 중대한 문제들이 편견적으로 론의될 수 있고, 그로부터 엄중한 후과가 초래될 수 있다"라며 "남조선 당국자들에 의하여 조성된 이러한 일시적 난국을 타개하기 위한 조치로서" 유엔에 가입한다는 성명을 발표하였다.[5] 결국 1991년 5월 27일자 외교부 성명을 통하여 북한은 유엔 가입신청을 발표하였고 7월 8일 유엔 가입신청서를 사무총장에게 제출하였다. 동유럽 공산권의 몰락, 한국의 북방정책 결실 등 주변정세 변화에 따른 고립과 소외를 탈피하려는 북한은 한국이 유엔에 단독 가입할 경우 더욱 고립될 것을 우려하지 않을 수 없었던 것이다. 8월 5일 한국정부도 가입신청서를 제출하였고 안보리는 8월 8일 총회에 대하여 남북한의 유엔회원국 승인을 권고하는 결의안 702호를 투표 없이 만장일치로 통과시켰다. 제46차 유엔 총회 개막일인 1991년 9월 17일 남북한이 유엔에 동시가입하였다.[6] 북한은 단일국호로 유엔에 가입하자는 주장을 관철시키지는 못했지만 별도 국가로 유엔에 가입함에 따라 주권국가로 인정받게 되었다. 유엔 헌장 제2조는 '평화애호국'만이 유엔에 가입하도록 되어 있다.

돌이켜보건대, 적어도 1992년 말, 즉 NPT 탈퇴선언 수개월 전까지 북한이 화해와 협력을 기저로 한 유연한 외교를 추진한 것은 사실이다. 1989년 동유럽 공산주의 국가들의 체제가 모두 붕괴되고 자본주의화하는 것을 보면서, 북한도 이전과 같은 행태로 외국과의 관계에 있어서 경직된 태도를 보이면 서방국들의 압박에 의하여 체제가 붕괴될지도 모른다는 위기감에 미국과 일본에 유화적인 태도를 보이며 관계개선을 적극 추진한 것이다. 탈냉전 이후 3년 동안 진행된 상황을 보면 북한이 1993년 NPT 탈퇴를 하지 않고 서방과의 관계를 발전시켰다면, 동유럽국가들과 같이 체제가 붕괴되는 것을 피하면서 서방국들과의 관계를 유지하면서 체제발전을 도모했을 가능성이 크다.

2. 남북한 화해협력 모색: 고위급회담과 기본합의서

탈냉전을 전후로 남북한관계는 북한이 핵무기를 개발할 정도로 적대관계가 아니었다. 북한의 제1 주적이라고 할 수 있는 남한과 새로운 분야에서의 접근이 이루어졌다. 남북한이 1989년부터 처음으로 교역을 시작했고 총리를 대표로 하는 고위급회담이 남북을 오가며 개최되었고 남북한의 군사문제(불가침)를 포함한 종합적 관계개선을 위한 합의서인 기본합의서가 체결되었다. 남북한관계의 개선은 북미, 북일 관계개선보다 더 획기적이고 발전적으로 추진되었다.

동북아의 축인 남북한관계가 탈냉전 세계질서의 영향을 많이 받은 지역 중의 하나로 평가되었다. 동유럽 공산국가들이 체제붕괴를 경험한 만큼 북한의 공산체제 붕괴가 이루어지지 않았으며 오히려 냉전시대에는 상상하기 어려운 수준으로 남북한관계의 변화가 이루어졌다.

한국정부의 7·7선언

냉전시대였다면 이러한 행위에 대한 철저한 보복을 했겠지만 미국 등 서방국들과 한국은 새로운 탈냉전의 세계질서에 기초하여 대립적인 태도보다는 화해의 정책을 모색했다. 이에 따라 1988년 7월 7일 노태우의 7·7선언부터 1993년 3월 북한의 핵무기 개발 선언까지 5년 동안 남북한 사이에는 다양한 수준의 대화와 협력이 이루어졌다. 1980년대 후반 접어들면서 경제력과 사회통합 등 체제경쟁 면에서 자신감을 가지게 된 남한정부는 북한을 포용하는 정책을 선택했다. 특히 1988년 서울올림픽을 앞두고 세계 많은 국가가 서울올림픽에 참여하는 분위기를 만들기 위해 남북한관계의 개선이 필요했다. 한국정부는 대통령 선언을 통하여 1988년 7월 7일 북한에 대한 인식과 통일·외교정책 방향의 일대 전환을 의미하는 '민족자존과 통일번영을 위한 특별선언(7·7선언)'을 발표했다. 이 선언은 화해와 협력을 중심으로 한 국제질서와 주변정세의 변화에 힘입어 남북한관계 발전사에 획기적 전기를 이룩해야 한다는 인식에 따라 종래의 북한 고립화 외교정책에서 탈피하여 남북한 화해 협력의 새 시대를 주도함으로써 북한의 동참을 유도한다는 의미에서 발표되었다. 7·7선언 6개 항의 내용은 다음과 같다.

첫째, 정치인, 경제인, 언론인, 종교인, 문화·예술인 등 남북동포 간의 상호교류를 적극적으로 추진하며 해외동포들이 자유로이 남북을 왕래하도록 문호를 개방한다. 둘째, 인도주의적 견지에서 가능한 모든 방법을 통해 이산가족 간 생사·주소확인, 서신왕래, 상호방문 등이 이루어질 수 있도록 적극 주선·지원한다. 셋째, 남북 간 교역의 문호를 개방하고 남북 간 교역을 민족 내부교역으로 간주한다. 넷째, 남북 모든 동포의 삶의 질을 향상시킬 수 있도록 민족경제의 균형적 발전이 이루어지기를 희망하며 비군사적 물자에 대해 한국의 우방들이 북한과 교역을 하는 데 반대하지 않는다. 다섯째, 남북 간의 소모적인 경쟁·대결외교를 종결하고 북한이 국제사회에 발전적 기여를 할 수 있도록 협력하며, 또한 남북대표가 국제무대에서 자유롭게 만나 민족의 공동이익을 위하여 서로 협력할 것을 희망한다. 여섯째, 한반도의 평화를 정착시킬 여건을 조성하기 위하여 북한이 미국, 일본 등 우리 우방과의 관계를 개선하는 데 협조할 용의가 있으며, 한국은 소련, 중국을 비롯한 사회주의국가들과의 관계개선을 추구한다. 이 선언의 핵심은 남북한이 인적교류와 교역을 추진하며 서방국들이 북한과 교역을 하고 관계개선을 하는 데 반대하지 않는 것이었다. 요컨대 7·7선언은 북한을 국제사회에 등장시켜 한반도의 평화를 추구하겠다는, 특히 북한을 배려하는 목적의 선언이었다.

남과 북이 하나의 민족이라는 민족공동체 의식에서 북한동포도 민족의 일원으로 포용하여 교류·협력을 추진하겠다는 목적을 가지고 남한이 채택한 적극적이고 전향적인 대북정책의 결과, 1980년대 후반부터 시작된 남북한 교류는 빠른 속도로 진전되었다. 가장 극적인 것은 남북한의 공개적 물자교역이 처음으로 시작된 것이었다. 1988년부터 시작된 남북한 경제교역의 결과, 1989년 1,900만 달러의 반출입이 이루어졌고 2년 뒤인 1991년 1억 1,100만 달러로 급증했다. 이후 북한의 핵개발 문제로 김영삼정부가 '핵-경협 연계원칙'을 발표하여 북한의 핵개발 문제가 해결될 때까지 남북한의 교역을 중단한다는 선언을 했음에도 불구하고 남북한 교역은 꾸준히 지속되었다. 1995년 2억 8,700만 달러, 1997년 3억 800만 달러, 2000년 4억 2,500만 달러, 2002년 6억 4,100만 달러, 그리고 2008년에는 7억 2,400만 달러를 기록했다.[7]

북한도 국력 약화 및 외교적 고립을 탈피하기 위하여 남한에 대한 평화공세를 시작했다. 남한은 교역 등 경제분야의 교류와 협력을 중시한 반면, 북한은 보다 직접적인 평화를 위한 접촉을 강조했다. 1988년 11월 7일 북한은 중앙인민위원회, 최고인민회의 상설회의, 정무원 연합회의를 개최하여 '조국의 자주적 평화통일을 촉진하기 위한 포괄적인 평화방안'을 제의했는데, 그 내용은 통일지향, 외국군 철수, 남북한 군축, 긴장완화를 위한 대화를 포함했다. 포괄적 평화방안 제의는 1988년 10월 19일 노태우 대통령이 유엔연설에서 제기한 남북정상회의 실현, 동북아평화협의회 구성, 4강에 의한 남북한 교차승인에 대한 대응정책적 성격을 띠고 있었다. 남한은 평화에 대한 점진적인 접근을 제의한 반면, 북한은 군사문제 해결에 의한 급진적인 평화를 제의했다.

이후 북한은 다양한 형태의 평화공세를 시도했고 군사 관련 협상제의도 하였다. 1990년 5월 31일 '평화를 위한 군축 제의'에서 남북한의 신뢰구축방안, 남북한 군사력의 감축, 외국군대의 철수, 비무장 이후의 평화보장 등 4개 항을 제시하였다. 북한의 기존 입장인 주한미군 철수 요구가 포함되었지만 종래의 주장과 달리 북한정부는 남북한 간의 군사력 감축 및 주한미군 철수 이전에 군사적 신뢰구축 방안이 마련되어야 한다는 전제조건을 제시했다. 이전에 북한은 남한이 신뢰구축부터 수립한 후 군사력 감축을 하자고 주장하는 데 대해 반대 입장을 보였으나, 이번에는 신뢰구축을 우선적으로 내세우는 제안을 하였다. 이와 같이 1990년대 초반 탈냉전에 의한 화해와 협력의 흐름을 타고 남북한관계는 이전과는 다른 방향으로 급진전되기 시작했다. 특히 체제위기에 직면한 북한이 유연한 대외관계를 추구하기 시작하면서 남북한 간 화해 분위기가 조성되었다. 이에 따라 남북한 사이에는 1980년대 말과 1990년대 초반에 걸쳐서 남북 국회회담 준비접촉과 1990년 북경아시안게임 단일팀 구성을 위한 대화가 이루어졌고 1990년 10월에는 남북통일축구대회가 서울과 평양에서 개최되었다.

남북한 고위급회담 개최와 기본합의서 체결

무엇보다 가장 의미 있는 대화는 1990년 9월부터 개최된 남북고위급회담이었다. 고위급회담은 남한의 제의에 의해 성사되었다. 남북한은 1989년 2월 8일부터 1990년 7월 26일까지 판문점에서 8차례의 예비회담과 2차례의 합의서 문안 정리를 위한 실무대표 접촉을 하였다. 그 결과, 쌍방 총리를 수석대표로 하는 남북고위급회담을 개최하여 '남북 간의 정치·군사적 대결상태 해소와 다각적인 교류협력 실시문제'를 협의할 '남북고위급회담 개최에 관한 합의서'를 채택하였다. 이 합의서는 회담 명칭(남북고위급회담), 회담 일자(1차: 1990년 9월 4~7일, 2차: 1990년 10월 16~19일), 의제(남북 간의 정치·군사적 대결상태 해소와 다각적인 교류협력 실시문제), 대표단 구성(총리를 수석대표로 한 7명으로 하되 장·차관급으로 구성) 등 총 19개 항을 포함하였다.

　냉전시대에는 상상조차 할 수 없었던 남북한 총리회담이 서울과 평양을 오가며 1990년 9월부터 개최되기에 이르렀다. 미국, 일본 등 서방과의 대화와 협상, 유엔가입 등 정상적인 외교정책을 추진하기 시작한 북한은 남북고위급회담에 적극적으로 임했다. 남북한은 1년 3개월 동안 총리를 대표로 한 회담대표단이 서울과 평양을 오가면서 다양한 수준과 내용의 회담을 진행했고 1991년 12월 15일 서울에서 개최된 제5

차 남북고위급회담에서 '남북 사이의 화해와 불가침 및 교류·협력에 관한 합의서(기본합의서)'를 채택하였다. 이 회담의 양측 수석대표인 정원식 국무총리와 연형묵 북한 정무원총리는 공개회의를 가진 후 전문과 본문 4장 25조로 구성된 합의서에 서명하여 역사적인 남북 화해·교류 시대의 새 장을 열었다. 이날 채택된 합의서는 분단 46년 만에 남북정부 당국 간 이루어진 최초의 공식합의로서 1972년의 7·4 공동성명과는 달리 구체적인 실천방안과 기구 구성까지 명시하고 있어 남북관계 정상화는 물론 통일을 향한 획기적 이정표가 될 것으로 평가되었다.

기본합의서가 가장 강조한 것은 한반도 평화였다. 서문에서 정치·군사적 대결상태를 해소해 민족적 화해를 이루고 무력에 의한 침략과 충돌을 막고 긴장완화와 평화를 유지하며 다각적인 교류협력으로 민족공동의 이익을 도모한다고 밝히는 한편, 남북 쌍방의 관계는 나라와 나라 사이의 관계가 아닌 통일을 지향하는 과정에서 잠정적으로 형성되는 특수관계라고 규정하였다. 요컨대 기본합의서는 외세에 의해 초래된 분단을 남북한이 자주적 노력으로 해결하기 위한 첫 결실인 동시에 분단 46년 만에 처음으로 제3국의 개입 없이 책임 있는 남북한의 정부당국이 공식적으로 민족문제에 관한 합의를 했다는 의미가 있다.

기본합의서는 다음과 같은 원칙을 기본으로 하고 있다. 첫째, 남북 당사자 해결원칙을 바탕으로 하였다. 특히 정전상태를 남북한 평화상태로 전환하는 문제에서 북한 측은 북미평화협정 체결을 주장해 왔으나, 기본합의서는 "정전상태를 남북 사이의 공고한 평화상태로 전환하기 위하여 공동으로 노력하며 이러한 평화상태가 이룩될 때까지 현 군사정전협정을 준수"하도록 되어 있다. 북한은 한반도 평화를 안보적 측면에서 한국과 미국을 분리시키는 이간적 성격의 전략을 탈피하여 진정성 있는 성격의 평화에 접근하는 자세를 보였다. 둘째, 실천성 보장의 원칙을 관철시켰다. 냉전시대에 북한은 남북관계개선에 대한 구체

표 3.1 남북한 기본합의서의 구성

	장 제목	내용
제1장	남북화해	상호체제의 인정과 존중, 내정불간섭, 비방·중상중지, 파괴·전복행위 금지, 정전상태의 평화상태로의 전환, 남북연락사무소 및 남북정치분과위원회 설치 운영
제2장	남북불가침	상호 무력 불사용·불가침, 분쟁의 평화적 해결, 남북군사공동위원회 및 남북군사분과위원회 구성 운영
제3장	남북교류 협력	자원의 공동개발·물자교류·합작투자 등 경제교류와 협력 실시, 출판·보도 등 교류, 민족구성원의 자유로운 왕래, 이산가족의 자유로운 서신 거래·왕래, 상봉 및 재결합, 우편과 전기통신 교류, 남북경제교류·협력공동위원회 및 남북경제교류·협력분과위원회 구성 운영

적 실천의지가 결여된 단순히 선언적인 합의만 하려는 태도를 보였으나 탈냉전 이후 북한은 선언적인 것과 더불어 실천적인 것을 함께 반영하는 입장을 보이기 시작했다. 남북연락사무소, 남북군사공동위원회, 남북경제교류·협력공동위원회 등 부문별 공동위원회와 남북정치분과위원회, 남북군사분과위원회, 남북교류·협력분과위원회 등 기본합의서 이행 및 실천을 위한 위원회들을 구성하는 데 합의하였다. 셋째, 남북 관계개선에 필수불가결한 내용이 전부 반영되었다는 점이다. 북한 측은 불가침선언의 우선 채택 입장을 고수하였으나 한국의 주장에 따라 화해, 불가침, 교류·협력의 동시 추진을 확보함으로써 남북관계개선의 기본 틀을 마련하였다.

전체적으로 기본합의서를 도출하는 과정에서 북한 측은 종래의 주장에서 크게 후퇴하였다. 한국 측은 북한 측이 제시한 내용 중 불합리하고 문제가 있었던 조항은 협의 과정을 통해 철회하도록 유도하였다. 예를 들어, 북한 측은 교류·협력과 관련해 한국 측의 국가보안법 철폐와

밀입북자 석방 등의 명분을 확보하기 위해 법률적·제도적 장해 제거를 주장했으나 한국 측의 끈질긴 노력으로 스스로 철회하도록 하였다. 전반적인 국제정세가 북한에 불리한 상황으로 전개되고 있었으며 국제적 고립과 경제난을 타개하기 위하여 추진하고 있던 미국과의 관계개선을 순조롭게 추진하기 위해 북한은 유연한 태도를 보이지 않을 수 없는 상황이었다. 냉전시대의 강대강 태도를 바꿔서 보다 타협적인 태도를 보이기 시작했다.

남북한은 기본합의서 채택 이후 이행을 위한 후속 작업도 순조롭게 진행했다. 기본합의서를 체결한 제5차 고위급회담 종료 후 남북한은 3차례의 대표접촉을 가져 1991년 12월 31일 핵무기 시험·제조·접수·사용금지, 핵의 평화적 이용, 핵 재처리·농축시설 보유금지, 핵사찰 6개 항으로 구성된 '한반도의 비핵화에 관한 공동선언'을 채택하였다. 1년 3개월 후인 1993년 3월 NPT를 탈퇴하여 핵무기 개발을 공식화할 북한이 이 비핵화 공동선언을 수용한 이유에 대해서는 많은 의문이 남는다.

북한이 NPT 탈퇴선언을 하기 바로 전 해인 1992년 동안 기본합의서를 이행하기 위한 다양한 공동위원회와 분과위원회를 설치하기 위한 회의 및 준비작업이 진행되었다. 1992년 2월 18일부터 21일까지 평양에서 개최된 제6차 남북고위급회담에서 '기본합의서', '비핵화 공동선언', '남북고위급회담 분과위원회 구성·운영에 관한 합의서'가 발효됨으로써 양측은 화해하고 공존할 수 있는 제도를 마련하게 되었다. 앞의 세 가지 문건이 발효됨에 따라 1992년 3월부터 정치, 군사, 교류·협력 분과위원회와 핵통제공동위원회가 각각 발족되어 남북 기본합의서, 비핵화 공동선언에 명시된 사항의 구체적 이행 대책을 마련하기 위한 협의를 시작하였다. NPT를 탈퇴하기 10개월 전인 1992년 5월 6일부터 8일까지 서울에서 개최된 제7차 고위급회담 결과, 남북한은 기본합의서 규정에 따라 5월 18일까지 남북연락사무소 및 군사공동위원회, 경제교류·협력공동위원회, 사회문화교류·협력공동위원회 등을 구성하고 화해분야 이행기구로 남북화해공동위원회를 구성·운영하기로 합의하였다. 또한 부속합의서 작성시한, 8·15를 계기로 한 이산가족 노부모 방문단 및 예술단의 교환방문 등에 합의하였다.

제7차 고위급회담 이후 부속합의서 작성을 위하여 41차에 걸친 각 분과위원회 회의와 위원장 및 위원 접촉, 11차례의 핵통제공동위 회의를 진행하였다. 이 협상 과정에서 교류협력분야의 부속합의서 작성은 거의 이루어졌으나 화해 및 불가침분야에서는 남북관계의 규정, 분쟁 방지에 필수적인 정찰활동 중지 등 핵심사항에 대한 이견이 좁혀지지 않아 부속합의서를 작성하는 데 실패하였다. 그러나 1992년 9월 15일부터 19일까지 평양에서 개최된 제8차 고위급회담에서 그동안 정치, 군사, 교류협력의 3개 분과위에서 협의되어 오던 화해, 불가침, 교류협력의 이행과 준수를 위한 3개 분야의 부속합의서 및 화해공동위 구성·운영 합의서가 채택 및 발효되고 화해, 불가침, 경제협력, 사회문화의 4개 공동위 운영개시일 등이 합의됨으로써 기본합의서의 이행 및 실천이 개시될 수 있는 근거가 마련되었다. 북한이 NPT를 탈퇴하기 6개월 전에 남북한은 기본합의서를 이행하기 위한 모든 준비를 마쳤다.

남북 기본합의서는 비정치분야인 경제교류뿐만 아니라 정치 및 군사까지 포함하는 전방위적 화해와 협력를 위한 합의서였다. 그리고 합의를 실행하기 위한 다양한 분과위원회와 공동위원회를 설치했다. 남북 기본합의서는 남북한의 적대상태를 완화하고 신뢰를 조성하여 평화를 구축하는 데 기초가 될 수 있는 훌륭한 문서였다. 1972년에 체결된 동서독 간의 기본조약보다도 월등한 문서였다. 이와 같이 세계 탈냉전을 한반도까지 정착시키는 데 중요한 역할을 한 기본합의서는 아쉽게도 북한이 NPT를 탈퇴하여 핵무기 개발 의혹을 벌이면서 실제로 실행되지 않았다. 당시의 평화적인 분위기에서 북한이 3개월 뒤 NPT를 탈퇴하면서 핵무기 개발을 공식화할 것이라는 생각을 가진 사람은 거의 없었기 때문에 북한의 핵무기 관련 발표는 충격적이었다. 이와 같이 평화를 추구하는 과정에서 북한이 갑자기 핵무기 개발을 공표했기 때문에 한국뿐만 아니라 미국을 비롯한 서방세계의 충격은 매우 컸다.

3. 북한의 경제개방정책: 나진·선봉 자유무역지대

탈냉전을 전후하여 미국과 관계개선을 추진하고 일본과 관계정상화를 추진하는 친서방외교를 구사한 북한은 유엔에 가입하여 대외적으로 전향적인 정책을 추구했고 남한과는 기본합의서를 체결하는 등 적극적인 대남 화해정책을 추진했다. 세계 탈냉전의 기운이 한반도에도 확산되는 것처럼 보였다. 이에 더하여 북한은 1990년부터 경제개방정책을 추진하기 시작했다. 1990년에 나진·선봉을 자유무역지대로 선정하여 추진한 개방은 북한의 첫 개방정책이 아니다. 중국이 1978년부터 개방정책을 추진하여 성공한 사례를 본받아 북한도 1984년 합영법을 제정하여 대외개방정책을 추진하기 시작한 경험이 있다.

북한의 첫 개방은 1984년 합영법 제정

1960년대 중반부터 경제성장이 둔화되기 시작한 북한은 1970년대 초부터 유럽 및 일본으로부터 대규모 차관을 들여오는 등 선진 자본주의 국가들과 경제협력 강화를 시도하였다. 그러나 차관을 사용한 서방국가들로부터의 기계, 설비, 플랜트 등 자본재의 도입은 제1차 석유위기에 따른 세계경제의 불황과 수출부진으로 외채누적과 대외신용의 상실 등을 야기하였다. 따라서 북한은 차관도입 방법보다는 외자유치 방법인 외국인의 직접투자를 유도하기 위하여 합영법(합작회사운영법)을 제정했다. 1984년 9월 8일 외국과 경제기술 교류 및 합작투자를 위한 조치로 최고인민회의 상설회의결정 제10호에 의거 전문 5장 26조로 구성되어 있는 합영법을 제정하였다.

합영법에 의한 외자유치 확대노력은 당시로서는 획기적인 조치였다. 합영법 제정에 의해 중국의 사례와 같이 외국인 투자가 자본주의 국가로부터 유입될 것으로 기대되었다. 그러나 실제 외자유치 실적은 아주 미미하여, 중국과 달리 북한은 별다른 성공을 거두지 못하였다. 당시 합영법에 의한 합영사업이 제대로 이루어지지 않은 이유는 구체적으로 다음과 같이 분석되었다. 첫째, 북한의 에너지 및 원자재 공급이 어려웠고 사회간접자본이 미비하였으며 경직된 경제관리 운영체제 및 좁은 내수시장 등 투자환경이 열악했기 때문이었다. 둘째, 북한의 낮은 신용도로 인하여 외국자본가들이 진출을 기피하였다. 특히 가장 풍부한 자본 및 기술을 제공할 수 있는 미국 및 일본과의 적대관계가 해소되지 않았기 때문에 서방의 자본과 기술을 유치하기 힘들었다. 중국은 1978년 개방 당시 미국 및 일본과 수교가 이루어진 상태였다. 셋째, 개방을 위한 실질적이고 법적인 조치를 취하지 않은 채 폐쇄적인 경제정책을 지속했기 때문이었다. 특히 중국과 달리 합영법을 제정하면서 시장경제 원리가 적용되는 경제특구를 설치하지 않았고 외자유치 관련법이 미비했기 때문이었다.

새로운 경제개방정책: 나진·선봉 자유무역지대

합영법에 의한 개방의 실패 이후 1990년대 들어 시작된 경제난을 극복하기 위해 북한은 새로운 개방을 모색하였다. 과거 추진하였던 합영법의 실패를 거울삼아 외국인들이 보다 자유롭고 안전하게 투자할 수 있도록 법제도를 보완하였고 개방 대상인 미국 및 일본과 관계개선도 추진하였다. 무엇보다 중요한 것은 외국기업들이 보다 자유롭게 투자와 기업활동을 할 수 있는 특구를 지정한 것이다. 이에 따라 북한은 나진·선봉지역을 자유무역지대로 선정하였다. 이 사업은 유엔개발계획(UNDP)의 두만강유역 개발사업을 모태로 하여 추진되었다. 1990년 7월 중국에서 개최된 제1차 동북아경제협력 국제학술회의에서 두만강유역 합작개발문제가 처음 제시되었으며, 다음 해 7월 몽고에서 1992년에서 1996년까지 UNDP 지원하의 동북아지역 기술협력사항에 관한 회의가 개최되어 두만강유역 개발사업을 우선 사업으로 지정하여 중점 지원하기로 하였다. 이어서 UNDP는 향후 20년간 300억 달러를 투자하여 두만강유역을 동북아와 세계를 잇는 무역의 중심으로 개발할 계획을 수립했다.

초기에 북한은 두만강유역 개발사업에 대해 소극적인 태도를 보였으나, 유엔에서 이 계획을 정식으로 공포한 후에는 이 사업에 대한 태도가 급변하여 적극적으로 지지하고 참여하였을 뿐만 아니라 수단과 방법을 가리지 않고 두만강유역 개발사업을 북한을 중심으로 하는 사업으로 만들려고 노력하였다. 북한은 마침내 1991년 12월 28일 정무원 결정 74호로 '나진·선봉 자유경제무역지대' 설치를 공표하였다. 북한이 계획한 나진·선봉 자유무역지대의 총면적은 621㎢였다. 나진·선봉과 인접한 지역은 무산 철광산, 아오지 탄광, 온성 구리광산 등 광산자원 매장량이 풍부하고 승리화학연합기업소, 김책연합제철소, 선봉정유공장 등 북한의 최대생산력을 갖춘 중화학공업지대였다.

1991년 12월 자유무역지대를 선정하여 본격적인 개방을 시작한 북한은 이 시기에 개방에 관련된 법률을 재정비하였다. 정경분리 방식의 대외개방을 할 때 정치적으로 사회주의체제를 고수하더라도 경제특구에서는 시장경제를 적용할 수 있는 특별한 관리체제를 필요로 하기 때문에 법령을 정비한 것이다. 북한의 외국인 투자유치 관련 법규는 1980년대 중반과 1992년 4월 이후 두 시기에 집중적으로 제정되었다. 1980년대 중반에는 합영법 및 이에 따른 부수법령이 제정되었고, 1992년 10월 5일 외자유치의 기본법이라 할 수 있는 외국인 투자법을 제정한 이후 1993년 1월 31일 외국투자기업 및 외국인세금법, 외화관리법, 자유경제무역지대법을 제정하였고 그 후 관련 법령의 정비작업을 계속하였다. 1994년 9월 토지임대법 시행규정에 이르기까지 약 2년 사이에 20개 내외의 대외개방 관련 법률과 규정을 제정·공표하였다.

이처럼 북한이 1990년대에 들어서면서 다양한 개방관련 법령들을 제정한 것은 1984년에 제정된 합영법만으로는 외국 자본을 유치하는데 한계가 있고, 합영기업뿐만 아니라 합작기업과 외국인이 100% 단독투자하는 외국인기업 등 다양한 형태의 외국인투자를 적극 유치하기 위한 시도였다. 특히 새로 선정한 나진·선봉 자유경제무역지대를 효율

글상자 3.1　나진·선봉 자유경제무역지대(정무원 결정 74호)

정무원 결정 74호의 주요 내용은 다음과 같다.
① 함경북도의 나진·선봉지구에 자유경제무역지대를 설치하며 총면적은 621평방킬로미터로 한다.
② 이 지대에서 외국인은 관계기관의 승인하에 합작, 합영기업, 외국인 기업을 비롯한 합리적인 형태의 기업을 창설하여 운영할 수가 있고, 각종 서비스업을 할 수가 있다. 나진과 선봉 그리고 인접항인 청진항을 자유무역항으로 한다.
③ 국가는 외국인이 투자한 자본과 기업운영으로 얻은 소득을 법적으로 보장한다. 이 지대에 창설, 운영되는 기업체의 투자성격에 따라서 관세와 소득세의 감면을 비롯한 각종 특혜와 편의를 보장한다.

적으로 운영하기 위해서는 이에 필요한 규정들을 새로 제정하여 외국투자가들을 유치할 목적으로 적극적으로 선전 및 홍보를 할 필요가 있었다. 몇 개월 뒤에 NPT를 탈퇴하여 핵무기 개발 의혹을 보일 계획이 있었다면 왜 개방 관련 법들을 제정했는지 의문이 남는다. NPT 탈퇴는 본격적으로 핵무기 개발을 위한 시도라기보다는 미국과의 관계조성을 위한 협상카드였다면, NPT 탈퇴 직전에 개방관련 법들을 제정한 행위가 이해될 수도 있다.

북한이 탈냉전 과정에서 미국 및 일본과 관계개선을 추구하고 유엔에 가입하고 남한과 고위급회담을 개최하는 등 유연한 성격의 대외정책을 추구한 것은 이러한 대외적 행위들이 핵무기 개발 때문에 곧바로 무산되더라도 북한으로서는 잃는 것이 무형적이고 별로 큰 타격을 받지 않기 때문이었다. 그러나 1990년 나진·선봉을 자유무역지대로 선정하여 개방을 추진한 것은 법 제정 등 더 구체적 성격의 정책이었고 나름대로 재정적인 비용도 발생했을 것이며 국제적 신인도와도 연결되기 때문에, 핵무기 개발을 선언하여 국제적 비난과 제재를 받게 되면 여러 측면에서 손해가 될 것이 확실했다. 반면, NPT 탈퇴선언을 하여 미국과 협상을 할 수 있게 되면 이러한 국면이 북한의 개방정책에 도움이 될 수도 있다는 구상이었을 수도 있다.

4. 북한의 체제위기

한국전쟁 이후 남한과의 경제경쟁에서 우위에 섰던 북한경제는 1960년대 후반부터 남한경제에 역전당하여 점차 큰 격차를 보이기 시작했다. 남한의 경우, 미국 등 서방 선진국들과의 교류와 협력을 바탕으로 산업화와 경제발전이 성공적으로 이루어진 반면, 북한경제는 국가소유 및 계획경제를 기반으로 한 사회주의 경제체제의 비능률적이고 비경쟁적인 운용으로 침체를 벗어나기 힘들었다. 더구나 1980년대 중후반부터 소련을 비롯한 동유럽 공산주의 국가들이 경제 실패를 극복하기 위해 일부 자본주의 경제방식을 채택하려는 움직임을 보이기 시작했다. 중국은 이미 1978년부터 서방국가들과의 협력하에 경제개방을 시작했고, 소련도 1985년에 정권을 장악한 고르바초프가 페레스트로이카와 글라스노스트라는 개혁개방정책을 추진하여 경제난과 침체에서 벗어나기 위한 시도를 했다. 앞서 언급했다시피 북한도 만성적인 체제위기를 극복하기 위해 1984년부터 합영법을 제정하여 서방과의 협력하에 경제발전을 도모했으며 이 시도가 실패하자 1990년 다시 경제개방을 추진하게 되었다.

북한의 체제위기는 남북한의 국내정치 및 내부통합 차원의 현격한 차이 때문에 발생한 점도 있다. 1인 독재정치의 강압적 지배 때문에 북한의 국내 결속이 남한에 비해 훨씬 앞서 있었으며, 북한정권의 주민에 대한 통제와 주민의 체제에 대한 복종심은 매우 강력했다. 반면, 남한의 경우, 이승만, 박정희, 전두환으로 이어지는 민간 및 군사독재에 대한 체제 내 저항세력의 도전이 체제의 불안정과 파편적인 분열을 조장했다. 북한은 남한의 반체제 세력이 친북세력이라는 인식적 오류를 하게 되었고 남한의 정치적 불안을 조장하는 전략을 추구했다. 예를 들어, 북한은 1960년, 1973년, 1980년 세 번에 걸쳐 연방제 통일방안을 제안했는데 이 세 시점 모두 남한의 정치적 혼란기였다. 1960년은 이승만이 학생들의 시위에 의해 물러난 해였고 1973년은 1972년 박정희의 10월 유신으로 학생들의 유신반대 시위가 불같이 일어나던 시기였으며 1980년은 광주민주화운동이 발생한 시기였다. 북한은 이와 같이 남한의 정치적 혼란을 정치적 우월성을 확보하는 데 활용했다.

그러나 1987년부터 제5공화국 세력을 척결하고 민주적 헌법을 제정하는 시도가 1987년부터 시작되었고 궁극적으로 1988년 민주화된 정부가 수립되고 남한의 정치적 혼란이 종식되었으며 통합되고 안정된 민주적 사회질서가 수립되었다. 남한의 정치적 무질서를 자국의 우월성을 선전하는 데 활용할 수 있는 기회가 상실되면서 북한은 오히려 정치적 측면에서 체제의 열세를 감수하게 되었다. 탈냉전의 세계질서에 의하여 북한은 대외적으로 저자세 외교를 추진하는 동시에 국내적으로 경제난이 시작되면서 1990년부터 심각한 체제위기에 처하기 시작했다.

북한의 경제난은 우연히도 냉전이 끝난 해인 1990년부터 본격적으로 시작되었다. 앞에서 언급했듯이 북한경제는 1960년대 후반부터 성장 동력이 약화되어 저성장이 시작되면서 남한경제에 역전당했고 마침내 1990년부터 마이너스 성장이 시작되었다. 경제발전의 동기와 경쟁력이 부족한 사회주의 계획경제의 모순점, 또한 냉전종식과 함께 이루어진 사회주의권 붕괴로 대외경제부문의 위축에 따른 원유, 원자재 수입 감소 등의 이유로 산업 전반에 대한 공급부족 현상이 심화되었다. 더불어 1990년부터의 농업생산 부진은 마이너스 성장의 직접적인 원인이 되었을 뿐만 아니라 대다수 주민들을 심각한 기근에 직면하도록 했다.

1990년 이후 북한경제는 외화난, 에너지난, 식량난 등 3난(難), 노동의욕저하, 국제경쟁력저하, 기술수준저하 등 3저(低), 생활환경열악, 제품조악, 기계설비노후 등 3악(惡)을 겪게 되었다. 북한이 이와 같이 심각한 경제난에 봉착한 근본적인 이유는 중공업 우선전략에 치중한 불균형적인 산업정책, 생산설비의 낙후와 기술수준의 저하, 과다한 국방비 지출, 대외무역 부진과 수출자원 결핍 등을 들 수 있다. 1987년부터 1993년까지 실시된 제3차 7개년 경제계획도 공업생산 규모와 전력, 강철, 화학, 섬유 등 주요 지표들이 당초 목표의 20~30% 달성에 그쳤다. 1993년 12월 8일 개최된 로동당 제6기 21차 회의는 "국제적 사변들과 우리나라에 조성된 첨예한 정세로 인해 제3차 7개년 계획에 예견했던 공업생산의 총 규모와 전력, 강철, 화학섬유를 비롯한 일부 중요지표들의 계획이 미달하였다"라고 밝혔다.[8]

보다 구체적으로 살펴보면 북한 경제난은 산업분야의 부진으로부터 시작되었다. 산업분야 발전의 원동력이 되는 석탄생산이 감소하였고 석유가 부족하여 발전량이 거의 매년 10%씩 감소하였다. 원유도입은 수요량의 30%, 석탄 생산량도 수요량의 45%를 충족하는 데 불과해 심지어 평양시내 외국대사관까지도 난방을 제한 공급함에 따라 난방비를 50% 삭감하여 납부하도록 조치한 경우도 있다. 에너지 부족과 더불어 원자재 공급부족으로 북한의 공장 가동률도 30% 수준으로 하락했다.[9]

북한 주민들에게 가장 큰 어려움을 준 분야는 식량난이었다. 북한의 식량난은 1970년대 중반부터 도입되었던 '주체농법'의 실패, 사회주의적 집단영농 생산방식으로 인한 농업생산력 침체 등으로 이미 1980년대 중반부터 진행되기 시작했다. 북한은 1980년대 후반부터 해마다 100~200만 톤 정도의 식량이 부족한 상황이 지속되었다. 이로 인해 북한은 1985년부터 1인당 배급량을 22%나 줄여 배급하기 시작했다. 이러한 식량난은 북한의 사회주의 계획경제체제의 구조적 모순에서 비롯된 노동의욕 저하와 경제사정 악화에 따른 비료·농약 부족, 수송체계 미비 같은 문제가 누적된 결과라고 할 수 있다. 식량난으로 공공배분체계의 정상적 운영이 어렵게 되어 취약계층이나 취약지역 거주민은 최소한의 식량 확보조차 어려운 상황이 되었다. 유엔 산하 식량농업기구(FAO)와 세계식량계획(WFP)은 당시 북한 어린이 210만 명이 기아상태에 직면해 있다고 발표한 바 있다. 이후에도 북한의 식량 부족량은 200만 톤에서 더 줄이지 못했다.

북한의 식량난은 주민들이 직접적으로 겪는 어려움인 반면 더욱 중요한 것은 에너지난이었으며 이는 북한 산업발전에 영향을 미치는 요소다. 따라서 자원부족으로 인한 에너지난은 북한 경제난의 가장 큰 원인인 동시에 경제회복의 가장 중요한 변수로 작용하였다. 에너지 부족 문제는 북한 산업 가동률 하락의 직접적인 원인이 되었다. 북한 에너지난의 주요 원인은 석탄 생산의 감소다. 북한이 추진하는 자력갱생의 에너지 정책은 자체적으로 생산되는 석탄과 수력에너지에 의존하도록 했기 때문에 석탄 생산량의 감소는 북한의 에너지 수급에 직접적인 타격을 입힐 수밖에 없는 구조적 문제점을 내포하고 있다. 이러한 에너지난을 극복하기 위해 원자력 발전을 추구하였고 원자력 발전 이후 남는 핵폐기물에서 플루토늄을 추출하여 핵무기를 개발하는 과정이 북한 핵무기 개발의 주된 경로로 시작되었다.

5. 맺는말

탈냉전 이후 북한은 대체로 세계질서가 화해와 협력의 방향으로 전환되는 데 순응적인 태도를 보였다. 미국 및 일본 등 서방국가들과 관계개선을 모색했고 남한과 교역을 시작하는 외에 고위급회담 개최와 기본합의서 체결을 추진했으며 유엔에 가입했다. 그러나 소련 및 동유럽 공산국가들의 몰락에 따른 외부 우호 및 지원세력의 감소와 자체적 사회주의 경제의 모순점 등으로 인한 경제난의 시작으로 체제위기에 처하게 되었다. 북한이 탈냉전 이후 1990년대 초반 유연한 대외정책을 추진한 것은 체제위기를 극복하기 위한 목적도 있었음을 부인하기 어렵다.

이러한 상황에서 북한은 왜 갑자기 1993년에 NPT 탈퇴선언을 하고 핵무기 개발을 추진했을까? 핵무기를 개발하여 보유하면 군사적 자산이 되는 것이지만, 개발하는 데 비용도 많이 들고 핵무기를 보유하면 국제사회의 비난과 제재를 감당해야 하기 때문에 외교적으로 부담도 많이 된다. 따라서 핵무기는 국가적 차원에서 생존이 위험할 정도로 타국과 군사적 대립관계를 가지거나 군사적 위협을 받지 않으면 개발할 필요를 못 느끼고 엄두를 내지 못하는 무기다. 북한이 1990년부터 시작된 체제위기를 극복하기 위해 핵무기를 개발했을 가능성이 있지만 경제난, 에너지난 등으로 비롯된 체제위기는 핵무기를 개발하고 보유한다고 해서 해결될 문제가 아니었다.

이러한 점에서 핵무기 보유가 당시 북한이 당면한 체제위기 극복에 얼마나 도움이 될까? 핵무기를 보유한다고 식량난이 해결되고 경제침체를 극복할 수 있을까? 북한이 외부로부터 군사안보적 위협을 받아 생존 위기에 처해 있다면 핵무기 보유가 북한을 함부로 건드리지 못하게 하는 방패가 될 수 있다. 그러나 당시 북한이 유연하고 협력적인 외교 및 대남정책을 추진하는 데 시비를 거는 국가는 하나도 없었고 오히려 협조하는 태도를 보였다. 북한이 국제사회에서 절대로 금지하고 있는 핵무기를 개발하면 국제사회는 북한에 대한 우호적인 입장을 거둬들이고 협력과 지원을 중단할 것이기 때문에 체제위기를 더욱 심화시킬 가능성도 있었다.

결국 1993년 이전 5년간 한반도 상황, 남북한관계, 북한의 대내외정세 등을 살펴 볼 때 북한이 핵무기 개발을 할 뚜렷한 동기를 찾기가 어렵다. 군사적으로 핵무기를 개발할 정도로 위협을 받는 상황이 아니었고 체제붕괴 위기 때문에 핵무기 개발이라는 극약 처방을 했다는 주장도 명확하지 않다. 북한의 가장 강력한 적인 남한과는 그 이전 어느 때보다 밀월관계를 유지했다. 당시 노태우정부의 성공적인 북방외교의 결실로 남한이 중국 및 소련과 수교함에 따라 한반도의 교차승인, 즉 북한의 미국 및 일본과의 수교가 바람직하다는 주장들이 자주 등장했다. 이러한 상황이 지속되면 북한의 경제난 등 체제위기를 극복할 수 있는 환경이 조성될 수 있는 상황이었다. 이러한 긍정적인 상황에서 북한이 왜 NPT를 탈퇴하고 핵무기 개발 의혹을 보였는지에 대해서 의문이 남는다. 북한의 NPT 탈퇴와 핵무기 개발 의혹은 직접적으로 체제위기를 극복하는 해결책은 아니지만, 비핵화를 강조하는 미국과의 협상을 할 수 있는 카드로 사용할 수 있다면 장기적으로 외부위협을 제거하면서 체제위기를 극복하는 간접적 방편이 될 수도 있는 것이었다.

⌘ 참고문헌

김계동. 『남북한 국가관계 구상: 대북정책의 뉴 패러다임』. 서울: 명인문화사, 2023.
_____. 『남북한 체제통합론: 이론·역사·정책·경험, 제2판』. 서울: 명인문화사, 2020.
_____. "북방정책과 남북한관계 변화." 『통일문제연구』. 제3권 4호 (1991년 겨울).
_____. 『북한의 외교정책과 대외관계: 협상과 도전의 전략적 선택』. 서울: 명인문화사, 2012.
_____. "제1장 한국외교정책의 유형과 변천." 김계동 외. 『한국의 외교정책과 대외관계』. 서울: 명인문화사, 2023.
_____. "한국의 대유엔 외교정책." 유재건 편저. 『21세기 한국의 외교정책』. 서울: 나남출판, 1999.
외무부. 『외교백서 1991』. 서울: 외무부, 1991.

북한의 핵무기 개발과
보유 과정

김보미(국가안보전략연구원)

2006년 9월 북한이 첫 핵실험을 감행한 이후 어느덧 20년 가까운 세월이 흘렀다. 국제사회는 북한을 공식 핵보유국으로 인정하지 않지만, 핵능력으로 볼 때 핵무기 보유를 부인하기 어렵다. 스톡홀름국제평화연구소(SIPRI)에 따르면 북한은 2024년 플루토늄과 고농축우라늄(HEU) 2종의 핵물질을 생산 중이며 약 50개의 탄두를 보유하고 있는 것으로 추정된다. 또한 북한은 다양한 단중장거리 탄도미사일, 순항미사일, 극초음속미사일 등 다양한 투발수단을 보유하고 있으며 기술적 완성도를 높여가고 있다.

현재까지 공식·비공식 핵보유국들은 북한을 포함하여 총 9개국이며 북한은 이 중에서 가장 적은 수의 핵무기를 가지고 있는 것으로 추정된다. 그러나 김정은 정권은 핵능력을 빠른 속도로 증강하고 있을 뿐만 아니라 최근 러시아와의 군사협력을 통해 구식 플랫폼 구축이나 지휘통제체계 등 핵능력을 보조할 수 있는 군사력을 키울 가능성도 커지고 있다. 이처럼 북한의 핵프로그램을 제한하기 위한 국제사회의 노력에도 불구하고 북한의 핵능력은 2006년 첫 핵실험 당시와는 비교도 할수 없을 정도로 발전했다. 이러한 북한의 핵능력 증강과 그로 인한 핵위협으로 인해 한반도의 안보지형은 끊임없는 군비경쟁의 소용돌이 속으로 빠져들고 있다.

김정은 정권 출범 이후 북한의 핵능력은 급속도로 증강되었고, 이는 핵전략의 변화를 야기하며 북한 핵프로그램은 국제안보를 위협하는 주요 요인으로 부상했다. 북한의 핵프로그램은 일반적인 예상보다 훨씬 긴 역사를 지니며, 다양한 국제적 사건들과 복잡하게 얽혀 발전해 왔다. 이 장에서는 북한 핵프로그램의 전반적인 이해를 목표로 그 발전 과정을 역사적으로 분석하고자 한다. 구체적으로 1950년대부터 이어진 북한의 핵무기 개발의 역사를 재조명하고 핵능력 및 투발수단의 발전과정을 심층적으로 분석하여 북한 핵능력의 실태를 종합적으로 파악하고자 한다. 나아가 김정은 정권의 핵무력 고도화 목표를 다각적으로 추론함으로써 한반도 및 동북아시아의 지정학적 위기를 전망하고 이에 대한 시사점을 제시하고자 한다.

1. 북한 핵무기 개발의 역사

북한의 핵프로그램은 현재 국제사회에서 가장 심각한 안보위협 중 하나로 자주 언급되고 있다. 북한의 핵무기 개발 역사는 복잡하게 얽힌 국제관계와 각국의 전략적 이해관계의 단면을 보여준다고 할 수 있다. 북한의 핵프로그램은 1950년대 원자력 에너지의 평화적 이용(Atoms for Peace)이라는 명분 아래 소련의 지원으로 시작되었으나 이제 한반도와 동북아 안보질서의 위협요소로 자리매김했다. 북한은 수십 년에 걸친 비밀스러운 연구와 실험, 그리고 국제사회의 제재와 압박 속에서도 핵개발을 포기하지 않은 끝에 플루토늄과 HEU의 핵물질과 다양한 투발수단까지 갖추게 되었다. 현재 핵무기는 북한 정권의 대외 협상력을 높이고 외부위협으로부터 정권의 생존을 보장하는 가장 확실한 안전보장 수단이자 정권 내부의 결속을 강화하는 '만능의 보검'으로 통용된다.

초기 핵프로그램의 시작

북한이 정확히 언제부터 핵무기를 개발하게 되었는지는 분명하지 않다. 일반적으로 북한이 핵개발에 착수한 시기는 1980년대로 알려져 있으나 핵무기에 대한 관심은 훨씬 이전부터 시작된 것으로 보인다. 1953년 초, 아이젠하워 대통령이 한국전쟁에서 원자탄 사용을 고려하면서 핵위협에 놓였던 북한은 한반도에서 다시 전쟁이 발발한다면 핵전쟁이 될 것으로 예견하고 일찌감치 핵무기에 깊은 관심을 보였다. 북한의 원자력과의 접점은 우연한 기회에 시작되었는데 1949년 소련이 플루토늄 폭탄 실험에 성공하고 미소 간에 핵경쟁의 시대가 열리면서 북한도 소련으로부터 핵기술을 전파받을 수 있었다. 1956년 12월 북한은 소련과 '원자력의 평화적 이용(Atoms for Peace)에 관한 협정'을 체결하고 모스크바 근교의 두브나 핵연구소(UINR: United Institute for Nuclear Research)에 연구인력을 파견하여 원자력에 관한 기본적인 지식을 축적했다. 당시 북한은 중국, 헝가리, 몽골, 동독, 폴란드, 체코슬로바키아 등 핵연합연구소 건립에 참여한 사회주의 국가들과 함께 원자력의 평화적 이용에 기반한 기초적인 원자력 연구에 착수했다. 또한 북한은 내부적으로도 김일성종합대학 물리학부에 핵물리 강좌를 개설했으며 1956년에는 수학물리연구소에 핵물리 실험실을 설치하는 등 핵물리학을 위한 연구기관들을 건립했다. 그러나 당시 북한의 핵능력은 실습을 통한 이론적 연구가 대부분이었기 때문에 무기급 핵물질 생산과는 거리가 있었던 것으로 보인다.

비록 초보적 수준의 원자력 지식을 갖추었을 뿐이더라도 1950년대 후반과 1960년대 초반에 있었던 소련의 지원은 북한의 핵능력 발전에 상당한 기여를 했다고 볼 수 있다. 특히 북한이 1959년에 소련과 체결한 조소 원자력협정은 기초적인 핵 지식 및 핵능력 구축의 밑거름이 되었다. 북한은 이 협정에 근거하여 소련과 공동 핵활동을 위한 사업소를 건립했으며 지질학 연구와 원자력연구소 건립, 북한 전문가의 실습에 관해 협력하기로 하였다.[1] 북한 관료들은 조소 양국 전문가들의 공동 지질학 연구결과를 바탕으로 원자력연구소의 건설부지로 영변을 지정했다.[2] 또한 같은 해 북한은 소련의 지원에 힘입어 소형 실험용 원자로 건설에 착수하여 이듬해인 1960년 11월에 완료했다. 그러나 이 연구용 원자로는 소련이 중국에 건설을 지원한 원자로에 비해 훨씬 작은 것이었다. 미국과 소련은 핵실험 성공 이후 원자력의 평화적 이용이라는 명목하에 핵기술을 경쟁적으로 전파했지만 이러한 핵기술의 확산이 모든 우방국들에게 공평하게 전수된 것은 아니었다. 국가이익의 관점에서 소련은 유럽에 더 큰 관심을 두고 있었으며 북한의 낮은 전략적 가치와 열악한 인프라로 인해 북한은 소련의 원자력 지원 대상에서 높은 위치를 차지하지 않았다고 볼 수 있다.[3]

북한은 1960년대에 들어서도 소련의 지원으로 원자력 관련 기초과학 연구를 심화 및 발전시키는 성과를 거둘 수 있었다. 북한은 1961년 원자력위원회를 조직하고 1962년에는 평안북도 영변에 원자력연구소를 설립했다. 원자력연구소의 완공은 1965년에 이루어졌는데 당시 시설 건설과 가동 준비과정에 약 30여 명의 소련 전문가들이 참여한 것으로 알려졌다. 원자력연구소는 2MW IRT 연구용 원자로, 방사능 화학 또는 동위원소 실험실, K-60000 코발트 시설, B-25 베타드론, UDS-10 제염 배수구, 폐기물 저장장소, 특수 세탁시설, 시간당 40t(톤)의 증기를 발생하는 보일러 공장 등으로 구성되었다. 이밖에 북한은 협력기간 동안 300명 이상의 원자력 전문가들을 모스크바 공업물리학교, 바우만 고등기술학교, 모스크바 에너지연구소 및 기타 소련의 고등교육기관 등에 파견했으며 일부는 두브나와 오브닌스크에 있는 핵과학 연구단지에서 근무하기도 했다.[4] 당시 러시아에서 수학한 북한의 원자력 전문가들은 영변에 핵과학기술센터 영변핵물리연구소, 영변원자력에너지연구소를 비롯하여 박천에 원자력에너지연구소 분소, 영변방사선화학실험실, 김일성대 핵물리학부 및 핵연료공학부 등에서 활동했다.[5]

1950년대 후반 중소분쟁의 심화에 따른 사회주의 진영의 분열과 함께 냉전으로 인한 국제정세의 혼란이 가중되면서 1960년대 북한은 무기로서의 '핵'에 대한 관심을 더욱 키워갔다. 북한지도부는 한반도에서 전쟁을 방지하기 위해 국방력 증강에 힘을 쏟아야 한다는 논리를 강화했으며 이는 1962년 전군 현대화, 전민 무장화, 전 국토의 요새화, 전군 간부화라는 '4대 군사노선'의 채택으로 이어졌다. 당시 김일성은 한반도에 전쟁이 재발한다면 핵전쟁이 될 가능성이 크다고 전망했고 이러한 판단에 기초하여 주요 군사시설들을 지하에 구축하는 데 많은 공을 들였다. 평양 시내의 지하철은 몇몇 갱도와 연결되었으며 비상시 평양 시민들을 수용할 수 있도록 설계되었다.[6] 또한 북한지도부는 미국이 남한에 전술핵무기를 배치하자 비대칭적인 핵보유가 미국의 한반도 점유 야욕을 구체화한다고 판단하고, 소련에 핵무기의 필요성을 강하게 어필했다.[7] 그러나 당시 북한을 중국과 매우 가까운 관계에 있는 사회주의 국가로 판단하고 있던 소련은 자국의 핵기술이나 노하우가 소련의 기술지원 중단 이후 독자적인 핵개발에 매진하고 있던 중국에 전수될 가능성을 우려하여 북한의 요청을 들어주길 꺼렸다.[8] 따라서 북한이 자체적인 군사력 증강을 추진하는 과정에서 핵무기 개발은 달성하기 어려운 과제였음이 틀림없어 보인다.

잠재적 핵확산 국가

북한이 핵무기의 개발 필요성에 대해서는 일찍 인지했을지라도 무기급 핵물질 생산에 착수하기까지는 적지 않은 시련이 있었을 것으로 추정된다. 북한은 이미 오래전부터 핵무기 개발에 관심이 지대했고 이러한 사실은 사회주의 진영 내에서 공공연한 사실이었다. 북한은 1970년대에도 핵무기 개발을 위해 노력했을 것으로 보이나 이와 관련한 객관적 정보를 확인할 수 있는 단서를 찾기 어렵다. 해제된 1970년대 외교문서에서도 북한이 핵무기를 개발하고자 하는 열의가 담긴 내용의 전보가 일부 확인되고 있을 뿐이다. 정확히 북한이 내부적으로 언제쯤 핵무기 생산을 국가의 중대한 정책으로 결정했는지는 불확실하나, 본격적으로 핵무기 개발에 착수한 것으로 보이는 시점은 1980년대다. 구체적으로 북한의 핵개발 움직임이 포착된 것은 1982년 4월로, 북한의 영변 지역에서 원자로와 유사한 시설이 건설되는 모습이 미국의 정찰위성에 의해 발각되었고 점차 북한의 핵무기 개발이 국제적 이슈로 부상하기 시작했다. 1960년대부터 에너지 부족 문제에 직면해 있던 북한은 원자력발전소의 건립과 핵무기를 생산할 수 있는 능력 모두를 갖추기를 희망했다. 북한에 앞서 남한은 1978년 5월 경상도 고리지역에 첫 원자력발전소를 완공하고 1986년까지 원자력발전소 6곳을 추가 건설하기로 계획했다. 이에 따라 1986년 말 남한의 전력 생산량이 북한의 약 3배에 이를 것으로 예상되었다. 북한은 남한과의 원자력 에너지 분야에서 격차를 줄이고 북한의 경제적 위상을 높이기 위해서라도 원자력발전소 건립이 필요하다고 판단했다.[9] 따라서 북한은 원자력 에너지 확보를 위한 원전 건립을 명목으로 관련 기술을 습득하기 위해 소련을 비롯하여 체코, 유고, 중국 등 사회주의 국가들에 지원을 요청했다.

그러나 사회주의 형제국가들은 언어 문제, 급박한 일정 등을 이유로 북한의 지원 요청을 거절했으며 자체적인 핵능력 증강을 우려했던 이들은 북한에 원전 설립을 지원해주는 대신 핵확산금지조약(NPT)에 가입할 것을 권유했다. 이미 다수의 국가들이 NPT에 서명했으며 북한의 참여는 북한의 공세적 이미지를 약화하는 데 좋은 기회가 될 것이라는 이유에서였다. 북한은 미국의 핵무기와 대량살상무기가 한반도에 존재하기 때문에 NPT에 가입할 만한 객관적 근거가 부족하다며 조약 가입을 거부했다.[10] 북한을 NPT에 가입시키라는 미국의 종용으로 소련이 원자력발전소 건립 지원을 약속하자 비로소 북한은 NPT에 가입하기로 결정했다. 북한과 소련은 1984년 2월 원자력발전소 건립에 관한 예비적 합의에 도달하고 발전소 건립 장소로 함흥을 논의했다. 양국은 원전 완공 후 5년간 모든 시설들을 소련 전문가의 지도하에 운영하고 북한 근로자들은 소련에서 직업 훈련을 거치기로 했다. 북한은 한동안 소련으로부터 농축 우라늄을 제공받으면서 동시에 소련의 협조하에 북한 내 우라늄 광석 조사도 계속하기로 합의했다. 또한 북한은 발전소의 건립과 운영이 사찰실행 권리를 갖는 국제원자력기구(IAEA: International Atomic Energy Agency)의 기준에 부합해야 한다는 사실 또한 이해한 것으로 알려졌다.[11]

그러나 북한은 1985년 12월 12일 NPT 조약에 정식으로 가입했음에도 불구하고 핵확산 활동을 지속했다. 북한은 1986년 5MW급 실험용 원자로 건설을 완공했으며 폐연료봉에서 핵무기용 플루토늄 추출을 위한 방사화학 실험실을 건설했다. 북한은 또한 1989년 1월 이란과 무기 및 군사장비를 납품하고 석유공급을 교환하기로 하면서 북한의 우라늄 매장 개발과 탐사분야에서 군사협력을 체결했다. 반면, 북한은 NPT조약 체결 이후 18개월 이내에 IAEA와 핵안전협정을 체결하고 임시 및 일반 사찰을 수용하기로 되어 있었음에도 이를 차일피일 미루었다. 경제난으로 소련산 원자로의 제공 가능성이 희박해지는 데다 당시 소련과 사회주의 국가들의 연이은 붕괴로 북한의 체제 위협인식은 더욱 증폭되었다. 북한은 본래 제3차 7개년계획이 종료되는 1993년까지 원자력발전소의 첫 단지를 완공할 수 있을 것으로 기대했으나, 국제지질 규범과 안전요구사항을 따라야 한다는 소련정부의 입장으로 인해 1988년 5월까지도 원자력발전소를 건립할 부지 선정을 완료하지 못했다.[12] 원자력연구소 건립에 차질이 어려워지는 상황에서 북한과 가까웠던 소련과 중국이 남한과 경제협력 확대에 이어 수교 체결 가능성까지 거론되자 북한은 핵무기 개발에 대한 필요성을 더욱 강하게 느꼈다. 결국 세계 유일의 최강국이 된 미국의 대북압박, 1990년 9월 30일 한소수교와 1992년 8월 한중수교 등 전통적 우호국가인 중국·소련의 외교적 전환, 사회주의권 붕괴와 같은 국제질서의 대변혁은 북한이 반미 자주노선을 고수하고 핵무기 개발을 지속하도록 만들었다고 할 수 있다.

다만, 중국과 러시아 지도부가 북한의 핵무기 개발을 용인해주지 않으면서 북한은 계속해서 핵무기 포기에 대한 압력을 받을 수밖에 없었다. 특히 소련 붕괴 후 출범한 러시아는 가뜩이나 재정이 넉넉지 않은 상황에서 북한에 일방적인 재정적·물질적 지원 제공에 큰 부담감을 가지고 있었기 때문에 북한이 IAEA의 안전협정 체결에 동의하지 않을 경우, 북한과 군사 및 원자력 분야에서의 협력을 종료할 뿐만 아니라 대북지원을 전면 재검토하고 축소할 준비가 되어 있었다. 1991년 10월 러시아는 대북지원, 원자력발전소 건설, MiG-29 전투기 공급, 에너지 공급 등에 차질이 빚어질 수 있음을 토로하면서 IAEA에 대한 북한의 비협조적인 태도를 수정할 것을 요청했다. 또한 중국에 요청하여 중국지도부가 북한의 IAEA 안전조치 문제를 해결할 수 있도록 영향력을 행사하도록 하였다. 당시 중국은 한반도 안정과 평화적 대화를 통한 모든 핵무기의 금지와 제거를 지지한다는 의사를 표명했다. 중국은 북한에 중국식 경제개방을 받아들이고 남북관계 개선을 통해 동북아의 평화와 안정을 도모하는 한편 부시(George H. W. Bush) 미 대통령이 남한에서 전술핵무기를 단계적으로 철수하겠다는 발표에 의심을 거두고 조속히 핵개발 의혹을 해소하라고 촉구했다. 결국 북한은 중러의 압박과 더불어 한반도에 배치된 전술핵무기의 모든 철수, 핵탄두가 보관되어 왔던 군산 기지에 대한 북한의 사찰 허용, 핵사찰 수용 시 1992년 팀스피리트 훈련 중단 등 부시정부의 유화적 제스처가 이어지면서 완고한 입장을 철회했다. 북한은 남한과 1991년 12월 '남북 기본합의서'에 합의하는 한편, '한반도 비핵화 선언'을 발표했으며 1992년 1월 IAEA와 안전조치협정을 체결하고 같은 해 4월 핵시설에 관한 최초보고서를 IAEA에 제출했다.

1, 2차 북핵위기와 북미협상

그러나 이러한 조치들이 북한이 핵무기 개발을 완전히 포기했다는 의미는 아니었다. 한러관계의 강화와 북러 간 경제협력의 감소는 북한의 대러 군사·경제적 의존도 약화로 이어졌으며 이는 곧 러시아의 대북 영향력 상실을 초래했다. 동맹국들과의 관계 이완은 북한의 핵보유 의지를 더욱 확고히 하는 데 기여했다. 북한은 장기적으로 핵무기 탑재를 염두에 둔 상태에서 미사일과 같은 투발수단의 개발에서도 어느 정도 성과를 내기 시작했다. 나아가 비밀리에 원자로와 재처리 시설을 자체 개발했으며 국제사회가 미처 반응하기도 전에 기술적 진전을 이루어냈다. 1992년 5월부터 1993년 1월까지 북한이 신고한 핵시설과 핵물질 관련 내용의 진위 검증을 위해 영변 핵시설에 대한 사찰을 진행한 IAEA는 북한이 주장한 플루토늄 생산량(90kg)보다 훨씬 더 많은 플루토늄이 추출된 것으로 판단했다. IAEA는 북한이 제출한 보고서와 실제 조사 결과에 심각한 불일치가 있다고 결론을 내리고 플루토늄 재처리 시설과 지하 핵폐기물 저장소에 대한 특별사찰을 요구했다. 그러나 북한은 이를 부당한 주권 침해로 규정하고 당시 상호 핵사찰을 위해 진행 중이던 남북핵통제공동위원회의 회담을 중단했다. 또한 IAEA의 의혹 제기를 계기로 1992년 10월 한미 국방부 장관이 1993년 팀스피리트 훈련의 재개를 결정하고 3월 8일 실행에 옮기자 이에 격분한 북한은 3월 12일 NPT 탈퇴선언을 하기에 이르렀다.

북한이 최종적으로 NPT를 탈퇴하기까지 90일의 시간적 여유가 있었기 때문에 한국과 미국은 북한을 설득해 NPT 탈퇴선언을 철회하도록 노력을 기울였다. 한국은 남북한 사이에 특사교환을 위한 실무접촉을 북한과 시작하고 미국 클린턴(Bill Clinton)정부는 갈루치(Robert L. Gallucci) 국무부 정치군사 담당 차관보를 대표로 1993년 6월부터 북미고위급회담을 개최하여 핵문제 해결과 관계 정상화 문제를 논의했다. 그 결과, 북한은 일단 NPT 탈퇴선언을 철회했으며 북미는 7월 제네바에서 2단계 북미고위급회담을 통해 북한의 경수로 도입을 지지한다는 내용을 담은 공동성명을 발표했다. 그럼에도 불구하고 북한은 1994년 3월 1일 IAEA 사찰을 받는 과정에서 비협조적 자세로 일관했으며 1994년 6월 13일 재차 IAEA 탈퇴를 선언하고 사찰을 수용하지 않겠다는 입장을 밝혔다. 이로 인해 미국 클린턴정부는 북한이 핵무기를 개발하여 사용하려고 한다면 북한 정권의 최후가 될 것이라고 경고하고 대북 선제타격까지 고려했으나 예방타격 시 전쟁 비용의 상승 우려, 북한의 대남 군사적 위협 가능성, 중국 및 러시아의 개입에 따른 전쟁 확대 우려로 인해 최종 선택지가 되지는 않았다.

결국 종합적인 판단하에 클린턴정부는 대북 군사타격계획을 철회하고 외교적 접근을 시도했다. 1994년 6월 15일부터 카터(Jimmy Carter) 전 미국 대통령은 평양을 방문하여 김일성 주석, 강석주 외무성 제1부부장 등과 만나 미국의 대북 경수로 건설 지원과 핵위협 제거, 이에 대한 대가로 북한의 핵개발 동결, 남북정상회담 추진, 북미고위급회담 재개 등에 합의했다. 북미는 몇 달 간의 협상 끝에 1994년 10월 제네바에서 기본합의서(Agreed Framework)를 체결했다. 기본합의서에 의거하여 북한은 영변 핵시설 가동을 동결하고 사찰에 동의하며 NPT에 남아 남한과 한반도 비핵화 공동선언을 이행하고 사용후핵연료 재처리를 하지 않기로 합의했다. 미국은 북한에 중유를 공급하고 북한이 경수로 2기를 획득할 수 있도록 돕고 외교적 교류를 확대하는 한편, 제재를 해제하며 소극적 안전보장과 관계 정상화를 포함한 북미관계 개선을 추진하기로 합의했다. 이 과정에서 북한 경수로 건설을 위한 한반도에너지개발기구(KEDO)가 창설되었으며 한국이 경수로 공사비의 70%를 부담하는 것으로 결정되었다. 이렇게 1차 북핵위기는 미국이 예상보다 많은 양보를 하면서 마무리되었다. 북한과 중국, 북한과 러시아의 관계 이완으로 북한은 그 어느 때보다 강한 안보적 공백을 느끼고 있었지만, 이들과의 관계가 유지되고 있던 탓에 미국은 선제타격을 주저하게 되었으며 북한은 핵무기를 개발할 시간을 벌 수 있게 되었고 스스로를 지킬 수 있는 억제력까지 확보하게 되었다.

제네바 합의에도 불구하고 합의의 준수 가능성에 대해서는 의문이 제기되었다. 미 의회에서 다수를 차지한 공화당이 제네바 합의를 강력히 비판하면서 대북 강경 입장을 요구하는 목소리가 커지는 데다 KEDO의 경수로 건설사업이 지지부진하면서 북한은 합의 이행에 불만을 표출했다. 북한은 미사일 발사 등을 통해 미국을 압박했고 1998년에는 미국이 북한 금창리 지하시설에서 핵개발 관련 활동이 진행되고 있다는 의혹을 제기하면서 양측 간에 갈등이 증폭되었다.

2차 북핵위기는 2002년 10월 평양을 방문한 켈리(James A. Kelly) 미 국무부 동아태 차관보에게 강석주가 HEU 프로그램의 존재를 인정하면서 촉발되었다 (켈리의 방북에 대한 구체적 내용은 제5장 3절 참조). 한미는 북한에 핵프로그램의 포기와 핵과 관련된 모든 의무 준수를 촉구했으며 KEDO 집행이사회는 2002년 12월분 이후 중유공급의 중단을 결정했다. 북한은 이에 대응하여 같은 해 12월 12일 IAEA에 영변 핵시설의 봉인 및 감시 장비 철거를 요구하는 성명을 발표하는 한편 21일부터 핵동결 해제 조치에 들어갔다. 이 같은 조치로 인해 5MW 원자로 및 핵연료봉 제조공장, 방사화학 실험실 등에 대한 감시카메라 작동이 중지되었으며 12월 27일에는 IAEA 사찰관을 추방시키고 미국의 제네바 합의 파기를 이유로 들어 2003년 1월 10일 NPT 탈퇴를 선언했다. 2차 북핵위기의 발발에 한국의 김대중정부와 뒤를 이은 노무현정부는 남북대화 채널을 통한 북한 핵문제의 평화적인 해결에 주력했다. 미국 정부 역시 북한에 대한 공격 의사가 없음을 천명했으나 북미 양자대화보다는 다자간 협의를 통해 문제를 해결하겠다는 입장을 고수했다. 북한은 이에 대해 자신들의 핵프로그램 개발이 미국에 원인이 있음을 주장하며 북미 간 양자회담에 의한 해결을 주장했으나 중국의 개입으로 2003년 8월부터 한국, 미국, 북한, 중국, 일본, 러시아가 참여하는 6자회담이 개최되었다.

6자회담은 3차례의 본회의와 2차례의 실무그룹 회의를 개최했으나 북핵문제를 완전히 해결하는 데는 실패했다. 4차 본회의가 개최되고 2005년 9월 19일 북미는 검증가능한 북한의 비핵화, 비핵화 공동선언의 준수, 미국의 안전보장, 경수로 제공 및 에너지 교역, 항구적 평화체제 모색 등을 원칙으로 하는 공동성명을 도출했다. 그러나 이튿날 미

재무부가 방코델타아시아은행에 제재를 가하면서 북한의 계좌가 동결되자 북한은 이에 대항하여 공동성명 이행을 파기했다. 9·19 공동성명은 발표된 지 하루 만에 무용지물이 되었으며 미국과 대립각을 세우며 탄도미사일을 발사하는 등 고강도 도발을 서슴지 않던 북한은 2006년 10월 9일 첫 핵실험을 감행했다.

2. 북한의 핵실험

북한의 핵능력은 1980년대 비약적인 발전을 이룬 것으로 추정되지만 정작 첫 핵실험은 2006년 10월에 진행되었다. 핵프로그램의 존재가 국제사회에 발각되고 20년이 지나서야 핵실험을 실시한 것이다. 이에 대해 빅터 차(Victor Cha)와 데이비드 강(David Kang)과 같은 학자들은 북한이 핵무기 개발 능력을 일찍이 확보했다고 주장했다.[13] 즉, 북한이 원했다면 2006년 이전에도 언제든 핵무기를 개발할 수 있었다는 것이다. 그러나 하이만(Jacque C. Hymans)은 핵실험 성공은 상당한 시간과 복잡성을 요하는 과정이므로 단순하게 판단하기 어렵다고 주장했다. 핵프로그램은 수많은 시행착오, 조직적 문제, 예산 낭비, 우회 등을 필연적으로 수반하기에 북한 역시 이러한 난관을 거쳐 첫 핵실험을 실행하기까지 상당한 시간이 걸렸을 것이라는 분석이다.[14] 어떤 분석이 더 정확한지는 단정하기 어려우나 중요한 사실은 북한이 NPT의 체제 밖에서 인정받지 못하는 핵보유국이 되는 데 성공했다는 것이다. 이란이 다음 핵보유국이 될 것이라는 당시의 지배적인 예측을 뒤엎고, 북한은 파키스탄 이후 18년 만에 핵실험에 성공하며 세계적인 핵보유국 대열에 합류하게 되었다.

제1~6차 핵실험

북한은 2006년 10월 함경북도 길주군 풍계리에서 감행한 1차 핵실험을 시작으로 2017년 9월까지 모두 6차례에 걸쳐 핵실험을 진행했다. 첫 핵실험을 앞둔 2006년 10월 3일 북한 외무성은 미국의 반공화국 압살 책동이 날로 심해지고 있어 자위적 전쟁 억제력을 강화하기 위하여 핵실험을 실시할 것이라고 예고했다.[15] 북한은 이로부터 약 6일 후인 2006년 10월 9일 1차 핵실험을 실시했다. 그러나 1차 핵실험 결과는 예상을 밑돌았다. 북한은 핵실험 전 중국에 통보한 설계 출력을 4kt이라고 했기 때문이다. 히로시마와 나가사키에 투하된 핵무기의 위력은 각각 15kt, 21kt이었기 때문에 북한의 첫 핵실험 결과는 이에 훨씬 미치지 못한 셈이다. 미국은 플루토늄의 일부만 폭발하면서 1kt 미만으로 위력이 크게 줄어든 것으로 추정했다.

북한의 첫 핵실험 결과가 예상치를 밑돌면서 일각에서는 북한이 온전한 핵능력을 구축하기까지 시일이 걸릴 것이라는 예측이 제기되었다. 일부 전문가들은 핵실험을 통해 북한이 자신의 핵능력이 생각보다 국제사회에 충격을 줄 수 있을 정도로 대단하지 않다는 것을 노출했고 이 때문에 핵을 이용한 북한의 협상력은 이전보다 떨어졌다고 주장했다.[16] 또한 인적 자원이 풍부하지 않고 기술적인 문제들이 산적해 있어 북한의 핵프로그램에 발전적 기대를 하기 어렵다는 관측이 제기되었다. 다만, 북한이 첫 핵실험을 하기 전까지 차기 핵보유국이 될 가능성이 가장 큰 국가로 이란이 예상되어 북한이 먼저 핵실험에 성공한 것은 분명 큰 충격이었다. 1차 핵실험 이후 유엔 안보리는 대북제재결의안 1718호를 채택하여 북한을 경제적으로 압박했다.

북한의 두 번째 핵실험은 약 3년 후인 2009년 5월 25일에 실행되었다. 마찬가지로 핵실험 장소는 함경북도 길주군 풍계리 만탑산이었다.

기상청은 이날 오전 9시 54분, 4.5의 인공지진을 감지했다고 발표했으며 출력은 4~6kt으로 추정되었다. 이는 1차 핵실험보다 위력이 훨씬 증가한 것이었다. 북한의 관영매체인 조선중앙통신은 자위적 핵억제력을 강화하기 위한 조치의 일환으로 지하 핵실험을 진행했다고 발표했다. 북한은 핵실험 결과, 위력이 커졌으며 과학기술적 문제들이 해결되었다고 주장했다.[17] 1차 핵실험에 비해 2차 핵실험에서는 폭발력이 약 5배 가량 증가하고 가장 큰 문제점으로 지적되었던 기폭장치가 안정적으로 작동한 것으로 알려지면서 북한의 핵능력은 실존적 위협으로 자리매김하게 되었다. 또한 1, 2차는 모두 플루토늄을 이용한 핵실험이었는데 북한이 HEU를 보유하고 있다는 사실이 이미 알려진 상태임에도 아직 실험을 단행하지 않아 HEU를 활용한 추가 핵실험의 가능성이 남아 있었다. 2차 핵실험 이후 유엔 안보리는 기존보다 더욱 강화된 대북제재인 1874호를 채택했으며 북한의 비핵화가 불가능해질 수도 있다는 우려가 커지면서 미국은 6자회담 재개를 위한 대북 접촉을 시도했다.

국제사회의 압박이 점점 가중되는 상황 속에서도 북한은 3차 핵실험을 단행했다. 새로운 핵실험은 김정은의 집권 이후 처음으로 실시된 것이었다. 3차 핵실험은 2013년 2월 12일 오전 11시 57분에 단행되었으며 장소는 1, 2차 때와 마찬가지로 풍계리 핵실험장이었다. 북한은 핵실험을 진행하기에 앞서 2월 11일 미국과 중국에 이를 통보한 것으로 알려졌다. 2월 12일 기상청은 이날 오전 5.1의 인공지진을 감지했고 출력은 6~7kt으로 추정되었다. 북한은 『조선중앙통신』을 통해 3차 핵실험 성공을 발표했다. 북한은 핵실험을 실행하게 된 배경으로 미국이 북한의 평화적 위성 발사 권리를 침해했기 때문이라고 밝히고 소형화, 경량화된 원자탄을 사용하여 안전하고 완벽하게 핵실험을 진행했다고 주장했다. 북한은 어떠한 원료를 활용하여 핵실험을 진행했는지 공개하지 않았는데 남한정부는 1, 2차와 달리 3차 핵실험에서 HEU를 사용했을 것으로 추정했다. 결과적으로 북한은 3~4년을 주기로 핵실험을 강행할 때마다 향상된 핵능력을 국제사회에 과시했다. 유엔 안보리는 거듭된 경고에도 불구하고 북한이 3차 핵실험을 실행에 옮기자 대북제 재 결의안 2094호를 만장일치로 채택했다. 그러나 당시까지만 해도 북 한의 핵문제에 대한 평화적 해결을 주장하는 중국과 러시아의 소극적 자세로 인해 대북제재의 실효성은 크지 않았다.

3차 핵실험을 강행한 지 얼마 지나지 않은 2013년 3월 31일 김정 은 정권은 당중앙위원회 전원회의에서 '경제건설과 핵무력건설의 병진 노선'을 채택하고 본격적으로 핵무력의 고도화를 추진했다. 김정은 집 권 이후 북한은 대외적으로 자위적 핵능력 강화, 핵보유국의 지위 등을 강조하는 한편 비핵화와 관련한 언급은 극도로 삼가면서 핵보유국으 로서의 정체성을 확립하려 시도했다. 특히 핵무력을 중심으로 국방력 을 개편하면서 북한은 '핵무기의 소형화, 경량화, 다종화, 정밀화'를 꾸 준히 내세웠는데 이는 북한이 목표로 하는 핵능력의 발전 방향을 제시 한 것으로 풀이된다.[18] 북한은 특히 핵무기의 소형화가 "핵탄의 폭발력 이 15kt 이하인 무기를 만드는" 것이라며, 핵무기 사용의 정치, 군사적 목적을 달성하고 경제적 효과성을 높이기 위해서는 소형화가 필요하다 고 주장했다. 특히 『로동신문』은 핵폭발력이 크다고 다 좋은 것은 결코 아니라며 "전선과 후방, 적아 쌍방간에 엄격한 계선이 없이 입체적으로 벌어지는 현대전에서 이러한 무기(위력이 큰 무기)를 쓰는 것은 실질적 으로 어렵다"며 중대형 폭탄의 실효성이 크지 않다고 보았다. 핵무기의 경량화에 대해서 진동을 억제하고 연쇄반응이 완성되도록 원자탄 외피 의 무게를 줄여야 한다고 주장하는 한편, 북한은 또한 핵무기의 군사적 목적을 성과적으로 달성하기 위해 다종화가 필요하다면서 전략, 전술 핵무기, 공중, 지상, 수상, 수중 핵무기 등을 언급했다. 마지막으로 북 한은 핵무기의 정밀화에 대해서 아무리 위력적인 무기라도 명중률이 떨어지면 필요없다며 핵폭발이 정확히 진행되고 대상물을 정확히 명중해야 한다고 주장했다. 이로써 북한이 다양한 종류의 투발수단 개발과 함께 핵무기의 소형화와 정밀화를 꾀할 것으로 추정되었다.

2016년에 북한은 풍계리 핵실험장에서 4차와 5차 핵실험을 단행했다. 4차 핵실험은 김정은의 생일을 며칠 앞둔 1월 6일에 진행되었는데 출력이 약 6kt 규모로 알려졌다. 3차 핵실험과 비교할 때 위력이 비슷하거나 조금 못 미치는 수준이었다. 그러나 당일 북한의 발표에 따르면 첫 수소탄 실험이었는데 이 같은 북한의 주장이 사실이라면 북한은 핵융합무기기술을 확보했음을 의미하는 것이기에 커다란 충격을 안겨주었다. 그런데 북한의 핵실험이 수소폭탄 실험으로 평가받기 위해서는 핵실험의 위력이 최소 10kt 이상이 되어야 했음에도 4차 핵실험의 위력은 6kt에 불과했다. 따라서 한국을 포함하여 국제사회는 4차 핵실험에 대해 수소탄이 아닌 증폭핵분열탄 시험에 가깝다고 평가했다.

그러나 2016년 9월 9일 북한이 정권 수립 기념일에 진행한 5차 핵실

글상자 4.1　북한이 주장하는 핵무기의 소형화·경량화·다종화·정밀화

북한이 주장하는 핵무기의 소형화는 위력을 기준으로 10kt 이하의 핵무기를 만든다는 의미이며 경량화는 질량을 기준으로 핵탄두의 총체적 질량을 가볍게 만든다는 것을 의미한다. 또한 핵무기의 다종화는 군사적 목적을 달성하기 위해 여러 가지 종류의 핵무기를 만드는 것을 의미하며 정밀화는 핵폭발의 정확성과 얼마나 정확히 목표물을 명중하느냐를 뜻한다. 북한은 이미 소형화, 경량화, 다종화, 정밀화된 핵탄을 포함하여 모든 것을 다 가지고 있다고 주장하고 있으나 이는 사실이라고 판단하기는 어려우며 이러한 4가지 원칙에 따라 핵무력을 현대화하고 있다고 보는 것이 적절하다.

험에서 폭발 위력이 10kt으로 역대 최고 수준을 기록했다. 북한은 5차례에 걸친 핵실험을 통해 핵물질을 다양화하고 있는 한편 폭발력을 증폭시키면서 핵능력을 꾸준히 증가하고 있다는 사실을 보여주었다. 여전히 북한이 단행하는 핵실험의 위력은 인도나 파키스탄에 미치지 못했으나 북한은 4차 핵실험을 단행한 지 불과 8개월 만에 위력을 증가하는 데 성공했다. 당시 북한은 핵투발수단의 개발을 동시에 진행하고 있었는데 북한의 핵무기가 실존적 위협이 되기 위해서는 투발수단의 발전과 투발수단에 적합한 탄두의 개발이 필요한 과제가 되었다. 북한은 김정은 집권 이후 2013년부터 경제핵무력 병진노선을 추진하면서 핵무력 증강에 선차적인 자원 배분을 해왔고 모든 국가적 역량을 집중시켜 왔다. 2015년 잠수함발사탄도미사일(SLBM) 북극성-1형 시험발사는 비록 성공하지는 못했으나 북한이 지대지 탄도미사일뿐만 아니라 해상기반의 미사일까지 개발하고 있음을 시사함으로써 투발수단의 확장을 보여주었다. 2016년 8월 북한은 신형 SLBM인 북극성-3형 시험발사에 마침내 성공했는데 당시 탑재할 수 있는 탄두중량은 650kg으로 추정되었다. 앞서 북한은 2016년 3월 9일 내폭형 탄두로 추정되는 사진을 공개했는데 핵탄두의 지름은 약 60~70cm, 무게는 300~400kg으로 추정되어 북한이 핵탄두 탑재를 염두에 두고 있음을 짐작하게 했다.[19] 북한은 이례적으로 5차 핵실험 내용과 관련한 성명을 핵무기연구소를 통해 발표했다. 핵무기연구소는 "조선인민군 전략군 화성포병부대들이 장비한 전략탄도로켓들에 장착할 수 있게 표준화, 규격화된 핵탄두의 구조와 동작, 특성, 성능과 위력을 최종적으로 검토·확인"했다고 밝힘으로써 핵실험이 투발수단에 탑재를 염두에 둔 것임을 분명히 하였다.[20]

북한의 핵실험이 5차까지 진행되자 국제사회는 더욱 강력한 제재를 적용했다. 북한은 핵보유국의 지위에 맞게 대외관계를 확대·발전시킬 것이라고 주장했으나 오랜 우방국인 중국, 러시아가 적극적으로 대북

제재결의안에 참여하여 실질적인 대북압박 효과를 기대할 수 있게 되었다. 신규 채택된 대북제재결의안 2321호는 북한 공관의 인력 규모 감축 촉구, 은행계좌 제한 및 부동산 임대를 통한 수익 창출 금지뿐만 아니라 북한이 소유했거나 운영하는 선박에 대한 보험 금지, 검색 차단 및 운송 제한, 금융통제 조치 등을 강화했다. 이미 미국정부의 대북제재가 작동하고 있는 상태에서 전통적 우호국인 중국과 러시아의 적극적인 제재 동참 결정으로 북한에 대한 경제적 압박이 더욱 가중되었다.

이듬해인 2017년 9월 3일 북한은 또다시 함경북도 길주군 풍계리에서 핵실험을 강행했다. 6차 핵실험은 5차 핵실험에 비해 위력이 급증했으며 북한은 실험 직후 발표한 성명을 통해 수소폭탄 개발에 성공했다고 주장했다. 핵실험 위력은 발표 주체에 따라 추정치가 상이하게 나났다. 남한정부는 5차에 비해 인공지진의 크기가 5.7리히터로 판단하고 50kt으로 발표했다. 그러나 미국 지질조사국은 인공지진의 규모를 6.3으로 판단했으며 올브라이트(David Albright) 과학국제안보연구소(ISIS) 소장은 6차 핵실험의 위력이 100kt에 달한다고 평가했다. 중국과 일본, 러시아는 북한에서 각각 규모 6.3, 6.1, 6.4의 인공지진이 발생했다고 발표하여 한국 발표와 큰 차이를 보였다. 그러나 인공지진 규모 측정에는 차이가 있었지만, 6차 핵실험이 직전 핵실험보다 최소 5배 이상 강력한 폭발력을 보여주었다는 평가에는 이견이 없었다. 지금까지 북한의 핵실험을 정리하면 다음과 같다 (표 4.1 참조).

제7차 핵실험 전망

2017년 6차 핵실험 이후 북한은 추가 핵실험을 실시하지 않고 있다. 이에 따라 7차 핵실험에 대한 궁금증이 증폭되고 있는데 북한이 앞으로 추가 핵실험을 실행할 유인이 있다는 데에는 전문가들 사이에 크게

표 4.1 북한의 제1~6차 핵실험

	1차	2차	3차	4차	5차	6차
일시	2006년 10월 9일	2009년 5월 25일	2013년 2월 12일	2016년 1월 6일	2016년 9월 9일	2017년 9월 3일
실험 지역	풍계리	풍계리	풍계리	풍계리	풍계리	풍계리
규모	1kt 이하	3~4kt	6~7kt 이하	6kt	10kt	역대 최고위력
원료	플루토늄	플루토늄	고농축 우라늄	수소탄 (북 주장)	증폭 핵분열탄	수소탄 (북 주장)

이견이 없어 보인다. 김정은은 내부적으로 계속해서 핵무력의 질량적 강화를 주문해왔고 실제로도 핵무력 고도화를 지속적으로 추구해 왔다. 북한은 2018년 5월 폭파했던 풍계리 핵실험장의 갱도들까지 모두 복구했고 풍계리 핵실험장은 언제든지 추가 핵실험을 실행할 수 있는 상태로 준비되어 있다. 그러나 아직 핵실험이 임박했다는 징후는 포착되지 않고 있다.

7차 핵실험의 유형에 대해서는 다양한 견해가 오가는데 전문가들 사이에서는 소형화 핵실험이 될 것이라는 게 중론이다. 그 이유는 첫째, 북한이 1~6차까지 진행된 핵실험을 통해 충분한 폭발력을 보여주었고 무기화를 진척시키기 위해서는 탄두를 소형화하고 표준화하는 작업이 필요할 것이기 때문이다. 특히 북한이 2023년 3월 '화산-31'로 명명된 소형 핵탄두를 언론에 공개하면서 7차 핵실험을 통해 전술핵탄두의 위력을 검증할 가능성이 커졌다. 직경이 약 500mm로 추정되는 '화산-31' 탄두에 대해 북한은 600mm 초대형 방사포, 무인잠수정 해일, 화살-1·2 순항미사일, KN-23, KN-23B, KN-24, 신형전술유도무기 등 최소 8종의 미사일에 탑재 가능하다고 주장하고 있다. 북한이 이

무기들을 주력으로 활용할 것으로 예상되는 만큼 미사일에 탑재될 '화산-31'에 대한 신뢰성 검증을 위한 시험이 필요할 것이다.

두 번째, 핵무기의 양적 증강을 목표로 북한은 전술핵무기 생산에 주력하고 있으며 신뢰할 수 있는 전술핵무기 양산을 위해서는 핵무기 소형화 실험을 진행할 가능성이 높다. 김정은은 2021년 1월에 개최된 8차 당대회 사업총화보고에서 전술핵무기 개발 사실을 최초로 인정하고 더 많은 핵무기를 생산할 것을 지시했다. 핵무기의 증산은 크게 두 가지 방법으로 나누어 생각해볼 수 있다. 우선 핵물질을 추가 생산하는 방식이 있는데 북한은 연간 생산량이 한정적인 플루토늄보다 HEU의 생산을 늘리는 방식을 택할 가능성이 크다. 2024년 9월 13일 북한의 관영매체인 조선중앙통신은 김정은이 핵무기연구소와 무기급 핵물질 생산시설을 현지 지도하고 무기급 핵물질 생산을 늘리기 위한 중요 과업을 제시했다며 날짜 미상의 사진을 공개한 바 있다.[21] 또 다른 방법은 위력이 작은 핵무기들을 다량으로 생산하는 것이다. 김정은은 2023년 3월 27일 핵무기연구소로부터 핵무력 강화를 위한 사업 현황과 생산실태에 대해 보고를 받고 "무기급 핵물질 생산을 전망성 있게 확대하며 위력한 핵무기들을 생산해내는 데 박차를 가해" 나가야 한다고 한 것으로 알려졌다.[22] 위력이 작은 핵무기에는 핵물질이 상대적으로 적게 들어가기 때문에 한정된 양의 핵물질을 대륙간탄도미사일(ICBM)에 탑재하기보다 전술핵무기에 탑재할 경우 더 많은 수의 핵무기를 만들 수 있다. 북한이 위력이 작은 핵무기들의 양산을 결정했다면 7차 핵실험은 소형화 실험이 될 가능성이 크다.

반면, 7차 핵실험이 위력이 강한 핵실험이 될 가능성도 완전히 배제하기는 어렵다. 김정은은 8차 당대회에서 초대형 핵탄두의 생산도 주문했다. 여기서 김정은이 말하는 초대형 핵탄두란 물리적으로 큰 핵탄두를 뜻하는 것이 아닌 아마도 메가톤급 폭발력을 가진 고위력 핵무기를 의미하는 것으로 분석된다. 북한은 미국을 겨냥하여 대륙간탄도미사일의 성능을 지속적으로 개량하기 위해 노력했다. 김정은은 8차 당대회에서 1만 5,000km 이상 사거리를 지닌 미사일의 정확도를 높이는 작업에 착수할 것을 지시했으며 북한은 2024년 10월 31일 액체엔진으로만 된 ICBM을 고체엔진으로 전환하는 시험을 실시한 것으로 추정된다. 이밖에도 북한은 고중량 탄두 탄도미사일을 지속적으로 개발 중임을 시사하고 있는데 이러한 징후들은 북한이 고위력 핵무기에 대한 관심이 크며 위력이 큰 핵실험을 진행할 개연성을 높이고 있다.

이처럼 7차 핵실험의 형태에 대해서는 소형화 핵실험 가능성이 가장 높게 점쳐지는 가운데 다양한 추정들이 존재하는 상황이다. 핵실험 시기에 대해서는 2024년 11월 미국 대선을 앞두고 협상력을 높이기 위해 강행할 것으로 예상되었으나 북한은 핵실험을 진행하지 않았다. 과거에는 북한 정권이 정치적 고려를 우선시하며 핵실험을 외교적 지렛대로 활용하기 위해 진행하는 경우가 없지 않았다. 그러나 이미 6차례에 걸친 핵실험을 통해 북한이 핵능력을 보유하고 있다는 사실이 어느정도 입증되었고, 북한이 미국을 자극하기 위해 활용할 수 있는 도발수단은 단지 핵실험에만 그치지 않고 ICBM, 정찰위성, 극초음속미사일, SLBM 발사 등 훨씬 다양해졌다. 따라서 과거의 경험을 바탕으로 반드시 북한이 핵실험을 미국과 대화의 모멘텀을 만들기 위한 정치적 수단으로 활용할 것이라는 예측은 다소 섣부른 감이 있어 보인다. 북한이 만약 7차 핵실험을 하기로 결심한다면 철저히 기술적 수요에 의해 내려진 판단일 가능성이 크며 미국보다는 중국을 의식하여 시기를 조율할 수도 있다. 중국은 미국과의 패권경쟁에서 승리하기 위해 한반도의 안정이 절대적으로 필요하다는 입장이고 그러한 맥락에서 북한의 핵실험에 반대해 왔다. 비록 현재는 북한과 중국의 관계가 냉각된 상태이지만 여전히 서로에 대한 필요성을 상호 인지하고 있고 중국은 북한의 절대적인 경제교역국이기 때문에 북한은 7차 핵실험을 실시하게 된다면 중국의 입장을 최대한 고려하면서 실행에 옮길 수도 있을 것이다.

3. 북한의 미사일 개발

북한의 미사일 개발은 단순한 군사력 증강을 넘어 한반도와 동북아의 안보지형을 뒤흔드는 핵심 요소로 자리매김했다. 북한의 초기 미사일 개발은 냉전 시대의 산물이었지만 미사일의 종류가 다양해지고 핵탄두 탑재가 확실시되면서 오늘날에는 국제사회의 심각한 안보위협으로 부상했다. 초기 북한의 미사일 개발은 소련의 스커드 미사일 기술을 기반으로 했으나, 이후 자체적인 기술개발과 해외 협력을 통해 다양한 종류의 미사일을 개발해 온 것으로 파악된다. 특히 핵무기 개발과 맞물려 진행된 북한의 미사일 개발은 단순한 무기체계의 발전을 보여주는 것이 아니라 북한 정권의 생존 전략과 직결된 문제로서 다루어지고 있다.

초기 미사일 개발

북한은 1980년대부터 미사일을 수출할 정도로 일찌감치 미사일 능력을 발전시켜 왔다. 1976년 북한은 제4차 중동전쟁에서 이집트에 군사원조를 제공한 대가로 소련제 미사일인 R-17(Scud-B)을 제공받는데 이를 역설계하면서 본격적으로 탄도미사일 제조 능력을 확보하게 된다. 당시 이집트는 30명에 달하는 기술자와 조종사들을 북한에 보내기도 한 것으로 알려졌다.[23] 1980년대에 들어서는 수출 특수를 누릴 정도로 북한의 미사일 능력은 크게 발전했다. 1984년 스커드-A 미사일을 개발·생산하고 1985년에는 스커드 미사일을 기반으로 한 사거리

230~340km인 '화성-5'(Scud-B) 단거리탄도미사일의 생산 공장을 설립하고 생산된 미사일을 당시 이라크와 전쟁을 치르고 있던 이란에 수출했다. 1987년을 전후로는 사거리가 600km 정도로 한반도 전역을 사정권에 포함하는 '화성-6(Scud-C)'의 개발 착수에 들어가 미사일의 종류를 다양화하기 시작했다. 1988년에는 사거리 1,000km로 오키나와 미군 기지와 미국까지 공격 가능한 준중거리탄도미사일(MRBM)인 노동 미사일 개발에 착수하여 1990년 5월 첫 테스트를 실행했다. 비록 첫 테스트는 실패로 끝났지만 1988년 9월 미국은 북한을 탄도미사일 개발 능력이 있는 최소 15개국 안에 포함했다.[24] 1993년 5월에 진행한 노동 1호 미사일의 시험 발사에서는 3기 모두 성공을 거두면서 양산체제에 들어갔다. 북한 노동 1호의 경우 이란, 파키스탄 등으로 수출되어 이란에서는 샤하브(Shahab)-3, 파키스탄에서는 가우리(Ghauri)-2의 기초가 된 것으로 알려졌다.

　이 당시 북한은 우호국과 미사일 기술 수출을 통해 재정확충에 도움을 얻었다고 평가할 수 있겠으나 미사일 기술협력과 수출이 반드시 재정적 목적에 기인한 것이었다고 보기는 어렵다. 이란, 파키스탄과 같은 국가들은 미국에 대한 적개심을 공유한다는 점에서 북한과 유사했고 이들의 연대감은 북한이 민감한 핵기술을 습득하는 데 분명 도움이 되었다. 북한은 노동 미사일 기술을 파키스탄으로 수출하면서 역으로 파키스탄 핵개발의 아버지로 불리는 A. Q. 칸 박사로부터 우라늄 농축기술을 전수받은 것으로 알려졌다.

　노동 미사일 개발 이후 북한은 미사일의 사거리를 연장하는 데 주력하여 장거리 로켓 시험발사를 여러 차례 시도했다. 1998년 8월에는 함경북도 무수단리에서 사거리 1,800~2,500km로 추정된 대포동 미사일 발사 시험을 진행했다. 대포동 미사일은 스커드 미사일을 기본 설계로 한 3단계 액체연료 미사일로 1단계와 2단계 로켓은 각각 분리에 성공하여 블라디보스토크 공해상과 일본 열도 상공을 지나 태평양에 낙하했으나 3단계 로켓은 궤도 진입에 실패했다. 북한은 대포동 미사일을 발사한 후 대륙간탄도미사일이 아닌 광명성 1호 위성을 발사한 것이라고 주장했지만 서방은 이를 받아들이지 않았다. 대포동 미사일은 2006년 7월에 2차 발사가 진행되었다. 대포동 2호 미사일은 결함 발생으로 추락했으나 1호(25m, 2만 2,000kg)에 비해 크기(32m)와 중량(6만 5,000kg)이 훨씬 커졌으며 사거리도 2,600km에서 4,500km로 급격히 늘어나 국제사회에 충격을 주었다. 유엔 안보리는 대포동 2호 발사 직후 모든 탄도미사일 관련 프로그램의 중단을 요구하는 대북제재 결의안 1695호를 통과시켰다. 북한은 대포동에서 은하로 이름을 바꾸어 은하 2호를 2009년 4월에, 은하 3호를 2012년 4월과 12월에 각각 1차례씩 발사했다. 2009년 4월에 발사한 은하 2호는 궤도진입에 실패하고 2012년 4월에 발사한 은하 3호의 경우 공중폭발하는 등 성과를 내지 못했으나 2012년 12월에 발사한 은하 3호는 단분리와 궤도진입에 모두 성공했다. 미사일 사거리가 늘어나면서 탄착 오차 확률은 더 커졌으나 북한으로서는 대미위협 능력을 입증해 나가고 있다고 판단했을 것으로 추정된다.

김정은 정권의 등장과 핵투발수단의 다종화

2011년 12월 김정일 사망 후 집권한 김정은은 핵투발수단의 다양화를 적극적으로 추진했다. 북한은 이 시기부터 핵보유국으로서의 자기 정체성을 확립하기 위한 제도적, 정책적 조치들을 단행해나갔다. 북한은 2012년 4월 사회주의 헌법에 스스로 핵보유국임을 명시하고 어떠한 상황에서도 핵을 포기하지 않을 것이며 핵무기는 더 이상 정치적 흥정이나 경제적 거래의 대상이 아니라고 단언했다. 또한 김정은은 2013년

3월에 개최된 노동당 중앙위원회 전원회의에서 경제핵무력 병진노선을 선언하고 핵무력 고도화에 매진했다. 북한은 이 시점까지 3차례의 핵실험을 진행하면서 북한의 핵능력이 무기화 단계에 진입해야 한다고 판단한 것으로 보이며 장기적인 핵프로그램을 가진 것으로 추측되었다. 김정은 집권 이후 북한의 미사일 발사횟수와 시험발사한 미사일의 종류는 확연히 증가했다. 북한은 김일성 시기 총 9회(15발), 김정일 시기에는 4회(16발)의 미사일 시험발사를 진행한 것으로 알려졌다. 그러나 김정은 집권 첫해인 2012년 북한의 미사일 발사횟수는 6회, 2013년 8회, 2014년 18회로 급격히 증가했다. 발사체의 종류 역시 장거리 탄도미사일에만 그치지 않고 단거리와 중거리, 순항미사일과 SLBM 등 다양하게 증가했다. 특히 2013년과 2014년에는 단거리탄도미사일의 시험발사를 집중적으로 실시했다.

지대지 미사일 개발에 집중하던 북한은 2015년부터 투발수단을 해상으로 확장했다. 북한의 SLBM 개발 사실은 2014년 8월 탄도미사일 발사용 수직 발사관이 미국의 위성에 식별되면서 드러났다. 그해 연말 국방부가 발간한 『2014 국방백서』 역시 북한이 "탄도미사일 발사능력을 갖춘 신형 잠수함 등 새로운 형태의 잠수함정을 지속건조하고 있다"라며 북한의 SLBM 개발을 기정사실화했다.[25] 북한은 2015년 5월 9일 김정은이 직접 참관한 가운데 북극성-1형으로 명명된 잠수함발사탄도미사일을 최초로 발사했다. 북극성-1형은 구소련의 R-27을 개량하여 만든 것으로 추정되었으며 사거리는 1,300km에 달하는 중거리 미사일로 중량 1만 4,000kg, 길이 8.89m, 직경 1.5m, 탄두중량 650kg 정도로 확인되었다. 북한은 2015년에만 무려 3차례에 걸쳐 '북극성-1'형을 시험발사했는데 모두 성과를 거두지 못했다. 2015년 5월 8일 함경남도 신포 앞바다에서 실시한 첫 시험발사에서는 수중사출 시험에 성공했으나 2015년에 실시한 두 차례 시험발사는 모두 실패로 끝났다.

이 같은 몇 차례의 시험발사를 통해 북한은 SLBM의 장점을 최대한 누리기 위해서는 미사일의 모터가 대기중에서 1회만 점화하는 콜드론칭(cold launching) 기술과 액체연료 미사일을 고체연료로 전환해야 한다는 기술적 과제를 확인하게 되었다. 콜드론칭 기술은 소음이 적고 설계구조가 단순하며 은폐성이 뛰어나다는 장점을 지녀 수중에서 미사일이 점화되는 핫론칭(hot launching)에 비해 복잡하고 더 진보된 기술이라고 할 수 있다.[26] 그러나 기술적 개선점에도 불구하고 북한이 핵운반수단 개발에서 새로운 이정표를 세우기 시작한 것은 확실했다. SLBM은 미사일이 물속에서 발사되어 사드(THADD) 레이더로 포착하기 어렵고 잠수함을 통해 이동해 한반도에서 떨어진 곳에 미사일 배치가 가능하여 군사기지가 공격당했을 때 2차 타격능력을 가질 수 있다는 점에서 위협적이었기 때문이다.

핵 위력의 증가와 함께 북한은 핵무기의 생존력을 높이고 투발수단의 다양화를 위한 조치들을 단행했다. 제7차 당대회가 개최된 2016년과 이듬해인 2017년에는 유례없이 많은 미사일 시험발사가 진행되었다. 특히 2017년에는 미국 트럼프정부의 시작과 함께 북한이 3번의 ICBM 시험발사를 강행하면서 북미 간 긴장 수위가 최고조에 이르렀다. 2017년 7월 4일 미국 독립기념일을 하루 앞두고 새로운 대륙간탄도미사일인 '화성-14'형의 시험발사를 진행했다. 액체연료 엔진을 장착한 '화성-14'형은 비행거리를 단축하기 위해 고각(lofted) 발사되었는데 발사정점고도가 2,802km, 비행거리 933km로 정상 각도로 발사할 경우 사거리가 7,000km에 달할 것으로 예측되었다. 7월 28일에 발사한 '화성-14'형은 이보다 더 멀리 비행하여 정상각도로 발사할 경우 추정 사거리가 10,000km에 달하면서 미국 중부까지 타격할 수 있을 것으로 추정되었다. 2017년 11월 29일 북한은 신형 액체연료 ICBM인 화성-15형을 발사했다. '화성-14'형에 비해 몸체가 더 커진 '화성-15'형은 최대 고도 4,475km, 수평 비행거리 약 1,000km로 53분간의 비행시간을 기록했다. '화성-15'형 역시 고각으로 발사되었으나 미사일을 정상 각도로 발사할 경우 미 본토 전역을 공격할 수 있을 것으로 추정되었다. 김정은은 '화성-15'형 시험발사를 성공으로 규정하고 '국가핵무력 완성'을 대대적으로 선전했다. 북한이 주장하는 '국가핵무력 완성'은 대미억제력 확보를 의미했고 김정은은 사거리가 미 전역에 이르는 ICBM 개발에 성공함으로써 북한이 핵을 통한 대미 위협능력을 갖추었다는 사실을 입증했다고 나름 계산한 것으로 보인다. 그러나 북한의 ICBM 기술 수준이 상당히 빠른 속도로 발전하는 것은 사실이지만 전문가들은 '화성-14'형과 마찬가지로 '화성-15'형의 대기권 재진입 기술, 종말단계 유도, 핵탄두 소형화에 관한 기술적 사항들과 관련하여 의문점들을 제기했고 아직 북한의 ICBM은 신뢰성을 확보하지 못한 것으로 평가했다.

2019년 5월 4일 김정은이 국가 핵무력의 완성을 선언한 후 522일 만에 미사일 도발을 재개했다. 이때 북한이 선택한 무기는 단거리탄도미사일이었다. 단거리탄도미사일은 발사 징후 파악이 쉽지 않아 신속한 대응이 어렵고 저고도 비행을 통해 미사일 방어를 무력화할 수 있다. 북한은 자위적 국방력 강화라는 목표 아래 신형전술유도탄(KN-23), 신형 전술지대지미사일(KN-24), 초대형방사포(KN-25), 신형 대구경조종방사포 등 사정거리가 1,000km 미만에 해당하는 단거리탄도미사일을 집중적으로 시험발사했다. 신형 단거리미사일들은 액체연료가 아닌 고체연료를 사용하고 연사간격이 단축되었으며 정확도가 향상되는 등 기존 스커드 계열 미사일들과 비교할 때 확연히 진일보한 성능을 과시했다. 또한 북한은 미사일 시험을 공군기지, 공항 및 해안가 등 북한 전역 10여 곳에서 진행하여 다양한 지역과 부대에 배치·운용할 수 있음을 시사했다. 따라서 북한이 단거리탄도미사일을 양산하여 실전 배치한다면 다

표 4.2 북한의 주요 미사일 개발 현황

무기명		유형	사거리 (km)	기타
KN-23 (신형전술유도탄)		전술 핵탄두 탑재 가능 지상기반 미사일	420~600	• 북한판 이스칸데르 • 1단 고체연료 사용
KN-24 (화성-11나)			400	• 북한판 에이태킴스(ATACMS) • 1단 고체연료 사용
KN-25 (초대형방사포)			220~380	• 2019.8.24., 첫 비행 • 1단 고체연료 사용
			350~400 (600mm 초대형방사포)	• 2021.12.31. 첫 시험발사 • 발사관 6개 (기존 4개)
신형전술 유도무기			110	• KN-23과 KN-24 개량형 • 2022.4.16., 김정은 참관하 시험발사 • 1단 고체연료 사용
전략순항 미사일 (중장거리 순항 미사일)	'화살-1형'		1,500~2,000	• 2021.9.11~9.12. 첫 시험발사 • 제재 대상 제외, 50~100m 저고도 비행
	'화살-2형'		1,800~2,000	• 2022.1.25. 첫 시험발사 • 국방발전전람회 〈자위-2021〉 공개
미니 SLBM (화성-11ㅅ)		전술 핵탄두 탑재 가능 해상기반 미사일	420~600 이상 (추정)	• 2021.10.19. 첫 비행 • 풀업, 상하기동 가능성 • 소형화를 통한 다탄두 탑재 의도 추정
수중 핵드론 (수중핵무인 공격정 '해일')			1,000km 잠항	• 2023.3.21. 첫 시험 • 해일-1형과 해일-2형 두 종류
화성-18형		ICBM	15,000km 추정	• 2023.4.13. 첫 시험 발사 • 고체연료 기반 ICBM
화성-19형			15,000km 추정	• 2024.10.31. 첫 시험 • 현존 최대 규모 고체연료 ICBM • 다탄두로 운용 가능 추정

양한 목표물에 타격이 가능해지고 다양한 전술을 활용하여 미사일 방어에 맞춤 전략을 적용할 수 있을 것으로 우려되었다. 특히 핵탄두를 탑재할 경우 전술핵무기로 사용될 수 있어 북한이 남한을 상대로 실질적인 핵 위협을 가할 수 있다는 점이 가장 큰 우려 사항이다.

북한은 신형무기의 용도와 핵 운반 능력에 대해 그동안 명확한 입장을 밝히지 않았다. 그러나 2021년 1월 조선노동당 제8차 대회에서 처음으로 전술핵무기 개발 사실을 공식적으로 인정했다. 김정은은 당대회 사업총화보고에서 "총결기간 이미 축적된 핵기술이 더욱 고도화되어 소형경량화, 규격화, 전술무기화"되었다며 "핵무기의 소형경량화, 전술무기화를 보다 발전시켜 현대전에서 작전 임무의 목적과 타격 대상에 따라 각이한 수단으로 적용할 수 있는 전술핵무기들을 개발"하겠다고 언급함으로써 향후 다종의 전술핵무기 개발에 돌입할 것을 선언했다.[27] 이전까지는 북한이 잠수함 성능을 개선하고 SLBM의 사거리와 정확도를 높여 미국 본토에 대한 2차 타격 능력을 강화할 것이라는 예측이 우세했다. 그러나 전술핵무기 개발은 한반도와 주변 지역에서의 억지력 강화에 초점을 맞추겠다는 의도로 해석된다.

북한은 미국에 대한 위협 억제와 한국, 일본의 군사적 위협에 대응하기 위해 전략핵무기와 전술핵무기가 모두 필요했지만 모든 무기를 개발하는 것은 경제적으로 큰 부담이었다. 따라서 그동안 미국의 핵 억제에 대응하기 위한 2차 타격 능력 확보에 주력해왔다. 그러나 ICBM 개발에 난항을 겪으면서 2차 타격 능력 확보가 불투명해졌고 ICBM 능력 강화에만 제한된 자원을 집중하는 것은 비효율적이라고 판단한 것으로 보인다. 이에 따라 북한은 전술핵무기 개발에 집중하기로 방향을 전환한 것으로 분석된다. 전술핵무기는 신속한 발사가 가능하고 장거리탄도미사일보다 정확도가 높아 한반도와 주변 지역에 실질적인 군사적 위협이 될 수 있다. 실제로 북한이 전술핵무기 개발에 집중하기로 결정했다는 사실은 북한지도부의 발언 속에서도 감지되었다. 북한은 8차 당대회 직후부터 한국정부의 종전선언 제안을 거절하는 한편 국방중기계획을 포함한 재래식전력 강화 계획을 강하게 비판했다. 특히 북한지도부는 한국 측이 자신들의 무기시험은 북핵 억제용으로 포장하면서 북한의 자위적 국방력 강화를 위한 무기시험을 도발로 매도하는 것은 '이중잣대'라며 날선 반응을 보였다.[28] 2022년부터는 남한에 대한 핵무기 사용 가능성을 시사했는데 김여정은 4월 4일 발표한 담화를 통해 "남조선이 우리와 군사적 대결을 선택하는 상황이 온다면 부득이 우리의 핵전투무력은 자기의 임무를 수행하게 될 것"이라고 언급했다.[29]

전술핵무기 개발을 공식화한 이후 북한은 단거리탄도미사일을 더욱 다양화했다. 2021년에는 기존 단거리탄도미사일보다 더 작은 크기의 미사일들이 등장했는데 KN-23, KN-24, KN-25 등 북한이 당시 주력해 개발한 미사일들의 개량형이었다. 작아진 미사일들은 지상기반미사일뿐만 아니라 SLBM으로도 활용되었다. 단거리탄도미사일을 발사할 수 있는 플랫폼까지 다양화되었는데 열차 및 8·24 영웅함 등 기존 보유하고 있던 자원을 최대한 활용함으로써 저비용, 고효율의 무기개발을 계속했다. 2021년 9월 15일에는 평남 양덕, 2022년 1월 14일에는 평북 의주에서 열차를 활용하여 KN-23이 발사되었으며 2021년 10월 19일에는 8·24 영웅함에서 기존 KN-23의 개량형으로 추정되는 신형 SLBM이 발사되었다. 다만, 북한이 전술핵무기로 사용하려는 KN-23, KN-24, KN-25, 순항미사일 및 미니 SLBM('화성-11ㅅ') 등에 맞는 전술핵탄두를 개발해야 하는 과제를 안고 있으며 규격화를 위해서는 핵실험이 필요할 것으로 예상된다.

국방과학발전 5개년계획과 새로운 무기체계의 개발

김정은은 2021년 1월 8차 당대회 사업총화보고에서 전쟁억제력을 목표로 ① 초대형핵탄두 생산, ② 1만 5,000km 사정권 명중률 제고, ③ 극초음속활공비행전투부 개발 도입, ④ 수중 및 지상고체발동기 및 대륙간탄도로케트 개발, ⑤ 핵잠수함과 수중발사 핵전략무기 보유 등 '최우선 5대 과업'을 제시했다.[30] 이중 극초음속미사일과 관련하여 북한은 탄두 설계를 완료했다고 공개했으며 그해 9월 28일 첫 시험발사를 실시했다. 북한은 2022년 1월 5일에도 탄두부의 모습이 원뿔형인 새로운 형태의 미사일 시험발사를 진행하며 극초음속 미사일이라고 주장했다. 이로부터 불과 6일 후인 1월 11일에도 마하 10의 속도를 기록했다고 발표하면서 극초음속미사일의 시험발사를 진행했다고 강조했다. 대한민국 합동참모본부는 북한측 주장이 과장되었다고 밝히면서 북한의 미사일은 회피기동이 아닌 선회기동을 하였다고 평가했다. 그럼에도 불구하고 북한은 지속적인 성능개량에 나섰는데 2024년 1월 14일에 극초음속 중장거리 기동형 조종 탄두부 장착을 위한 고체연료 탄도미사일 시험발사를 강행하는 한편 두 달가량 후인 3월 19일에는 사거리를 늘리기 위한 추진체 성능개량 목적으로 다단계 고체연료 엔진 지상분출 시험을 완료했다. 4월 2일에는 고체연료를 탑재한 '화성포-16나'형을 시험발사함으로써 극초음속미사일 중거리미사일의 고체연료화에 성공했다. 아직 극초음속미사일을 상용화한 국가가 많지 않고 탄두부 기동이나 활공비행 등의 의문점이 해소된 것은 아니지만 북한이 무기체계를 지속적으로 확대 및 개선해나가고 있다는 점은 분명하다. 또한 북한은 탄도미사일은 아니지만 2021년과 2022년에 중거리 순항미사일인 '화살 1'과 '화살 2'를 시험발사했다. 화살-1과 화살-2는 전략순항미사일이기 때문에 제재 대상에 포함되지 않는다는 특징이 있다.

북한은 생존력을 높이기 위해 중장거리탄도미사일 개발도 게을리하지 않았다. 북한의 중거리미사일은 대체적으로 SLBM에 의존하는 것으로 보이는데 북한은 2016년 4월 '북극성-1'형에 고체연료를 탑재하고 콜드론칭 기술에 성공함으로써 미사일의 생존성을 증가시켰다. 이후 약 3년여 만인 2019년 10월 2일 북한은 강원도 원산만 수역에서 신형미사일인 '북극성-3'형의 시험발사를 진행했다. 북한은 북극성-3형의 시험발사 직후 "새로 설계된 탄도탄의 핵심 전술·기술적 지표들이 과학기술적으로 확증"되었다며 북극성-3형이 1형보다 발전된 무기임을 시사했다. '북극성-3'형은 최대 비행고도 910km, 비행거리 450km로 정상궤도로 발사되었을 경우 최대 1,900km까지 비행가능하여 한국과 일본 전역을 사정권에 둘 수 있었다.[31]

이후 북한은 한동안 SLBM 시험발사를 실행에 옮기지 않다가 2020년 10월 10일 당창건 75주년을 기념하여 열린 심야 열병식에서 신형 SLBM인 '북극성-4ㅅ'형을 공개했다. '북극성-4ㅅ'형은 아직 시험발사가 이루어지지 않아 실제 전력화하지 않고 도태되었을 가능성이 있다. 2021년 10월 19일 북한은 '새형의 잠수함발사탄도탄'이라며 기존의 북극성보다 더 작은 SLBM의 첫 비행을 진행했다. KN-23과 KN-24의 개량형으로 보이는 해당 미사일은 추후 '화성-11ㅅ'으로 명명되었으며 소형화를 통해 잠수함에 여러 발을 탑재하려는 의도로 풀이된다. 이후 북한은 SLBM의 플랫폼으로 2023년 9월 발사관이 10개가 넘는 김군옥영웅함의 진수식을 거행했다. 이전에 북한이 SLBM 시험에 활용한 잠수함은 길이 67m, 폭 6.6m에 달하는 신포급(고래급) 잠수함으로 미사일 1개만 탑재 가능한 것이었다. 그러나 현재까지는 로미오급 설계를 발전시켜 신규 건조한 것으로 보이는바, 북극성계 미사일과 '화성-11ㅅ'을 모두 탑재할 수 있을 것으로 보이나 합동참모본부는 잠수함의 정상적인 운용이 가능하지 않은 상태라고 평가했다.

북한은 2021년부터 시작한 국방과학 발전 및 무기체계 개발 5개년 계획을 진행하면서 다양한 종류의 단거리, 중거리미사일과 함께 장거리미사일의 성능을 개선하려는 노력도 계속해 나갔다. 북한은 2018년 4월 노동당 중앙위원회 7기 3차 전원회의에서 병진노선의 승리를 선언한 이후 2022년 2월 27일 약 4년 만에 처음으로 ICBM 시험발사에 나섰다. 해당 미사일은 11축의 TEL을 플랫폼으로 하는 초대형 3단 액체연료 엔진 ICBM인 '화성포-17'로 북한은 앞서 2020년 10월 10일 조선노동당 창건 기념일 열병식에 선보인 바 있었다. 1차 발사 때는 엔진 계통의 문제로 상승단계에서 폭발했으나 몇 차례 시도 끝에 11월 18일 시험발사에서는 김정은과 김주애가 지켜보는 가운데 미사일 시험발사에 성공했다. 북한은 11월 18일을 기념하여 2023년 11월 5일 최고인민회의 상임위원회 상무회의에서 이날을 미사일공업절로 지정했다. 2022년과 2023년은 북한이 장거리미사일 분야에서 다양한 시도를 실행한 해였는데 2022년 말에는 서해위성발사장에서 고체연료 엔진 시험을 실시했으며 2023년 4월에는 3단 고체연료를 장착한 '화성포-18'을 시험발사했다. 이로써 북한은 사실상 단중장거리 탄도미사일을 모두 고체연료로 전환하는 데 성공했다. 엔진이 액체에서 고체로 전환될 경우 연료 탑재에 소모되는 시간이 줄어들면서 빠른 시간 내에 미사일 발사가 가능하며 이동에도 유리하다.

이처럼 북한은 자신의 핵능력을 실존적 위협으로 만들기 위해 투발수단을 다종화하고 성능을 끊임없이 개선해 나갔다. 북한은 전술핵무기 다종화를 한반도 주변에서 거부적 억제(deterrence by denial)를 강화하고 남한의 재래식전력에 대응하면서 장기적 과제로 대미억제력 확보를 목표로 사실상 불가역적인 핵보유국임을 공식화하고 있다. 무엇보다 북한은 공세적인 핵태세로의 전환을 명시한 2022년 9월 8일 최고인민회의 제14기 제7차 회의에서 '조선민주주의인민공화국 핵무력

정책에 대하여(이하 핵무력정책법)'를 채택하여 핵사용의 임계점이 낮아졌다는 사실을 대내외에 공개했다. 해당 법령은 김정은 중심의 독단적 핵전력 지휘통제체계 재확인, 국가핵무력지휘기구의 창설, 공세적 핵태세로의 전환, 핵무력의 질량적 강화 명문화 등의 특징을 지닌다. 특히 핵무력정책법의 6조는 북한 정권이 핵사용을 할 수 있는 조건을 5가지로 구체화했는데 재래식 공격에도 핵무기를 사용할 수 있다는 점을 시사함으로써 북한의 핵태세가 기존 확증보복(assured retaliation)에서 비대칭 확전(asymmetric escalation)으로 변화한 것으로 해석할 수 있는 여지를 주고 있다. 결국 북한은 스스로의 핵능력을 실존적 위협으로 만들기 위해 핵사용의 범위와 조건을 명시한 법령을 제정함으로써 한미일을 상대로 억제력을 극대화하고 있다고 볼 수 있다.

4. 북한 핵프로그램의 종착점

북한은 첫 핵실험이 있었던 2006년부터 현재까지 총 6차례에 걸쳐 핵실험을 단행하고 핵능력을 지속적으로 증강해왔다. 북한은 투발수단의 다종화를 진척시켜 지상기반미사일에 이어 SLBM까지 보유하게 되었으며 미사일의 사거리 또한 단거리에서 중장거리미사일까지 다양화했다. 북한은 핵프로그램의 존재가 국제사회에 처음 알려진 이후로 비핵화를 위한 협상에 일시적으로 참여하기도 했으나 결과적으로는 끊임없이 핵능력을 증강해왔다. 특히 김정은 집권 이후 10여 년간 북한의 핵능력은 지속적으로 발전해 왔으며 SIPRI는 2024년 연례보고서에서 북한이 핵탄두 50개를 보유하고 있을 것으로 추산했다. 이는 지난해보다 20개가량 늘어난 수치다.

그렇다면 북한의 핵프로그램 종착점은 어디인가? 우리가 가진 정보가 제한적이므로 북한 핵무력의 종착점을 정확한 수치로 예측하기는 어렵다. 다만, 현재까지 확인할 수 있는 명백한 사실 하나는 북한은 핵무력정책법을 통해 공식적으로 끊임없이 핵무력을 증강하겠다고 선언했으며 실제로 끊임없이 핵능력을 고도화하고 있다는 것이다. 그러나 한정된 자원을 가진 북한이 사실상 모든 무기를 개발하고 실제로 전장에서 활용하게 될 것으로 보기는 어렵다. 어느 한 종류의 무기가 다른 한 종류의 단점을 상쇄할 수 있고 어떤 무기를 활용할지 확신할 수 없게 만듦으로써 적의 계산을 복잡하게 만들기 때문에 다종화(diversification)가 공격과 방어에 모두 유리하다. 그러나 현실적으로 북한과 같은 취약한 경제력을 가진 국가에서 다양한 무기를 모두 보유하고 관리하기에는 상당한 경제적인 부담이 따른다. 결국 북한은 시간이 흐름에 따라 자신이 처한 안보환경에 최적의 전략을 수립하고 일부 특화된 무기체계들을 집중적으로 양산하여 배치할 가능성이 크다. 실제로 다수의 핵보유국들 사례를 보아도 이들은 핵실험 성공 이후 무제한으로 핵능력을 강화하기보다 자신들이 처한 경제적, 안보적 상황에 맞추어 무기체계 개발의 우선순위를 정하고 계획된 타임라인에 따라 핵능력을 증강해왔다.

만약 북한이 이 모든 무기체계를 실제로 활용하지 않을 것이라면 다양한 무기시험과 개발을 통해 무엇을 추구하는 것일까? 첫째, 핵능력을 극대화함으로써 사실상의 핵보유국으로서의 입지를 굳히고자 할 것이다. 국제사회가 여전히 북한을 공식 핵보유국으로 인정하고 있지 않음에도 불구하고 북한은 끊임없는 핵능력 강화를 통해 핵보유를 기정사실화하려고 한다. 최근에는 북한이 우크라이나전쟁에서 러시아에 파병함으로써 직간접적인 이익을 거두고 있는데 러시아로부터 우주분야에서 기술협력을 받는 한편 러시아의 2024년 4월 유엔 안보리 대북제재위원회 전문가패널의 활동 연장에 대한 거부권 행사로 대북제재가 사실상 무력화되었다. 물론 유엔 안보리 대북제재위 전문가패널을 대신하여 한미일은 대북제재 이행 감시 기능을 수행할 다국적제재모니터링팀(MSMT)을 발족시켰으나 제재를 위반할 가능성이 가장 큰 중국과 러시아가 참여하지 않는 이상 기능을 정상적으로 수행하기 어려울 것이다. 대북제재를 무력화함으로써 핵보유국 지위를 얻으려는 것이다. 2024년 6월 러시아와 포괄적 전략적 동반자관계 조약을 체결함으로써 북한은 사실상의 핵보유국 지위를 절반 정도 확보했다고 믿고 있을 수도 있다.

둘째, 대미·대남 억제력 강화다. 북한은 전술핵무기 개발을 통해 지금까지도 북한의 ICBM이 대미억제력 확보라는 목표를 달성하기까지 여러 기술적 난관이 지적되고 있다. ICBM의 경우 북한은 무기의 신뢰성을 확보하기까지 정확성, 이동성, 은밀성의 문제를 해결해야 할 것으로 보인다. 노동당 제8차 대회에서도 김정은이 "1만 5,000km 사정권 안의 임의의 전략적 대상들을 정확히 타격소멸하는 명중률을 더욱 제고"할 것을 주문했듯이 북한은 꽤 오랫동안 장거리탄도미사일의 정확성 문제에 시달려 왔다.[32] 지금까지 북한의 ICBM 시험은 안전문제와 국제사회의 반발을 우려하여 지상경로의 이동거리를 최소화한 고각 발사만으로 진행되었다. 실제로 북한은 단거리탄도미사일의 정확성이 상대적으로 장거리탄도미사일의 정확성보다 훨씬 뛰어난 것으로 알려져 있다. 따라서 북한의 ICBM을 대미 억제용으로 활용하는 데 기술적으로 미흡한 부분들이 있지만, 무기시험을 반복적으로 실행함으로써 점차 실존적 위협으로 진화하고 있음을 보여주어 미국과 남한을 압박하려는 의도로 보인다. 이를 통해 한국과 미국으로부터 정치적 양보까지 얻어내는 것이 북한의 핵프로그램을 통한 가장 이상적인 목표일 것으로 추측된다.

결국 북한은 무제한적으로 핵능력을 증강하기보다 충분한 대미, 대남 억제력 확보를 목표로 중장기적인 계획하에 핵무력 고도화를 꾸준히 진행할 것으로 예상된다. 북한이 직면한 기술적, 전략적 과제도 적지 않아 이를 해결하는 데 시간과 노력을 투입할 것으로 전망된다. 무엇보다 ICBM 및 SLBM과 같은 2차 타격능력과 밀접히 연계된 무기체계의 기술적 완성도가 높아져야 할 것이며 이에 맞춰 잠수함과 탄도미사일 및 극초음속미사일 등 투발수단 또한 현대화 과정을 지속적으로 거쳐 나가야 할 것으로 판단된다.

5. 맺는말

일부 학자들은 후발주자 이익으로 인해 2세대 핵보유국들의 핵무기 개발이 빠른 속도로 일어날 것으로 예측하기도 했으나 냉전 이후 핵무기 개발에 성공한 국가는 파키스탄과 북한뿐이다. 북한은 오랫동안 외교적 고립에 처해 있으면서 핵프로그램에 국가적 역량을 집중하고 막대한 자원을 투입해왔고 지금 이 순간에도 자체 핵능력을 고도화하려는 노력을 지속하고 있다. 그러나 최근 미국에 대한 적개심을 공유하는 전통적 우호국들과 관계를 강화하면서 외부로부터의 기술유입 가능성이 커지고 있어 북한의 핵능력이 더욱 빠른 속도로 증강될지 우려된다. 이미 러시아로의 파병을 대가로 북한은 군사기술을 직간접적으로 전수받았을 수 있으나 그보다 더 걱정스러운 점은 파병을 통해 북한군이 현대전의 양상을 배우고 신형 무기를 조작하는 방법까지 습득할 수 있게 되었다는 사실이다. 그뿐만 아니라 북한은 최근 이란과 미사일 분야에서 기술협력을 실시하는 것으로 의심받고 있는데 이들 간에 핵기술 관련 교류가 일어날 가능성도 배제하기 어렵다.

　트럼프가 재집권함으로써 다시 미국과 북한 사이에 대화 가능성이 제기되고 있다. 양측 관계의 흐름이 어떻게 흘러갈지는 알 수 없지만 북한의 핵능력 고도화는 한반도 및 동북아시아 안보에 심각한 위협 요인으로 작용할 것이다. 따라서 국제사회는 북한의 핵개발 동향을 면밀히 감시하고 북한 비핵화를 위한 다각적인 외교적 노력을 지속해야 한다. 동시에 북한의 핵능력 증강에 대응하기 위한 억지력 강화와 함께 한반도 긴장 완화를 위한 다양한 방안을 모색해야 할 것이다.

⌘ 참고문헌

국방부. 『2014 국방백서』. 서울: 국방부, 2014.
김보미. "북한 핵프로그램의 시작과 성장: 1950년대와 1960년대를 중심으로." 『통일정책연구』 제28권 1호 (2019).
이경행·임경한. "북한 잠수함탄도미사일의 실증적 위협분석과 한국 안보에의 함의." 『국가안보와 전략』 제15권 3호 (2015).
이호찬·이상규·정관. "북한 4, 5차 핵실험의 기술적 평가." 『한국군사과학기술학회지』 제20권 3호 (2017년 6월).

Armstrong, Charles K. *Tyranny of the Weak: North Korea and the World 1950–1992*. Ithaca, NY: Cornell University Press, 2013.
Cha, Victor D., and David C. Kang. *Nuclear North Korea: A Debate on Engagement Strategies*. New York: Columbia University Press, 2003.
Conversation between Soviet Ambassador in North Korea Vasily Moskovsky and North Korean Foreign Minister Pak Seongcheol, 24 August 1962, AVPRF, Fond 0102, Opis 18, Papka 93, Delo 5, Listy 22–23.
Hymans, Jacques E. C. "Assessing North Korean Nuclear Intentions and Capacities: A New Approach." *Journal of East Asian Studies* 8 (2008).
Mansurov, Alexander Y. "North Korea's Road to the Atomic Bomb." *International Journal of Korean Unification Studies* 13–1 (2004).
Obyedinenniy institut yadernykh issledovaniy. Dubna: United Institute for Nuclear Research, 1994.
Panda, Ankit. *Kim Jong Un and the Bomb: Survival and Deterrence in North Korea*. New York: Oxford University Press, 2020.
"Report, Embassy of Hungary in North Korea to the Hungarian Foreign Min-

istry," August 1962, MOL, XIX-J-1-j Korea, 11. doboz, 24/b, 002304/1/RT/1962.

"Report, Embassy of Hungary in North Korea to the Hungarian Foreign Ministry," February 23, 1979, History and Public Policy Program Digital Archive, MOL, XIX-J-1-j Dél-Korea, 1979, 81. doboz, 82-5, 002289/1979.

"Report, Embassy of Hungary in North Korea to the Hungarian Foreign Ministry," August 04, 1983, History and Public Policy Program Digital Archive, MOL, XIX-J-1-j-Korea, 1983, 78, doboz, 81-40. Obtained and translated for NKIDP by Balazs Szalontai.

"Report, Embassy of Hungary in North Korea to the Hungarian Foreign Ministry," March 09, 1985, History and Public Policy Program Digital Archive, MOL, XIX-J-1-k-Korea, 1985, 76, doboz, 81-532, 2745/1985. Obtained and translated for NKIDP by Balazs Szalontai.

"Report, Embassy of Hungary in North Korea to the Hungarian Foreign Ministry," May 30, 1988, History and Public Policy Program Digital Archive, MOL, XIX-J-1-k Korea, 1988, 58. doboz, 81-5. Obtained and translated for NKIDP by Balazs Szalontai.

"김여정 조선로동당 중앙위원회 부부장 담화." 『로동신문』. 2022년 4월 5일
"리태성 외무성 담화." 『조선중앙통신』. 2021년 9월 23일.
『로동신문』. 2013년 5월 21일.
『로동신문』. 2019년 10월 3일.
『로동신문』. 2021년 1월 9일.
『로동신문』. 2023년 3월 28일.
『조선중앙통신』. 2006년 10월 3일.
『조선중앙통신』. 2009년 5월 25일.
『조선중앙통신』. 2016년 9월 9일.
『조선중앙통신』. 2024년 9월 13일.

북한 핵무기 개발 목표:
체제안보를 위한 벼랑끝 외교 수단

김계동(건국대 안보·재난관리학과)

앞 장에서는 북한의 핵무기 및 미사일 개발과정에 대해서 면밀히 살펴보았다. 북한의 핵과 미사일 개발 과정만 들여다보면 군사적 측면에 대해 초점을 맞추게 되고, 따라서 마치 북한이 군사적 위협을 받기 때문에 군사적 목적을 우선으로 하여 핵 및 미사일을 개발하는 것으로 간주될 수 있다. 그러나 핵무기는 세계적으로 꾸준히 질적이고 양적으로 발전 및 확대되어 왔지만, 제2차 세계대전 이후 80년 동안 한 번도 사용되지 않은 무기다. 국제적으로 인정되는 핵무기 보유 5국 이외에 국제법을 위반해 가면서 핵무기를 개발한 국가들은 대개가 지역분쟁을 겪으면서 국제적 비난을 감수하더라도 핵무기를 개발할 필요성을 절대적으로 느낀 국가들이다.

그러나 북한의 경우 진실로 군사적 필요성 때문에 핵무기 개발을 시작했는지에 대해서는 좀 더 면밀히 살펴볼 필요가 있다. 1993년 3월 북한이 NPT를 탈퇴하여 핵무기 개발을 명시적으로 선언한 시점으로부터 과거 5년간 한반도 정세, 북한의 대서방 외교정책과 경제개방정책, 남북한관계 등을 살펴보면 북한이 국제적 비난을 감수하고 제재까지 감수하면서까지 핵무기를 개발할 만한 절대적인 이유를 찾아보기 어렵다. 제3장에서 구체적으로 설명했다시피, 북한은 1988년 이후 미국과 관계개선 회담, 일본과 관계정상화 회담을 진행했다. 남한과는 1989년부터 교역을 시작했고 1990년부터 총리를 대표로 한 고위급회담을 개최했으며 1991년에는 기본합의서를 체결했다. 또한 1990년부터는 나진·선봉 자유무역지대를 선정하여 경제개방을 시작했다. 세계적인 탈냉전의 화해 분위기에 편승하여 북한은 유연한 다자적인 외교정책을 선택하여 체제위기를 극복하려는 노력을 기울였다. 위의 모든 협력적 조치들은 일회성이 아니라 꾸준히 지속되는 것이었기 때문에, 1993년 3월 북한이 NPT 탈퇴선언을 하는 등 핵무기 개발 의혹만 보이지 않았다면 이후에도 연속되어 북한체제를 안정적으로 발전시켜 줄 수 있는 정책들이었다.

이러한 당시의 상황과 북한이 추구하는 정책을 볼 때, 북한이 NPT를 탈퇴하고 핵무기 개발 의혹을 보이기 시작한 이유로 군사적 측면은 찾아보기가 어렵다. 1989년 탈냉전 이후 세계에는 동서진영을 위주로 한 대규모 대립이 사라진 대신 지역분쟁, 민족분쟁들이 여기저기서 발생했지만, 남북한 사이에는 화해, 불가침, 교류협력 중심의 기본합의서를 체결하고 이행하는 과정이 유지되었기 때문에 그러한 분쟁이 발생할 이유는 전혀 없었다. 1990년부터 경제난 등에 의한 북한체제의 위기가 시작되었지만, 이는 핵무기를 개발한다고 해서 해결될 문제가 아니고 서방 및 남한과의 교류를 통해서 해결될 수 있는 문제였고, 경제난 타개를 위해서 나진·선봉을 특구로 해서 개방을 시작하기도 했다.

이러한 평화를 구축해 가던 탈냉전의 시기에 북한이 핵무기 개발 의혹을 보인 것은 매우 위험한 도박이었다. 서방국가들은 북한이 이러한 위험한 도박을 하는 데 대해서 이해를 하지 못했고 그 이유를 찾기도 어려웠다. 뚜렷한 이유를 파악하지 못했기 때문에 서방국가들은 당황하여 적절한 대응방안을 마련하지 못했다. 1991년 12월 남북한이 '한반도의 비핵화에 관한 공동선언(비핵화 공동선언)'을 채택했기 때문에, 1년 조금 더 지나 북한이 이러한 행위를 할 것이라고 어느 누구도 상상하기 어려웠다. 1992년 북한의 핵개발 의혹지역에 대한 사찰문제가 발생했지만, NPT를 탈퇴할 수준으로 심각하지는 않은 것이었다. 북한이 NPT를 탈퇴하고 핵무기 개발 의혹을 보이는 갑작스런 행동을 보이자, 이에 분개한 미국은 핵개발 의혹지역인 영변에 대한 폭격, 국경 봉쇄를 통한 제재 등을 고려했으나, 채찍을 써야 할지 당근을 제공해야 할지 확실한 대안을 마련하지 못했다.

NPT 탈퇴와 핵무기 개발 의혹이 군사적 이유에서 추진된 것이 아니라면, 북한은 무슨 이유로 이렇게 비용도 많이 들고 국제적 소외와 제재가 행해질 수 있는 위험한 무기의 개발을 본격적으로 시작했을까? 군사적 이유가 아니라면 외교적 이유를 찾아볼 수 있다. 다시 말해서 핵무기 개발을 외교적 협상도구로 활용하는 것이다. 지금까지 핵무기를 개발한 국가들 중에 핵무기를 외교적 협상도구로 활용하기 위해서 개발한 사례는 없다. 강대국들은 강대국의 위엄과 위신을 유지하려고 핵무기를 개발했고 인도, 파키스탄, 이스라엘 등은 실제로 군사위협이 존재하기 때문에 핵무기를 개발했다. 더구나 그들은 북한처럼 공개적으로 개발하지 않고, 개발과 보유 여부를 확실하게 확인을 하지 않는 NCND(Neither Confirm Nor Deny) 정책을 펼쳤다.

이러한 점에서 북한의 핵무기 개발 의혹은 특이하게 시작되었다. 위험한 무기를 개발하면서 공개적으로 시작했고, 탈냉전 이후 화해와 협력을 중심으로 한 외교의 공든 탑이 무너질 것을 감수하면서 핵무기 개발 의혹을 강력하게 보이면서 시작했다. 앞서 언급했다시피 북한은 미국 및 일본과의 관계개선 추진, 남한과의 불가침을 포함한 기본합의서 체결, 개방외교 추진 등이 순조롭게 추진되고 있었는데 어떠한 외교를 추진하기 위해서 이러한 위험한 도구를 사용하려 했을까? 이 장에서는 이 이슈에 초점을 맞추면서 북한의 핵무기 개발 과정과 이를 정치외교적으로 활용하는 전략을 살펴본다.

1. 핵을 활용한 벼랑끝 외교의 선택

1987년부터 1992년까지 베이징에서 미국과의 관계개선 회의를 28차례에 걸쳐 진행한 북한은 팀스피리트 훈련의 중지, 교차승인의 포기, 참사관급 회담의 고위급회담 격상, 미군 유해의 송환 문제 협의 등 대미접촉 수준의 격상 및 관계개선의 진전을 지속적으로 요구했다. 그러나 이러한 요구가 기대만큼 받아들여지지 않자, 북한은 1993년 3월 12일 중앙인민위원회 제9기 7차 회의에서 "국가의 최고이익을 지키기 위한 조치로 어쩔 수 없이 핵확산금지조약(NPT)에서 탈퇴한다"는 정부 성명을 발표했다. 1987년 KAL기 테러로 인해 테러지원국으로 지정받는 등 체제열세의 상황에서 탈냉전 이후 미국, 일본, 남한과 관계개선 회담을 추진하고 있었지만, 과연 이러한 접촉이 위기에 처한 북한의 체제를 회생시킬 수 있을지에 대한 의문을 가지면서 도전적인 외교의 길을 선택한 것이다. 북한은 적어도 미국과 베이징에서의 참사관급 회담이 아니라 핵문제를 갖고 미국과 보다 수준 높은 협상을 해야 체제적인 불안감을 덜 수 있을 것으로 기대한 것으로 보인다.

미국과 보다 격상된 협상을 하는 것이 필요하다고 인식한 북한은 그 방법으로 미국이 가장 관심가질 만한 주제를 택했는데 그것이 바로 핵무기 관련 문제였던 것이다. 북한이 NPT 탈퇴선언을 해 북한의 핵무기 개발 의혹이 본격적으로 등장했지만, 실제로 북한의 핵문제는 그 이전부터 낮은 수준으로 시작되었다. 북한은 1985년 12월 12일 NPT에 가입했는데 가입 후 18개월 이내에 IAEA의 핵안전협정에 서명해야 하지만, 협정초안 양식을 잘못 보낸 IAEA의 행정 실수 등을 빌미로 서명이 지연된 적이 있었다. 1990년대 초반 북한핵에 대한 의문점이 제기되면서 IAEA가 1991년 9월 12일자로 결의한 바 있는 핵안전협정안에 조속히 서명하고 이행하도록 북한에 요구했다. 이러한 문제들이 있었으나 당시 한반도에는 남북한이 고위급회담을 지속하여 화해와 협력이 이루어지고 있었기 때문에 핵문제는 문제제기 수준이었고 심각한 갈등 상황으로 전개되지는 않았다.

북한의 핵안전협정 체결 카드

남한과는 총리를 대표로 한 고위급 수준에서 고차원적인 대화를 하고 있었으나 미국과는 베이징에서 낮은 수준의 참사관급 회담을 지지부진 진행하고 있던 북한은 IAEA의 핵안전협정 체결 요구를 미국과의 의제로 발전시켰다. 핵안전협정 체결 요구에 대해 북한은 "미국의 남한배치 핵무기 철수가 전제되지 않는 한 협정체결에 응할 수 없다"는 당면 이슈와 거리가 있는 억지 주장을 하며 IAEA의 결의안 채택은 '명백한 주권 침해이며 내정간섭'이라고 비난했다. 북한은 IAEA가 미국의 관여로 움직이고 있다는 인식을 가지고 IAEA에 정면으로 도전장을 내민 것이다. 이후 북한은 한반도의 비핵지대화를 주장했는데 비핵지대화는 영토 내 핵의 제조·보유·반입 금지 외에 제3국 핵의 영해·영공 출입까지도 금지시키는 것으로써, 미 공군에 의한 핵출입마저 금지시켜 남한에 대한 미국의 핵우산을 협상카드화한 것이었다.

탈냉전과 함께 미국이 세계 유일 초강대국으로 부상하고 미국과 소련 사이의 핵감축이 가속화되자, 북한은 핵을 활용하여 북한의 존재감을 각인시키고 체제안정의 방향을 찾으려고 한 것이다. 만약 북한이 내부적으로 군사적 자산으로서의 핵무기 개발을 모색했다면, 이와 같이 IAEA에 정면으로 도전하고 미국의 한반도 배치 핵무기를 언급하면서 공개적으로 자국의 핵 능력강화 모색을 드러내지 않았을 것이다. 미국은 냉전이 종식되고 세계 유일 초강대국이 되면서 미국의 안보를 위협할 수도 있는 세계 도처에 널려 있는 핵무기들을 감축시키는 시도를 했다. 1991년에 미국의 부시 행정부는 탈냉전기 군사전략의 일환으로 전 세계에 산재한 전술핵무기를 철수하기로 결정하고 한국에서도 이를 이행했다.[1]

냉전 종식 이후 동유럽 공산주의의 몰락과 소련연방 해체 이후 미국은 자국의 방위전략에 대한 근본적인 재검토를 했으며, 이는 1991년 9월 28일 '부시 선언'으로 제시되었다. 이 선언은 미국 보유 단거리 핵미사일의 일방적 폐기선언, 미국과 소련의 모든 다탄두 핵미사일 폐기 제의, 미국의 해외배치 잠수함 및 전함장착 크루즈미사일의 미국 내 이동, 이동식 대륙간탄도미사일의 제한 제의, 미국 전략폭격기의 24시간 경계태세 해제 등을 주 내용으로 했다. 또한 미국은 이 선언에서 소련에게 핵무기의 저장과 이동 해체 파기작업을 위한 공동 기술협력 강구, 핵무기의 물리적 안전성에 관한 기존 협약의 재논의, 핵무기 사용명령과 통제체제 논의, 우발적 혹은 위임받지 않은 핵무기의 사용 가능성 방지책을 강구하기 위한 논의 시작을 제안했다.

이러한 미국의 세계에 존재하는 핵무기 감축 계획은 북한에게 아주 값진 외교적 미끼가 될 수 있었다. 미국은 세계 핵무기와 핵에 의한 위협과 갈등을 줄이려 하는데, 핵무기를 개발하겠다고 나서는 것은 위험하지만 성공하면 값진 외교적 도구가 될 것이라는 점을 북한은 교묘하게 활용한 것이다. 약소국이 강대국에 맞서는 것은 잘못되면 생존 자체가 문제될 수 있지만, 성공하면 많은 것을 획득할 수 있는 도전이 될 수도 있는 것이다. 이렇게 시작된 것이 북한의 핵을 활용한 벼랑끝 외교다.

북한이 핵안전협정 체결에 대해서 소극적인 태도를 보이자 한국정부도 나섰다. 한국정부는 1991년 11·8 선언을 통해 비핵 5원칙을 발표하고 재처리와 농축의 포기를 선언하면서 북한도 이를 받아들이라는 요구를 했다. 이 선언은 핵에너지의 평화적 목적 사용, 핵무기 제조·보유·저장·배비·사용 금지, 핵확산금지조약과 핵안전조치협정 준수, 핵시설과 핵물질에 대한 철저한 국제사찰 수용, 핵연료 재처리 및 핵 농축 시설 불보유 등을 포함했다. 이 선언을 한 노태우 대통령은 북한도 이 선언에 상응하는 조치를 취할 것을 요구했다. 남북한 기본합의서 체결을 40일 앞두고 한국정부는 미국의 대북 핵 압력에 상응하는 조치를 취한 것이다.

글상자 5.1 　벼랑끝 외교

벼랑끝(Brinkmanship) 외교는 최후 순간까지 위협을 하며 버티다가 막바지에 전격적 타협을 하여 이득을 확보하는 전술이다. 벼랑끝 전술이 활용되는 요소는 대내외적 위협의 존재, 상대방의 양보에 대한 기대, 상대방의 위협적 행동에 대한 단호한 의지 표명 등을 들 수 있다. 이에 따라 벼랑끝 전술은 본질적으로 상대방으로 하여금 오산 및 분쟁으로 비화시키도록 할 수도 있는 위험한 외교형태다. 이러한 벼랑끝 전술의 목적은 영토적·경제적·전략적 보상을 이끌어 내거나 강압흥정하거나, 상대방의 약점을 노출시켜 굴욕감을 주는 것 등 다양하다.

1991년 12월 13일 기본합의서를 체결한 남북한은 12월 31일에 남북 핵협상고위급회담 3차 실무접촉을 실시하고 '한반도의 비핵화에 관한 공동선언(비핵화 공동선언)'을 채택했다. 이 선언은 핵무기의 시험, 제조, 생산, 접수, 보유, 저장, 배비, 사용을 하지 않고 핵에너지를 평화적 목적에만 이용하며 핵재처리시설과 우라늄 농축시설을 보유하지 않도록 했다. 이 선언 발표 후 남북한은 논의를 거쳐 1992년 3월 19일 '남북핵통제공동위원회의 구성·운영에 관한 합의서'를 채택 및 발효했다. 당시 북한이 핵무기 개발을 명시적으로 발표한 것도 아니고 핵무기를 개발한다는 명확한 증거를 확보한 것도 아니며 남북한이 평화를 향해 나아가고 불가침이 포함되는 기본합의서를 체결했는데, 이러한 구체적인 비핵화 협정을 체결하는 데 대하여 일부 의문이 제기되었다. 미국과 북한이 다루는 핵 관련 갈등적 이슈가 남북한관계에 개입된 것이다. 1년 뒤 북한이 NPT 탈퇴선언을 하며 핵무기 개발 의혹이 등장한 이후 이 비핵화 공동선언은 거의 언급되지 않고 사문화되었다. 결국 북한의 핵문제는 북미협상으로 다시 넘어가게 되었다.

한편, 다양한 수준의 외교적 압력에 직면하여 북한은 결국 1992년 1월 30일 IAEA와 핵안전협정을 체결했다. 이는 북한이 NPT에 가입한 지 6년 1개월 만의 일이었다. 모든 NPT 회원국들은 가입 후 18개월 이내에 핵안전협정을 체결하게 되어 있는데 북한은 73개월 만에 의무규정을 이행한 것이다. 북한 최고인민회의는 1992년 4월 9일 이 협정을 비준했다. 이 시기부터 북한은 핵문제를 가지고 밀고 당기는 전략을 추구했다. 우선 북한은 최대한 4개월 정도 시간을 끌어 1992년 8월말까지 핵사찰을 받아도 되는데도 6월 무렵에 일찍 사찰을 받겠다고 밝혔고 사찰을 받기 위해 제출해야 하는 핵물질보고서도 일찍 제출하겠다고 약속했으며, 원자로를 3기 보유하고 있다는 사실도 시인했다. 게다가 북한은 IAEA 이사회가 정한 시한인 6월 15일 이전에 사찰을 받을

모든 준비가 되어 있다고 밝혔다.[2]

북한은 정해진 일정보다 앞당겨 1992년 5월 4일 IAEA에 제출한 최초 핵보고서에서 14개의 핵시설물을 신고했는데, 재처리 시설이라고 의심받았던 시설물을 우라늄, 플루토늄 분리 및 폐기물 관리와 기술자 훈련을 위해 영변 방사화학연구소에 건설 중이라는 '방사화학 실험실'이라고 신고했다. 또한 북한은 이미 사용한 핵연료에서 소량이지만 90g의 플루토늄을 추출하는 데 성공했다는 사실을 처음으로 시인하는 등 북한 핵문제에 대해 미국의 관심을 끌기 위한 미끼를 던지는 전략을 구사했다. 대체로 군사적 목적으로 핵무기 개발을 한다면, 이와 같이 플루토늄 추출을 시인하지 않고 비밀리에 개발을 시도하겠지만 북한이 이와 같이 공개적인 행동을 하는 것은 핵개발 의혹이 군사목적보다는 외교적 목표에 초점을 맞추고 있다는 점을 알려 준다.

북한이 플루토늄을 추출했다는 깜짝 발표에 대해서 미국과 한국은 적극적인 반응을 보였다. 미국과 한국정부는 보다 확실한 사찰을 위하여 남북한 동시상호사찰을 제의했으나, 북한은 군사시설을 공개하는 것을 꺼리며 이를 거부했다. 이때부터 양측의 협상은 본격화되기 시작했다. 미국은 1992년 6월 초 북한이 핵사찰에 대한 남북한 상호사찰과 불시사찰을 거부할 경우 양국 간의 관계개선 불가와 국제적인 제재조치 가능성을 언급했다. 미국은 북한정부의 핵무기에 대한 3D정책, 즉 부인(deny), 지연(delay), 은닉(disguise)정책을 비판하면서 북한이 "국제원자력기구의 사찰만 받고 상호사찰은 받지 않겠다는 것은 세 번째 은닉전술에 해당하는 것"이라고 지적했다.

핵안전협정 체결을 계속 지연시키다가 체결 이후에는 기간을 당겨서 사찰을 받겠다는 태도를 보이고 자진해서 핵시설물들을 신고하고 플루토늄 추출을 했다고 자인을 한 북한은 남북한 동시사찰을 거부하는 오락가락하는 행보를 보였다. 이러한 상황에서 1992년 12월 12일 IAEA

는 북한의 과거 핵 활동을 규명하기 위해서 영변 핵단지 내에 있는 두 군데의 미신고 시설에 대한 특별사찰을 요구했으나, 북한은 이 시설들이 군사시설이라고 주장하며 IAEA의 요구를 거부했다. 그러자 미국은 1993년 3월 팀스피리트 훈련을 재개했고 주한미군의 2단계 철수를 동결했다. 강대강 충돌을 하게 됨에 따라, 극단적 상황으로까지 발전되지 않기를 원하는 양측이 협상의 필요성을 가지게 되었다.

북한 NPT 탈퇴선언의 의미

핵문제를 둘러싼 미국과의 갈등이 고조되는 상황에서 북한은 1993년 3월 12일 NPT 탈퇴를 선언하여 협상카드를 보다 강화했다. 북한 스스로 핵문제를 공론화한 것이다. 북한의 NPT 탈퇴선언은 기존의 핵 관련 대외정책이 IAEA와의 관계에서 진행되는 것이었다면, 이제는 협상의 대상이 미국으로 이전되었다는 것을 의미했다. 그리고 핵개발 계획과 진행에 대한 모호성을 계속 유지하면서 이를 미국과의 협상에서 주요한 협상카드로 유지하겠다는 것을 의미했다. NPT 탈퇴 닷새 뒤인 1993년 3월 17일 허종 유엔 대사는 NPT 탈퇴선언의 철회를 위한 전제조건으로 IAEA의 공정성 확보, 팀스피리트 훈련 영구 중단, 미국의 핵위협 포기, 남한 내 미국 핵기지 완전 공개, 핵공격 불실시 보장을 요구했으며 로동신문 사설은 "우리의 핵 문제는 유엔에서가 아니라 우리와 미국이 해결해야 할 문제"라고 주장했다.[3] 이후에도 북한은 자신들의 핵문제 해결을 위하여 미국과의 직접협상을 지속적으로 제의했다.

　남한과 고위급회담을 개최하고 기본합의서 체결을 한 협상과 핵문제를 고조시켜 미국과 벼랑끝 협상을 하는 것은 완전히 결을 달리하는 협상이었다. 남한과의 협상은 평화를 위한 순차적인 대화라면 미국과의 협상은 어쩌면 생존 자체를 걸고 도박해야 하는 벼랑끝 협상이었다. 미국과 협상을 하기 위하여 꺼내 든 NPT 탈퇴 카드는 남북한이 공들인 화해와 협력의 기제를 완전히 붕괴시킬 수도 있는 것이었다. 그래도 북한은 미국과의 협상을 선택했다. 탈냉전 이후 저자세 외교를 해온 북한은 이러한 수세적 입장에서 협상을 해 봤자 자국의 체제위기를 해소하기 어려울 것이라는 판단하에 미국과 대립하면서 협상을 하는 도전적인 모험을 선택한 것이다.

미국과 남한의 대북정책은 어떤 면에서는 제로섬적인 측면이 보일 때가 있었다. 남북한관계가 좋아지면 북미관계가 나빠지고 또한 반대의 현상이 항상은 아니지만 대체로 되풀이되는 경향이 있었다. 이러한 현상이 발생하는 배경에는 북한이 한국과 미국에 대해 벌이는 소위 '이간질'도 한몫을 했다. 지금 설명하고 있는 1993년의 경우에도 남북한이 고위급회담과 기본합의서 체결 등 더할 나위없는 평화관계를 구축해 갈 때, 미국은 IAEA를 통하여 북한에 대한 핵 이슈 압력을 넣었다. 한반도의 새로운 질서를 수립하는 데 있어서 한국과 미국 사이에 보이지 않는 이슈 선점의 경쟁이 나타나곤 했다. 북한은 미국의 의도를 수용하여 미국과 핵 관련 새로운 협상을 선택하였으며 결국은 추후 '통미봉남'의 결실을 얻게 된다.

미국이 북한의 핵문제를 수면 위에 올려놓은 이후 예상치도 않게 북한이 NPT 탈퇴라는 초강수를 두자 미국은 매우 당황한 기색이 역력했다. 비록 인도, 파키스탄, 이스라엘이 핵무기를 개발하는 것을 막지는 못했지만, 미국은 냉전 초기부터 세계적으로 핵무기의 확산을 막는 데 노력을 기울여 왔는데, 이 성과가 탈냉전 이후에 북한 때문에 물거품이 될 기로에 놓이게 된 것이다. 더구나 1993년 북한이 NPT를 탈퇴할 당시 NPT 자체가 위기에 처해 있었다. 1968년 7월에 조인되었고 1970년 3월에 발효된 NPT는 발효일로부터 25년이 경과한 후에 효력을 무기한으로 지속할 것인가 또는 추후 일정 기간 동안 연장할 것인가를 결정하기 위한 회의를 소집하도록 규정하고 있었다. 1995년에 이 회의를 앞두고 지역분쟁 때문에 핵무기 개발 및 보유를 원하는 일부 국가들이 NPT는 핵무기를 공식적으로 보유한 5개국이 다른 국가들이 핵을 보유하지 못하게 하는 쇼비니즘의 성격을 가지고 있다는 비판을 하고 있었다. 미국은 이 국가들을 설득하여 NPT를 무기한 효력을 유지하도록 합의할 궁리를 하고 있는데 북한이 탈퇴를 선언하고 나온 것이다. 미국은 무슨 수를 써서라도 북한이 NPT에서 탈퇴하지 못하게 해야 할 긴박한 상황이 되었다.

2. 북한 핵카드의 목표: 대미관계개선 및 '통미봉남'의 성과

북한의 NPT 탈퇴는 국제평화를 파괴하는 행위라고 간주한 미국 등 서방국가들은 일제히 북한을 비난하면서 제재를 준비하기 시작했다. 우선 미국이 채찍을 들고 나섰다. 핵개발 의혹지역인 영변지역에 대한 폭격을 고려하기 시작했다. 이를 알아차린 북한은 만약 미국이 북한을 공격하면 북한은 남한을 공격하겠다고 선언하면서, 미국의 북한 공격은 북한과 중국이 체결한 동맹조약의 개입사유가 되어 중국이 참전할 것이라는 주장을 했다. 북한의 핵개발을 포기시키기 위한 무력제재까지 고려했지만, 미국으로서는 중국이 개입하는 한반도에서의 전쟁을 수행하는 것은 부담이 아닐 수 없었다.

결국 미국은 무력에 의한 제재를 포기하는 대신 북한을 봉쇄하여 고사(枯死)시키는 전략을 추진했다. 이러한 압력을 벗어나기 위해서 북한이 스스로 핵개발을 포기하고 NPT에 복귀하든지, 그렇지 않고 북한이 핵개발을 강행한다면 체제를 붕괴시키겠다는 전략이었다. 북한의 비핵화 관련 국제여론을 조성하고 중국을 포함한 전 세계 모든 국가가 북한 제재에 참여하도록 하기 위하여 미국은 유엔 안보리 결의를 추진했다. 북한에 대한 제재 결의안의 통과 여부는 중국이 안보리에서 거부권을 행사하느냐 여부에 달려 있었는데, 결국 중국은 북한제재 결의안에 대하여 거부권을 행사할 것이라는 발표를 하여 북한에 대한 제재가 어렵게 되었다. 북한이 실패할지도 모르는 상황에서 과감하게 추진한 벼랑끝 외교에 대해서 중국이 믿을 만한 버팀목이 되어 줬다.

미국의 북한에 대한 불가침과 체제보장 약속

미국이 북한의 핵개발 포기와 NPT 복귀를 위하여 압력을 넣을 수 있는 채찍은 더 이상 사용하기가 어렵게 되었고, 결국 미 클린턴정부는 당근을 제공하여 설득하기로 결정했다. 국제적인 비난은 많이 받았지만 NPT 탈퇴선언은 북한에게 국제적 위상을 제고시키는 큰 역할을 했다. 우선 미국과 대등한 위치에서 협상을 하게 되는 기회를 갖게 되었다. NPT 가입국이 NPT 탈퇴를 선언하면 바로 탈퇴되는 것이 아니라 3개월 동안 숙고할 수 있는 여유를 가지는 유예기간이 설정되어 있었다. 북한을 설득할 수 있는 3개월의 여유를 갖게 된 미국은 북한의 NPT 잔류를 위하여 북한과의 고위급회담에 응했다. 베이징에서 낮은 직급인 참사관급 관계개선 회담을 하는 데 대하여 불만을 가지고 있던 북한은 NPT를 탈퇴하겠다는 한 마디를 해서 미국과 고위급회담을 하게 되었다. 공들여 쌓은 남한과의 화해와 협력의 탑이 무너지는 한이 있더라도 미국과의 관계개선이 충분히 보상할 수 있을 것이라는 기대를 하고 추진한 충격요법이 효과를 보이기 시작한 것이다.

NPT 탈퇴라는 한 마디를 한 북한은 너무나 큰 이득을 챙길 수 있었다. 북한을 NPT체제 내에 잔류시켜야 하는 미국은 급했다. 당시 미국은 북한의 핵무기 개발을 포기시켜야 한다는 사실 보다도 우선 무슨 수를 써서라도 북한을 NPT에 잔류시켜야 한다는 데 대하여 더 조급해 하는 것으로 보이기도 했다. 미국의 갈루치(Robert Gallucci) 국무부 정치군사 담당 차관보와 북한 외교부 강석주 부부장을 수석대표로 하는 차관보급 회담이 개최되었다. 1993년 6월 2일 개최된 회의 결과, 북한과 미국은 핵무기를 포함한 무력의 불사용 및 불위협 보장, 전면적인 핵안전 조치의 공정한 적용을 포함한 비핵화 된 한반도의 평화와 안전보장과 상대방 주권의 상호존중 및 내정 불간섭, 한반도의 평화적 통일 지지 등의 원칙들에 합의했다. 요컨대 미국의 북한에 대한 주권인정, 내정불간섭, 불가침이 약속된 것이다.

이에 대한 보답으로 북한은 "필요하다고 인정하는 기간 동안 핵확산금지조약으로부터 탈퇴효력을 일방적으로 정지시키기로 결정했다"고 발표했다. 미국의 엄청난 선물에도 불구하고 북한은 NPT 탈퇴를 취소하는 것이 아니라 유보하겠다고 발표했다. 탈퇴를 취소했다가 다시 탈퇴선언을 하게 되면 새롭게 3개월의 유예기간이 발생하지만, 탈퇴를 유보했다가 이를 취소하면 유예기간 없이 바로 탈퇴가 되는 것이다. 북한은 NPT 탈퇴 카드의 효과를 남겨 놓은 채 벼랑끝 외교의 효용성을 보다 강력하게 유지하는 전략을 택한 것이다. 결국 북한은 누구도 예상하지 못한 NPT 탈퇴라는 위험한 카드를 던져서 무력공격을 받을지도 모르는 위기에 처하기도 했지만, 결국은 외교적으로 대단한 성과를 거두는 데 성공했다. 우선 북한은 미국과 고위급 단독회담을 공식적으로 개최하여 체제의 위상을 제고하는 데 큰 성과를 거두었다.

미국과의 고위급회담을 공식적으로 개최한 북한은 벼랑끝 외교의 끈을 지속적으로 끌어 당겼다. 이번에는 사찰문제를 두고 갈등을 조장했다. 사찰방식을 협의하기 위해서 1993년 8월 3일 IAEA 사찰단이 방북했다. 북한은 IAEA가 사찰을 진행하는 과정에서 과거 핵 활동 규명을 위한 핵심적 절차인 샘플채취와 감마 매핑을 방해함으로써 또 다시 위기를 고조시켰다. 북한의 방해로 제대로 된 사찰이 이루어지지 않은 채 수 개월이 흘렀고 마침내 11월 1일 개최된 유엔 총회는 IAEA 사찰에 대한 북한의 협조를 촉구하는 결의안을 채택했다.

북한은 핵 사찰을 사용하여 또 다른 협상카드를 만들어 냈다. 1994년 2월 15일 IAEA와 북한 간 7개 신고시설에 대한 사찰 합의가 이루어짐에 따라 1994년 2월 25일 북미는 북한 핵문제 해결을 위한 '4개 동시조치'에 합의했다. '4개 동시조치'는 안전조치의 계속성 유지를 위한 IAEA 사찰 개시, 특사교환을 위한 남북 실무접촉 재개, 1994년 팀스피리트 군사훈련의 중단, 북미 간 제3단계 접촉의 개최를 포함했다. 이 합의에 따라 IAEA 사찰단이 방북하여 사찰을 실시했지만, 북한은 이전의 합의를 깨고 일부 핵심시설에 대한 사찰활동을 또 다시 거부했다. IAEA는 3월 15일 사찰단을 철수했고 미국은 북핵문제를 유엔 안보리에 회부하여 3월 31일 의장성명을 채택했으며, 대북제재의 실행을 논의했다. 한국과 미국정부는 강력한 군사조치를 준비했다. 한국정부는 패트리어트 미사일을 조기 배치하고, 1994년도 팀스피리트 훈련 실시를 결정했으며 미국은 한국 내 주한미군 기지에 패트리어트 미사일, 아파치 헬기 등 첨단무기들을 배치하고, 비상용 군수물자도 비축했다.[4] 북한과 한미는 또 다시 벼랑 끝에 서게 되었다.

남한과 미국의 강경조치에 대해 북한은 강하게 맞섰다. 북한은 1994년 5월 12일부터 연료봉 인출작업을 시작했다고 미국에 통보했으며, 과거 핵 활동을 입증할 수 있는 플루토늄 추출기록을 없애버리는 조치를 취했다. 북한의 NPT 탈퇴선언 이후 최악의 위기상황이 조성되었고, 미국과 국제사회는 대북제재의 실행을 준비했다. 유엔 안보리는 5월 31일 의장성명을 채택했고, IAEA는 6월 2일 5MW 원자로의 계측 가능성을 상실했다는 사실을 안보리에 보고했다. 6월 10일 IAEA 특별

이사회는 북한에 대한 일체의 핵관련 기술 지원을 중지하고 북한이 안전조치와 관련된 모든 정보와 장소에 대한 접근을 제공할 것을 촉구하는 대북한 제재조치를 결의했다. 북한은 6월 11일 IAEA 탈퇴 위협으로 맞섰고, 유엔의 제재를 전쟁으로 간주하겠다는 입장을 밝히면서 무력대응 가능성을 시사했다.

마침내 미국은 유엔의 대북제재 조치와 군사적 대응방안의 실행을 준비했다. 그러나 북한과 미국 모두 파국을 원하지 않았고, 결국 핵문제를 타결하는 방향으로 협상을 진척시켰다. 북한의 입장에서 장기간 핵문제 타결이 지연될 경우 국제적 고립이 심화되고 호전적인 국가로 낙인찍힐 우려가 있어 이미지 개선이 필요했으며, 더욱 심각하고 있는 경제난을 타개하기 위해서도 핵문제를 해결하고 미국과의 관계개선이 절실한 상황이었다. 상황을 벼랑끝까지 몰고 가다가 벼랑끝에 도달하여 유턴하는 극적인 조치를 취하면서 북한은 다시 미국과의 협상을 이끌어냈다.

카터의 방북과 제네바 기본합의 체결

이번 협상에는 미국에서 전임 대통령이 나섰다. 카터(Jimmy Carter) 전 미국 대통령이 북핵문제 해결을 위해 1994년 6월 15~18일간 평양을 방문했다. 김일성은 카터를 통해 남북정상회담을 개최하고 북미대화를 재개하겠다는 의사를 표명했다. 당시 미국정부는 유엔의 대북제재가 러시아와 중국의 비협조로 난관에 부딪히자 카터의 방북을 묵인할 수밖에 없었다. 카터의 방북으로 북한이 대화에 호응하는 자세를 보이자 미국정부는 대북 제재에서 대화의 입장으로 급선회했다. 북한은 김일성-카터 회담 이후 영변의 5MWe 원자로 현장에 IAEA 사찰관을 계속 주재할 수 있도록 허용하며 감시 장비의 유지를 보장하겠다고 약속했다. 김일성은 카터에게 미국과 3차 고위급회담도 재개할 수 있고 그 자리에서 핵을 둘러싼 모든 문제가 논의될 수 있다고 발언했다. 전임 대통령이지만 미국 최고 사절이 북한을 방문하여 회담을 했다는 점은 북한 입장에서 벼랑끝 외교의 최대 성과로 생각할 수 있는 것이었다.

미국은 1994년 6월 24일 북미대화의 전제조건으로 5MWe 원자로의 연료 재장전 금지, 사용 후 연료봉 재처리 금지, IAEA 안전조치의 계속성 유지를 제시했다. 북한은 미국의 조건을 수용하고 1994년 7월 8일 제네바에서 미국과 3단계 고위급회담을 열자고 제의했다. 북한은 동시에 7월 25일부터 27일까지 평양에서 남북정상회담을 갖자는 한국의 제안도 수락했다. 한국은 북미관계가 호전되자 남북대화도 재개되기를 희망했다. 그런데 제네바 회담 개시일인 7월 8일 김일성이 사망하여 남북정상회담이 무산되었다.[5]

김일성이 갑자기 사망하여 북한 핵문제 타결은 주춤하는 듯했다. 복합적인 가치와 의미를 가진 핵카드를 김일성이 무슨 목적으로 들고 나왔는지, 어떻게 전개해 나갈 것인지 김일성이 사망하는 바람에 갈피를 잡지 못하는 상황이 발생할 것이라는 예측이 많았으나, 이후 핵문제 협상은 별다른 장애 없이 순조롭게 진행되었다. 아마도 핵문제는 후계수업을 받던 김정일이 많은 부분을 맡아서 추진했기 때문에 순조롭게 추진되었을 수도 있다. 김정일체제가 안정화되기 시작하면서 대화를 재개하여 북미 간의 협상은 급진전되었다. 마침내 1994년 10월 21일 북한과 미국은 기본합의에 서명하게 되었다. 북미 간에 합의된 내용은 우선 북한의 현재와 미래의 핵활동을 동결하기 위해 "경수로 및 대체에너지 제공에 대한 보장서한 접수 즉시 북한은 흑연감속원자로 및 관련 시설을 동결하고 궁극적으로 이를 해체"하도록 했다.

핵시설의 동결상태를 IAEA가 감시하도록 했고 북한은 IAEA에 대해 '전적인 협력'을 제공하도록 했다. 북한이 현재와 미래의 핵동결을 하는 보상으로 2003년을 목표시한으로 총발전량 약 2,000MW의 경수로를 북한에 제공하기로 했으며 미국은 경수로 건설을 위한 국제 컨소시엄을 대표하여 합의문 서명 후 6개월 내에 북한과 경수로 제공을 위한 공급계약을 체결할 수 있도록 했다. 또한 북한이 1980년대부터 가동해 오고 있는 5MW 원자로와 건설 중인 50MW(6개월 뒤 완공예정), 200MW(18개월 뒤 완공예정) 원자로가 생산하는 양 만큼의 대체에너지로 중유를 매년 50만 톤씩 공급하기로 했다. 요컨대 북한이 가동하고 있는 흑연감속로원자로는 폐기물에서 플루토늄 추출이 용이하기 때문에 이 원자로들을 모두 폐기하고 플루토늄 추출이 어려운 경수로 원자로로 대체해 준다는 합의를 한 것이다.

미국과 북한은 핵문제를 해결하는 동시에 정치·경제적 관계의 완전 정상화를 추구하는 데 합의했다. 양국은 합의서가 서명된 후 3개월 이내에 통신 및 금융거래에 대한 제한을 포함한 무역 및 투자제한을 완화시켜 나가고, 영사 및 기타 기술적 문제가 해결된 후에 양국 수도에 연락사무소를 개설하도록 했다. 또한 북한과 미국은 궁극적으로 양국관계를 대사급으로까지 격상시켜 나가도록 했다. 다시 말해서 양국은 수교까지 나가겠다는 합의를 한 것이다. 합의문에 남북한관계에 대한 내용의 포함 여부가 막바지까지 진통을 겪었는데 결국 북한은 남북대화에 착수하는 데 합의하고 한반도 비핵화 공동선언을 이행하기 위한 조치를 일관성 있게 취하도록 했다. 북한 핵사찰에 있어서 가장 큰 쟁점이 되어 온 특별사찰은 경수로 본체 주요 기자재 및 발전설비 등이 북한에 반입되기 전까지 실시하도록 합의하였다.

결론적으로 북한은 NPT 탈퇴를 선언함으로써 여러 가지 이득을 챙겼다. 우선 미국과 동등한 위치에서 고위급(차관보급) 협상을 함으로써 1988년 테러지원국으로 지정된 오명을 벗어나 국제적 위상을 제고할 수 있었다. 그리고 미국으로부터 주권인정과 불가침, 특히 핵무기 사용 불가침 약속을 받아내면서 체제유지의 가능성을 더욱 제고할 수 있었다. 궁극적으로 남한과의 관계가 어떻게 발전하든 상관없이 미국과의 관계개선을 추진할 수 있게 되었다. 당시 김영삼 대통령은 북미관계가 남북한관계를 앞서면 안 된다는 원칙을 고수하면서 미국을 압박하고 있던 상황이었다. 결국 1994년 10월 21일의 북미 기본합의는 한반도 문제를 해결하는 데 있어서 북한이 남한을 배제하고 미국과만 협의를 할 수 있는 장을 마련한 것이었다.

3. 제2차 핵위기: 미국과는 벼랑끝 외교, 남한과는 교류와 협력

1994년 10월 21일의 제네바 합의는 순조롭게 이행되었다. 적어도 2002년 10월까지 북한의 핵무기 개발 문제는 한반도 주요 이슈에 등장하지 않았다. 한국이 주도하여 신포에 경수로 원전건설을 시작했고 미국은 매년 중유 50만 톤을 북한에 제공했다. 북한의 통미봉남정책으로 남북한 사이는 갈등적 공존이 유지되었지만, 뚜렷한 직접적 대결은 발생하지 않았다. 이러한 세력구도는 1998년 남한에 김대중정부가 들어선 이후에 변경되었는데, 김대중정부는 대북 포용정책을 실시하여 통미봉남정책을 중단시키고 남북한관계가 극적으로 화해를 이루어 본격적인 교류협력이 시작된 것이다. 2000년에는 남북한이 역사적인 정상회담을 개최하여 남북한관계가 전 방위적으로 개선되었다.

남한에는 김대중정부가 들어서서 남북한관계의 급격한 발전을 이룩했으나, 미국은 정반대의 방향으로 나아가게 되었다. 2001년 1월에 들어선 부시 행정부는 1994년의 제네바 기본합의는 실패한 외교이며, 북한은 실패한 국가이기 때문에 신뢰하면 안된다는 태도를 보였다. 일부 미국인들은 북한에 대한 부시 행정부의 강경한 핵 압력이 오히려 사태를 악화시킬 것을 우려했다. 그들은 북한이 제네바 기본합의에 의하여 동결되었던 핵 프로그램을 재개해 한반도에 긴장이 다시 고조될 우려가 있으므로 미국은 북한과의 대화를 재개하고, 북한 핵문제를 외교정책의 최우선 과제로 처리해야 한다는 의견을 제시했다. 또한 그들은 미국이 제네바 기본합의에 입각해, 북한의 핵동결을 조건으로 북한에 전력을 제공하는 동시에 북미협상을 통해 북한의 미사일 개발과 수출 등 현안을 해결해 나가는 양면전략을 구사해야 한다고 주장했다. 그러나 이러한 의견은 무시되었고 결국 북한은 보수성향의 부시정부에 맞서기 위하여 2002년 다시 핵카드를 꺼내 들었다.

제2차 핵위기와 북한의 대미 불가침조약 요구

우선 북한은 미국이 제네바 기본합의의 조항들을 일정대로 준수하지 않는 데 대해 불만을 제기했다. 북한은 2002년 8월 13일 외무성 대변인 담화를 통해 미국에 대하여 경수로 건설 지연으로 인한 전력손실을 보상하라고 촉구했고, 이어서 중앙방송, 로동신문 논평 등도 공개적으로 보상을 요구했다. 이 논평들은 공통적으로 북미 기본합의문의 핵심사안을 북한의 핵동결 대 미국의 경수로 제공 구도로 부각시키고, 자신들은 핵동결 의무를 성실히 준수해 왔으나 미국이 경수로 건설시한을 지키지 않아 북한경제에 막대한 손해를 끼쳐왔다고 하면서 전력손실 보상을 요구했다. 제네바 기본합의에 따르면 경수로 2기 건설을 2003년에 완공하기로 되어 있는데, 2002년에 30%도 진척되지 않은 상태였다. 이와 같이 의무를 이행하지 않는 미국이 조기 핵사찰만을 강요하여 북미 기본합의서가 파기될 위험에 처해 있다고 주장했다.

   1994년의 제네바 합의문은 북한의 현재와 미래의 핵동결을 전제조건으로 시작되었지만, 부시 행정부는 북한의 과거 핵활동에 대한 검증을 비롯하여 북한이 제네바 합의를 완벽하고 정확하게 준수하는지를 IAEA 사찰을 통해 확인하기 위하여 강한 압력을 가했다. 북한이 미국의 핵사찰 요구를 성실하게 받아들인다면, 미국은 '엄격한 상호주의'에 입각하여 대북 경제지원을 적극 추진할 것이라는 의사도 보여 주었다. 부시 행정부의 강경정책으로 미국과의 화해와 협력에 기반한 외교를 하기 어렵게 되자, 2002년 들어서 북한은 다시 핵카드를 활용하여 벼랑끝 외교를 모색하게 되었다. 그런데 벼랑끝 외교의 도화선은 미국이 지폈다. 2002년 10월 3일부터 5일까지 평양에서 개최된 북미고위급회담을 위하여 미국 대통령의 특사 자격으로 방북한 켈리(James Kelly) 국무부 동아태담당 차관보는 북한의 김계관 외교부 부상에게 북한이 고농축 우라늄을 통해 핵무기를 개발하려는 비밀계획을 시작했다는 증거를 가지고 있다고 주장했다. 이에 대해 김계관은 그 같은 계획이 존재하지 않으며 적대세력의 '날조'라고 일축하며 증거제시를 요구했다.

일단 우라늄을 활용한 핵무기 개발 의혹에 대하여 적극 부인한 북한은 하루 동안 이 문제를 숙고한 후 다음날 핵보다도 더한 것을 가지게 되어 있다고 주장하며, 미국이 제기한 북한의 우라늄탄 개발 의혹을 시인하는 태도를 보였다. 켈리가 북한을 방문하고 11일 후인 2002년 10월 16일 미국은 국무부 대변인을 통해 "켈리 특사 방문 시 북한이 핵무기 개발 계획을 시인했다"는 성명을 발표했고 북한도 이를 시인했다. 10월 25일 북한 외무성 대변인이 "우리는 미국의 가중되는 핵 압살 위협에 대처하여 우리가 자주권과 생존권을 지키기 위해 핵무기는 물론 그보다 더한 것도 가지게 되어 있다는 것을 명백히 말해주었다"고 공표함으로써 핵무기 개발 계획을 사실상 시인했고, "이 문제를 협상을 통해 해결할 용의가 있다"고 발표했다.

제2차 북핵위기가 시작된 이후 북한의 강조점은 기본적으로 한반도의 핵문제는 미국의 '대조선 적대시 정책' 때문에 발생한 문제이며, 부시 행정부가 북한을 '악의 축'으로 규정하고 '핵 선제 공격대상'에 포함시킨 것은 북한에 대한 '선전포고'라면서, '조미 공동성명과 조미 기본합의문을 완전히 무효화시킨 것'이라고 미국에 모든 책임을 전가하며 비난했다. 1차 벼랑끝 외교와 마찬가지로 2차 벼랑끝 외교도 미국을 향했다. 남한은 북핵문제 해결을 위한 당사자가 아니었고, 북한도 자국의 핵문제를 남한과 논의할 의사가 전혀 없었다. 북한이 순수하게 군사용 목적으로 핵무기를 개발한다면, 북한의 제1의 주적인 남한에 대해서 자국의 핵무기 보유를 과시하는 것이 당연했으나, 북한은 자국의 핵무기 문제를 남한과 연계시킬 의사를 전혀 가지지 않았다. 핵무기 문제가 나올 때마다 '미국의 적대시 정책'만 줄줄이 언급했지 남한에 대한 언급은 전혀 하지 않았다.

북한은 미국의 가중되는 '핵압살 위협'에 대처하여 '자주권과 생존권'을 지키기 위해 핵무기를 보유한다고 강조했다. 북한의 '자주권'을 인정하고 북한의 경제발전에 장애를 조성하지 않는 조건하에 미국이 '불가침조약'을 통해 북한에 대한 핵 불사용을 포함한 불가침을 확약한다면 북한도 미국의 안보상 우려를 해소할 용의가 있다고 주장했다. 북한의 핵무기 개발 문제와 관련하여 비등하고 있는 국제사회의 비판여론에 대응하여, 핵문제의 근본원인이 '미국의 대북압살 위협'에서 비롯된 것임을 부각시켜 국제사회 압력을 피하고, 핵문제를 비롯한 모든 문제를 협상을 통해 해결하기를 희망한다는 메시지를 전하고 있었다. 북한은 제1차 핵위기를 1994년의 제네바 기본합의로 끝낸 것과 마찬가지로 제2차 핵위기도 알찬 결실을 맺으며 합의되기를 원하고 있었다.

제2차 핵위기를 해결하기 위해서 북한이 불가침조약의 체결을 핵심적으로 요구하는 데에는 이유가 있었다. 1993년 6월 미국과 북한의 강석주-갈루치 차관보급 회담에서 미국은 북한이 NPT에 잔류하는 조건으로 북한의 주권인정, 내정불간섭, 불가침 약속을 했는데, 부시정부

들어와서 럼스펠드 국방장관이 북한은 미국의 선제공격 대상이라고 공공연하게 발언하는 데 대해서, 북한은 미국을 믿을 수 없으니 불가침조약을 맺어달라는 요구를 한 것이다. 미국은 북한이 핵개발 계획을 즉각적으로 폐기하고 검증을 통해 기존의 핵 관련 합의사항을 준수할 것을 촉구하면서, 이러한 조치를 취해야 북한과 미국 사이의 대화와 지원이 가능하다는 강경한 입장을 천명했다. 이와 같은 미국의 단호한 입장과 태도에 대해 북한은 '자주권과 생존권'을 강조하는 대응을 하면서 벼랑끝 외교를 전개해 나갔다.

북한은 핵 문제 해결에 대해 북미 기본합의문에 따른 동시행동의 원칙을 강조하면서, 미국의 '핵 포기 시 경제혜택' 제의에 대해 "우리는 총대를 그 어떤 황금덩이와도 바꾸지 않을 것"이라고 답했다.[6] 미국은 완전하고, 검증 가능하며, 되돌릴 수 없는 핵 폐기(CVID: Complete, Verifiable, Irreversible Dismantlement) 원칙을 주장하며 협상 이전에 북한핵의 폐기를 요구했다. 과거 클린턴정부는 북한의 핵문제 해결을 위하여 북한과 협상했지만 부시정부는 북한이 핵폐기를 완료해야 협상을 하겠다는 의지를 보였다. 강경한 대외정책을 표방하는 부시정부를 맞이하여 북한의 벼랑끝 외교는 시련을 맞게 되었다.

북한은 1차 핵위기 당시 미국에 대한 벼랑끝 외교를 추진하여 성공적인 결실을 맺었기 때문에 2차 핵위기가 시작한 이후에도 미국과의 단독 협상을 원했던 것으로 보인다. 미국에게 불가침조약을 체결해 달라는 요구를 한 것이 그 대표적 사례다. 그러나 이번에는 강경한 외교정책을 추진하는 부시정부를 상대해야 하는 어려움이 있었고, 동북아 세력지형이 1차 핵위기 때보다 중국을 포함한 다양한 국가들의 발언권이 강해져서 미국이 독단적으로 북한과 거래나 협상을 할 수 있는 상황이 아니었다. 마침내 2003년 8월 27일부터 남북한과 미중일러가 참여하는 6자회담이 시작되었고, 이 회담은 10·3합의가 발표된 2007년 10

월 3일 이후까지 지속되었다.

노무현정부의 핵-경협 분리정책

북한은 2002년 제2차 핵위기가 시작된 이후 미국과 극한적인 대결 분위기로 나아갔지만 남한과는 그와 정반대의 방향으로 나아갔다. 2000년 6월 김대중-김정일 정상회담 이후 남북한은 교류협력을 위한 후속 조치들을 지속적으로 추진했고, 2003년 대통령에 취임한 노무현도 김대중의 포용정책을 계승·발전시켰다. 2002년 10월 제2차 북핵위기가 시작되어 북미 사이에 최악의 갈등이 조장되었고 세계적으로 북한에 대한 비난 여론이 높아졌지만, 남한의 노무현정부는 핵문제와 상관없이 북한과의 협력을 확대해 나갔다. 1993년 제1차 핵위기 시 김영삼 대통령은 핵-경협 연계원칙을 구사하여 북한의 핵문제가 해결될 때까지 남북한 경협을 중단한다는 선언을 했으나, 제2차 핵위기 시 노무현 대통령은 핵-경협 분리정책을 추구하여 핵문제와 상관없이 남북한의 교류협력을 지속했다.

2003년 노무현정부가 등장한 이후 남북대화와 남북 인적·물적교류는 점차 확대되어 갔으며 개성공단건설, 철도·도로 연결, 금강산 관광 등 3대 경협사업도 제도화 단계에 진입했다. 남북대화는 노무현정부 출범 이후 2004년 말까지 2년 동안 총 56회 개최되었으며 합의서 채택 건수가 44건에 이르렀다. 대화의 분야도 다양해지고 내용도 점차 구체화, 전문화되었으며 회담 장소도 개성, 문산, 금강산, 설악산 등으로 확대되었다. 남북 간 인적왕래도 점차 확대되어 2002년에는 1만 3,877명이었던 왕래 인원이 2003년에는 1만 6,303명, 2004년에는 2만 6,534명이 군사분계선을 넘어 남북을 오갔다. 당시 베이징에서는 북핵문제 해결을 위한 6자회담이 개최되어, 북한의 비핵화를 두고 첨예한 갈등이 조성되던 시기였다.

노무현정부 출범 이후 남북한 사이에 군사문제에 대한 대화도 꾸준히 이어졌다. 베이징에서 6자회담이 계속되는 와중에 남북한은 충돌예방과 신뢰구축을 위한 군사회담이 개최되는 상반되는 모습이 전개되었다. 어떤 측면에서 이는 북한의 핵무기 개발과 보유는 남한과 상관이 없으며 남한을 대상으로 개발하는 것이 아니라는 점을 암시하는 측면도 있었다. 만약 북한의 핵무기 개발이 남한과의 군사대립을 염두에 둔 것이고 남한이 북한의 핵무기 개발의 대상이었다면, 이러한 남북한의 군사회담은 개최되기 어려웠을 것이다.

2004년 5월 26일 금강산에서 개최된 제1차 남북장성급 군사회담에서 남한은 우발적인 무력충돌을 방지하기 위한 방안으로 남북 서해 함대사령부 간 직통전화 설치·운영, 경비함정 간 공용주파수 설정·운영, 시각신호 제정과 활용, 불법어로행위 단속 활동 관련 정보 교환 등 네 가지를 제시했다. 북한은 이의 선제적 조치로 군사분계선지역에서의 선전활동 중지와 그 수단들의 제거를 주장했다. 2004년 6월 4일 개최된 남북장성급 군사회담에서 남북한은 '서해 해상에서 우발적 충돌 방지와 군사분계선지역에서의 선전 활동 중지 및 선전수단 제거에 관한 합의서'를 채택했다. 이로써 남북한은 군사분야에서 본격적인 신뢰구축이 이루어질 수 있는 발판을 마련했다. 2005년 7월 20일에 개최된 남북장성급 군사회담 실무대표회담에서는 서해상 우발충돌 방지를 위한 연락사무소 개소가 합의되었고, 2005년 8월 13일 통신연락소가 설치되었다. 이 시기에 베이징에서는 북핵 문제를 해결하기 위한 6자회담이 본격적으로 개최되고 있었다.

군사분야 이외에도 다양한 분야의 남북한 협력이 이루어졌다. 경의선·동해선 도로연결공사가 2004년 11월 말 모두 완료되었고 개성공단 15개 시범단지 입주기업 중 리빙아트가 첫 제품을 생산함으로써 남북경협의 새로운 장을 열게 되었다. 2005년 6월 17일 6·15 민족통일 대축전행사에 참석한 정동영 통일부장관이 대통령 특사자격으로 김정일 위원장을 면담하고, 북한이 핵폐기에 합의하면 송전선로 공사에 즉각 착수해서 200만KW의 전력을 북한에 직접 송전하겠다는 제안을 했다. 이후 남북한의 다방면적인 대화와 합의는 계속되었다. 양국은 정치적 신뢰 증진 및 관계발전을 위한 발판을 공고화했고 새로운 경협방식 추진 및 농업, 수산업 등 경협범위 확대, 이산가족 면회소 착공과 화상상봉 진행 등 경제, 인도분야 협력 증대에도 합의했다. 6자회담에서 9·19선언이 발표되던 시점인 2005년 9월에 개최된 장관급회담에서 남북한은 한반도의 공고한 평화보장 노력과 군사적 긴장완화를 위한 실천적 방안 모색 등 6개 항에 합의했다. 이를 계기로 소모적인 상호 비난과 정치선전을 지양하고 호혜주의와 실사구시적 상호협력을 추구하는 생산적이고 실용적인 관계를 모색했다.

남북한관계는 마냥 긍정적인 방향으로 전개된 것은 아니었다. 북한이 핵무기 보유선언을 하고 핵실험을 할 때마다 대화와 협력이 주춤하는 상황이 전개되곤 했지만, 서로가 되돌아 올 수 없는 파장을 원하지 않았기 때문에 어느 정도 시일이 지나면 다시 협력적인 태도를 보이곤 했다. 6자회담에서 중국 이외에 북한을 지지하는 국가가 없는 상황에서 남한은 북한에 적대적인 태도를 가지는 데 대해서 부담을 느꼈을 수 있다. 이러한 남한의 북한에 대한 회해적이고 협력적인 태도는 6자회담에서의 협상에 도움이 되면 되었지 방해는 되지 않았을 것이다. 남한은 북한 핵문제 해결에 조금이라도 도움이 될 수 있도록 북한의 강경한 태도를 완화시키는 것이 필요했던 것이다.

경제와 군사회담이 병행해서 지속적으로 개최되는 분위기를 타고 2007년 10월 4일 남북한정상회담도 추진되었다. 7년 전인 2000년의 정상회담과의 차이점은 2000년 정상회담은 남북한관계개선을 추진하기 위해서 개최된 회담인 반면, 2007년 정상회담은 남북한관계가 지속적으로 추진되어 오는 마지막 과정에서 한 단계 업그레이드하기 위한 회담이었다. 노무현정부가 들어선 이후 북한의 핵위기가 한층 고조되었으나, 남북한의 인적교류와 교역은 기하급수적으로 증가하고 있었다 (표 5.1, 표 5.2 참조). 2003년부터 베이징에서 6자회담이 개최되고 있었으나, 노무현정부의 핵-경협 분리정책이 성공적으로 추진되어 정상회담까지 하게 된 것이다. 남북한관계가 북한핵의 영향을 거의 받지 않는다는 점을 보여 주었다. 북한의 핵무기 개발은 남한을 주 대상으로 하기 위한 것이 아니라 미국에 대한 협상카드라는 점을 여실히 보여주는 사례였다.

표 5.1 남북한 인적교류 현황 (단위: 명)

연도	1989~2001	2002	2003	2004	2005	2006	2007
북한방문	27,154	12,825	15,280	26,213	87,028	100,838	158,170
남한방문	1,534	1,052	1,023	321	1,313	870	1,044
합계	28,688	13,877	16,303	26,534	88,341	101,708	159,214

표 5.2 남북한 교역 현황 (단위: 억 달러)

구분	1989~2000	2001	2002	2003	2004	2005	2006	2007
반입	16.16	1.76	2.72	2.89	2.58	3.4	5.2	7.65
반출	9.08	2.27	3.7	4.35	4.39	7.15	8.3	10.32
계	25.26	4.03	6.42	7.24	6.97	10.55	13.5	17.98

4. 북한의 비핵화 조건: 체제보장을 위한 한반도 평화체제 수립

1993년의 제1차 북핵위기는 북한과 미국의 양자협상에 의하여 해결이 되었지만, 2002년 제2차 핵위기는 다자협상에 의한 해결이 모색되었다. 북한은 2차 핵위기도 미국과의 협상에 의하여 해결되기를 원했지만, 동북아정세가 변하여 주변국들의 위상과 관심이 증대되면서 다자협상이 추진된 것이다. 중국은 1차 핵위기 시에는 거의 무조건 북한 편에 섰지만 2차 위기 시에는 동북아의 중심적 강대국을 자처하면서 해결과정에 목소리를 내기를 원했고, 한국의 경우도 1차 핵위기 당시 김영삼정부는 미국과의 공조를 주장하면서 거의 미국에 위임하는 입장을 보였으나, 2차 위기 시 노무현정부는 가능한 적극적인 개입을 모색했다.

2003년 3월 중순 중국의 첸지천(錢其琛) 부총리가 평양을 비밀리에 방문하여 김정일에게 '다자대화'에 나설 것을 권고했다. 3월 31일 북한의 유엔대표부 한성렬 차석대사는 프리처드(Jack Prichard) 미 대북교섭 담당대사와 만나 북중미 3자회담에 응할 용의가 있다고 밝혔다. 4월 12일 북한 외무성은 핵문제를 해결하기 위해 북한과 미국 사이의 '직접회담'을 원하지만 미국이 '대조선 적대시 압살정책'을 포기하고 핵문제 해결을 위하여 대북정책을 대담하게 전환할 용의가 있다면 북한은 대화의 형식에 크게 구애받지 않을 것이라면서 다자회담에 참여할 의사를 보였다. 한편으로는 대화에 참여할 의사를 보이면서 다른 한편 협상력을 높이기 위한 전술도 구사했다. 4월 18일 북한의 외무성 대변인은 폐연료봉에 대한 재처리 작업이 진행 중이라는 발표를 했다.[7]

2003년 4월 23일 중국의 중재로 미국, 중국, 북한이 참가한 3자회담이 베이징에서 개최되었다. 이 회담에서 북한은 북미 적대관계 청산 및 관계정상화와 핵 폐기를 일괄타결하자고 제안했다. 그러나 미국은 북한이 핵 폐기부터 해야 한다면서 제안을 거부했다. 북한의 수석대표 이근 외무성 부국장은 미국 수석대표인 켈리에게 북한의 핵보유 사실을 전달하면서 미국의 행동 여하에 따라 북한은 핵무기 실험을 할 수도 있고, 수출하거나 사용할 수도 있다는 식의 충격적인 발언으로 국제적으로 큰 파장을 일으켰다. 이근은 8,000여 개 폐연료봉의 재처리가 진행 중인 사실도 밝혔다.[8] 북한은 특히 미국과의 '불가침조약' 체결을 고집하면서, 미국이 북한에 대하여 핵무기 사용을 포함한 무력행사를 하지 않는다는 것을 법적으로 담보하지 않는 이상 북한은 '자체방위'를 위해 모든 것을 다하지 않을 수 없다고 주장했다. 이러한 비판적 성격의 성명을 발표하면서도, 북한은 회의 자체는 지속할 의사를 보였다.[9] 북한의 비핵화 조건은 북미 적대관계 청산과 관계정상화라는 점이 명확하게 제시되었다.

6자회담 개최와 북한의 대미협상 모색

3자회담은 궁극적으로 6자회담을 개최하기 위한 예비회담의 성격을 지녔다. 북한은 핵문제 해결을 위한 '선 북미회담' 개최를 조건으로 6자회담을 받아들이겠다는 의사를 비쳤다. 북한은 핵문제 해결의 의지가 있으며 대화를 원한다는 메시지를 미국에 전달하여 미국 내 대북 대화론자들의 입지를 강화시키고, 북한에게 우호적인 중국, 러시아 등이 중재를 할 수 있도록 긍정적인 여건을 조성하려는 의도를 보였다. 특히 북한은 미국과의 양자협상에 대한 미련을 버리지 못하고 있었다. 핵문제 해결의 열쇠는 미국이 '대조선 적대시 정책'을 전환할 의지를 가지고 북한과의 쌍무회담에 임하는 데 있다고 강조했다. 북한은 '평등한 직접대화'를 통해 미국의 '적대시 정책'과 핵 억지력의 '동시조치'에 의한 해결을 강조하면서 불가침조약 체결 수용을 다시 촉구했다.[10] 북한은

1994년의 북미 기본합의문을 높이 평가하고, 미국이 이 합의를 이행하지 않아 정세 완화의 기회가 사라졌다며 미국에 책임을 전가했다.

6자회담에 참여하기로 결정한 북한의 기본목표는 핵문제 해결과정에서 미국과의 적대관계를 해소함으로써 평화공존을 이룩하여 체제생존을 확보하는 데 있었다. 회담은 6자회담이라는 다자회담의 형식으로 시작하지만, 북한은 그 다자회담 내에서 미국과의 양자협상을 중점적으로 추진하겠다는 의도를 보였다. 미국과 불가침조약을 체결하여 안보를 확보하고, 미국과 외교관계를 수립하여 양국관계를 정상화하는 것이었다. 공격형 무기인 핵무기를 개발하면서, 이를 체제보호라는 수세를 극복하기 위한 도구로 활용하는 생각을 가지고 있었다. 북한은 체제위기에 직면하여 그야말로 강력한 극약처방을 시도하는 것이다.

2003년 8월 13일 북한의 외무성 대변인은 담화를 통해 북한이 6자회담에 임하는 취지를 공식적으로 밝혔다. 우선 북한은 '미국의 정책전환 의지'를 요구하면서, "법적 구속력이 있는 불가침조약 체결, 외교관계 수립, 우리와 다른 나라들 사이의 경제협력 방해 제거 등이 이루어지면, 미국의 대조선 적대시 정책이 포기된 것으로 간주할 수 있을 것"이라고 했다. 미국이 북한을 위협하는 상황에서 북한으로 하여금 핵계획 포기 의사를 표시하라는 것은 결국 '동시행동'으로 핵문제를 풀지 않겠다는 것이며, 북한을 법위반자로 만들어 무장해제하기 위한 국제적 압력을 합법화하려는 '불순한 요술'에 불과하다고 비난했다. 또한 미국이 북한에 대한 '적대시 정책'을 포기하지 않고 북한 핵에 대하여 '조기사찰'하겠다는 것은 북한에 대한 '내정간섭'이고 '자주권 침해'이기 때문에 절대 불가능하다고 선언했다. 북한은 핵문제 해결을 하기 위해서는 '대북 적대시 정책 포기', '동시행동 조치'에 의한 해결, '대북 핵위협 소멸 확인 후 사찰 수용' 등 3가지 원칙을 6자회담에 임하는 기본입장으로 표명했다.

6자회담은 2003년 8월 27일부터 개최되었는데, 회담 초기에는 북핵문제의 당사자라고 할 수 있는 북한과 미국의 시각차가 워낙 컸기 때문에 타결점을 찾기가 어려웠다. 시작부터 북한과 미국은 강하게 맞섰다. 북한은 미국의 '대북 적대시 정책' 포기와 핵 동결에 따른 보상을 요구했고, 미국은 '선 핵포기 후 보상' 입장을 취했다. 협상력을 높이기 위해서 북한은 8,000여 개의 폐연료봉 재처리 완료, 추출된 플루토늄의 핵 억제력 강화 용도로의 전환 등을 밝히고, 미국의 적대시 정책이 지속되는 상황에서 핵능력을 강화해 나갈 것이라고 밝혔다. 특히 미국이 '동시행동방식' 등 북한의 요구를 수용하지 않을 경우, "때가 되면 핵 억제력을 물리적으로 공개하는 조치가 취해질 것"이라고 선언했다. 미국이 북한을 '악의 축', '핵 선제공격 대상'으로 규정한 상황에서 미국이 요구하는 '선 핵포기'의 부당성 및 동시해결원칙과 일괄타결안 등 북측 주장의 정당성을 재강조하는 동시에, '핵 억제력의 물리적 공개'와 '핵 억제력 유지·강화'를 언급하여 위협 수준을 한 단계 높였다.[11]

　　북한과 미국이 제시하는 타협안의 접점을 찾기 어렵고, 북한이 핵무기 포기를 통하여 원하는 바를 얻기 어렵다는 점을 확인한 후 북한은 핵카드를 한 단계 업그레이드하는 정책을 모색했는데 그것은 핵무기 보유 선언을 하는 것이었다. 북한은 2005년 2월 10일 외무성 성명을 통해 핵무기 제조·보유를 공식으로 선언했다. 북한은 '자위'를 위해 핵무기를 만들었고 '자유와 민주주의를 지키기 위해 핵 무기고를 늘리기 위한 대책'을 취할 것이라고 선언했다. 이와 더불어 6자회담의 무기한 참가 중단을 선언했다. 외무성 대변인은 "부시 행정부의 증대되는 대조선 고립압살 정책에 맞서 핵무기 전파방지조약에서 단호히 탈퇴했고 자위를 위해 핵무기를 만들었다"면서 "우리의 핵무기는 어디까지나 자위적 핵억지력으로 남아있을 것"이라고 주장했다.[12] 제2차 핵위기가 시작될 때만 해도 핵무기를 개발할 의사가 없던 북한이 급기야 핵무기 보유를 선언한 것이다. 부시 행정부의 대북정책이 변하지 않은 것으로 판단한 북한은 6자회담 등 협상에서 유리한 고지를 점령하기 위하여 협상카드를 한 단계 업그레이드한 것으로 해석되었다. 북한은 6자회담을 완전히 거부하기보다는 대북 라인을 구성하고 대북정책을 주도하고 있는 미 행정부, 정치인, 전문가들을 압박해 태도변화를 유도해내려는 전략을 취하고 있는 것으로 평가되었다. 북한이 추구해 온 벼랑끝 외교의 전형적인 방식이었다.

북한의 비핵화 조건은 한반도 평화체제

핵무기 보유 선언을 하는 동시에 북한은 북한에 유리한 환경을 조성하는 방안으로 '평화체제'를 들고 나왔다. 2005년 7월 북한은 외무성 대변인 담화를 통해 "조선반도에서 휴전체제를 평화체제로 전환하게 되면 핵문제의 발생 근원으로 되고 있는 미국의 대조선 적대시정책과 핵위협이 없어지는 것으로 되며 그것은 자연히 비핵화 실현으로 이어지게 될 것"이라고 주장하며 평화체제와 비핵화를 교환하는 방식을 제안했다. 이전에는 평화보장체제를 제안하던 북한은 6자회담에서 '평화체제' 용어를 본격적으로 사용하기 시작했다. 미국의 적대시정책을 자신들의 핵무기 개발의 명분으로 주장하고 있던 북한은 한반도 평화체제가 이루어지면 비핵화를 실현하겠다는 의지를 내비쳤다. 북한 핵카드의 목표는 한반도 평화체제를 만들어 그 틀 내에서 체제안전을 보장받겠다는 것으로 해석되었다. 자신들이 개발 및 보유를 추진하고 있는 핵무기의 위력을 활용하여 외부로부터의 군사적 위협을 억지하려는 의도가 아니라, 핵무기 개발 카드를 활용하여 평화체제를 수립하고 그 틀 내에서 체제를 보존하겠다는 의도를 분명히 했다.

결국 2005년의 9·19 공동성명에 관련 당사국들이 별도 포럼에서

'한반도의 항구적 평화체제'에 관한 협상을 가질 것이라는 문구가 포함되었다. 이후 2007년의 2·13합의와 10·3합의에도 평화체제에 대한 내용과 더불어 미국 및 일본과의 관계정상화에 대한 내용이 되풀이되었다 (표 5.3 참조). 북한이 과거 1970년대부터 북미평화협정 체결을 주장하던 태도에서 벗어나 다자적 의미를 가진 평화체제를 제안했다는

표 5.3 6자회담 합의에 포함된 '한반도 평화체제'

합의명	내용
9·19선언	Ⅳ. 6자는 동북아의 항구적인 평화와 안정을 위해 공동 노력할 것을 공약했다. 직접 관련 당사국들은 적절한 별도 포럼에서 한반도의 영구적 평화체제에 관한 협상을 가질 것이다.
2·13 합의 (9·19선언 이행을 위한 초기조치)	Ⅲ. 참가국들은 … 다음과 같은 실무그룹(W/G)을 설치하는 데 합의했다. 1. 한반도 비핵화 2. 북미 관계정상화 3. 북일 관계정상화 4. 경제 및 에너지 협력 5. 동북아 평화·안보체제 Ⅴ. 초기조치가 이행되는 대로 6자는 … 동북아 안보협력 증진방안 모색을 위한 장관급회담을 신속하게 개최한다. Ⅵ. 참가국들은 … 동북아에서의 지속적인 평화와 안정을 위한 공동노력을 할 것을 재확인했다. 직접 관련 당사국들은 … 한반도의 항구적 평화체제에 관한 협상을 갖는다.
10·3합의 (9·19 공동성명 이행을 위한 제2단계 조치)	Ⅱ. 관련국 간 관계정상화 ① 북한과 미국은 양자관계를 개선하고 전면적 외교관계로 나아간다는 공약을 유지한다. 양측은 양자 간 교류를 증대하고 상호 신뢰를 증진할 것이다. ② 북한과 일본은 … 평양 선언에 따라 양국관계를 신속하게 정상화하기 위해 진지한 노력을 할 것이다.

점은 북한이 과거 남한을 배제하려던 태도를 수정하여 한반도 평화를 다자적 측면에서 접근하여 자국의 체제위기 극복을 다자적으로 보장받으려는 의도로 해석된다. 표면적으로 북한의 핵문제가 등장하면서 한반도 평화도 멀어지는 것 같았으나 오히려 비핵화를 평화체제와 교환하는 협상조건이 부각된 것이며, 북한의 핵무기 개발의 우선적인 목표가 무엇인지에 대해서도 시사하는 바가 크다. 한반도 평화체제 수립과 더불어 미국 및 일본과의 수교도 비핵화의 조건으로 제시했다.

5. 벼랑끝 외교의 종식: 핵무기의 군사화?

핵무기 개발을 외교적 도구로 활용할 의도를 가진 북한은 2006년에 핵무기의 실질적인 군사무기화를 의미할 수도 있는 핵실험을 감행했다. 더구나 북핵 해결을 위한 6자회담이 개최되는 과정에, 특히 이 회담의 첫 번째 결실이라 할 수 있는 2005년의 9·19 공동성명 직후에 핵실험이 실시되었다. 9·19 공동성명의 잉크가 마르기도 전에 북한은 핵실험을 실시하여 6자회담의 결실에 찬물을 끼얹게 되었다. 그러나 미국의 대북 금융제재도 북한 핵실험의 동기 중 일부분이라는 점을 부인하기 어렵다. 9·19 공동성명 직전에 미국은 북한의 위조지폐 제작 및 유포 문제를 제기했고, 대북금융제재를 실시하여 공동성명이 이행되기 어려운 상황을 만들었다. 2005년 9월 16일 미 재무부는 북한이 마카오에 있는 방코델타아시아(BDA: Banco Delta Asia)를 통해 위조달러지폐를 유통시켰으며 마약 등 불법 국제거래 대금을 세탁한 혐의가 있다면서 BDA를 '돈세탁 우려대상'으로 지정한다고 발표했다. 이 조치는 BDA의 북한계좌에 있던 2,400만 달러의 동결로 이어졌고, 세계 20여 개 금융기관의 대북 거래 중단으로 확산되었다.

미국의 BDA 제재와 북한의 핵실험 실시

북한은 이를 미국의 추가적인 대북 경제제재 조치라고 비난하면서, 2005년 11월에 개최된 제5차 6자회담에서 미국의 BDA 문제 해결 이전에는 핵폐기 논의에 참여하지 않을 것이라고 선언했다. 결국 BDA 문제 때문에 북미 간 대립이 심화되면서 6자회담 재개가 장기간 지연되었다. 당시 북한 이외에도 다른 6자회담 참가국들과 국제사회에서 핵문제 해결이 임박한 순간에 미국이 실시하는 대북 제재조치에 대해서 과연 미국이 북한핵 문제 해결의 의지가 있는지 의문을 가지기 시작했다. BDA문제는 한참 전부터 조사를 했을 것인데, 3년에 걸친 6자회담의 첫 결실이 나오는 순간에 제기하는 미국의 의도에 대해서 비판적인 태도를 가지게 되었다. 결국 9·19 공동성명은 발표되자마자 폐기될지도 모르는 위기에 처하게 되었다.

이후 북미 간 불신의 골은 더욱 깊어만 갔고 결국 북한은 2006년 7월 5일 대포동 2호 1기를 포함한 7기의 미사일 발사를 강행했다. 유엔은 안보리를 소집하여 북한의 미사일 발사를 규탄하고 북한에 대한 미사일 및 대량살상무기 관련 물자와 재정적 지원을 금지하는 안보리 결의 1695호를 만장일치로 채택했다. 이러한 유엔 안보리의 제재 결의안 통과에도 불구하고 북한은 10월 9일 핵실험을 감행했다 (북한 핵실험에 대한 구체적 내용은 제4장 2절을 참고할 것). 북한은 핵문제에 대하여 강경한 입장을 보이는 미국을 압박하기 위해 장거리 미사일 시험발사와 핵연료봉 인출 등의 조치를 취했지만 성과가 없자 수위가 가장 높은 핵실험이라는 카드를 뽑아든 것이다. 1993년 이후 북한이 지속적으로 업그레이드해온 핵카드는 NPT 탈퇴, 핵보유 선언 등 대체로 선언적인 것이었으나 이번에는 미사일 발사와 핵실험이라는 실질적 행동을 통한 고도의 협상카드를 던졌으며, 어쩌면 이는 실질적인 핵무기의 군사화를 의미하는 것이기도 했다. 유엔은 재차 안보리를 소집하여 핵·미사일·기타 대량살상무기 관련 품목, 기술 및 자산의 거래와 이전을 금지하는 안보리 결의 1718호를 10월 14일 만장일치로 채택했다.

북한이 핵실험이라는 초강경조치를 취했고 유엔 안보리가 나서서 북한 제재안을 통과시켜 미래가 불투명해졌지만 북한과 미국, 그리고 회담 참여국 및 국제사회는 북한의 핵문제가 미해결로 끝나는 것을 바라지는 않았다. 2006년 말부터 국제사회는 북한 핵문제 해결에 대한 긍정적인 시각을 보이기 시작했으며, 특히 미국과 북한이 적극적인 접근을 시도했다. 미국 부시 행정부의 입장에서도 2006년 11월 중간선거에서 공화당이 패배한 이후 북한정권 교체를 목표로 했던 네오콘 세력의 약화와 함께 북한 핵문제를 협상에 의하여 해결하려는 의사를 보이기 시작했다. 2006년 11월 말 북미 양자접촉이 이루어졌고, 12월 베이징에서 제5차 6자회담 2단계 회의가 재개되어 9·19 공동성명의 이행방안과 비핵화 초기단계 조치에 대한 집중적인 협의가 진행되었다. 특히 6자회담의 틀 내에서 북한과 미국의 양자대화가 자리잡아 가기 시작했다. 2007년 2월 8일부터 개최된 제5차 6자회담 3단계 회의에서 북한 핵문제에 관한 '9·19 공동성명 이행을 위한 초기 조치'를 2월 13일에 합의했다. 이 2·13합의는 한반도 비핵화와 평화체제 구축, 동북아 평화구조 정착을 지향하는 9·19 공동성명의 전면적 이행을 위한 제도적 틀을 마련한 것이었다.

2·13합의는 미국의 북한에 대한 BDA금융조치, 이에 반발한 북한의 핵실험, 이에 대한 유엔 안보리의 제재결의안 통과 등으로 중단될 위기에 놓였던 6자회담의 재개를 알리는 임시적인 초기 조치였고, 북한의 완전한 비핵화와 핵불능화를 위한 추가 합의가 필요했다. 2·13합의에는 북한의 핵시설 동결과 미국의 에너지 지원 등이 60일 이내에 실시되도록 정해졌으나 북미 어느 쪽도 이를 실행하지 않아 다시 위기에 빠지

게 되었다. 북한은 BDA에 동결되어 있는 북한 자금의 입금을 요구했으며, 미국의 입장에서 북한의 강력한 요구를 무시하면서까지 비핵화 회담을 중단시킬 의사는 없었다. 2007년 4월 10일 마카오 금융당국은 "BDA의 북한 동결자금 해제조치가 즉각적인 효력을 발휘해 계좌 소유주들의 자유로운 입출금이 가능하다"라고 발표했다. 북한은 자금 송금이 실현되면 즉시 2·13 합의에 따라 '핵시설 가동중지조치'를 취할 용의가 있다고 밝혔다. 이와 더불어 북한은 IAEA 실무대표단도 즉시 초청할 것이며, 미국과 핵시설 가동중지 후 단계조치를 심도 있게 논의할 수 있을 것이라고 확언했다.[13]

결국 2007년 중반 BDA에 동결된 북한자금의 송금이 완료되었다. 한국정부의 대북 중유 5만 톤 제공이 개시되었고 북한은 한국정부의 중유 제공 시점에 맞추어 5개 핵시설(5MW 원자로, 50MW 원자로, 200MW 원자로, 핵재처리시설, 핵연료공장)에 대한 폐쇄·봉인 조치를 개시했다. 이로써 2002년 핵문제 대두 이후 위기로 치달았던 북핵문제 해결을 위한 6자회담이 실질적인 결실을 이루게 되었다. 2007년 10월 3일 제6차 6자회담을 통해 합의된 '9·19 공동성명 이행을 위한 2단계 조치(10·3 합의)'가 발표되었다. 10·3 합의는 2·13 합의 이행의 연장선상에서 취해진 것으로 2단계 비핵화 조치를 내용으로 했다. 한반도 비핵화는 핵시설 불능화 및 핵프로그램 신고를 2007년 12월 31일까지 완료하는 것과 북한의 핵물질·기술을 확산하지 않겠다는 공약으로 구성되어 있었다.

6자회담 합의의 무효화

10·3합의의 이행은 순조롭게 진행되지 않았다. 북한의 플루토늄 생산량과 사용처, 영변 핵시설 목록, 사용하고 남은 우라늄 등을 적시한 핵

신고서, 검증체계 구축 문제 등의 이슈에 대한 갈등이 노정되었으며, 북한은 핵시설 무력화에 대한 참가국들의 보상 관련 의무이행이 제대로 이루어지지 않고 있으며, 미국이 약속한 북한의 테러지원국 명단에서 제외가 이루어지지 않고 있다는 불만을 표했다. 북한의 핵불능화를 위한 합의는 어렵게 이루었으나, 이의 이행과정이 제대로 이루어지지 않아서 합의 자체가 위기를 맞게 되었다. 북한과의 파국을 원하지 않았던 미국은 결국 2008년 10월 11일 북한을 테러지원국 명단에서 삭제하는 조치를 취했다. 북한은 테러지원국에서 제외되자 비핵화 프로그램의 준수를 지연시키기 시작하는 등 태도를 바꾸기 시작했다.

테러지원국에서 제외된 북한은 동시다발적으로 강경조치를 취했다. 2008년 11월 12일 북한 외무성은 핵 검증과 관련하여 시료채취를 거부한다는 내용을, 군부는 12월 1일부터 "1차적으로 군사분계선을 통과하는 육로통행을 제한·차단한다"는 입장을, 북한적십자사는 대남직통전화 중단을 발표했다. 미국으로부터 테러지원국 해제라는 '선물'을 받은 북한은 급할 것 없다는 입장에서 자신들이 해야 할 의무를 축소하고 외부로부터 받을 수 있는 지원을 극대화하려는 전략을 선택한 것이다. 특히 북한 당국은 노무현에서 이명박으로 대통령이 교체된 남한에 대해서 강경한 입장을 보였다. 이명박정부가 제시한 '북핵개방 3000' 제안에 대해서 매우 불쾌한 태도를 보였다. 북한은 남한과의 관계에서 핵문제를 거론하지 않는 방침을 수립하고 있는데, 남한정부가 북핵문제와 경제지원을 연계한 데 대해서 비판적인 태도를 보였다. 노무현정부는 핵-경협 분리정책을 추구하면서 남북한관계가 북핵문제 해결에 긍정적인 영향을 미치도록 유도했는데, 이명박정부의 핵-경협 연계원칙은 북한으로 하여금 비핵화에 적극적으로 나서지 않는 원인 중의 하나가 되었다.

이러한 과정을 거치면서 2007년 10·3합의는 거의 사문화되다시피

했다. 6자회담 자체도 위기를 맞았다. 2008년 12월 8일부터 11일까지 개최된 6자회담 수석대표회의 기간 북한은 남한과 일본을 '훼방꾼'이라고 비난했으며 한미일 간 공조 와해와 중국의 방관 입장 등으로 6자 구도가 변화되고 있다고 비판했다. 이렇게 해서 북한은 비핵화를 위한 다자협상에 더 이상 참여할 입장을 보이지 않았다. 북한은 2009년 들어 핵무기 보유국으로서 인정받기를 원한다는 입장을 지속적으로 표명했다. 2009년 1월 17일 외무성 담화를 통해 한반도 핵문제의 본질은 '미국 핵무기 대 북한 핵무기'라고 주장하면서 북미관계가 개선된다 하더라도 미국의 핵위협이 조금이라도 남아 있는 한 북한의 핵보유 지위는 추호도 달라지지 않을 것이라고 언명했다. 이는 미국과의 관계개선에는 적극적으로 나서겠으나 핵포기는 관계정상화 이후 군축 차원에서 다루어야 한다는 기존 입장을 되풀이한 것으로 해석되었다.

이로써 북한의 핵무기를 활용한 벼랑끝 외교는 끝나는 듯이 보였다. 북한은 미국과 비핵화 협상이 아니라 같은 핵보유국으로서 핵군축회담을 하자는 제안을 지속적으로 되풀이했다. 6자회담 기간 노무현정부와 각종 교류와 협력을 하던 북한은 이명박, 박근혜정부와는 어떠한 교류나 협력도 추진하지 않았고, 이에 따라 핵문제도 남북한 사이에 다룰 만한 기회를 가질 수 없었다. 특히 박근혜정부와는 심각한 적대관계를 유지했고, 박근혜정부는 개성공단을 폐쇄하는 극단적인 조치까지 취했다.

이후 북한의 핵문제 해결을 위한 남북한 또는 국제적 차원에서의 대화는 거의 이루어지지 않았다. 비핵화 회담이 중단된 기간에 북한은 열심히 핵실험을 했다. 2009년 5월 25일 제2차, 2013년 2월 12일 제3차, 2016년 1월 8일 제4차, 9월 9일 제5차, 2017년 9월 3일 제6차 핵실험을 했다. 더 이상 미국이나 남한에 대하여 핵무기 카드를 활용한 외교적 협상이 불가능하다고 인식하고, 핵무기를 완전한 군사무기화하는 것처럼 보였다. 아니면 핵실험 실시를 통하여 핵무기를 활용한 카드를 한층 업그레이드하는 전략일 수도 있었다.

남한의 박근혜정부가 탄핵으로 붕괴되고 갑자기 들어선 문재인정부는 김대중, 노무현을 잇는 진보정부였으며, 김대중이 시작한 포용정책을 계승하여 북한과의 접촉을 추구하였지만, 이명박과 박근혜가 중단시킨 남북대화를 복원시키는 일은 쉽지 않았다. 문재인정부가 출범한 이후 남북한관계는 부정적인 측면에서 시작되었다. 2017년 5월 14일 문재인정부가 탄생한 지 4일 만에 북한은 탄도미사일 화성-12형을 발사했고, 이어서 7월 4일과 28일 북한이 ICBM이라고 발표한 장거리 탄도미사일 화성-14형을 발사했다. 이에 대해 유엔 안보리가 제재를 했음에도 불구하고 11월 29일 화성-15형을 발사했다. 그 사이 북한은 2017년 9월 3일 제6차 핵실험을 하고, 조선중앙TV를 통해 수소폭탄 시험을 성공적으로 마쳤다고 발표했다. 김정은은 2017년 11월 29일 장거리 미사일을 시험발사한 후 '국가핵무력 완성'을 선언했고, 2018년 신년사에서는 "핵 단추가 내 사무실 책상 위에 항상 놓여 있다는 것은 위협이 아닌 현실임을 똑바로 알아야 한다"고 위협하기도 했다. 한편으로는 남한에 대한 엄포로 보이지만 과거의 사례를 보면 이는 북한이 대화를 원한다는 신호였다.

북한의 의도대로 2018년 들어서 남북한관계의 극적인 반전이 이루어졌다. 북한이 평창에서 2월 8일부터 개최된 동계올림픽 일부 종목에 선수단을 파견하여 남한과 단일팀을 구성하여 참가하는 화해의 분위기가 조성되었다. 개막식에는 김정은의 동생인 김여정 당 중앙위원회 제1부부장과 김영남 최고인민위원회 상임위원장이 참석했다. 이러한 화해 분위기는 2018년 4월 27일 판문점에서의 남북한정상회담으로 이어졌다. 정상회담에서 남북한 관계개선과 발전, 남북 간 군사적 긴장 상태 완화와 전쟁위험의 실질적 해소, 한반도 평화체제 구축을 위한 협력 등에 대한 합의가 이루어졌다.

이 정상회담의 가장 큰 의의는 남북한 회담에서 처음으로 북한의 핵문제가 다루어졌다는 점이다. 이전에는 북한은 자국의 핵문제는 남한과는 상관없는 문제라고 하면서 남북대화에서 핵문제를 거론하는 데 대해서 신경질적인 반응을 보이곤 했다. 2018년 4월 27일 정상회담 공동성명에 남북은 완전한 비핵화를 통해 핵 없는 한반도를 실현한다는 공동의 목표를 확인했다고 명시되었다. 이어서 열린 9·19정상회담 선언은 "한반도를 핵무기와 핵 위협이 없는 평화의 터전으로 만들어나가야 하며 이를 위해 필요한 실질적인 진전을 조속히 이루어 나가야 한다"고 밝혔다. 김정은은 기자회견에서 "조선반도를 핵무기도 핵 위협도 없는 평화의 땅으로 만들기 위해 적극적으로 노력해 가기로 확약했다"고 강조했다. 구체적인 비핵화 방안에 대해서는 언급이 없었지만, 한반도를 핵이 없는 평화의 터전으로 만든다는 언급은 추상적이었지만 과거의 남북대화를 감안하면 매우 진일보한 것이었다.

벼랑끝 외교의 클라이맥스: 북미정상회담, 실패의 결말

북한은 미국과도 관계개선을 모색했다. 2018년 6월 12일 싱가포르에서 열린 북미정상회담에서 트럼프와 김정은이 서명한 공동성명의 전문은 "트럼프 대통령은 북한에 대해 안전보장을 제공하기로 약속했고, 김정은 위원장은 한반도의 완전한 비핵화라는 확고한 약속을 재확인했다"라고 되어 있다. 정상회담 합의문은 양국이 평화와 번영을 위한 새로운 관계를 수립하고, 한반도에서 지속적이고 안정적인 평화체제를 구축하기 위해 노력하며, 북한은 한반도의 완전한 비핵화를 위해 노력한다는 점을 주요 내용으로 했다. 1993년 10월 21일 제네바 기본합의 이후 처음으로 북핵문제에 대한 북미고위급대화가 이루어졌으며, 더구나 정상회담까지 개최하여 논의를 했다는 큰 의미가 있었다.

싱가포르 정상회담의 공동성명에는 미국의 안전보장 제공 방법과 한반도의 완전한 비핵화를 위한 북한의 이행의무와 절차가 구체적으로 담겨 있지 않았다. 따라서 합의 내용을 구체적으로 실천하기 위해서는 불완전한 내용을 보완할 수 있는 후속 합의가 필요했다. 이를 위해서 2019년 2월 하노이에서 제2차 북미정상회담이 개최되었으나, 아무런 합의도 하지 못하고 끝났다. 북한은 핵시설을 폐기하는 등 비핵화를 해 나가는 대신 미국이 북한에 대한 제재를 완화해 주기를 기대했으나, 미국은 북한의 비핵화가 이루어져야 제재를 해제하겠다는 입장을 보여 합의가 이루어질 수 없었다.

2019년 미국과의 정상회담이 실패로 끝난 후 북한은 미국과 당분간 새로운 비핵화 협상이 없을 것이라는 판단하에 핵무기에 군사적 가치를 더 부여하고 핵무기의 군사무기화에 박차를 가했다. 북한 최고인민회의는 2022년 9월 8일 핵무력정책법을 입법화하여 핵무기 사용조건을 구체화하고 억지수단으로서의 핵뿐만 아니라 핵의 선제사용 가능성을 제시했다. 핵무력정책법은 "국가 핵무력의 지휘통제체계가 적대세력의 공격으로 위험에 처하게 되는 경우 사전에 결정된 작전방향에 따라 도발원점과 지휘부를 비롯한 적대세력을 괴멸시키기 위한 핵 타격이 자동적으로 즉시에 단행된다"고 규정하고 있다(제3조 3항). 이를 위해 북한은 핵무기를 사용할 수 있는 5가지 상황을 상정했다. 핵무기 사용조건은 구체적으로 전쟁 임박 시의 선제타격(preemptive strike), 전시 핵사용 및 포괄적인 위기상황하의 사용으로 요약된다.[14]

핵무기에 군사적 가치를 더 부여했다는 점은 북한의 핵무기가 군사적 위협이 된다는 인식을 가지게 해 이번에는 비핵화 협상이 아니라 군축협상을 하려는 시도도 포함되어 있다. 물론 재선되어 백악관에 다시 돌아온 트럼프 대통령이 북한과의 비핵화 양자회담을 원한다면 김정은이 이를 마다할 이유는 없을 것이다. 비록 지금은 핵무기를 군사무기화하고 있지만 핵무기를 처음 개발할 당시의 벼랑끝 외교전략은 아직 유지되고 있는 것으로 보인다. 미국이 비핵화 협상을 요구하면 북한은 거부하지 않고 나설 가능성은 충분히 있다.

6. 맺는말

1993년 3월 북한이 NPT 탈퇴선언을 하자 전 세계가 의아해했다. 세계는 탈냉전의 화해 분위기로 접어들고, 남북한관계도 화해와 협력의 방향으로 나아가는데 북한이 왜 NPT를 탈퇴하고 핵무기 개발 의혹을 보여 전 세계의 비판과 제재를 받는 자충수를 둘까? 군사적으로 핵무기가 필요할 정도로 긴박한 위기가 발생한 것도 아닌데 왜 갑작스럽게 핵무기를 개발할까? NPT 탈퇴선언 이전에 사찰문제 등으로 북한과 미국 및 IAEA 사이에 갈등적 요인은 있었지만 NPT를 탈퇴할 만한 수준은 아니었다. 군사적 이유로 핵무기를 개발하는 국가들은 비밀리에 개발을 추진하는데, 북한은 공개적으로 핵무기 개발 카드를 활용하여 미국과 동등한 입장에서 협상을 하면서 체제위기를 극복하려고 했던 것으로 평가되었다. 세계 유일 초강대국이 된 미국과 1대1 협상을 하게 되면 일단은 체제위기나 붕괴를 피해 갈 수 있다는 계산을 하고 모험과 도전을 한 것이다.

  북한의 핵개발이 미국이 그동안 추구해 온 핵비확산에 부정적인 영향을 미칠 것이라는 우려를 한 미국은 북한과 협상을 하는 선택을 하게 된다. 북한은 원하는 것이 이루어질 때까지 핵카드를 계속 업그레이드시키면서 대미 벼랑끝 외교를 추진했고, 미국은 한반도에서 북한을 관리하는 개입정책을 구사하면서 북한의 벼랑끝 외교에 맞대응해 나갔다. 30여 년 동안 미국이 보인 북한 핵카드에 대한 대응은 북한의 카드가 아무리 강화되더라도 북한이 원하는 모든 것을 베풀면서 완전한 북한의 비핵화를 달성하겠다는 의사는 별로 없는 것처럼 보인다. 북한이 제재 등의 어려움을 극복하지 못하고 스스로 완전한 비핵화를 해야만 북한이 원하는 것을 들어주겠다는 입장을 유지하고 있다. 이러한 점에서 북한의 핵무기 개발 의혹 또는 보유 문제는 북한 스스로가 비핵화를 선택하기 전에는 해결될 가능성은 별로 없어 보인다. 그렇다고 북한의 핵개발로 군사적 위기가 크게 고조될 가능성도 크지 않다. 북한의 핵위기는 군사적 위기가 아니라 체제위기 또는 외교적 위기이기 때문에 군사적 측면에서 접근하는 것은 불필요한 힘의 낭비가 될 수도 있다.

'미국의 대북 적대시 정책'을 포기시킬 목적으로 미국에 대한 벼랑끝 외교를 추진한 북한의 핵개발 카드는 북한 스스로가 아니라 한국에 의해서 그 가치가 더 상승되는 효과가 있었다. 북한이 핵무기 보유 선언, 핵실험 등으로 핵카드를 강화해 나가자 남한은 북한과의 군사 및 총체적인 경쟁과 대결에서 불리한 상황이 조성될 것을 우려하여 스스로 안보적 위기감에 놓이게 되었다. 한국은 북한의 비핵화를 위해서 단독으로 북한과 협상한 실적이 전혀 없다. 비핵화 협상을 할 기회도 획득하지 못하고 북미 간 협상만 바라보면서 남한은 북한 핵무기의 군사적 가치만 과대평가하면서 스스로 위기감을 고조시키는 상황에서 벗어날 수 없게 되었다. 상대방의 핵무기를 폐기시키려면 우선 비핵화 협상을 하고 그 협상이 실패할 경우 자체 핵무기를 개발하는 것이 정상이다.

⌘ 참고문헌

김계동. 『남북한 국가관계 구상: 대북정책의 뉴 패러다임』. 서울: 명인문화사, 2023.
_____. 『남북한 체제통합론: 이론·역사·정책·경험, 제2판』. 서울: 명인문화사, 2020.
_____. 『북한의 외교정책과 대외관계: 협상과 도전의 전략적 선택』. 서울: 명인문화사, 2012.
김계동 외. 『한국안보의 이해』. 서울: 명인문화사, 2025.
김태형. "핵무기의 국제정치 지형도." 『국제정치논총』 제62집 1호 (2022).
유호열. "북한의 핵개발 현황과 대미전략." 『국제문제연구』 제3권 1호 (2003).
이춘근. 『북한핵의 문제』, 성남: 세종연구소, 1995.
전봉근. 『북핵위기 30년: 북핵외교의 기록과 교훈』. 서울: 명인문화사, 2023.
정옥임. 『북핵 588일: 클린턴 행정부의 대응과 전략』. 서울: 서울프레스, 1995.
차재훈. "북핵 협상 20년: 연구 쟁점과 과제." 『국제정치논총』 제51집 3호 (2011).

George Wehrfritz and Richard Wolfe. "How North Korea Got the Bomb." *Newsweek*. 27 October 2003.

북한의 핵전략:
억제, 강압, 그리고 전쟁 수행

함형필(한국국방연구원)

앞 장에서 북한이 핵무기를 개발하는 의도로써 외교적 효용성에 대해서 살펴봤다. 북한은 핵카드를 활용하여 벼랑끝 외교를 추진하면서 미국과의 협상을 통해 체제 안정을 목적으로 한다는 점이 설명되었다. 북한은 1994년 10월 21일 북미 제네바 기본합의, 2차 핵위기 발생 후 6자회담을 통하여 일부 성과를 거둔 측면이 있다. 그러나 핵무기는 최고의 군사무기다. 외교적 활용성보다 군사적으로 직접 사용될 수 있는 무기다. 이 장에서는 북한의 핵무기 개발의 외교적 가치와 목표가 무엇이든지 간에, 핵무기는 우선 군사용 무기이기 때문에 북한이 핵무기를 개발하는 군사적 목적, 가치, 활용 전략 등에 대해서 살펴본다.

북한은 핵을 통해 한미와 체제 생존을 위해 경쟁하고 있다. 북한의 핵·미사일 능력이 고도화됨에 따라 북한은 궁극적으로 핵전력을 어떻게 구축할 것인지, 또한 핵무기를 어떻게 운용할 것인지, 즉 북한 핵전략에 대한 이해의 필요성이 증대되고 있다.[1] 특히 중국과 러시아라는 우방국과 함께 미국과 일본이라는 적대국, 그리고 적대적인 교전 국가라고 규정한 한국을 상대해야 하는 북한으로서는 고심이 클 수밖에 없는 영역이다. 북한은 미국에 대한 전략적 억제력 확보는 물론 실제 전장 공간에서 사용되는 전술핵무기 개발에도 박차를 가하고 있다. 이번 장에서 이러한 북한의 핵개발 노력은 어떤 전략적 지향점을 가졌는지를 규명해 볼 것이다.

1. 북한 핵무기의 임무, 역할, 군사적 효용성

북한이 핵무기에 부여하는 구체적인 임무와 역할은 북한이 처한 전략 환경에서 추구하는 핵전략의 본질이나 성격에 맞닿아 있다. 따라서 이를 파악하는 것은 북한 핵전략에 접근해 가는 데 필수적이다. 나아가 북한의 시각에서 핵무기의 군사적 효용성을 가늠해 볼 것이다.

핵무기의 임무 및 역할

북한은 2021년에 개최된 제8차 당대회에서 핵무력 중심의 국방력 건설을 표방했다. 특히 김정은은 핵무력을 국가 방위력의 중추로 자리매김하겠다는 강력한 의지를 내세웠다. 이는 북한이 한미 연합군과 비교하면 상대적으로 열세한 재래식전력을 보유하고 있다는 인식이 밑바탕에 깔려 있기 때문일 것이다. 그렇다면 북한은 국가안보를 보장하기 위해 핵무기에 어떤 임무와 역할을 부여하고 있을까? 물론 핵무기는 절대적인 위력을 가진 군사무기로써뿐만 아니라 다양한 정치전략적 함의가 있는 무기라는 것은 잘 알려져 있다. 미국을 비롯한 대부분의 핵국가는 핵무기를 전장에서 승리를 달성하기 위한 수단이라기보다는 전쟁의 발생 자체를 방지하는 수단으로 활용하는 데 집중해 왔다. 통상 핵국가(nuclear power)가 핵무기에 부여하는 안보상 임무와 역할에 따라 해당 국가의 개략적인 핵전략 성격이 규정된다. 즉, 전쟁억제라는 임무와 역할에 집중한다면, 해당 국가의 핵전략은 '억제전략'이라고 정의할 수 있다. 반면, 전쟁 승리나 패배 방지 등을 위주로 선택한다면 그 국가의 핵전략은 '전쟁 수행전략'이라고 규정해야 할 것이다.

북한 정권은 핵무기의 임무와 역할에 관해 공식적인 국가 법령으로 이를 규정했다. 이는 국제사회에 자신을 명실상부한 핵보유국으로 기정사실화하면서 낮은 핵 사용 문턱(nuclear threshold)에 기반한 공세적인 핵전략을 추구하고 있음도 강조하고자 한 것으로 보인다. 2025년 현재까지 북한은 두 차례에 걸쳐 핵무력에 관한 법령을 발표했다. 첫 번째는 2013년 발표한 '자위적 핵보유국 지위법'이고 두 번째는 2022

글상자 6.1   제8차 노동당 대회

북한의 제8차 노동당 대회는 2021년 1월 8일 평양에서 개최되었으며, 집권 10년 차를 맞이한 김정은 총비서의 지도 아래 향후 5년간 북한의 정치·경제·군사 노선을 결정한 중요한 회의였다. 북한이 직면한 경제적 어려움과 대외관계 변화를 타개하기 위해 '5개년 국가경제발전계획'(2021~2025년)과 국방건설 및 무기체계 발전 5개년 계획 등 중요한 내용이 발표되었다. 특히 김정은 총비서는 자력갱생을 강조함과 동시에 적대세력의 군사적 위협에 대응하기 위한 핵무력 강화를 공식 선언하며, 대형 핵탄두 생산, ICBM 개발, 극초음속 미사일 개발, 핵잠수함 도입, 정찰위성 발사 등 전략무기 개발 과업 등의 계획을 발표했다.

년 9월 8일 발표한 '핵무력정책법'이다. 북한은 2013년 법령에서 핵무기의 사명으로 '억제, 격퇴, 보복'을 명시했다. 이는 평시 적의 공격 위협을 억제하고 적이 침략하면 이를 격퇴하는 데 사용하며, 침략을 감행한 적에 대해서는 핵무기로 응징하겠다는 보복 의지를 반영한다. 말 그대로 국가방위를 위해 핵무력의 적극적인 역할을 전방위적으로 주문하고 있다. 이러한 기조는 이를 대체 공표한 2022년 총 11개 항으로 구성된 핵무력정책 법령에서도 지속해서 나타난다. 제1항에서 북한은 핵무력의 기본 사명을 '전쟁억제'로 명백히 밝히고 있다. 나아가 핵무력은 억제가 실패하면 침략한 적을 격퇴하고 전쟁의 결정적 승리를 보장하기 위해 사용할 것임을 밝히고 있다. 또한 제5항에서 핵무기의 사용원칙으로 '외부의 침략과 공격에 대한 최후의 수단'으로 사용한다는 원칙을 천명하고 있다. 이는 북한 정권도 핵무기의 사용이 정권의 생사를 가늠 짓는 중대한 결정이라는 인식의 바탕 위에 최후의 수단으로 사용 의지를 반영하며, 최후의 수단 사용에 이르기까지 여러 단계로 이루어진 확전 사다리(escalation ladder)를 염두에 두고 있음을 나타낸다.

특히 제6항에서 제시된 핵무기의 사용조건은 북한 정권이 핵무력의 군사적 역할을 어떻게 인식하고 있는지를 단적으로 보여준다. 북한은 핵무기의 5가지 사용조건으로 (1) 공화국 대상 핵무기 및 대량살상무기(WMD) 공격을 감행했거나 임박할 경우, (2) 국가지도부 및 국가핵무력지휘기구에 대한 핵 및 비핵공격을 감행했거나 임박할 경우, (3) 국가 중요 전략적 대상에 대한 군사공격을 감행했거나 임박한 경우, (4) 유사시 확전 및 장기화를 방지하고 전쟁의 주도권 장악 등 작전상 필요할 경우, (5) 국가의 파국적 위기가 발생할 경우 등을 명시했다. 다시 말하면, 북한 정권은 핵무기 사용이 필요한 상황에 대해 적의 핵·WMD 공격 상황, 국가지도부 및 핵 지휘통제에 대한 공격 상황, 전략적 대상에 대한 적 공격 상황, 전쟁 수행 수단, 국가 급변 상황 등 5가지 사용조건을 규정했다. 얼핏 보면 북한이 국가가 위태로운 상황에서 국가안보를 위해 핵무기를 방어적으로 사용하겠다는 것으로 읽힌다. 하지만 자세히 들여다보면 북한은 위기 상황에서 적의 공격 및 침략이 예상되면 선제적으로 핵무기를 사용하겠다는 공세적 핵사용 의지를 내세우고 있다는 점을 알 수 있다. 종합해 보면, 북한 정권은 핵무기의 기본 역할을 전쟁 및 침략을 억제하는 것에 놓지만, 일단 억제가 실패하면 적보다 선제적으로 핵무기를 사용함으로써 유사시 정권의 생존을 담보하겠다는 강력한 의지를 내비치고 있는 것이다.

한편, 북한은 핵무기를 억제 수단으로써뿐만 아니라 유사시 확전 방지와 전쟁의 장기화를 방지하기 위한 역할도 명시하고 있다. 결국 확전을 통제하고 조기 종전을 강압하기 위한 핵무기의 적극적 역할을 요구하고 있다. 이는 핵무기가 가진 물리력의 행사를 통해 적대세력의 행동을 강제함으로써 유사시 자신이 추구하는 목표 달성을 이루고자 하는 기대를 반영한다. 예상컨대 낮은 수준의 위기단계에서는 수사적 위협이나 태세의 조정, 위력의 과시 등에 기대겠지만 위기가 고조되면 직접적인 타격을 통한 공격이나 파괴를 생각할 가능성이 크다.

나아가 북한은 전쟁의 주도권 확보를 위한 작전상 필요성을 핵무기 사용조건으로 고려하고 있다. 이는 핵무기를 선제타격이나 예방타격의 수단으로 활용할 수 있으며, 유사시 공격 준비를 위한 타격 등 다양한 전쟁 국면에서 작전상 주도권 확보를 위한 수단으로 사용할 수 있다는 점을 보여준다. 결국 핵무기는 전쟁의 승리를 보장하기 위한 주요한 수단이 되어야 한다는 시각을 반영한다. 따라서 북한은 유사시 전략 표적을 공격하거나 전장의 전술 표적에 대해서도 핵무기를 사용할 가능성을 열어 놓고 있다. 김정은과 김여정은 각종 연설 및 담화 계기에 이러한 점을 명시적으로 밝히고 있다. 즉, 핵무력의 기본 사명이 전쟁억제에 있지만 '둘째가는 사명'으로 전쟁 수행 수단의 가능성을 시사했다.

2023년 4월 25일 조선인민혁명군 창건 90주년 경축 열병식에서 행한 연설을 통해 김정은은 "우리 핵무력의 기본 사명은 전쟁을 억제함에 있지만…." "어떤 세력이든 우리 국가의 근본 이익을 침탈하려 든다면 우리 핵무력은 의외의 자기의 둘째가는 사명을 결단코 결행하지 않을 수 없을 것이다"라고 언급했다. 김여정은 2023년 4월 4일 개인 명의의 담화에서 이보다 앞서 "전쟁 초기에 주도권을 장악하고 타방의 전쟁 의지를 소각하며 장기전을 막고 자기의 군사력을 보존하기 위해서 핵전투무력이 동원되게 된다"라고 명백히 밝히고 있다. 이와 같은 언급들은 북한이 핵무력을 한미동맹에 의한 선제공격이나 침략 행동만 억제함으로써 정권의 생존을 보장하는 현상유지적이며 체제 방어적인 억제전략에만 의존하지 않겠다는 것을 강력히 시사한다. 한반도 유사시 북한은 전쟁의 승리를 보장하기 위해 핵무력에 적극적인 역할을 부여하리라는 점이 쉽게 예상된다.

결국 북한의 핵전력은 국가의 근본 이익을 보장하기 위해 억제, 강압, 전쟁 수행 등에 특화된 임무와 역할을 부여받고 있다. 이러한 임무와 역할을 다하기 위해 북한은 강력한 전쟁 수행태세 구축을 추구하고 있다. 이러한 노력에는 다양한 핵 투발수단의 전력화 및 실전배치, 핵반격가상종합전술훈련, 각종 무력시위 및 사격훈련, 상시 전투준비태세 유지, 전군지휘훈련 등이 포함된다. 유사시 김정은이 어떤 정치 전략적 목표를 추구하느냐에 따라 핵무력에 부여되는 구체적 임무와 역할은 다분히 가변적이다. 북한은 2023년 말 당중앙위 제8기 9차 전원회의에서 "대한민국은 완전히 소멸해야 할 주적"이며, "남북관계가 더 이상 동족관계, 동질관계가 아닌 적대적인 두 국가관계, 전쟁 중인 두 교전국관계"임을 분명히 했다. 나아가 2024년 1월 15일 행한 제14기 제10차 최고인민회의 시정연설에서 김정은은 "80년간의 북남관계사에 종지부를 찍고 조선반도에 병존하는 2개의 적대 국가"로 남북관계를 다시 한번 정의하면서 "전쟁이 일어나는 경우 대한민국을 완전히 점령, 평정, 수복하고 공화국 영역에 편입시키는 문제를 헌법에 반영하는 것도 중요하다"라고 강조했다. 결국 김정은은 대내외적인 여건만 허락한다면 유사시 한반도 전역을 점령함으로써 영토 완정을 이루겠다는 야심 찬 목표를 공식화했다. 이를 뒷받침하기 위해 김정은은 핵탄두의 대량생산과 핵투발수단의 실전배치 가속화, 국가핵무기종합관리체계 개발, 상시 전투준비태세 등을 지속해서 강조하고 있다.

군사적 효용성

북한 핵무기의 군사적 효용성이 매우 크다는 데 이견은 대체로 없을 것이다. 한미에 비해 재래식전력이 열세인 북한은 유사시 전면적 핵전쟁으로의 확전 위협을 통해 미국의 군사개입 및 전시 증원을 억제, 저지, 지연, 방해함과 동시에 남한의 주요 표적에 대한 효과적인 핵·재래식 타격작전 및 전투 수행을 실행함으로써 승리를 달성하려는 강력한 동기를 가지고 있다. 이러한 열망을 뒷받침하는 결정적인 수단이 바로 핵무기인 것이다. 핵무기가 이러한 북한의 모든 요구를 보장하지는 않겠지만 적어도 이러한 전략적 시도 자체를 구상케 하는 것만은 자명하다.

북한 핵무기의 군사적 효용성은 우선 강력한 타격력 및 파괴력을 제공한다는 점이다. 북한은 여러 차례 남한 내 군사 작전상 유용한 비행장, 항만, 지휘소 등에 대한 핵타격 가능성을 공언해 왔다. 예를 들어, 2023년 2월 20일 서부전선 장거리 포병부대 해당 방사포병구분대의 위력 시위 사격을 시행하면서 600mm 방사포에 대해 "적의 작전 비행장당 1문에 4발을 할당해 둘 정도의 가공할 위력을 자랑하는 전술핵 공격수단"이라고 지칭했다. 즉, 재래식 타격수단으로는 파괴하기 어려운 견고한 표적을 효과적으로 무력화 또는 파괴할 최적의 수단이라는 것이다. 2023년 3월 27일 북한은 다양한 전술핵 공격수단에 탑재 가능한 '화산-31' 전술핵탄두를 전격 공개했다. 이 핵탄두는 약 50cm의 직경과 1m 내외의 길이를 가지고 있음을 전제할 때,[2] 북한이 주장한 초대형방사포, 무인수중공격정, 전략순항미사일 2종, 신형전술유도무기, 전술유도탄 2종, 소형 SLBM 등 8종의 투발수단에 탑재하는 데 무리는 없어 보인다. 화산-31의 위력은 5~10kt 내외가 될 것으로 평가된다. 이 정도의 위력이라면 견고한 군사 표적이라도 이를 파괴하는 데 큰 어려움은 없을 것으로 보인다.

둘째, 핵무기는 강력한 파괴력에 기반한 광범위한 전략적 효과를 제공한다는 점이다. 유사시 북한의 핵무기 사용 가능성 자체는 미군 또는 국제사회의 군사개입 및 전시 증원을 다시 한번 생각하게 할 가능성이 높다. 특히 북한이 고위력의 전략핵무기를 완성한다면 이러한 시나리오는 현실화될 가능성이 지대하다. 유사시 한반도를 대상으로 한 군사개입은 북한의 핵공격 위험을 감수해야 하는 매우 위험한 시도로 인식될 가능성이 크기 때문이다. 이러한 딜레마를 동맹국이나 우방국에 안겨주는 것만으로도 핵무기의 전략적 효과는 상당히 크다고 할 수 있다. 실제로 핵무기 사용 위협에 따른 동맹의 분리(decoupling) 문제는 전문가들 사이에서 격렬한 논쟁을 촉발하는 문제 중 하나이다.

셋째, 재래식전력의 열세를 상쇄할 뿐만 아니라 핵·재래식 배합(nuclear-conventional integration) 효과의 극대화를 보장함으로써 재래식전력의 군사적 효용성 및 시너지 효과를 배가시킬 수 있다는 점이다. 핵무기는 다양한 수준에서 재래식 타격무기와 적절히 혼합 또는 배합됨으로써 재래식전력의 타격력을 배가시킬 뿐만 아니라 적의 방어체계를 교란할 수 있다. 이는 방어하는 측에 상당한 방어 부담을 안길 뿐만 아니라 추가적인 비용 분담도 야기할 수 있다. 따라서 전략 및 작전적 수준에서 적의 의사결정을 어렵게 할 수 있다.

넷째, 국방력 건설의 효율성을 제고할 수 있다는 점이다. 김정은은 2013년 핵·경제 병진노선을 주창하면서 핵무력 중심의 국방력 건설로 전환하면서 절약되는 재원을 인민들의 생활 향상에 투자하겠다는 구상을 제시했다. 하지만 실제로 북한이 핵무력 건설을 통해 재래식전력의 현대화를 달성하기 위해 투여해야 할 재원을 얼마나 절약할 수 있었는지를 규명하기는 쉽지 않다. 북한 당국이 국방비의 세부 항목을 공개하지 않았기 때문이다. 북한의 열악한 경제력을 감안할 때 핵무력 건설에 집중하는 것이 궁여지책으로 보이지만 재래식전력의 현대화보다는 효율적인 방안인 것만은 틀림없어 보인다.

2. 북한의 핵전략 구상: 제한 핵전쟁 승리전략

북한은 핵무기를 통해 억제, 강압, 전쟁 승리 등 다양한 전략목표를 달성할 수 있다. 이러한 전략목표는 북한이 처한 전략 상황 및 그에 대한 평가에 따라 달라질 수 있을 것이다. 이번 절에서는 군사적 차원의 전략목표 달성이라는 관점에서 북한 핵전략을 분석한다.

북한이 추구하는 핵전략 특성

북한은 완성된 전쟁 수행태세 구축을 통해 평시 억제를 달성하고 유사시 전쟁의 승리도 보장받을 수 있도록 노력하고 있다. 재래식 열세를 극복하기 위해 전장에서 유용한 전술핵무기를 도입하고 이를 토대로 핵·재래식 배합 작전을 활용하려고 하고 있다. 북한은 전략핵무기를 통해 유사시 미국과의 전면 핵전쟁 또는 미국 본토 직접 타격으로의 확전 위협을 통해 한반도를 고립시키고 한반도의 군사적 주도권 확보를 최우선시하고 있다. 따라서 북한의 핵전략은 소위 '핵 확전 위협을 통한 제한 핵전쟁 수행전략'으로 정의할 수 있다. 이를 간략히 표현하면 북한은 미국의 파멸적인 핵보복 및 체제 생존을 위태롭게 할 수 있는 군사공격을 회피하되 한반도에서 전쟁의 승리를 보장할 수 있도록 자신들은 전술핵무기를 최대한 효과적으로 운용하려는 전략인 것이다.

결국 이러한 북한의 핵전략은 재래식전력에 의한 군사력 충돌 시에도 전술핵무기의 사용 또는 대응 가능성을 열어두면서 핵전력과 재래식전력을 효과적으로 결합 내지 배합하는 형태의 위협을 가시화한다는 측면에서 현재 러시아가 보여주고 있는 핵교리와 매우 유사한 모습을 보인다.

또한 이는 냉전 초창기 전술핵무기의 유용성에 주목했던 미국의 핵전략과도 상당히 유사한 맥락을 가지고 있다. 미국의 핵전략은 냉전기뿐만 아니라 탈냉전 이후에도 억제전략의 성격이 강했던 반면, 북한의 핵전략은 평시 억제를 뛰어넘어 유사시에 대비한 전쟁 수행전략으로서의 측면이 강하다는 특징을 보인다. 이를 달리 말하면, 북한 같은 취약국가의 핵전략은 최고 수준의 전쟁 수행태세 구축을 통해 평시 전쟁억제도 달성하지만 어떤 위기나 유사 상황도 동시에 대비하겠다는 의도가 내재한 것이다.

한편, 북한은 최근까지 단거리탄도미사일(SRBM) 개발에 집중해 왔다는 점에서 파키스탄의 핵전략과도 유사한 특성을 보이지만, 파키스탄의 핵무기는 인도에 대한 전략적 억제에 무게중심을 두고 있다. 따라서 실전 상황에서 핵 타격 등 작전·전술적 목표를 달성하기 위해 핵무기의 운용을 꾀하고 있는 북한과는 차이점을 보이고 있다.

결국 북한의 핵전략에 내재한 전략적 의도는 자신이 가진 강점을 최대한 활용하는 차원에서 유사시 남한에 대한 핵 및 재래식 배합 공격을 전방위적으로 가함으로써 한국군 작전 수행에 막대한 지장을 초래할 수 있는 핵심 표적들을 일거에 무력화한 가운데 미국에 대한 직접 타격 위협이나 실질적 무력 현시를 통해 미국의 한반도 적시 증원 및 결정적 핵보복을 차단하려는 것으로 정리된다. 이러한 제한 핵전쟁 전략을 제대로 실행하기 위해서는 북한의 군사적 모험을 뒷받침할 수 있는 전략적 환경이 조성되어야 함은 물론 북한이 미국을 직접적으로 위협할 수 있는 전략적 핵능력의 확보뿐만 아니라 한반도의 군사 주도권 확보를 보장할 전술핵공격 능력도 충분히 확보해야 한다.

한반도에서 과연 제한 핵전쟁이 발생할 수 있느냐에 관해서도 논쟁이 있다. 혹자는 북한이 미국의 전략핵 보복 또는 전면 핵전쟁의 위험까지 감수할 정도로 무모하지 않다고 생각한다. 하지만 북한은 미국도 북한과의 핵전쟁까지 가는 상황을 혐오한다는 점을 인식하고 있다. 오히려 북한은 이러한 미국의 인식을 악용함으로써 한반도 제한 핵전쟁 발생 및 승리 가능성에 대한 환상을 가질 수도 있다.

한편, 북한이 의도한 대로 한반도에서 제한 핵전쟁을 성공적으로 실행하기 위해서는 다음과 같은 조건[3]을 갖춰야 한다. 우선 북한은 미국으로 하여금 북한의 핵무기 사용 가능성이 실재한다는 인식, 즉 북한의 핵사용 문턱이 충분히 낮다는 우려를 갖도록 유도해야 한다. 이것은 미국의 한반도 개입에 대한 정치적 쟁점화를 야기하고 전면 핵전쟁 또는 핵무기 교환 등 핵 확전에 대한 경계심을 불러일으킨다. 결국 북한은 미국이 한반도에서 확전통제(escalation control) 자체가 불가능하다는 인식을 갖도록 실질적인 위협을 부과할 수 있는 능력과 의지를 갖춰야 한다.

둘째, 북한은 설득력 있고 신뢰할 만한 핵전력을 갖춰야 한다. 이는 미국에 상당한 위협을 가함과 동시에 북한 스스로 상정한 위기 상황을 통제할 수 있을 만큼 충분한 핵능력을 구비해야 한다는 것을 의미한다. 즉, 이러한 수준의 핵능력은 비록 미국과 대등하지는 않더라도 제한된 수준이나마 제한 핵전쟁을 통제할 수 있는 상당한 능력 수준에 도달해야 한다. 이는 확전 상황에서 미국을 상대로 충분히 위협을 가함으로써 워싱턴의 의사결정에 상당한 영향력을 발휘할 수 있어야만 한다는 의미다.

셋째, 북한은 전구 핵전쟁(theater nuclear war)과 전략 핵전쟁(strategic nuclear war)을 명확히 구분할 수 있어야 한다. 이는 북한이 전략 핵전쟁을 수행하는 데 적합한 핵능력과 전구 핵전쟁 수행에 특화된 핵능력을 골고루 갖춰야만 한다는 것을 시사한다. 북한의 대륙간탄도미사일(ICBM)은 언제든 미국 본토를 공격할 수 있는 수단으로써 미국의 대(對) 확전(counter escalation) 실행 노력을 저지하는 데 활용될 수 있다. 북한에 의한 한반도 전구 차원의 핵 교전이 동아시아지역 확전 또는 전략 핵전쟁이나 글로벌 전쟁으로 확전될 가능성 자체가 미국 스스로 자신의 군사개입이나 전략핵 보복 실행 의지를 제한하는 동기로 작용할 가능성이 크다.

마지막으로 북한은 한미동맹이 전략적 수준에서 분리되는 상황에 대비해 실질적으로 남한 내 다수의 지상 및 해상표적, 수중표적 등을 타격할 수 있도록 충분한 핵무기 수량을 확보해야 한다. 특히 핵 타격 또는 핵·재래식 배합 운용 등을 뒷받침할 수 있도록 핵 타격 표적화, 핵무기 폭발효과 분석 등 광범위한 핵무기 사용에 관한 지원 역량도 갖춰야 한다.

북한의 핵전략목표

북한은 최단 시일 내 핵무력 건설을 마침으로써 '상시 전쟁 수행태세 구축'을 앞당기고자 꾸준히 노력하고 있다. 비록 북한이 한미동맹에 비해 재래식전력 측면에서는 절대 열세인 상태에 놓여 있지만, 수도권을 직접 위협할 수 있는 장사정포와 함께 70% 이상의 전진 배치된 재래식전력을 통해 '전쟁억제'를 달성하는 데는 부족함이 없는 상태다. 따라서 북한의 핵무기 개발은 사실상 유사시 최대한 영토 완정까지 달성할 수 있는 제한 핵전쟁 수행태세의 완비를 정조준하고 있다고 봐야 한다.

우선 북한이 중장기 차원에서 설정한 핵전략목표는 한반도의 현상 변경을 보장할 수 있는 '군사 주도권의 확보'를 위한 전쟁 수행태세 완비라고 볼 수 있다. 2024년 시정연설에서 김정은 국무위원장은 유사시 한반도의 영토 완정 의지를 표명했다. 하지만 이는 가까운 시일 내 한반도의 현상변경 추구를 시사하는 위협 차원의 메시지라기보다 북한이 처한 어려운 현실을 직시하면서 북한 내부의 관련 인원들에게 당에서 제시한 당면 목표 달성을 독려하고 이를 위해 더욱 매진하라는 의미가 있는 언급으로 해석된다. 실제로 북한이 영토 완정을 목표로 제한 핵전쟁을 수행하기 위해서는 전쟁 수행 역량뿐만 아니라 충분한 전쟁 지속 역량도 보장할 수 있어야 한다. 전쟁 수행을 위한 이 두 가지 필요충분 조건과 직결되는 문제가 바로 북한이 직면하고 있는 어려운 경제적 상황과 축소된 경제적 역량이다.

그럼에도 최근 미중경쟁의 심화, 우크라이나전쟁 발발 등으로 인해 제기되고 있는 '신냉전적 질서'로 인해 향후 5~10년간 근본적인 전략 환경의 변화가 발생할 가능성도 증대되고 있다. 북한의 핵개발 고도화에 대해 유엔 안보리의 감시 및 압박 기능이 사실상 정지되어 있고 중국과 러시아가 공공연하게 대북제재 이행을 반대 또는 거부하고 있다. 이와 함께 우크라이나전쟁 중 러시아와 중국은 미국의 달러 결제 시스템을 우회하는 시스템 구축을 본격화하고 회원국을 늘려가고 있다. 따라서 중장기적으로 북한도 이와 같은 '구공산권 블록' 내에서 더 이상 핵무기 보유 추구로 인해 국제사회의 제재를 받지 않는 상태가 될 가능성도 있다. 이와 같은 상황이 현실화한다면 북한의 재래식 군사력 증강 및 현대화가 빠르게 진행되고 전쟁을 억제하는 요인인 북한의 제한된 전쟁 지속 역량도 현격히 개선될 것으로 예상된다.

현재 북한이 공세적 핵전략하에서 전쟁 수행태세를 구축하기 위해서는 미국 본토에 대한 신뢰할 수 있는 전략핵 보복 역량과 실효적인 대남 전술핵 공격 능력 확보가 필수적이다. 김정은이 생각하는 한반도 게임의 법칙은 미국 본토를 직접 공격할 수 있는 생존성이 구비된 전략핵 보복 능력(제2격)과 한반도의 핵심 표적들을 일거에 무력화시켜 확고한 주도권을 보장할 전술핵 공격 능력을 동시에 확보함으로써 유사시 한반도를 고립시키는 것이다. 결국 김정은은 이러한 능력의 확보가 유사시 미군의 한반도 증원을 저지, 방해 또는 차단할 수 있는 유일한 방법이라고 인식할 가능성이 크다. 이를 통해 한미동맹을 균열, 와해 또는 분리(de-coupled)하고, 이를 토대로 한반도의 군사 주도권을 확보하겠다는 것이 현 단계에서 평양의 핵전략이 지향하는 최우선 목표로 보인다. 당분간 북한 정권은 이런 전략적 목표 아래 한미 연합연습 중단, 전략자산 전개 중지 등을 평시 지속해서 요구하면서 한미일 공조체제 균열, 주한미군의 대(對)한반도 영향력 감소, 대북제재 해제 또는 무력화 등을 확보하고자 대미 압박 수위를 높여 나가려고 할 것이다.

북한의 핵개발 최종상태[4]

북한이 최종 목표로 추구하는 핵전력 규모는 제한 핵전쟁 수행전략과 밀접한 관계를 맺을 것으로 보인다. 북한은 자신의 핵전략목표를 달성하기 위해 궁극적으로 약 300기 이상의 핵탄두와 다양한 투발수단을 보유하려고 할 것으로 보인다.[5] 관건은 김정은 정권이 이를 달성하는 데 요구되는 정치·군사·경제·기술 분야의 제약 요인 등을 얼마나 성공적으로 극복할 수 있느냐 여부이다. 이 정도의 핵전력을 과연 북한이 유지할 수 있느냐에 대해서는 상당히 논쟁적이다. 이는 미국, 중국, 러

시아의 뒤를 이어 영국 및 프랑스에 견줄 수 있는 세계 4위 수준의 핵전력을 의미하기 때문이다.[6]

북한이 각종 정치·경제·기술적 어려움에도 불구하고 자신의 체제유지와 제한 핵전쟁 수행전략목표를 달성하는 데 필요한 핵전력의 최종 규모 및 구성을 어떻게 추구할 것인가 하는 문제는 초미의 관심사이다. 하지만 북한 정권이 추구하는 핵전력 최종상태를 분석하는 것은 정보 접근의 제약 문제로 인해 대단히 어려운 과업이다. 그럼에도 합리적인 추론을 통해 이를 논리적으로 규명해 보는 것은 충분히 시도해 볼만한 가치가 있다. 가장 중요한 전제는 북한은 충분한 대미 핵보복 역량 및 타격 역량을 갖춰 핵전략목표를 달성할 수 있어야 한다는 점이다. 한미동맹이 현재와 같이 유지되는 조건에서도 제아무리 한반도 전역을 석권하고도 남을 만큼의 핵탄두를 보유하더라도 북한의 핵전략목표를 완전히 달성하는 것은 불가능하다. 이에 더해 북한은 유사시 미국이나 한미의 재래식 거부작전으로부터 핵무력의 생존성을 확보하고, 생존한 잔존 전력을 가지고 미국 본토에 심대한 타격을 가할 수 있도록 미국의 미사일 방어망을 회피할 수 있는 침투력도 갖춰야 한다.

현재까지 북한은 미국에 대한 전략핵 공격수단으로 고체 및 액체연료 ICBM과 전략핵잠수함 등을 중점적으로 개발하고 있다. 미국 본토 타격을 위한 전략핵무기에는 기본적으로 충분한 파괴효과를 얻기 위해 최소 200kt(킬로톤) 이상의 높은 위력을 가진 수소탄(핵융합탄) 핵탄두를 장착하려고 할 가능성이 크다. 한편, 북한이 가진 중간 수준의 기술력이나 낮은 경제 생산력을 고려하면, 북한이 미·중·러 등 핵 강대국과 같이 전략핵 3축 체계를 완성하는 것은 어렵다고 할 수 있다. 특히 모든 외부의 지원 없이 자체적으로 전략폭격기를 확보하는 것은 현재로서는 여러 가지 기술·경제적 한계로 인해 현실성이 거의 없다고 할 수 있다.

향후 북한의 확보가 예상되는 지역 차원의 전역핵무기를 포함한 전략핵무기 총 수량은 약 110~120기 정도에 이를 것으로 예상된다. 여기에는 우선 고체 및 액체 ICBM(지상 및 수중 사일로, TEL) 약 30기 정도가 포함된다. 북한이 건설 중인 ICBM 4개 기지에서 각 기지당 TEL 2기를 운용하고 TEL 당 2발을 운용한다는 가정을 전제로 할 때 총 16기의 ICBM 소요가 산출된다. 또한 지상 사일로에서 운용될 고정발사용 ICBM 10기, 나아가 수중 사일로에서 운용될 ICBM 4기 등을 모두 합치면 총 30기의 ICBM이 최종 운용될 것으로 보인다. 이는 미국의 미사일 방어 능력을 참작하여 산정한 수치로 현재 미국이 보유한 지상 기반 요격미사일(GBI)의 요격률 57%를 고려하면, 이 중에서 절반가량이 미국 본토를 직접 타격할 수 있을 것으로 보인다. 둘째, 전략핵잠수함에서 발사되는 잠수함발사탄도미사일(SLBM)은 최소 3척에 약 30기 정도를 탑재하여 운영할 것으로 보인다. 이는 김군옥 영웅함급 잠수함 1척당 10기의 발사관 탑재를 고려하여 산출한 추정치이다. 이 외에도 인도·태평양 각 지역에 분산된 표적을 위협할 목적으로 전역핵무기(IRBM) 약 50~60기 정도를 추가 소요로 확보할 것으로 전망된다. 전역핵무기 수량은 하와이, 괌, 알래스카 등 인도·태평양지역의 주요 미군 기지와 유엔사 후방 기지 등을 표적으로 반영하여 산출한 추정치이다.

북한은 전략핵무기뿐만 아니라 유사시 한반도를 석권하고 한미 연합군으로부터 승리를 얻는 데 필요한 전술핵무기 역량도 충분히 갖춰야 한다. 이를 위해 앞서 살펴본 바와 같이 북한은 2023년 표준화된 전술핵탄두 '화산-31'을 공개했고, 이를 운반할 8종의 핵무기 투발수단을 공개한 바 있다. 북한은 여러 차례에 걸쳐 유사시 한국군의 지휘시설, 비행장, 항만 등을 전술핵무기의 유망한 공격 표적으로 천명했다. 이를 토대로 한반도 전체에 걸쳐 주요 군사 표적을 타격하는 데 필요한 전술핵무기 수량은 약 180~200기에 이를 것으로 추산된다. 우선 북한은 남한에 산재한 지휘시설 타격용 핵탄두 약 40기가 필요할 것으로 보인다. 이는 북한이 공언한 대로 작전사령부급 이상 지휘시설에 대해 각각 전술핵무기 4발씩 타격할 것으로 가정한 추정치이다. 둘째, 비행기지 타격용 핵탄두 약 80기가 추가로 소요된다. 이는 북한이 역시 공언한 대로 군(軍) 비행기지에 각각 전술핵무기 4발씩 타격할 것으로 가정한 추정치이다. 셋째, 항만 타격용 핵탄두 약 40기도 필요하다. 이 또한 북한이 공언한 대로 군(軍) 항만에 각각 전술핵무기 4발씩 타격할 것으로 예상한 추정치이다. 그리고 기타 표적 타격 및 전략 예비용 핵탄두 약 20~40기 정도를 추가 확보하고자 할 것이다. 이는 기타 남한의 대도시 또는 기동 전력에 대한 타격이나 기타 예비용 핵탄두 수량을 고려한 추정치이다.

이처럼 산출한 추정치를 종합해 보면, 북한은 미국에 대한 타격을 위해 100여 기 내외, 대남 타격을 위한 전술핵무기 약 200기 내외를 모두 합쳐 최종적으로 약 300기 정도의 핵전력 보유를 추구할 것으로 보인다. 현재까지 알려진 바와 같이 북한은 전략핵무기와 전술핵무기를 동시에 추구하고 있다. 북한이 실제로 이 정도 규모의 핵전력을 유지 및 관리하기 위해서는 상당한 규모의 인력, 시설, 비용 등 투자가 요망된다. 특히 무엇보다 적국의 위협으로부터 핵전력의 생존성을 보장하고 내부의 의도치 않은 불법적 사용과 허가되지 않은 접근을 방지하기 위해서는 고도의 안전 및 보안체계를 구축해야 한다. 나아가 군사적 준비태세의 완전성을 갖기 위해서 과학기술이 접목된 현대적 핵 지휘통제(NC2) 및 지휘통제통신(NC3)체계도 발전시켜야 한다. 앞으로 북한은 자신이 원하는 핵전력을 궁극적으로 완성할 수 있을 것인지, 아니면 국제사회의 제재와 압박에 결국 굴복할 것인지, 그것도 아니면 내부 자원의 결핍과 북한 주민의 불만과 저항 등으로 스스로 포기할 것인지에 관해서는 당분간 불확실한 상황이 지속될 것이다.

3. 북한의 핵개발 수준과 지휘통제 구축 현황

북한은 핵전략목표를 달성하기 위해 핵탄두와 이를 탑재할 다양한 전략 및 전술적 투발수단을 개발하고 있다. 또한 평시 및 유사시 이를 운용하는 부대와 이 부대들을 지휘할 수 있는 지휘통제 및 지휘통제통신 체계를 구체화하고 있다. 이를 살펴봄으로써 북한이 추구하는 핵전략 구현에 얼마나 다가서 있는지를 파악할 수 있다.

핵탄두

2021년 1월 8일 개최한 제8차 당대회에서 북한은 핵분열탄과 수소탄 등 2종류의 핵탄두 개발 사실을 공식화했다. 2025년 현재까지 총 6번의 핵실험을 실시했고, 이러한 과정을 통해 축구공 형태의 핵분열탄과 장구 또는 땅콩 형태의 수소탄 등 2종류의 핵탄두를 개발했고, 핵탄두들의 핵폭발 위력을 지하핵실험을 통해 직접 확인한 것으로 평가된다. 이렇게 개발한 핵탄두들은 김정은의 현지 지도 모습과 함께 전격 공개되었다.

이에 더하여 2023년 초 북한은 '화산-31'이라는 전술핵 탄두를 추가로 공개했다. 이 탄두가 바로 북한이 제8차 당대회에서 언급한 '소형·경량화, 규격화, 전술무기화된 원자탄'이라는 것을 알 수 있다. 즉, 화산-31 핵탄두를 '전술무기화된 핵탄두'로 지칭한다면, 이는 2016년 공개한 축구공 형태의 핵분열탄을 개량한 탄두이며, 지하핵실험을 거치지 않았기 때문에 북한은 컴퓨터 시뮬레이션이나 고폭실험, 미임계 핵실험 등 다양한 노력을 통해 전술무기화했다는 것을 알 수 있다.

2013년 5월 북한은 노동신문 기사를 통해 15kt 이하 위력을 소형화의 개념으로 밝힌 바 있다. 북한이 공개한 화산-31의 위력은 대략 5∼

15kt 수준으로 평가되고 있으며, 화산-31은 기본적으로 대량생산을 위한 규격화 조건도 갖춰졌다고 주장한 바, 이를 토대로 볼 때 우라늄탄일 가능성이 커 보인다. 특히 화산-31은 기존 축구공 형태의 핵분열탄 탄두에 비해 직경이 다소 줄어든 약 50cm 내외이므로 북한의 주장처럼 최소한 8종류의 투발수단에 탑재가 가능하리라는 것이 대체적 평가다. 한편, 전략핵 탄두는 이미 개발한 핵분열탄을 사용하거나 1Mt 이상의 초대형 수소탄이 가능하다. 특히 수소탄 같은 경우는 미국 본토에 있는 전략 표적이나 인도·태평양지역의 주요 핵심표적을 타격하기 위해 중거리 탄도탄이나 ICBM 등 전략적 투발수단에 탑재될 것으로 전망된다.

2024년 초 발표한 스톡홀름 군축연구소(SIPRI) 연감에 따르면, 2023년 말 현재 북한은 50여 기의 핵탄두를 보유하고 있으며, 이에 더해 40여 기의 핵탄두를 제조할 수 있는 핵분열성 물질도 추가로 보유하고 있다.[7] 만약 북한이 핵분열성 물질 전량을 핵탄두로 제조했다고 가정하면, 2024년 말 기준으로 최대 100여 기의 핵탄두 확보가 유력하다. 한편, 미국의 올브라이트 과학국제안보연구소(ISIS) 소장은 2023년 발간한 보고서에서 핵분열성 물질을 전량 순수한 핵분열탄으로 제조했다는 전제로 2022년 말 현재 약 55~96기(중간값 72기)를 북한이 보유하고 있다고 평가했다. 한 가지 특기할 것은 SIPRI의 북한 농축우라늄에 대한 평가다. SIPRI는 북한이 2017년 수소탄 실험을 한 차례 수행한 것 외에는 북한이 추가로 농축우라늄을 핵실험에 사용한 적이 없다는 점에 착안하여 열핵무기 제조에는 아주 적은 양의 농축우라늄이 사용되며, 대부분의 농축우라늄은 단일단계의 순수 핵분열탄 제조에 사용되어 준중거리 탄도미사일(MRBM)이나 중거리탄도미사일(IRBM)에 사용될 것으로 주장했다.

순수 핵분열탄을 기준으로 할 때 핵무기 1기 제조에는 플루토늄(Pu)

또는 무기급 우라늄(WGU) 등 임계질량을 웃도는 양의 핵분열성 물질(fissile materials)이 필요하다. 북한은 2025년 초 현재까지 모두 6차례의 재처리 활동을 통해 약 70kg의 Pu을 확보했고, 무기급 고농축우라늄도 영변을 비롯한 비밀시설에서 2000년대 중반 이후부터 상당한 양을 생산해 온 것으로 파악되고 있다.[8] 북한이 운영하는 핵물질 생산설비 용량을 토대로 연간 핵물질 생산량을 산출해 보면, 북한은 매년 약 8~10기 정도의 전술핵 탄두를 제조할 수 있는 것으로 추정된다.[9] 그렇다면 북한이 최종 목표로 삼고 있는 300기에 도달하기 위해서는 적어도 10~20년 이상의 추가적인 시간이 필요해 보인다.

그러나 북한은 여러 가지 다양한 조치를 통해 목표 달성에 필요한 시간을 단축할 가능성이 크다. 우선, 북한은 2023년 말 김정은의 지시에 따라 핵물질의 생산 속도를 높이기 위해 생산설비를 개선하거나 설비 용량을 추가로 증설할 수도 있다.[10] 북한은 2024년 9월 13일 최초로 원심분리기가 설치된 우라늄 농축시설을 전격 공개하고 기존보다 분리 능력이 개선된 개량형 원심분리기 개발 사실도 공개 천명했다. 또한 기존 개발한 핵탄두의 설계 개선 조치를 통해 핵무기 1기 제조에 드는 핵물질 사용량을 줄임으로써 핵무기 목표 수량을 생산하는 데 필요한 시간을 앞당길 수도 있다. 그러나 북한이 제아무리 다른 경로를 선택하더라도 목표 수량 300기를 확보하는 데 앞으로도 최소 10년 이상의 추가 시간이 필요할 전망이다.

전략핵 투발수단

현재까지 북한이 미국 본토를 직접 타격하기 위한 전략핵 수단으로 개발하고 있는 무기체계는 ICBM과 전략핵잠수함(SSBN)이다. 우선 북한은 ICBM으로 총 네 종류의 미사일을 개발한 것으로 관찰된다. 무엇보다 북한은 2017년 11월 최초 시험 발사한 이후 이미 개발을 완료한 화성-15형(액체)이 있다. 여기에는 단일 탄두를 탑재할 것으로 보인다. 이에 더하여 북한은 1만 5,000km 사거리를 가지며 다탄두를 탑재할 가능성이 높은 소위 '전지구권타격미사일' 화성포-17형(액체)도 시험발사를 완료했다. 화성-15형은 현재까지 2017년, 2022년, 2023년 등 모두 3차례의 고각 발사 방식의 시험발사를 수행했다. 북한은 3차례의 시험발사에 모두 성공함으로써 비행안정성과 신뢰성을 상당 부분 확보했지만, 지금까지 최대사거리의 정상 각도 시험발사를 수행하지 않아 탄두 재진입 성능을 충분히 입증하지는 못했다.

한편, 북한은 화성-17형의 경우, 현재까지 8차례의 고각 발사 방식의 시험발사를 수행했다. 초기에는 실패를 거듭하다가 가장 최근에 발사한 2023년 2차례의 시험발사는 모두 성공함으로써 완성된 수준에 버금가는 신뢰성을 충분히 확보하지는 못했다.

또한 북한이 최근 역점을 두어 개발 중인 고체 ICBM 화성-18형은 2023년 4월 13일, 7월 12일 등 2차례의 고각 발사에 모두 성공했다. 2024년 최초 시험 발사한 화성-19형 고체 ICBM은 최대 74분을 비행한 화성-18형 대비 12분가량 증가한 총 86분을 비행함으로써 비행시간이 약 16% 증가했으며, 고각으로 최대 7,700km까지 상승하여 약 1,000km를 비행했다는 점에서 다수의 재진입체를 탑재하여 정상 각도로 발사할 경우, 약 1만 6,000km를 최대로 타격할 수 있을 것으로 보인다. 이로써 북한이 사실상 미국 본토 전역을 타격할 수 있는 "다탄두 개별 재진입체 탑재 고체 ICBM" 개발 단계에 본격적으로 진입했음을 알 수 있다.

하지만 북한은 액체 ICBM과 마찬가지로 고체 ICBM도 정상적인 각도로 시험발사를 시도하지 않았다. 이로써 ICBM 탄두 재진입체의 완전한 개발 여부를 입증하지 못한 상태다. 지금까지 북한이 개발 중인 네 종류의 ICBM은 서로 각기 다른 장점과 특성이 있지만 북한이 최종적으로 모든 ICBM을 한꺼번에 모두 운용하는 것은 합리적인 방책이 아닐 것으로 판단된다. 따라서 궁극적으로 북한은 이 중에서 1~2종류의 ICBM을 선별한 다음 주요 전략핵 보복 수단으로 운용할 것으로 판단된다.

한편, 2021년 제8차 당대회 당시 북한은 핵잠수함 및 수중 발사 핵미사일의 개발을 천명했다. 이로부터 약 3년이 지난 시점인 2023년 9월 8일 북한은 시범적으로 개조한 전술핵공격잠수함 '841 김군옥 영웅함'을 진수했다. 하지만 전략핵잠수함과 관련해서는 2025년 3월 본격적인 건조 사실을 공개했을 뿐 기술개발은 여전히 초기 단계에 머물러 있는 것으로 보인다.

그러므로 앞에서 살펴본 ICBM 역량과 함께 미미한 전략핵잠수함 역량으로 인해 북한은 현재까지 미국을 상대로 전략핵 보복(제2격) 공격을 실행할 수 있는 최소한의 역량을 갖추지 못했다고 볼 수 있다. 물론 북한은 ICBM 핵탄두의 재진입 속도를 늦추는 방식이나 EMP 공격을 가하는 방식으로 어느 정도 미국을 위협할 수 있지만 완전한 수준의 제2격 능력을 확보했다고 볼 수는 없다. 이는 북한의 능력이 미국의 인식에 영향을 미칠 만큼 위협적 수준까지 도달하지 않고서는 신뢰할 만한 2격 능력을 확보했다고 볼 수 없는 이유다.

전술핵 투발수단

전략핵 보복 능력과 달리 대남 전술핵 공격 능력과 관련해서 북한은 상당한 진전을 보였으며, KN-23 등 전술유도무기, 중장거리 전략순항미사일 등 일부 전술핵 운용 능력을 구비 중이다. 그러나 전체적 핵탄두 수량의 부족, 중앙집권식 핵무기 통제 등을 이유로 KN-23 등 극히 일부 전력을 제외하고 대다수 무기체계는 아직 실전배치를 공식 선언하고 있지 않다.

하지만 2023년 2월 6일 개최한 노동당 중앙군사위 제8기 제4차 확대회의를 계기로 김정은은 '전쟁 준비태세 완비'를 강조했고, 이에 따라 전술핵개발 측면에서 여러 가지 주목할 만한 성과를 이루어냈다. 여기에는 우선 방사포, SRBM, 전략순항미사일 등 시험발사, 지하 사일로 발사, 전술핵 공격잠수함 진수 등 다양한 전술핵무기 발사 플랫폼과 발사 방식을 선보였다. 둘째, 표준화된 전술핵탄두 화산-31 및 해일-1, 2 핵무인수중공격정을 공개했다. 셋째, 핵무기 실전 운용 능력을 과시하기 위한 '핵반격가상종합전술훈련' 및 모의 공중폭발 실험을 시행했다. 넷째, 소위 '핵방아쇠'라는 핵무기 종합 관리체계 등 핵 지휘통제체계 구축을 과시했다.

종합하면 북한은 일정한 수준의 대남 전술핵 공격 능력을 갖춘 것으로 평가된다. 하지만 가장 큰 제한사항은 여전히 목표 수량 300기에 근접하는 충분한 수량의 핵탄두를 확보하지 못했다는 점이다. 이러한 점 때문에 2022년 말 당 전원회의에서 김정은은 직접 핵탄두 보유량의 기하급수적 확대와 전술핵무기의 대량생산을 당 차원에서 요구했다.

중앙집권적 핵 지휘통제 구축

김정은체제는 '중앙집권적 핵 지휘통제체계'를 적용하고 있다. 이는 말 그대로 핵무기 사용에 관한 일체의 의사결정을 최고 존엄인 김정은에게 귀속시키는 체계로서 김정은이 독단적으로 핵무기 사용을 결심하고 전·평시 모든 핵무력에 대한 전반적 권한을 행사한다. 이러한 중앙집권 방식의 체계는 핵무기 통제를 최고지도자 1인에게 집중시키는 체계이므로 일사불란한 통제에는 유리하지만 전반적인 의사결정 및 집행 절차 중에 어떤 지점에서 발생한 단 하나의 실패가 전체 시스템의 붕괴로 이어질 수 있다는 점에서 치명적이다. 따라서 참수작전(decapitation), 핵 지휘통제체계에 대한 정밀공격 등 외부로부터의 위협에 극히 취약하다. 반면, 김정은에게 핵무기에 관한 통제권이 집중됨으로써 내부 안정성 유지나 체제 도전 방어에는 강점을 발휘할 수 있다.[11]

한편, 핵무력 정책법 제3조에 기술된 '국무위원장의 유일적 지휘'와 이에 대한 보좌기구로서 '국가핵무력지휘기구'는 실질적으로 운용되는 실질 기구라기보다 명목 기구로 보이며, 이는 체계적인 국가체계에 의해 핵무기의 관리 및 운용이 이상 없이 이루어지고 있다는 대외 메시지 발신 차원에서 제시되었을 가능성이 제기된다. 따라서 북한은 당 총비서에 의한 유일 영도체계가 유지되고 있는 당-국가체제임을 참작하면, 현재 운용되고 있는 당 의사결정체계, 즉 당 총비서가 당중앙위원회의 의견 청취 및 합의 도출 절차를 거치면서 최종적으로 결정할 가능성이 크다.

이처럼 핵무기에 관한 김정은의 의사결정 이후 이는 최고사령관이나 당중앙위원회 정치국 지시 또는 명령의 형태로 하달되며, 이에 대한 전반적 실행에 관한 감독은 전략핵 및 전술핵 운용부대를 관장하는 '당중앙군사위원회'에서 이루어질 것으로 보인다. 이는 당 규약상 당 중앙군사위원회에 부여된 역할이 '당의 군사노선과 정책을 관철하기 위한 대책을 토의 결정하며 혁명무력을 강화하고 군수공업을 발전시키기 위한 사업을 비롯하여 국방사업 전반을 당적으로 지도한다'라는 점에서 쉽게 예상할 수 있다.

한편, 북한은 핵무기의 보관·관리와 운용을 철저히 구분한 이원화 관리체계를 적용하고 있다. 당 군수공업부 산하 핵무기연구소에서 핵무기 보관 및 관리를 담당하는 반면, 투발수단을 운용하는 부대는 핵탄두가 결합된 핵무기를 운용하는 임무를 담당한다. 따라서 핵 운용부대는 평소 핵탄두의 생산 및 보관, 유지나 정비, 운반, 결합, 조립 및 해체 등 일체의 관리를 담당하지 않는 것으로 분석된다. 이처럼 이원화된 관리체계로 인해 북한은 핵탄두 이송 시간 추가 소요, 이송 간 외부 노출 불가피, 이송명령 수령·탄두 불출·수송·인계·조립 등 발사 전 준비 소요 증가 등 다양한 취약점에 대한 대책 마련이 필요하다.

북한은 핵무력 정책법을 통해 핵 지휘통제에 관한 대략적인 윤곽을 발표했다. 통상적으로 핵탄두나 핵무기는 생존성을 보장하기 위해 은폐, 분산, 중복성 등의 원칙을 적용하여 생존성을 극대화한다. 하지만 북한은 이러한 원칙에서 벗어나 단일기관에 의한 중앙집권적 관리 방식을 적용하고 있다. 이처럼 북한이 이원화 방식을 고집하는 이유는 여러 가지 제약사항에도 불구하고 우선 김정은 및 당에 의한 관리 감독이 용이하고 핵기술 전문가집단에 의한 안전한 관리가 보장되기 때문일 것이다. 또한 내외부 위협에 대처가 쉽도록 북한의 지리적 중심부에 있는 지정학적 여건을 고려했기 때문으로 보인다.

북한의 핵 지휘통제는 핵 능력의 발전 추이와 맞물려 지속해서 변화될 것이다. 핵 지휘통제의 중요성이나 민감성을 의식하고 있는 북한은 국제사회를 대상으로 핵 지휘통제체계가 안정적으로 관리되고 있다는 메시지 발신에 주력하고 있다. 이러한 맥락에서 정치 수반인 국무위원장이나 국가핵무력지휘기구라는 국가기관에 의한 핵무기 통제권 행사를 천명하고 있다. 그러나 앞서 살펴봤듯이 실질적으로는 김정은과 당에 의해 핵무기 통제가 전적으로 이루어지고 있다. 앞으로도 북한은 핵무기 통제와 관련해서 긍정적 통제(positive control)와 부정적 통제(negative control)의 모든 측면을 중앙집권적 통제 개념에 맞게 발전시켜 나갈 것으로 보인다. 즉, 김정은만 핵무기 사용에 관해 결심할 수 있으며, 그가 결심하면 반드시 핵무기가 투발되어야 하는 반면 김정은의 직접 명령 외에는 절대로 핵무기가 발사되어서는 안 되는 체계를 제도적·기술적으로 구현해 나갈 전망이다.

김정은식 핵 지휘통제의 주요 특징

유사시 김정은은 군사적 효율성과 절대적 통제권 유지 간 딜레마에 처할 수 있다. 핵무기의 운용 및 발사 권한이 언제 누구에게 어떤 방식으로 인계될 것인가는 김정은의 지속적인 권위 유지 및 군(軍)에 대한 통제권 보유 여부 등에 지대한 영향을 미칠 수 있다. 결국 끝까지 김정은 본인이 핵 지휘통제 권한을 가져가고자 한다면 배반이나 쿠데타 등 북한 내부로부터의 위협을 최소화할 수는 있겠지만 예를 들면, 참수작전 등 외부로부터의 자신에 대한 제거 위험은 극대화되는 단점이 있다. 결국 이러한 딜레마를 효과적으로 극복하기 위해 북한은 미국이나 러시아 등 선진국에서 적용하고 있는 2인 원칙(two man rule)과 같은 상호견제 장치가 내재된 핵 지휘통제 통신(NC3) 기술을 지휘통제체계에 접목하려고 할 가능성이 있다. 김정은에 의해 운용되고 있는 핵 지휘통제체계의 주요 특징은 다음과 같다.

첫째, 핵무기 사용 관련 의사결정은 김정은에 의해 최종 결정되는 독단적 체계하에서 이루어지고 있다. 독단적 통제체계는 외부로부터의 위협에는 취약하지만 절대권력 유지에는 유리하다. 현 당내 의사결정체계를 감안 시 핵무기 사용 결정은 당 전원회의 또는 당 정치국 회의에서 이루어질 가능성이 크다. 이는 김정은 자신과 백두혈통, 국가의 운명을 군사적 판단에 의해서만 의존할 수 없으므로 가장 권위있는 협의체에서 결정을 시도함으로써 결정의 권위 및 정당성을 부여할 수 있기 때문이다. 이후의 핵무기 사용에 관한 실행 감독은 '당 중앙군사위원회'에서 이루어질 것이다. 이는 핵무기를 당에서 관장하므로 혹시 김정은의 급작스러운 변고가 발생하더라도 당의 시스템이 유지되는 한 핵무기

관리도 이상 없이 이루어질 것이라는 사고에 기반한다. 따라서 가장 이상적인 시나리오는 김정은 사망 시 핵무기의 통제권이 자연스럽게 후계 승계를 하는 백두혈통이나 정권 엘리트에게 이양되는 것이다.

둘째, 북한은 핵무기의 보관·관리와 운용을 철저히 구분한 이원화 관리체계를 적용하고 있다. 당 군수공업부 산하 핵무기연구소에서 평소 핵탄두의 생산, 보관, 유지 및 정비, 운반, 결합, 조립 및 해체 등 일체의 관리를 전담하고 있다. 현재 북한은 전략 무력에서 운용하는 수소탄, 핵분열탄 탄두와 전술핵 운용부대에서 운영하는 '화산-31' 표준형 핵탄두 총 3종류를 운용할 것으로 예측된다. 한편, 북한은 평양에 있는 핵무기연구소의 지하 저장고 또는 외부의 별도 저장시설에서 핵무기를 통합 보관하고 있을 가능성이 크다. 또한 이러한 저장시설의 보안 상태는 매우 높은 수준을 유지하고 있을 것으로 추정된다. 외부의 공격 위험으로부터 핵무기를 안전하게 관리하기 위해서는 외부 험지에 분산 및 중복 보관하는 것이 유리하지만 여러 가지 이유로 현재까지는 단일 기관에서 관리하고 있는 것으로 추정된다. 고정발사시설을 운영할 수준에 도달하게 되면 수송의 어려움과 보안 취약성, 즉응성 등을 고려하여 핵탄두를 결합하여 즉시 발사(hair-triggered)태세를 유지하거나 인근 저장시설에 이동 보관할 가능성도 있다. 다만, 이원화된 관리체계로 인해 핵탄두 이송시간 추가 소요 등 불순 의도를 가진 내외부 위협 요인에 취약해질 가능성이 있다.

셋째, 핵무기의 투발 및 운용 주체와 관련해 전략핵 무력과 전술핵을 명확히 구분하고 있다. 2017년 말 이후 전략군의 중요성에 비해 노출 빈도의 감소 현상이 관측되고, 김낙겸 대장 이후 전략군 사령관 상장 김정길의 위상 급락이 목격된 점은 북한의 전반적인 핵 지휘통제체계 변화 양상과 무관치 않은 것으로 판단된다. 이는 전략군 사령관에게 통제권이 집중되는 것을 방지하기 위해 사령관을 거치지 않고 전략군

예하 여단급 부대들을 김정은이 직접 지휘통제할 가능성을 제기한다.

특히 ICBM이나 SLBM의 완성 여부 및 시한을 알 수 없는 현재의 기술 수준을 감안하면 북한 핵무력 중에서 가장 중요도가 높은 것은 전술핵 운용부대일 것으로 추정된다. 이에 전략 무력에 대한 강조가 약화되고 새롭게 편성되는 전술핵 운용부대에 집중하여 개선된 지휘통제체계를 정립하고 있다. 화성-15, 17, 18, 19형 등 전략 무력에 해당하는 미사일체계는 아직 시험개발 단계이므로 전력화 및 실전배치가 이루어지지 않고 있다. 이에 'ICBM 시험발사'는 국방과학원 및 전신인 제2경제위 4기계총국 인원이 포함된 것으로 보이는 미사일총국의 붉은기중대에서 전담하고 있다. 향후 양산 및 전력화 단계를 거쳐 실전 운용 시 전략군으로 인계 또는 임무가 전환될지는 미지수다.

TEL 기반의 ICBM의 경우 전장이 20m가 넘어 이를 안정적으로 운용할 수 있는 장소는 극히 제한되며, 특히 현재 ICBM 기지로 추정되는 장소들은 대체로 좁은 산악 협곡 지형이므로 어려울 것으로 판단된다. 이러한 점을 극복하기 위해 향후 북한은 사일로 형태의 발사체계를 구축해 나갈 것으로 예상된다. 현재 전략군에서 운용하고 있는 스커드 또는 노동미사일은 1980~1990년대 배치되었고 무수단은 2000년대 배치된 액체연료 기반의 탄도미사일로서 즉응성 및 신뢰도의 결여, 노후화 증가 등을 고려하면 점차 고체 추진 탄도미사일로의 교체 가능성이 대두되고 있다. 이에 이러한 무기체계를 운용 중인 점으로 인해 이것이 전략군 자체에 대한 중요도 감소의 원인으로 작용할 가능성이 크다. 그렇다고 전략군이 핵무력과 완전히 무관한 부대라고 판단하는 것은 시기상조이며, 지속적인 정보수집 및 추가 확인이 필요해 보인다. 비록 평상시에는 핵탄두가 배치 및 운용되지 않더라도 유사시 핵탄두를 접수하여 투발 임무를 수행할 가능성이 있다. 또한 핵무기 외에도 재래식 또는 화학무기 투발 임무를 병행할 가능성도 있다. 실전배치 또는 운용 단계에 이르기 전까지는 미사일총국 예하 부대들에 비해 전략적 가치 및 김정은의 주목도가 떨어질 가능성이 높다. 향후 북한의 전략 무력과 관련해서는 사거리에 따라 전략용, 전역용, 전술용 등으로 구분되어 재편될 가능성에 주목해야 한다.

넷째, 북한의 전술핵 운용 총연합부대의 실체는 여전히 베일에 가려져 있다. 현재까지 전술핵 운용 총연합부대 및 예하 부대들은 전략군사령부와는 별도의 지휘 계통에 의해 통제되는 조직으로 관찰된다. 아직 편성, 위치 및 운용되는 무기체계, 태세, 운용 방식, 지휘관 등에 관해 알려지지 않은 상황이지만 총연합부대라는 명칭의 특성상 지상군, 해군, 공군 등으로 구성된 군단급 부대일 가능성을 나타낸다. 전술핵 운용 총연합부대는 최고사령관과 당에 의해 직접 통제되는 부대로서 총참모부 예하의 어떠한 병종 사령관도 전술핵 운용 총연합부대에 직접적으로 협조 및 통제를 할 수 없을 것이다. 오직 당과 총비서에게 건의를 올리고 김정은이 승인할 때만 협조가 가능할 것으로 예상된다. 한편, 화산-31 표준형 핵탄두가 탑재될 8가지 투발수단의 운용부대들이 전략군에 속하는 것인지 아니면 전술핵 연합부대에 편성된 것인지에 대해서는 추가 확인이 필요하다. 대체로 이러한 무기체계를 관장하는 부대들은 현재로서는 전술핵 연합부대에 포함될 것으로 추정되며, 기타 무기체계들의 양산, 전력화, 실전배치 등에 관해서는 자세히 알려진 것이 없다.

다섯째, 미국 전략국제문제연구소(CSIS) 분석에 따르면, 북한은 현재 핵전력의 생존성을 고려하여 핵운용 부대를 동·서부로 분산배치 및 지역적으로 위에서부터 아래까지 3단계 상중하로 구분된 통신망을 유지하고 있다.[12] 북한의 핵무력 운용부대들은 적의 선제타격으로부터의 생존성을 높이고 적국의 정보 획득에 대한 부담을 가중시키며, 필요시 제2격을 효율적으로 시행하기 위해 동부와 서부로 나눠서 분산배치하고 있다. 핵 투발부대를 동부전선 관하 구분대와 서부로 구분하는 조선중앙통신 보도 등을 통해 볼 때 전략군 예하 14개 여단을 동부와 서부 권역으로 구분하고 전술핵 운용 총연합부대도 동부와 서부권역으로 구분하여 운용할 것으로 보인다. 결국 북한은 동부와 서부권역을 다시 상·중·하로 구분해 총 6개 구역으로 구분하고 독립된 통신망을 구성함으로써 혹시 발생할 수 있는 배반 및 쿠데타 가능성을 원천적으로 배제하려고 시도하는 것으로 분석된다. 북한이 파편화된 통신망을 유지하려는 의도는 혹시 어떤 부대에서 지시를 이행하지 않거나 못하더라도 다른 부대에 대한 독단적 지휘통제를 유지함으로써 제2격의 수행 가능성을 높이기 위함이다. 이처럼 김정은이 특정 투발 부대로 명령을 하달하고 이를 직접 운용할 경우 보안 유지, 상호 정보교환 및 쿠데타 방지 등에 기여할 것이다. 각 부대에 대한 지휘 통신망은 유무선, 전령에 의한 직접 전달 등 다양한 방법을 마련할 것으로 보이며, 주 통신망은 유선으로 광통신망을 이용할 것으로 예상된다. 현재까지 각종 대륙간탄도미사일 발사 및 핵실험 등을 계기로 김정은의 친필 서명을 공개했으므로 핵사용 최종 결정에 따른 명령 하달도 그 출발점인 김정은의 친필 서명을 통해 차례대로 하달될 가능성이 크다.

여섯째, 북한은 궁극적으로 적의 제1격에 대비한 지하 및 수중 발사 사일로 시설을 구축할 전망이다. 적의 제1격을 흡수하고 신뢰성 있는 제2격 임무 수행을 위해 이동형 TEL 발사 시스템 외에도 은밀하게 지하 사일로 구축을 추진할 가능성이 크다. 미국의 국방정보기관(DIA) 분석에 의하면 약 10개의 지하 발사시설을 구축하고 있는 것으로 추정된다.[13] 앞에서 언급한 6개 구역, 서부 및 동부권역 지휘부에 각 1개씩 8개 시설, 이외 평양 지휘부 인근에 2개 시설, 총 10개 시설을 건설할 것으로 추정된다. 북한의 지하 발사시설은 고비용이 들어가는 미국과 달리 지리적 이점을 최대한 활용하여 산악지대에 있는 기존 부대시설을 최대한 활용하여 저비용이면서도 생존성이 보장되도록 설치, 위장 등을 통해 최대한 시설보안을 유지할 것이다. 사일로에서 운영되는 ICBM들은 즉응성을 고려하여 추후 핵탄두가 결합된 상태로 운영할 가능성이 크다.

일곱째, 북한은 김정은이 있는 평양 인근 순안비행장 일대에 최고의 경계태세로 운영되는 신속 대응(hair-triggered) 핵전력을 운영하고 이를 위한 지휘통제 망을 구성하고 있을 가능성이 크다.[14] 최근 액체 및 고체 ICBM을 비롯한 다양한 전술핵 시험발사가 평양 순안비행장을 중심으로 진행되고 있다. 순안비행장 일대 시설은 상당한 규모의 갱도 시설과 수송용 철도, 보안 경계설비 구축, 미사일 지원시설 등을 구비한 실전 운용 시설로 추정된다. 여러 종류의 TEL과 미사일이 보관되어 있고 평양 인근에 있어 김정은의 즉각적인 공격 및 반격 명령을 수행할 수 있는 부대로서 높은 경계태세에 놓여 있는 즉시 운용 가능한 핵전력일 가능성이 큰 것이다.

여덟째, 북한은 아직 SLBM이나 SLCM 탑재 잠수함 전력을 지휘 통제하기 위한 NC3체계를 구비하지 못하고 있다. 앞에서 살펴본 바와 같이 북한은 미국에 대한 제2격 능력을 향상시키기 위해 장거리 운항이 가능한 SLBM 탑재 대형 핵잠수함 건조에 착수했다. 장거리 운항 중인 잠수함과의 원거리 통신을 위해서는 중계를 담당할 통신위성 개발이 긴요하며, 김정은에 의한 지휘통제를 보장하기 위한 NC3체계 개발이 필요한 상황이다. 북한은 가까운 시일 내 대형 핵잠수함 건조가 제한되므로 우선 기존 잠수함에서 운영할 수 있는 잠수함 발사 순항미사일(SLCM) 체계를 개발 및 운용할 것으로 추정된다. 3~30kHz 대역 대의 초저주파(VLF)나 30~300kHz 대역 대의 저주파(LF)와 같은 대역 통신시스템을 활용한다면 수심 20~30m 내외에서 통신이 가능할 것이다.

마지막으로 북한은 TEL 기반 이동식 발사 시스템에 대한 NC3체계를 구축 중이다. 이론상 이동식 발사 시스템은 발사 시 노출된 미사일 기지에서 이격된 발사 장소로 이동하기 때문에 생존성을 보장받을 수 있다고 알려져 있다. 그러나 북한의 여건상 이동 가능한 도로가 제한되며, 한미의 최첨단 정보 감시자산에 노출될 가능성이 상존한다. 기본적으로 이동식 발사 시스템에 대한 통신은 무선통신체계에 의존할 수밖에 없다. 이는 실질적으로 감청 또는 전자파 공격, 공중 공격 등으로부터 취약성이 노출되는 것이다.

4. 북한의 핵전쟁 준비태세 평가

핵무기의 사용은 아무리 제한된다고 하더라도 정권의 명운이 걸려 있는 치명적 결심 사항이다. 이 절에서는 북한이 정권 생존을 위해 제한적으로 핵무기를 사용할 수 있는 조건을 식별하고 나아가 현재 이를 위해 작전 준비, 작전환경, 위협 인식 등 측면에서 얼마나 철저한 준비태세를 유지하고 있는지를 살펴봄으로써 북한의 핵전쟁 수행태세를 가늠해 보고자 한다.

제한적 전술핵무기 운용 양상

북한의 핵무력 정책법에 제시된 공식적인 핵무기 사용조건은 매우 포괄적이며, 심지어 재래식 공격과 핵·WMD·군사공격 등이 임박할 때도 사용 가능성을 시사하고 있다. 그러나 모든 전략적 계산이 그렇듯이 핵무기 사용은 북한도 전략적 비용과 이득, 위험도를 종합적으로 판단하여 핵무기 사용 여부를 치밀하게 결정할 것으로 예상된다. 특히 김정은 입장에서 핵무기 사용은 정권의 사활이 걸려 있는 극단적인 선택이기 때문에 전략적 계산 과정은 한 치의 오차도 없이 신중히 진행될 수밖에 없을 것이다.

보통 김정은 정권이 이익 극대화 측면에서 고려할 수 있는 핵무기 사용조건은 핵무기 사용을 통해 체제 생존을 확보하거나 한반도 영토를 석권해야 하는 경우이다. 우선 전쟁 상황에서 핵무기의 사용이 북한에 결정적인 작전적 또는 전략적 우위를 제공할 수 있다고 판단된다면, 그 이익을 좇아 핵 사용 결심에 이르게 될 수 있을 것이다. 예를 들어, 전술핵무기를 효과적으로 사용하여 전장의 주도권을 확보하거나 불리한 전장의 판도를 북한에 우호적인 상황으로 바꾸어 놓을 수 있는 경우 등이 고려될 수 있다. 또한 북한은 핵무기 사용을 통해 미국과 한국이 더 이상 군사작전을 효율적으로 실행하지 못하도록 하면서 자신이 원하는 시점에 종전을 유도하거나 국면을 전환하려고 의도할 수 있다. 결국 북한은 제한적 핵사용을 통해 자신이 원하는 방식과 협상의 구체적인 조건을 더 유리하게 설정하려고 할 것이다.

이와 함께 북한은 미국과 한국의 압도적인 군사력에 의해 부과될 비용을 최소화하기 위해서도 핵무기 사용을 검토할 것으로 예상된다. 북한으로서 원치 않는 규모나 수준으로 전쟁이 확전될 경우, 그 비용은 북한 정권에 치명적인 타격을 줄 수 있으므로 북한은 확전을 통제하기 위해서 제한적 핵무기 사용을 고려할 수 있을 것이다. 만약 북한이 미국의 핵보복에 직면할 경우, 북한은 회복 불가능한 비용을 치르게 될 것이므로 이를 무조건 회피해야 한다고 인식할 것이다. 따라서 북한은 러시아의 '위기 완화를 위한 확전(escalate-to-de-escalate)' 교리의 논리에 좇아 확전을 통제하고자 할 것으로 예상된다.

전쟁 후반기로 가면 갈수록 북한이 인식하는 전쟁 비용은 북한이 핵사용을 통해 예상되는 핵사용 비용을 훨씬 초과한다고 인식할 수도 있을 것으로 예상된다. 이러한 상황에서는 조기 종전이나 자포자기 식으로 최후의 핵사용을 선택하는 상황에 직면하게 될 수도 있다. 다만, 북한의 핵무기 사용의 효과는 북한이 기대하는 단선적 결과는 달리 복합적으로 나타날 가능성이 크다. 즉, 북한의 핵사용은 북한을 국제사회에서 더욱 고립시키고 이전보다 더 가혹한 군사 및 경제제재를 불러오게 되며, 이에 따라 북한 정권의 생존이 더욱 위태로워질 수 있다. 또한 핵무기 사용 이후 북한 내부에서 발생할 수 있는 정치적 불안정이나 군부 내 반발 등도 정권 유지에 부정적인 영향을 미칠 수 있다. 이러한 내부적인 비용도 김정은으로서는 고려해야 한다.

결국 북한의 제한 핵전쟁 추구를 보장할 수 있는 상황 조건은 몇 가지로 정리된다. 우선, 북한이 핵무기의 선제적 사용으로 확전 우세를 달성할 수 있다고 오판하는 경우이다. 이는 북한이 전술핵무기 등을 제한적으로 선제 사용함으로써 전장을 주도하고 승리를 달성할 수 있다고 판단하는 경우를 의미한다. 여기서 전장 주도권 확보는 전시 한미 연합군의 전쟁 의지 감소, 한미 연합군의 후퇴, 전략적 이익을 위한 요구사항 확보 등을 포함할 수 있을 것이다.

둘째, 북한이 전쟁 승리와 같은 궁극적 목적이 아닌 제한적 목적 달성을 위해 제한 핵전쟁을 활용하고자 하는 상황을 상정할 수 있다. 예를 들어, 북한은 정치·군사·외교적 목적을 획득하기 위해 핵사용 문턱을 낮추어 위협의 신뢰성을 확보하거나 선택적 핵공격 조건을 만들 수 있다. 또는 재래식전력의 격차를 극복하거나 한미 연합의 빈틈을 겨냥한 무력화 시도 등의 지엽적인 목적을 위한 것일 수도 있다.

셋째, 북한이 정권 생존 위기를 맞아 붕괴하거나 패배할 것으로 판단할 경우, 절망적 상태에 기반한 자포자기식 공격을 고려하는 상황이다. 북한의 정권 생존 위기는 내부 문제나 외부 위협 등 다양한 상황으로 인해 초래될 수 있으며, 이때 외부개입 차단이나 내전 승리를 위해 공격을 고려할 수 있을 것이다.

한편, 북한은 위기 상황이나 유사시 강압, 침략 및 타격, 방어, 억제,

미사일방어, 보복, 격퇴 등 다양한 전략·작전·전술적 목표를 달성하기 위해 전술핵무기를 활용한 제한적 핵사용 방안을 고려할 것으로 예상된다. 이러한 북한의 제한적 핵사용 방안에는 우선, 한국 또는 한미를 억제 및 강압하기 위한 수단으로서 제한적 핵사용을 고려할 수 있다. 특히 성공적인 강압을 달성하기 위해 핵태세 상황, 핵무기 사용 위협, 핵실험, 무력시위, 제한적 핵타격 등 다양한 형태의 전술핵 사용 방안을 모색할 수 있다. 북한이 강압을 실행하는 경우는 평시 및 위기 시 공격적·방어적 상황 모두에서 가능하며, 특히 한국의 일부 영토를 점령한 후 핵무기 사용 위협이나 제한적 핵사용을 통해 이를 기정사실로 하는 경우가 가장 심각한 형태의 강압 상황이라고 할 수 있다. 또한 북한은 한국이나 미국의 압도적인 군사행동을 사전에 억제하기 위해 위기시나 전시에 제한적 핵사용을 고려할 수 있다.

둘째, 북한은 유사시 선제 및 예방타격, 대규모 침략을 위한 공격 준비 타격, 지휘 및 통제, 통신 역량 마비, 전쟁 지속 능력 마비 등 다양한 목적을 위해 제한적 핵사용 방안을 상정할 수 있다. 정밀타격 능력의 향상, 이중 플랫폼 운영 등 북한은 재래식전력과 전술핵무기의 구분이 모호한 측면이 있어 전쟁 수행 수단으로서 전술핵무기가 적극적으로 고려될 가능성이 크다.

셋째, 북한은 유사시 한미 연합군의 반격 시 북한지역 진격 저지, 평양 점령을 포함한 북한 정권 붕괴 임박 등 위급 상황에서 한국군 또는 연합군을 격퇴하거나 저지할 목적으로 제한적 핵사용을 고려할 수 있다. 방어적 상황에서 북한은 예상되는 비용을 감당하기 어렵다고 인식하거나 제한적 핵무기 사용을 통해 국면전환이나 조기 상황 종결의 이익이 현저히 크다고 인식할 경우 핵무기 사용을 검토할 것으로 보인다.

넷째, 냉전기 미국, 소련의 사례와 같이 북한은 한미 연합군의 미사일 공격 또는 다양한 공중 위협으로부터 방어를 위해 핵무기 공중폭발이나

고고도 핵폭발을 통해 미사일 또는 공중위협 제거를 시도할 수 있다.

다섯째, 북한은 위기나 유사시 한국 또는 미국의 군사행동에 대해 상응 또는 압도적 보복을 감행하거나 확전 통제를 위해 제한적 핵사용 카드를 고려할 수 있다. 이 외에도 북한은 내부분열, 급변 등으로 정권 와해가 예상되는 위기 상황에서 상황 종결이나 반대 세력 진압, 외부개입 배척 등을 위해 제한적 핵사용 방안을 활용할 수 있을 것이다.

제한 핵전쟁 준비태세

북한이 지향하는 핵 확전 위협을 통한 제한 핵전쟁 수행전략에 따른 태세를 어떻게 구비하고 있는지를 파악하는 것은 대한민국의 안보를 위해 매우 중대한 사안이다. 비록 북한이 제한 핵전쟁을 수행할 수 있는 태세가 갖춰졌더라도 김정은이 단시일 내 반드시 제한 핵전쟁을 수행할 것이라고 받아들여져서는 안 될 일이다. 북한의 제한 핵전쟁 선택에는 북한군의 작전적 조건, 전략환경, 최고지도자의 인식 등이 큰 영향을 미칠 것이다.

우선, 작전적 조건 측면에서 살펴보면, 북한군은 최고지도자의 지시로 핵공격을 수행할 수 있는 최소한의 전력을 보유해야 한다. 미국에 의한 전략핵 보복 가능성을 배제하기 위해서는 전술핵 공격이 한미의 재래식 대응에 국한될 것이라는 확신에 기반을 두어야 한다. 이를 위해서는 미국을 위협할 수 있는 신뢰성 있는 보복 능력의 보유가 필수적이다. 또한 핵사용을 결심하는 순간에 북한의 재래식 옵션이 제한된다면, 제한적 핵사용 가능성은 증대될 것이다. 나아가 북한군은 높은 신뢰도를 가진 핵탄두를 운용할 수 있어야 한다. 이러한 작전적 요소에 대해 아직까지 북한은 핵탄두의 수량, 신뢰성 있는 전략핵 구비, 핵탄두의 높은 신뢰도 등의 측면에서 발전시켜야 할 부분이 많다.

북한의 제한 핵전쟁을 제한하는 결정적 요소 중 하나는 전략환경이다. 북한은 전쟁 패배에 직면하여 정권 생존이 위태로운 상황이 아니라면 굳이 제한 핵전쟁이라는 모험을 선택할 가능성이 별로 크지 않을 것이다. 그러나 유사시 중국이나 러시아 등 제3국이 북한이 원치 않는 상황에서 한반도에 개입할 가능성이 높아진다면, 북한은 자신의 이익을 보존하기 위해 극단적 선택을 시도할 가능성이 클 것이다. 무엇보다 한국과 미국이 무제한 확전보다 통제되고 절제된 대응에 주력한다면 북한으로서는 위험한 제한 핵전쟁 카드를 사용하려는 유인이 그렇게 크지 않을 것이다. 현재 한반도를 중심으로 전개되는 전략환경은 복잡하지만 북한이 제한 핵전쟁을 시도할 수준의 우호적인 환경이 조성되었다고 보기는 어렵다. 이는 주변 강대국 모두 한반도의 안정을 우선하는 정책을 펴고 있기 때문이다. 따라서 한반도에는 어느 정도의 전략 균형이 형성되어 안정적인 상황이 지속되고 있다. 그러므로 전략환경 측면에서는 북한의 제한 핵전쟁태세 구축에 유리하지만은 않은 상황이라고 할 수 있다.

　마지막 태세에 미치는 큰 영향 요인 중 하나는 최고지도자의 위협 인식이다. 현 한반도 상황이 정권의 생존 및 체제 안정성에 큰 영향을 미치거나 자신에게 심대한 생존 위협이 가해지는 상황이라고 인식한다면 제한 핵전쟁태세는 높은 수준에서 유지되거나 점차 강화될 것이다. 또한 중앙집권적 핵 지휘통제체계에 대한 심각한 위협이 제기되는 상황이라면 김정은 입장에서는 제한 핵공격을 심각하게 고민하게 될 것이다. 현재 김정은의 인식체계를 가늠해 보기는 쉽지 않지만 한미 연합군에 의한 선제공격이나 침략의 위험이 없는 상황이라는 사실을 직시할 것으로 생각된다. 따라서 한미에 의한 직접적인 정권 생존 위협은 없다고 해도 과언이 아니다.

　결국 이러한 복잡한 영향 요인에 의해 북한의 현행 제한 핵전쟁 수행태세는 완성 수준에는 한참 못 미치는 것으로 판단된다. 작전적·기술적 측면의 제한사항은 언젠가 시간이 해결해 주겠지만, 전략환경이나 지도자의 위협 인식 부분은 북한 스스로 노력만으로 제한되는 부분이라고 할 수 있다. 아직은 물리적인 측면의 태세도 완성하지 못한 상태지만 나머지 환경적 측면과 위협 인식에 관한 부분도 북한의 제한 핵전쟁태세 구축에는 기회보다 도전 요인으로 작용할 가능성이 크다.

5. 맺는말

북한의 핵전략이 한반도의 현상유지를 뒷받침할 것인지, 아니면 현상변경을 촉진할 것인지는 확실치 않다. 약 100여 기에 달하는 핵탄두를 보유하고 있을 것으로 추정되는 북한은 핵무력의 생존성을 보장하기 위한 대책 마련에 사활적 노력을 강구하고 있다. 그런데도 북한의 핵전력은 상당히 많은 취약점을 가지고 있다. 우선, 북한의 실질적 핵능력과 과대하게 포장된 핵능력 간 수준 차이가 북한 핵 위협의 신뢰도를 저하하고 있다. 북한의 핵전력은 아직 탄두 재진입 성능 등 완전한 대미 타격 능력을 보여주지 못하고 있고 정확한 표적 탐지 및 조기경보 능력이 부재하며, 핵전력의 생존성을 보장하는 미사일 방어 능력도 미미하다.

또한 한미동맹에 비해 전반적인 국력 및 군사력 측면에서 열세하다. 특히 핵 및 재래식전력도 한미 연합군에 비해서 턱없이 부족한 상황이다. 이에 따라 북한은 지속적인 안보딜레마로 인해 경제력에 비해 지나친 군비증강을 지속하고 있으며, 재래식 역량의 부족으로 인해 확전을 통제할 수 있는 역량이 부족한 문제점을 가지고 있다.

이에 더해 북한의 핵전력은 중앙집중되고 이원화된 핵무기 관리체계를 운영하고 있다. 이러한 체제는 안전한 관리를 보장하지만 핵무기의 저장, 이송, 결합, 관리 등 모든 측면에서 다양한 취약점을 노출하고 있다. 이것이 북한이 실질적인 태세에서 어느 정도 손해를 감수하면서 안전한 관리라는 이점을 취하는 주된 이유로 보인다.

북한의 제한 핵전쟁 수행전략은 아직은 현재진행형이다. 북한은 억제와 강압, 그리고 유사시 전쟁 승리를 보장할 수 있는 준비태세 구축에 사활적 노력을 진행하고 있다. 핵탄두 및 투발수단 구비, 핵 지휘통제체계 구축, 훈련 및 연습, 교리 및 법령, 주변국 관계 개선 등 다양한 측면에서 자신의 핵전략 구현을 위한 준비를 착착 진행하고 있다. 한미는 이에 발맞춰 억제력과 대응력을 구비하기 위해 다양한 노력을 강구 중이다. 한국의 북핵 위협을 상정한 재래식전력 증강과 한미 확장억제 협력 강화가 그러한 노력의 일환이다.

결론적으로 현재 한미는 북한의 제한 핵전쟁 위협을 미국의 확장억제와 한국의 재래식전력을 유기적으로 통합함으로써 효과적으로 억제 및 대응하고 있다. 현재까지 한미의 대북 억제태세가 대체로 성공적으로 작동해 왔지만 역외 확장억제라는 특성과 한반도에 전개할 수 있는 전술핵무기의 수량 부족에 따른 억제 공백은 엄연히 존재한다. 나날이 고도화되어 가고 있는 북핵 위협에 공백없이 대처하기 위해서는 한미가 긴밀한 협력하에 확장억제 태세를 부단히 강화해야 한다. 결국 대한민국의 생존과 번영이 한미동맹의 확장억제 협력에 달려있다고 해도 과언이 아니다. 따라서 만약 한미동맹이 와해하거나 한국에 대한 미국의 확장억제 공약이 무실화된다면 한국은 핵무장이라는 선택지 외에는 다른 대안을 찾기 어려울 것이다.

⌘ 참고문헌

국방부. 『2022년 국방백서』. 서울: 국방부, 2022.
박용한·이상규. "북한의 핵탄두 수량 추계와 전망." 『동북아안보정세분석』 한국국방연구원 (2023).
브루스 베넷·최강 외. "한국에 대한 핵보장 강화방안." 『RAND-아산정책연구원 연구보고서』 (2023).
함형필. "북한의 핵·미사일 능력 평가 및 전망: 러·북 군사기술 협력이 미칠 영향." 『한국국가전략』 제9권 1호 (2024).
_____. "북한의 핵전략 변화 고찰: 전술핵 개발의 전략적 함의." 『국방정책연구』 통권 제133호 (2021).

Bermudez, Joseph Jr., Victor Cha and Lisa Collins. "Undeclared North Korea: Missile Operating Bases Revealed." Beyond Parallel, 12 November 2018. https://beyondparallel.csis.org/north-koreas-undeclared-missile-operating-bases/ (검색일: 2024. 12. 18).
Davenport, Kelsey. "Nuclear Weapons: Who Has What at a Glance." https://www.armscontrol.org/factsheets/Nuclearweaponswhohaswhat (검색일: 2025. 01. 27).
SIPRI. *SIPRI Yearbook 2024*. Stockholm: SIPRI, 2024.
Smith, Shane, and Paul Bernstein. "North Korean Nuclear Command and Control: Alternatives and Implications." *Defense Threat Reduction Agency* (2022).
Warden, John K. "Limited Nuclear War: The 21st Century Challenge for the United State." *Livermore Papers on Global Security* 4 (2018).

"군, 北 신리 시설 내부노출 최소화 … ICBM 등 핵심무기 연관." 『동아일보』. 2020년 5월 7일.
"경애하는 김정은 동지께서 핵무기연구소와 무기급핵물질생산기지를 현지지도하시였다." 『조선중앙통신』. 2024년 9월 13일.

7장

북한 핵무기 개발에 대한 국제제재: 내용과 효과[*]

권보람(한국국방연구원)

북한의 핵무기 고도화와 핵무기 보유국으로 인정받으려는 노력은 진행 중이다. 미국을 상대로 하는 핵전략에 따라 북한은 전략핵과 전술핵, 핵탄두와 투발수단, 지휘통제체제를 종합적으로 발전시키고 있다. 이것을 보면 좁게는 경제제재, 넓게는 핵비확산체제를 통해 북한의 핵·WMD 개발을 억제하려는 미국 주도 국제사회의 노력은 성공하지 못했다. 그동안 중국의 대북 지원과 제재회피 용인이 대북제재의 취약점으로 인식되었다면 2022년 우크라이나전쟁 발발 이후 북한과 러시아의 군사동맹 결성, 본격화된 러시아의 대북 경제적 지원과 군사기술 제공이 새로운 도전 요인으로 부각되었다. 규칙기반 자유주의 국제질서에 도전하는 중국과 러시아, 그리고 국제규범을 배제한 일방주의를 표방하는 미국이 다극화체제로의 재편을 재촉하는 배경에서 대북제재에 전적으로 의존해서 북한의 핵개발을 저지하고 비핵화를 결심하도록 유도하는 것은 더욱 어려워졌다. 이 장은 북한의 핵·미사일 개발에 대한 대북제재(이하 핵무기 개발 대북제재)의 주요 내용을 정리하고 정성적으로 효과를 평가한다. 우선 경제제재의 작동원리, 즉 제재정책의 적절한 설계와 이행에 더한 엄격한 집행의 중요성에 대한 이해를 바탕으로 핵무기 개발 대북제재의 특수성을 분석한다. 다음으로 유엔 안전보장이사회 및 주요국(미국, 한국, 일본)의 대북제재 부과 내용과 특성을 정리하고 북한을 지원하는 중국과 러시아 중심으로 대북제재 이행의 중요성을 강조한다. 마지막으로 핵무기 개발 대북제재의 효과를 종합적으로 진단하고 변화하는 국제정세 속 대북제재의 효과를 전망한다.

1. 경제제재의 작동원리와 대북제재의 특수성

국제사회가 북한의 핵무기 개발을 억제하기 위해 부과하고 있는 대북제재는 어떤 특성을 지닌 외교정책 수단인가? 그리고 북한의 핵개발 사례는 기타 제재 사례와 어떻게 다른가? 핵실험을 포함한 핵개발 억제와 국제 비확산 외 사이버 범죄, 인권침해 등 국제법을 위반하는 국가의 제반 행동을 규탄하고 변화를 추동하기 위해 경제제재를 부과한다. 이슈 분야뿐만 아니라 관련 국가 간 역학, 시장 논리에 따라 개별 제재 사례의 특수성이 결정된다.

경제제재의 작동원리

경제제재란 상대 국가의 행동 또는 정책 변화를 유도하기 위해 전략적셈법을 공략하는 비군사적 외교정책 수단으로 정의할 수 있다. 따라서 대북제재의 효과를 진단하기에 앞서 제재의 작동원리와 북한 핵무기 개발 사례의 특수성을 이해할 필요가 있다. 국가 간 상호의존성이 높을수록, 즉 경제교류가 활발하고 거래 규모가 클수록 제재부과국이 교류를 제한하거나 중단했을 때 피제재국이 입는 경제적 손실이 크고 동일한 조건에서 제재를 더 엄격하게 이행할수록 그 경제적 비용은 가중된다. 이처럼 제재의 강도와 효과는 대체로 비례하나 단선적으로 결정되지는 않는다. 제재의 범위도 효과에 영향을 준다. 피제재국의 지도부와 일반 국민 모두에게 무차별적으로 적용되는 제재가 포괄적 제재라면 피제재국의 지도부나 정책결정자에 맞춤형으로 설계된 것이 표적제재 또는 스마트 제재다. 표적제재는 특정 개인이나 단체의 자산동결, 여행금지, 원조중단을 지칭하고 그 외 수출입통제와 금수, 해상봉쇄조치 등은 포괄적 제재에 해당한다. 경제제재는 제재부과국이 별도로 해제하거나 유예하지 않는 한 규제가 중첩적으로 축적되기 때문에 제재의 지속 기간이 길수록 포괄적인 제재의 성격을 띠게 된다.

다만, 제재부과국이 제한하는 경제교류를 대신해서 지속하려는 제3국, 소위 흑기사가 존재한다면 피제재국의 손실이 상쇄되어 행동을 변화하려는 동인이 약해지고 제재의 효과는 떨어진다. 흑기사는 제재받는 경제활동의 위험부담이 커서 기대되는 수익이 막대하거나(high risk,

---

글상자 7.1 ┃ 경제제재의 주요 개념

경제제재는 합리적으로 의사결정을 하는 두 국가 간 양자관계를 기본으로 상정한다. 제재를 가하는 국가가 제재부과국(sender state)이라면 제재받는 국가는 피제재국(target state)이다. 제재 사례는 일반적으로 피제재국 중심으로 분류하는 경향이 있어 대북제재(North Korea sanctions)라고 지칭한다.

high return), 관련 국가들의 지정학적 관계에 따라 기대되는 정치적 이익이 크면 피제재국을 불법적으로 지원하게 된다.[1] 국가 간 양자관계에 기반한 제재가 독자제재라면 이런 제3국의 개입을 억제하고자 고안된 것이 다자제재다 (도표 7.1 참조). 이는 제재부과국이 연대해서 피제재국에게 집단적으로 경제적 압박을 가하는 방식이다. 복수의 제재국이 합세하면 잠재적 흑기사를 억제하거나 포섭할 수 있고 제재부과에 따르는 여러 가지 정치적, 제도적 비용도 공동으로 분담할 수 있는 이점이 있다. 반면, 다자제재는 이해관계가 다른 국가들의 협력을 요구하기 때문에 이견을 조율하는 비용이 발생한다. 제재의 내용, 강도나 범위에 대한 이견이 많으면 전체적인 제재 수위가 하향 조정되는 경향이 있다. 경험적으로 보면 대표 격인 제재부과국의 솔선수범적 헌신이 수반되어야 다자제재 효과를 높일 수 있다.[2] 유엔이나 유럽연합과 같은 국제기구가 제재에 참여하거나 글로벌 패권국가 미국이 제재에 동참했을 때 효과가 배가되는 이유다.

한편, 제재의 강도를 극대화해서 흑기사 문제를 해결하는 방법으로 2차 제재(secondary sanctions)가 있다. 제재국이 피제재국을 지원하는 제3국까지 확대해서 압박하는 방식으로 불법적 행동의 자금줄을 겨냥하는 금융제재와 함께 자주 인용된다. 2차 제재는 제재국과 피제재

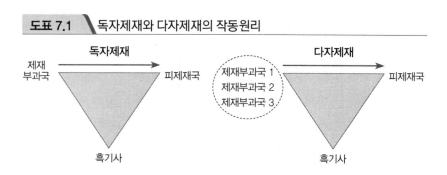

도표 7.1 독자제재와 다자제재의 작동원리

국 간 실질적인 경제교류가 없거나 제재회피 동기가 강한 흑기사가 존재할 경우에 선택하는 방식이다. 경험적으로 보면 2차 제재로 부과되는 금융거래 제한조치는 피제재국에 대한 실질적 압박 효과가 있지만, 여파가 크고 복잡한 글로벌 금융체계를 통한 보복 가능성도 있으며 제3국의 주권 침해 문제가 제기되므로 신중하게 사용한다.

다음으로 제재를 시행하는 과정을 보면 바로 이행하거나 제재를 부과하겠다는 위협을 먼저 하고 시행하는 두 가지 방식이 있다. 제재의 위협과 이행단계를 구분해서 수집한 경제제재 데이터를 분석해 본 결과, 제재위협에 대해 대상국이 불법적 행위를 중단하는 사례가 절반 이상이었다.[3] 이것의 함의는 첫째, 제재위협이 효과적이어서 제재국이 제재를 실제로 부과하지 않게 된 경우를 고려하지 않으면, 전체적인 경제제재의 효과를 저평가하게 된다. 둘째, 제재위협에도 불구하고 불법적 행위를 강행한 피제재국은 경제적 압박에 저항하고 국가주의를 동원해 피해를 감수하려는 경향이 있다.[4] 피제재국을 상대로 제재가 현실화되는 경우, 오히려 제재 효과에 대한 기대를 일정 정도 낮춰야 할 수 있다는 의미다.

마지막으로 제재를 부과할 때 누가 어떻게 비용을 지불하는가의 문제가 있다. 일단 피제재국을 겨냥하더라도 상호의존성 때문에 제재부과국도 대가를 치르게 된다. 예를 들면, 국가 간 전쟁을 하면 군통수권

도표 7.2 2차 제재의 작동 원리

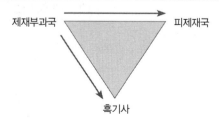

자의 지휘 아래 양국의 군대가 주체가 되어 무력을 행사하기 때문에 서로에게 직접 비용을 부과한다고 볼 수 있다. 그러나 경제제재는 제재부과국이 피제재국에게 직접 비용을 부과하는 원리가 아니다. 제재부과국이 피제재국의 경제 행위자와 교류하는 자국의 경제 행위자를 규제하고 단속하는 것이 핵심이다. 이에 따라 제재를 시행하면 피제재국과 함께 제재국도 자국 기업이나 금융기관의 경제활동을 제한하는 데서 오는 비용을 감수해야 한다. 여기서 제재부과국의 제재집행 딜레마가 작동한다.[5] 즉, 제재를 엄격하게 집행하면 자국 기업과 금융기관의 경제활동이 줄고 피제재국 시장에서의 점유율이나 경쟁력을 잃을 수 있다. 이렇게 상호의존도가 떨어지면 상대국의 행동을 제어할 수 있는 레버리지는 오히려 약화된다. 또한 제재를 엄격하게 집행하기 위해서는 자국 개인, 기업과 은행을 단속하고 규제하기 위한 여러 자원을 동원해야 하기 때문에 추가적인 비용도 발생한다. 따라서 제재국은 피제재국의 행동을 변화시키면서도 자국의 경제적 이익을 보호하기 위해 제재를 '유연하게' 집행하고자 하는 유인이 있다.

이에 더해 피제재국의 비용 전가 문제가 있다. 피제재국의 주요 경제활동이 제한되면 그 거래비용은 해당 기업뿐만 아니라 지도부와 국민이 부담하게 되는데, 정책변화를 유도할 만큼의 부담인지는 피제재국 정치체제와 관련이 있다. 민주주의체제는 국민이 선거를 통해 지도부를 심판할 수 있어 이들의 부담이 국가의 전략적 셈법에 유의미한 영향을 줄 수 있다. 그러나 권위주의체제는 지도부가 제재 비용을 대중에게 쉽게 전가하고 책임을 회피할 수 있기 때문에 국민의 부담이 가중되어도 현상을 유지하며 버틸 수 있다.

핵무기 개발 대북제재의 특수성

이상의 원리를 토대로 핵무기 개발 대북제재의 특수성은 다음과 같이 정리할 수 있다. 첫째, 북한의 핵개발 초기 단계에서 제재위협이 효과를 발휘하지 못했기 때문에 변화를 유도하기 '어려운 사례'이다. 통계를 활용한 연구에 의하면 미국과 무역 등 경제적 교류가 활발한 국가, 특히 미국이 영향력을 행사할 수 있는 동맹국의 경우, 그리고 핵개발 초기 단계에 있는 국가의 경우에 한해서 제재의 억제 효과가 높게 나타났다.[6] 1950년대부터 반공산주의 이슈로 미국의 경제제재 대상이었던 북한은 1990년대에 비밀리에 핵개발 문턱을 넘었고 제재위협이 효과를 발휘할 수 있는 골든타임을 놓쳤다. 2003년에 북한이 핵확산금지조약(NPT)을 탈퇴하고 국제사회의 대북제재가 본격화되는 시점에서는 미국과 무역 관계가 단절되어 있었고 적대국에 대한 미국의 영향력 행사가 제한되었다. 2006년 첫 핵실험을 계기로 일정 수준의 핵무기를 개발하는 궤도에 진입하면서 북한은 제재 압박에 굴복하지 않을 조건을 갖추게 되었다.

둘째, 북한 권위주의체제의 내구성이 제재 효과를 더욱 제한한다. 2015년에 성공적이라고 주목받았던 이란의 핵개발 제재의 경우, 강력한 제재조치 설계와 집행과 함께 서방세력과 전향적인 협상을 중시한 중도파 대통령과 경제적 고립에서 벗어나고자 하는 민심이 뒷받침되었다. 이런 이란의 국내정치적 변화 추구 동인이 유엔 안보리상임이사국과 독일(P5+1)과 포괄적 공동행동계획(JCPOA)을 체결하는 데 결정적으로 작용했다.[7] 반면, 북한은 3대에 걸쳐 핵무기 보유를 정권의 생존 전략으로 발전시켜왔고, 오랜 제재에 의한 북한 주민의 고통이 지도부 결정에 영향을 주지 않는 강력한 통치체제를 구축했기 때문에 내부로부터의 변화 동력이 약하다. 이런 특성을 고려해 지도부를 겨냥하는 표적제재를 확대, 적용했지만 별다른 효과가 없었다. 북한이 핵무기 고도화 기조 속에서 대내 안정책을 우선시하는 것은 권위주의체제의 전형적인 면모다.

셋째, 북한의 핵무기 개발과 궁극적인 핵보유국 지위 확보는 정권의 생존을 보장하고 국제 협상력 향상을 위한 약소국의 전략적 결심이다. 북한의 핵전략도 미국의 핵전략과 마찬가지로 국제안보환경 변화와 과학기술의 발전, 경제적 여건에 대응하면서 발전했다.[8] 특히 북한은 기술적 문제뿐만 아니라 여타 권위주의체제의 취약점으로 식별된 독재자의 관리 능력 부족 문제를 극복함으로써 자체 핵개발에 성공했다. 핵개발 관련 조직에 막대한 권한을 부여해 효과적인 운영을 도모했고, 실적기반으로 과학자와 기술자를 양성하고 성과에 충분히 보상함으로써 제재 압력으로부터 독립된 핵개발 추진 동력을 유지할 수 있었다.[9]

상당히 포괄적이고 강도 높은 대북제재 레짐이 형성되었음에도 끊이지 않는 흑기사의 제재회피 지원이 대북제재 효과를 약화시켰다. 북한과 무역관계를 유지해온 중국을 제외하고는 제재를 통해 북한에 막대한 손실을 입힐 수 있는 국가는 없었다. 미국이 독자제재보다 중국의 동참을 담보할 수 있는 유엔 안보리 기반 다자제재를 앞세웠던 이유이기도 하다. 그런데 중국은 미국과 패권경쟁을 하는 국가로서의 지정학적 셈법을 갖고 있기 때문에 국제사회의 제재 노력에 동참하면서도 국익을 우선적으로 수호했다. 즉, 북한 핵개발을 제한하고자 하면서도 자국의 정치적, 지정학적 이해에 따라 대북제재를 유연하게 집행해왔다. 그동안 북한이 중국 덕분에 핵개발에 매진할 수 있었다면, 2022년 우크라이나전쟁 발발 이후 강화된 러북 군사협력으로 인해 제재 압박으로부터 숨통이 트인 상태다. 대북제재 레짐이 유지되기 위해서는 집단적 노력이 필요한데 미국 패권에 대항하는 중러관계가 더 긴밀해짐에 따라 북한의 제재회피가 더 쉬워졌고 이에 따라 나머지 국가들의 제재 집행 사기마저 떨어질 우려가 있다.

2. 유엔 안보리의 대북제재

상임이사국 5개국(미국, 영국, 프랑스, 중국, 러시아)과 비상임이사국 10개국으로 구성된 유엔 안전보장이사회(안보리)는 국제평화와 안전을 담당하는 주요 기관이다. 유엔헌장은 경제제재라는 용어를 사용하지 않지만, 안보리는 경제관계와 외교관계 단절 관련 조치를 시행할 수 있다. 따라서 일반적으로 경제제재는 헌장 제7장 제41조에 근거해 "평화에 대한 위협, 평화의 파괴 혹은 침략행위를 한 국가를 상대로 국제평화와 안전을 회복하기 위한 목적으로 동 국가의 행위 변화를 강제하기 위해 비군사적 강제조치"로 해석한다.[10] 유엔헌장 제41조를 명시한 제재는 모든 유엔 회원국을 구속하는 강제적 제재로서 안보리 결의가 채택되면 회원국은 이를 이행하기 위해 국내법을 개정하거나 조치한 사항을 안보리에 보고할 의무가 있다.[11]

핵무기 개발에 대한 유엔 안보리 대북제재는 북한이 1993년에 핵확산금지조약(NPT) 탈퇴를 최초로 선언하고 국제원자력기구(IAEA)의 의무사찰을 거부하면서 시작되었고 2000년대 중반 이후 북한의 잇따른 핵실험과 함께 본격화되었다. 유엔 안보리는 북한의 핵·미사일 도발행위를 강력하게 규탄하고 중단을 촉구하며 만장일치로 대북제재 결의를 채택했다. 이와 관련해서 2006년 결의 1695호부터 2017년 결의 2397호에 이르기까지 10여 개의 결의안이 있다. 표 7.1은 북한의 1~6차 핵실험과 대륙간탄도미사일(ICBM) 실험에 대한 유엔 안보리 대북제재의 주요 내용을 정리한 것이다.

1990년대부터 20여 년간 유엔의 대북제재 조치가 군사부문에 집중되었다면 2016년 이후부터는 경제 전반으로 확대되었다. 2016년 북한의 4차 핵실험 이후 채택된 안보리 결의 2270호를 기점으로 전면적 무기금수조치 및 선박과 항공기 관련 조치, 북한산 광물 수출과 이전 금

표 7.1 유엔 안보리 대북제재

원인	결의	주요 제재
대포동 2호 발사 (2006.7.4)	1695호 (2006.7.15)	• 북한 탄도미사일 프로그램 개발 중단 요청 • 미사일 관련 물품 및 기술의 북한 이전에 관한 주의 요청
1차 핵실험 (2006.10.9)	1718호 (2006.10.14)	• 핵·미사일·기타 WMD 관련 품목 등 금수조치, 화물검색 도입 • 제재대상 지정, 자산동결 및 여행 금지, 사치품 금지 • 안보리 산하 대북제재위원회(1718위원회) 설치
2차 핵실험 (2009.5.25)	1874호 (2009.6.12)	• 핵·미사일·WMD 관련 금융거래, 기술훈련, 서비스 관련 금수조치 확대, 화물검색 구체화, 자산동결, 금융제재 확대, 제재대상 확대 • 제재위원회 지원을 위한 전문가 패널 설치
은하 3호 발사 (2012.12.12)	2087호 (2013.1.22)	• 조건부 catch-all 성격의 수출통제 강화 • 대량현금 반입 등 결의 위반 북한 금융활동 제재 확대 • 공해상 의심 선박 기준 마련, 자산동결 및 여행금지 대상 확대
3차 핵실험 (2013.2.12)	2094호 (2013.3.7)	• 금수 품목 확대, 대량현금 반입 등 금융제재 강화, 신규 은행 개소 및 금융기관 개설 금지 촉구 • 조건부 화물검색 결정, 북한행발 화물검색, 사치품 확대 • 추가 발사 및 핵실험 시 추가적 중대한 조치표명
4차 핵실험 (2016.1.06)	2270호 (2016.3.2)	• 소형무기 수입 금지, 재래식무기 catch-all, 북한과의 군·경 협력 금지 • WMD 관련 북한 내 은행 활동 금지, 90일 내 계좌 폐쇄, 무역 공적·사적 금융지원 금지, WMD 관련 북한정부 및 노동당 단체 자산 동결

계속

원인	결의	주요 제재
4차 핵실험 (2016.1.06)	2270호 (2016.3.2)	• 북한행발 화물검색, 북한 내 선박 등록 및 북한기 사용 금지, 제재대상 의심 선박 입항 금지, 의심 항공기 통과 불허 • 북한산 광물 수입 금지, 제재 위반 연루 북한 외교관 추방
5차 핵실험 (2016.9.9)	2321호 (2016.11.30)	• 북한과 과학기술 협력 금지 • 북한 내 외국 금융기관 90일 내 전면 폐쇄, 대북 무역 공적·사적 금융지원 금지, WMD 관련 북한 정부 및 노동당 단체 자산 동결 • 북한에 항공기 선박 대여 금지 및 북한 선박 및 북한기 제공 금지(예외 삭제), 의심 항공기 화물 검색 의무 강조 • 북한산 석탄 수출 상한제 도입, 수출금지 품목 추가 • 북한 유엔 회원국 권리 및 특권 정지 가능함 경고
탄도미사일 발사	2356호 (2017.6.2)	• 중거리급 탄도탄 미사일 발사에 대한 최초 제재 조치 • 제재대상 지정 확대
ICBM 발사 (화성 14형) (2017.7.4./ 7.28)	2371호 (2017.8.5)	• WMD 및 재래식무기 금수 강화(이중용도 통제 품목 추가) • 신규 합작사업 및 협력체 설립 금지 • 제재 위반 연관 선박 지정 및 입항 불허 • 북한 석탄·철·철광석 수출 전면 금지 • 납 및 납광석, 해산물 수출 금지
6차 핵실험 (2017.9.3)	2375호 (2017.9.11)	• WMD 및 재래식무기 금수 강화 • 대북 합작사업 및 협력체 전면 금지 • 공해상 북한 선박 간 이전 금지 • 대북 정유제품 공급량 상한선 부과, 대북 원유 공급량 동결 • 북한 섬유 수출 금지, 북한 해외노동자 노동허가 부여 금지

계속

표 7.1 계속

원인	결의	주요 제재
ICBM 발사 (화성 15형) (2017.11.29)	2397호 (2017.12.22)	• 대북 합작사업 및 협력체 전면 금지 • 입항한 제재 위반 연루 의심 선박 나포 동결 의무화, 영해상 제재 위반 연루 의심 선박 나포 동결 가능, 의심 선박에 대한 정보교류 의무화 • 대북 정유제품 공급량 상한선 감축 • 대북 식용품·농산품·산업용 기계류·전자기기·목재류·선박 수출금지 확대, 조업권 거래금지 명시 • 북한 해외노동자 노동허가 부여 금지

출처: 남북교류협력지원협회, 『대북제재 톺아보기』 24-07 (2024), 통일연구원; "안보리, 대북 결의 2356호 채택…개인 14명·기관 4곳 추가제재," 『연합뉴스』, 2017년 6월 3일.

지조치, 금융제재가 신설되어 체계적인 대북제재체제가 성립되었다. 분야별로 내용을 살펴보면 첫째, 북한에 대한 수출과 수입 금지조치, 둘째, 기술훈련과 서비스 등의 이전 금지조치, 셋째, 핵개발과 연관된 개인이나 단체에 대한 금융제재, 넷째, 여행금지, 다섯째, 해외 북한 노동자에 대한 제한, 여섯째, 선박 및 항공기 관련 제한, 일곱째, 확산방지 조치가 있다. 북한으로의 수출 금지조치는 재래식무기나 관련 물품, 핵·미사일 개발에 기여 가능한 물품, 북한 지도부가 의존하는 사치품, 그리고 항공연료와 정유제품, 일정량을 초과하는 원유 수출 등의 기타 품목까지 포함한다. 북한으로부터의 수입 금지조치는 석탄·철·철광석과 함께 납과 수산물, 식품·농산품, 기계류, 전자장비, 목재, 선박을 포함한다. 특히 금·티타늄광·비나듐광·희토류나 구리·니켈·은·아연에 대한 수입 금지조치는 예외도 인정하지 않을 만큼 엄격하다. 기술훈련·서비스 등의 이전 금지는 수출입금지 대상인 무기·핵·탄도미사일 관련 일체 물품에 대한 기술훈련·서비스 제공과 이전받는 행위 모두를 금지하며 무기에 대한 금융거래도 제재한다. 즉, 금융제재는 제재대상자의 자산을 동결하거나 북한에 대한 금융서비스 제공이나 자산 이전 금지, 무역을 위한 재정 지원 금지를 포함한다. 또한 회원국의 금융기관과 북한은행 간 신규합작투자를 금지하고 회원국의 금융기관이 북한 내 신규 사무소나 계좌를 개설하는 것도 금지한다. 여행제한은 북한의 핵·미사일 관련 정책에 대한 책임이 있는 개인이나 가족의 입국, 통과를 금지한다. 북한 주민에 대한 노동허가증이 채택 결의 당시의 수준을 초과하지 않도록 하는 것이 해외 북한 노동자에 대한 제한이다. 선박 및 항공기 관련 제한은 화물과 선박검색, 금지물품의 압수, 선박의 나포와 억류까지 포함한다. 제재대상자에 대한 자국 선박과 항공기 서비스 제한은 물론 북한 선박의 등록 취소와 재등록 금지, 회원국 선박의 북한등록 금지, 회원국 항만에 대한 제재대상 북한 선박 입항 금지조치도 있다. 확산네트워크 제한은 북한 외교관처럼 핵·미사일 개발 관련 금지된 활동 지원을 위해 금지물품을 해외에서 조달하는 행위자에 해당한다.[12]

북한이 핵·미사일 실험을 반복함에 따라 유엔 안보리는 대북제재 범위를 점차 포괄적으로 확대하고 분야별 조치의 강도를 높였다. 제재정책의 설계뿐만 아니라 이행의 중요성을 인식해 회원국의 제재 이행을 효과적으로 감시하고 지원하기 위해 안보리 결의 1718호에 따라 대북제재위원회(UN Security Council Sanctions Committee on North Korea)를 설치했다. 제재위원회는 제재 이행을 위한 정보를 각국에 요구하고 제재 위반 사례를 조사·공개하며 제재 예외 요청을 처리하거나 추가 제재대상이나 물품을 결정하는 임무를 수행했다. 특히 90일마다 안보리 제재의 효과를 강화하는 방안과 활동 계획을 보고하면서 제재 이행 지침을 마련했다. 그러면서도 유엔은 제재에 의한 무고한 북한 주민에 대한 피해를 줄이기 위해 정권과 지도부에 대한 표적제재를 강화하고 인도주의적 예외를 허용했다. 안보리 결의 1874호에서 최초로 북한 민간인에 대한 피해는 제재의 의도된 바가 아니라고 공표했고 결의 2270호에서 북한 주민의 인권문제를 거론했다. 결의 2321호는 대북제재위원회가 필요 시 인도주의적 예외를 규정할 수 있도록 명시했다.[13]

제3국의 지원 효과를 상쇄하기 위해 고안된 다자제재인 유엔 안보리 제재는 중국과 러시아를 포함한 상임이사국 간 정치로부터 자유롭지 않았다. 안보리 결의에 담기는 제재 내용이나 강도, 용어 등 제재 설계 전반에 대해 중러가 영향력을 행사했다. 게다가 제재 이행에 대한 강제성을 담보할 수 없는 국제환경에서 이들의 제재회피 행위에 대한 감시나 처벌이 불완전했다.[14]

3. 미국, 한국, 일본의 독자 대북제재

유엔 안보리를 중심으로 하는 국제사회의 대북제재를 국내법으로 전환해서 가장 엄격하게 부과한 국가는 미국, 한국, 일본이다. 제2차 세계대전 이후부터 패권국 지위를 누린 미국이 유엔에 행사하는 영향력이 막강했기 때문에 사실상 국제사회의 핵무기 개발 대북제재는 미국 대전략의 일환으로 추진되었고, 동맹국인 한국과 일본은 이에 적극적으로 협조했다. 미국은 1960년대부터 군사적 우위, 동맹 안심과 통제, 미국 주도의 제도와 시장으로의 통합, 핵확산금지를 대전략의 핵심 요소로 지켜왔다.[15] 그 하위에 있는 미국의 핵전략은 국제안보환경의 변화, 과학기술의 발전, 경제적 여건에 따라 발전했다. 탈냉전 이후 미국은 핵 사고와 확산을 예방하고자 핵무기에 대한 의존도를 낮추는 기조를 채택하게 되었다. 1990년대에는 우크라이나처럼 구소련 핵무기를 갖고 독립한 국가에 주변국과 함께 안전보장을 제공해주면서 핵무기 포기를 유도하기 시작했다. 2001년 9·11테러 공격이 미국의 글로벌 리더십에 도전하고 이라크나 북한, 이란처럼 대량살상무기 개발을 강행하고 확산할 수 있는 비정규 세력이 부각되면서 새로운 도구와 전략이 필요해졌다. 대량살상을 야기하는 전쟁에 대한 피로와 함께, 이것이 경제제재라는 비군사적 외교정책 수단에 비중을 두고 피제재국과의 협상을 병행하며 맞춤형 억제전략을 발전시키게 된 배경이다.

미국

미국은 제2차 세계대전 이후 경제제재를 가장 많이 활용해 온 국가로 냉전기에는 공산주의와 비시장경제 확산방지가 주요 목적이었다. 1945년부터 2005년까지 포함하는 경제제재 데이터를 보면[16] 미국이 독자 혹은 다자제재를 부과한 사례와 국제기구의 제재 참여는 높은 상관관계를 보이며 미국이 제재국에 포함된 경우, 대상국의 유의미한 정책 변화를 가져올 확률이 높다. 북한과 관련해서는 핵·미사일 개발 억제뿐만 아니라 테러활동 억제, 사이버안보 강화, 인권보호 등 다양한 목적으로 유엔 안보리 차원의 다자제재와 미국 국내법에 기초한 독자제재를 상호 보완적으로 발전시켜왔다. 미국의 독자 대북제재는 북한이 최초로 핵실험을 강행한 2006년을 기점으로 유엔 안보리 제재와 함께 본격화되었다 (표 7.2 참조).

　미국의 독자 대북제재는 특정 경제활동을 제한하는 규정으로 구성된 유엔 안보리 제재와 달리, 개인이나 단체 등 제재대상을 지정하는 규정과 구체적 처벌 규정을 별도로 두었다.[17] 미국의 독자제재는 유엔 안보리 제재의 후속 조치였을 뿐만 아니라 선도하는 역할도 겸했다. 즉, 미국이 패권적 지위와 거대 시장을 토대로 안보리 대북제재 이행을 촉구하면서 2차 제재를 추가해 제재 효과를 내실화한 측면이 있다. 일례로

표 7.2 미국의 독자 대북제재

배경	미 행정부	주요 내용
1차 핵실험 (2006.10.9)	부시 행정부 (2007.2.2)	• 미국인의 북한 내 선박 등록 및 북한 국기 게양권 획득 금지
2차 핵실험 (2009.5.25)	오바마 행정부 (2010.8.30)	• 안보리 결의 이행을 위해 행정명령 13382호에 의거한 독자 제재 • 북한의 무기 및 관련 물자 밀수, 사치품 조달, 돈세탁, 위조 활동, 마약 밀매와 같은 불법 활동에 관여한 북한 국적 개인과 단체와의 거래금지 및 국내자산 동결
	오바마 행정부 (2011.4.19)	• 북한의 재래식무기 거래에 관여한 북한 국적 단체와의 거래금지 및 국내자산 동결
탄도미사일 발사 (2012.12.12)	오바마 행정부 (2013.1.24)	• 행정명령 13570호에 의거 안보리 결의 2087호 이행 • 북한의 국제 금융시스템의 불법적 활용 차단
3차 핵실험 (2013.2.12)	오바마 행정부 (2013.3.7)	• 안보리 결의 2094호에 따른 이행 조치 • 북한 핵확산 활동, 핵실험 및 탄도미사일 발사 비판, 관여자에 대한 금융제재
소니 픽처스 해킹 (2014.11.24)	오바마 행정부 (2015.1.2)	• 행정명령 13687호에 의거 미국에 대한 사이버 위협에 대한 대응 • 관여한 북한 국적 개인, 기관과의 거래금지 및 국내자산 동결
4차 핵실험 (2016.01.06) ICBM 발사 (2016.2.7)	오바마 행정부 (2016.2.18)	• 대북제재 및 정책 역량강화법(North Korea Sanctions and Policy Enhancement Act of 2016) 제정(2차 제재)
	오바마 행정부 (2016.3.2)	• 안보리 결의 2270호, 행정명령 13382, 13687호에 의거 대량살상무기 개발에 관여한 북한 개인, 단체와의 거래금지 및 국내자산 동결
	오바마 행정부 (2016.3.16)	• 안보리 결의 2270호, 행정명령 13687, 13551호에 의거 북한정부, 노동당 봉쇄 및 북한으로의 상품, 서비스, 기술 수출 금지, 해상차단 및 금융제재

계속

배경	미 행정부	주요 내용
5차 핵실험 (2016.9.9)	오바마 행정부 (2016.11.4)	• 애국자법 311조에 의거, 북한 금융기관을 대신한 거래를 처리하기 위해 제3국 은행의 미국 통신 계좌를 사용하는 것 금지
	트럼프 행정부 (2017.6.29)	• 애국자법 311조에 의거, 자금세탁 혐의 관련 중국 은행 제재. 북한 불법 자금 조달 차단을 위한 중국정부 협력 촉구 • 관여한 중국 국적 개인과 관련 단체와의 거래금지 및 국내자산 동결
ICBM 발사	트럼프 행정부 (2017.8.2)	• 제재를 통한 미국의 적국 대응법(Countering America's Adversaries Through Sanctions Act); 제3편 "북한 차단 및 제재 현대화법" 서명 (2차 제재)
	트럼프 행정부 (2017.8.22)	• 안보리 결의 2371호 보완, 행정명령 13382, 13722호에 의거 WMD 개발, 결의 위반, 미국 제재 회피에 대한 금융제재
6차 핵실험 (2017.9.3)	트럼프 행정부 (2017.9.20)	• 행정명령 13810에 의거, 대북 운송 및 금융제재 강화
	트럼프 행정부 (2017.11.2)	• 애국법 제311조에 의거 북한 금융 통로 역할을 수행한 중국 단동은행을 미국 금융시스템에서 분리
	트럼프 행정부 (2017.11.21)	• 행정명령 13810, 13722호에 의거 WMD 개발, 미국 제재 회피 제재 • 북한의 무역 및 수입원 차단, 경제적 압력 극대화
ICBM 발사 (2017.11.29)	트럼프 행정부 (2017.12.26)	• 행정명령 13687, 13382호에 의거한 금융제재 강화
	트럼프 행정부 (2020.11.19)	• 오토 웜비어 북한 관련 은행 제한법(BRINK)과 행정명령 13722호에 의거 북한의 해외 노동자 불법 파견 차단(2차 제재)
	트럼프 행정부 (2020.12.8)	• 행정명령 13687, 13722, 13810호에 의거 북한 석탄 수출 차단

계속

표 7.2 계속

배경	미 행정부	주요 내용
	바이든 행정부 (2022.5.6)	• 행정명령 13694, 13722호에 의거 기지정된 '라자루스' 관련 가상화폐 믹서에 대해 최초로 금융제재 부과
ICBM 발사	바이든 행정부 (2022.10.7)	• 행정명령 13810호에 의거 석유 밀수출에 관여한 개인과 단체에 대한 금융제재
ICBM 발사 (2022.11.18)	바이든 행정부 (2022.12.1)	• 행정명령 13687호에 의거, 2022년 60회 이상의 탄도미사일 발사에 대응하며 WMD 개발 주도 혐의 대상에 대한 금융제재 • 한국과 일본과의 긴밀한 3자 협력 조치 강조
	바이든 행정부 (2023.3.30)	• 행정명령 13551호에 의거 북러 간 상업용 항공기, 원자재, 상품 등 자재와 러시아를 위한 20여 종 이상의 무기와 탄약 거래 중개 혐의
ICBM 발사	바이든 행정부 (2023.4.24)	• 행정명령 13382, 13722호에 의거 북한의 불법 자금 조달 및 악의적인 사이버 활동 혐의 대상에 대한 금융제재, 한국과 공동으로 제재 조치
ICBM 발사	바이든 행정부 (2023.5.23)	• 행정명령 13382, 13722호에 의거 북한의 불법 자금 조달 및 악의적인 사이버 활동 혐의 대상에 대한 금융제재, 한국과 공동 제재 조치
	바이든 행정부 (2023.8.31)	• 행정명령 13687, 13722, 13382호에 의거 북한 WMD 개발, 수익 창출, 결의안 위반 혐의 대상에 대한 금융제재
위성 발사 (2023.11.21)	바이든 행정부 (2023.11.30)	• 행정명령 13551, 13687, 13722, 13382, 13810호에 의거 WMD 확산, 무기 수출입, 정보 수집, 결의안 위반 혐의 대상자에 대한 금융제재 • 정보 수집 기관 '김수키' 제재, 한국, 일본, 호주와 공동으로 조치
	바이든 행정부 (2024.7.24)	• 러시아의 유엔 전문가 패널 거부권 행사 비판 • 대량살상무기 개발, 물품 조달, 결의 위반 혐의 대상자에 대한 금융제재

계속

배경	미 행정부	주요 내용
	바이든 행정부 (2024.9.19)	• 행정명령 13382, 13722, 14024호에 의거 북한과 러시아 간 불법 금융 메커니즘 구축 노력 제재, 러시아의 안보리 제재 위반 규탄, 해당자에 대한 금융제재
ICBM 발사 (2024.10.31)	바이든 행정부 (2024.12.16)	• 행정명령 13551, 13687, 13722, 13810호에 의거 WMD 확산, 재정 지원, 군사 지원, 북한 석유 수출 혐의자에 대한 금융제재

출처: 미 재무부와 해외자산관리국 홈페이지 보도자료 (https://home.treasury.gov/news/press-releases, https://ofac.treasury.gov/sanctions-programs-and-country-information/north-korea-sanctions).

미국은 유엔 안보리 제재 이행에 그치지 않고 수출입금지품목 추가나 사치품 추가 등 자국이 우선시하는 내용을 안보리 결의에 반영하고 논의를 주도해 나가기도 했다. 안보리 결의 1718호에 대해 당시 조치 사항에 포함되지 않았던 선박검색 관련 국제적 협력을 통한 자국의 이행 실적을 제출했고 그 결과, 1874호에 선박검색 항목을 추가하도록 했다.[18] 2017년 틸러슨(Rex Tillerson) 미 국무장관은 2008년 해제를 번복하고 북한을 테러지원국으로 재지정했고 대북 원조 등의 경제활동 제한을 유지했다.[19] 이러한 방식으로 미국은 국내법에 기초한 제재를 통해 북한의 해외 자금줄을 실질적으로 차단하고자 노력했다.

또한 북한의 4차 핵실험 이후 안보리 결의 2270호가 채택되었을 무렵 미국 의회는 대북제재 및 정책 역량강화법(North Korea Sanctions and Policy Enhancement Act of 2016)을 통과시켰고 대통령은 행정명령 13722호에 서명했다. 이는 북한 제재만 목적으로 하는 법안이 최초로 입법된 사례로 북한이 핵무기와 장거리 미사일을 개발하는 데 필요한 금융자원을 제한하는 내용이 핵심이었다. 여기에 미국이 북한뿐만 아니라 북한과 거래하는 제3국의 기업이나 개인까지 처벌할 수 있는 명분을 제공하는 2차 제재 조항도 포함했고 북한의 주요 외화조달 수단인 금속과 광물자원의 거래도 불허했다. 이를 계기로 미국은 북한을 '주요 돈세탁 우려 국가'로 지정했다. 행정명령 13722호는 북한산 광물거래, 인권침해, 사이버안보, 대북투자 전반에 대한 금지조항을 적용하고 북한 해외노동자 송출을 금지했다.[20]

이처럼 미국이 2차 제재를 도입한 것은 유엔 안보리 결의 강화를 위한 지침을 제공했다는 점, 중국과 러시아의 협조를 구하려는 미국의 의지를 보이고 북한에 대한 실질적 압박을 가할 수 있는 발판을 마련했다는 점에서 의의가 있다.[21] 미국이 북한과 경제적 교류를 하지 않는 상황에서 독자제재의 실효성을 기대할 수 없었고, 북한의 핵·미사일 개발이 중국 기업과 금융기관과 연계되어 있다는 정황이 포착되어도 중국의 거부권 행사 때문에 유엔 안보리 결의에 반영하기 어려운 현실을 타개하기 위한 방책이었다. 한편, 미국 국내법에서 2차 제재 조치는 의무가 아닌 행정부 재량으로 부가되었다. 같은 맥락에서 금융제재 이행을 담당하는 미 재무부는 절제된 제재의 사용을 강조해 왔다. 2016년 3월 루(Jacob Lew) 미 재무장관은 독자제재가 효과적이지 않은 '가장 예외적인 상황에서만' 2차 제재를 사용한다는 원칙을 내세우면서 제재의 이행과 민간부문 협력을 위한 외교관계 유지의 중요성을 환기했다.[22] 이는 미국이 2차 제재를 집행할 때 겪는 딜레마도 반영했다. 전 세계 금융거래의 2/3 이상이 미 달러로 이루어지기 때문에 미국 주도의 2차 제재와 금융제재가 북한에 상당한 타격을 입힐 수 있을 것으로 기대되면서도 긴장을 유발했다. 중국이 북한에 대한 모든 제재를 격렬하게 반대하는 가운데 섣불리 중국 기업이나 은행을 처벌했다가 보복당하는 경제적, 정치적 비용이 예상되었기 때문이다.[23] 게다가 중국 위안화가 2015년 말 IMF 공식 화폐로 인정받는 등 가치가 격상되면서 미 달러를 대체하는 화폐로 사용될 가능성이 제기되어 미국의 부담이 가중되었다.[24] 이런 상황에서 2차 제재가 주권 침해 등의 이유로 다수 국가의 반발을 살 경우, 이들이 미 달러로 거래하지 않을 것을 우려했다. 결과적으로 미국은 2차 제재로 중국에 대한 협상력을 배가하면서도 자국에 대한 보복이 우려되는 금융제재 부과 수위는 조절했다. 2차 금융제재도 결국 직접적인 북한 핵개발 억제보다 북한에 영향력을 행사할 수 있는 중국에 대한 압박 수단이자 협상 수단으로 활용된 측면이 있다.[25]

한국

한국은 주기적으로 유엔 대북제재 결의 이행보고서를 제출했고 분야별로 관련 제재의 법령과 관련 부처, 관련 고시의 내용과 적용 방식을 설명하는 등 성실히 제재를 이행했다. 국가보안법과 반공법, 남북교류협력법, 통일부 장관의 허가 외 대외무역법, 원자력진흥법, 방위사업법, 공중 등 협박 목적 및 대량살상무기 확산을 위한 자금조달행위의 금지에 관한 법률 등이 한국 대북제재의 근거다.[26] 2010년 3월 천안함이 피격되자 한국은 '5·24 조치'로 불리는 대북 독자제재를 최초로 부과했다. 북한의 재래식 도발로 촉발되었지만, 결과적으로 핵무기 개발 대북제재에 중첩적인 영향을 주게 되었다. 핵심내용은 북한선박의 남측 해상 통행금지, 남북교역중단, 방북 금지, 대북 지원 보류, 대북 신규투자 금지로 사실상 북한과의 교류를 중단하는 내용이었다. 이는 유엔 안보리 제재(1718호, 1874호, 2094호)에 포함된 교역, 금융, 대북지원, 해운과 여행금지 내용을 반영했다. 개성공단 사업은 제재 대상에서 제외되었지만, 그와 관련된 신규투자는 허용되지 않았다.

그 후 한국은 북한의 4차, 5차, 6차 핵실험 이후 부과된 유엔 안보리와 미국의 제재와 공조하는 가운데 독자제재와 한미와 한미일 소다자 협력 차원에서의 제재 협력을 강화했다. 특히 2016년 북한의 4차 핵실험과 장거리 미사일 발사 시험 이후 2월에 개성공단 가동이 전면 중단되면서 1970년부터 시작된 북한과의 인적, 경제교류 활성화 노력이 후퇴했다.[27]

2022년 우크라이나전쟁 발발 이후에는 북한과 러시아 간 안보리 제재 위반 군사협력 중단을 촉구하고 러북 불법 무기거래와 금융거래를 억제하며 북한의 군사정찰위성 발사를 저지하기 위한 독자 제재를 추가했다. 북한의 군사정찰위성 대응과 관련해서는 미국뿐만 아니라 일본과 호주정부와 연대하는 제재 공조 노력도 강화되었다. 러시아에 대한 북한 IT 인력파견과 해외노동자 외화벌이, 러시아의 정제유 수출과 불법 해상활동 등을 차단하려는 내용도 추가되었다. 한국은 최근 자금 확보를 통해 북한 핵개발을 간접적으로 지원할 수 있는 북한의 불법 사이버 활동에 대한 최초의 독자 제재를 시행했고 국제사회에서 최초로 인공위성 분야 감시대상 품목을 지정했다 (표 7.3 참조).

일본

1993년 북한의 핵확산금지조약(NPT) 탈퇴선언 이후 유엔에서 북한 제재문제가 논의되기 시작하면서부터 일본에서 대북제재가 이슈가 되었다. 북한과 관계정상화를 준비하고 있었기 때문에 당시 일본의 제재 노력은 소극적이었으나, 1998년 북한의 대포동미사일 발사 이후에는 식량원조 등 인도적 지원을 중단하고 국내 대북제재 근거법 마련을 본격 추진했다. 2006년 북한의 1차 핵실험 이후부터 일본은 독자제재를 부과했는데 북일교역 중단, 대북송금 규제 및 방북 시 소지할 수 있는 현금 규제, 북한 선박의 전면 입항 금지 및 금수 화물 적재 의심 선박에 대한 검색, 북한 국적자의 입국 금지, 핵·미사일 관련 물자의 수출 금지, 사치품의 수출 금지가 포함되었다. 외환 및 외국무역법, 특정선박

표 7.3　한국의 독자 대북제재(2016년 이후)

배경	정부	주요 내용
4차 핵실험 (2016.1.6) ICBM 발사 (2016.2.7)	박근혜정부 (2016.2.10, 2016.3.8)	• 안보리 결의 2270호 이행과 대북 압박 강화 목적으로 개성공단 중단 ⇒ (교역)▲북한산 물품의 제3국 우회 차단 및 남북 간 물품 반·출입 통제 강화, 대량살상무기 개발 관련 수출통제 기준 마련, 감시대상 품목 목록 작성 및 통보 (해운)▲북한에 기항한 외국 선박의 180일 이내 국내 입항 불허, 제3국 선박의 남북 항로 운항 금지, 북한의 제3국 편의치적 선박의 국내 입항 (금융)▲'대량살상무기' 개발에 관여한 북한 국적 개인 38명과 단체 24개, 제3국적 개인 2명, 단체 6개와의 거래금지 및 국내자산 동결.
5차 핵실험 (2016.9.9)	박근혜정부 (2016.12.2)	• 안보리 결의 2321호 이행과 추가적인 대북 압박 강화 목적 ⇒ (교역)▲제2 외화수입원인 의류 임가공 무역에 대한 계도 조치, 우회 반입 차단을 위한 집중 관리대상 품목 33개로 확대, SLBM 개발 저지를 위한 감시대상 품목 작성 및 발표 (해운)▲북한에 기항한 외국 선박의 1년 이내 국내 입항 불허 (금융)▲'대량살상무기' 개발에 관여한 북한 국적 개인 38명과 단체 35개와의 거래금지 및 국내자산 동결 (여행금지)▲제재대상으로 지정된 제3국인의 국내 입국 금지, 북한 관련 출입국 제한조치 강화
6차 핵실험 (2017.9.3)	문재인정부 (2017.11.6)	• 유엔 안보리 결의 2375호 이행과 대북 압박 강화 목적 • WMD 개발 자금 조달 혐의 대상에 대한 거래금지, 국내 자산동결

계속

표 7.3 계속

배경	정부	주요 내용
ICBM 발사 (2017.11.29)	문재인정부 (2017.12.11)	• 북한 WMD 및 탄도미사일 개발 관련 금융활동 차단, 관여 개인과 단체와의 거래금지 및 국내자산 동결
탄도미사일 발사	윤석열정부 (2022.10.14)	• WMD 연구개발 및 물자 조달, 북한 노동자 송출, 선박 및 원유 밀수, 제재 선박 운영 등 사유 기관에 대한 금융제재
ICBM 발사 (2022.11.18)	윤석열정부 (2022.12.2)	• 유엔 제재대상으로 기지정된 은행 등 북한 금융기관 소속 인원 지정
		• 북한 불법 금융활동 지원 및 노동자 송출, 선박 환적 등 기관 제재
러북 군사협력	윤석열정부 (2023.9.21)	• 북한의 핵·미사일 개발과 무기거래를 포함한 대북제재 위반·회피 활동 차단을 위한 금융제재
정찰위성 발사 (2023.11.21)	윤석열정부 (2023.12.1)	• 북한 군사정찰위성 발사에 대응, 한국, 미국, 일본, 호주정부가 최초로 연쇄 독자 제재 부과(기존 한미일 연쇄 독자 제재에 호주 동참)
러북 군사협력	윤석열정부 (2024.4.3)	• 안보리 제재 위반 러북 군사협력, 북한 IT 인력 파견 중단 촉구 • 러시아 선박 지정 및 국내 입항 허가 제한, 지정 대상과의 금융거래, 외환거래금지
	(2024.5.24)	• 안보리 결의 1718, 2375, 2397호 위반 러북 군사협력, 정제유 반입, 북한 노동자 외화벌이 중단 촉구 • 러시아 선박 지정 및 국내 입항 허가 제한, 지정 대상과의 금융거래, 외환거래금지

출처: 국무조정실 및 외교부 보도자료.

의 입항금지에 관한 특별조치법, 납치문제 및 기타 북한 당국에 의한 인권침해 문제 대처에 관한 법률 등이 근거였다.[28]

분야별로 일본의 대북제제를 정리하면 첫째, 교역 분야에서는 2006년부터 북한산 전 품목에 대한 수입이 금지되었고 2009년 이후에는 수출도 전면 금지되었다. 둘째, 금융제재로는 일본 금융기관과 북한무역 결재 은행과의 거래금지, 인도적 목적 외 대북송금의 원칙적 금지, 북한을 목적지로 하는 현금 휴대 반출 제한이 있다. 셋째, 해운과 관련해서는 북한 선적 선박의 입항이 금지되고 북한 기항 제3국 선박의 일본 입항 금지조치가 있다. 넷째, 여행 제한 분야에서는 북한 국적자의 일본 입국 금지, 일본 내 조총련 관계자, 재일 외국인 중 북한 방문 핵미사일 기술자 등의 일본 재입국 금지, 대북 무역 및 금융조치 위반형이 확정된 외국인 선원의 일본 입국 금지조치가 있다.

일본의 독자제재는 유엔 안보리 대북제재에 비해 선제적이고 강력한 방식으로 부과되고 제재 이행도 엄격하게 이루어졌다는 평가가 중론이다.[29] 그런 일본도 자국민 납치문제 해결을 중시하기 때문에 북한의 핵·미사일 제재에 동참하면서도 납북자 관련 대북 대화 진전에 따라 제재를 융통성 있게 활용했다. 일례로 2014년 5월 스톡홀름에서 열린 북일 국장급 회의에서 일본은 북한이 납북자 문제 조사를 개시할 경우 독자제재 일부를 해제할 용의가 있다고 언급한 사례가 있다.[30]

4. 중국과 러시아의 대북제재

한반도 주변국은 북한 핵무기 개발을 억제하려는 대북제재의 단기적 목표에 대해서는 공감하지만, 각자의 국익 수호 차원에서 북한 정권의 생존을 위협할 만큼의 비용을 부과하는 것에 대해서는 입장을 달리한다. 2010년대 이후 미중 간 지정학적 대립 구도의 형성과 고착은 유엔 안보리 대북제재 이행을 약화시켜 제재 효과를 떨어뜨릴 위험이 있다.

바이든 행정부 시기 한미일 3국의 대북 견제 기조가 강해진 한편 중국과 러시아의 연대 강화 기조 속에서 중국의 우크라이나전쟁 용인과 러시아에 대한 지원과 함께 '저항의 축(중국-러시아-이란-북한)' 간 협력이 긴밀해졌기 때문이다.

중국

우크라이나전쟁 발발 이후 미국과 세계의 관심이 유럽으로 쏠리면서 국제무대에서 북핵문제의 우선순위는 현저히 낮아졌다. 그동안 러북 관계는 급속도로 긴밀해졌고, 중국은 러시아와 함께 유엔 안보리에서 북한에 대한 제재결의안 채택을 공식적으로 반대하기 시작했다. 북한이 2006년, 2009년, 2013년 핵실험을 강행했을 때 중국 외교부는 강력한 언어로 북한의 도발 행위를 규탄하며 국제제재 노력에 적극 동참하기로 했다. 실질적인 제재 이행 차원에서 보면 중국은 1차 핵실험 이후에는 압박정책을, 2차 핵실험 이후에는 북한체제의 안정을 중시하는 지원정책을, 3차 핵실험 이후에는 위험회피가 더해진 압박정책으로 회귀하는 모습을 보였다.[31] 중국은 유엔 안보리 대북제재 노력에 참여하면서도 강압외교 수단만으로 북한의 행동 변화를 유도할 수 있다는 점에 대해서는 회의적이었다. 따라서 북한의 체제 안정성을 위협할 만큼 압박을 가하는 데는 소극적이었다. 결과적으로 유엔 제재의 범위를 포괄적으로 확대하거나 강도를 높이는 것에 반대했고, 유엔외교와 안보리 거부권 행사로 다자제재 설계와 이행 단계에서 조정자 역할을 수행했다. 한국과 일본의 독자제재나 미국의 2차 제재에 대해 비판적이었으며 유엔 안보리 제재를 집행할 때는 유연하게 대응했다. 북한의 갑작스러운 체제 붕괴에 대한 정치적, 경제적 부담이 작용했을 뿐만 아니라 그 결과, 미국의 대한반도 영향력이 확대되어 중국의 중장기적 국익을 해칠 수 있다는 지정학적 고려가 있다.

중국은 한반도 비핵화, 한반도의 평화와 안정, 대화와 협상을 통한 해결 세 가지 원칙을 고수하며 북핵문제와 북한문제를 분리해 대응해 왔다.[32] 북한이 핵개발을 지속하는 행위는 자국의 평화적인 강대국화 과정을 긴장시키는 것이고, 북한이 핵보유국으로 인정받고자 도발을 일삼는 행위는 한국, 일본 등 주변국의 핵무장을 초래할 수 있는 위험이 있어서 자국의 전략적 이익에 부합하지 않는다는 입장이다.[33] 미국은 중국이 제재를 엄격하게 이행해 북핵문제 해결에 더 적극적인 역할을 수행하라고 요구해 왔다. 중국이 북한과 교류를 지속하는 자국의 기업과 금융기관을 더 엄격하게 모니터하고 규제함으로써 제재 집행을 강화하는 한편, 흑기사 역할을 중단하고 북한이 비핵화 협상에 진지하게 임하도록 협조하라는 주문이었다. 그럴 때마다 중국은 제재 자체가 목표가 아니라 수단임을 강조하고 6자회담 등 다자적 대화 재개를 강조했다. 중국은 북한이 미국의 적대시 정책 때문에 핵을 개발했다고 인식하고 있기 때문에 대화를 통한 이 문제의 근본적 해결 없이는 북한 비핵화가 불가능하다고 본다. 한미가 '선 비핵화 후 평화협정'을 주장하고 북한은 '선 평화협정 후 비핵화'를 요구하며 대립할 때 중국은 이 요구를 혼합해 '쌍중단'과 '쌍궤병행'을 제안하기도 했다. 2016년 2월 왕이 외교부장이 쌍중단을 공식 제기했는데 북한의 핵·미사일 실험과 한미 연합군사훈련을 동시에 중단하고 한반도 비핵화와 한반도 평화체제 구축을 동시에 논의해야 한다는 내용이었다.

러시아

러시아는 북한 핵개발을 반대한다는 분명한 원칙을 갖고 있으면서도 핵문제는 6자회담처럼 다자적 방식으로 해결해야 한다는 입장을 고수해왔다. 러시아는 북한의 6차 핵실험 이후까지 유엔 안보리 결의안 채택에 동참해 대북제재 레짐을 지지했지만, 한국과 북한에 대한 등거리 외교가 잘 풀리지 않으면서 2010년대 후반에 이르러 북한과 상당히 많은 경제적 교류를 재개했다.[34] 러시아는 북한 핵문제 해결에 참여함으로써 한반도와 동북아, 특히 역내 질서 구축에서 자신의 영향력을 유지하고자 했고 남북러 3각협력과 극동개발 등에 큰 관심을 보였다.[35]

2014년 러시아의 크림반도 합병 이후 국제사회의 대러제재가 부과되자 러시아 고위 관리들이 빈번히 평양을 방문하는 등 러북 경제협력을 촉진하는 물밑 노력이 있었다. 그러나 당시 북한이 시장에 기반한 무역을 거부했고 러시아가 구소련식 상업거래를 추진하려고 했기 때문에 큰 성과는 없었다.[36] 2022년 이후에는 러시아의 대북제재 위반이 본격화되었다. 점차 안보리 제재를 느슨하게 이행하기 시작했고 2022년 5월 북한의 탄도미사일 시험에 대한 새로운 유엔 안보리 결의 채택을 거부했다. 마침내 2024년 3월 대북제재위원회 산하 전문가 패널의 임기를 연장하는 결의안에 거부권을 행사함으로써 대북제재 레짐을 제도적으로 약화시켰다.[37] 러시아의 이런 행동은 전문가 패널이 러시아가 북한에서 군사 장비와 탄약을 조달한 사실을 공개한 직후 촉발되었다.[38] 프랑스, 일본, 한국, 영국, 미국은 2024년 3월 28일 공동성명에서 러시아가 '우크라이나에 대한 불법적인 침략전쟁'에 대한 북한의 군사적 지원을 구하면서 '안전보장이사회 결의안에 대한 모스크바의 위반'에 대해 보고하지 못하도록 패널을 종료했다고 비판했다.[39] 그 대안으로 2024년 10월 전문가 패널 대신 다국적제재감시팀(MSMT: Multilateral Sanctions Monitoring Team)이 출범했다. 이는 미국, 한국, 일본, 호주, 캐나다, 프랑스, 독일, 이탈리아, 네덜란드, 뉴질랜드, 영국이 북한의 제재 위반을 감시하기 위한 비유엔 조직이다.[40]

러시아와 북한의 군사협력은 대북제재 위반으로 북한의 전쟁 수행 및 지속 능력 강화에 기여하고 있다. 우선, 북한의 탄약, 탄도미사일, 병력 지원 대가로 러시아가 현금과 식량, 잠수함과 위성, 전투기 개발에 필요한 핵심 기술을 제공해 북한의 재래식전력 현대화를 촉진하며 군사능력을 배가하고 있다.[41] 북한이 러시아에 군대를 파병하는 등 양국관계가 군사동맹 수준으로 발전함에 따라 중국에 더해 러시아가 대북제재의 약한 고리가 되었다. 북한의 전쟁 참여 경험과 러시아의 군사적, 기술적 지원이 북한의 핵·재래식무기 생산과 개발 역량 확대로 이어져 제재로 인한 북한의 행동변화를 기대하기가 더욱 어려워졌다.

5. 핵무기 개발 대북제재의 효과

국제사회는 북한의 핵무기 개발을 억제하고 전략적 셈법을 바꾸고자 2000년대 중반부터 경제제재를 본격적으로 부과해 왔다. 그러나 평양의 핵무기 고도화와 핵보유국으로 인정받고자 하는 노력은 꾸준히 진행 중이다. 그렇다면 대북제재 효과는 어떻게 평가할 것인가? 당초 제재의 목적을 바라보는 관점에 따라 구분할 필요가 있다. 국제정치학자들은 대체로 대북제재가 핵무기 개발에 대한 북한의 의미 있는 정책 변화, 즉 핵 포기를 유도하지 못했다는 측면에서 대북제재가 성공하지 못했다고 주장한다. 북한의 핵개발 속도를 어느 정도 지연시키고 핵동결에 합의하는 중간단계 협상을 진전시키는 고무적 효과는 인정하지만, 그 합의가 지속되지 않았고 무엇보다 핵동결이 대북제재의 궁극적인 목적이 아니었음을 지적한다. 미국 주도로 한국, 일본 등 국제사회가 중국의 협조를 독려하면서 북한을 국제 무역과 금융으로부터 고립시키는 노력을 병행했음에도 불구하고 북한은 제재 완화보다 직접적인 지원을 선호하며 핵협상에 별다른 관심을 보이지 않았다.[42] 오히려 강력한 2차 금융제재 부과를 통해 북한을 과도하게 압박함으로써 협상이 결렬되고 북한이 더욱 강하게 도발하는 등 제재의 부작용이 발생하기도 했다. 일례로 미 재무부는 2005년 마카오 소재 방코델타아시아(BDA: Banco Delta Asia)를 북한 불법 자금세탁의 주요 우려 대상으로 지정함으로써 사실상 2차 금융제재를 부과했는데 2006년 북한이 1차 핵실험을 단행했다는 지적이 있다.[43]

대북 협상을 경험한 미국의 실무 담당자들은 대북제재의 효과를 대체로 부정적으로 평가하며 중국의 지속적인 제재 회피지원과 미국정부 부처 간 제재 이행 수준 차이를 주된 요인으로 지목한다. 2025년 2월에 개최된 미중 경제안보검토위원회 청문회에서 전직 재무부, 국무부 관료인 루기에로(Anthony Ruggiero)는 북한이 중국을 통해 미국과 유엔 안보리 제재를 위반하고 있다고 발표했다. 북한의 국제 금융시스템 접근 방식과 불법적 금융 활동은 중국 내 페이퍼 컴퍼니와 은행 계좌를 이용하기 때문에 중국이 자국 금융시스템에 대한 북한의 접근을 불허한다면 북한의 핵·미사일 개발과 우크라이나전쟁 지원을 차단할 수 있다. 그런데 재무부가 북한과 불법적으로 거래하는 중국 기업과 개인을 식별하고 제재해온 반면, 국무부는 중국 금융기관에 대해 2차 제재를 부과하지 않은 것이 핵심이었다.[44]

한편, 경제학자들은 대북제재로 인해 북한의 핵·경제 병진노선 추구가 어렵게 되고 북한의 경제가 실질적인 타격을 받은 정도에 주목하면서 경제적 효과를 강조하는 경향이 있다. 제재의 경제적 효과가 명확하다면 시간에 따른 북한의 정책적 선택지가 좁아질 것이기 때문에 제재가 실패했다고 주장할 수 없다는 논리다. 이들은 초기 대북제재가 무기거래나 그와 관련된 화물, 벌크캐시, 금융거래를 막는 표적제재였다면 2016년 이후에는 북한경제 전체를 겨냥하는 포괄적 제재로 확대되었음에 주목한다. 대북제재 이행이 강화된 2017년 이래 북한의 대외무역은 물론 산업생산, 시장과 같은 비공식 경제활동과 식량 소비에 이르기까지 북한 주민의 경제활동이 크게 위축되었다.[45] 장기간 지속된 제재의 중첩적인 영향과 2020년 이후 확산된 코로나19 팬데믹의 영향을 완전히 분리하기 어렵지만, 적어도 2019년 이전 북한의 경제 상황과 비교하면 제재의 경제적 효과가 유의미하다는 것이 분석의 핵심이다.[46]

복기해보면 1990년 초반부터 북한은 핵무기 개발을 추구했지만 2003년 핵확산금지조약(NPT)을 탈퇴했을 때와 2005년 핵무기 보유를 최초로 선언했을 때처럼 핵전략의 변화를 추구하는 길목에서 모두 협상의 여지는 있었다. 6자회담을 통해 2005년 9·19 합의, 2007년 2·13 합의가 성사되고 그 후 2012년 2·29 합의가 도출된 배경을 보면 점점 강화되는 대북제재, 그리고 제재완화 유인책은 북한을 협상장으로 나오게 하는 데 기여했다. 특히 트럼프 1기 행정부 집권 이후 미국이 최대 압박 전략 아래 대북 경제적, 군사적 압박을 강화하고 2017년 4월 미중정상회담 개최를 계기로 중국이 강하게 대북제재를 이행하자 북한은 국가 핵무력 완성을 선언하고 협상에 응하게 되었다. 그러나 기존 합의가 북한과 미국 어느 일방 혹은 시간차를 둔 쌍방의 이행 미비로 결렬됨에 따라 상호 불신은 더욱 깊어졌고, 제재에 맞서는 북한의 핵개발 의지와 역량은 더욱 견고해졌다. 북한 입장에서는 기술적 필요에서뿐만 아니라 미국으로부터 진지한 협상 대상국으로 인정받기 위해 핵실험을 활용했을 가능성도 있다. 30여 년에 걸친 북한의 핵전략 진화와 함께 대북제재는 북한 핵개발 자체를 억제하기보다 핵무기 보유국 인정을 거부하는 최후의 장치가 되었다.

실무 경험이 있는 미국 전문가들은 2017년 8월부터 대폭 강화된 유엔 안보리 제재가 2003년 NPT 탈퇴 이후 본격화된 북한의 핵개발을 저지하는 데 역부족이었다고 평가한다. 미 정보당국이 1980년대부터 북한의 핵개발 조짐을 보고했을 때 미국정부가 이를 심각하게 받아들이지 않은 것이 실책이었고, 1994년 체결된 제네바 기본합의조차 이미 늦은 조치였다고 회고하기도 한다.[47] 미국이 2002년 북한의 은닉 핵시설을 발견했을 때 군사적 공격을 단행하지 못한 이유는 북한이 이미 핵무기 여러 기를 만들 수 있는 플루토늄을 재처리한 것으로 추정했기 때문이지 남한에 대한 북한의 재래식 공격 위협 때문이 아니라고 했다.[48] 북한이 NPT에 가입한 1985년 이후부터 용덕동 핵시설을 활용해 온 정황이 최근 보도되어 이를 재고하게 한다.[49]

문제는 최근 몇 년 사이 미국 변수가 새롭게 부각되고 있다는 것이다. 2019년 하노이 정상회담 결렬 이후 북미정상 간 신뢰가 직접적으로 손상되었다. 그 후 미국 조야에서 북한 핵문제에 대한 피로감과 대북관여 정책과 경제제재의 방법으로 북한의 완전한 비핵화를 유도하는 것은 요원하다는 인식이 더 팽배해졌다. 바이든 행정부 시기 북핵협상이 지지부진했던 데 이어 트럼프 2기 행정부 집권과 함께 미국의 대북제재 추진마저 흔들릴 수 있는 환경이 조성되고 있다는 우려가 있다.

미국 내 대다수 북한 전문가들은 북한이 자발적으로 핵무기를 포기할 것이라고 믿지 않고 있으며 해결방법에 대해 군비통제론자와 억제론자 간 간극이 좁혀지지 않고 있다.[50] 북한의 핵을 있는 그대로 인정하고 동결하는 수준에서 협상을 재개할 수 있다는 입장이기 때문에 일시적으로 북한 비핵화 목표를 내려놓을 수 있음을 시사한다. 반면, 억제론자들은 북한 핵을 절대 용인할 수 없고 핵무기를 사용하지 못하도록 억제력을 대폭 강화해야 한다고 주장한다. 게다가 그동안 미국이 북한의 핵·미사일 프로그램을 다루는 협상에 초점을 맞추었다면 이제 북한의 생화학무기나 사이버 범죄, 현대화된 재래식전력까지 모두 확장성을 갖추었기 때문에 협상 의제 선정이 간단하지 않다.

현재 미국은 '미국 우선주의(America First)'를 표방하는 국내외 정책에 매진하고 있어 북한문제 해결에 많은 자원을 투입하기 어렵기 때문에 근본적 해결보다 적정 수준에서의 관리가 더 현실적이라고 판단할 수 있다. 다시 말해 "미국을 다시 위대하게(MAGA)" 구호에 전념하는 미국은 내부 개혁을 통한 자체 역량 강화를 강조하는 한편, 미중 전략경쟁에 초집중하고자 미국의 글로벌 안보 역할과 부담을 최소화하는 현실주의적 처방을 내릴 수 있다.

그와 관련해 군비통제 맥락에서 북미간 영변 핵시설과 추가 시설 폐기를 대북제재의 부분적 유예와 교환하는 '스몰딜(small deal)' 타결 가능성이 제기되고 있다.[51] 미국이 러시아와의 관계를 정상화하고 북한을 중국의 영향권에서 벗어나게 하는 전략의 일환으로 추진될 여지가 있다는 것이다. 미국은 다음과 같이 사고할 수 있다. 미국이 북한의 핵무기 보유를 공식적으로 인정해주면 한국을 포함한 주변국의 NPT 탈퇴와 자체 핵무장을 연쇄적으로 촉발할 수 있고, 이는 핵확산과 함께 불필요한 분쟁에 대한 연루 위험 증대로 이어질 것이다.[52] 그렇다면 미국 본토 방어를 위해 북한의 핵보유국 인정보다 차악인 대북제재 유예를 매개로 북한과 협상을 타결하는 것이 더 매력적일 수 있다.

경제 전문가들도 대북제재가 북한의 수출을 금지해 외환 유입을 차단하고 있음에도 북한이 축소주의 정책으로 전향하지 않고 수입 규모를 기존대로 유지하거나 증대하는 이례적인 정책을 제재 유예나 해제를 낙관하고 있는 근거로 보고 있다.[53] 미 의회를 통과한 법률에 기반한 일부 제재를 제외하고, 미국 대통령에게 제재 해제 권한이 있기 때문에 스몰딜 성사가 불가능하지 않다. 그러나 이제 러시아의 대북 지원까지 보장된 상황이어서 북한의 완전한 비핵화를 목표로 하는 대북제재의 지속가능한 정치적 효과를 기대하기 더욱 어려워진 측면이 있다. 게다가 러북동맹과 '중-러-이란-북의 축' 강화를 통해 전략적 레버리지가 향상된 북한이 스몰딜로 만족할 것인지 불확실하다. 제재 압박이 러시아의 지원 덕분에 어느 정도 해소되었기 때문에 북한은 미국과의 국교 정상화를 기초로 한 핵보유국 인정이라는 큰 대가가 담보되지 않는 한 진지하게 협상에 임하지 않을 수 있다.

6. 맺는말

경제제재의 효과는 정책의 적절한 설계뿐만 아니라 주요 이해관계자들의 결속을 통한 일관적 추진, 유인 체계를 활용한 제재국의 엄격한 집행, 피제재국 내부의 정치적 변화 추동력 등 다양한 변수에 의해 결정된다. 이 장의 전반부에서 다룬 북한 핵개발에 대한 대북제재 부과 내용을 종합해 봤을 때 제재정책의 설계는 분명히 시간에 따라 더욱 촘촘하게 보완되었고 북한경제는 정상적 운용이 불가능한 상태로 위축되었다. 그러나 다극체제로 이행하는 국제안보 환경에서부터 경쟁관계에 있는 미국과 중국의 지정학적 고려, 이해 당사국의 국내정치, 북한체제의 내구성에 이르기까지 제재이행을 약화시켜 북한이 현상을 고수할 수 있도록 도와주는 요인이 많아졌다. 무엇보다 북한 핵개발 고유의 견고성이 있다. 북한이 초기 핵개발을 성공적으로 은폐해 강제로 포기할 가능성을 대폭 줄였고, 제재 압박 속에서도 외부 지원에 크게 의존하지 않고 독자적으로 핵개발 기술을 획득했다. 결정적으로 제재 강도와 비례해 증대된 회복탄력성 때문에 2000년대 중반 이후 본격화된 국제사회의 제재 노력은 이미 북한의 핵 포기를 강제하기에 시기적으로 늦었고 내용 면에서도 미흡한 측면이 있었다. 앞으로는 북한의 전략적 셈법을 바꾸는 유인책을 제공하는 외교적 노력과 신뢰할 수 있는 억지력이 뒷받침되지 않으면 현 수준의 대북제재 레짐을 유지하는 것도 어려워질 수 있다.

　강대국 간 전방위적 경쟁이 부각되면서 전통적 군사안보에 더해 경제안보, 나아가 경제책략(economic statecraft)이 크게 조명받고 있는 상황이고 제재 이외 관세나 수출통제 등의 경제정책이 상대방의 행동을 강제하거나 억제하는 도구로 확장적으로 사용되고 있다. 미국이 국제규범과 신뢰를 뒤로하고 관세를 공세적으로 부과하고 있어 무역 불균형 해소를 넘어 글로벌체제의 균열과 동맹 및 파트너국의 재정렬, 유사입장국의 재정의가 임박한 상황이다. 우크라이나전쟁에 대한 북한군의 참전을 계기로 북한의 재래식전력과 군수산업 현대화가 가속화되는 가운데, 국제사회가 제재의 중요성을 환기시켜 러시아와 중국을 북한 핵문제 해결을 위해 더 협력하라고 압박해 성공할 가능성은 한층 낮아졌다. 그 이유는 다음과 같다. 첫째, 미국은 경험적으로 2차 금융제재가 피제재국에게 상당한 타격을 줄 수 있다는 것을 배웠지만, 러시아와의 관계개선을 위해 어느 정도 양보를 해야 하는 상황이어서 대북제재 위반에 대한 2차 제재 부과는 부담스러울 수 있다. 둘째, 미중 간 관세전쟁을 앞세운 본질적 패권경쟁이 상승곡선을 그리는 상황에서 미국과 중국의 북한 핵문제에 대한 합의를 기대하기 쉽지 않다. 그러나 일관성 있게 개인의 정치적 승리와 중국과의 빅딜 성사를 운운하는 트럼프 대통령은 북한 핵문제 제어와 관련해 중국에 대한 2차 금융제재 부과를 신중하게 결정할 것이다.

트럼프 2기 행정부는 러시아와 우크라이나와의 종전 협상이 지지부진해지자 이란과 핵협상을 본격적으로 병행하기 시작했다. 공식 의제는 이란의 핵무기 보유를 억제하는 것인데 이것이 국제 핵비확산 규범을 존중하기 때문인지 중동과 유럽의 안정을 조속히 달성해 중국을 견제하기 위해 외교적, 경제적, 군사적 자원을 아시아로 집중하려는 현실주의적 판단에 의한 것인지, 두 가지 동인이 모두 작용한 결과인지 확실하지 않다. 역사에 남을 평화창출자와 통합자로서의 업적을 만들고자 하는 트럼프 대통령이 여타 국제현안을 한반도 문제와 어떻게 연계

할지, 북미 간 대화가 재개된다면 무엇이 어떻게 거래될지에 대비해 한국이 관여할 방법을 찾아야 하는 이유다. 제재 유예와 관련해서 북한은 미국의 이란 핵협상을 본보기 삼아 다양한 협상 시나리오를 면밀하게 따져 볼 것이 분명하다.

미국이 중국의 위협에 주력하고 러시아, 북한, 이란의 위협은 동맹국에 맡기는 방식으로 글로벌 경영 전략 변화를 추구함에 따라 한미동맹 조정 문제가 제기될 전망이다. 한반도의 지정학적 가치와 엄중한 국제안보환경 때문에 미국의 핵우산 공약이 약화되거나 핵비확산에 기반한 대전략이 변한다면, 가장 먼저 핵무장할 것으로 손꼽히는 국가는 한국이다.[54] 일각에서는 미국의 대북 거래 및 확장억제 공약 약화에 대비해 한국의 자체 핵무장을 독려하는데 이런 선택은 국내정치적으로도 기술적으로도 쉽지 않을 뿐만 아니라 대북제재와 유사한 제재로 이어져 한국을 국제적으로 고립시킬 수 있다. 군비통제론자들은 동맹국의 핵무장 위험성에 대한 주의를 환기시키며 이것이 수평적 핵확산뿐만 아니라 미국의 국제분쟁 연루 위험을 확대하기 때문에 트럼프 2기 행정부의 미국 우선주의 기조와 배치된다고 주장하고 있다.[55] 이들은 핵무장을 결심하는 동맹국이 제재 외에 치러야 하는 비용에 미국 확장억제 철회와 자체 핵무기를 개발하는 동안 핵우산이 제공되지 않는 시기 외부 공격에 대한 취약성 증대가 있다고 지적한다. 미국은 북한의 핵개발 사례를 통해 조기에 핵억제에 성공해야 한다는 교훈을 얻었기 때문에 한국이 동맹 신뢰를 깨고 자체 핵을 개발한다면, 가장 강력한 수단을 동원해 한국을 압박할 것이다.

끝으로 북한 핵문제와 관련해 미국 변수의 중요성을 재차 강조할 필요가 있다. 트럼프 2기 행정부 내에는 미국의 대외개입을 원천적으로 축소하려는 정파가 득세하고 있고 이들은 국가안보회의(NSC) 주요 인사에까지 영향을 미치고 있다. 절제의 명분과 비용절감과 책임회피라는 실제 목적 달성을 위해 미국이 오랫동안 고수해 온 북한 비핵화 원칙을 포기하고 이보다 낮은 수준의 합의를 제안하는 시나리오의 개연성이 존재한다. 북한의 핵과 한반도의 미래에 대한 불확실성이 높은 상황에서, 한미동맹과 유사입장국과의 연대를 근간으로 하는 한국의 국가전략에 대한 충분한 고민 없이 대북제재 효과에 대해 과도하게 기대하거나 성공에 집착하는 것은 적절하지 않다. 대북제재의 작동원리와 제한점을 인지한 가운데 큰 틀에서 제재 활용 전략을 수립하는 것이 가장 현실적이면서 이상적일 것이다.

⌘ 참고문헌

박명희. "일본의 대북제재 현황과 주요 쟁점." 국회입법조사처. 『이슈와 논점』 제1839호 (2021. 5. 26).
박정민. "북핵문제에 대한 러시아의 전략과 대응: 북한의 제1~4차 핵실험을 중심으로." 『한국과 국제정치』 제32권 2호 (2016 여름).
박효민. "유엔 안보리의 대북한 제재 연구 – 분야별 주요 내용 및 주요국의 이행을 중심으로." 『법제연구』 제57호 (2019).
신용도. "UN 안보리 결의안 제2270호의 대북제재가 북한경제에 미치는 영향분석." 『한국테러학회보』 제9권 제1호 (2016).
이만석·함형필. 『미국의 핵전략』. 서울: 플래닛미디어, 2024.
이상규. "미북 비핵화 협상 전망과 도전요인." 한국국방연구원. 『안보전략 FOCUS』 제9호 (2025).
이석 외. "대북제재의 영향력과 북한의 경제적 미래." 『KDI 연구보고서 2021-01』 (2021).
이석. "대북 경제제재와 북한무역-2000년대 일본 대북제재의 영향력 추정." 한국개발연구원. 『한국개발연구』 제32권 2호 (2010).
이영학. "북한의 세 차례 핵실험과 중국의 대북한 정책 변화 분석." 『국제정치논총』 제53집 4호 (2013).
이중구. "북·러 군사협력에 의한 북한 군수산업 영향과 군사능력 변화." 한국국방연구원. 『안보전략 Focus』 제12호 (2025. 3. 11).
이희옥. "중국의 대북한 영향력과 북중관계의 '재정상화'." 『중화연구』 제42권 제3호 (2018 가을).
임수호. "대북제재 6년의 평가와 시사점." 『이슈브리프』 제485호 (2023).

전경주. "북한 핵개발 성공 요인에 대한 고찰: 이라크와의 비교를 중심으로." 『국제정치
　　논총』 제62집 1호 (2022).
황수환·김석진·서보혁·권재범·도경옥. "미국의 경제 제재정책: 2차 제재 방식을 중심으
　　로." 『KINU 연구총서』 23-24 (2023).

Aum, Frank, and Ankit Panda. "Pursuing Stable Coexistence: A Reorientation
　　of U.S. Policy Toward North Korea." Carnegie Endowment for International
　　Peace. 2025.
Bapat, Navin A., and Bo Ram Kwon. "When are sanctions effective? A bargain-
　　ing and enforcement framework." *International Organization* 69-1 (2015).
Brown, William B. "Sanctions and Nuclear Weapons are Changing North Korea."
　　The Asan Forum, 5 December 2017.
Early, Bryan R., *Busted Sanctions*. Stanford University Press. 2015.
Feaver, Peter D., and Eric B. Lorber. "Diminishing Returns? The Future of
　　Economic Coercion." *Center for New American Security* (2015. 11).
Habib, Benjamin. "The enforcement problem in Resolution 2094 and the United
　　Nations Security Council sanctions regime: sanctioning North Korea." *Australian
　　Journal of International Affairs* 70-1 (2016).
Haggard, Stephen. "Negotiating a Korean Settlement: The Role of Sanctions."
　　Korea Observer 47-4 (Winter 2016).
Manyin, Mark E., Mary Beth D. Nikitin. "Nuclear Negotiations with North
　　Korea." *Congressional Research Service*. 2023. 12. 11.
Martin, Lisa L. *Coercive Cooperation: Explaining Multilateral Economic Sanc-
　　tions*. New Jersey: Princeton University Press, 1992.
Miller, Nicholas L. and Vipin Narang. "North Korea Defied the Theoretical Odds:
　　What Can We Learn from its Successful Nuclearization?." *Texas National
　　Security Review* 1-2 (March 2018).
Miller, Nicholas L. *Stopping the Bomb*. New York: Cornell University Press,
　　2018.
Morgan, T. Clifton, Navin Bapat, and Yoshi Kobayashi. "The Threat and Im-
　　position of Sanctions: Updating the TIES dataset" (2014). (https://sanctions.
　　web.unc.edu/)
Panda, Ankit, Vipin Narang, Pranay Vaddi, "Nuclear Proliferation will haunt
　　'America First'." *War on the Rocks* (10 March 2025).
Pape, Robert A. "Why Economic Sanctions Do Not Work." *International Security*
　　22-2 (Autumn 1997).
Porter, Patrick. "Why America's Grand Strategy Has Not Changed." *Internation-
　　al Security* 42-4 (Spring 2018).
Rennack, Dianne E. "North Korea: Legislative Basis for U.S. Economic Sanc-
　　tions" (May 2023).

Statesmen's Forum: Wang Yi, Minister of Foreign Affairs, PRC. CSIS. 25 February 2016.

U.S. Congress, "Secondary Sanctions against Chinese Institutions: Assessing their Utility for Constraining North Korea." Hearing before the Subcommittee on National Security and International Trade and Finance of the Committee on Banking, Housing, and Urban Affairs, U.S. Senate, 115th Congress (10 May 2017).

Williamson, Todd. "Too Big to Sanction." *Foreign Policy* (18 March 2016).

Zakharova, Liudmila. "Economic cooperation between Russia and North Korea: New goals and new approaches." *Journal of Eurasian Studies* 7 (2016).

"일본, 대북제재 일부 해제 … 인적 왕래, 송금 허용."『연합뉴스』. 2014년 7월 4일.

이지헌. "대북제재 감시 유엔 패널 내달말 종료 … 러, 연장 거부·中 기권."『연합뉴스』. 2024년 3월 29일.

전명훈. "북한 용덕동 핵시설 가동중 … 폭발구와 유사한 구덩이도 포착."『연합뉴스』. 2025년 5월 2일.

황철환, "美석학 후쿠야마, '미국 억제력 신뢰 잃으면 한일 핵무장 고려.'"『연합뉴스』. 2025년 5월 7일.

http://carnegieendowment.org/2016/03/30/u.s.-treasury-secretary-jacob-j.-lew-on-evoluti on-of-sanctions-and-lessons-for-future/ivpl

https://www.38north.org/2024/06/from-reluctant-enforcer-to-outright-saboteur-russias- crusade-against-north-korea-sanctions/

https://www.armscontrol.org/act/2024-05/news/russia-ends-north-korean-sanctions-panel

https://www.csis.org/analysis/russias-veto-dismembering-un-sanctions-regime-north-korea

https://www.dw.com/en/can-the-us-and-its-allies-monitor-north-korea-sanctions/a-7059 0164

https://www.iiss.org/online-analysis/online-analysis/2024/12/a-new-mechanism-for-north-korean-sanctions-monitoring/

https://www.piie.com/blogs/realtime-economics/2024/hobbling-sanctions-north-korea-russia-and-demise-uns-panel-experts

https://www.uscc.gov/hearings/axis-autocracy-chinas-relations-russia-iran-and-north-korea

https://www.yna.co.kr/view/AKR20170603007953072

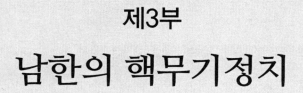

제3부

남한의 핵무기정치

탈냉전기 한국의
북한 비핵화외교와 평가

전봉근(국립외교원)

탈냉전기 한국은 북한의 핵개발을 최대 안보위협 요인으로 인식하고 미국과 함께 이를 저지하기 위해 외교력을 집중했다. 하지만 35여 년에 걸친 한미의 비핵화외교는 실패했고 2025년 초 현재 북한은 50~100 기 핵무기를 보유한 핵무장국이 되었다. 북한 핵무장과 동북아 신냉전 시대 들어 북핵에 대한 군사안보적 대응이 한국과 한미동맹에 최대 대북정책 과제로 부상했다. 향후 북한 비핵화는 더욱 어려운 과제가 되었지만, 한국은 북한과 최악의 안보 경쟁관계에 있으므로 북한 비핵화를 위해 계속 노력하지 않으면 안 된다. 이 글은 1989년 북한 핵개발 의혹이 제기된 이후 35년 동안 한국이 미국과 더불어 추진했던 북핵정책을 3단계로 나누어 그 경과와 성과를 정리하고 평가했다. 또한 이 글은 '북핵협상 악순환 패턴' 분석을 통해 북핵외교가 실패한 원인을 토론하고 한국의 북핵외교를 위한 교훈을 찾고자 했다.

1. 한국의 대북 및 북핵정책 유형과 정부별 변천

1991년 소련이 해체되고 공산진영이 붕괴하자 한국 국민은 마침내 남북 분단과 군사적 대치로 인한 '코리아 디스카운트' 시대가 끝나고 남북 화해와 경제협력의 '코리아 프리미엄' 시대가 열린다는 기대에 들떴다. 그런데 '비핵평화의 한반도'에 대한 우리의 꿈은 북한이 핵개발에 나서고 한국의 북한 비핵화외교가 실패하면서 완전히 무너졌다. 북핵 문제는 한국의 국가안보에 대한 최대 위협 요인인 동시에 한국의 제한된 외교안보 역량을 무한정 소모하는 블랙홀이 되었다. 그렇다면 한국의 북한 비핵화외교는 왜 실패했으며 이 실패 경험이 향후 북핵외교에 주는 교훈은 무엇인가?

이 질문에 대한 답을 찾기 위해 이 글은 지난 35년에 걸친 한국의 북한 비핵화외교 과정을 돌이켜 보고 시기별로 한국이 처했던 상황과 이에 대한 대응책을 조사하고 평가했다. 이에 앞서 아래에서 간략히 탈냉전기에 한국이 추진했던 다양한 대북정책과 북핵정책을 비교 평가하고자 한다.

국내에서 대북정책에 대한 이견으로 인한 남남갈등이 잘 알려져 있다. 탈냉전기 국내 보수와 진보 정당은 북한에 대해 크게 차별화되는 시각을 갖고 있었으므로 각자 채택한 대북정책과 북핵정책도 크게 달랐다. 그 결과, 정권 교체가 발생하면 대북정책과 북핵정책이 좌우로 큰 진폭으로 오갔다. 통상 대북 접근법은 보수 진영이 추진하는 제재 압박과 군사안보 중심의 대북 강경책, 그리고 진보 진영이 추진하는 화해 협력과 평화통일 중심의 대북 유화책으로 나뉜다. 탈냉전기에 유행한 대북 접근법을 좀 더 상세히 분류하면 북한 붕괴론, 방치론, 협상론, 포용론 등 4개의 유형으로 나눌 수 있다.

첫째, 붕괴론은 가장 강경한 대북정책 시각이며 북한의 체제 전환, 정권 교체를 강압하고 북한 붕괴를 유도하여 북핵문제를 포함한 북한 문제를 일거에 해결하려고 한다. 김영삼정부 시절 유행한 북한 조기 붕괴론, '(언제 떨어질지 모르는) 고장난 비행기', 박근혜정부의 '통일 대

표 8.1 대북정책 시각에 따른 북핵정책 비교

시각	붕괴론	방치론	협상론	포용론
대북관	'악의 축'	'불량국가'	정상국가	동족 국가
대북정책	체제변화 강압, 대북 억제 최우선, 흡수통일 추진	봉쇄 체제변화 유도	대화정책, 2국 체제	화해협력 민족통일 추진
북핵관	핵무장 불포기	정권 보장용	협상카드론, 협상용	체제보장용, 협상용
북핵협상 유용성	북한 시간벌기, 핵협상 무용론	무용론	유일한 현실적 방법	최선책
북핵 해법	강제적 비핵화: 체제붕괴, 정권교체, 군사조치, 흡수통일	전략적 인내, 제재압박	북미 핵협상, 채찍·당근 병행, 북핵 일괄 타결	북미수교, 단계적 비핵화, 평화체제를 위한 종전선언, 평화협정 추진
사례	북한 조기 붕괴설, 박근혜정부의 통일 대박론, 윤석열정부의 통일 독트린, 클린턴 행정부의 영변 외과적 공격설	이명박정부, 오바마· 바이든 행정부의 전략적 인내	김영삼정부의 제네바 합의, 노무현정부의 6자합의, 트럼프 행정부의 싱가포르 공동 성명	김대중·문재인 정부의 햇볕 정책

박론', 윤석열정부의 '통일 독트린' 등도 광범위한 붕괴론 유형에 해당한다. 클린턴 행정부가 검토했던 영변 핵시설 '외과수술적 공격설'도 강제적으로 북핵문제를 해결하려고 했다는 점에서 이 유형에 포함할 수 있다. 이 접근법은 어떤 정부도 본격적으로 시도하지는 않았지만 보수 진영이 선호하는 옵션이다.

둘째, 보수 진영은 붕괴론이 북한의 강한 반발로 자칫 전쟁을 촉발할 위험성이 있다는 점을 감안하여 그런 부작용을 완화하는 방법으로 북한을 천천히 고사시키는 봉쇄 또는 무시(neglect) 전략을 선택했다. 이는 한국의 보수정부가 선호하고 미국도 공화당, 민주당정부를 막론하고 선호하는 접근법이다. 특히 오바마, 바이든 행정부의 대북정책을 지칭하는 '전략적 인내'가 이에 해당한다. 이 접근법은 흔히 한국, 미국정부가 '시간 벌기'를 위해 선택하는 방법으로 알려져 있다. 그런데 돌이켜 보면 '방치' 시기 동안 북한이 오히려 핵개발을 촉진하거나 고도화하는 부작용이 발생했다는 점에서 결코 바람직한 옵션으로 보기 어렵다.

셋째, 협상론은 주고받기식 상호주의를 고수하는 전통적인 외교적 접근법이며 한국과 미국정부가 선호하는 접근법이다. 사실 북한에 대한 붕괴론, 방치론, 포용론이 별 효과를 거두지 못하고 오히려 그 기간에 북한이 핵개발을 가속화했다는 점을 감안할 때 그나마 협상론이 북한 비핵화를 위한 현실적이고 효과적인 대안으로 보인다. 그런데 북한의 강한 핵개발 의지와 속임수 전략을 감안할 때 북한과 협상도 별 소용이 없다는 비판이 있다. 사실 남북 분단과 통일 경쟁, 남북 세력 불균형 등으로 인한 북한의 강한 핵개발 동기가 존재하는 한 협상을 통해 실질적인 비핵화 성과를 거두기 어렵다.

넷째, 포용론은 유화론과 민족론에 기반하여 북한에 대한 선 양보를 통해 북한의 상호주의적 비핵화 조치를 기대한다. 이 접근법은 북한에 대한 신뢰, 남북관계와 민족관계에 대한 낙관론에 기반하고 있다. 김대중, 문재인정부의 햇볕정책, 포용정책이 이에 해당한다. 그런데 포용정책과 민족론의 좋은 명분에도 불구하고 세력정치 게임에 투철한 북한이 진심으로 호응할 가능성은 거의 없다고 본다.

표 8.2에서 보듯이 한국정부는 정권교체 때마다 해당 정부의 대북관에 따라 앞에서 언급한 4개 대북 접근법을 수시로 오갔다. 미국정부의 대북정책도 혼란스럽기는 한국과 별로 다르지 않았다. 그 결과, 한국의 대북정책은 일관성과 지속성을 상실했고 북한과 상호주의적인 신뢰관계를 형성하는 데 실패했다. 북한의 대화 호응 또는 핵도발, 군사도발에 따라 불가피하게 '당근과 채찍' 조합을 조정할 수밖에 없는 사례도 있었다. 하지만 대체로 해당 정부의 선험적인 북한관에 따라 대북정책과 북핵외교의 방향성과 실행 조치가 좌우되었다.

더욱이 국내에서 다양한 접근법이 서로 경쟁하면서 정책 혼선을 초래하고 심지어 정책 마비를 초래하기도 했다. 한국과 미국은 각각 국내적으로 그리고 양국 간에 이러한 접근법의 혼선을 해소하는 데 실패함으로써 대북관계에서 협상 추동력과 집행의 일관성을 잃었다. 사실 효과적인 대북정책을 위해 필수적인 한미 간 공조도 쉽지 않았다. 심지어 한국 집권 정당의 정책 성향과 미국 집권 정당의 대북정책 성향이 일치할 때보다 불일치할 때가 더 빈번했다. 그 결과, 돌이켜 보면 북한 비핵화를 위한 정치 외교력의 집중에도 불구하고 북핵문제는 예외 없이 매년 악화했다고 해도 과언이 아니다. 오늘 북한이 국제사회에서 9번째 핵무장국으로 등장한 현실이 이런 대북정책과 북핵외교의 난맥상을 여실히 보여주었다.

표 8.2 탈냉전기 정부별 대북 및 북핵정책 변동과 평가

정부	북한 및 북핵정책	평가

노태우
(1988~
1992년)
	• 탈냉전 북방정책(한소·한
	  중 수교, 1990~1992)
	• 유엔 동시가입, 남북 기본
	  합의문, 한반도 비핵화 공
	  동선언(1991)
		• 공산권 붕괴 이후 4강 교차승인
		  불발로 한반도 평화체제 구축 실패

김영삼
(1993~
1997년)
	• 대북 화해협력정책 추진
	  (명목상)
	• 북미 제네바 기본합의
	  (1994)로 북핵 동결
		• 북한 NPT 탈퇴(1993.3)로 북핵위기
		  발생
		• 대북정책 기조 혼선: 공산권 해체,
		  김일성 사망(1994.7), 고난의 행군
		  (1995) 등 북한 붕괴, 흡수통일 기대

김대중
(1998~
2003년)
	• 대북 포용, 햇볕정책 추진
	• 제네바 합의(1994)로 북
	  핵 해결 간주: 경수로사업
	  본격 추진
	• 1차 남북정상회담
		• 북핵은 '협상카드'이며 북미 간 문제,
		  제네바 합의로 북핵 해결 간주로 북
		  핵문제 경시
		• 북한 비핵화와 변화 유도 실패
		• 북한 농축 의혹 발생(2002.10)

노무현
(2003~
2007년)
	• 햇볕정책 계승
	• 부시 행정부, 농축 의혹으
	  로 제네바 합의 파기
	• 6자회담 개시(2003),
	  9·19 6자성명(2005)
		• 북한, NPT 완전 탈퇴, 해커 박사에
		  플루토늄 공개(2004.1), 1차 핵실험
		  (2006.10)
		• 6자회담과 9·19합의에도 불구하고
		  북핵위기(핵실험, BDA 사건) 재발
		• 한미갈등, 남남갈등으로 대북정책
		  무력화

이명박
(2008~
2012년)
	• 초기 관여, 비핵·개방·
	  3000정책에서 제재압박
	  으로 전환
	• '전략적 인내'로 북핵 방치,
	  악화
	• 5자회담, 그랜드바겐 등
	  다양한 북핵구상 제시했
	  으나 북한의 불응
		• 전략적 인내 이후 북핵 역량 오히려
		  증가
		• 북한 도발: 금강산관광객 피살(2008),
		  대청해전(2009), 천안함 폭침, 연평
		  도 포격(2010), 핵보유국 헌법 명기
		  (2012)
		• 김정일 뇌졸중(2008), 사망(2011)
		• 북중 간 긴밀화: 대북 제제압박 무력화

계속

정부	북한 및 북핵정책	평가
박근혜 (2013~ 2017년)	• 초기 한반도 신뢰 프로세스에서 통일대박론으로 전환 • 코리안 포뮬라, 5자회담 추진	• 북한: 김정은 등장 이후 핵·미사일실험 도발; '통일대박론'을 흡수통일 기도로 간주 • 한국: 통일 기대로 북핵외교, 남북대화 무용론 확산

문재인
(2017~
2022년)
	• 남북, 북미정상회담 개최
	  (2018)
	• 한국 운전자론, 북미 중재론
	• 평화정착, 평화체제 우선 추진
	• 트럼프, 싱가포르 정상회담,
	  하노이 노딜(2019)
		• 북한 핵무장 완성 선언(2017), 이후 핵역량 계속 증강
		• 문재인정부, 종전선언 집중했으나 실패

윤석열 (2022~ 2025년)	• 관여의 '담대한 구상'에서 체제전환의 '통일 독트린'으로 강경화 • 북핵에 대한 군사적 억제 최우선 추진, 한미 핵협의 그룹	• 비핵화 외교 중단 • 남북 군비경쟁, 국내 핵무장론 부상 • 트럼프 2기: '스몰딜', '한국 패싱' 우려

2. 제1차 북핵위기와 북미 제네바 기본합의 타결

노태우정부는 1989년 3단계 한민족공동체 통일방안을 수립했다. 그 첫 단계로 남북 화해 협력을 천명하고 대북 관여를 통한 적대관계의 중단과 관계개선을 추구했다. 1989년 영변 핵시설 공개로 북핵문제가 불거지자 남북대화를 통한 북핵문제 해결도 모색했다. 그 성과물이 바로 1991년 남북합의로 채택된 남북 기본합의서와 한반도 비핵화 공동선언이었다. 하지만 미국 주도의 자유주의 국제질서에 편승하기를 거부한 북한은 극심한 경제위기와 체제위기에 시달렸다. 북한은 남북 간 세력균형이 극도로 불리하게 변화하자 1993년 3월 NPT 탈퇴를 선언하고 핵개발에 나서면서 1차 북핵위기가 발생했다. 이후 북한은 북미대화 개최를 기회로 1994년 10월 북미 제네바 기본합의에 합의하고 핵활동을 동결했다. 김영삼정부는 대북 화해 협력, 관여정책에 따라 북미대화를 수용하고 제네바 합의에 따른 대북 경수로 사업에 적극 참여했다.

북한의 초기 핵개발과 한국의 초기 비핵화 노력

북한 핵개발에 대한 한국과 국제사회의 우려는 1989년 9월 프랑스 상업위성 스팟(SPOT)이 촬영한 영변 핵단지 사진이 공개됨으로써 현실로 드러났다. 이 위성사진은 북한이 자체 개발하여 1987년부터 가동한 5MWe(메가와트)급 흑연 감속로 외에도 50MWe, 200MWe 흑연 감속로, 방사화학 실험실로 포장된 재처리시설 등의 건설 현장을 보여주었다. 냉전기 내내 북한은 NPT 비회원국으로 남아 있다가 소련과 경수로 원전 수입 계약을 체결한 후 동 원전 도입의 조건에 따라 1985년 12월 NPT에 가입했다.

NPT 제3조에 따라 NPT 신규 회원국은 조약 가입 180일 이내에 국제원자력기구(IAEA)와 안전조치 협정을 체결하기 위한 협상을 개시하고 협상 개시 180일 이내에 협정을 체결해야 하는 의무를 진다. 그런데 북한이 온갖 이유로 동 협정의 협상과 체결을 지체시키자 북한의 핵개발 의혹에 대한 국제사회의 의심이 더욱 커졌다. 미국정부는 일찍이 영변 핵시설의 잠재적 위험성을 인식하고 1980년대 말 북경에서 북한과 '비공식 접촉'을 시작했다. 하지만 미국정부는 북한과 공식적인 대화를 원하지 않았고 한국도 북미대화를 반대했기 때문에 북경 접촉은 별 성과가 없었다.

북한이 IAEA 안전조치 협정체결과 사찰 수용을 계속 미루자 IAEA 이사회는 1990년 2월 안전조치 협정체결과 사찰 수용을 촉구하는 결의안을 채택했다. 북한은 이에 맞서 비핵 국가인 자신에 대한 핵보유국 (미국)의 핵위협 금지, 한반도에서 핵무기 철수, 대북 핵무기 불사용 보장 등을 요구했다. 그러나 IAEA 이사회는 북한의 이런 정치적 요구를 IAEA의 권한 밖이라는 이유로 대응하지 않았다.

노태우정부는 북방정책을 추진하면서 소련, 중국, 북한 등 공산 세력과 대화를 통한 관계개선을 모색했다. 급진전하는 탈냉전 분위기 속에서 한국은 1990년 9월 4일 제1차 남북고위급회담을 개최하고 본격적인 남북대화를 시작했다. 남북대화가 잘 진행되어 1991년에는 남북기본합의서의 세부 문구를 협상하는 단계에 이르렀다. 한국은 남북관계 진전에 더해 북핵문제도 해결하려고 했다. 당시 미국은 탈냉전 분위기 속에서 핵비확산을 최고의 국제 안보정책 목표로 중시했기 때문에 북한 핵문제에 관한 관심이 매우 높았다. 한미정부는 북핵문제를 일단 남북대화 틀에서 해결한다는 방침을 정하고 남북 간 비핵화 공동선언과 남북 상호 사찰을 통해 북한 핵개발을 저지한다는 목표를 설정했다. 또한 한미는 북한 핵활동의 투명성을 확보하기 위해 북한의 IAEA 안전조치 협정 가입을 우선 추진했다.

한편, 북한은 1991년 10월 23일 평양에서 열린 남북고위급회담에서 '한반도 비핵지대'를 정식 의제로 채택할 것을 주장했다. 당시 북한은 NPT에 가입했기 때문에 IAEA 사찰 의무를 수용할 것을 강력히 요구받았는데 사찰을 모면하기 위한 구실로 "북조선에 대한 사찰에 앞서 남조선 내 핵무기를 우선 협의"할 것을 주장했다. 1991년 후반 마침 부시 행정부가 탈냉전기 안보전략의 일환으로 전 세계에 산재한 전술핵무기의 철수와 감축을 결정하고 한국정부에도 전술핵무기 철수 방침을 통보했다. 주한미군은 1970년대 한때 주한미군 기지에 최대 수백 기에 달하는 핵포탄, 핵지뢰 등 전술핵무기를 보유했던 것으로 알려졌다.[1] 따라서 노태우정부는 부시 행정부와 주한미군의 전술핵무기 철수를 북핵문제 해결에 이용하기로 합의했다.

한국정부는 미국정부의 전술핵 철수 계획에 맞추어 1991년 11월 8일 일방적으로 '한반도 비핵화 선언'을 발표하고 12월 18일에는 '핵 부재 선언'을 발표했다. 한국은 국내에서 미군 전술핵무기가 완전히 철수되었으므로 북한의 '주한 핵무기 철수' 주장에 대해 자신 있게 대응할 수 있었다. 남과 북은 1991년 12월 26일부터 31일까지 판문점에서 3차에 걸쳐 핵협상을 갖고 12월 31일 '한반도 비핵화 공동선언'에 전격 합의했다. 북한이 종래 일관되게 주장하던 '비핵지대화' 방안을 돌연 철회하면서 남측의 제안이 대부분 반영된 '한반도 비핵화 공동선언'이 채택되었다. 한반도 비핵화 공동선언 제1, 2조에서 남과 북은 핵무기와 농축 재처리시설 보유를 완전히 포기하기로 합의했다. 그리고 제4조에서 비핵화 검증을 위해 "상대측이 선정하고 쌍방이 합의하는 대상들에 대해 남북 핵통제공동위원회가 규정하는 절차와 방법으로 상호 사찰을 실시"하기로 합의했다.

당시 남북 및 북미 간 북핵문제를 해결하기 위한 최초의 '패키지딜'이 타결되었고 동 공동선언은 그중 한 부분이었다. 북한은 공개되지 않은 부속 합의로 가까운 시일 내에 IAEA 안전조치 협정을 체결하고 비준하며 IAEA 사찰도 받겠다고 약속했다. 이에 대한 보상 또는 상응 조치로 한미는 1992년 팀스피리트 한미 군사훈련을 중단하고 미국은 뉴욕에서 북미 고위급 접촉을 개최할 것을 약속했다. 이 일괄 타결에 따라 한국은 1992년 1월 7일에 동년 팀스피리트 한미 연합 군사훈련의 중단을 발표했다. 북한은 1992년 1월 30일 IAEA와 안전조치 협정에 서명했다. 미국은 캔터(Arnold Kanter) 정무차관이 동년 1월 22일 김용순 북한 노동당 국제담당비서를 뉴욕으로 초청하여 역사적인 최초의 북미 고위급 회동을 개최했다.

한반도 비핵화 공동선언이 발효되자 한국과 미국은 공동선언 제4조에 따른 '남북 상호 사찰'을 적극 추진하려고 했다. 통상적인 IAEA 사찰은 피사찰국이 신고한 핵물질·핵시설 보고서에 등재된 대상에 한정된다. 따라서 피사찰국이 특정 핵시설을 신고하지 않으면 사찰이 불가능한 한계가 있었다. 의심 시설에 대한 사찰도 피사찰국의 동의가 있어야만 가능했다. 한미정부는 이런 IAEA 사찰의 제약을 극복하기 위해 '남북 상호 사찰'을 고안한 것이었다.

한국과 북한은 1992년 3월 19일 제1차 '남북핵통제공동위원회'를 개최하여 상호 사찰의 범위·방법·절차 등을 논의하기 시작했다. 1993년 1월 25일까지 남북핵통제공동위원회는 본회의 13회, 위원 접촉 8회, 위원장 접촉 1회를 개최했지만, 끝내 '의심 시설'에 대한 북한의 사찰 거부로 파국을 맞았다. 북한은 동 의심 시설이 신고와 사찰 의무에서 벗어나는 '군사시설'이라고 주장했다. 사실 이런 파탄적 결과는 상호 사찰의 방법과 절차에 대한 남북 간의 현격한 이견으로 예견된 것이었다. 사찰 원칙에 있어 한국은 '상호주의'를, 북한은 '의심 동시 해소' 원칙을 주장했다. 사찰 방법으로 한국은 정기 사찰과 특별 사찰의 병행을 요구했지만 북한은 특별 사찰을 반대했다. 사찰 대상에서도 한국이 핵물질, 핵시설, 핵 관련 군사 기지를 포함하여 '성역 없는 대칭 사찰'을 주장했고, 북한은 모든 주한미군 기지를 포함하나 북한의 군사기지는 제외하는 '비대칭 사찰' 원칙을 고수했다.

결국 남북 간 상호 사찰의 핵심 쟁점은 북한 영변 지역의 미신고 의심 지역 두 곳에 대한 사찰이었다. 북한은 해당 시설이 군사시설이므로 사찰 대상이 아니라고 주장했다. 동시에 북한은 주한미군 기지를 핵기지라고 주장하며 이에 대한 사찰을 강력히 요구했다. 한미뿐만 아니라 IAEA도 북한에 '미신고 시설'에 대한 사찰 수용을 압박했다. 사찰 논쟁은 1992년 내내 지속되었다. 1993년 1월 한국이 팀스피리트 한미 연합 군사훈련 실시 계획을 발표하자 북한은 남북핵통제공동위원회의 전면 중단을 선언했다. 이로써 1991년 말 한반도 비핵화 공동선언으로 해결되는 듯이 보였던 초기 북핵문제는 '1차 북핵위기'로 한 걸음 더 다가갔다.

제1차 북핵위기 발생으로 북미대화 개시 및 한국의 '한반도 문제의 한반도화 원칙' 포기

남북 상호 사찰 협상이 지지부진한 가운데 북한은 IAEA와 체결한 안전조치 협정에 따라 1992년 5월 4일 보유한 핵시설에 관한 '최초 보고서'를 IAEA에 제출했다. 여기서 북한은 영변 핵시설에서 플루토늄을 한 차례 소량으로 약 90g 추출했다고 신고했다. IAEA는 1992년 5월부터 1993년 2월까지 총 6차례 임시 사찰을 실시한 결과, 북한 핵활동에 대해 몇 가지 의문점을 제기했다.

첫째, 북한이 신고한 방사화학 실험실은 사실상 '재처리시설'이며 외부 공정의 약 80%, 내부 공정의 40% 정도가 완료되었다. IAEA 발표대로라면 북한은 재처리시설을 보유하지 않기로 합의한 '한반도 비핵화 공동선언'을 위반한 것이었다. 둘째, 보다 심각한 문제는 북측이 신고한 플루토늄 추출량과 IAEA 측정치 사이의 '중대한 불일치'였다. IAEA는 북한의 초기 신고와 달리 최소한 3회(1989, 1990, 1991년) 재처리를 통해 킬로그램 단위의 플루토늄이 추출된 것으로 평가했다. 이후 '불일치' 문제의 규명을 위한 'IAEA 특별 사찰'이 최대 쟁점으로 떠올랐다. 특히 북한이 미신고 시설을 은폐한 사실이 드러나자 IAEA는 북한에 이 두 곳의 미신고 의심 시설을 방문할 수 있도록 허용해 달라고 강력히 요구했다. IAEA에 따르면 동 2개 시설은 액체 핵폐기물 저장소로 추정되며 액체 핵폐기물은 재처리의 가장 직접적인 증거가 된다는 것이었다.

북한은 IAEA가 지적한 시설이 군사시설이며 IAEA는 군사시설에 대한 사찰 권한이 없다면서 IAEA의 요구에 강하게 반발하고 사찰을 계속 요구하면 심각한 결과가 발생할 것이라고 반발했다. IAEA 이사회는 1993년 2월 25일 한 달 시한으로 북한에 특별 사찰 수락을 촉구하는 결의안을 채택했다. 북한은 전례 없는 IAEA 이사회의 특별 사찰 요구를 '불공정한 결의'라고 맹비난했다. 마침내 한미 팀스피리트 훈련이 시작되기 하루 전인 1993년 3월 8일 북한은 인민군 최고사령관 김정일 명의로 '준전시 상태'를 선포했다. 이어 북한은 3월 10일 김영남 외교부장 명의로 특별 사찰 거부를 통보하고 3월 12일 NPT 탈퇴 성명을 발표했다. 이로써 소위 '1차 북핵위기'가 시작되고 한반도는 돌연 전쟁 위기에 휩싸였다.

북한의 NPT 탈퇴선언으로 김영삼정부는 대북 화해정책에서 강경정책으로 급선회했다. 김영삼 대통령은 1993년 2월 25일 취임사에서 "어느 동맹국도 민족보다 나을 수는 없다"라고 발언하여 급진적인 민족주의적 대북정책을 예고했다. 하지만 김 대통령은 6월 취임 100일 기자회견에서 "핵을 가진 자와 악수할 수 없다"라고 발언하여 남북관계의 악화를 예고했다. 한편, 미국은 북한의 NPT 탈퇴가 한반도의 군사적 긴장을 고조시키고 국제 핵비확산체제를 훼손할 것을 크게 우려했다.

당시 전문가들은 북한이 NPT 탈퇴를 선언한 배경을 다음과 같이 분석했다. 첫째, 시간 벌기로 플루토늄 추출 현장을 감추고 둘째, 신고와 사찰 간 불일치를 은폐함으로써 국제사회의 반발을 무마하고 셋째, 미국이 중시하는 비확산체제 유지를 볼모로 미국의 양보를 강요하며 넷째, 안보위기를 조성하여 김정일 정권의 안보를 강화하려고 했다는 것이다.

북한이 IAEA에 협조는 고사하고 초강경 자세를 보이자 IAEA 이사회는 1993년 4월 1일 북한의 안전조치 협정 '불이행'을 유엔에 보고하는 결의안을 채택했고, 블릭스(Hans Blix) IAEA 사무총장은 4월 6

일 이를 유엔 안전보장이사회에 보고했다. 4월 8일 유엔 안보리는 의장 성명을 통해 북한의 NPT 탈퇴 사태에 대해 주의를 환기하고 한반도 비핵화 공동선언을 지지하며 북핵 검증 문제 해결을 위한 IAEA의 추가 노력을 촉구했다. 유엔 안보리는 5월 11일 결의 제825호에서 북한의 NPT 복귀와 IAEA 안전조치 협정 의무 이행을 재차 촉구하고 IAEA 사무총장에게 북한과 협의 결과를 안보리에 보고할 것을 요청했다. 그리고 당사자 대화뿐만 아니라 "관련국들이 문제 해결에 나설 것"을 권유하며 필요 시 안보리가 추가 조치를 취할 것이라고 천명했다. 여기서 "관련국들이 문제 해결에 나설 것"을 권유한 조항은 이후 미국이 북한과 직접 핵협상에 나서는 명분이 되었다.

한국정부는 전통적으로 '한반도 문제의 한반도화' 원칙을 고수하며 북한과 미국의 상호 접근을 견제했다. 하지만 북핵문제가 국제화되고 이를 해결하기 위한 북미대화가 불가피해지자 한국도 이 원칙을 더 이상 고집할 수 없게 되었다. 유엔 안보리 결의도 이런 현실을 반영하여 북핵문제 해결을 위한 북미대화의 길을 터주었다. 한국은 북미 간 직접 대화를 싫어했지만 새로운 한반도 현실을 수용할 수밖에 없었다.

북미 핵협상 개시와 북한의 'NPT 탈퇴 효력 발생 일시 중단' 선언

NPT 회원국은 NPT 제10조의 '탈퇴 조항'에 따라 탈퇴를 선언하면 3개월 이후에 탈퇴 효력이 발생한다. 따라서 미국은 북한의 NPT 탈퇴를 저지하기 위해 평소 대화를 거부하던 북한과 대화하지 않으면 안 되는 상황에 빠졌다. 때마침 유엔 안보리결의 제825호가 "관련국에게 문제 해결에 나설 것"을 권유함에 따라 미국은 1993년 6월 2일 처음으로 북미 핵협상에 나섰다. 북한은 그토록 열망하던 북미협상이 열리자 이를 당시 김일성의 후계자로 활동 중이던 김정일의 '외교적 승리'라고 대대적으로 선전했다.

1993년 6월 2일부터 11일까지 뉴욕에서 로버트 갈루치 미 국무부 정치군사담당 차관보와 강석주 북한 외교부 부부장을 수석대표로 하는 북미 1단계 협상이 개최되었다. 이 협상은 북미정부 간 최초의 공식적인 양자 협상으로 기록되었다. 미국은 적국이고 미수교국이자 불량국가인 북한과 공식적으로 대면하기를 꺼렸다. 대면 자체가 북한을 인정하거나 나쁜 행동을 인정하는 효과가 있다고 보았기 때문이다. 1980년대 말 북경에서 양측 실무자 간 비공식 접촉이 있었고 1992년 초에는 뉴욕에서 북미 고위급 회동이 있었다. 미국정부는 이를 공식 대화나 협상으로 인정하기를 거부하고 단순히 각자 의견을 말하고 상대 발언을 듣는 '접촉'이라고 불렀다.

북미는 북한의 NPT 탈퇴 효력발생을 하루 앞둔 6월 11일 양국 간 첫 합의문을 채택했다. 뉴욕 공동성명에서 북한은 "필요하다고 간주하는 동안 NPT 탈퇴 효력 발생을 중단하기로 일방적으로 결정했다(The DPRK has decided unilaterally to suspend as long as it considers necessary the effectuation of its withdrawal from the NPT)"라고 선언하고 IAEA 사찰을 다시 수용하기로 약속했다. 반대급부로 미국은 북한에 안전보장 제공과 북미대화 지속을 약속했다. 사실 이 조항 탓에 2003년 북한이 NPT에서 완전히 탈퇴할 때까지 '북한의 NPT 회원국 지위'에 대한 논쟁이 끊이지 않았다. 국제사회는 북한이 NPT 탈퇴를 철회했으므로 당연히 회원국이라고 보았다. 하지만 북한은 이 조항을 이유로 자신이 NPT의 안도 밖도 아닌 '특수한 지위'에 있다고 주장하며 NPT 의무인 IAEA 사찰을 거부하는 명분으로 활용했다.

북미는 1993년 7월 14일부터 19일까지 제네바에서 2단계 회담을 재개하고 핵문제의 최종적 해결을 위한 방안으로 경수로 지원 문제를 처음으로 논의했다. 미국은 공동선언(1993.7.19)에서 처음으로 '북한

문제를 궁극적으로 해결하는 한 방안으로 경수로 도입'을 지지하고 이를 위한 협의 용의를 표명했다.

1993년 11월 한미 양국은 정상회담을 갖고 북핵문제 해결의 시급성을 재확인하고 북한 핵시설에 대한 IAEA 사찰 및 남북대화의 실질적 진전이 이루어질 때 북미회담을 재개한다는 데 합의했다. 여기서 한국정부가 북미대화 재개 조건으로 '남북대화의 실질적 진전'을 요구한 것에 주목한다. 이 조건이 들어간 것은 한국이 중시하는 '한반도 문제의 한반도화' 원칙 때문이었다. 한국은 북미가 자유롭게 만나면 '남한정부는 미국의 괴뢰 정부'라는 북한식 주장을 인정하는 효과가 있다고 보았기 때문에 자신이 빠진 북미대화를 거부했다. 미국도 한반도 문제에 대한 한국의 발언권을 존중하는 동시에 불량국가인 북한과 대화에 대한 거부감이 있어 명분 없는 북미대화는 자제했다.

북한의 IAEA 탈퇴로 유엔의 대북 제재가 임박한 상황에서 지미 카터 전 미국 대통령이 1994년 6월 15~18일 평양을 방문했다. 김영삼 대통령은 카터 전 대통령을 평양 방문 이전에 서울에서 만나 사전 협의를 가졌다. 한국정부는 미국의 대북 협상 주도권을 불가피하게 수용하면서도 국내 정치적 이유로 한국이 관여하고 한미 공조가 잘 되고 있다는 점을 과시하고 싶어했다. 김영삼-카터의 서울 회동이 성사된 배경에는 이런 이유도 일부 작용한 것으로 보인다.

대북 제공 경수로 노형 논쟁과 북미 제네바 기본합의 타결

김일성 사망이 북미대화에는 부정적 영향을 미치지 않았고 오히려 촉진하는 효과를 낳았다. 미국 측 협상대표단은 제네바에서 김일성의 사망을 조문하고 강석주 부부장에게 핵 동결이 북미협상의 핵심 전제조건임을 상기시켰다. 1994년 8월 5일 제네바 주재 미국 대표부에서 강석주-갈루치 고위급회담이 속개되었다. 당시 미국은 북한이 일시 동결하기로 약속한 핵프로그램을 영구 동결하는 방안을 모색 중이었고 경수로 제공을 이를 위한 열쇠로 보았다. 당시 클린턴 행정부는 북한의 핵개발 포기 유도를 위해서는 경수로 제공이 불가피하다고 판단했지만, 이를 실현하는 데 핵심적인 장애 요인이 있었다. 수십억 달러로 추산되던 경수로 건설 비용의 조달과 어느 국가의 경수로 기술을 제공하는가가 최대 난제였다. 미국과 서방 진영이 냉전기에 만든 대공산권 수출통제위원회(COCOM)와 같은 적성국 교역금지 규정도 큰 장애 요인이었다.

양국은 협상에서 경수로 공급 및 폐연료봉 처리에 많은 시간을 소비했다. 북한은 처음으로 '러시아형' 경수로를 원한다고 주장했고 미국은 러시아 경수로의 경우 재정지원을 해결할 수 없다는 점을 분명히 하였다. 한국은 '한국형' 경수로에 한하여 재정 지원한다는 의사를 분명히 했다. 마침내 북한은 "미국이 경수로 지원을 보장하고 주계약자가 되어 건설하면 어떤 모델이든 상관하지 않겠다"라는 입장으로 선회하면서 사실상 '한국형' 경수로를 수락함으로써 3단계 북미 협상의 최대 난관을 넘었다.

1994년 8월 12일 북미 합의문이 발표되었다. 북한은 흑연감속로와 관련 시설을 경수로 발전소로 전환할 준비가 되어 있다고 밝혔다. 미국은 상응조치로 2,000MW 규모의 경수로를 최대한 빨리 북한에 제공하고 경수로 완공 때까지 중유와 같은 대체에너지 제공을 위한 준비가 되어 있다고 천명했다. 그리고 북한은 경수로 제공 및 전환 기간에 에너지 제공에 대한 미국의 보장을 접수하는 즉시 IAEA 감시에 50MWe 및 200MWe 흑연감속로 건설을 동결하고 재처리를 하지 않고 방사화학 실험실도 폐쇄하기로 합의했다. 또한 양국은 관계 정상화를 위해 상대방 수도에 외교 대표부를 개설하고 무역 및 투자 장벽을 낮추도록 조치할 준비가 되어 있고, 미국은 북한에 대해 핵무기 불사용 및 불위협에 대한 보장을 제공할 준비가 되어 있으며, 북한은 한반도 비핵화 공동선언을 완전히 이행할 준비가 되어 있다고 선언했다. 북한은 NPT에 잔류하고 IAEA 안전조치협정의 이행을 수락할 준비가 되어 있음도 명기했다.

9월 제네바에서 속개된 북미대화는 또 북한의 벼랑끝전술로 곤욕을 치렀다. 북한은 연락사무소 개설과 남북대화를 연계하는 것을 거부했다. 당시 남북관계는 김일성 사망 조문 사건으로 악화했고 한국전쟁에 대한 구소련 자료 공개와 한국 국무총리의 김일성 비판으로 긴장이 더욱 고조되었기 때문이다. 폐연료봉 처리를 위한 베를린 전문가 회의도 순탄하지 못했다. 북한은 5MWe, 50MWe, 200MWe 흑연감속로를 포기하는 대가로 12억 달러의 현찰 보상금과 경수로 구매를 위한 자금 지원을 요구했다. 또한 대체에너지를 연간 벙커C유 50만 톤으로 하되 이를 현금으로 지급해 달라고 요구했다. 고도의 긴장 속에 다시 회담이 급진전하여 10월 21일 '제네바 북미기본합의(Agreed Framework)'가 채택되고 1차 북핵위기가 끝났다.

북한은 제네바 합의에서 핵활동을 즉각 동결하고 관련 시설을 해체할 뿐만 아니라 폐연료봉을 재처리하지 않고 일단 보관한 후 제3국으로 이전하는 것에 동의했다. 그리고 경수로 관련 핵심 부품의 인도 이전에 모든 IAEA 안전조치 의무를 전면 이행하기로 합의했다. 이에 대해 미국은 3개월 후부터 경수로 공급 시까지 전용 불가능한 중유로 대체에너지를 공급하고 2,000MWe급 경수로 원전 제공 및 이를 위한 국제콘소시엄 구성에 합의했다. 대북 무역 및 투자 제한의 일부 해제, 연락사무소 교환 설치도 약속하고 한반도 비핵화 공동선언의 이행 및 남북대화 재개도 합의했다.

3. 제2차 북핵위기와 6자회담

1994년 제네바 합의로 북핵문제가 일단락됐지만 북미 간 상호 불신과 경수로 건설 지연으로 그 이행 과정은 순탄하지 못했다. 한국정부는 당초 대북 경수로 원전 제공을 거부했지만, 이를 대북 관여와 한국형 경수로 수출 기회로 인식하면서 적극적으로 경수로 사업에 참여했다. 제네바 합의로 인한 북핵문제의 일시적 해결, 경수로 건설 진전으로 인한 북한의 개방과 남북 교류 확대 등은 김대중정부의 햇볕정책을 가능케 하는 정치적 배경이 되었다. 그런데 2002년 우라늄농축 의혹이 불거지면서 2차 북핵위기가 발생했다. 2003년 6자회담이 출범하여 2005년 9·19 공동성명을 채택했지만 북한의 지속된 핵활동과 검증 실패로 6자회담이 붕괴했다. 2009년 2차 핵실험과 연평도 사건을 거치며 한반도는 다시 북핵위기의 악순환에 빠졌다.

2002년 제2차 북핵위기 발생과 제네바 기본합의 붕괴

북핵문제는 1994년 10월 북미 간 제네바 기본합의에 따라 북핵시설 동결, KEDO의 중유 공급과 경수로 건설 등 합의의 기본적인 틀이 유지됨으로써 해결되는 듯한 모습을 보였다. 하지만 제네바 합의 이행 과정은 순탄하지 않았다. 미국 측은 재원이 부족하여 경수로 건설과 중유 제공을 수시로 지체했다. 북한도 사찰을 거부하며 기본합의를 위협했다. 2002년 초 출범한 부시 행정부는 북한을 '악의 축'으로 지칭하여 북한의 거센 반발을 샀다. 미국 공화당 의회는 제네바 합의를 북한에 대한 '항복문서'라고 비난하며 경수로와 중유 사업에 수시로 제동을 걸었다. 마침내 제네바 합의가 체결된 지 8년이 지난 2002년 10월 북한의 새로운 우라늄농축 핵개발 의혹이 불거지면서 2차 북핵위기가 발생했다. 김대중정부의 대북 햇볕정책을 계승한 노무현정부는 제네바 합의체제가 지속되고 남북 간 화해협력이 확대되기를 강력히 원했지만 부시 행정부의 대북정책 전환에 저항하기에는 불가항력이었다.

당초 서로 상대의 제네바 합의 이행 의지를 불신했던 북미 양국은 부시 행정부 출범을 계기로 다시 심각한 갈등관계로 되돌아갔다. 양측은 줄곧 제네바 합의에 대한 해석에 큰 시각차를 보였다. 특히 제네바 합의 제3조의 '핵 불사용 원칙'과 관련, 북한은 미국이 북한을 '악의 축'으로 지목하고 핵공격 대상으로 삼은 것에 항의했다. 북한은 부시 행정부의 대북 '적대시 정책'으로 인해 북미관계개선과 체제 안전보장을 목표로 하는 제네바 합의의 핵심 내용이 사실상 무효화되었다고 보았다. 또한 북한은 미국이 경수로 1, 2호기 완공 목표 연도로 2003, 2004년을 약속했지만 경수로 공사 지연으로 엄청난 전력 손실이 있다고 주장했다. 2002년에는 경수로 건설 지연에 대한 북측의 보상 요구와 미국 측의 조기 사찰론이 충돌하면서 '2003년 한반도 위기설'이 등장했다.[2]

2002년 10월 제임스 켈리 미국 국무부 차관보가 방북했을 때 북한이 농축우라늄 프로그램의 존재를 인정한 이후 제네바 합의는 점점 붕괴의 길로 들어섰다. 미국은 켈리 차관보의 방북 결과를 2002년 10월 17일 공개하면서 북한의 새로운 농축 핵개발 프로그램을 검증 가능한 방법으로 즉각 폐기할 것을 요구하는 성명을 발표했다. 한국정부도 같은 날 북한의 어떤 핵개발에도 반대하며 북한이 남북 및 국제사회와 맺은 모든 합의를 지킬 것을 촉구하는 성명을 발표했다. 2002년 10월 27일 멕시코 로스 카보스에서 개최된 아시아태평양경제협력체(APEC) 회의에 참석했던 한미일 3국 정상은 북핵 대응을 위해 정상회담을 개최하고 북한을 비난하는 공동 발표문을 채택했다. 동 발표문은 북한의 농축 핵활동을 제네바 기본합의, NPT, IAEA 안전조치협정, 한반도 비핵화 공동선언 등 북한이 참여한 '4개 핵합의'의 중대한 위반으로 규정하고 검증 가능한 방법으로 농축 프로그램을 조속히 폐기할 것을 촉구했다.

KEDO는 2002년 11월 14일 한국·미국·일본·EU가 참석한 집행 이사회를 개최하고 북한이 농축 핵개발 프로그램을 완전 폐기하기 위한 "구체적이고 신뢰할 만한 조치"를 취하지 않는 한 12월 이후부터 중유 공급을 중단하겠다고 선언했다. 그리고 북핵 상황을 보아가며 다른 KEDO 활동도 재검토할 것이라고 밝혔다. 미국은 실제 2002년 12월부터 중유 제공을 중단했고 공해상에서 북한 선박을 나포하는 사건이 발생했다. 북한은 동 2개 사건에 크게 반발하고 2002년 12월 12일 외무성 대변인 담화에서 영변 핵시설의 동결을 해제하고 핵시설의 가동과 건설을 즉시 재개한다고 발표했다. 북한은 12월 21일부터 24일까지 제네바 합의에 의해 동결되었던 각종 핵시설에 대한 봉인과 감시카메라를 제거하고 12월 31일 IAEA 사찰요원을 추방했다.

마침내 북한은 2003년 1월 10일 정부성명을 통해 NPT 탈퇴를 공식 선언했다. 북한은 1993년 6월 북미 공동성명에서 'NPT 탈퇴 효력 발생의 일시 중단'을 선언했기 때문에 이번 NPT 탈퇴선언으로 NPT 탈퇴가 즉각 발효된다고 주장했다.

2차 북핵위기에도 불구하고 햇볕정책을 추진했던 김대중정부는 제네바 합의체제를 유지하기 위해 최선을 다했다. 사실 김대중정부의 햇볕정책과 이에 따른 남북 교류협력, 제1차 남북정상회담이 가능했던 것도 제네바 합의로 인해 북핵문제가 해결 국면에 있었기 때문이다. 그런데 부시 행정부가 출범하자 대북정책을 둘러싸고 한미 간 마찰이 있었다. 특히 공화당 의회는 제네바 합의에 대한 적대감을 감추지 않았고 공화당 행정부는 비밀 농축 의혹사건을 계기로 제네바 합의 체제를 본격적으로 청산하기 시작했다.

한국정부는 대북 햇볕정책이 중단되는 사태를 피하기 위해 '제네바 합의 살리기'에 최선을 다했다. 2003년 1월 21일부터 서울에서 개최된 제9차 남북 장관급회담 공동보도문에서도 "남과 북은 핵문제에 대하여 쌍방의 입장을 충분히 교환했으며 이 문제를 평화적으로 해결하기 위하여 적극 협력하기로 한다"라고 합의했다. 평소 북한은 북핵문제를 남북대화의 의제로 올리는 데 결단코 반대했지만, 제네바 합의를 지속하는 데는 모처럼 의견이 일치했다. 김대중 대통령은 2003년 1월 27~29일 임동원 대통령 외교안보통일특보를 대북 특사로 평양에 파견하여 대북 설득에 나섰지만, 제네바 합의를 구원하는 데는 역부족이었다. 결국 부시 행정부는 2003년 12월 KEDO 경수로 사업을 일시 중지시키고 2005년 11월 완전히 종료했다. 이로써 1994년 10월부터 시작한 제네바 기본합의체제는 완전히 막을 내렸다. 이후 6자회담이 개최되었지만 북핵문제는 계속 악화 일로를 걸었다.

6자회담 추진 배경과 경과

남북 간 '한반도 비핵화 공동선언(1991년)'과 북미 간 '제네바 기본합의(1994년)'가 모두 실패하자 미국은 새로운 다자대화 방식을 모색했다. 미국은 2003년 초 동북아의 이해관계국이 모두 참가하는 '6자회담'을 새로운 북핵협상 틀로 제시했다. 그런데 미국은 왜 북미 양자회담을 포기하고 6자회담을 제안했을까? 보통 강대국은 자신의 우월한 국력을 이용하는 데 유리한 양자 접근을 선호하고 약소국은 양자 간 힘관계의 불리함에서 벗어나려고 다자 방식을 선호하는 것이 상식이다.

부시 행정부는 북미 양자협상 틀 내에서 자신의 우월한 국력을 효과적으로 활용하지 못한다고 본 것 같다. 북한은 미국이 주도하는 세계질서 밖에 있는 국가이며 북미관계는 완전히 단절된 상태였다. 또한 북한의 독특한 주체사상, 반제국주의적 민족주의, 수령영도체제, 자립경제 등은 외부 압박에 대해 강한 저항력을 발휘하는 배경이 되었다. 따라서 미국의 막강한 국력도 북미관계에는 별다른 영향을 미치지 못했다. 이에 따라 부시 행정부는 북한과 특수관계에 있는 중국뿐만 아니라 주변국까지 모두 끌어들여 5대1의 대북 포위·압박 구도를 만들려고 했다. 즉, 6자회담을 다자 대북압박 수단으로 이용하려는 의도가 있었다. 또한 향후 합의가 만들어지고 경제적 보상이 필요할 때 그 재정 부담을 동북아 국가에 떠넘기려고 했다.

사실 6자회담은 과거 남북 또는 북미 양자회담에 비해 협상 구조가 더 안정적이라고 볼 수도 있다. 또한 다자가 참여하는 이행보장 장치를 갖고 있다. 양자 합의는 원래 깨지기 쉬운 합의 이행구조를 갖는다. 특히 남북, 북미관계와 같이 상호 의존성이 극도로 낮은 경우, 일방이 약속을 어겨도 상대방은 별다른 대응 방법이 없기 때문이다. 한편, 유엔헌장의 '집단안보체제'가 기대했듯이 6자회담에서는 일방이 약속을 어기면 다른 5개국의 비난을 동시에 받게 된다. 또한 6자회담은 그 의제의 포괄성과 다면성으로 인해 북핵문제 해결에 크게 기여할 것으로 기대되었다. 6자회담을 통해 비핵화뿐만 아니라 북미 및 북일 관계개선, 경제·에너지 지원, 동북아 다자안보체제 구축, 한반도 평화체제 구축 등을 병행 추진함으로써 이슈 간 상호 관련성을 증진하고 시너지 효과를 내 합의 이행을 촉진하는 효과가 기대되었다. 별도의 평화포럼을 통해 추진하기로 합의한 한반도 평화체제 구축도 남북 간 군사적 긴장 완화에 기여하고 북핵문제 해결을 촉진할 것으로 보였다. 6자회담은 이러한 다면적이고 중층적인 구조로 인해 보다 안정적인 이행 보장이 가능할 것으로 보여 이전과 같이 북핵위기와 핵합의 파기가 반복되는 '북핵협상의 악순환' 함정을 피할 수 있을 것으로 기대되었다.[3]

당초 북한은 미국의 이런 의도를 간파한 듯이 초기에는 미국의 6자회담 제안을 크게 반대했다. 그러나 한국과 중국의 설득으로 2003년 4월 베이징에서 미국, 중국, 북한 등 3국이 참가하는 6자회담 설명회가

열렸다. 마침내 2003년 8월 남한, 북한, 미국, 중국, 일본, 러시아 등 6
개국이 참가하는 6자회담이 처음으로 중국 주최로 베이징에서 개최되
었다. 그런데 6자회담도 과거 남북대화와 북미협상처럼 순탄하지 못했
다. 6자회담이 진행되는 동안 북한이 핵활동을 계속하자 '6자회담 무용
론'이 제기되기도 했지만 그 필요성에 대한 참여국의 공감대는 점차 확
산했다.

6자합의 채택과 붕괴

6자회담은 차수를 거듭한 끝에 마침내 2005년 9월 제4차 6자회담에서
'9·19 6자 공동성명'을 채택했다. 2003년 8월 제1차 6자회담을 시작한
지 25개월 만의 성과였다. 9·19 공동성명의 핵심 내용은 북한의 핵무
기와 모든 핵 프로그램 포기, 미국의 대북 불가침 약속과 북미관계 정
상화, 직접 관련국들이 구성한 별도 포럼에서 한반도의 항구적 평화체
제 협상 진행 등 3가지로 구성되었다.

　노무현정부는 6자회담에 적극 참여했다. 특히 북한 비핵화에 더해
한반도 평화체제 구축에 성과를 내기 위해 외교력을 집중했다. 미국은
북한으로부터 '핵무기와 모든 핵 프로그램 폐기'에 대한 약속을 받아내
기 위해 노력했다. 미국은 이 목표가 관철되자 종래의 강경한 태도를
바꾸어 "적절한 시기에 경수로 제공 문제를 논의하는 데 동의"하여 경
수로 제공 가능성까지 열어놓았다. 이 공동성명으로 북핵문제를 해결
하고 한반도의 영구 평화체제를 구축하기 위한 정치적 로드맵이 마련
되었다.

　사실 6자회담의 진전에도 불구하고 누구도 북한이 핵을 포기할 것으
로 믿지는 않았다. 북한은 6자회담이 진행되는 도중에도 폐연료봉 재
처리, 핵개발 완료 선언(2005.2.10), 핵실험 방침 선언(2006.10.3) 등

핵 도발을 반복했다. 마침내 2006년 10월 9일 핵실험을 실시하여 '핵개발 완성'을 선언했다. 북한의 1차 핵실험은 역설적으로 일시 소강상태에 빠졌던 6자회담을 촉진했다. 그 결과, 2007년 2월 6자회담은 '9·19 공동성명 이행을 위한 초기 조치,' 일명 '2·13합의'를 채택했다. 이로써 9·19 공동성명이 구체적인 액션플랜으로 발전했으며 5개 실무그룹(Working Group)을 설치하여 공동성명 이행을 위한 제도적 틀도 구축했다. 또한 대북지원 경비는 5개국 간 평등과 형평의 원칙에 따라 분담하기로 합의했다. 한때 미국이 북한과 거래한 마카오 소재 방코델타아시아(BDA) 은행을 제재하자 북한이 반발하여 6자회담이 중단되기도 했다. 하지만 6자회담이 재개되면서 2007년 7월 영변 핵시설이 폐쇄되고 IAEA 검증단이 영변 핵단지에 복귀했다. 대북 경제·에너지 지원의 일부로 한국정부는 중유 5만 톤을 제공했다.

2007년 10월 6자회담은 다시 '9·19 공동성명 이행을 위한 제2단계 조치,' 일명 '10·3합의'를 채택했다. 10·3합의는 연내 영변 주요 핵시설의 '불능화'와 모든 핵 프로그램의 신고 조치 완료를 규정했다. 한국은 상응조치로 미국과 함께 중유 95만 t(톤) 상당의 에너지와 인도적 지원을 제공하기로 했다. 2008년 들어 북한이 영변 원자로의 냉각탑을 폭파하고 우여곡절 끝에 핵 프로그램에 대한 '신고'를 완료했다. 이에 따라 2008년 10월 미국은 북한을 테러지원국 지정에서 해제하는 역사적 조치를 시행했다.

그러나 6자회담은 2008년 말 10·3합의의 마지막 관문인 '핵검증' 고비를 넘지 못하고 또다시 좌초했다. 2003년 6자회담 초기의 기대와 달리 북핵문제는 계속 악화되었다. 2006년 10월 9일과 2009년 5월 25일 각각 핵실험이 있었고 핵무기용 플루토늄 재고 추정량도 약 10여kg에서 40kg으로 증가했다. 당초 기대와 달리 6자회담도 가다 서다를 반복하며 이전과 같은 '북핵협상 악순환' 패턴이 재현되는 경향을 보였다. 2008년 말 핵검증 합의서 채택에 실패한 이후 6자회담은 일시 중단되었다. 2009년 상반기 들어 북한의 장거리 로켓 시험발사와 2차 핵실험으로 6자회담 재개 가능성은 사라졌다.

2009년 초 출범한 미국 오바마 행정부가 대화 메시지를 보냈지만 북한은 무시했다. 당시 북한은 비상한 국내정세로 인해 핵협상에 관심이 없었다. 2008년 8월 김정일 국방위원장이 뇌졸중으로 쓰러지자 북한은 일체의 대화를 거부하며 강경 일변도로 선회했다. 북한 수령체제에서는 오직 최고지도자만이 정책적 유연성을 발휘할 수 있는데 최고지도자가 통치 불능 상태에 빠지자 어떤 정책 결정도 불가능했다. 2009년 4월 29일 북한 외무성 대변인 성명은 2차 핵실험, 장거리 미사일 시험발사, 경수로 핵연료 공급을 명분으로 한 우라늄농축 등을 예고했다. 마침내 북한은 5월 25일 2차 핵실험을 강행하고 "자위적 핵억제력 강화 조치의 일환으로 2차 핵실험을 성과적으로 진행"했다고 발표했다. 연이어 북한은 조선인민군 판문점 대표부를 통해 정전협정을 부정하는 성명을 발표하고, 한국정부의 확산방지구상(PSI) 참여 결정을 자신에 대한 선전포고로 간주한다고 발표하며 전쟁 위기를 더욱 고조시켰다.

북한은 유엔 안보리가 2009년 5월 2차 핵실험에 대해 추가 제재를 부과하자 '6자회담 전면 거부'를 선언했다. 2010년 초 6자회담 재개를 위한 주변국의 외교적 노력이 있었지만, 3월 천안함 폭침 사건이 발생하여 회담 재개 가능성은 더욱 사라졌다. 북한이 11월 연평도 포격 도발을 감행하자 6자회담 재개 환경은 더욱 악화되었다. 연평도 사건 직후 중국정부가 일방적으로 6자회담 수석대표 긴급회의를 제안했지만 한미일 삼국이 거부했다. 북한은 2010년 초 6자회담 복귀 조건으로 안보리 제재 해제, 북미 평화협정 협상 개시 등을 제기하다가 2011년 중반 돌연 '조건 없는 6자회담 재개'를 주장하는 '평화공세'를 개시했다. 하지만 한국정부는 미국과 함께 북한과 중국의 '무조건 6자회담 재개'

요구에 대해 '사전 조치'의 선이행을 요구했다. 북한은 이를 거부했고 이로써 6자회담 시대는 완전히 끝났다.

4. 제3차 북핵위기와 남북 및 북미정상회담 개최

이명박, 박근혜 보수 정부(2008~2017년)가 연이어 군사안보 중심의 대북정책을 추진하고 오바마 행정부(2009~2016년)가 대북 '전략적 인내' 정책을 추진하면서 한반도 정세는 위기 국면이 지속되는 침체기에 빠졌다. 북한도 김정일의 뇌졸중(2008년)과 사망(2011년)에 이은 김정은 권력세습 과정을 거치면서 내정에 집중했다. 2017년 등장한 문재인 진보 정부가 남북대화 재개와 북미 중재에 나서고 미국에는 김정은과 회동에 관심을 가진 트럼프 대통령이 통치하면서 한반도는 다시 북핵위기, 전쟁위기 국면을 넘어 대화 국면에 들어섰다. 문재인정부의 중재 외교가 성공한 결과로 개최된 2018년 역사적인 싱가포르 북미정상회담은 북미관계개선과 한반도 비핵화의 정치적 돌파구를 여는 듯이 보였다. 하지만 2019년 하노이 2차 북미정상회담에서 비핵화 합의에 실패하면서 북핵문제와 한반도 정세가 또 미궁에 빠졌다.

문재인정부의 중재 외교와 싱가포르 북미정상회담 개최

2017년 5월 출범한 문재인정부는 한반도 평화정착과 남북관계개선을 최우선 대북정책으로 추진했다. 문재인 대통령은 일찍이 노무현정부 시절 부시 행정부에 의해 제네바 합의가 폐기되는 것을 지켜보았기 때문에 평화정착을 달성하려면 한미 공조와 북미 관계개선의 필요성을 절감했을 것이다. 따라서 문재인정부는 트럼프 대통령과 소통을 강화하면서 북한에는 남북정상회담 개최와 평창 동계올림픽 참가를 수시로 제안했다. 이에 호응하듯 김정은 위원장이 2018년 신년사에서 평창올림픽 참가 의사를 발표하고 실제 김여정을 포함한 북한 특사단을 파견하면서 한반도 정세는 대화 국면으로 급전환했다. 2017년까지만 해도 한반도는 김정은 위원장의 반복되는 핵실험과 중장거리 미사일 시험발사, 그리고 이에 대한 트럼프 대통령의 '화염과 분노' 발언 등으로 최고 수준의 전쟁위기와 북핵위기에 빠졌다.

2018년 2월 평창 동계올림픽을 계기로 남북대화가 재개되고 마침내 4월 27일 판문점 남북정상회담이 개최되고 판문점선언이 채택되었다. 문재인 대통령과 김정은 위원장은 동 선언에서 '완전한 비핵화를 통해 핵 없는 한반도'를 실현한다는 공동목표를 확인했다.

남북정상회담의 성과를 배경으로 2018년 6월 12일 싱가포르에서 역사적인 북미정상회담이 열렸다. 싱가포르 정상회담은 세기적 이벤트로 전 세계의 이목을 끌었다. 동 정상회담의 의의는 첫째, 양국 정상이 역사상 처음으로 70년 만에 회동했다는 데 있다. 이는 양국이 수립된 이후 첫 정상회담이며 세계에서 가장 오랜 적대관계를 유지한 국가 간 정상회담이라는 특징도 있다. 둘째, 6·12 북미정상회담은 4·27 판문점 남북정상회담과 마찬가지로 정치지도자가 직접 주도하는 '정치 프로세스'라는 점에서 이전 북미대화와 차별화된다. 과거 북미대화는 주로 관료적·외교적·핵비확산 기술적 접근이었고 이때 새로운 정치적 돌파구를 만들기 어려운 한계가 있었다.

김정은 위원장이 6·12 북미정상회담의 첫 발언에서 "여기까지 오는 길이 그리 쉬운 길은 아니었다. 우리한테는 발목을 잡는 과거가 있고 또 그릇된 편견과 관행이 때로는 눈과 귀를 가렸다. 우린 모든 것을 이겨내고 이 자리까지 왔다"라고 발언했다. 이 발언에 대해 트럼프 대통령이 크게 공감하는 제스처를 보였다. 이는 양측 모두 이번 정상회담을 개최하는 데 정치적 결단이 필요했음을 보여주었다. 셋째, 한반도는 통상 '냉전의 마지막 섬'이라고 불리는데 6·12 북미정상회담은 이 마지막 냉전체제를 해체하는 역사적 사건으로 기록될 것이라는 기대를 모았다. 문재인 대통령은 "6·12 센토사 합의는 지구상의 마지막 냉전을 해체한 세계사적 사건으로 기록될 것"이라고 평가하여 한반도 평화정착에 대한 높은 기대감을 표명했다.

최초의 북미정상회담이라는 역사적 의미에도 불구하고 싱가포르 공동성명의 합의 내용은 북한 비핵화가 절대로 쉽지 않을 것이라는 점을 암시했다. 싱가포르 북미 공동성명의 성과와 의의를 평가하면 첫째, 북핵에 대한 접근법이 과거 일방적으로 핵폐기를 요구하는 국제법적·핵비확산 규범적·관료적 접근법에서 주고받기식의 정치적·거래적 접근법으로 바뀌었다. 그동안 한미와 국제사회는 북한의 핵개발을 공공연한 국제법 위반과 세계평화 침해행위로 간주했다. 하지만 이번 공동성명에서 양측은 북미관계개선과 비핵화를 교환하기로 합의했다.

둘째, 싱가포르 공동성명에서 북한 비핵화의 중요성이 하락했다는 우려가 있다. 공동성명에 총 4개 조항이 있는데 북핵 조항은 제1조의 새로운 북미관계 수립, 제2조의 한반도 평화체제 구축에 이어 제3조에 위치했다. 이렇게 위치가 뒤로 밀렸을 뿐만 아니라 북핵 조항을 북미관계 수립과 평화체제 구축 조항 뒤에 배치하여 자칫 북미관계 수립과 평화체제 구축 이후 비핵화를 추진해도 된다는 메시지를 북한에 줄 우려가 있었다. 공동성명 전문의 "상호 신뢰 구축이 한반도 비핵화를 촉진"한다는 문구도 북한에 북미관계개선과 상호 신뢰가 구축될 때까지 비핵화를 늦추어도 된다는 메시지를 줄 우려가 있다.

셋째, 북핵 조항에서 구체성이 부족하다. 북핵 조항을 보면 강력한 비핵화 목표를 나타내는 '완전하고 검증가능하며 불가역적인 핵 폐기(CVID)' 표현이 빠진 대신 4·27 판문점선언(2018)에서 사용한 '한반도의 완전한 비핵화'가 채택되었다. 그리고 비핵화 시한, 신고 범위, 검증 방법, 초기 비핵화 실행 조치 등이 공동성명에 명시될 것으로 기대했으나 모두 빠졌다. 다만, 공동성명 3조에서 "북한은 2018년 4월 27일 판문점선언을 재확인하면서 한반도의 완전한 비핵화를 향하여 노력할 것을 확약했다"라고 합의하여 북미 공동성명이 남북 정상 선언의 북핵합의를 반복하는 데 그쳤다. 당초 '비핵화' 개념의 정확한 정의에 합의할

글상자 8.1 '비핵화' 용어의 유래와 의미

북핵의 최대 연관어는 '비핵화(denuclearization)'이다. 국내에서 수시로 비핵화 외교를 어떻게 추진할 것인지, 한반도 비핵화와 북한 비핵화 중 무엇이 맞는지, 미국의 북핵정책이 비핵화와 비확산 중에서 무엇인지를 논쟁한다. 그런데 '비핵화' 용어가 어디서 유래했는지, 정의와 범위가 무엇인지, 왜 한반도에만 이 용어가 사용되는지 등에 대해서는 별다른 질문도 논쟁도 없다. 아래에서 이를 간략히 정리했다.

외교사 기록에 따르면 '비핵화' 용어는 1950년대 냉전기에 소련, 폴란드 등 공산진영 국가가 핵 군비통제의 일환으로 중유럽에 핵무기를 배치하지 말 것을 제안한 '비핵화 중유럽(denuclearized Central Europe)' 방안에서 처음 등장했다. 당시 냉전 국면에서 이 제안은 무시되었고 이후 '비핵화' 용어는 1991년 돌연 한반도에서 등장하기 전까지 완전히 잊혀졌다.

한편, '비핵화' 용어는 잊혀졌지만, 그 취지는 1967년 '중남미핵무기금지조약(Treaty for the Prohibition of Nuclear Weapons in Latin America and the Caribbean)'에서 처음으로 구현되었다. 이후 NPT(1970)가 제7조에서 "국가 집단이 각자 영역 내에서 핵무기의 전면적 부존재를 보장하기 위하여 지역적 조약을 체결"할 것을 권

계속

장함에 따라 남태평양, 동남아, 아프리카, 중앙아시아 등에서 '비핵무기지대(Nuclear-Weapon-Free Zone, 또는 비핵지대)'가 연이어 설치되었다. 원래 '비핵화'는 핵보유국 주도로 핵보유국 간 핵 군비통제를 위한 구상이었다. 하지만 '비핵무기지대'는 주로 반핵, 반제국주의를 표방하는 비동맹권 국가의 주도로 핵보유국의 핵무기가 자국 지역에 배치되는 데 반대하기 위해 추진되었다.

북한은 1970년대 말부터 '조선반도 비핵지대'를 주장하기 시작했다. 당시 반제국주의를 표방하던 북한은 비동맹권에서 유행한 '비핵지대' 구상을 활용하여 주한미군의 핵 반입을 비판하고 대미, 대남 정치공세를 벌였다. 이에 대응하기 위해 한국정부가 사용하기 시작한 정치적 용어가 '비핵화'다. 1991년 11월 8일 노태우 대통령이 발표한 '한반도의 비핵화와 평화 구축을 위한 선언'에서 이 용어가 처음 공식적으로 등장했다.

'비핵화'의 정의와 범위는 무엇인가? 비핵화는 일반적인 국제정치 현상이 아니고 국제법적 또는 학술적으로 통용되는 전문용어도 아니므로 합의된 국제법적·학술적 정의가 없다. 노태우 대통령이 발표한 '한반도 비핵화 선언'에 따르면, '한반도 비핵화'의 근본 취지는 "한반도에 핵무기가 존재하지 않도록"하는 것이다. 이를 위해 영토 내 핵무기의 보유·제조·저장·배치·사용을 금지했다. 여기까지는 국제사회의 '비핵지대'의 목적과 차이가 없다. 그런데 노태우 대통령의 '비핵화'는 북한의 핵개발을 원천적으로 차단하기 위해 추가로 NPT 제4조가 허용한 평화적 용도의 농축·재처리시설마저 포기했다.

1991년 말 남북협상에서 북한이 돌연 '비핵지대화' 주장을 철회하면서 한국의 비핵화 입장을 모두 반영한 '한반도 비핵화 공동선언'이 채택되었다. 하지만 이후 북한은 핵무기와 농축·재처리시설의 보유를 과시하고 헌법에도 '핵무기 보유'를 명시했다. 이로써 '한반도 비핵화 공동선언'은 정치적으로, 실체적으로 효력을 상실했다.

것이라는 기대가 있었지만 이것도 빠졌다.

마지막으로 김정은은 남북 및 북미정상회담을 앞두고 4월 20일 노동당 전원회의를 개최하여 '선제적' 비핵화 조치를 발표하고 실행에 옮겼다. 또한 북미정상회담에서 트럼프 대통령에게 별도로 '미사일 엔진 실험장 폐쇄' 조치를 통보했다. 이런 북한의 조치는 남아공이 비밀리에 핵무기를 개발했다가 스스로 핵무기를 폐기한 사례를 연상시킨다. 그러나 북한이 앞으로 핵탄두와 핵물질 시설의 폐기 등 실질적인 비핵화 조치를 추진할 가능성은 의문시된다. 초기 단계의 주동적 비핵화 조치는 상대적으로 쉽지만 핵탄두와 핵물질 생산시설의 폐기가 원활히 진행될 가능성은 매우 낮아 보인다.

2차 북미정상회담의 '하노이 노딜'과 그 이후

싱가포르 북미정상회담의 성공적 개최에 고무된 문재인정부는 2차 북미정상회담의 개최에 대비하여 대대적인 대북지원과 경협 방안을 준비했다. 하지만 이런 희망은 곧 절망으로 바뀌었다. 남북 분단과 이를 둘러싼 동북아 지정학의 경직성은 문재인정부의 한반도 운전자론, 북미 중재외교, 그리고 몇 번의 남북 및 북미정상회담 개최로 타파하기에는 너무 견고했다.

트럼프 대통령과 김정은 위원장이 2019년 2월 27~28일 베트남 하노이에서 2차 북미정상회담을 개최했지만 소위 '하노이 노딜' 사태가 발생했다. 이런 하노이 회담 결과는 당시 누구도 예상치 못한 것이었다. 특히 하노이 정상회담의 결과로 북미관계, 비핵화, 평화체제의 3개 분야가 동시에 진전되어 이를 기반으로 남북관계개선과 경제협력을 촉진하려던 문재인정부에게는 충격이었다. 북미 정상은 합의 불발의 부정적 파장을 관리하기 위해 "웃으며 헤어졌다"라고 애써 논평했지만

'하노이 노딜'의 후과는 이어졌다. 일부 전문가는 올 것이 왔을 뿐이라고 평가했다. 트럼프 대통령의 새로운 정치적 톱-다운식 접근법은 북미 대화 돌파구를 여는 데 결정적으로 기여했다. 하지만 1인 지도자에 과도하게 의존하는 이런 접근법이 불안정하고 예측 불가하다는 한계도 드러났다.

하노이 정상회담에서 최대 쟁점은 초기 핵폐기의 범위였다. 미국은 영변 핵단지를 넘어서는 소위 '영변 플러스 알파'의 비핵화를 요구했다. 영변 내 핵분열물질 시설뿐만 아니라 영변 밖의 농축시설도 폐기하기를 원했다. 폼페이오 국무장관의 설명에 따르면, 미국은 영변 외 미사일 시설과 핵탄두 무기체제의 해체, 핵 목록 신고 등도 요구했다. 그런데 북한은 핵폐기의 범위를 '영변 핵시설 폐기'로 한정하는 한편, 그 대가로 민생 관련 유엔 안보리 제재 결의 5개의 철회를 요구했다.

그런데 미국은 북한이 요구한 제재 해제를 '전면적인 제재 해제'로 보고 이를 거부했다. 합의 무산 이후 급조된 기자회견(3.1)에서 리영호 외상은 북측의 비핵화 제안을 아래와 같이 부연 설명했다. 첫째, 영변 지구의 플루토늄과 우라늄을 포함한 모든 핵물질 생산시설을 미국 전문가의 입회하에 양국 기술자의 공동작업으로 영구적으로 완전히 폐기한다. 둘째, 미국의 우려를 덜기 위해 핵실험과 장거리 로켓 시험발사를 영구적으로 중지한다는 확약을 문서로 제공할 용의가 있다. 셋째, 신뢰 조성 단계를 거치면 앞으로 비핵화 과정은 더 빨리 전진할 수 있을 것이다.

북한의 경직된 기존 입장을 본다면 이 제안은 꽤 진전된 것이었다. 하지만 트럼프 대통령은 당시 국내 정치에 정신이 팔려있었기 때문에 미국 내에서 큰 환영을 받는 합의가 아니라면 굳이 합의할 동기가 없었다. 사실 북미는 비핵화와 제재 해제의 단계적 병행 조치에 대해 중대한 입장 차를 드러냈다. 미국은 북한이 완전한 비핵화를 달성할 때까지

안보리 경제제재를 주요 압박 수단으로 계속 활용하려고 했다. 하지만 북한은 영변 핵시설을 제재 해제의 상응조치와 교환하고 기타 비핵화 조치(핵신고, 핵탄두, 미사일 폐기 등)는 미국으로부터 정치군사적 상응조치를 얻는 데 이용한다는 구상이었다.

전문가들은 대체로 하노이 담판에서 김정은 국무위원장이 패배했다고 판정했다. 북한 실무협상팀의 처형설까지 떠돌았다. 하노이에서 귀국한 후 한동안 침묵하던 김정은 위원장이 마침내 4월 12일 최고인민회의 시정연설에서 2019년 말을 시한부로 3차 북미정상회담 개최 의사와 조건을 밝혔다. 김 위원장은 "조미 사이에 뿌리 깊은 적대감이 존재하는 조건"이므로 "쌍방이 일방적인 요구 조건들을 내려놓고 각자의 이해관계에 부합되는 건설적인 해법을 찾아야" 한다고 주장했다.

트럼프 대통령은 김정은 위원장이 시정연설에서 3차 북미정상회담을 제기한 데 대해 즉각 트윗(2019.4.12)으로 호응했다. "나는 우리의 개인적 관계가 아주 좋다는 데 대해 김정은 위원장과 동의한다. 더 정확히 말하면 우리 관계는 탁월하다. 우리가 서로 어떤 입장에 있는지 충분히 이해하기 때문에 3차 정상회담이 좋다는 데 김 위원장과 동의한다." 북미 정상이 서로 정상회담의 끈을 놓지 않겠다는 의사를 명확히 밝히면서 북미는 서로 파국을 모면한 채 차기 회담을 기다리며 시간 벌기에 나섰다.

하노이 정상회담이 합의 없이 끝난 후 북미관계와 북핵 국면은 연일 살얼음판을 걸었다. 미국의 반복되는 핵협상 재개 요구에도 북한은 협상을 거부하며 2019년 5월부터 10여 차례 단거리 미사일과 대형 방사포의 시험발사로 군사도발을 반복했다. 과거 북미관계를 돌이켜 보면 이런 북한의 미사일 발사와 일방적인 협상 중단은 미국의 강경 대응을 초래하고 이에 북한이 다시 반발하면서 북핵위기를 초래했을 것이다. 하지만 김정은 위원장과 트럼프 대통령은 친서 외교와 '판문점 번개 회동(2019.6.30.)'으로 양국관계를 관리했다. 특히 트럼프 대통령이 수시로 북미관계의 관리를 위해 개입하면서 그 파탄을 방지했다.

무엇보다 트럼프 대통령은 김정은 위원장과 좋은 관계를 유지하고 있다는 메시지를 반복하여 발신함으로써 미국 행정부와 국제사회의 대북 강경 조치를 선제적으로 차단했다. 이는 한국 내에서 대북 강경론이 부상하는 것을 방지하는 효과도 있었다. 또한 트럼프 대통령은 북한의 단거리 미사일 발사가 북미합의를 위반한 것이 아니라며 미국정부와 국제사회의 강경 대응을 무시시켰다. 사실 이런 해석은 유엔 안보리의 대북 결의에 반하므로 트럼프 대통령이 아니라면 감히 누구도 우기기 어려웠을 것이다. 트럼프 대통령은 2019년 9월 10일 전격적으로 대북 매파인 존 볼턴 국가안보보좌관을 해고해 트윗으로 북미대화를 재개하고 싶다는 신호를 발신했다. 트럼프 대통령은 볼턴 보좌관이 "김정은 국무위원장에게 리비아 모델을 따르고 모든 핵무기를 이전할 것을 요구한 것은 실수"이며 '외교 참사'였다고 부연 설명했다. 이로써 김정은 위원장에게 더 이상 리비아 모델이나 일괄 핵포기를 강요하지 않고 북미대화를 계속하겠다는 의사를 분명히 전달했다. 2019년 9월 들어 갑자기 북미 양측이 대화 분위기를 조성하면서 스톡홀름 북미 실무회담이 열렸다. 그런데 북한이 미국의 입장 불변을 비판하면서 실무회담은 하루 만에 끝났다. 하지만 북한과 미국정부가 양국관계의 파국과 전쟁위기 재발을 원하지 않음에 따라 북미관계는 대화도 위기도 아닌 어정쩡한 상태가 지속되었다.

5. 35년 북핵외교의 실패 원인과 교훈

북핵문제는 지난 35년간 북핵위기 발생, 협상 개시, 북핵합의와 붕괴가 반복되는 '악순환 패턴'에 빠졌다. 악순환이 반복되는 동안 북한 핵 역량은 증대했고 남북 간 상호 불신은 누적되었다. 한국과 미국은 북한의 핵개발과 핵합의 위반을 비판했고 북한은 한국의 흡수통일 기도와 미국의 대북 적대시 정책을 비판했다. 이런 남북관계의 근저에는 분단으로 인해 발생한 서로 먹고 먹히는 '통일경쟁' 관계가 있다. 더욱이 남북 분단은 동북아 강대국의 지정학적 경쟁 구조와 맞물려 있어 한국 또는 미국이 이를 타파하는 것은 거의 불가능했다. 탈냉전기에 한국은 북한 붕괴와 흡수통일 가능성을 과대평가하고 북한의 내구성과 동북아 지정학의 경직성은 과소평가했다. 한국과 미국은 북한 비핵화를 추진하기에 절대적으로 유리한 환경을 누렸지만, 결국 북한 비핵화에 실패했다. 동북아 신냉전이 발생하면서 한국은 상당 기간 핵무장국 북한과 동거하지 않으면 안 되게 되었다.

'북핵협상 악순환' 패턴과 특징

북핵협상 과정을 관찰하면 수시로 북핵위기, 협상 개시, 핵합의 타결과 붕괴가 반복되는 것을 관찰할 수 있다. 실제 탈냉전기 35년에 걸친 북핵협상을 관찰하면 이런 현상이 상당히 규칙적으로 반복되는 '북핵협상 악순환 패턴'을 발견할 수 있다. 아래에서는 북핵협상 과정을 '악순환 패턴'에 따라 정리한 표를 제시하고 그런 악순환 현상의 특징과 배경을 간략히 토론한다.

우선 북핵협상은 고도의 북핵위기와 전쟁위기 국면이 발생한 이후 개최되는 경향이 있다. 북한은 한국과 미국의 비핵화 압력에 대해 NPT

표 8.3 북핵협상 악순환 패턴

회수	발단	북핵위기	일괄 타결	합의 붕괴
1	북: 1980년대 후반 영변 핵시설 건설	북: IAEA 안전조치협정체결 지연, IAEA 사찰 비협조	북: 비핵화 공동선언 합의, IAEA 안전조치협정체결 미: 뉴욕 북미 고위급대화, 팀스피리트(T/S훈련 중단	북: IAEA 사찰 거부, 남북 상호 사찰 불이행 IAEA 불일치 발견
2	북: 미신고시설 사찰 거부 한미: 특별사찰 요구	북: 준전시 선포, NPT 탈퇴(1993.3) 한미: T/S훈련 재개 발표(1992.10)	북미 공동성명 (1993.6) • 미, 대북 안전 보장 대화지속 • 북, 사찰 수용	북: IAEA 사찰 거부
3	북: 사찰 거부 한미·IAEA: 안보리 회부	북: 폐연료봉 무단 인출(1994.5) 미: 영변 폭격설 IAEA: 기술지원 중지 (1994.6)	북미 제네바 기본합의 (1994.10): • 북, 핵동결 폐기 약속 • 미, 중유·경수로 제공, 제재 해제, 수교 약속	경수로건설 지연 북: 사찰 비협조
4	북: HEU 의혹 (2002.10), 핵동결 해제 (2002.12) 미: 중유 중단, '악의 축' 발언 (2002.1)	북: 5MW 재가동, IAEA 사찰관 축출 (2002.12), NPT 탈퇴(2003.1) 미: 경수로 중단 (2003.12), 제네바 합의 파기	6자 공동성명 (2005.9.19)	북: 선경수로, 후 핵폐기 주장 미: BDA 금융제재
5	북: 6자회담 거부 미: 양자회담 거부	북: 미사일 발사 (2006.7), 1차 핵실험(2006.10) 미: UNSC 1718 제재	2·13, 10·3 6자합의(2007)	북, 신고, 검증 방안 논란, 6자회담 거부(2003)

계속

표 8.3 계속

회수	발단	북핵위기	일괄 타결	합의 붕괴
6	북: 검증의정서와 6자회담 거부 미: 6자회담 거부, 오바마정부의 북핵 후순위	북: 은하2호 발사 (2009.4), 2차 핵실험(2009.5), 천안함 폭침(2010.3), 연평도 포격(2010.11) 미: UNSC 1874(2009.6) 제재	북미 2.29합의 (2012.2) 미: 24만 톤 영양식 제공 북: 6자회담 재개, 핵·미사일활동 중단, 농축 IAEA 감시 수용	북: 은하3호 로켓 시험 발사 (2002.4) 미: 2·29합의 파기
7	북: 은하3호 발사 성공(2012.12), 3차 핵실험 (2013.2), 영변 원자로 재가동(2013.4)	북: 4차(2016.1), 5차(2016.9), 6차 핵실험(2017.9) 광명성로켓 발사 (2016.2), ICBM 발사 (2017.7, 11) 미: 안보리 제재결의, 최대 압박, 무력시위	남북정상회담, 판문점선언 (2018.4) 싱가포르 북미 공동성명 (2018.6)	북미 '하노이 노딜' (2019.2) 북: 미사일 수시 시험 (2019)
8	북: 2019 연말 시한 제시, ICBM, 핵실험 재개 위협	미: 대북 군사조치 위협(트럼프, 2019. 12)	3차 북미정상회담 불발	동북아 신냉전

탈퇴, 사찰관 축출, 재처리시설 재가동, 핵실험, 중장거리 미사일 시험 발사 등으로 '벼랑끝 전술'을 구사하며 북핵위기와 전쟁위기를 조성했다. 이런 위기가 발생한 후에야 미국은 사후적, 반응적 조치로 북미대화에 응하고 한국도 이를 수용하는 경향을 보였다. 그런데 한국은 북미 간 북핵협상에서 대체로 제외되었다. 미국은 불량국가인 북한과 대화에 대한 거부감이 컸고 북미대화에 대한 한국 측의 불만도 알고 있었다. 하지만 북한 핵개발이 국제 핵비확산체제에 대한 중대한 위협이 된

이상 미국은 북핵협상에 나설 수밖에 없었다.

다음으로 북핵협상의 가장 큰 특징은 핵합의가 붕괴한다는 점이다. 북미 간 핵합의가 충분히 상호 이익을 교환하고 조율하는 정상적인 교섭 과정이 아니라 '위기 국면'에서 급하게 만들어지기 때문이었다. 이렇게 만들어진 핵합의는 북핵문제의 영구적인 해결책이 아니라 위기 국면을 모면하기 위한 미봉책이 될 가능성이 높다. 이해당사자와 관련국(한국 포함) 사이에 충분한 협의 없이 급조된 핵합의는 지킬 수 없는 약속을 담거나 때로는 다양한 해석이 가능한 애매모호한 조문 등을 포함했다. 이렇게 허술하게 만들어진 핵합의는 결국 문제점을 드러내고 불이행과 붕괴의 길을 걷게 된다. 합의가 붕괴하는 배경에는 당초 이행 의지 없이 상대방을 기만한 경우, 또는 국내적 설득에 실패한 사례도 있다. 합의문이 이행 과정에서 국내적 반발로 인해 집행이 지연되거나 요구사항이 강화되기도 했다. 이런 북핵협상의 악순환 패턴을 본다면 사실 미래의 새로운 북핵 합의도 장래가 밝지 않다.

북핵외교 실패의 원인과 교훈

지난 35년간 한국의 대북정책, 외교정책에서 최대 현안은 단연 북핵 문제였다. 한국정부는 탈냉전기 내내 남북대화, 교류, 인도적 지원, 경협, 군사적 긴장완화, 평화정착 등을 달성하기 위한 대북정책을 꾸준히 추진했고 일부 성과도 있었다. 하지만 돌이켜 보면 일체 남북관계의 진전 여부가 북핵협상의 진전 여부에 좌우되었다고 해도 과언이 아니다. 그렇다면 이렇게 중요한 북핵문제를 앞으로 '어떻게' 해결할 것인가. 지난 35년에 걸친 북한 비핵화 외교의 실패에서 찾은 교훈을 다음과 같이 제시하고자 한다. 특히 북핵외교의 문제점 중에서도 북핵협상의 악순환이 발생하는 원인을 고찰하고 교훈과 개선책을 제시한다.

첫째, 그동안 북한 비핵화 전략은 북한의 핵개발 의지와 능력, 북한 체제의 내구성, 정권의 저항성을 과소평가하고 대북 제재압박의 효과를 과대평가하는 경향이 있었다. 보수정부는 제재압박을 통한 북한 붕괴와 핵포기를 기대했고, 진보정부는 포용정책을 통한 북한의 체제변화와 핵포기를 기대했다. '통일대박론', '전략적 인내', '햇볕정책' 모두 시간벌기를 통한 북핵문제의 궁극적인 해결을 낙관했다. 마찬가지로 미국정부는 1994년 제네바 기본합의 체결 당시 북한의 붕괴가 임박했다는 판단에 '시간 벌기' 전략을 구사하며 합의 이행에 소홀히 대처했다. 따라서 새로운 비핵화 전략은 북한 붕괴론을 경계하고 북한의 핵개발 의지와 역량, 체제 내구성 등을 객관적 현실 그대로 반영해야 한다. 특히 북한 붕괴는 항상 발생할 수 있지만 그 시기를 전혀 알 수 없으므로 정책대안으로서 가치가 의문시된다는 점도 유념해야 한다.

둘째, 북핵 해결에 적용할 해법 부재와 혼선도 북핵 합의가 붕괴한 배경이 되었다. 한국과 미국은 그동안 다양한 비핵화 해법과 모델을 북한에 적용하려고 했으나 모두 실패하고 말았다. 북핵문제는 북한의 생존, 남북 세력경쟁, 이념 충돌 등 세력정치와 정치적 요소가 핵심이라는 점을 간과하고 설득, 경제 지원, 신뢰구축, 핵개발의 불법성·비도덕성 비난 등을 통해 해결하려는 오류가 있었다. 따라서 새로운 비핵화 전략은 기존 국제법적·규범적 접근에 더해 '안보 대 안보', '위협감축 대 위협감축' 등 이익의 교환과 균형을 모색하는 조치가 필요하다. 특히 북한은 특별히 높은 핵무장 동기와 강한 체제적 저항성을 갖고 있어 일반적인 제재압박의 비핵화 해법이 효과적으로 작동하지 않는다는 점도 유념해야 한다.

우크라이나, 남아공, 아르헨티나, 브라질 등 성공적인 비핵화 사례는 모두 탈냉전기 들어 안보위기와 정치위기가 해소되면서 핵포기를 추진한 사례다. 반면, 북한은 탈냉전기 시대 들어 오히려 구 공산체제와 세습정권을 고수함에 따라 정치위기와 안보위기가 더욱 증폭된 사례다. 북한이 시대착오적인 권력세습·주체사상·계획경제·자립경제를 유지하는 한 체제위기에서 벗어나지 못하고 핵보유 동기가 지속된다는 점에 주목해야 한다. 따라서 북한 비핵화를 위해서 매우 강력한 제재압박에 더해 강력한 유인책도 동시에 동원하지 않으면 소기의 성과를 달성하기 어렵다.

셋째, 남북 및 북미 간 극단적인 상호 불신, 근본적인 이익의 충돌, 적대감 등이 합리적인 북핵정책 수립과 협상을 방해하는 경향이 있다. 이들은 서로 신뢰가 전혀 없어서 상대의 요구를 수용할 여유가 없음에도 불구하고 과도한 협상 목표를 추구한다. 특히 안보위기·체제위기·정권위기·경제위기 등 총체적 국가위기를 겪고 있는 북한이 단기간 내에 완전한 비핵화를 추진할 가능성은 매우 낮다. 북한에 핵무장은 국가 안전보장뿐만 아니라 체제와 정권 보장을 위한 핵심적인 수단이기 때문이다. 동유럽국가의 붕괴, 리비아와 이라크의 패망과 정치지도자의 처형도 북한에 반면교사가 되었다. 또한 북한은 평소 한국과 미국의 궁극적인 대북정책 목표가 체제 전환, 정권교체, 흡수통일이라고 의심한다. 사실 한국이나 미국도 북한이 핵을 쉽게 포기하리라 생각하지 않았다. 이때 양측은 합의에도 불구하고 서로 상대를 불신하여 합의 이행을 미루며 갈등하는 경향을 보인다.

따라서 초기에는 상호 낮은 신뢰 수준에 부합하는 낮은 단계의 비핵화 조치에서 시작하여 단계적으로 상호 신뢰가 상승하는 데 따라 비핵화 수준도 높여야 한다. 검증도 이런 접근법이 불가피하다. 초기에는 입회·봉인·원격감시 등 낮은 수준의 검증 방법에서 시작하여 점차 침투적인 검증 방법을 적용할 것을 제기한다.

넷째, 북한 비핵화라는 난제를 해결하려면 사전에 충분히 숙고하고 잘 기획된 비핵화 전략이 필요하다. 하지만 그동안 한국과 미국의 북핵

외교는 북한의 핵도발에 대한 '반응적 대응'이 대세였다. 또한 합의 창출에 집착한 나머지 합의의 실질적 이행 또는 이행보장 장치 마련에 소홀했다. 이렇게 만들어진 핵합의는 결국 그 내재적 결함으로 인해 합의 붕괴와 새로운 핵 사태 반복을 초래했다. 한반도 비핵화 공동선언, 제네바 기본합의, 6자합의, 싱가포르 공동성명 모두 예외 없이 이런 함정에 빠졌다. 한편, 합의 내용을 좀 더 구체적으로 하고 합의 이행보장 장치를 강화하려는 노력도 성공하기 어렵다. 이에 대한 북한의 거부감이 높아 합의 자체가 불가능할 가능성이 높다. 사실 이런 점이 북핵협상과 합의의 내재적인 한계이며 오늘날까지 북핵 사태가 계속 악화된 배경이기도 하다. 따라서 보다 적극적이고 선제적인 북핵 대응을 위해 북한의 비핵화를 압박하는 동시에 한미는 북한에 제공할 '상응조치 로드맵'을 미리 준비해야 한다. 북한이 고통을 느낄만한 제재압박에 더해 거부할 수 없는 강력한 유인책을 동시에 제시한다면 그만큼 비핵화 가능성도 높아질 것이다.

6. 맺는말

북핵문제가 처음 알려진 후 약 35년이 지난 오늘, 한반도 안팎의 안보환경은 질적으로 변했다. 북한은 2017년 대륙간탄도미사일(ICBM) 시험발사와 소위 '수소폭탄' 실험에 성공하여 9번째 핵무장국이 되었다. 참고로 여기서 '핵무장국'이란 NPT 상의 핵보유국 지위와 무관하며 단지 핵무기를 보유한 국가를 지칭한다. 2025년 초 50~100기로 추정되는 북한 핵무기는 계속 증강되고 있다. 더욱 안타까운 것은 북한 핵무장의 완성 이후 비핵화 전망이 과거 어느 때보다 어둡다는 점이다.

이런 비관적인 현실을 반영하듯이 2021년 1월에 출범한 바이든 행정부, 2022년 5월에 출범한 윤석열정부는 북한 비핵화에 별 관심이 없었다. 미국은 중국, 한국은 북핵의 안보위협에 대응하는 데 집중했고 이를 위해 한미일이 공동 안보협력을 추진하면서 동북아에서 진영화 추세가 더욱 선명해졌다. 동북아 신냉전이 진행되자 북한은 한국과 미국을 더욱 멀리하고 러시아 및 중국과 관계개선에 집중했다. 2022년 2월 발발한 우크라이나전쟁은 북한이 본격적으로 '신냉전' 전략을 모색하는 계기가 되었다. 러시아와 북한은 미국의 강력한 제재를 동시에 받을 뿐만 아니라 미국과 직간접적으로 전쟁 중이었기 때문에 자연스럽게 반미 공동전선을 구축했다. 북한이 러시아의 우크라이나 침공을 일관되게 지지하고 일부 전쟁물자를 제공하자 이에 대한 보상으로 러시아는 유엔 안보리의 대북 제재를 우회하여 북한에게 필요한 식량과 연료를 제공했다. 2024년 3월 러시아는 유엔 안보리의 대북 제재위원회 전문가패널 활동 연장 결의에 대해 거부권을 행사하며 대북 제재 모니터링을 무력화했다.

마침내 김정은과 푸틴은 2024년 6월 평양 북러정상회담에서 '북러 포괄적 전략동반자 관계 조약'이라는 명칭의 군사동맹을 체결하여 양국의 군사협력을 제도화했다. 북한은 러시아가 절실히 필요로 하는 대량의 포탄을 제공하고 1만여 명의 북한군을 파병하여 동맹 결속력을 획기적으로 강화하고 러시아의 군사 지원도 대거 확보했다. 북한은 파병으로 외화 수입을 늘리고 제재로 인해 수입이 제한되었던 석유·식량·산업 물자 등도 러시아로부터 수입했다. 우크라이나전쟁이 촉발시킨 '신냉전' 정세로 인해 북한은 러시아에서 새로운 외교적, 안보적, 경제적 탈출구를 찾게 되었다.

또한 김정은은 신냉전 전략 구상의 하나로 자신의 국가안보와 체제 안보에 최대 위협 요인인 남한의 통일 위협을 근원적으로 차단하고자 했다. 이를 위해 2023년 말 북한은 돌연 전통적인 민족통일노선을 폐기하고 남북관계를 '적대적 두 국가 관계'로 규정하고 남한을 타민족의 외국으로 취급하기 시작했다. 2024년 10월 북한 인민군 총참모부는 "제1의 적대국, 불변의 주적인 대한민국과 접한 국경을 영구적으로 차단·봉쇄"하고 국경지대를 "견고한 방어축성물로 요새화"한다고 발표했다. 북한은 향후 남북을 정치적·물리적·국제법적으로 완전히 분리하는 조치를 계속할 전망이다.

2025년 1월 재등장한 트럼프 대통령은 북미관계와 북핵외교의 새로운 변수로 예상된다. 트럼프 대통령은 2024년 선거유세 중에 우크라이나전쟁의 조속한 종료, 김정은과 대화 재개를 확언했는데 이는 북핵외교의 재가동을 위한 기회가 될 수도 있다. 현재의 북핵 상황에서 이 글은 당면한 단기적 북핵정책 목표로 북한의 핵무장 증강을 저지하고 북한의 무모한 핵 위협에 따른 핵사용 위험성을 제거하며 북핵외교를 본격적으로 재가동하기 위한 분위기를 조성할 것을 제안한다. 이를 위한 구체적인 제안은 아래와 같다.

첫째, 비핵화 외교를 재추진하기 위한 분위기를 조성하기 위해 트럼프 대통령이 김정은 위원장과 친서 외교를 재개할 것을 제안한다. 친서 외교 시 양 정상이 무엇보다 2018년 '싱가포르 공동성명(2018)'의 합의사항인 한반도의 완전한 비핵화, 북미관계 정상화, 평화체제 구축을 재확인하도록 한다. 양 정상이 친서를 교환하게 되면 '한반도 비핵화' 목표를 재확인하는 효과가 있고 북한의 7차 핵실험, ICBM 시험발사 가능성도 크게 낮아질 것이다.

둘째, 국내에서 우려하는 '한국 패싱'이 발생하지 않도록 대북정책에 대한 한미 협의와 공조를 강화한다. 이를 위한 방안으로 북한의 단계적 비핵화 조치와 한미의 단계적 상응조치를 병렬한 '비핵화 로드맵'을 한미 공동으로 작성할 것을 제안한다. 이때 한국은 '북핵 동결'에서 시작하는 '단계적 비핵화'가 현실적으로 불가피하다는 점을 수용해야 한다.

셋째, 한국과 미국정부는 북한과 군사충돌 방지와 핵 사용 위험 감소를 위한 정치·군사 대화를 추진해야 한다. 남과 북은 서로 선제타격 원칙을 고수하며 고도의 군사적 대치 상태를 지속하고 대규모 군사훈련도 잦아서 군사적 충돌과 확전 위험성이 크다. 따라서 북한과 정치·군사 대화를 통해 계획한 또는 의도치 않은 군사적 충돌을 방지하고 군사적 긴장을 완화하며 유사시 소통과 확전 통제를 실행한다. 특히 북한의 핵 사용 위험이 큰 상황에서 '핵사용 위험 감소'를 위한 남북 및 북미 간 정치군사회담도 긴요하다.

넷째, 한국정부는 한반도 비핵화와 평화체제 구축을 촉진하기 위해 남북 간 '잠정적 2국체제'에 기반한 '평화공존' 정책을 채택할 것을 제안한다. 분단 이후 남과 북은 서로 분단의 현상 타파를 주장하며 통일을 주도하기 위해 치열하게 '통일 경쟁'을 추진한 결과, 한반도는 항구적인 전쟁 위기에서 벗어나지 못했다. 북한의 핵무장 이후에는 핵사용 위험성도 커졌다. 따라서 전쟁 방지, 핵사용 위험 감소, 평화 정착을 위한 효과적인 방안으로 '잠정적 2국체제'가 필요하다. 구체적인 방안으로 평화통일 분위기가 조성될 때까지 북한과 평화공존을 위한 '잠정적 2국체제'를 법제화하는 '남북 기본조약'을 체결할 것을 제안한다. 기본조약은 기본합의서(1991)의 내용을 대부분 계승하고 이를 국가 간 조약 양식으로 발전시킨 것이다.

경수로사업지원기획단. 『KEDO 경수로사업 지원 백서』. 서울: 경수로사업지원기획
　　단, 2007.
김계동. 『북한의 외교정책과 대외관계: 협상과 도전의 전략적 선택』. 서울: 명인문화사,
　　2012.
돈 오버도퍼·로버트 칼린 지음. 이종길·양은미 옮김. 『두 개의 한국』. 고양: 길산, 2014.
박희권. 『한반도의 비핵화』. 서울: 세경원, 1992.
송민순. 『빙하는 움직인다』. 서울: 창비, 2016.
앤드류 플러터 지음. 고봉준 옮김. 『핵무기의 정치』. 서울: 명인문화사, 2016.
임동원. 『피스메이커: 남북관계와 북핵문제 20년』. 서울: 중앙북스, 2008.
전봉근. "2003년 위기설 전망과 한·미·북 삼각관계." 『한국과 국제정치』 제18집 3호
　　(2002).
_____. 『북핵위기 30년: 북핵외교의 기록과 교훈』. 서울: 명인문화사, 2023.
_____. 『비핵화의 정치』. 서울: 명인문화사, 2020.
정옥임. 『북핵 588일』. 서울: 서울프레스, 1995.
조엘 위트·로버트 갈루치 지음. 김태현 옮김. 『북핵위기의 전말』. 서울: 모음북스, 2004.
통일부 경수로지원기획단. 『KEDO 경수로사업 지원 백서』. 서울: 경수로사업지원기
　　획단, 2007.
한용섭. 『북한 핵의 운명』. 서울: 박영사, 2018.
_____. 『핵비확산의 국제정치와 한국의 핵정책』. 서울: 박영사, 2022.

Han, Yong-Sup. "Nuclear Disarmament and Non-Proliferation in Northeast
　　Asia." *UNIDIR* 33 (1995).
Narang, Vipin. *Nuclear Strategy in the Modern Era: Regional Powers and
　　International Conflict*. Princeton, NJ: Princeton University Press, 2014.
O'Hanlon, Michael and Mike Mochizuki. *Crisis on the Korean Peninsula: How
　　to Deal With a Nuclear North Korea*. New York: McGraw-Hill/Brookings
　　Institution Press, 2003.
Sagan, Scott D. "Why Do States Build Nuclear Weapons?" *International Se-
　　curity* 21-3 (Winter 1996/1997).

북한의 핵무기에 대한 한국의 억제 및 대응정책

김광진(숙명여대 순헌칼리지)

한반도의 핵무기 환경을 결정하는 주요 요인은 북한의 핵 능력과 미국의 핵전략이라고 할 수 있다. 북한은 여러 차례의 핵실험과 함께 대륙간탄도미사일(ICBM) 완성을 선언했으며, 전술핵무기와 다양한 핵 운반 수단을 계속 개발하고 있다. 그리고 미국의 핵전략은 전 세계적인 핵 우위와 함께 동맹국까지 대상으로 하는 핵무기 비확산 기조를 유지하고 있다. 이런 기조 속에서 미국은 한국의 핵무장을 허용하지 않고 있으며, 그 반대급부로 확장억제 공약을 제공하고 있다. 이것이 오늘날 한국이 마주하고 있는 핵무기 환경이라고 할 수 있다. 이런 환경 속에서 북한 핵위협에 맞설 한국의 군사적 수단은 비핵전력(conventional force)이라고 일컬어진다. 한국의 비핵전력은 지금까지 주로 국방개혁과 같은 국방력 건설 관점이나 한미동맹의 연합방위태세 관점에서 평가되어 왔다. 그러나 이제는 북한의 핵위협과 미국의 핵전략으로 형성된 한반도 핵무기 환경 속에서도 한국의 비핵전력을 평가할 시대가 되었다. 이때 한국 비핵전력의 현상을 진단하고 미래를 전망하기 위해 먼저 한반도 핵무기 환경 속에서의 비핵전력 역할을 식별할 필요가 있다. 그리고나서 한반도에서 비핵억제력의 역할을 기준으로 한국 비핵전력의 변천 역사부터 그 특성과 효용성까지를 평가할 것이다.

1. 한반도에서 비핵억제력의 역할

한반도 핵무기 환경에서 한국 비핵전력의 역할은 크게 네 가지로 구분될 수 있다. 첫 번째 비핵전력의 역할은 핵억제와 구분되는 비핵억제(conventional deterrence)에 있다. 핵전력과 비핵전력의 차이는 명확하다. 핵무기의 대량파괴력과 그로 인한 핵무기 사용에 대한 심리적 저항감에 비교하면, 비핵전력은 무기도 훨씬 다양하고 무기 사용 문턱도 상당히 낮다는 차이점이 뚜렷하다. 이렇게 비핵전력이 핵전력과 확실히 다른 것처럼 비핵억제 방법도 핵억제 방법과는 구별된다.

두 번째 비핵전력의 역할은 억제가 실패했을 때의 피해 제한(damage limitation)이다. 이 역할은 핵전력에도 요구되지만 때로는 비핵전력에 더 크게 의존하기도 한다. 1980년대 미국은 소련의 핵미사일 공격을 방어하는 전략방위구상(SDI: Strategic Defense Initiative)을 공개했다. 당시의 전략방위구상에는 소련에 대한 억제가 실패할 경우, 비핵전력에 해당되는 미사일방어 능력으로 피해 제한을 달성하겠다는 목표도 있었다. 이처럼 비핵전력의 방어 능력은 때로는 핵무기보다 효과적으로 억제 실패 이후의 피해 제한에 기여할 수도 있다.

세 번째, 한국의 비핵전력은 미국 핵우산으로부터 방기되었을 때의 헷징 역할도 할 수 있다. 이런 관점에서 한국의 비핵전력은 미국의 방위공약이 파기되거나 미국이 군사개입을 주저할 경우의 독자적 헷징 수단이 된다. 또한 미국의 충분한 지원 전력이 미처 한반도에 도달하기 전을 의미하는 초기 대응 상황에서도 한국의 비핵전력은 헷징 역할을 할 수 있다.

네 번째 비핵전력의 역할은 미국의 확장억제 능력을 보완해주고 지원해준다는 것에서 찾을 수 있다. 한국의 비핵전력은 미국의 핵전력과 결합하여 한반도에서 미국의 확장억제 능력을 강화시킬 수 있다. 최근 한국에서 사용되기 시작한 용어인 '한미 일체형 확장억제'는 한국의 비핵전력을 이와 같은 역할로 활용한다는 의미이기도 하다. 이처럼 한반도에서 한국의 비핵전력에는 비핵억제, 억제 실패 시 피해 제한, 핵위협에 대한 독자적 헷징, 미국 확장억제 지원이라는 네 가지 역할이 있다. 그리고 이 역할들은 곧이어 살펴볼 바와 같이 각각의 장단점들을 지니고 있다.

첫 번째 비핵전력의 역할: 비핵억제

비핵억제에 대해서는 학계의 주요 연구라고 할 만한 업적이 그리 많지 않다. 냉전시대를 풍미했던 핵억제 연구와는 대조적으로 같은 시대 비핵억제의 주요 연구는 스나이더(Glen Snyder)와 미어샤이머(John Mearsheimer)의 업적뿐이었다는 분석이 있을 정도이다.[1] 핵억제와 구별되는 비핵억제라는 개념은 기본적으로 핵전력과 비핵전력 간의 차이에 기반하고 있다. 핵전력은 대량파괴력에 기반한 응징(punishment) 효과 덕분에 탁월한 억제 수단이 되었다. 반면, 비핵전력은 전쟁에서 직접 사용되어 영토 점령을 거부하거나 적에게 손실을 누적시키는 수단으로 활용되어왔다.[2] 이와 같은 비핵전력의 특성 때문에 비핵억제

개념은 군사력의 직접적인 사용과 관련이 깊다. 그래서 비핵억제가 성공하기 위해서는 실제 전투에서 비핵전력으로 상대방의 목표를 거부(denial)할 수 있는 능력이 요구된다.[3] 또한 비핵전력은 핵전력에 비해 군사력 사용의 문턱이 낮으며, 더 다양한 형태의 능력들로 구성되었다는 특징도 있다. 그런 이유로 인해 비핵억제는 군사력 사용 위협에만 의존하는 것이 아니라 소규모 군사력을 직접 사용하여 달성되는 경우가 있다.[4] 이와 같은 특성들 때문에 비핵억제를 성공시키기 위한 방법들은 핵억제 방안들과는 구별된다.

지금까지 식별된 비핵억제 방법들은 크게 세 가지로 분류될 수 있다. 첫 번째 비핵억제 방법은 전쟁에서 드러나게 될 비핵전력의 능력에 의존한다. 상대방의 비핵전력 능력 때문에 전쟁에서 비용이 증가하거나 전쟁기간이 장기화될 것이 예상되면 비핵억제는 성공한다.[5] 이때 비핵전력에게는 전쟁터에서 공격 목적을 거부하거나 전쟁터와 멀리 떨어진 전략적 중심지를 보복하는 능력이 요구된다. 또한 비핵전력에게는 상대방을 전쟁에서 패배시키거나 심각한 손실을 입힐 능력까지 필요하다. 그리고 이와 같은 전쟁에서 드러날 비핵전력의 능력이 위협으로 전달될 때 비핵억제는 성공한다.

두 번째 비핵억제 방법은 소규모 비핵전력의 직접 활용에 의존한다. 여기서의 핵심 논리는 소규모 군사충돌 상황에서 비핵전력으로 신속히 승리하여 더 큰 규모의 군사충돌을 억제한다는 것이다. 이 논리는 낮은 단계의 군사 도발에서 적극적으로 비핵전력을 사용하여 높은 단계의 군사 도발을 억제한다는 적극적 억제(active deterrence) 개념의 기반이기도 하다.[6] 한국 국방부에서는 2010년 북한의 연평도 포격 도발 이후 한국군의 군사전략 개념을 재정립하면서 적극적 억제라는 용어를 채택한 적이 있다. 당시 적극적 억제를 '도발 시 자위권 차원에서 적극적이고 단호하게 응징하여 위기 상황을 조기에 종결하고 전면전으로의 확전을 방지'하는 것으로 정의했다.[7] 여기서의 적극적 억제는 소규모의 비핵전력을 제한적으로 직접 사용하여 더 큰 규모의 군사행동을 억제시킴을 의미한다.

세 번째 비핵억제 방법은 분쟁으로부터 핵전쟁까지 확전되는 상황에서 찾을 수 있다. 만약 분쟁 초기에 비핵전력으로 핵 확전이 임박했다는 위협을 전달하며 상황을 지배할 수 있다면 핵 사용 단계로의 확전은 억제될 수도 있다. 이와 같은 비핵억제 방법은 기본적으로 확전 우세(escalation dominance) 논리에 기반하고 있으며, 분쟁에서 핵무기 사용에 앞서 비핵전력이 우선적으로 사용될 것임을 가정한다. 냉전 시절 NATO의 유연반응전략에서 이와 같은 비핵억제 방법의 특성을 찾을 수 있다. NATO는 유연반응전략을 채택하면서 유럽에서 상당한 규모의 비핵전력을 갖추려고 했다. 당시 NATO가 비핵전력을 증강했던 이유는 유럽에서의 전쟁이 핵전쟁으로 확전되는 것을 방지하기 위해서였다고 평가되기도 한다.[8] 이처럼 비핵전력만 사용하여 핵 사용 단계로의 확전을 피할 경우, 비핵억제가 성공했다고 보는 시각도 있다.

지금까지 비핵억제 방법들을 살펴보았는데 기본적으로 핵억제와는 차이가 있다. 그런데 이런 차이로 인해 비핵억제 방법들에는 핵억제와 달리 예측하기도 어렵고 위험도 크다는 문제가 있다. 우선 대량파괴가 확실하게 예측되는 핵전쟁에 비해 다양한 종류의 비핵무기가 사용되는 전쟁의 결과를 예측하는 것은 상대적으로 어렵다. 비핵전력의 사용 결과를 예측하기 어렵다는 것은 억제 달성을 위해 필요한 위협 전달이 어렵다는 의미이다. 이와 같은 문제 때문에 핵억제에 비해 비핵억제 성공을 확신하는 것이 더 어렵다.[9] 즉, 안정적인 비핵억제 조건을 찾기 어렵다는 뜻이다. 그리고 직접적인 군사력 사용에 의존하는 비핵억제 방법들은 모두 상당한 확전 위험을 동반한다. 위기 상황에서 비핵전력으로 상대방을 궁지에 몰아넣는 확전 우세 방안은 더 높은 수준의 군사행동을 방지할 수도 있지만, 반대로 급박해진 상대방에게 확전을 선택하도록 압박할 수도 있다. 더구나 비핵전력의 사용으로 인해 상대방 핵전력이나 관련 인프라가 손실된다면 핵무기 사용을 유발할 가능성도 생겨난다. 실제로 비핵전력에 의한 방어 행위도 상대방에게는 공격으로 인식될 가능성이 있다. 또한 비핵전력을 운용하는 군사조직들은 통상 공격 지향 성향을 지닌다는 특징이 있고, 전쟁에서는 항상 마찰과 불확실성이 발생하는 현상도 있다. 이것들은 모두 비핵분쟁이 핵전쟁으로 확전될 원인으로 지목된다.[10] 이처럼 비핵전력을 직접 사용하여 억제를 달성하려는 방법은 확전의 위험이 뒤따르는 것이다. 결국 비핵억제에서는 안정적인 억제 상황을 조성하는 것이 상대적으로 어렵다는 것과 함께 의도하지 않은 확전 위험이라는 문제가 있는 것이다.

두 번째 비핵전력의 역할: 억제 실패 시 피해 제한

억제가 실패했을 경우, 핵무기로 인한 피해를 제한시킨다는 것은 원래 미국의 핵전략에 담겨져 있던 생각이다. 그런데 비핵전력의 역할에도 억제가 실패한 이후 상황에서의 피해 제한이 포함된다. 핵 시대 이전부터 비핵전력은 영토 장악을 거부하는 수단이면서 적대국으로부터의 피해를 최소화하는 수단으로 간주되어왔다.[11] 이처럼 전쟁에서 비핵전력이 피해 제한 역할을 한다는 생각은 핵 시대 이전부터 존재했다. 그런데 핵 시대에 들어서면서 억제가 실패할 경우 피해를 축소시키며 제한적인 핵전쟁을 수행한다는 핵전략 주창자들이 등장해 자신을 피해 제한 학파라고 불렀다. 이 학파에서의 군사력을 활용한 피해 제한 활동은 주로 적대국의 핵 운반 수단을 대상으로 한다.[12] 피해 제한을 위한 구체적 임무로는 핵 운반 수단인 미사일을 탐지하고 추적하여 파괴하는 활동, 핵무기 탑재 잠수함을 추적하고 대응하는 대잠수함전 활동, 상대방

핵 운반 수단의 공격에 대응하는 미사일방어와 통합 방공 활동, 상대방의 핵위협을 탐지하고 대응 결심에 필요한 감시정찰, 조기경보, 지휘통제 활동 등이 있다. 이때 이와 같은 피해 제한 활동들은 대부분 비핵전력을 수단으로 사용하고 있다. 즉, 핵전략에서도 비핵전력은 억제 실패 이후 단계에서 피해 제한 역할을 담당하고 있는 것이다.

이처럼 비핵전력의 피해 제한 능력은 핵 시대가 시작된 이후에도 그 필요성이 인정되어왔다. 특히 냉전 시대 비핵전력의 피해 제한 능력은 미사일방어뿐만 아니라 생존성을 갖춘 핵 보복 전력을 표적화하는 분야에서 큰 발전이 있었다. 미국의 경우, 소련의 주요 핵전력인 잠수함발사탄도미사일(SLBM) 탑재 잠수함과 이동형 ICBM을 표적화하는 비핵 감시정찰 능력 발전을 위해 크게 투자한 바 있다. 그 결과, 미국은 수중과 공중 기반 음향탐지체계, 우주 기반 신호정보 수집체계, 탐지센서의 네트워크체계, 스텔스 침투체계 등을 결합한 비핵전력으로 소련의 핵위협을 상당 부분 제한시켜왔던 것으로 평가된다.[13]

냉전이 끝난 이후에도 피해 제한 역할을 담당하는 비핵전력의 능력은 군사과학기술의 혁신을 통해 계속 향상되었다. 컴퓨터와 정보통신기술에 기반한 현대 군사과학기술은 비핵전력의 정확성, 이동 표적 추적 능력, 표적의 관통 및 파괴 능력을 대폭 개선시켰다. 그 결과, 비핵전력으로 상대방 핵전력의 대부분을 표적화하고 공격하는 것이 가능해졌다. 실제로 현대적인 비핵전력은 지상과 우주 기반 다양한 센서 플랫폼, 다양한 출처의 데이터 통합 처리 능력, 원격 플랫폼 운영 능력, 고속 데이터 전송 및 분배 능력을 갖추게 됨에 따라 적대국의 핵전력을 신속하고 효과적으로 약화시킬 수 있다고 평가된다.[14] 이와 같이 비핵전력은 억제 실패 이후 피해 제한 활동의 주요 수단으로 자리매김하고 있다.

그러나 비핵전력의 피해 제한 능력 개선은 경쟁국 간의 전략적 안정성을 위태롭게 한다는 문제도 발생시킨다. 국가 간의 전략적 안정성을 위해서는 상호 선제 기습 공격의 동기가 없어야 한다. 그런데 비핵전력으로 상대방의 핵 보복 전력을 약화시킬 수 있다면 보복 걱정없이 선제 기습 공격을 하려는 동기가 커질 수 있다는 문제가 생겨난다. 실제로 현대 군사과학기술이 상대방의 핵 보복 전력에 대한 표적화 능력을 대폭 향상시킴으로 인해 선제 기습 공격 성공 가능성은 높아지고 전략적 안정성은 약화되었다는 평가도 있다.[15] 이것은 억제가 실패했을 때 피해 제한 역할을 해야 할 비핵전력이 선제 공격에도 적합한 수단이 될 수 있다는 의미이다. 이런 이유로 인해 피해 제한 역할을 위한 비핵전력의 증강은 경쟁국의 전력 강화를 불러일으키는 군비경쟁으로 이어질 수 있다. 이렇듯 비핵전력의 피해 제한 역할이 강화될수록 전략적 안정성은 저해되고 군비경쟁이 유발된다는 문제가 있을 수 있다 (전략적 안정에 대한 정의는 1장을 참조).

세 번째 비핵전력의 역할: 독자적인 헷징

핵무기가 없는 국가는 비핵전력만으로 모든 종류의 위협에 대처할 수밖에 없다. 핵위협에 직면한 비핵국가의 경우, 동맹국의 확장억제 지원 공약이 지켜지지 않고 자체 핵무장도 완성되지 않았다면 독자적 비핵전력만 헷징 수단이 될 것이다. 이와 같이 비핵전력이 독자적인 헷징 수단이 되어야 할 상황이 존재할 수 있다. 우선 확장억제를 약속한 동맹국으로부터 완전히 방기되거나 동맹국이 군사개입을 주저하는 상황을 생각해 볼 수 있다. 이럴 경우 동맹국의 확장억제 공약이 정상 가동될 때까지 독자적 비핵전력이 동맹의 핵전력이 담당했던 선제 타격과 보복 임무를 떠맡아야 한다. 이때 선제 타격과 보복 임무에 요구되는 비핵전력이 독자적 헷징 수단이 된다. 그리고 비핵국가 입장에서는 이런 상황이 장기화된다면 자체 핵무장을 결심할 수도 있을 것이다. 이런 상황에서 비핵전력 중 핵 운반 수단으로 전용될 수 있는 이중용도 운반 수단들은 핵무장 완성까지의 소요 시간을 단축시키는 역할을 할 수 있다. 이 경우 비핵전력의 이중용도 운반 수단들은 핵 잠재 능력이기도 하면서, 동시에 독자적인 헷징 수단이 된다. 이와 같이 비핵전력이 독자적 헷징 수단이 되는 상황은 동맹국의 지원 공약으로부터 비롯되는 단기적 위험 상황과 자체 핵무장까지 소요되는 기간과 관련된 장기적 위험 상황으로 구분될 수 있다.

이 중에서 첫 번째 상황인 단기적 위험에는 여러 형태가 있다. 비핵전력의 독자적 헷징 역할이 필요한 단기적 위험은 동맹국의 지원이 지연될 때뿐만 아니라 동맹국의 지원이 미처 시작되기 전에 위기가 고조될 때도 발생할 수 있다. 이런 상황들에서 비핵전력은 동맹국 핵전력의 임무를 단기적으로 대신해야만 한다. 이때 비핵전력의 능력이 동맹국 핵전력의 선제 타격 임무를 부분적으로라도 대신할 수 있다면 헷징 효과는 나타날 수 있다. 이 경우는 선제 타격 임무에 나서는 비핵전력이 은폐되고 이동하는 적의 핵무기를 표적화할 수 있을 때 헷징 효과가 커질 것이다. 또한 비핵전력이 동맹국 핵전력의 보복 임무를 일부라도 대신할 경우에도 헷징 효과가 나타난다. 이때는 보복 임무를 위해 다수의 고위력 비핵 공격무기들을 집중적으로 운용할 수 있는 능력이 있어야 헷징 효과를 기대할 수 있다.

한미동맹에서는 위기 시 미국의 전략자산이 한반도에 도착하기 전에 요구되는 한국군의 능력을 마치 독자적 헷징 수단처럼 개념화하였던 사례가 있다. 2014년 한미 양국은 전시작전통제권 전환 조건으로 북한 핵·미사일 위협에 대한 한국군의 초기 필수 대응능력이 구비되어야 한다는 데 합의했다.[16] 여기서 초기 필수 대응능력이란 미국의 확장억제 수단과 전략자산이 한반도에 도착하기 전의 급박한 상황에서 북한 핵 위협 대처에 필요한 한국의 비핵전력을 의미한다. 따라서 한미 양국이 합의한 한국군의 초기 필수 대응능력은 단기적 위험에 대한 한국의 독자적 헷징 수단으로도 볼 수 있다.

물론 단기적 위험뿐만 아니라 장기적 위험 상황에서도 헷징 수단은 필요하다. 비핵국가의 독자적 헷징이 필요한 장기적 위험은 동맹국 핵전력의 지원이 없는 가운데 자체 핵무장을 완성시켜야 하는 상황에서 발생한다. 비핵국가의 핵무장은 핵물질 생산과 핵무기 제조를 위한 시설, 인력, 핵연료 주기 확보뿐만 아니라 생존성을 갖춘 핵 운반 수단, 핵 지휘통제체계, 조기경보체계, 핵무기 플랫폼 운용 조직과 인력까지 확보될 때 완성된다. 따라서 자체 핵무장에는 많은 시간이 소요된다. 그런데 자체 핵무장 시작 단계에서 핵무기와 비핵무기를 모두 활용할 수 있는 이중용도 운반 수단과 핵물질 생산 능력과 같은 핵 잠재 능력을 많이 지니고 있다면 핵무장 완성 시점은 빨라질 수 있다. 그러므로 비핵전력 중에서도 이중용도 운반 수단을 많이 보유할 경우 독자적 헷징 효과는 나타날 수 있다.

오늘날 한국의 독자적인 북핵 대응 전력 중 탄도 및 순항미사일, SLBM 탑재 잠수함, 장거리 미사일 탑재 스텔스 전투기 등은 모두 이중용도 운반 수단으로 분류될 수 있다. 또한 현재 한국이 전력화하고 있는 감시정찰, 조기경보, 지휘통제 능력은 핵무기 운용에 필수적인 인프라이기도 하다. 그런 의미에서 한국의 최근 비핵전력 증강은 핵 잠재 능력의 증가로 평가되기도 한다.[17] 이때 한국의 핵 잠재 능력은 장기적 위험에 대한 독자적 헷징 수단이라고 할 수 있다.

이와 같이 비핵전력은 동맹국의 지원도 없고 핵무장도 완성되지 않은 장단기 위험에서의 헷징 수단이 될 수 있다. 그러나 이때 비핵전력에 의한 헷징 효과의 신뢰성에는 문제가 존재한다. 이런 신뢰성 문제는 핵전력과 비핵전력 사이의 근원적인 차이로 인해 생겨난다.[18] 핵전력에 비해 비핵전력은 사용 문턱이 낮고 사용 수준의 통제도 용이하다. 따라서 비핵전력은 핵전력에 비해 실제 사용 의지를 전달하기는 비교적 쉽다. 그러나 비핵전력은 핵무기와 같은 대량파괴력이 없기 때문에 상대방에게 감내하기 힘든 피해를 입히겠다는 위협을 전달하는 것이 어렵다. 이 때문에 비핵전력의 헷징 효과에 신뢰성 문제가 생겨난다. 즉, 단기적 위험이나 장기적 위험 상황에서 비핵전력에 의한 헷징 효과에는 항상 의문이 따라오는 것이다.

네 번째 비핵전력의 역할: 미국 확장억제 지원

한국에게는 동맹국 미국이 확장억제를 약속하고 있다. 그러므로 한반도는 한국의 비핵전력과 미국의 확장억제 전력이 합류하는 공간이기도 하다. 이때 핵보유 동맹국인 미국의 확장억제 공약이 정상적으로 작동할 경우, 비핵 동맹국인 한국의 비핵전력은 전반적인 확장억제 능력을 배가시킬 수 있다. 그래서 한미동맹의 경우, 한국의 비핵전력은 한반도에서 미국의 확장억제 능력을 지원해 줄 수 있는 것이다. 한반도에 제공되는 미국의 확장억제 능력은 미국의 핵무기 의존 감소 노력이나 첨단 군사과학기술 발전 등으로 인해 핵전력만 의미하지는 않는다. 현재 미국의 확장억제 능력은 핵전력뿐만 아니라 미사일방어와 첨단 비핵 타격체계 등 비핵전력도 포함하고 있다.[19] 이와 같은 상황에서 한국의 비핵전력은 세 가지 방법으로 미국의 확장억제를 지원해 줄 수 있다.

첫째, 한국의 비핵전력은 확장억제 능력을 구성하는 미국의 비핵전력들을 보완해줄 수 있다. 한국이 독자 개발한 현무 미사일이나 천궁-Ⅱ 미사일 요격체계는 미국 확장억제 능력의 구성 요소인 첨단 비핵 타격체계 또는 미사일방어체계와 직접 결합될 수 있다. 이와 같은 한국과 미국 비핵전력의 결합은 확장억제 능력의 총합을 증대시키는 효과가 있다. 이런 이유로 인해 미국도 한국의 비핵전력 증강을 지지하는 경우가 많았다.

둘째, 한국의 비핵전력으로 미국 핵무기를 운용하며 미국 확장억제를 지원할 수도 있다. NATO의 경우, 비핵 동맹국들이 제공하는 핵무장 가능 이중용도 항공기(DCA: Dual Capable Aircraft)와 미국이 최종 통제하는 핵무기를 결합시킨 형태의 핵공유를 시행하고 있다. 여기서 동맹국 이중용도 항공기와 같은 비핵전력의 역할은 미국 확장억제 지원이라고 할 수 있다. 이처럼 한반도에서도 미국의 핵무기와 한국의 이중용도 항공기를 결합하는 방식으로 미국 확장억제를 지원할 수 있다.

셋째, 한국 비핵전력의 증강 자체는 유사시 미국의 한반도 개입 비용을 경감시켜 미국의 확장억제 공약이 변함없게 하는 데 도움을 줄 수 있다. 이런 상황도 한국 비핵전력에 의한 미국 확장억제 지원이라고 할 수 있다. 한국이 비핵전력을 증강하여 북한에게 도발 비용을 증가시킨다면 그로 인해 미국은 유사시 군사개입으로 인한 비용을 감소시킬 수 있다는 주장도 있다.[20] 이처럼 비핵전력은 동맹국의 확장억제 공약이 계속 유지될 수 있는 여건을 조성할 수 있다.

그러나 이와 같은 비핵전력의 확장억제 지원 역할 속에서도 문제점은 존재한다. 확장억제의 구조는 적대국의 공격을 억제하고, 동맹국이 안심하도록 보장해주는 것으로 구성된다.[21] 이런 구조에서 핵전력이 아닌 비핵전력의 증강은 적대국에 대한 억제 효과보다 동맹국 간의 보장 효과가 더 크다고 알려져 있다. 그래서 비핵 동맹국의 비핵전력 증강으로 인한 핵보유 동맹국의 비용절감 효과는 뚜렷하지만, 적대국에 대한 위협 효과는 미비할 수 있다. 즉, 확장억제에서 비핵 동맹국에 대한 보장 효과는 분명하지만, 적대국에 대한 억제 효과는 그만큼 뚜렷하지 않다는 것이다. 이렇듯 비핵전력의 확장억제 지원 역할이 적대국의 인식 속에서도 충분한 위협 효과를 발생시킬 수 있는지가 불분명하다는 문제가 있다.

2. 한국의 비핵억제 및 대응전략 변천

이제 앞에서 살펴본 비핵억제력의 네 가지 역할을 기준으로 한국의 비핵억제 및 대응전략을 평가할 차례이다. 한반도에서 한국의 비핵억제 및 대응전략은 북한의 핵·미사일 능력과 미국의 확장억제정책과 함께 변천해왔다. 지금까지 한국에서는 북핵위협에 특화된 비핵전력을 운용하는 여러 전략 개념들이 등장했다. 한국형 미사일방어(KAMD: Korean Air and Missile Defense), 킬 체인(Kill Chain), 대량응징보복(KMPR: Korean Massive Punishment and Retaliation), 그리고 이 세 가지 개념을 모두 합친 한국형 3축체계 등 북핵위협에 특화된 전략 개념들이 순차적으로 발전해왔다. 또한 미국의 확장억제정책 변화에 따라 한미 맞춤형 억제전략(TDS: Tailored Deterrence Strategy)과 4D(Detect, Destroy, Disrupt, Defend) 동맹의 포괄적 미사일 대응 작전 개념 등 한미 합의도 이어졌다. 이와 같은 변천과 함께 한국 내에서 자체 핵무장을 지지하는 여론도 등장했으며, 최근 들어 미국 핵전력과 한국 비핵전력의 결합을 의미하는 핵·재래식통합(CNI: Conventional Nuclear Integration) 개념과 첨단 국방과학기술에 기반한 킬웹(Kill Web) 개념도 등장했다. 이와 같은 개념들로 구성된 한국 비핵억제 및 대응전략 변천 과정은 북핵 능력과 미국의 확장억제정책 변화에 따라 여러 시기로 구분될 수 있다. 그리고 한국의 전략 개념들은 각각의 시기별로 비핵억제, 피해 제한, 독자적인 헷징, 미국 확장억제 지원이라는 네 가지 비핵전력의 역할에 대한 기여를 통해 평가될 수 있다.

한국형 미사일방어(KAMD) 개념 등장 시기

1990년대부터 2000년대 초반까지는 북핵위협 초기 단계라고 할 수 있는데 이때부터 한국에서 북핵위협에 특화된 비핵전력이라는 개념이 등장했다. 1990년대는 제1차 북핵위기와 함께 북한이 중거리와 장거리 미사일 능력을 국제사회에 과시했던 시기였다. 그리고 2000년대 들어와 북한은 2006년 1차 핵실험에 이르기까지 자신의 핵 능력을 묵시적으로 과시하는 모습을 보였다. 그러나 당시까지 북한의 핵 능력이 실제적 위협인지는 논란의 대상이었으며, 1990년대 북미 양자 협상과 2000년대 6자회담 등 북한 비핵화 협상도 계속 진행되는 중이었다. 이 시기에는 북한의 미사일 능력이 더 뚜렷한 위협이었으며, 북한 핵무기는 잠재적 위협 또는 협상으로 해결할 수 있는 위협으로 간주되고 있었다.

이런 배경에서 한국의 북핵위협에 특화된 비핵전력은 정밀타격 능력과 미사일방어 능력 중심으로 발전했다. 한국 비핵전력의 정밀타격 능력은 미국이 한국에 핵우산 제공을 약속한 한미 양국 간의 1979년 합의가 변경되면서 증강될 수 있었다. 1979년 합의는 한국이 1970년대부터 시도했던 핵무기와 장거리 미사일 개발을 포기한 결과이기도 했다. 미국은 한국의 핵무기 개발 포기의 반대급부로 1979년 한미안보협의회의(SCM) 공동성명부터 핵우산을 약속하기 시작했다. 그러면서 한국의 독자 미사일 사거리를 180km로 제한하는 미사일 지침도 1979년에 합의되었다. 한미간의 1979년 합의에서 핵우산 제공 약속은 지금까지 계속되고 있지만, 미사일 지침은 2001년 첫 개정 이래 2021년 완전 폐지까지 여러 차례 개정되었다. 그런 과정 속에서 한국 비핵전력의 정밀타격 능력은 발전해갔다.

1990년대는 북한의 미사일 위협이 두드러지기 시작하면서 한국의 정밀타격능력도 업그레이드된 시기이기도 하다. 당시 북한은 1993년에 중거리 미사일에 해당하는 노동미사일의 시험발사에 성공했고, 1998년에는 장거리 미사일인 대포동 미사일 시험발사까지 감행했다. 이런 가운데 1999년 한미정상회담에서 한국의 미사일 지침 개정 요구가 있었다. 그리고 이어진 한미 협의에서 미국이 한국의 요구를 부분적으로라도 수용하게 된 것은 북한 미사일 위협 때문이라고 알려졌다.[22] 한미 협의 결과, 2001년에 새로운 미사일 지침이 개정되면서 한국의 독자 개발 미사일 사거리는 300km로 연장되었다. 이와 같은 과정 속에서 북핵 위협에 특화된 한국 비핵전력의 정밀타격 능력이 향상되었던 것이다.

또한 이 시기 한국 비핵전력의 미사일방어 능력도 미국 핵전략의 변화를 계기로 증강되기 시작했다. 당시는 탈냉전을 맞이하여 초강대국 간의 핵 군비경쟁이 종식됨에 따라 미국의 핵전략에서 지역 내 중소 국가들의 핵과 미사일 위협에 대한 관심이 증가하고 있었다. 그런 가운데 미국 핵전략의 중점은 냉전 시대의 핵무기 확증 파괴 능력에 기반한 응징적 억제로부터 핵무기와 비핵무기를 함께 활용하는 거부적 억제로 전환되는 모습을 보이기 시작했다.[23] 실제로 미국은 거부적 억제의 주요 수단인 미사일방어 능력 개발을 위해 1999년에 미사일방어 법안(National Missile Defense Act)을 제정할 정도였다.[24]

이런 맥락에서 미국은 북한 미사일 위협에 대처하기 위한 동북아시아 전역미사일방어(TMD: Theater Missile Defense)체제를 구상하여 역내 동맹국들에게도 동참할 것을 제안했다. 당시 미국의 동맹국 중 일본은 이때부터 적극적으로 미국과의 공동 미사일방어에 참여하기 시작했다. 그러나 한국은 일본과 달리 한미동맹 내에서의 자율성과 독립적인 방위산업 육성 등을 고려하여 독자적인 미사일방어 능력 구축을 선택했다.[25] 1999년에 한국은 미국의 TMD 불참을 공식화했는데 바로 이 결정이 한국형 미사일방어(KAMD) 개념 등장의 계기가 되었다. KAMD라는 용어는 1999년 국방연구원에서 처음 사용되었다고 알려져 있다.[26] 결국 1999년은 한반도 내에서 북한의 미사일을 공중에서 요격한다는 KAMD 개념이 첫선을 보인 시점이라고 할 수 있다.

그리고 2006년부터 KAMD는 한반도에서 북한 미사일 위협에 대한 방어적 대응 개념으로 공식화되었다.[27] 이어서 한국의 독자적인 미사일 요격 무기체계 개발과 함께 해외로부터 무기체계 도입이 본격화되었다. 2008년에는 한국 최초로 탄도미사일방어 능력을 갖춘 패트리어트 시스템 PAC-2 요격체계가 도입되었다. 뒤이어 미사일 탐지와 경보를 위한 해군의 이지스체계와 공군의 탄도미사일 조기경보 레이더 등이 도입되면서 KAMD 무기체계들이 계속 확보되어갔다.

이처럼 1990년대부터 2000년대 초반까지 한국의 비핵전력에서 미사일방어 능력은 1999년 미국의 전역미사일방어(TMD) 불참 결정과 함께 증강되었고, 정밀타격 능력은 2001년 미사일 지침 개정으로 향상되었다고 볼 수 있다. 이런 가운데 한국의 미사일방어 능력은 미국의 TMD와 분리된 독자적 능력임을 국내외적으로 강조할 필요가 있었다. 그리고 그 결과가 KAMD라는 한국 최초의 북핵 대응전략 개념이었다.

그리고 이 시기 한국의 전력 증강은 비핵전력의 역할 중 피해 제한과 미국 확장억제 지원 역할에 기여했던 것으로 평가된다. 당시의 KAMD 전력 증강은 북한의 핵 운반 수단인 미사일의 효과를 약화시키는 피해 제한 역할에 직접 기여할 수 있었다. 그리고 그 시점부터 북한 핵위협이 현실화되어 가고 있었으므로 KAMD 전력화는 피해 제한의 필수 능력들을 단계적으로 확보하는 노력이라고 볼 수 있었다. 또한 2006년 북한의 1차 핵실험과 뒤이은 한미안보협의회의(SCM) 공동성명에서는 미국의 확장억제 공약이 명문화되었다. 이 시점에 미국의 확장억제 능력에는 미사일방어와 비핵 타격체계도 포함된다는 것이 천명되었다. 따라서 같은 시기 한국의 KAMD 전력화와 2001년 한미 미사일 지침 개정 이후 한국의 미사일 전력 증강은 모두 미국 확장억제 지원 역할에도 기여할 수 있었다.

킬 체인과 KAMD 개념 정립 시기

2000년대 후반부터 북한 핵문제가 크게 악화되기 시작했다. 북한 비핵화 협상 채널인 6자회담은 사실상 무력화되었고, 2009년에는 북한의 2차 핵실험이 있었다. 이때부터 북한 핵 능력은 비핵화 협상만으로는 해결하기 어려운 실제적 위협이 되어갔다. 그리고 비핵화 협상은 사실상 중단되었고, 그런 가운데서도 북한은 핵무기와 장거리 미사일 능력을 계속 향상시켜 나갔다. 또한 북한은 2010년 천안함 폭침과 연평도 포격과 같은 대규모 군사도발도 감행했고, 2013년 3차 핵실험과 함께 북핵위협은 현실이 되었다.

바로 이런 상황에서 한국에서 북한의 미사일 위협에 대한 공세적 대응 개념인 킬 체인이 등장했다. 한국의 북핵위협에 특화된 비핵전력 개념이 KAMD뿐만 아니라 킬 체인까지 확대되는 순간이었다. 킬 체인 개념의 등장 배경에는 한미 미사일 지침 재개정이 있었다. 북한의 핵·미사일 위협 증가에 따라 한국은 2010년부터 미사일 지침 재개정 협의에 나섰으며, 2011년 한미정상 회담에서도 재개정을 요구했다.[28] 그 결과, 2012년 미사일 지침 재개정이 합의되었고, 한국의 독자 개발 미사일 사거리는 800km까지 증가되었다.[29] 이때 한국 국방부는 미사일 지침 재개정 결과를 발표하면서 킬 체인 용어를 최초로 공식화했다. 당시 킬 체인은 주요 표적을 공격하는 일련의 군사행동 절차들을 지칭하는 것으로 이미 사용되고 있는 용어였다. 그러나 한국에서는 미사일 지침 재개정을 계기로 킬 체인이 공격 징후를 조기에 포착하여 핵·미사일 발사 전에 위협을 제거하는 개념으로 재정립되었다. 따라서 2012년부터 한국에서 북한의 핵·미사일 위협을 탐지하고 타격하는 킬 체인 개념과 북한 미사일이 영토에 도달하기 전에 요격하는 KAMD 개념이 함께 공식화되었다.[30] 실제로 2013년도 한국 국방부의 정부 업무보고는 북한 핵·미사일 위협 대응 개념으로 킬 체인과 KAMD를 채택했음을 명시하고 있다.[31] 그리고 이 시기부터 한국은 킬 체인과 KAMD 개념에 의해 정밀타격 능력과 미사일방어 능력 중심으로 비핵전력을 증강시켜 나갔다. 정밀타격 능력을 위해서는 800km 사정거리 미사일들이 개발되었고, 미사일방어 능력에서는 패트리어트 시스템 PAC-3 요격체계 도입과 함께 M-SAM과 L-SAM이라는 독자적인 요격체계 연구개발 계획이 발표되었다.[32]

이렇듯 한국에서 킬 체인과 KAMD 개념이 발전되고 있을 때 미국에서는 핵전략과 확장억제정책에서 변화가 나타나고 있었다. 당시 미국의 핵전략에서는 불량국가로 지목한 지역 내 중소 국가들의 핵위협에 초점을 맞춘 거부적 억제 중심의 맞춤형 억제 개념이 발전되고 있었다. 이런 맥락에서 미국은 한반도 확장억제 강화를 위해 북한에 대한 맞춤형 억제를 구상하게 되었다. 미국의 구상은 한미 협의를 통해 발전되었고 그 결과, 2013년 북한 정권의 특성을 맞춤식으로 고려한 '한미 맞춤형 억제전략'이 합의되었다. 이와 함께 미국의 확장억제정책은 날로 증가하는 북한 미사일 위협도 정조준하고 있었다. 그런 가운데 2013년에 북한 미사일 위협에 특화된 한미 간 미사일 대응능력 위원회(CMCC: Counter Missile Capability Committee)가 창설되었다. 그리고 2014년 한미가 공동으로 북한 미사일 위협에 대응하기 위해 '4D 동맹의 포괄적 미사일 대응 작전 개념'이 합의되었다.

이처럼 확장억제 강화를 위한 한미 공동의 전략과 대응 개념이 등장하게 되자 한국 단독의 킬 체인과 KAMD 개념도 한미 공동 개념과 조화되어야만 했다. 그 결과, '한미 맞춤형 억제전략', '4D 동맹의 포괄적 미사일 대응 작전 개념', 킬 체인, KAMD가 모두 단일 프레임 속으로 결합되어졌다. 그래서 '한미 맞춤형 억제전략'을 수행하는 국력 수단 중 한미 공동의 군사 수단을 '4D 동맹의 포괄적 미사일 대응 작전 개념'으로 정의하게 되었다. 그리고 한미 공동의 군사 수단 중에서 한국이 담당하는 능력은 킬 체인과 KAMD로 정의되었다.[33] 이때 킬 체인과 KAMD는 북한에 대규모 피해를 부과하기보다 북한의 미사일 작전 저지에 중점을 두고 있었다. 이것은 킬 체인과 KAMD가 모두 보복적 억제 역량이기보다 거부적 억제 역량임을 의미한다. 그러므로 거부적 억제에 초점을 맞춘 한미 맞춤형 억제전략과 한국의 킬 체인·KAMD는 개념적으로 조화될 수 있었다.

그리고 이때부터 한미 공동의 북핵 대응능력이라는 개념도 등장했다. 2014년 한미 양국은 전시 작전통제권 전환 조건 중 하나로 한미 공동의 북한 핵·미사일 위협 대응능력을 포함시키는 데 합의했던 것이다. 그리고 한미 공동 능력 중 한국이 책임져야 할 부분은 미국의 전략 자산이 한반도에 충분히 전개되기 이전에 필요한 한국의 독자적인 초기 필수 대응능력으로 정의되었다. 여기서 한국의 독자적인 초기 필수 대응능력의 대부분은 킬 체인과 KAMD 능력으로 구성되었다.

이렇듯 이 시기에 정립된 한국의 킬 체인과 KAMD 개념은 미국의 확장억제와 함께 한미 공동 북핵 대응 개념에도 성공적으로 조화될 수 있었다. 따라서 당시 한국의 북핵위협에 특화된 비핵전력에게 미국 확장억제 지원 역할이 있었던 것은 분명하다. 또한 킬 체인과 KAMD가 제공하는 정밀타격과 미사일방어 능력은 북한의 핵 운반 수단인 미사일 위협을 완화시킬 수 있어 피해 제한 역할에도 기여할 수 있었다. 그리고 킬 체인과 KAMD 전력은 2010년 북한의 연평도 포격 도발 이후 한국군 전력 증강 계획에도 많이 포함되어 있었다. 당시 한국의 군사전략은 소규모 도발을 신속히 분쇄하여 확전을 방지하는 적극적 억제 개념이었음을 감안할 때 그 시기 킬 체인과 KAMD 전력 증강은 비핵억제 역할에도 기여했음을 알 수 있다. 또한 한미 전시 작전통제권 전환 조건인 한국의 초기 필수 대응능력도 주로 킬 체인과 KAMD 전력이었다는 것은 한국의 비핵전력이 확장억제 정상 작동 이전의 위험에 대한 헷징 역할에도 기여했음을 의미한다.

대량응징보복(KMPR) 개념 등장과 한국형 3축체계 정립 시기

2010년대 중반 이후부터 북한 핵위협은 급증하기 시작했다. 특히 2016년을 전후로 북한의 핵실험과 미사일 시험 발사가 많이 집중되었다. 북한은 2016년 4차와 5차 핵실험을 감행했고, 2017년 6차 핵실험까지 이어졌으며 ICBM을 포함한 다양한 미사일을 시험 발사했다. 이렇듯 거칠 것이 없었던 북한의 핵 능력 고도화는 2018년 4월 들어 핵실험과 ICBM 시험발사 중단이라는 모라토리엄 선언과 함께 잠시 휴지기를 맞이하기도 했다. 그러나 북한은 2021년 1월 제8차 당 대회 이후 모라토리엄을 사실상 폐기하고 다시 다양한 핵 운반 수단들을 공개적으로 시험 발사하고 있다.

이런 배경 속에서 한국은 북핵위협에 특화된 비핵전력으로 대량응징보복(KMPR) 개념을 새롭게 선보였다. 그래서 기존의 킬 체인, KAMD 개념에 KMPR까지 더해져 한국형 3축체계가 정립되었다. KMPR은 북한이 핵을 사용할 경우 비핵전력으로 북한의 지휘부를 응징 보복한다는 개념이다. 기존의 킬 체인과 KAMD라는 거부적 억제 역량에 KMPR이라는 응징적 억제 역량이 추가됨에 따라 한국형 3축체계는 과거보다 개념적으로 진화되었다. 그리고 이 시기에 한국 비핵전력의 미사일방어와 정밀타격 능력이 크게 향상되었다. 미사일방어 능력에서는 독자 개발한 천궁-Ⅱ 요격체계가 전력화되기 시작했고, SM-6 해상 요격체계도 해외로부터 도입되었다. 정밀타격 능력의 경우, 2017년에 한미 미사일 지침이 다시 개정되어 독자 개발 미사일의 사거리 제한이 완전히 사라졌고 2021년에는 미사일 지침 자체가 종료되었다. 그 결과, 고위력 장사정 미사일의 독자 개발이 가능해졌다. 또한 2018년과 2019년에 걸쳐 3,000t(톤)급 잠수함이 진수되고 F-35 스텔스 전투기가 도입되면서 정밀타격 플랫폼 성능도 개선되었다.

2010년대 중반 이후부터 한국형 3축체계의 정립과 관련된 이러한 전력 증강은 비핵억제 역할과 피해 제한 역할에 기여한 것으로 평가된다. KMPR에서의 응징보복 무기 수요를 충족시키기 위한 고위력 장사정 정밀타격 능력의 강화는 보복에 기반한 비핵억제 역할에 크게 기여할 수 있었다. 또한 미사일방어 무기체계를 포함한 다양한 전력 증강은 북한의 미사일 위협에 대한 피해 제한 역할에 기여할 수 있었다.

그리고 한국형 3축체계 정립 이후 한국의 비핵전력은 2020년대 들어서도 계속 변모하고 있는 중이다. 이와 같은 변화는 최근의 두 가지 트렌드를 반영하고 있다. 첫 번째 트렌드는 2010년대부터 전 세계를 풍미하고있는 과학기술의 도약적 발전을 국방 분야에 접목시킨다는 것이다. 이런 트렌드 속에서 한국에서는 국방과학기술 발전의 필요성에 대한 공감대가 널리 확산되었다. 그리고 국방과학기술 관점에서 비핵전력의 정밀타격과 미사일방어 능력뿐만 아니라 감시정찰과 지휘통제 능력 개발에도 관심이 집중되고 있다. 그런 가운데 2023년 첨단 국방과학기술을 활용하여 북한 핵·미사일의 발사 이전과 발사 이후 과정까지 교란하고 파괴한다는 킬웹 개념이 등장했다.[34] 한국의 킬웹 개념은 독자적인 국방과학기술 투자를 바탕으로 한 첨단 정밀타격, 미사일방어, 감시정찰, 지휘통제 능력 확보를 전제로 하고 있다. 이와 같은 킬웹 개념이 구현되면 한국 비핵전력에 의한 북핵위협 대응 역량은 향상될 것이며, 따라서 독자적인 헷징 역할에도 기여할 것으로 보인다.

그리고 한국 비핵전력 변화의 두 번째 트렌드는 미국 핵전력과의 결합이다. 최근 들어 한국의 비핵전력을 미국의 핵전력과 결합시키려는 노력이 핵·재래식통합(CNI) 개념으로 진행되고 있다.[35] 세계적 트렌드로서의 핵·재래식통합은 미국의 2018년 핵태세검토보고서(NPR: Nuclear Posture Review)부터 공론화되었으며, 한반도에서는 미국의 확장억제 강화 방안으로 적용되고 있다. 한미 양국은 2023년 워싱턴 선언으로 발족된 한미 핵협의그룹(NCG: Nuclear Consultative Group)을 통해 미국의 핵전력과 한국의 비핵전력을 조화롭게 운용하는 방안을 모색하고 있다.[36] 이런 맥락에서 2024년 한미 양국은 '대한민국과 미합중국의 한반도 핵억제 핵작전 지침' 문서에 합의했다. 그리고 2024년 10월 한국에서 창설된 전략사령부는 핵·재래식통합에서 한국 측 창구 역할을 할 것으로 보인다. 또한 2025년 1월 한미 국방부는 제4차 핵협의그룹 회의 공동 언론 성명에서 한미 일체형 확장억제 협력 강화를 재강조했다. 이와 같은 노력들이 지향하고 있는 한미 핵·재래식통합이 실현될 경우, 한국 비핵전력의 미국 확장억제 지원 역할도 확대될 것이다.

글상자 9.1   한국의 비핵억제전략 개념

한국의 비핵억제전략 개념으로 2006년에 방어적 미사일 대응 개념인 KAMD가 공식화되었고, 2012년에 공세적 미사일 대응 개념인 킬 체인(Kill Chain)이 정립되었다. 북핵위협의 고도화에 따라 미국의 확장억제정책도 강화되어 2013년에는 '한미 맞춤형 억제전략', 2014년에는 '동맹의 포괄적 미사일 대응능력'이 합의되었다. 그리고 한국의 킬 체인과 KAMD 능력은 미국의 확장억제 능력과도 조화를 이루게 되었다. 그래서 '한미 맞춤형 억제전략'의 군사적 대응 방안에 '동맹의 포

계속

괄적 미사일 대응능력'이 포함되었고, 그중에 한국이 담당하는 능력을 킬 체인과 KAMD로 규정되었다.

* DIE: 외교(Diplomacy), 정보(Information), 경제(Economy)

출처: 2016 국방백서.

　2016년에는 한국의 비핵억제전략 개념으로 킬 체인과 KAMD에 이어 KMPR이 등장하면서 한국형 3축체계가 정립되었다. 킬 체인은 적의 미사일 위협을 실시간으로 탐지하여 표적 위치를 식별하고 효과적으로 파괴하는 타격체계를 의미하며, KAMD는 날아오는 미사일을 요격할 수 있는 방어체계를 뜻한다. 그리고 KMPR은 북한이 핵무기를 사용할 경우 전략적 타격으로 북한 지휘부에게 응징보복한다는 개념이다.

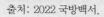

출처: 2022 국방백서.

3. 한국의 비핵억제 및 대응능력 특성

지금까지 살펴본 것처럼 한국의 비핵억제 및 대응능력은 한반도 핵무기 환경 속에서 변화를 거듭하여 오늘날 한국형 3축체계, 국방과학기술 기반 킬웹, 한미 핵·재래식통합 개념까지 도달했다. 그리고 그 변천과정에서 비핵억제, 피해 제한, 독자적 헷징, 확장억제 지원이라는 비핵전력의 역할들이 시기별로 확인되고 있다. 그래서 현재 한국 비핵억제 및 대응능력의 특성은 각각의 비핵전력 역할들과 연관지어 규정해볼 수 있다. 그런 의미에서 오늘날 한국의 비핵전력 특성을 최신 군사 트렌드 적용, 핵무기 없는 핵 태세, 핵무기 대체, 핵·재래식통합의 레버리지 등의 네 가지로 구분해보고자 한다.

최신 군사 트렌드 적용

현재 한국의 비핵전력 특성 중에는 최신 군사 트렌드가 적용되는 중이라는 것이 있다. 이런 특징은 비핵전력의 역할 중 비핵억제와 관련이 있다. 전투에서 승리할 수 있는 능력이 중요한 비핵억제 역할에 충실하기 위해서는 미래전에서 필수적인 최신 군사 트렌드에 뒤처져서는 안된다. 그런 의미에서 가장 최근에 북핵 대응 개념으로 채택된 킬웹도 최신 전투 수행 개념을 기반으로 하고 있다. 오늘날 최신 전투 수행 개념이라고 할 수 있는 전 영역(All Domain) 작전에서는 지상, 해양, 공중, 우주, 사이버, 전자기파 영역을 넘나드는 교차영역에서의 시너지 창출로 모든 영역에서의 우세를 확보하고자 한다. 그리고 이를 위해 사실상 모든 센서, 무기체계, 플랫폼을 통합적인 지휘통제체계 내에서 연결시키는 킬웹 개념이 도출되었다.

현재 킬웹에 관한 논의가 충분히 성숙되지는 않았지만 실질적인 킬

웹의 효과는 동시대의 최신 군사 트렌드라고 할 수 있는 비핵전략무기에 관한 논의로부터 예측해볼 수 있다. 첨단 과학기술에 기반한 새로운 형태의 군사력인 비핵전략무기는 신기술과 신개념에 기반하고 있어 킬웹과 유사한 효과를 발휘할 것으로 보인다. 최근 비핵전략무기에 관한 논의는 AI, 사이버, 우주, 첨단 정보통신, 양자 컴퓨팅, 극초음속 발사체 기술 등을 기반으로 개발된 다양한 군사적 능력들에 주목하고 있다. 그래서 이와 같은 신기술을 기반으로 한 비핵전략무기의 첨단 미사일 방어 능력, 이동식 핵미사일에 대한 장거리 신속 정밀타격 능력, 핵무장 잠수함과 같은 은밀표적을 탐지하고 공격하는 능력, 우주 기반체계에 대한 다양한 공격 능력, AI 기반 추적 및 결심 능력, 사이버 작전 능력에 관한 관심이 커지고 있다.[37] 실제로 비핵전략무기가 이와 같은 능력들을 갖게 된다면 상대의 핵무기체계와 핵 관련 인프라를 직접 약화시킬 수 있게 된다.

이와 같은 비핵전략무기의 효과는 한국의 비핵전력이 킬웹 개념을 통해 전 영역에서 우세를 달성할 때 예상되는 모습이기도 하다. 그리고 이 효과가 상대방에게 신뢰할 만한 위협으로 전달될 경우, 비핵억제도 달성될 수 있다. 따라서 한국 비핵전력에 대해 킬웹 개념과 같은 최신 군사 트렌드를 성공적으로 적용시키면 비핵억제 역할에 기여하게 될 것이다.

그런데 한국의 비핵전력이 이와 같은 능력을 갖추기 위해서는 첨단 군사과학기술의 적시적 확보와 적정 연구개발 투자 결정 등 극복해야 할 도전 요인들이 있다. 이때 오늘날 비핵전략무기의 기반 기술인 첨단 정보통신, 컴퓨터, 데이터 처리, 센서 기술 등이 민군겸용기술로도 많이 확산되는 현상은 도전 요인 극복에 도움이 될 수 있다. 즉, 민간분야의 민군겸용기술에의 투자를 통해서도 첨단 군사과학기술에 접근하는 효과를 얻을 수 있기 때문이다. 오늘날 첨단 민간 과학기술은 빠르게 전 세계로 확산됨에 따라 첨단 민군겸용기술 접근도 쉬워지고 있어 많은 국가들이 최신 군사 트렌드에서 뒤처지지 않을 수 있다고 한다.[38] 따라서 일정 수준 이상의 민간산업과 기술 역량을 지닌 한국과 같은 국가에서는 최신 군사 트렌드의 적시적인 적용과 함께 비핵전략무기의 효과까지 기대할 수 있다.

물론 비핵전략무기 효과로부터 파생될 수 있는 문제도 있다. 비핵전략무기는 장거리 신속 비핵 타격 능력과 최첨단 미사일방어 능력을 제공할 수 있다. 이런 종류의 능력은 핵보유국을 상대로 성공적인 선제공격을 감행할 수 있다는 믿음을 가져다 줄 수도 있다. 그러나 이때의 선제공격은 핵을 보유한 상대방으로 하여금 계획보다 더 빨리 핵무기를 사용하도록 압박할 수 있고, 그 결과는 비의도적 확전과 핵무기 조기 사용으로 이어질 위험도 있다.[39]

핵무기 없는 핵 태세

한국의 비핵전력이 보유한 정밀타격능력은 핵무기 투발에도 사용될 수 있는 이중용도 운반 수단들로 구성되어 있어 핵무기 없는 핵 태세라는 특성을 지닌다. 실제로 현재 한국이 전력화하고 있는 미사일방어 능력과 조기경보 능력까지 완성되면, 핵보유국들이 피해 제한 임무를 수행하려고 구축하는 핵 태세와도 유사해진다. 오늘날 핵보유국의 핵 태세에서 핵무기를 제외한 나머지 구성 요소들은 한국 비핵전력의 모습과 상당히 흡사하다. 사실 지금까지 한국형 3축체계의 발전은 위력적이면서도 다양한 이중용도 운반 수단들의 지속적인 증가에 기반하고 있다. 2010년대를 거치며 한미 미사일 지침 해제와 함께 탄도미사일의 사거리와 위력이 크게 격상되었고 독자적인 장거리 순항미사일 개발도 계속되어왔다. 또한 장거리 공대지 미사일을 운용하는 스텔스 전투기와

SLBM 운용 잠수함 등의 정밀타격 플랫폼도 갖추어졌다. 그리고 최근 감시정찰 능력에 해당하는 무인정찰기와 군 정찰위성 확보를 통해 핵 운반 수단에 대한 추적 능력도 향상되고 있다. 핵 운반 수단 위협을 완화시키는 능력에 대해서는 2010년대 초반까지는 지상 기반 미사일방어체계를 해외에서 도입하는 방식으로 전력 증강이 이루어졌다. 그 이후는 천궁-Ⅱ에서 L-SAM에 이르기까지 독자적인 미사일방어체계 연구개발로 이어졌다.

이와 같은 한국형 3축체계에서의 이중용도 운반 수단, 비핵 타격체계, 미사일방어체계는 핵보유국의 핵 태세에서도 주요 구성 요소들이다. 2002년 미국 조지 W. 부시 행정부의 핵태세검토보고서(NPR)에서는 '신핵3축(New Nuclear Triad)'이 핵 및 비핵 타격체계, 미사일방어체계, 군사 인프라로 구성된다고 발표했다.[40] 당시 미국의 핵 태세를 표현하는 '신핵3축' 구성 요소의 약 절반은 한국형 3축체계와 일치한다. 즉, '신핵3축' 요소들과 일치하는 한국형 3축체계의 비핵 타격체계, 미사일방어체계, 이중용도 운반 수단은 핵 태세 구성 요소라고도 할 수 있는 것이다. 이런 면에서 현재 한국의 비핵전력들은 핵무기 없는 핵 태세라고 지칭할 만하다.

이와 같은 한국의 비핵전력은 북한의 핵 운반 수단을 무력화하는 피해 제한 역할에 기여할 수 있다. 물론 아직까지는 한국 비핵전력의 피해 제한 임무 수행에 문제점도 있다. 현재 한국의 비핵전력에서는 북한의 이동형 핵 운반 수단을 탐지하고 추적할 수 있는 감시정찰 능력과 신속한 작전 반응에 요구되는 지휘통제 능력이 부족한 것으로 평가된다.[41] 그래서 아직까지 한국의 감시정찰 능력과 지휘통제 능력은 동맹국인 미국의 능력에 의존하는 경향이 있다. 더구나 북한은 일반적인 탄도미사일 위협뿐만 아니라 종말단계에서 기동하는 탄도미사일, 극초음속 미사일, 장거리 순항미사일, 무인기의 공격을 복합하는 능력을 갖추어가고 있다. 이런 종류의 위협은 한국의 미사일방어 능력에 대한 도전 요인들이라고 할 수 있다. 따라서 현재 한국의 비핵전력에서 북핵 위협에 맞서기 위해 보강되어야 할 요구는 상당히 많다.

그럼에도 현재 한국의 비핵전력이 핵무기 없는 핵 태세와 유사하다는 특성은 미래에 유용할 수 있다. 만약 한국이 핵무장을 결심하게 될 경우, 현재의 비핵전력은 핵 태세의 사전 준비 효과를 가져올 수 있기 때문이다. 그리고 이와 같은 사전 준비 효과는 핵무장 완성까지의 소요 기간을 단축해 줄 수도 있다. 그런 의미에서 현재의 비핵전력은 핵무장 소요 기간과 관련된 장기적 위험에서의 헷징 역할에도 기여할 수 있다.

핵무기 대체

현재 한국의 비핵전력은 부분적으로 핵무기를 대체하는 특성도 있다. 이런 특성은 비핵전력의 역할 중 독자적 헷징과 관련이 있다. 한국형 3축체계의 대량응징보복(KMPR)은 비핵 응징보복 임무를 수행한다. 이 때 KMPR의 비핵 보복은 부분적으로 핵 보복을 대체할 수 있다. 이런 특성은 한국의 비핵전력이 독자적 헷징 역할에 기여할 수 있음을 의미한다. 그러나 핵무기와 비핵무기 간의 대량파괴 효과 차이는 극명하기 때문에 KMPR의 비핵 보복으로 핵무기의 심리적 위협 효과까지 대체하는 것은 불가능해 보인다.

그럼에도 KMPR의 비핵 보복은 냉전 시대 전술핵무기의 효과 정도는 대신할 수도 있다. 냉전 시대 NATO의 유연반응전략에 의하면 유럽에 배치된 미국 전술핵무기들은 전면 핵전쟁으로 확전되기 이전에 사용되는 수단이었다. 유럽에서 전쟁이 발생하면 비핵무기가 먼저 사용된 이후 전술핵무기가 사용되고 마지막으로 전략핵무기가 사용되는 순서가 예정되어 있었다.[42] 이때 전술핵무기는 미국이 전략핵무기를 곧 사용할 것임을 알려주는 사전 예고편이라고 할 수 있었다. 이런 성격으로 인해 NATO 내 유럽 동맹국들은 전술핵무기를 미국이 유럽을 위해 전략핵무기까지 사용하겠다는 약속의 보증으로 간주하기도 했다.[43] 따라서 KMPR도 유럽에서의 미국 전술핵무기처럼 미국 핵 보복의 사전 예고편으로 활용될 수 있다. 이 경우, KMPR의 비핵 보복은 미국의 전략핵무기 보복에 앞서 전술핵무기를 대신해 시행될 수도 있다.

또한 한국형 3축체계의 킬 체인으로 북한의 핵 운반 수단을 약화시킴으로써 전술핵무기 효과를 대체할 수도 있다. 사실 비핵 타격체계가 전술핵무기를 대신할 수 있다는 생각은 냉전 말기부터 시작된 것이기도 하다. 1980년대부터 비핵 정밀타격 무기와 가시거리 밖에서의 탐지가 가능한 감시정찰 무기들은 등장하고 있었다. 그래서 1980년대부터 소련 참모본부는 정보 기술에 기초한 비핵 대전차 화력의 효용이 전술핵무기를 대신할 수 있다고 평가한 바도 있다.[44] 따라서 현대의 비핵전력은 냉전시대 전술핵무기 효과 정도는 대체할 수 있을 것으로 보인다.

그러나 비핵전력이 전술핵무기를 대체할 수 있다는 특성에는 위험 유발 요인도 동반할 수 있다. 우선 한국의 비핵 타격체계 능력이 향상될수록 북한 입장에서는 핵 운반 수단의 생존성이 약화된다고 인식할 문제가 있다. 이런 상황은 북한으로 하여금 핵무기를 사용하기도 전에 전쟁에서 패배할지 모른다는 불안감을 갖게 해 핵무기를 미리 사용하도록 압박하는 유인이 될 수 있다. 또한 북한의 핵 능력이 고도화될수록 한국 입장에서는 비핵전력의 전술적 대응능력을 더 강화시켜야 한다는 압박을 느끼는 문제도 있을 수 있다.[45] 이와 같은 압박은 위기 시 비핵 타격체계를 활용하여 선제공격을 하려는 유인으로 작동할 수 있다. 이것은 한국 비핵전력의 부분적 핵무기 대체 특성에는 선제공격 유인으로 인한 의도하지 않은 확전이나 상대의 조기 핵 사용을 유발할 위험도 내재되어 있음을 의미한다.

핵·재래식통합의 레버리지

현재 한국의 비핵전력은 미국 핵전력과의 핵·재래식통합의 가속화에 필요한 레버리지 역할도 한다는 특성이 있다. 이런 특성은 비핵전력의 역할 중 확장억제 지원과 관련이 있다. 핵·재래식통합은 위기 또는 전쟁에서 적대국의 핵무기와 재래식무기가 결합되는 위협에 대한 대처 방식이다.[46] 2024년 한미안보협의회의(SCM) 공동성명에 의하면 한반도에서 한미 핵·재래식통합은 미국 핵전력에 관한 정보공유 확대, 위기 및 유사시 핵 협의 절차, 핵 및 전략기획, 미국 핵작전에 대한 한국군의 지원 등으로 구성되어 있다. 이 표현에 의하면 한반도 핵·재래식통합은 미국의 핵전력을 적절히 지원할 수 있는 한국의 비핵전력을 필요로 한다. 따라서 한국의 비핵전력은 한미 핵·재래식통합을 통해 확장억제 지원 역할에도 기여할 수 있음을 알 수 있다.

이때 현재의 한미 핵·재래식통합 방식이 미래에 진화될 방향을 유추하기 위해서는 다른 유사 사례를 참고할 필요가 있다. 비교 가능한 사례로는 현재 한반도와 다소 다른 방식의 핵·재래식통합이 적용되었던 냉전시대 NATO의 경험이 있다. 냉전 초기부터 NATO에서는 미국과 비핵 동맹국 간의 핵·재래식통합이 시작되었다. NATO의 핵·재래식통합은 일회성 사건이라기보다 NATO가 유연반응전략을 채택하는 과정과 1967년 이후 NATO 핵계획그룹(NPG: Nuclear Planning Group)의 협의를 통해 진행된 현상이었다. 당시 핵·재래식통합의 핵심 이슈는 유럽에 배치된 미국 핵무기에 대한 정보공유와 공동 운용 절차였다. 1961년 이전까지 미국은 유럽에 배치된 핵무기 정보를 동맹국과 공유하지 않았고 비밀로 간주해왔다. 그런 가운데 미국은 NATO 동맹국들이 유연반응전략을 채택하고 전력 증강 결정까지 이르도록 하려면 미국도 핵무기 정보를 제공할 필요가 있다고 생각하기 시작했다.

그 결과, 미국은 유럽에 배치된 핵무기에 대한 권한과 책임을 미국 오마하의 전략공군사령부(SAC)로부터 브뤼셀의 유럽연합군최고사령부(SACEUC)로 전환하고, 유럽 동맹국들에게 미국 핵무기의 배치 위치, 종류, 수량, 표적 정보 등을 제공하기 시작했다.[47] 이것은 NATO 핵공유의 시작이었다. 또한 유럽에 할당된 미국 핵무기에 한해서는 NATO의 NPG 회의를 통해 핵무기의 역할, 개량, 사용 절차의 변경 등을 공동으로 결정하기 시작했다.[48] 이러한 정보공유와 공동 의사결정은 유럽 핵·재래식통합의 특징이었다. 당시 미국과 동맹국들이 공동으로 참여하는 연합사령부는 지정된 미국 핵무기에 대해 공동 의사결정을 할 수 있었다.

이와 같은 냉전 시대 유럽의 핵·재래식통합은 현재 한반도에서 구상되고 있는 방식이 심화되어 이루어져야 할 다음 단계의 모습이라고도 할 수 있다. 현재 한반도에는 미국 핵무기가 배치되지 않았으며 따라서 한반도에 위치한 한미연합사령부에게도 핵무기 사용 권한이나 책임은 없다. 이것은 핵무기 사용 책임을 지닌 미국 사령부의 의사결정에 한국이 참여할 수 없다는 것을 의미한다. 이런 상황에서 한반도에서도 NATO의 경험처럼 한미연합사령부나 한국 사령부에게도 미국 핵무기의 책임과 권한이 지정된다면 한미 핵·재래식통합 수준은 한층 더 격상될 것이다. 그리고 한미 양국 간 핵 협의체인 핵그룹협의(NCG)에서도 NATO NPG에서의 1967년 '유럽 배치 핵무기 사용 지침' 개발, 1979년 '유럽 중거리 핵무기 현대화' 결정과 같은 공동 의사결정이 도출될 경우에도 유사한 효과가 있을 것이다. 이때 이와 같은 수준까지 한미 핵·재래식통합을 가속화할 수 있는 레버리지로 한국의 현대화된 비핵 전력이 필요할 것이다.

4. 비핵억제력의 효용과 전망

지금까지 한국 비핵억제력의 과거와 현재를 살펴보았다. 한국 비핵전력의 과거는 북한 핵위협과 미국 확장억제정책의 변화 속에서의 진화 역사였고 오늘날 한국형 3축체계, 킬웹, 한미 핵·재래식통합까지 이르렀다. 그리고 현재의 비핵전력에는 최신 군사 트렌드가 적용되는 중이며 핵무기 없는 핵 태세라고 말할 정도로 규모도 커졌다. 또한 비핵전력은 핵무기를 부분적으로 대체할 수 있고 한미 핵·재래식통합을 더욱 심화시키는 레버리지가 될 수도 있다. 이제는 한국 비핵전력의 미래를 전망할 차례이다. 미래의 전망은 예상 가능한 환경들에서 비핵전력의 효용 평가를 통해 이루어질 수 있다. 이때 북핵위협 고도화, 과학기술 도약, 핵무장 결정, 확장억제 강화라는 예상 가능한 환경 별로 한국 비핵전력의 효용을 평가할 필요가 있다.

북핵위협 고도화 시대 비핵전력의 효용

미래 한반도에서는 북한의 비핵화보다 핵위협의 고도화가 이루어질 가능성이 더 크다. 북한의 핵무기 위력은 더 증가될 것으로 보이며 핵 운반 수단의 사거리도 향상될 것이다. 북한 핵전력의 생존성도 그만큼 증대될 것이며 전술핵무기 개발과 함께 북한의 핵 사용 가능성도 더 커질 것이다. 이런 환경에서 한국 비핵전력의 효용에 관한 질문은 다음과 같다. 북한의 핵위협이 나날이 고조되는 상황에서 한국의 비핵전력은 여전히 유효할 것인가?

이 질문에 답하기 위해서 우선 북한 핵위협 고도화에 대한 가장 최근의 대책인 한미 핵·재래식통합부터 되돌아볼 필요가 있다. 효율적인 한미 핵·재래식통합을 구현하기 위해서는 미국의 핵무기 운용을 책임지는 전략사령부와 한반도 내 작전을 책임지는 전쟁지역 사령부 간 긴밀한 협조관계와 상호 책임관계가 설정되어야 할 것이다. 한반도 작전계획에 미국의 핵전력 운용 방안이 포함되어야 할 것이고 여기에는 북한의 핵위협 유형에 따른 미국 핵무기의 운용 조건도 포함될 것이다. 한미 핵·재래식통합이 이와 같은 수준까지 도달하려면 미국 핵전력의 새로운 임무와 역할에 결합될 만한 능력을 지닌 한국 비핵전력도 필요해진다. 즉, 한미 핵·재래식통합 환경에서도 한국 비핵전력의 지속적인 진화와 발전은 필요한 것이다.

또한 한국 비핵전력은 고도화된 북한 핵 운반 수단을 찾아 무력화시킬 수 있는 확률을 높이고 북한 핵무기의 성공적인 사용 확률은 낮출 수 있어야 한다. 동시에 증가되는 북핵 위협 속에서도 우리 군의 생존 확률과 작전지속 가능 확률을 높일 수 있어야 한다. 이를 위해서는 현대화된 비핵전력이 요구된다. 결국 북한 핵위협 고도화 시대에도 한국 비핵전력의 현대화와 전력증강은 앞으로도 중요할 전망이다. 즉, 한국 비핵전력은 여전히 유효할 것이다.

과학기술 도약 시대 비핵전력의 효용

오늘날은 과학기술의 도약과 그로 인한 신개념 군사력이 출현하는 시대이다. 주요 국가들은 과학기술 발전을 근간으로 한 군사기술 경쟁에 돌입해 있는 상태이다. 또한 군사 과학기술들의 상당 부분이 민군 이중용도 기술이며 최첨단 기술을 민간 기업들이 소유하고 있으므로 민간 분야 과학기술 혁신으로 첨단 무기체계에 접근할 가능성이 높아졌다. 이제 미래는 상상을 초월하는 신기술과 신개념 군사력이 빠르게 출현할 뿐만 아니라 신속히 확산될 수 있는 시대가 된 것이다. 이런 상황에서 한국 비핵전력의 효용에 관한 질문은 다음과 같다. 과학기술 도약

시대에 첨단 비핵전력은 핵전력을 대체할 수 있는가?

이 질문에 대해서는 우선 1990년대 군사혁신 경험부터 회고할 필요가 있다. 당시 새로운 군사과학기술과 새로운 전투 수행 개념으로 인해 첨단 비핵무기가 전술핵무기의 역할을 대신한 적이 있었다. 1980년대 미국 공지전투(Air Land Battle) 개념은 정밀 교전과 감시 능력을 통해 상대방의 제2제대가 전선으로 기동하기 전부터 원거리에서 비핵무기로 정밀타격한다는 목표를 갖고 있었다. 이것은 유럽에서 전쟁이 발발했을 때 전술핵무기에 의존하지 않고 비핵 군사력만으로 유리한 여건을 달성할 수 있음을 의미했다. 그리고 1990년대에 전쟁에서 입증된 군사과학기술과 전투수행 개념의 혁신은 전술핵무기가 첨단 비핵무기로 대체될 수 있다는 생각을 확산시켰다. 그리고 탈냉전 직후 안보환경 변화와도 맞물려 미국 전술핵무기들은 첨단 비핵무기로 대체되어갔고 상당 부분은 군비통제를 통해 감축되기도 했다. 이 사례와 같이 첨단 과학기술은 핵무기 일부를 비핵전력이 대신하도록 해주는데 오늘날 과학기술 도약 시대에도 유사한 현상이 나타날 가능성이 크다.

그러나 비핵전력으로 전술핵무기를 대체하는 과학기술 도약에도 불구하고 전략핵무기의 억제 효과를 비핵무기가 대신하기는 어려워 보인다. 전략핵무기의 억제 효과는 과학기술보다 심리적 위협에 기반하는 것으로 역사적으로 이에 반하는 경험이 축적되지 않는 한 심리적 효과가 변할 가능성은 거의 없다. 1945년 이래 핵무기 사용 역사는 아직 없으므로 전략핵무기의 심리적 위협 효과를 변화시킬 만한 경험 사례도 지금까지 존재하지 않는다. 따라서 미래의 과학기술 도약에도 불구하고 비핵전력이 핵무기를 완전히 대신하지는 못할 것이다. 다만, 비핵전력이 핵무기를 부분적으로 대신하는 현상은 계속될 수 있으므로 비핵전력의 효용은 핵무기와 공존하며 상호 역할 분담을 하는 가운데 높아질 것이다.

핵무장 결정 시 비핵전력의 효용

오늘날 한국을 포함한 여러 비핵국가들 사이에는 핵무장 여론이 확산되는 경향이 있다. 이런 가운데 어느 나라든 핵무장을 결심한다면 핵무장 완성까지의 로드맵이 만들어질 것이다. 그 경우 로드맵에는 핵연료주기 완성, 핵무기의 제조, 시험 운용 및 전력화 단계가 포함될 것이다. 또한 사일로, 이동식 발사대, 핵 추진 잠수함, 스텔스 항공기 등 생존성을 갖춘 핵 운반 수단 확보도 포함될 것이다. 그리고 핵 운반 수단의 효율적 운영을 지원할 감시정찰, 조기경보, 핵 지휘통제체계 능력 확보 일정도 있어야 할 것이다. 만약 이런 상황이 발생했을 때 비핵전력의 효용에 관한 질문은 다음과 같다. 자체 핵무장이 결정되었을 때도 비핵전력은 여전히 중요한가?

이 질문에 답하기 위해서는 우선 핵무장의 최종 상태가 어떤 모습이어야 할 것인지를 생각해봐야 한다. 핵무장의 최종 상태는 생존성을 갖춘 핵보복 태세와 제한 핵전쟁에서 피해를 최소화할 수 있는 피해 제한 태세 확보라고 할 수 있다. 이 두 가지 태세 모두에서 이중용도 운반 수단, 비핵 타격체계, 미사일방어체계는 중요한 구성 요소들이다. 즉, 핵무장이 완성되어 갖추어야 할 핵 태세에는 상당한 규모의 비핵전력도 요구되는 것이다. 이와 같은 주요 비핵전력이 사전에 준비될수록 핵무장 최종 상태까지 소요 기간은 단축될 수 있다. 결국 국가가 핵무장을 결심한 이후에도 비핵전력은 유효할 것이고 핵무장이 완성된 이후에도 비핵전력의 효용은 여전히 높을 것이다.

확장억제 강화 시대 비핵전력의 효용

북한 핵위협이 고도화됨에 따라 미국의 확장억제도 계속 강화되어왔다. 현재 가장 최신의 확장억제 강화 방안은 한미 핵·재래식통합이다. 그럼에도 북한의 핵위협이 계속되는 한 확장억제는 계속 보완되고 강화되어야 할 것이다. 이런 상황에서 한국 비핵전력의 효용에 관한 질문은 다음과 같다. 확장억제 강화 시대에도 한국의 비핵전력은 유의미한가?

이 질문에서는 다음 단계의 확장억제 강화 방식이 무엇인지를 우선 생각해봐야 한다. 현재 수준의 한반도 확장억제를 한층 더 개선하기 위해서는 NATO 방식의 핵공유 방안을 고려할 수 있다. 핵공유에 기반한 한미 핵·재래식통합은 확장억제 효과를 배가시킬 수 있을 것이다. 이때 핵공유를 통한 확장억제 효과 증대 수단으로 한국의 비핵전력이 더 요구될 수 있다. NATO 방식의 한미 핵공유가 적용된다면 한반도에 미국의 핵무기를 배치하고 한국의 비핵전력이 핵 운반 수단을 제공하는 형태가 될 것이다. 그리고 한반도에 배치된 미국 핵무기의 사용 계획을 한미가 공동으로 발전시키는 방식이 추가될 수 있다. 이 방안과 달리 변형된 NATO 방식의 핵공유가 적용될 수도 있다 (NATO식 핵공유에 대해서는 10장 3절을 참조). 평시에는 미국 핵무기가 한반도에 배치되지 않지만 유사시 한미 합의에 의해 미국 핵무기가 한국의 핵 운반 수단과 결합하는 형태이다. 이와 같은 핵공유 형태들 모두 한국의 이중용도 운반 수단 제공이 필수적이다. 결국 한국 비핵전력의 이중용도 운반 수단은 한미 핵·재래식통합의 개선을 통한 확장억제 강화를 위해서도 유용한 능력인 것이다. 즉, 확장억제 강화 시대에도 비핵전력의 효용은 높을 것이다.

5. 맺는말

북한의 핵위협이 부상함에 따라 한국도 비핵억제력을 계속 발전시켜왔다. 그리고 지금까지처럼 앞으로도 한반도에서 비핵전력의 효용은 인정받을 것 같다. 앞에서 살펴본 것처럼 북한 핵위협이 고도화되더라도 한국의 비핵전력은 여전히 유효하다. 그리고 북핵위협 증가에 따라 미국의 확장억제 효과를 증진시키기 위해서도 한국의 비핵전력은 필요하다. 과학기술 도약은 한국 비핵전력의 역할을 무한대로 확대시키지는 못하겠지만, 비핵전력의 효용을 더욱 높여줄 것은 확실하다. 더구나 한국이 자체 핵무장을 결정하더라도 비핵전력은 여전히 필수적이고 중요하다. 핵무장 최종 상태까지 소요 기간을 단축시키기 위해서도 한국 비핵전력의 증강과 현대화는 필요하다.

그럼에도 비핵전력의 효용은 억제 현장보다 군사력이 실제 사용되는 전투 현장에서 더 높은 것이 사실이다. 그래서 핵위협을 억제하기 위해서는 비핵전력에만 의존할 수는 없었고 핵전력과 비핵전력을 결합시켜야만 했다. 그 결과, 한반도에서는 한국의 비핵전력과 미국의 확장억제 능력이 결합하여 북한 핵위협을 억제하는 구조가 정착되었다. 그렇다면 이와 같은 구조에서 한국의 독자적 핵무장은 과연 필요한 것일까? 이 질문에 답하기 위해서는 한국의 독자 핵무장의 효용을 미국 확장억제의 효용과 비교할 필요가 있다. 이때 확장억제의 효과는 정치적 결단만 있으면 즉시 발생하지만, 독자적 핵무장의 효과가 나타나려면 앞에서 논의한 바와 같이 상당한 시간이 소요되는 선결 요건들이 먼저 갖춰져야 한다는 것을 잊어서는 안된다. 즉, 미국의 확장억제와 한국의 독자 핵무장은 서로 즉시 교환 가능한 옵션들이 아닌 것이다. 더구나 미국의 확장억제는 동맹국을 대상으로 하는 핵무기 비확산의 반대급부이기 때문에 한국의 독자 핵무장과 미국의 확장억제는 서로 상반되는 옵션들이기도 하다. 이런 이유로 인해 미국의 동맹국이 독자적 핵무장도 선택하면서 미국의 확장억제 약속까지 함께 얻을 가능성은 높지 않다. 따라서 미국의 확장억제를 즉시 대신할 수도 없으면서 확장억제 공약을 무력화시킬 수도 있는 독자적 핵무장은 상당히 위험한 선택일 수 있다. 결국 현재 한국에게 무조건적인 독자 핵무장은 지양해야 할 옵션인 셈이다. 그보다는 미국의 확장억제 속에서 한국 비핵전력의 능력을 활용하여 억제력을 향상시키며 핵무장에 필요한 선결 요건들부터 단계적으로 갖춰 나가는 것이 전략적으로 유리한 선택이라고 할 수 있다.

⌘ 참고문헌

김정섭. "핵전략의 내재적 딜레마와 북핵 대응전략의 선택." 『국가전략』 제27권 2호 (2021).
노현석·차두현·홍상화. "한미 미사일 지침 개정과 한국의 국방력 발전 방향." 『ASAN Report』 (2023).
양혜원. 『한국의 미사일 방어』. 서울: 로열컴퍼니, 2022.
양혜원·유근환. "한미 미사일 지침 해제 과정과 함의." 『사회융합연구』 제6권 2호 (2022).
함형필·이만석. "한국의 재래식 전력의 한반도 억제 태세 기여와 역할: 확장억제 신뢰성 제고를 중심으로." 『국가안보와 전략』 제22권 2호 (2022).

Bowers, Ian, and Henrik Stalhane Hiim. "Conventional Counterforce Dilemma." *International Security* 45–3 (Winter 2020/2021).
Freedman, Lawrence, and Jeffrey Michaels. *The Evolution of Nuclear Strategy.* London: Palgrave, 2019.
Futter, Andrew, and Benjamin Zala. "Strategic Non-Nuclear Weapons and The Onset of A Third Nuclear Age." *European Journal of International Security* 6–3 (2021).
Lieber, Keir A., and Daryl G. Press. "The New Era of Counterforce: Technological Change and the Future of Nuclear Deterrence." *International Security* 41–4 (Spring 2017).
Lee, William T. "Soviet Nuclear Targeting Strategy." in Desmond Ball and Jeffrey Richelson(eds.), *Strategic Nuclear Targeting.* Ithaca: Cornell Uni-

versity Press, 1986.

Legge, J. Michael. "Theater Nuclear Weapons and the NATO Strategy of Flexible Response" *RAND R-2964-FF Report* (April 1983).

Long, Austin, and Brendan Rittehhouse Green. "Stalking the Secure Second Strike: Intelligence, Counterforce and Nuclear Strategy." *The Journal of Strategic Studies* 38-1/2 (2015).

Mearsheimer, John. *Conventional Deterrence*. Ithaca: Cornell University Press, 1983.

Mueller, Karl. "The Continuing Relevance of Conventional Deterrence," in Frans Osinga and Tim Sweijs (eds.). *Netherlands Annual Review of Military Studies 2020, Deterrence in the 21st Century*. Hague: Springer, 2021.

Pollack, Joshua H., and Minji Kim. "South Korea's Missile Forces and Emergence of Triangular Strategic (in)stability." *The Nonproliferation Review* 27-1/3 (2020).

Posen, Barry. *Inadvertent Escalation: Conventional War and Nuclear Risk*. Ithaca: Cornell University Press, 1991.

Roberts, Brad. *The Case for U.S. Nuclear Weapons in the 21st Century*. Stanford: Stanford University Press, 2016.

Roehrig, Terrence. *Japan, South Korea and the United States Nuclear Umbrella: Deterrence after the Cold War*. New York: Columbia University Press, 2017.

Sayle, Timothy Andrew. "A Nuclear Education: The Origins of NATO's Nuclear Planning Group." *Journal of Strategic Studies* 43-6/7 (2020).

Shimshoni, Jonathan. *Israel and Conventional Deterrence: Border Warfare from 1953 to 1970*. Ithaca: Cornell University Press, 1988.

Snyder, Glen. *Deterrence and Defense: Toward A Theory of National Security*. Princeton: Princeton University Press, 1961.

Wirtz, James J. "How Does Nuclear Deterrence Differ From Conventional Deterrence." *Strategic Studies Quarterly* 12-4 (Winter 2018).

10장

한미동맹과 미국의 확장억제:
핵우산 제공의 가능성과 한계

황지환(서울시립대 국제관계학과)

한반도에 대한 미국의 확장억제는 1953년 한국전쟁 정전 이후 지속적으로 유지되어 왔다. 확장억제에 관한 대부분의 논의는 확장억제가 가진 신뢰성 문제와 연결되어 미국 안보공약의 안정성과 지속성 문제를 다루었다.[1] 확장억제의 신뢰성 문제는 그 자체에 내재된 구조적 측면과 한반도 안보환경의 현실적 측면에서 여러 차례 제기되었다. 하지만 한국전쟁 정전 이후 한반도에서 70여 년 동안 전쟁이 재개되지 않았다는 사실이 가진 무게감은 결코 가볍지 않다. 이는 한반도에서 억지(deterrence)가 비교적 잘 작동해 왔다는 것을 의미한다.[2]

그러나 북한의 핵무기 개발 이후 한반도에서는 재래식 억지뿐만 아니라 핵억지의 중요성이 더욱 강조되어 미국의 확장억제 신뢰성 문제가 부각되었다. 북한은 2006년부터 2017년까지 10여 년 동안 6번의 핵실험을 감행했다. 북한은 지속적으로 핵능력을 발전시키며 '핵무기 보유국(nuclear weapons state)'의 지위를 주장해 왔다 (핵무기 보유국에 대한 다양한 명칭은 글상자 2.1 참조). 이에 따라 한국은 '사실상의(de facto)' 핵무기 보유국에 대응해야 하는 상황이 되었으며, 북한에 대한 억지에서도 핵억지 필요성이 대두되었다. 하지만 한국은 핵무기를 보유하고 있지 않으며 향후 개발 계획도 없어 미국의 한반도 확장억제에 의존할 수밖에 없는 상황이다. 2020년대 이후 글로벌 및 동아시아 정세의 불확실성이 그 어느 때보다 고조되고 있어 미국의 한반도 확장억제 공약이 그 중요성을 더하고 있다. 러시아의 우크라이나 침공과 미중 전략경쟁은 글로벌 갈등을 지속적으로 격화시켜 왔으며 그 결과, 한반도 주변 안보질서의 불안정성이 더욱 심화되었다. 중국과 러시아가 적극적인 핵전략을 취하는 상황에서 미국 역시 새로운 핵전략을 전개하고 있어 동아시아에서도 강대국 간 핵경쟁 가능성이 높다. 트럼프 2기 행정부 역시 보다 적극적인 핵전략을 펼쳐나갈 것으로 예상된다. 한국은 중국 및 러시아의 핵능력과 북한의 핵 프로그램에 대응하는 자체적인 핵억지를 가질 수 없기 때문에 미국의 확장억제에 의존해야 한다. 이런 상황에서 한국에 대한 미국의 확장억제 신뢰성은 매우 중요한 의미를 가진다.

이번 장은 한반도에 대한 미국의 확장억제 변화과정을 살펴보며 그 가능성과 한계를 검토한다. 우선 냉전기 미국의 핵무기 배치와 철수에 관해 살펴보고 확장억제정책의 배경과 내용을 설명한다. 또한 북대서양조약기구(NATO)에 대한 미국의 확장억제 경험을 토대로 핵공유와 전술핵무기 재배치의 가능성과 한계를 살펴본다. 마지막으로 미국이 스스로를 위험에 빠뜨리면서까지 한국을 지켜줄 것인지를 확장억제의 신뢰성 평가를 통해 논의한다. 이를 통해 한반도 안보상황에서 미국의 확장억제가 가진 의미와 과제를 제시한다.

1. 냉전기 미국의 핵무기 배치와 철수

한반도에 대한 미국의 핵무기 배치와 철수는 냉전기 세계질서와 미국의 글로벌전략 변화와 연관되어 있다. 미국이 핵무기를 처음 배치하기 시작한 것은 유럽과 아시아에서 미국과 소련의 냉전 대립이 심화되면서 당시 아이젠하워 행정부의 글로벌전략이 변화하는 과정에서 이루어졌다. 반면, 1980년대 후반 이후 미소 간 냉전이 종식되기 시작하자 부시 행정부는 미국의 글로벌전략을 변경하면서 해외 배치 핵무기에 대한 정책 역시 변화했다. 그 과정에서 한반도 핵무기에 대한 미국의 전략 역시 영향을 받게 되었다.

미국의 한반도 전술핵무기 배치

냉전기 미국은 아이젠하워 행정부 시기인 1958년 주한미군에 전술핵무기를 처음 배치한 것으로 알려져 있다.[3] 한반도에 대한 아이젠하워 행정부의 지정학적 가치 평가는 새로운 대외정책에 기초하고 있었다. 아이젠하워 행정부 대외정책의 핵심은 '뉴룩(New Look)'전략으로 알려져 있다. 뉴룩전략은 재래식전력에 주로 의존하던 기존 전략을 핵무기의 역할을 강조하는 새로운 전략으로 전환한 것이다. 동맹국들의 경제적 어려움 때문에 충분한 재래식전력 목표를 달성할 수 없다는 비판이 제기되자 재래식전력을 유지하기 위해 드는 막대한 비용을 절감하기 위해 핵무기 사용 의존을 높이는 대량보복전략을 구상하게 되었다. 아이젠하워 대통령은 미국의 글로벌 역할을 중시했지만, 전임 트루먼 행정부의 과도한 군사비와 대외경제원조 지출에 비판적인 입장을 취했다. 이 때문에 1950년대 초반 미국의 전술핵무기가 최초로 유럽에 배치되었다. 또한 군사비 감축을 위해 미국의 해외 직접 주둔은 줄이면서

군사동맹의 구축을 통해 지역적 안보협력체제 구축에 힘썼다.[4]

아이젠하워 행정부의 대외정책 기조는 아시아에서도 비슷하게 적용되었다. 물론 트루먼 행정부와 마찬가지로 아이젠하워 행정부에서도 아시아의 전략적 가치는 유럽보다 훨씬 낮은 수준이었다. 아시아정책에서 가장 핵심적 구상은 대규모 미 지상군을 투입하지 않고 현상을 유지하며 방어하는 것이었다. 이에 따라 냉전의 전진기지였던 한국에 대해서도 군사력 증강을 유도했으며 동아시아 세력균형의 관점에서 한국의 군사력을 건설하고자 했다.[5] 특히 아이젠하워 2기 행정부가 출범한 1957년 이후에는 미국의 아시아정책이 군사우선에서 경제우선으로 변하면서 한국에 대한 인식 역시 변화되었다.[6] 군사적 비용이 적게 드는 핵무기의 전진배치가 고려된 배경이었다. 아이젠하워 행정부 말기인 1960년 12월 승인된 미 합참의 군사전략 및 작전 가이드라인인 합동전략능력계획(JSCP-62: Joint Strategic Capabilities Plan)에 따르면, 미국은 서태평양에서 필리핀-대만-오키나와-한국-일본을 잇는 방어선을 유지할 것을 언급했다.[7] 이는 트루먼 행정부의 애치슨 라인과 비교할 때 한국의 전략적 중요성을 높이 평가한 것이라고 할 수 있다. 하지만 한국에 대한 방어가 일본, 오키나와, 대만 및 필리핀의 방어 임무를 손상하지 않는 범위 내에서 이루어질 것임을 명확히 했다. 한반도의 지정학적 중요성을 여전히 제한적으로 인식하고 있었던 것이다. 이런 상황에서 재래식전력의 전진배치보다 상대적으로 비용이 덜 드는 전술핵무기가 대안으로 제시되었으며 1958년 주한미군에 미국의 핵무기가 처음으로 배치된 것이다.

냉전의 종식과 한반도 핵무기 철수

미국의 한반도 전술핵무기 배치는 1991년까지 지속되었다. 냉전 초기 한반도에 전술핵무기를 배치한 미국의 대외전략은 냉전이 종식되기 시작하자 급격하게 변화했다. 1990년대 초반 세계 안보환경의 변화로 인해 부시(George H. W. Bush) 행정부의 글로벌전략 역시 변화의 모습을 보이며 새로운 세계질서를 구상해 나가기 시작했다. 냉전기 소련과의 군사적, 외교적 경쟁에 기반을 두었던 세계전략을 더 이상 지속할 필요가 없어졌기 때문이다. 소련의 위협이 사라지자 부시 행정부는 유럽에서뿐만 아니라 동아시아에서도 안보전략의 변화를 꾀하기 시작했다. 이에 따라 부시 행정부는 미국의 새로운 글로벌전략과 동아시아 전략을 입안할 필요성을 느꼈다. 이에 따라 동아시아지역의 핵심지역인 한반도에 대한 미국의 정책 역시 변하지 않을 수 없었다.[8] 부시 행정부는 새로운 세계질서를 구상해 나가면서 한반도에 대한 전략을 재조정하기 시작했다. 유럽에서 냉전이 끝나가고 있던 1989년 미국 상원은 유럽 주둔 미군과 주일미군, 주한미군, 해외 주둔 미 군속 유지 경비 등에 관한 4개 법안을 묶은 '넌-워너 수정안(Nunn-Warner Amendment)'을 통과시켰다.[9] 이에 따라 미 국방부는 1990년 대통령 보고서인 '아시아·태평양지역을 위한 전략 틀: 21세기를 위한 준비(A Strategic Framework for the Asia Pacific Rim: Looking for the 21st Century)', 일명 '동아시아전략구상(EASI: East Asia Strategic Initiative)'을 완성하여 의회에 제출했다.[10] 당시 동아시아전략구상의 주한미군 감축계획은 1993년 이후 불거진 북핵위기로 인해 1단계에서 중단되었지만 1990년대 초반 미국의 한반도 전략을 변화시키고 있었다.

이런 상황에서 부시 행정부는 1991년 후반 냉전 종식에 따른 글로벌 군사전략 변환의 일환으로 전 세계에 산재한 미국의 전술핵무기를 철수하기로 결정했다.[11] 당시 미국은 한반도에서 더 이상 핵무기를 배치할 필요가 없다는 결론을 내리면서 한국정부에도 남한 내 전술핵무기 철수 방침을 통보했다. 노태우정부는 미국의 정책전환을 수용하면서 당시 불거지고 있던 북한 핵문제 해결에 주한미군의 전술핵무기 철수를 활용하고자 했다.[12] 부시 행정부의 전술핵 철수계획에 따라 노태우정부도 1991년 11월 한반도 비핵화를 선언했으며 12월 남한 내에 핵무기가 존재하지 않음을 알렸다. 미국의 남한 내 전술핵무기 철수로 인해 한국은 북한의 주한미군 전술핵무기 철수 요구에 당당하게 대응할 수 있었다. 또한 전술핵무기 철수는 이후 북한의 한반도 비핵화 공동선언 수용 및 국제원자력기구(IAEA) 핵안전조치협정(safeguards agreement) 비준에도 큰 영향을 미쳤다. 또한 이런 상황변화는 1992년 한미 연합 팀스피리트 군사훈련 중단을 결정하게 하는 계기가 되어 한반도 긴장완화에도 일정 부분 기여하기도 했다.[13]

2. 확장억제정책의 배경과 내용

억지는 자국의 영토와 안보에 대한 무력공격을 스스로 예방하는 직접적 억지를 의미한다.[14] 잠재적 적국은 군사적 행동을 시도할 때 부담하는 위험과 비용을 고려하게 되는데 이 부담이 얻고자 하는 이득을 능가하도록 하여 행동하지 못하도록 설득하는 것이 억지다.[15] 따라서 자신의 행동으로 얻을 수 있는 이익보다 그것이 초래할 비용이 크다는 것을 상대국이 인식하도록 하는 것이 중요하다.[16] 이익과 손실의 계산을 통해 억지를 달성한다는 합리적 억지이론이 주요한 배경설명이 된 이유다.[17] 따라서 억지는 적국의 공격을 무력화시키는 거부적 억지(deterrence by denial)나 충분히 보복하여 패배시키는 응징적 억지(deterrence by punishment)의 능력을 갖춤으로써 적의 공격 의도를 사전에 저지한다는 전략개념이다. 확장억제는 직접적 억지와는 다른 의미를 가진다.

확장억제의 개념과 배경[18]

확장억제는 억지력을 확대하여 동맹국에 대한 공격을 억지하는 것이다.[19] 확장억제는 다른 나라에 대한 무력공격을 예방해 주는 것이므로 일반적으로 미국과 같은 강대국의 군사전략인 경우가 많다. 확장억제는 군사력을 해외에 투사할 수 있는 능력을 가진 강대국이 동맹국에 대한 적국의 공격을 억지하여 동맹국과 자국의 안전을 보장하는 전략개념이다. 냉전 이후 확장억제는 실질적으로는 핵억지를 포함하는 것으로 인식되었다. 냉전기 억지가 신뢰성을 가지기 위해서는 전략 및 전술핵무기를 포함하는 것이 중요했기 때문이다. 핵억지의 핵심은 핵무기의 가공할만한 파괴력에 의존하는 것이다. 핵 보복의 위험과 비용을 통해 잠재적인 침략국을 위협하여 공격을 저지하려는 목적이다. 냉전기 미국의 억지는 기본적으로 소련에 초점을 둔 직접적 억지였지만, 제2차 세계대전 이후 유럽과 동아시아에서 미국이 동맹체제를 구축하면서 확장억제가 주요한 전략적 이슈가 되었다. 확장억제라는 용어는 1990년대 중반 미국의 핵 전략가들에 의해 개념화되어 전략서인 핵태세검토보고서(NPR: Nuclear Posture Review Report) 등에 반영된 것으로 알려져 있다.[20] 대서양과 태평양 너머 먼 거리의 동맹국안보를 보호하기 위해서는 가공할만한 파괴력을 가진 핵무기에 의한 억지가 필요했으며 이는 미국 안보정책의 핵심 요소가 되었다. 냉전기 소련의 군사적 공격 위협에 대해 미국은 1차적으로 핵무기를 통해 직접적 억지력을 추구했다. 이에 더하여 유럽과 동아시아 동맹국들에 대한 군사적 위협에 대응하는 확장억제력을 제공할 수 있느냐의 문제가 중요해졌다. 억지력의 신뢰성을 위해 핵억지가 필요했지만, 핵무기의 속성상 사용되기 어려워 핵억지의 신뢰성 문제 역시 제기되었다. 흔히 언급하듯 베를린을 보호하기 위해 뉴욕을 위험에 빠뜨릴 수 있느냐와 같은 문제가 확장억제의 핵심적 이슈가 되었다.

미국의 한반도 확장억제 전개과정

한반도에 대한 미국의 확장억제는 NATO의 다자적 구조와 달리 양자적 합의를 통해 전개되었다. 한국전쟁 이후 한미 간 합의 문서에는 확장억제 관련 다양한 표현이 포함되었는데 이를 통해 미국의 한반도 확장억제 전개과정과 신뢰성을 검토해 볼 수 있다. 그동안 확장억제에 관한 문제제기는 대부분 미국의 실제 군사력 운용이나 한미의 공식적 정책보다는 정부 관료들이나 언론의 구두 논평을 근거로 이루어져 객관성이 담보되지 못했다. 따라서 한미정부 간 합의와 공동성명 발표문을 통해 실제 정책을 이해하는 것이 필수적이다.

냉전기 미국의 한반도 확장억제는 재래식 억지에서 핵우산으로 발전했다. 미국의 확장억제는 1953년 10월 1일 체결되고 1954년 11월 18일 발효된 한미상호방위조약 체결로 시작되었다. 조약은 전문에서 "당사국 중 어느 일국이 태평양지역에 있어서 고립하여 있다는 환각을 어떠한 잠재적 침략자도 가지지 않도록 외부로부터의 무력공격에 대하여 그들 자신을 방위하고자 하는 공통의 결의를 공공연히 또한 정식으로 선언할 것"에 동의했다고 규정하고 있다. 조약 내용은 한미 상호 간 방위협력을 규정한 것이었지만 태평양지역에 대한 공동의 안보 결의를 언급하여 실질적으로는 한국에 대한 미국의 확장억제를 규정했다. 조약 2조는 억지 개념을 보다 구체적으로 언급하고 있다. 2조는 "당사국 중 어느 일국의 정치적 독립 또는 안전이 외부로부터의 무력공격에 의하여 위협을 받고 있다고 어느 당사국이든지 인정할 때는 언제든지 당사국은 서로 협의한다"라고 규정하고 "당사국은 단독적으로나 공동으로나 자조와 상호원조에 의하여 무력공격을 방지하기 위한 적절한 수단을 지속하여 강화시킬 것이며 본 조약을 실행하고 그 목적을 추진할 적절한 조치를 협의와 합의하에 취할 것이다"라고 언급하고 있다.[21]

물론 1953년 합의 당시 한미상호방위조약의 확장억제는 재래식 억지를 의미하는 것이었다. 조약은 핵억지를 명시적으로 포함하고 있지 않았다. 당시 미국의 핵능력이 초기단계였을 뿐만 아니라 NATO에 대한 핵억지 역시 초기 형성 단계였기 때문에 한국에 대해 핵억지가 구체화되기는 어려웠을 것이다. 보다 현대적인 의미에서 핵억지가 포함된 미국의 확장억제는 1978년 제11차 한미 연례안보협의회의(SCM) 공동성명에서 "한국이 미국의 핵우산하에" 있다며 핵우산(nuclear umbrella)을 언급하면서부터 시작되었다. 공동성명 4항에서 미국의 브라운 국방장관은 "1954년 한미상호방위조약은 계속 전적으로 유효하며 동 조약에 따라 대한민국에 대한 무력공격 시 즉각적이고 효과적인 지원을 대한민국에 제공하겠다는 미국의 결의는 계속 확고하고 강력하다"라고 보장했다. 이와 관련하여 브라운 장관은 한국이 미국의 '핵우산'하에 있으며 앞으로도 계속 있을 것이라고 재확인했다.[22]

1978년 당시는 카터 대통령이 한국에서 미 지상군 전투병력의 철수 계획을 진행하고 있던 상황이어서 한미동맹 약화가 우려되던 시기였다. 그런데 핵우산 표현이 처음으로 등장했다는 사실은 미국의 안보공약이 오히려 강화되었음을 의미할 수 있어 이례적인 모습이었다. 카터 행정부는 지상군 철수계획에도 불구하고 당시 조야에서 제기된 한국에 대한 안보공약 약화 우려를 불식시키기 위해 핵우산을 공동성명에 포함한 것으로 알려져 있다. 핵우산을 통해 한반도안보에 대한 미국의 강력한 공약과 결의를 보여주었다는 점을 SCM은 분명히 했다. 물론 핵우산 언급이 있기 훨씬 이전부터 미국의 전술핵무기는 비밀리에 한국에 배치되어 있어 한국은 미국의 핵우산하에 있었다. 하지만 한미 간 문서에 핵우산 용어가 처음 등장함으로써 미국은 확장억제에 핵억지가 포함되어 있다는 점을 분명히 확인해 주었다.

한미 간에 확장억제 용어와 관련된 보다 구체적인 표현은 2006년 제38차 SCM 공동성명에서 나타났다. 10월 북한의 1차 핵실험 직후 개최된 SCM에서 럼스펠드 미 국방장관은 미국의 핵우산 제공을 통한 '확장억제의 지속'을 포함하여 한미상호방위조약에 따라 한국에 대한 미국의 굳건한 공약과 신속한 지원을 보장했다.[23] 한미는 1978년 SCM에서 핵우산 용어를 처음 포함시킨 이후 2006년 SCM에서는 확장억제 용어를 사용하며 안보공약을 보다 구체화시켰다. 당시에는 한미 간에 전시작전통제권 전환과 한미연합사 해체 문제가 논의되고 있어서 일부 언론과 전문가들은 미국의 핵우산 보장체제가 약화될 것이라고 우려했다. 그러나 한국 국방부는 미국의 핵우산 제공이 한미연합사체제에 의한 것이 아니라 한미 국가 간 합의에 의한 것이라고 설명하며 이러한 우려를 불식시켰다. 특히 미국은 매년 SCM에서 한국에 핵우산을 제공한다는 공약을 재확인해 왔음을 상기시키면서 안보공약의 신뢰성을 강조했다.[24] 미국 역시 공동성명에서 럼스펠드 장관의 언급을 바탕으로 핵우산이 전작권 전환과는 무관하게 지속적으로 제공되는 것임을 강조했다. 이는 당시 일부의 한미동맹 위기론에도 불구하고 미국의 확장억제가 지속적으로 유지되고 있음을 재확인해 준 모습이었다.

미국의 핵우산 제공과 확장억제의 지속적인 공약은 오바마 행정부 시기였던 2009년 '한미동맹을 위한 공동비전(Joint Vision for the Alliance of ROK-USA)'에도 그대로 유지되었다. 한미는 양국의 동맹 능력이 뒷받침하는 강력한 방위태세를 계속 유지할 것이라고 천명했는데 '핵우산을 포함한 확장 억지'에 대한 미국의 지속적인 공약은 한반도 방위에 대한 미국의 보장을 더욱 강화하고 있다고 선언했다.[25] 이 공동비전은 당시 한미동맹의 미래지향적 발전 청사진을 담은 전략적 마스터플랜으로서 한미동맹을 양국의 공동 가치와 상호신뢰에 기반한 양자, 지역, 범세계적 범주의 포괄적 전략동맹으로 구축하기로 합의한 것이었다. 오바마 행정부는 미국의 확장억제와 한미 전략동맹의 모습을 기회가 있을 때마다 재확인했다. 특히 2013년 '한미동맹 60주년 기념 공동선언'에서는 미국의 확장억제가 보다 구체적으로 명시되었다. 공동선언은 한미동맹이 아시아·태평양지역 평화와 안정의 핵심축으로 기능하고 21세기 새로운 안보 도전에 대응할 수 있도록 동맹을 계속 강화시키고 조정해 나갈 것이라고 천명했다. 특히 확장억제와 관련해 미국은 "재래식 및 핵전력을 포함하는 모든 범주의 군사적 능력 사용을 포함한 확고한 대한 방위 공약"을 재확인했다.[26] 오바마 행정부의 확장억제 정책은 임기 말 '확장억제전략협의체(EDSCG: Extended Deterrence Strategy and Consultation Group)' 신설에서도 잘 나타났다. 한미는 2016년 10월 20일 미국 워싱턴에서 열린 외교·국방장관 2+2 회의에서 양국의 외교·국방차관급이 주관하는 확장억제전략협의체를 설립하기로 합의했다.[27] 확장억제전략협의체는 한미동맹이 그동안 기회가 있을 때마다 확인해 왔던 확장억제를 제도화하는 데 의미가 있었다. 확장억제의 제도화는 향후 한국과 미국에 어떤 정부가 들어서더라도 미국의 한반도 확장억제를 신뢰성 있게 보장하기 위함이었다.

트럼프 1기 행정부에서는 '미국 우선주의(America First)' 정책으로 인해 확장억제 약화 가능성이 제기되기도 했다. 트럼프 행정부는 동맹국들에 대해서도 미국의 핵 주도력을 강화할 것임을 강조한 바 있는데, 이는 NATO에서와 마찬가지로 한반도에서도 미국의 확장억제 약화 가능성을 내포하고 있었다. 그러나 트럼프 행정부하에서도 미국의 한반도 확장억제는 지속적으로 재확인되었다. 2019년 11월 발표한 '미래 한미동맹 국방비전'에서 한미는 확장억제의 신뢰성, 능력, 지속성을 보장하기 위해 확장억제 강화를 지속해 나가기로 합의했다.[28] 또한 2020년 제52차 SCM 공동성명에서도 "핵, 재래식 및 미사일 방어능력을 포함한 모든 범주의 군사능력을 운용하여 대한민국에 확장억제를 제공할 것"을 명시하여 미국의 확장억제를 구체화했다.[29]

미국의 한반도 확장억제는 바이든 행정부의 인도·태평양 전략에서도 비슷하게 지속되었다. 2021년 5월 개최된 한미정상회담에서 바이든 대통령은 "미국이 가용한 모든 역량을 사용하여 확장억제를 제공한다"라는 공약을 재확인했다.[30] 북핵문제에 대응하는 바이든 행정부의 확장억제정책은 2023년 발표된 '워싱턴선언'과 '캠프 데이비드 정신'에서 보다 강화된 형태로 나타났다.[31] 한미는 정상회담을 통해 한국에 대한 미국의 확장억제 강화방안을 명기한 '워싱턴선언'을 발표했다. 미국은 "한반도에 대한 모든 가능한 핵무기 사용의 경우 한국과 이를 협의하기 위한 모든 노력을 다할 것임을 약속"했다. '워싱턴선언'의 하이라이트는 '핵협의그룹(NCG: Nuclear Consultative Group)'의 설립이었다. NCG는 한미가 확장억제를 강화하고 핵 및 전략 기획을 토의하며 비확산체제에 대한 북한의 위협을 관리하기 위해 설립한 새로운 협의기구였다. 이 기구를 통해 한미동맹은 유사시 미국 핵 작전에 대한 한국 재래식 지원의 공동 실행 및 기획이 가능하도록 했다. 또한 한반도에서 핵억지 관련 연합교육 및 훈련활동을 강화해 나가기로 했다. NCG는 비록 NATO의 핵계획그룹(NPG: Nuclear Planning Group)에는 미치지 못하지만 한미동맹 70년에 걸맞은 확장억제 강화 노력으로 평가되었다.

바이든 대통령은 한국에 대한 미국의 확장억제가 항구적이고 철통같으며 북한의 한국에 대한 모든 핵공격은 즉각적, 압도적, 결정적 대응에 직면할 것임을 재확인했다. 워싱턴선언은 미국의 확장억제가 "핵을 포함한 미국 역량을 총동원하여 지원된다는 점"도 재차 강조했다. 캠프데이비드에서 개최된 한미일 3국 정상회담에서도 미국의 확장억제는 재확인되었는데, '캠프 데이비드 정신'에서 미국은 한국과 일본에 대한 확장억제 공약이 철통같으며 미국의 모든 역량에 의해 지원된다는 사실을 명확하게 재확인했다. '워싱턴선언'에서 추가적으로 언급된 부분은 미국의 전략핵잠수함(SSBN)의 한국 기항 등 한국에 대한 미국 전략자산의 정례적 전개 부분이었다. 더불어 한미는 기존의 확장억제전략협의체를 포함한 정부의 상설협의체를 강화하고 공동 기획 노력에 정보를 제공하기 위한 시뮬레이션을 실시하는 데도 합의했다.

표 10.1은 냉전 이후 한미 간 합의에서 미국의 한반도 확장억제가 어떻게 표현되어 왔는지 잘 보여주고 있다. 물론 양국의 합의나 공동발표문에 나타난 표현을 통해 미국의 확장억제 신뢰성을 완전히 평가하기는 어렵다. 하지만 동맹의 위기나 재조정 시기로 일컬어지던 상황에서도 미국의 확장억제가 지속적으로 강하게 표현되었다는 점이 시사하는 바는 적지 않다. 특히 NATO에 대한 미국의 확장억제가 일부 행정부에서 약화되었던 점을 고려하면 한국에 대한 미국의 확장억제는 비교적 강력한 모습으로 유지되었다고 평가할 수 있다. 특히 확장억제를 의미하는 표현 자체가 '자조와 상호원조'에서 '핵우산'을 거쳐 '핵, 재래식, 미사일 방어능력을 포함한 모든 범주'로 진화해 왔다는 점은 미국의 확장억제 강화 과정을 상징적으로 보여준다. 이런 관점에서 그동안 미국의 확장억제 신뢰성에 제기된 우려는 실제보다 과장된 것으로 보인다. 특히 전략자산 전개비용, 방위비 분담금 등으로 한미동맹의 갈등이 증폭되었던 트럼프 1기 행정부에서도 미국의 확장억제가 지속적으로 유지되었다는 점이 시사하는 바는 매우 크다. 물론 트럼프 2기 행정부에서 확장억제가 변화할 가능성이 있지만, 이는 한미동맹 자체의 문제라기보다 미국의 글로벌전략의 변화 과정 속에서 진행되는 것으로 인식해야 할 것이다.

표 10.1 냉전 이후 미국의 한반도 확장억제 표현

시기	미국 행정부	확장억제 표현
한미상호방위조약 (1953)	아이젠하워	"자조와 상호원조"
11차 SCM (1978)	카터	"즉각적이고 효과적인 지원", "핵우산"
38차 SCM (2006)	부시	"핵우산 제공을 통한 확장억제의 지속"
공동비전 (2009)	오바마	"핵우산을 포함한 확장억제"
한미동맹 60주년 공동선언 (2013)	오바마	"확장억제와 재래식 및 핵전력을 포함하는 모든 범주의 군사적 능력 사용"
2+2 회의 (2016)	오바마	확장억제전략협의체 신설
52차 SCM (2020)	트럼프	"핵, 재래식 및 미사일 방어능력을 포함한 모든 범주의 군사능력 운용"
워싱턴선언 (2023)	바이든	"핵을 포함한 미국 역량을 총동원," 핵협의그룹 창설, 전략핵잠수함 기항

3. NATO식 핵공유와 전술핵무기 재배치: 가능성과 한계

북한의 핵능력이 빠른 속도로 진전되자 미국의 확장억제에 대한 신뢰성 문제가 제기되었다. 이에 한국이 독자적으로 핵억지 능력을 확보하는 방안에 대한 논의가 다양하게 진행되었다. 다만, 한국이 자체적으로 핵무기를 개발하는 것은 정치, 외교, 경제, 안보적으로 여러 가지 문제를 야기할 수 있기 때문에 자체 핵무기를 보유하지 않으면서도 실질적으로 핵억지를 강화할 수 있는 방안이 논의되었다. 이런 방안으로 미국의 전술핵무기 재배치와 NATO식 핵공유(nuclear sharing)가 제기되어 왔다.[32] 두 가지 방안은 사실상 미국의 확장억제 범위 내에서 한국의

핵억지를 강화하는 방안으로 제안되어 그 가능성과 한계에 대해 활발하게 논의되었다.

NATO식 핵공유

미국의 한반도 확장억제는 NATO에 대한 확장억제와 자주 비교되어 왔다. 미소 간 냉전이 시작된 이후 유럽과 동아시아에서 미국의 확장억제가 동시에 전개되었기 때문이다. 냉전기 미국의 동맹체제는 유럽에서는 NATO를 중심으로 한 다자적 형태였고, 동아시아에서는 한국, 일본 등에 대해 이른바 '중심축과 바큇살(hub-and-spokes)' 형태의 양자적 모습으로 구축되었다. 확장억제 역시 비슷하게 양자적 형태로 논의되고 진행되었다. 냉전이 종식된 이후 유럽과는 달리 동아시아에서는 미국의 전술핵무기가 완전히 철수되었다. 동아시아에 대한 미국의 확장억제는 이제 전략자산 전개를 통해 제공되었다. 하지만 북한 핵과 중국의 군사적 위협이 점증하면서 동아시아지역에도 미국의 전술핵무기 재배치와 NATO식 핵공유에 대한 관심이 증대되었다.

 NATO의 핵공유협정은 핵억지의 이익과 책임, 위험을 동맹국 전체가 공동으로 분담하려는 노력이다.[33] 미국 핵무기는 1954년 영국과 서독에 처음 배치되었는데 냉전기 유럽 지도자들은 미국의 역내 핵무기 배치가 신뢰성 있는 확장억제를 위한 필수요건이라고 생각했다.[34] 미국의 해상 기반 핵 자산으로는 충분하지 않고 육상기반 핵 자산이 더 신뢰성이 높다고 생각했기 때문이다. 유럽 영토 내에 미국 핵무기가 존재해야 동맹국들에게 미국의 안보공약이 진지하다는 점을 보여줄 수 있다는 이유였다. 미국은 1960년대 중반까지 벨기에, 프랑스, 그리스, 이탈리아, 네덜란드, 튀르키예에 여러 종류의 비전략핵무기를 배치하고 있었다. 1971년까지 유럽에 7,300기의 핵무기가 전진배치되어 있었다고 알려져 있다.[35] 현재 미국 핵무기는 벨기에, 독일, 네덜란드, 이탈리아, 튀르키예에 배치되어 있다.

미국은 전술핵무기 배치에서 더 나아가 NATO 동맹국들과 1966년 핵계획그룹(NPG: Nuclear Planning Group)을 공식적으로 설립했다. NPG는 핵무기 배치국들이 자국 영토의 핵무기 사용 계획에 관련된 우려를 표명하고 미국의 안보공약에서 방기될 수 있다고 걱정하자 시작되었다. NPG는 동맹국들을 의사결정 과정에 더 깊이 관여하게 하고 미국의 정책에 대한 이해를 높이고자 하는 미국의 의도에서 시작되었다.[36] 물론 미국은 NPG가 스스로 미국 핵무기 통제를 결정하도록 한 것은 아니었다. NPG는 초기에는 핵무기 배치국들로 제한되었으나 이후 다른 NATO 동맹국들까지 참여할 수 있도록 확대되었다. NPG는 핵비보유국인 NATO 동맹국들이 핵무기를 보유하지 않고도 안보를 보장받을 수 있도록 핵정책 및 기획 과정에 참여하는 기회를 제공해 왔다. 이에 따라 냉전기 소련의 안보위협에도 불구하고 유럽 내 추가적인 핵확산을 방지하는 데도 기여하게 되었다. NATO 회원국 중 미국, 프랑스, 영국만 핵보유국으로 존재했다. 특히 미국의 핵전력이 동맹안보를 최종적으로 보장하는 역할을 해 왔다. NATO의 핵 임무는 NPG의 명확한 정치적 승인과 미국 대통령 및 영국 총리의 허가를 받은 후에만 수행될 수 있다. NPG는 핵공유를 포함한 NATO 핵 임무의 모든 측면에 대한 협의, 집단적 의사결정 및 정치적 통제역할을 수행하는 협의체의 역할을 했다. 다만, NATO의 핵공유는 핵 임무 및 관련 정치적 책임과 의사결정을 공유하는 것이다. 핵무기 배치국이나 NPG가 미국의 핵무기 자체를 공유하는 것은 아니다.

NATO의 핵억지력은 유럽에 배치된 미국의 핵무기뿐만 아니라 동맹국들이 제공하는 지원 역량과 기반 시설에도 의존한다. 이에 따라 NATO의 핵공유협정은 회원국의 집단방위를 위해 여러 회원국이 제공하는 핵전력과 항공기 및 인프라 시설을 포함하고 있다. 물론 핵공유의 기초는 미국이 B-61 핵무기를 특정 유럽국가에 전진 배치하여 유럽의 안보를 보장하는 데 있다. 미국은 핵확산금지조약(NPT)을 준수하기 위해 유럽에 배치된 핵무기에 대한 엄격한 통제와 관리를 하고 있다. 만약 NATO가 전시에 핵 임무를 수행하게 된다면 동맹국이 인증된 이중용도 항공기(DCA: Dual-Capable Aircraft)로 B-61 핵폭탄을 운반하게 되며 동맹 전체의 재래식전력 지원을 받게 된다. 핵무기가 배치되어 있지 않은 NATO 국가들도 이중용도 항공기가 포함된 군사훈련에 참여하여 핵공유에 적극적으로 기여한다. 예를 들어, 재래식 공군 전술을 활용한 핵 작전 지원 프로그램인 스노우캣(SNOWCAT: Support of Nuclear Operations with Conventional Air Tactics)을 통해 동맹국들은 재래식 항공기를 제공하여 이중용도 항공기를 호위하며 감시 및 공중급유도 지원하여 핵 타격 작전을 연습한다.

한미동맹과 미일동맹이 위치한 동아시아에서도 NATO와 유사한 핵공유와 핵계획그룹의 확장억제체계를 요구하는 목소리가 지속적으로 제기되어 왔다.[37] 이런 제안은 역내 국가들뿐만 아니라 미국에서도 제

글상자 10.1	이중용도 항공기(DCA)

이중용도 항공기는 재래식무기와 핵무기를 모두 적재할 수 있는 항공기를 의미한다. 항공기의 이중용도는 평시의 공중감시와 전투지원 등 재래식 공군전력 기능 제공과 전시의 핵무기 운반을 의미한다. 이 항공기는 B-61 핵폭탄을 탑재해 운반할 수 있도록 인증받아 전시에 공군력을 제공하고 핵무기를 투하하는 데 사용된다. 최근 미 공군은 스텔스 전투기인 F-35A에 핵폭탄을 탑재할 수 있도록 개조해 이중용도 항공기로 임무 인증을 완료했다.

시되었다. 미국이 NATO와 같은 핵계획그룹을 한국과 설립하거나 미국의 통제하에 전시에 핵무기를 공유하는 방안을 고려하는 것이 가능하다는 제안이다. 여기에는 역내 F-35 전투기를 개조하여 핵무기 운용이 가능하도록 인증을 받고 해공군 승무원들이 전술핵무기 타격 및 지휘 통제 훈련에 참여하는 방안 등이 포함되었다.[38] 그러나 미국은 그동안 한국과 일본에 핵우산을 제공한다는 선언적 정책을 유지하며 전략자산 전개를 통해 미국의 확장억제 제공을 재확인해 왔다. 미국은 동아시아 동맹에 대해서는 전략폭격기뿐만 아니라 대륙간탄도미사일(ICBM), 전략핵잠수함(SSBN) 등 전략핵무기를 통해 확장억제를 제공하고 있는 것이다.[39]

한국 내 미국의 전술핵무기 재배치

한반도에 대한 미국의 확장억제 신뢰성을 높이는 또 다른 방안으로 냉전기처럼 한국 내에 미국의 전술핵무기를 재배치하자는 주장이 다양하게 제기되어 왔다. 미국이 냉전의 위기 상황에서 주한미군에 전술핵무기를 배치했던 정책을 현재 다시 진행해야 한다는 주장이다. 1991년 후반 부시 행정부가 냉전 종식에 따른 글로벌 군사전략 변환에 따라 한국 내 미국 전술핵무기를 철수한 이후 미국의 확장억제는 전략자산에 의존할 수밖에 없었기 때문에 그 신뢰성에 의문이 제기되었기 때문이다. 미국의 전술핵무기를 한국에 재배치하면 북한의 핵무기에 대한 즉시 대응능력을 갖춰 핵균형을 통해 미국의 확장억제를 보완할 수 있다는 논리다. 하지만 미국정부뿐만 아니라 미국 내 핵전문가 대부분이 한국 내에 전술핵무기를 재배치하는 방안에 부정적인 것으로 알려져 있다.[40] 여기에는 전략자산의 우수한 능력, 배치할 만한 장소 문제, 북핵에 대한 정당화, 한국의 핵 의존도 증가, 전시에 적국의 타격 가능성 등 다양한 이유가 제시되었다.

한편, 대부분의 미국 정책결정자들과 전문가들은 유럽과 동북아시아의 확장억제 접근 방식이 서로 다르다고 인식한다. 한국을 포함한 동아시아에서는 NATO와 유사한 전술핵무기의 전진배치를 통한 핵공유와 확장억제 체계가 적절하지 않다는 판단이다. 핵공유는 전술핵무기가 이미 한국 내에 배치되어 있다는 것을 전제로 한 방안이기 때문에 배치 자체가 되어 있지 않은 한국 상황에서는 현실성이 없다는 지적이 강하다.[41] 한국에는 미국의 확장억제가 전략핵무기를 통해 제공되고 있기 때문에 전술핵무기를 통한 확장억제인 NATO보다 구조적으로 핵공유가 어렵다는 점도 지적된다. 특히 한미동맹은 NATO와 같은 핵공유체계가 존재하지 않기 때문에 NATO의 군사지휘체계에서 시행되는 핵계획그룹과 같은 기구도 필요하지 않다고 인식한다. 한미 사이에는 기존 장관급 대화와 지침 마련을 통해 충분히 확장억제 논의가 이루어질 수 있다는 인식이 강하다. 더구나 NATO와 같이 되기 위해서는 지금까지 아시아에서 달성된 수준을 훨씬 뛰어넘는 보다 높은 수준의 안보협력과 각국의 국내정치 조율이 필요하다고 생각하는 경향이 있다. NATO와 비교하여 한미 간에는 핵전략 공유가 잘 이루어지지 않고 있다는 점에서 미국의 의지가 상대적으로 낮다는 분석도 있다.[42] 따라서 한미동맹의 확장억제 논의에서 핵공유 주장은 현실성이 낮을 뿐만 아니라 미국의 확장억제 신뢰성을 제고하는 데 큰 도움이 되지 않는다는 분석이 강하다.

2023년 '워싱턴선언'이 합의되었을 때도 한국은 NCG가 NATO의 NPG와 유사한 것이며 '사실상의 핵공유'라고 평가한 적이 있다. 그러나 미국 입장에서 '워싱턴선언'의 의미는 달랐다. 한국에는 전술핵무기가 배치되어 있지 않기 때문에 NATO식 핵공유가 가능하지 않았고 미국 역시 이를 핵공유로 인식하지 않았다.[43] 이런 이유로 워싱턴선언이 논의되는 당시에도 미국은 한반도에 핵무기를 재배치하지 않는다는 점을 분명히 했다고 알려져 있다. 바이든 대통령도 기자회견에서 한반도에 핵무기를 배치하지 않을 것임을 재확인한 바 있다. 오히려 미국은 그동안 한국 내에서 확산되어 온 자체 핵무장론과 전술핵무기 재도입론을 우려하며 기존의 확장억제를 보다 구체화하는 방안을 모색했다.

무엇보다 중요한 사실은 미국이 설령 한국에 배치하려고 해도 가용한 전술핵무기가 부족하다는 문제도 지적되었다. 과거 한국에 배치되었던 전술핵무기 대부분은 해체되어 다른 지역에서 가져와야 하는 것으로 알려져 있다. 따라서 한국에 전술핵무기를 배치하려면 유럽에 배치된 핵무기를 재배치해야 함을 의미한다. 이는 미국이 동맹국들과 여러 가지 정치적, 전략적 문제에 직면하게 할 것이다. 따라서 전술핵무기 재배치 시도는 미국의 동맹국들 사이에 새로운 긴장감을 조성할 가능성도 있다. 미국이 그 필요성에 부정적인 상황에서 무리하게 재배치를 추진하게 되면 현재의 확장억제에 변화를 초래하고 오히려 그 신뢰성을 훼손할 수 있다는 점이 지적된다. 오히려 한미동맹이 미국의 핵보장에 대한 의존도를 낮추고 억지를 강화하려는 노력을 배가해야 한다는 주장도 있다.[44] 핵억지가 문제를 해결하는 것이 아니라 오히려 문제의 원인이 될 수 있기 때문이다.

4. 확장억제의 신뢰성 평가: 미국은 서울을 위해 워싱턴을 희생할 수 있는가?

직접 억지와 달리 확장억제에는 항상 신뢰성 문제가 따른다. 확장억제는 다른 나라에 안보를 제공해 주는 것이므로 스스로를 보호하는 것과는 달라 쉽게 믿을 수 없다. 확장억제 제공국이 안보공약을 해 준다고 해도 상대 동맹국이 그 보장을 영원히 신뢰하기는 어렵다. 확장억제의 공약을 지속적으로 재확인해야 하는 이유다. 물론 확장억제에 대한 신뢰성 문제는 한반도에서만 제기되는 것은 아니다. 유럽의 NATO 동맹국들 역시 냉전 초기부터 미국의 확장억제 신뢰성 문제를 지속적으로 제기해 왔다. 사실상 NATO의 경험이 한미동맹에서도 그대로 적용되고 있는 것이다.

확장억제의 신뢰성 문제

확장억제의 신뢰성 문제는 내재적·구조적 문제 및 핵사용과 관련된 역사적 전통에 기인하는 바가 크다. 우선 억지는 상대국의 인식에 영향을 미치기 위한 전략이므로 심리적인 효과를 바탕으로 작동하여 구조적으로 불확실성을 내포하고 있다.[45] 더구나 확장억제는 자국에 대한 억지가 아니라 동맹국에 억지를 제공하는 것이기 때문에 신뢰성을 확보하기가 더 어렵고 복잡할 수 있다. 확장억제 신뢰성에 대한 한 연구에 따르면[46] 확장억제가 성공하기 위해서는 첫째, 적대국에 대한 보복위협에 신뢰성이 있어야 하고 둘째, 대상 동맹국이 확장억제 공약을 신뢰해야 하며 셋째, 억지 제공국이 확장억제 공약을 실제로 이행할 의지가 있어야 한다. 특히 공약의 실제 이행 의지는 미국의 확장억제 신뢰성을 논의하는 데 핵심적인 요소다. 냉전기 NATO의 경우 베를린을 보호하기 위해 뉴욕을 위험에 빠뜨릴 수 있느냐와 같은 질문이 이를 상징적으로 보여준다. 한미동맹의 경우에도 미국이 수천 마일 떨어진 서울을 지키기 위해 워싱턴을 희생하며 핵전쟁을 감수할 용의가 있느냐의 동일한 질문이 제기될 수 있다. 하지만 냉전 이후 수십 년 동안 여러 합의문과 공동성명에서 한미 양국은 이 조건을 비교적 성공적으로 달성해 왔다고 평가된다. 미국이 한반도에서 과연 핵전쟁을 감수할 용의가 있는

지 실제로 확인할 수 있는 방법은 없다. 그러나 미국이 지난 70년 이상 확장억제 공약이행 의지를 지속적으로 재확인하며 관련 조치들을 이행해 왔다는 점이 가진 의미는 상당하다.

한편, 미국은 역사적으로 핵 금기(nuclear taboo) 전통을 가지고 있어 확장억제의 신뢰성에 큰 의문이 제기되는 것이 자연스럽다. 1945년 8월 일본에 대한 미국의 핵폭탄 투하 이후 핵무기가 실제로 사용된 적은 한 번도 없다. 다른 핵무기 보유국들 역시 수많은 군사적 위기와 전쟁을 겪으면서도 한 번도 핵무기를 사용하지 않았다. 월츠(Kenneth N. Waltz)는 핵무기 보유국들이 상대국을 공격하기 위해 핵무기를 사용하는 것이 아니라 상대국이 자국을 공격하지 못하도록 억지하는 데 핵무기를 사용한다고 주장했다.[47] 핵무기는 어차피 사용되지 않을 무기라는 인식이 확산된다면 핵억지를 위주로 한 미국의 확장억제에 대한 신뢰성 역시 큰 타격을 받을 수밖에 없다. 미국의 핵무기 불사용 전통은 냉전 이후 매우 강하게 확립되어 있기 때문이다.[48]

그러나 미국의 한반도 확장억제의 전개과정을 통해 보면 미국이 확장억제 신뢰성을 높이기 위한 노력을 꾸준히 지속해 왔음을 알 수 있다. 확장억제의 신뢰성 자체는 구조적이나 역사적으로 의심받을 수밖에 없다. 하지만 확장억제의 재확인과 표현의 진화는 미국이 신뢰성 문제를 해소하기 위해 적극적으로 대응해 왔음을 보여준다. 한미는 그동안 확장억제의 내용을 보다 구체화하고 명확하게 규정하려는 시도를 해 왔다. 확장억제의 신뢰성 확보를 위해 한반도 안보상황에 따라 그리고 현실적 여건에 따라 다양한 노력을 해 온 것이다. 확장억제는 적대국에 보내는 메시지임과 동시에 동맹국에 대한 안전보장 메시지이므로 평판의 문제가 존재하기 때문이다.[49] '힐리의 정리(Healey Theorem)'로 잘 알려진 것처럼[50] 동맹국인 한국을 안심시키는 것이 확장억제에서 가장 중요한 부분이다. 이러한 기준에서 한미는 확장억제의 신뢰성 제고를 위해 비교적 성공적으로 노력해 왔다고 평가될 수 있다. 트럼프 2기 행정부 들어 미국의 확장억제정책이 일부 변화될 가능성은 있으나 미국의 글로벌전략 상 확장억제는 특정 시기와 행정부를 떠나 강조되어온 핵심적인 안보전략이었다.

제한적 재래식 무력충돌 시 억지의 신뢰성 문제

냉전기 핵무기는 상호확증파괴(mutually assured destruction)의 논리를 통해 미국과 소련 사이 강대국 전쟁을 방지하는 역할을 했다. 현재의 한반도에서도 핵억지를 위주로 한 미국의 확장억제는 중국 및 러시아 등이 포함된 대규모 전쟁을 억지하는 데 큰 역할을 할 수 있다. 그러나 핵무기와 확장억제가 북한에 의한 제한적인 소규모 도발이나 낮은 단계의 국지적 무력충돌을 억지할 수 있을지는 불확실하다.[51] 이는 미국의 확장억제에도 불구하고 북한의 핵보유로 인한 제한적 재래식 분쟁 가능성이 높아질 수 있음을 의미한다. 예를 들면, 냉전기 미국과 소련 사이의 강대국 전쟁은 발생하지 않았지만 1950년대 한국전쟁, 1960년대 베트남전쟁 등 국지적인 재래식 전쟁이 만연했던 모습과 비슷하다. 이는 냉전 당시 미소 상호 간 핵억지에도 불구하고 주변부는 군사적 충돌을 피하지 못했다는 점을 의미한다. 확장억제가 신뢰성 측면에서 완전히 성공적이었던 것은 아니었던 것이다. 월츠 또한 냉전 시기 강대국들이 핵무기를 보유함으로써 서로 전쟁을 하지 않았지만 지역분쟁에 개입했다는 사실을 인정하고 있다.[52] 한반도에서도 미국의 확장억제를 통해 대규모 핵전쟁 가능성이 감소할 수는 있어도 남북한의 재래식 지역분쟁 발발 가능성이 완전히 제거되기는 어려울 것이다. 가령 2010년 천안함 및 연평도 사건이 한반도에서 제한적인 분쟁으로 확산될 가능성을 미국의 확장억제가 완전히 배제하는 것은 아니다. 이런 상호확증파괴(MAD: mutually assured destruction)는 핵무기의 가공할만한 파괴력과 보복능력으로 인해 핵보유국 간에 공격을 억지하게 하는 상황을 의미한다. 핵무기 보유국이 다른 핵무기 보유국에 선제 핵 사용을 한다고 하더라도 상대국이 핵 보복 공격을 통해 공격한 국가를 파괴시킬 수 있기 때문에 핵무기 보유국 간에 핵전쟁이 방지되고 핵억지가 성립하게 된다. 상호확증파괴는 핵보복 능력을 위해 핵보유국의 2차 공격력이 전제된다. 다만, 최근에는 인공지능, 데이터 수집 처리, 정밀 유도, 모니터링, 감시, 통신시스템과 같은 최첨단 군사기술의 차이로 인해 핵보유국 간에 상호확증파괴가 성립되지 않을 수도 있다는 주장도 제기된다.

관점에서 미국의 확장억제에도 불구하고 한반도에서 재래식 억지의 보강 필요성이 강조된다.[53]

물론 제한적 재래식 무력충돌이 확장억제 자체의 문제는 아니다. 오히려 재래식 무력충돌 역시 확대되지 않고 제한적인 모습으로 머물 가능성이 크다는 점은 여전히 확장억제의 실효성을 반증하는 것이다. 한반도에서 어떠한 이유에서든 제한적 무력충돌이 발생하더라도 미국의 확장억제는 전면전으로의 확산을 막음으로써 여전히 신뢰성을 유지할 것으로 예상된다.

다만, 제한적 재래식 무력충돌 자체를 억지하기 위해서는 확장억제를 넘어서는 대응전략이 필요하다. 북핵문제에 대한 한미의 대응은 향후에도 동맹의 재래식전력과 미국의 확장억제에 의존하게 된다. 한미의 확장억제 강화방안은 분명히 북한의 핵 위협 억지에 상당한 도움이 될 것이다. 문제는 현재의 대응책이 북한 핵으로 인한 우발적 위기 가능성까지 완전히 해소하지는 못한다는 점이다. 북한이 2022년 공포한 '핵무력정책법'은 핵무기 사용조건을 구체화하고 억지를 넘어선 핵의 선제사용 가능성을 명문화하여 핵전쟁 위기 가능성을 증대시키고 있다. '핵무력정책법'에 나타난 북한의 핵전략은 한반도의 위기안정성을 악화시켜 상당한 군사적 위기 가능성을 내포하고 있다. 어떠한 이유에서든 한반도에 군사적 위기가 고조되는 경우 북한은 한미에 대한 경계 태세를 높이게 될 것이고 이 경우 우발적인 핵충돌 가능성이 높아질 수 있다. 확장억제 강화는 북한의 의도된 도발에 대한 억지능력을 강화하는 데는 도움이 되겠지만 북한 핵능력의 고도화로 인한 우발적 충돌가능성을 해소하는 방안은 제시하지 못한다. 북한 핵으로 인한 위기 가능성을 근본적으로 해소하기 위해서는 비핵화를 추진하거나 최소한 북한의 핵능력을 통제하려는 노력이 필요하다. 미국의 확장억제 강화를 통해 북한의 군사적 위협과 도발에 대한 대응능력은 일부 향상시켰을지 몰라도 북한 핵문제 해결과 군사적 위협을 제거하기 위한 근본적 해결책은 제시하지 못하기 때문이다. 북한을 비핵화시키거나 핵능력을 통제하지 않는 한 북핵으로 인한 한반도의 위기 가능성은 감소되지 않을 것이다. 글로벌 신냉전 구도가 심화되는 상황에서 북한은 더욱 공세적인 정책을 보일 가능성이 있다. 확장억제 자체가 북한의 핵능력 강화와 공세적 도발에 대한 뚜렷한 대응 방안을 제시한 것은 아니기 때문이다. 확장억제정책을 넘어선 한미동맹의 북핵 전략과 대북정책이 필요한 이유다.

5. 맺는말

미국의 한반도 확장억제는 한국전쟁 정전 이후 지난 70여 년 동안 지속되어 왔으며 한반도에서 군사충돌의 방지를 위해 큰 역할을 해 왔다. 한국에게 미국의 확장억제는 분명 중요한 안보자산이다. 한국은 한반도 주변에서 북한, 중국, 러시아의 핵무기에 대해 자체적인 핵억지력을 가지지 못하기 때문에 미국의 확장억제에 의존할 수밖에 없다. 확장억제의 신뢰성 문제가 한국의 안보전략에서 핵심적인 이슈가 되는 이유다. 일부 우려와 달리 미국의 한반도 확장억제는 한미 간 합의내용의 진화 과정을 통해 비교적 높은 신뢰성을 보여주었다. 1953년 7월 한국전쟁 정전 이후 한반도에서 무력충돌이 재개되지 않았다는 점은 확장억제의 효용성을 잘 보여준다. 최근 '워싱턴선언'과 '캠프 데이비드' 3국 공동성명 역시 확장억제의 신뢰성 제고를 위한 노력을 잘 보여주었다.

물론 미국의 한반도 확장억제가 완벽한 것은 아니며 신뢰성을 지속적으로 강화하기 위해서는 여전히 다양한 이슈들이 남아 있다. 가령, 냉전기 NATO의 사례에서도 잘 알 수 있듯이 확장억제를 제공함에 있어서 미국은 재래식 억지와 핵억지 사이의 조화를 어떻게 꾀할 것인지 고민한다. 그동안 한반도 확장억제 논의에서는 그런 통합억제의 이슈가 깊이 있게 고민되지 못했다. 특히 북한을 억지하는 데 미국의 확장억제와 한국의 재래식 억지를 어떻게 결합할 것인지의 문제가 중요하다. 최근 워싱턴선언 이후 이러한 통합억제의 문제에 대한 관심이 높아지고 있으나 향후 세부적인 사항을 조율하여 구체화할 필요가 있다. 또한 NATO 사례는 미국의 확장억제 전략이 글로벌 안보환경, 군사전략 및 핵전략의 변화, 핵 및 미사일 기술 능력 변화, 강대국관계의 변화에 따라 변경될 수 있음을 보여주었는데 한반도에서는 이런 문제들 역시 충분히 고려되지 못했다. 그동안 국내에서는 미국의 확장억제 신뢰성 제고를 위한 논의를 하면서 전술핵무기 재도입이나 핵공유와 같은 핵억지 대안들을 중심으로 논의했기 때문이기도 하다.

이번 장은 확장억제 신뢰성에 대한 일부의 우려에도 불구하고 미국은 냉전 이후 한국의 안전보장을 위해 한미동맹을 통해 확장억제를 지속적으로 제공해 왔다고 평가한다. 한국에 대한 미국의 확장억제는 한국전쟁 직후 핵억지 없는 재래식 억지에서 시작하여 핵우산으로 변화했고 최근에는 여러 공동성명에서 언급된 대로 핵, 재래식, 미사일 방어능력을 포함한 모든 범주의 군사능력을 운용하는 것으로 명시되고 있기 때문이다. 실제로 확장억제는 핵우산보다 더 포괄적인 개념으로 인식되기 때문에 한국에 대한 미국의 확장억제는 과거보다 강화된 것으로 평가된다. 더구나 확장억제는 핵무기뿐만 아니라 재래식전력과 정치외교적 모든 수단을 동원하여 동맹국에 대한 억지력을 제공하는 것이라는 인식이 중요하다. 확장억제에서 핵억지가 가지는 중요성이 매우 크다는 사실에도 불구하고 핵억지가 확장억제의 전부는 아니기 때문이다. 확장억제의 핵심은 핵 능력을 포함한 군사적 능력과 전략의 변화뿐만 아니라 동맹관계를 정치, 경제, 외교, 군사적으로 어떻게 운용하느냐의 문제에도 달려 있다. 이런 면에서 한반도에 대한 미국의 확장억제 신뢰성이 그동안 큰 타격을 받았다고 보기는 어렵다. 오히려 변화하는 안보 상황에 따라 나름 진화하는 모습을 보여주었다고 평가할 수 있다. 트럼프 2기 행정부 들어 미국의 확장억제가 어떤 변화를 겪을 것인지가 중요한 이슈이지만 향후 역내 안보환경의 변화에 따라 지속적으로 진화할 것으로 예상된다.

⌘ 참고문헌

김성한. "미국의 한반도 확장억제 평가." 『국제관계연구』 제25권 2호 (2020).
김일영. "이승만 정부의 북진, 반일정책과 한미동맹의 형성." 하영선, 김영호, 김명섭 공편, 『한국외교사와 국제정치학』. 서울: 성신여대 출판부, 2005.
김정섭. "한반도 확장억제의 재조명: 핵우산의 한계와 재래식 억제의 모색." 『국가전략』 제21권 2호 (2015).
노태우. 『노태우 회고록: 하권-전환기의 대전략』. 서울: 조선뉴스프레스, 2011.
박휘락. "북핵 고도화 상황에서 미 확장억제의 이행 가능성 평가." 『국제관계연구』 제22권 2호 (2017).
설인효. "미국의 핵전략과 맞춤형 확장억제정책의 이해." 『주간국방논단』 제1488호 (2013년 11월 11일).
이진명. "미국의 핵우산, 신뢰할 만한가?" 『국제정치논총』 제57권 3호 (2017).
전봉근. "북핵문제와 북미관계." 김계동 외. 『현대 한미관계의 이해』. 서울: 명인문화사, 2019.
황지환. "1990년대 비대칭적 한미동맹 변화와 한국의 선택." 『한국과 국제정치』 제34권 4호 (2018).
_____. "미국의 한반도 확장억지는 약화되어 왔는가?: 확장억지의 진화와 신뢰성의 재평가." 『국가전략』 제27권 3호 (2021).
_____. "월츠(Kenneth N. Waltz)의 핵확산 안정론과 북한 핵문제." 『국제·지역연구』 제27권 1호 (2018).

Achen, Christopher, and Duncan Snidal. "Rational Deterrence Theory and Comparative Case Studies." *World Politics* 41-2 (1989).
Bush, George H.W. "U.S.-Soviet Nuclear Forces Reduction." *An Address to the Nation* (27 September 1991).
Bush, Richard C., Vanda Felbab-Brown, Martin S. Indyk, Michael E. O'Hanlon, Steven Pifer, and Kenneth M Pollack. "U.S. Nuclear and Extended Deterrence: Considerations and Challenges." *The Brookings Institution Report* (7 June 2010).
Erästö, Tytti. "The Role of Umbrella States in the Global Nuclear Order." *SIPRI Insights on Peace and Security* 2023/06 (June 2023).
Goldstein, Avery. *Deterrence and Security in the 21st Century: China, Britain, France, and the Enduring Legacy of the Nuclear Revolution.* Stanford: Stanford University Press, 2000.
Hagel, Chuck, Malcolm Rifkind, Kevin Rudd, and Ivo Daalder. "When Allies Go Nuclear: How to Prevent the Next Proliferation Threat." *Foreign Affairs* (12 February 2021).
Healey, Denis. *The Time of My Life.* London: Penguin Books, 1989.

Heginbotham, Eric, and Richard J. "Samuels Vulnerable US Alliances in Northeast Asia: The Nuclear Implications." *The Washington Quarterly* 44–1 (2021).

Huth, Paul. K. "Deterrence and International Conflict: Empirical Findings and Theoretical Debate." *Annual Review of Political Science* 2 (1999).

Huth, Paul. K., and Bruce Russett. "Deterrence Failure and Crisis Escalation." *International Studies Quarterly* 32–1 (1988).

Kang, David C. "International Relations Theory and the Second Korean War." *International Studies Quarterly* 47–3 (2003).

Long, Austin. "Deterrence: The State of the Field." *New York University Journal of International Law and Politics* 47–2 (2014/15).

Mount, Adam. "The US and South Korea: The Trouble with Nuclear Assurance." *Survival* 65–2 (2023).

O'Neil, Andrew. "Extended nuclear deterrence in East Asia: redundant or resurgent?" *International Affairs* 87–6 (2011)

Office of Joint History. "The Joint Chiefs of Staff and National Policy Volume VIII 1961–1964." History of the Joint Chiefs of Staff, Office of the Chairman of the Joint Chiefs of Staff, Washington, DC, 2011.

Powell, Robert. "Nuclear Deterrence Theory, Nuclear Proliferation, and National Missile Defense." *International Security* 27–4 (2003).

Rapp-Hooper, Mira. *Absolute Alliances: Extended Deterrence in International Politics*, Ph.D. Dissertation, Columbia University (2015).

Roberts, Brad. "The Case for U.S. Nuclear Weapons in the 21st Century." *Stanford Security Studies* (December 2015).

Sagan, Scott D. "The Perils of Proliferation: Organization Theory, Deterrence Theory, and the Spread of Nuclear Weapons." *International Security* 18–4 (1994).

U.S Department of Defense. "A Strategic Framework for the Asia Pacific Rim: Looking for the 21st Century." 1990.

Waltz, Kenneth N. "More May Be Better." in Scott D. Sagan and Kenneth N. Waltz. *The Spread of Nuclear Weapons: A Debate Renewed*. New York: W.W. Norton & Company, Inc., 2002.

_____. "Nuclear Myths and Political Realities." *American Political Science Review* 84–3 (1990).

Wolfsthal, Jon B., and Toby Dalton. "Seven Reasons Why Putting U.S. Nukes Back in South Korea Is a Terrible Idea." *Foreign Policy* (11 October 2017).

Yost, David S. "Assurance and US Extended Deterrence in NATO." *International Affairs* 85–4 (2009).

11장

북한 핵위협에 대한
적극적 대응: 한국의 자체 핵무장*

정성장(세종연구소)

북한의 핵과 미사일 수는 '기하급수적으로' 증가하고 있지만, 미국의
신행정부는 '세계경찰' 역할을 포기하고 동맹을 소홀히 하는 경향을 보
이고 있어 한국에서 자체 핵무장 여론이 갈수록 높아지고 있다. 한국
이 자체 핵무장(핵자강)을 적극적으로 고려해야 하는 이유는 ① 북한에
서 핵보유가 김정은의 최대 업적으로 간주되고 있어 북한이 핵을 포기
할 가능성이 전무하고, ② 김정은 정권이 핵과 미사일을 가지고 대한민
국을 노골적으로 위협하고 있으며, ③ 한국이 비핵무기로 북한의 핵무
기에 효과적으로 대응하는 것은 불가능하고, ④ 북한의 핵과 대륙간탄
도미사일(ICBM) 능력의 고도화로 미국 확장억제의 신뢰성이 약화되고
있으며, ⑤ 미국의 새로운 리더십이 점점 한미연합훈련을 중단하고 주
한미군을 감축하거나 철수하며 전략자산 전개를 축소하는 등 확장억제

가 현저하게 약화될 가능성이 크며, ⑥ 미국의 집권세력이 대체로 한국의 자체 핵무장에 열린 입장을 갖고 있고, ⑦ 한국이 자체 핵무기를 보유하면 미국의 정권교체에 의해 한국의 안보와 남북관계가 큰 영향을 받지 않을 것이며, ⑧ 우크라이나 침공 이후 러시아가 북한을 사실상의 핵보유국으로 대우하고 국제사회의 대북제재를 무시하는 등 핵비확산 체제에 중대한 균열이 발생하고 있고, ⑨ 한국의 핵자강이 북한의 오판에 의한 핵 사용과 핵전쟁을 막기 위한 최선책이며, ⑩ 한국이 자체 핵무기를 보유하면 북미 적대관계를 완화하고 남북관계를 정상화할 수 있으며, ⑪ 미중전략경쟁 시대에 한국의 외교적 자율성을 확대할 수 있고, ⑫ 한국의 국제적 위상이 높아질 것이며, ⑬ 미래세대의 안전을 확실하게 보장할 수 있게 될 것이기 때문이다.

그런데 한국이 자체 핵무장에 성공하기 위해서는 기존 핵보유국들의 반대와 국내외 비확산론자들의 저항을 극복해야 한다. 기존 핵보유국들 중 특히 그동안 비확산체제의 유지를 위해 중심적인 역할을 해왔고 가장 큰 영향력을 갖고 있는 미국을 설득하는 것이 가장 중요하다. 그리고 핵무장 과정이 신속하게 진행, 완료되어 국내외 반대세력에 의해 중도에 좌절되지 않게 해야 할 것이다. 또한 국제사회의 압박과 제재를 최소화해 한국경제와 한미동맹이 파탄나는 것도 피해야 한다. 이를 위해서는 핵자강(자체 핵무장)에의 강력한 의지를 가진 지도자뿐만 아니라 정교하고 치밀한 전략, 그리고 이를 실행에 옮길 수 있는 컨트롤 타워와 초당적 협력 등이 필요하다.

필자는 이 글에서 먼저 한미가 그동안 추구해 온 '북한의 완전한 비핵화'라는 목표가 왜 실현 불가능한 목표인지 먼저 지적할 것이다. 둘째, 북한의 핵과 미사일 위협에 대응하는 데 미국의 확장억제와 전술핵 재배치 또는 핵공유 옵션이 어떠한 한계를 갖고 있고 셋째, 한국이 핵무장을 추진하기 위해서는 어떠한 대내외적 조건이 필요한지 분석할 것이다. 넷째, 3단계 핵무장 추진 전략을 제시하고자 한다.

1. '북한의 완전한 비핵화'가 실현 불가능한 이유

북한의 '완전한 비핵화'가 실현 불가능한 이유는 첫째, 북한이 핵무기를 보유하고 있어 남한 군사력에 대해 압도적 우위를 점하고 있지만 핵무기를 포기하면 재래식전력의 열세로 남한의 상대가 되지 않기 때문이다. 둘째, 북한에서 핵무기가 김정은의 최대 업적이 되고 있고, 셋째, 러시아의 북한 핵보유 인정과 국제사회의 대북제재 무력화로 북한이 핵을 포기하지 않고도 체제 생존에 문제가 없기 때문이다.

북한의 재래식전력 열세

미국의 군사력 평가기관 '글로벌파이어파워(GFP)'가 분석한 2025년 세계 군사력 순위를 보면 핵무기를 제외한 재래식전력 기준으로 한국은 5위를 차지한 반면 북한은 34위를 차지했다.[1] '절대무기'인 핵무기를 포함하면 당연히 북한의 군사력이 한국의 군사력을 압도하지만 핵무기를 제외할 경우 북한은 한국의 상대가 되지 않는 것이다.

비록 북한이 한국보다 많은 병력을 보유하고 있지만, 재래식전력에 있어서는 전반적으로 한국에 크게 뒤처져 있다. 그러나 '절대무기'인 핵무기까지 포함하면 남북한 간의 군사적 역학관계는 완전히 뒤바뀌게 된다. 북한은 핵EMP탄으로 한국의 핵심 군사시설들을 무력화시키고, 수소폭탄으로 서울 같은 대도시도 단번에 초토화시킬 수 있는 능력을 갖고 있기 때문이다. 그러므로 북한이 한국과의 군사력 경쟁에서 압도적 우위를 점하게 하는 핵무기를 포기할 가능성은 아예 없다고 보아야 한다.

김정은의 핵과 미사일에 대한 집착과 한반도 현상타파 의지

북한에서는 핵무기와 ICBM 보유가 김정은의 최대 업적으로 간주되고 있기 때문에 한국과 미국이 북한에 어떠한 보상을 하더라도 김정은이 핵을 포기할 리 없다.[2] 김정은은 2019년 말에 개최된 당중앙위원회 전원회의에서 "우리는 우리 국가의 안전과 존엄 그리고 미래의 안전을 그 무엇과 절대로 바꾸지 않을 것임을 더 굳게 결심하였다"라고 밝혔다. 이는 북한의 전략무기를 제재 완화나 다른 것과 바꾸지 않겠다는 것이다. 또한 김정은은 "핵문제가 아니고라도 미국은 우리에게 또 다른 그 무엇을 표적으로 정하고 접어들 것이고 미국의 군사정치적 위협은 끝이 나지 않을 것"이라고 주장함으로써 미국과의 협상 거부 입장을 분명히 했다.[3] 김정은은 북미 간에 핵문제가 해결되더라도 미국이 인권문제 등 다른 문제들을 가지고 북한을 압박할 것이라고 판단하고 있는 것이다.

2021년 1월에 개최된 노동당 제8차 대회에서 김정은은 '국가 핵무력 건설 대업의 완성'을 2016년 노동당 제7차 대회 이후 "당과 혁명, 조국과 인민 앞에, 후대들 앞에 세운 가장 의의 있는 민족사적 공적"으로 평가한 후 전술핵무기 개발과 초대형 핵탄두 생산을 계속하며 핵선제 및 보복타격능력을 고도화하겠다는 목표도 제시했다. 그리고 수중 및 지상 고체 발동기(엔진) 대륙간탄도미사일 개발 사업도 계획대로 추진하며 핵잠수함과 수중발사 핵전략무기를 보유하기 위한 과업을 당 대회에 상정했다.[4] 이후 북한은 노동당 8차 대회에서 제시한 군사 분야 목표를 달성하는 데 상당한 성과를 거두었다.

2022년 12월 개최된 당중앙위원회 제8기 제6차 전원회의 확대회의에서 김정은은 핵무력 강화의 중요성을 다시 강조하면서 북한의 핵무력은 전쟁억제와 평화 안정 수호를 '제1의 임무'로 간주한다고 주장했다. 그러나 억제 실패 시 '제2의 사명'도 결행하게 될 것이며 제2의 사명은 분명 '방어가 아닌 다른 것'이라고 밝힘으로써 전쟁 발발 시 핵을 선제적으로 사용하는 무력통일 시도로 연결될 수 있음을 시사했다. 또한 김정은은 '전술핵무기 다량 생산'과 핵탄두 보유량을 '기하급수적으로' 늘리는 것을 기본 중심 방향으로 하는 '2023년도 핵무력 및 국방발전의 변혁적 전략'을 천명했다.[5] 이처럼 김정은이 핵과 미사일 개발에 계속 집착하고 있으며 핵무기를 유사시 남한을 무력통일하기 위한 수단으로 간주하고 있기 때문에 북한이 핵을 포기할 가능성은 전무하다고 하겠다.

김정은은 2022년에 그의 '가장 사랑하는 자제' 김주애와 함께 대륙간탄도미사일 시험발사를 참관한 데 이어 핵탄두 탑재가 가능한 미사일 무기고 시찰 등 그의 군사 분야 현지지도에 자주 동행시키고 있다. 이는 김정은이 절대로 핵무기를 포기하지 않을 것이며 북한의 핵과 미사일 개발은 그의 후대에도 계속 이어질 것임을 시사하는 것이다.[6]

러시아의 북한 핵보유 인정과 양국 군사동맹관계의 복원

2022년 2월 우크라이나 침공 이전까지만 해도 러시아는 국제사회의 대북제재에 비교적 협조적인 태도를 취했다. 그러나 우크라이나 침공 이후 국제사회에서 고립된 러시아를 북한이 적극적으로 두둔하고 우크라이나전쟁 수행에 필요한 포탄의 상당 부분과 전투병까지 제공함으로써 러시아의 대북 태도가 근본적으로 바뀌게 되었다.

김정은은 2023년 9월 푸틴 러시아 대통령과의 정상회담에서 북러관계를 '최중대시'한다는 입장을 공개적으로 천명했고 푸틴도 북한과 위성 분야에서 협력하겠다는 의사를 드러냈다. 그리고 유엔 안보리가 2017년 채택한 대북제재 결의 2397호는 북한에 정제유를 공급한 나라가 매달 30일까지 전달 공급량을 보고하도록 하고 있지만, 러시아는

2024년 1월 1만 5,279배럴의 정제유를 북한에 공급했다고 보고한 후에는 공급량을 신고하지 않았다. 푸틴 대통령은 더 나아가 2024년 3월 북한이 자체 '핵우산'을 갖고 있다고 발언함으로써 북한을 '사실상의 핵 보유국'으로 인정하는 태도를 보였다. 이어서 러시아가 대북제재 감시 탑 역할을 했던 안보리 대북제재위원회 산하 전문가패널의 임기 연장 결의안에 거부권을 행사해 이 패널은 2024년 4월 활동을 종료하게 되었다.

2024년 6월에는 김정은과 푸틴이 평양에서 북러 간의 군사동맹관계를 완전히 복원하는 '포괄적인 전략적 동반자관계에 관한 조약'에 서명했다. 이어서 김정은은 우크라이나전쟁에 북한군까지 파병했다. 북한은 파병의 대가로 군사정찰위성과 핵잠수함 개발 관련 러시아의 기술적 지원을 받으려 할 것으로 추정된다. 이처럼 북한과 러시아가 냉전 시대의 동맹관계보다 더 긴밀한 혈맹관계로 바뀌고 러시아가 국제사회의 대북제재를 무시하며 첨단 군사기술 분야에서까지 북한과 협력하고 있는 상황에서 북한이 핵을 포기해야 할 이유는 없는 것이다.

2. 북한의 핵위협과 한국의 핵 옵션 평가

2022년 4월부터 북한이 핵무기를 가지고 남한에 대해 노골적으로 위협하고 있지만, 북핵위협에 대응하는 데 미국의 확장억제와 전술핵무기 재배치 옵션이 어떠한 한계가 있고, 한국의 자체 핵무장이 왜 필요한지 살펴보자.

북한의 노골적인 대남 핵위협과 핵무기의 위력

북한은 2022년 4월부터 전술핵무기의 전방 실전배치 의도를 드러냈고 9월에는 대남 핵 선제타격까지 정당화하는 핵무력정책 법령을 채택했다. 북한은 '핵무력정책 법령'의 제3조 3항에서 "국가핵무력에 대한 지휘통제체계가 적대세력의 공격으로 위험에 처하는 경우 사전에 결정된 작전방안에 따라 도발원점과 지휘부를 비롯한 적대세력을 괴멸시키기 위한 핵타격이 자동적으로 즉시에 단행된다"라고 명시함으로써 한미의 '참수작전'으로 북한 수뇌부가 위험에 처할 경우 즉각적으로 한국에 대한 핵공격이 단행될 것임을 명백히 했다.[7]

핵무력정책 법령의 제6조는 '적대세력'의 공격이 임박했다고 판단되는 경우와 작전상 불가피하다고 판단될 경우에도 핵 선제공격을 정당화하고 있다. 그런데 현실적으로 한미가 대북 공격 계획을 미리 공개하지 않는 한 한미의 공격이 임박했다는 것을 북한이 파악할 수 있는 방법은 없다. 그리고 북한은 외부의 비핵무기 공격에도 핵무기로 대응하겠다는 입장을 명문화하고 있어 한반도에서 우발적 군사충돌 시 재래식전력에서 절대적으로 열세에 놓여 있는 북한이 핵무기를 사용하게 될 가능성이 더욱 커졌다.[8]

북한은 2022년 9월 25일부터 10월 9일까지 보름 동안 탄도미사일 발사 등을 진행하고, 노동당 창건 기념일인 10월 10일 『로동신문』을 통해 이는 김정은이 직접 지도한 '전술핵 운용부대들의 군사훈련'이었다고 공개했다. 북한이 그동안 전술핵무기의 전방 실전배치 계획 등을 밝힌 적은 있지만 '전술핵무기 운용부대들'을 동원해 군사훈련을 실시한 것은 이때가 처음이었다. 북한은 전술핵무기를 이용해 남한의 주요 군사지휘시설, 비행장들과 항구들에 대한 타격을 모의한 초대형 방사포와 전술탄도미사일 타격 훈련을 진행했다. 그리고 유사시 미국의 군사적 개입을 차단하기 위해 중장거리탄도미사일로 일본열도를 가로질러 4,500km 계선(界線, 일정한 경계가 되는 선) 태평양상의 목표 수역 타격까지 감행했다. 북한은 이처럼 7차례에 걸쳐 진행된 전술핵 운용 부대들의 발사훈련을 통해 "목적하는 시간에 목적하는 장소에서 목적하는 대상들을 목적하는 만큼 타격소멸할 수 있게 완전한 준비태세"에 있는 국가 핵전투무력의 현실성과 전투적 효과성, 실전 능력이 남김없이 발휘되었다고 주장했다.[9]

한국은 비핵국가임에도 불구하고 북한이 이처럼 한국에 대해 전술핵무기 공격 훈련을 실시하고 핵탄두의 기하급수적 생산을 추진하며 ICBM 능력의 급속한 고도화를 추구하는 것은 북한의 핵무기가 단순한 '억제' 차원을 훨씬 넘어서는 것임을 의미한다. 따라서 한국이 자체 핵무기를 보유하기 전까지 북한은 한국군이 그들의 상대가 되지 못한다고 무시하면서 압도적 대남 군사력 우위를 점하기 위해 핵위협 수준을 계속 높일 것으로 전망된다.

한국의 일부 전문가들은 현무미사일 100개 또는 1,000개 또는 만 개면 전술 핵무기급 위력을 발휘할 수 있다고 주장하는데 이는 사실과 부합하지도 않을 뿐만 아니라 이 같은 주장은 그만큼 재래식무기의 한계를 보여주는 것이다. 재래식무기로 핵무기에 상응하는 위력을 발휘할 수 있다면 왜 미국과 소련, 중국, 영국, 프랑스가 핵확산금지조약(NPT)체제를 구축하고 그들 이외의 다른 국가들의 핵개발을 저지해 왔겠는가? 재래식무기로 '전략무기'인 핵무기에 대응할 수 있다는 주장은 핵무기의 위력을 의도적으로 과소평가하는 것이다.

북한은 2023년 3월 19일 평안북도 동창리 일대에서 전술핵 탄두 탑재가 가능한 단거리탄도미사일(SRBM)인 KN-23(북한판 이스칸데르) 1발을 800㎞ 사거리로 발사해 동해 상공 800m에서 모의 핵탄두를 성공적으로 폭파했다고 밝혔다. 그러면서 "핵폭발 조종 장치와 기폭 장치의 신뢰성이 다시 한번 검증됐다"라고 주장했다.[10] 그리고 2022년 6월에는 한국의 동부지역을, 2023년 4월에는 수도권을 포함한 한국의 서부지역을 타깃으로 하는 작전지도를 흐릿하게 공개했다.

북한이 만약 서울 100km 상공에서 10kt(킬로톤)의 핵폭탄만 폭발시켜도 전자기펄스(EMP: electromagnetic pulse)로 인해 지상의 피해 반경은 250여km에 달한다는 원자력연구소의 시뮬레이션 연구 분석 결과도 있다. 인공적으로 매우 강력한 펄스를 만들면 껍데기를 통과해 전자장비 내부의 회로에도 닿게 되는데 이때 정밀 기기의 집적회로는 그 약간의 전류에도 타서 못 쓰게 된다. '핵EMP'는 핵탄두 공중폭발 시 전력 회로망, 컴퓨터망 등 거의 모든 종류의 전자장비를 파괴하거나 마비시킬 수 있는 강력한 전자파를 순식간에 분출한다. 파괴력은 수백km 이상 떨어진 곳의 지하 케이블도 손상할 정도로 엄청난 것으로 알려졌다. '핵EMP'는 '비살상무기'로 간주되는 경향이 있지만, 전기 및 전자장비를 마비시켜 장기적으로는 수소폭탄 못지않은 인적·물적 피해를 가져올 수 있는 매우 위험한 핵무기다.

글상자 11.1 **북한의 수소폭탄 공격 시 예상 피해 규모**

만약 북한이 서울을 조준해 250kt 위력의 수소폭탄을 가지고 도발을 감행할 경우 단 한 발로 약 78만 명의 사망자와 277만 명의 부상자가 발생할 것으로 예상된다. 미국의 북한 전문매체 '38노스'는 2017년 10월 「서울과 도쿄에 대한 가상 핵공격-인명 피해」라는 제목의 보고서에서 가상 상황에 대한 시뮬레이션을 통해 이와 같은 수치를 산출해 냈다. 이는 한국의 한국전쟁(사망 37만 3,599명·부상 22만 9,625명·납치 및 실종 38만 7,744명)과 일본의 제2차 세계대전(사망 50만~80만 명) 당시의 인명 피해 규모를 크게 웃도는 것이다.

클린턴(Bill Clinton) 행정부 시절인 1993년부터 1995년까지 미 중앙정보국(CIA)을 이끈 울시(Robert James Woolsey Jr.) 전 국장은 2017년 3월 유니언-트리뷴과 인터뷰에서 북한이 미국 상공 궤도에서 핵탄두를 폭발시켜 발생하는 고출력 전자기파(EMP)로 미국을 공격한다면 미국의 전력망이 완전히 파괴되어 복구에 1년 6개월이 필요하며 수백만 명이 목숨을 잃을 수 있다고 경고했다. 그는 "전력 기반이 취약하다면 미국인들은 식량, 정수, 은행 서비스, 이동통신, 의약품 등을 전혀 공급받지 못하는 암흑세계에 빠져들 것"이라고 지적했다.[11]

북한이 한국을 핵EMP탄으로 공격할 경우 우리도 전력망 복구에 짧게는 수개월, 길게는 1년까지 걸릴 수 있다. 길게는 1년 동안 한국 국민은 전기 없이 칠흑같이 어두운 밤을 보내야 할 것이다. 상점도 문을 닫아 수만 명 이상이 굶어 죽을 수 있다. 병원은 환자들을 제대로 치료하지 못해 수많은 사망자가 발생할 수 있다. 하늘에 떠 있는 비행기들은 추락하고 지상에 있는 항공기는 이륙하지 못할 것이다. KTX가 달리다가 초대형 사고를 낼 수 있고 고속도로에서는 전기자동차가 멈춰서 연쇄 추돌사고가 일어날 수 있다. 사람들은 엘리베이터에 갇힐 수도 있다.[12] 그러나 만약 한국이 핵무기와 핵EMP탄을 보유하고 있다면 북한이 감히 한국을 핵EMP탄으로 공격할 수 없을 것이다.

북한은 유사시 미국의 한반도 개입을 차단하기 위해 미 본토를 타격할 수 있는 ICBM 개발에도 매달리고 있다. 2022년에는 '괴물 ICBM(대륙간탄도미사일)'으로 알려진 화성포-17형 액체연료 ICBM 시험발사에 성공했고 2023년에는 기습 발사가 가능한 화성포-18형 고체연료 ICBM 시험발사에 성공했다. 그리고 2024년에는 다탄두 ICBM으로 개발되고 있는 것으로 보이는 화성포-19형 ICBM 시험발사에도 성공해 ICBM 개발에서 상당히 급속한 진전을 보이고 있다. 북한의 핵무기 보유량도 2030년에는 최대 300발 정도까지 증가할 것으로 전망된다.

미국의 확장억제와 전술핵무기 재배치 옵션의 한계

확장억제(extended deterrence)는 적국의 군사적 위협으로부터 동맹 국을 보호하기 위해 강대국이 동맹국에게 안전보장을 제공하는 것을 의미한다. 따라서 확장억제의 역학관계는 확장억제를 제공하는 강대 국, 확장억제를 제공받는 강대국의 동맹국, 동맹국을 위협할 의지와 능 력이 있는 적국 등 세 가지 행위자를 포함하며, 적국이 동맹국의 국가 안보를 위협할 때 강대국은 적국의 군사적 공격이나 강압을 막기 위해 자신이 보유한 억제 수단을 사용할 것임을 알림으로써 적국의 도발을 사전에 억제하는 것이 기본적인 메커니즘이다.[13]

그런데 미국의 확장억제는 북한이 비핵국가이고 ICBM을 보유하지 않았을 때에야 신뢰할 만한 방식이다. 북한의 핵과 미사일 역량이 급속 도로 고도화되어 대륙간탄도미사일로 미 본토를 타격할 수 있는 능력 을 확보하게 된 상황에서 미국이 한국을 지키기 위해 북한과의 핵전쟁 까지 감수하기는 어렵기 때문이다. 미국은 자국의 핵 태세를 유지하는 데 '단일 권한(Sole Authority)' 원칙을 일관되게 견지하고 있다. 미국 의 핵무기가 어떤 곳에 위치하든 핵무기 사용 명령을 내릴 최종 권한은 미국의 최고사령관, 즉 대통령에게 있는 것이다. 확장억제와 전술핵무 기 재배치, NATO식 핵공유는 각기 다른 옵션인 것처럼 논의되고 있지 만, 세 경우 모두 미국 대통령이 핵무기 사용에 대한 최종 결정권을 가 지고 있다는 동일한 문제점을 가지고 있다. 국민에 의해 직접 선출된 정치인인 미국 대통령이 미 본토가 핵공격을 받은 것도 아닌데 동맹국 이 핵공격을 받았다고 해서 동맹국을 지키기 위해 자국민 수백만 명의 희생을 가져올 수 있는 핵전쟁을 결정하기는 어렵다.

2022년 10월 5일 개최된 세종국방포럼에서 공평원 당시 연세대 항 공우주전략연구원 안보전략센터장(전 합참 전력기획차장)은 "북한이 남한을 향해 핵을 사용하고 나서 ICBM을 준비해 놓고 '미국이 만약 북한에 핵공격을 감행하면 시애틀이나 LA에 대해 쏠 거야'라고 엄포를 놓으면 미 대통령이 핵을 사용하기 굉장히 어려울 것"이라고 평가했다. 공 센터장은 미국 학자들과 여러 차례 세미나를 개최하면서 이 같은 상황에서 미 대통령이 북한에 핵무기를 사용할 수 있을지 물어보니 대부분의 학자들이 "미국 대통령은 핵 사용 결심을 하지 못할 것"이라고 답변했다고 한다.[14] 미국이 북한과의 핵전쟁을 피하기 위해 대북 핵 보복 공격 결심을 내리기 어렵다면 일부 전문가들이 주장하는 것처럼 미국의 전술핵무기를 재배치하거나 한미일이 핵을 공유하더라도 결국 핵 사용 결정은 미국 대통령이 내리게 되어 있기 때문에 상황이 크게 달라지지 않을 것이다.

콜비(Elbridge A. Colby) 현 미 국방부 정책 담당 차관도 2024년 4월 『중앙일보』인터뷰에서 "'워싱턴 선언'은 동맹인 한국에 핵우산을 제공하기 위해 미국의 여러 도시와 300만 명 이상의 미국인을 북한의 보복 핵공격 위협에 노출시키는 위험을 안고 있다. 미국인 중 이 사실을 아는 사람은 '1%도 되지 않는다. 단언컨대 미국은 이 약속을 지킬 수 없다"라고 했다. 그리고 "핵공유 역시 한국의 (핵사용에 대한) 의사 결정권이 없다면 북한은 최종 결정권자인 미국에 보복하게 된다. 이 때문에 (핵공유는) 미국인 다수가 위험에 노출되는 (불완전한) 핵우산이나 다름없다"라고 밝혔다. 이 같은 이유 때문에 콜비는 "한국의 독자적 핵무장까지 고려한 모든 카드를 테이블 위에 올려야 한다. … 중러는 핵을 현대화했고 북한과 이란도 핵능력을 보유했다. 우리를 위협하는 자들이 전혀 지키지 않는 규범을 우리만 지키기 위해 '벌'을 받을 수는 없다. 오히려 뒤처진 핵균형을 위해 핵무기를 더 많이 만들어야 한다"라고 강조했다.[15]

콜비는 다시 2024년 5월 연합뉴스와의 인터뷰에서 "전술핵무기의 한반도 재배치는 북한이 여전히 미국 본토를 타격할 수 있다는 점에서 문제를 제대로 해결하지 못한다"라며 미국의 전술핵무기 재배치에 대해 부정적인 시각을 드러냈다. 미국이 북한 문제를 해결하기 위해 미국 도시 여러 개를 잃는 선택을 할 수는 없다는 것이다.[16] 이처럼 북한이 미 본토를 타격할 수 있는 능력을 갖고 있는 상황에서 미국이 확장억제 약속을 지키기 어렵고 전술핵무기 재배치나 핵 공유도 동일한 문제점을 갖고 있다면, 한국이 의존할 수 있는 신뢰할 만한 옵션은 자체 핵억제력 보유밖에 없을 것이다.

미 행정부의 미국우선주의와 한국의 자체 핵무장 필요성[17]

인도와 파키스탄 그리고 북한의 핵개발로 이미 금이 간 국제비확산체제는 2022년 2월 러시아의 우크라이나 침공 이후 더욱 크게 흔들리고 있다. 비확산에 대한 강대국들 간의 협조체제가 붕괴되어 북한이 미 본토를 타격할 수 있는 ICBM을 수차례 시험 발사해도 더 이상 유엔 안보리에서 대북제재가 채택되지 못하고 있고, 러시아는 기존 대북제재를 무시하면서 북한과 노골적으로 협력하고 있다. 동북아에서는 북한과 중국이 기하급수적으로 핵무기를 늘리고 있어 2030년에 북한이 최대 300개의 핵탄두를 보유하게 될 수 있다는 분석까지 나오고 있다. 그리고 중국도 2030년에는 약 1,000개 그리고 2035년에는 약 1,500개 정도의 핵탄두를 보유하게 될 것으로 전망되고 있다.

이처럼 러시아의 우크라이나 침공 이후 기존 국제질서에 심각한 균열이 발생하고 있고 특히 한반도와 동북아에서 핵 불균형이 심화하고 있다. 그런데 동맹보다 미국의 국익을 더 중시하는 트럼프 대통령은 앞으로 한국의 방위비 분담금의 대폭 증액 요구, 한미연합훈련의 축소 또는 중단, 주한미군의 감축, 미국 전략자산의 한반도 전개 축소를 추진할 가능성이 크다.

대통령에 당선되기 전인 2024년 10월 15일 트럼프는 블룸버그통신 미클스웨이트(John Micklethwait) 편집국장과의 대담에서 "내가 거기 (백악관)에 있으면 그들(한국)은 (주한미군 주둔비용으로) 기꺼이 연간 100억 달러(13조 6,100억 원)를 지불할 것"이라며 "그들은 머니 머신(Money Machine)"이라고 말했다. 100억 달러는 2024년 한국과 미국이 타결한 2026년 방위비 분담금(1조 5,192억 원)의 9배에 달하는 금액이다.[18]

트럼프는 한미연합훈련에 대해서도 엄청난 예산 낭비라는 부정적 견해를 가지고 있었다. 맥매스터(Herbert McMaster) 전 백악관 국가안보보좌관의 회고록 『우리 자신과의 전쟁: 트럼프 백악관에서의 나의 임무 수행』에 따르면 취임 첫해인 2017년 11월 중국을 방문한 트럼프는 시진핑 중국 국가주석과 가진 양자회담에서 "한미연합군사훈련은 도발적이고 돈 낭비"라고 말했다. 맥매스터는 "트럼프가 (중국의 비핵화 구상인) 쌍중단(雙中斷·북한 도발과 한미연합훈련 동시 중단)을 권유하는 시 주석에게 동의하는 듯한 태도를 보였다"라고 주장했다.[19] 실제로 트럼프는 2018년 6월 싱가포르 북미정상회담 뒤 연합훈련을 중단하겠다고 밝혔고 그해 8월 훈련이 취소되었다. 그리고 2019년 하노이 북미정상회담 결렬 직후 가진 기자회견에서도 트럼프 대통령은 한미연합훈련에 대한 부정적인 입장을 드러냈다.[20] 그러므로 북미정상회담이 재성사되면 트럼프는 한미연합훈련을 중단하거나 대폭 축소할 가능성이 크다.

트럼프가 첫 임기 동안 주한미군을 철수하고 싶어 했다는 사실에 대해서는 많은 증언들이 있다. 트럼프 1기 행정부의 마지막 국방장관이었던 에스퍼(Mark Esper)는 2022년 5월 『조선일보』와의 인터뷰에서 "그가 실제 '명령(orders)'을 내린 것은 아니다. 다만, (회의 석상에서) 완전 철수 혹은 일부 철수가 필요하다는 이야기를 종종 꺼냈다. 미군의 해외 주둔 문제가 회의 주제가 될 때마다 이야기를 불쑥 꺼냈다. 철수 대상은 한국일 때도 있었고 아프리카나 독일일 때도 있었다. 그는 전 세계에서 미군을 빼고 싶어 했다"라고 밝혔다. 그리고 "(그가 당선되면) 특히 주한미군 주둔에 훨씬 공격적인 접근법을 취할 가능성이 크다. 한반도에 주둔하는 미군의 재배치를 지시할 것이라고 본다. 이는 한반도의 방어 능력을 악화시킬 것이다. 매우 주요한 안보 우려 사항이다"라고 지적했다.[21]

에스퍼는 회고록 『성스러운 맹세(A Sacred Oath)』와 『워싱턴포스트 (The Washington Post)』와의 인터뷰에서 트럼프 대통령이 아시아에서 미국의 주요 동맹국인 한국을 자주 폄하하고 주한미군 2만 8,500명을 모두 철수시키라고 반복적으로 위협했다고 밝혔다. 에스퍼와 다른 고위 관리들은 트럼프의 철수 명령을 단념시키거나 지연시키려고 노력했고 트럼프는 명령을 내리지 않았지만 그 생각을 포기하지 않았다. 그래서 한 번은 폼페이오(Mike Pompeo) 당시 국무장관이 "주한미군 철수는 두 번째 임기 우선순위로 하시죠"라고 하자 트럼프는 미소를 지으면서 "그렇지, 맞아, 두 번째 임기"라고 말했다고 에스퍼 전 장관은 밝혔다.[22]

주한미군에 대한 트럼프의 이 같은 입장에 비추어볼 때 주한미군 철수나 감축이 그의 두 번째 임기 우선순위가 될 가능성을 배제하기 어렵다. 그런데 트럼프가 방위비 분담금의 대폭 증액 요구 수준을 넘어서서 주한미군의 감축이나 철수를 추진한다면 한국 내에서 자체 핵무장 요구는 정부가 감당하기 어려울 정도로 커질 것이다. 그 경우에 한국정부는 국민 여론을 등에 업고 자체 핵무장을 추진해야 할 것이다. 그리고 한국이 핵무기를 보유하게 되면 북한의 핵위협을 확실하게 억제할 수 있게 되므로 미국은 대중 견제에 집중할 수 있게 된다는 점을 미국 측에 설득할 필요가 있다.

만약 한국이 핵무기를 보유하고 있지 않은 상황에서 북한이 핵무기로 한국을 공격하면 미국은 북한과의 핵전쟁을 피하기 위해 북한에 핵무기로 보복하는 대신 한국에 재래식무기로 지원할 것으로 예상된다. 그리고 트럼프 대통령이 젤렌스키 우크라이나 대통령에게 한 것처럼 군사지원 비용에 대한 청구서를 내밀 수 있다. 이 경우 한국은 북한의 핵공격으로 인한 심각한 피해와 트라우마에 시달리게 되고 미국의 지원 비용을 상환하기 위해 이중의 심각한 고통에 직면하게 될 것이다.[23] 한국이 이 같은 고통을 겪지 않기 위해서라도 북한의 핵 사용을 막을 수 있는 한국의 자체 핵무기가 반드시 필요하다.

3. 한국의 자체 핵무장 추진을 위한 대내외 조건

한국의 자체 핵무장 추진을 위해서는 대통령의 강력한 자주국방과 핵자강 의지, 핵무장을 준비하고 추진할 컨트롤 타워, 초당적 여야협력과 전문가 집단의 지원, 핵자강에 우호적인 국민여론, 핵자강에 우호적인 국제환경과 미 행정부의 묵인 등이 필요하다.

대통령의 강력한 자주국방과 핵자강 의지

한국이 자체 핵무장을 통해 남북 핵 균형을 실현하고 한반도에 새로운 평화와 안정의 시대를 열기 위해서는 주요 국가 정상들과 만나 한국의 자체 핵보유 필요성을 당당히 논리적으로 설득할 수 있는 대통령이 무엇보다 필요하다. 대통령의 확고한 의지가 무엇보다 중요한 것은 그만이 자체 핵무장을 추진하기 위해 국방과 외교 등 관련 부서들의 적극적이고 헌신적인 협력을 이끌어낼 수 있고 대내적으로 초당적 협력을 이끌어내며 국제사회를 효과적으로 설득할 수 있기 때문이다.

1959년 9월 드골 대통령의 초청으로 프랑스를 국빈 방문한 아이젠하워 미국 대통령은 드골에게 "미국은 유럽의 운명이 곧 자신의 운명이라고 생각하고 있다. 당신은 왜 이 점을 의심하려 드는가?"라고 물었다. 이에 드골은 다음과 같이 대답했다.

> 만일 유럽이 어느 날 당신들의 경쟁자에 의해 정복당하는 불행한 처지에 빠지면 곧 미국도 입장이 난처해질 것이 사실이다. … 그러면 전쟁이 시작되고 끝나는 사이 우리는 어떻게 되는 것인가? 지난 양차 세계대전 중 미국은 프랑스의 동맹국이었고 우리는 당신들에게서 받은 은혜를 잊지 않고 있다. … 그러나 프랑스는 제1차 세계대전 때 3년이라는 길고 고통스러운 시일이 지난 후에야 미국이 도움의 손길을 뻗쳤음을 또한 잊지 않고 있다. 제2차 세계대전 때도 당신들이 개입하기 전에 먼저 프랑스가 붕괴되었던 것이다.[24]

이어서 드골은 "한 나라가 다른 나라를 도울 수는 있지만 자기 나라와 다른 나라를 동일시할 수는 없는 것이다"라고 지적했다. 다시 말해 드골은 프랑스가 외부의 공격으로 치명적 타격을 받거나 붕괴된 이후 미국으로부터 도움을 받은 역사적 경험에 기초해 자국의 안보를 타국에 의존하는 것이 아니라 스스로의 힘으로 지켜야 한다는 확고한 입장을 갖고 있었던 것이다.

드골의 시각을 한국에 적용하면 다음과 같은 결론을 끌어낼 수 있을 것이다. 만약 북한이 한국을 핵무기로 공격하면 미국이 한국을 돕기는 하겠지만 미국이 북한과 핵전쟁을 하는 상황은 최대한 피할 것이다. 따라서 미국은 북한에 의해 미 본토가 핵무기로 공격을 받기 전에는 북한에 대한 직접적 핵 보복을 꺼리면서 한국에 계속 무기를 지원하고 남북한 간에 전쟁이 계속 이어지는 것을 지켜볼 것이다. 그런데 만약 한국이 자체 핵무기를 보유하고 있다면, 남북한 간에는 '핵 억제력'이 존재함으로써 한국이 핵공격의 희생양이 되는 것을 피할 수 있게 될 것이다.

지금까지 미 행정부가 한국의 자체 핵보유를 막기 위해 한국에 약속해 온 것들은 1960년대 초 미국이 프랑스의 핵개발을 중단시키기 위해 약속했던 것들과 놀라울 정도로 비슷하다. 1961년 5월 말 파리를 방문한 케네디 미 대통령은 프랑스에 대한 소련의 핵무기 사용 시 과연 미국이 프랑스를 핵무기로 지켜줄 수 있는지 묻는 드골 대통령에게 미국은 서유럽이 소련의 손아귀에 떨어지도록 내버려 두느니 차라리 핵무기를 사용해서라도 이를 저지할 결심이라고 밝혔다. 그러나 드골 대통령이 더 구체적인 질문을 했을 때, 즉 소련의 침략이 이루어질 때 미국이 언제 어느 목표물에 미사일을 발사시킬 것인가에 대해 케네디 대통령은 대답하지 못했다. 그러자 드골은 케네디에게 다음과 같이 이야기했다.

귀하가 대답 안 한다고 놀라지는 않습니다. 나를 굉장히 신뢰하고 나 또한 상당할 정도로 높이 평가하고 있는 NATO 사령관 노스타드 장군도 바로 이 점에 관해서는 내게 확실히 말하지 못하더군요. 우리에게는 이 구체적인 문제가 가장 중대한 문제입니다.[25]

미국은 지금도 북한이 한국을 핵무기로 공격할 경우 미국이 가지고 있는 어떠한 핵무기로 북한에게 어떻게 보복할 것인지 한국과 구체적으로 협의하지 않고 있으며 그것은 미 대통령의 고유 결정 권한이라고 주장하고 있다. 그러므로 미국의 핵 사용은 어디까지나 북한이 핵을 사용할 때 미 대통령의 판단과 결심에 전적으로 좌우될 수밖에 없다.

미국에서는 4년마다 대통령선거가 있고 대선에서 고립주의와 미국 우선주의를 표방하는 정치인이 대통령에 당선되면 한국에 대한 방위 공약은 약화될 수밖에 없다. 그러므로 한국의 운명을 4년 또는 8년마다 대통령이 바뀌는 미국에 거의 전적으로 의탁하는 것은 바람직하지 않다. 그리고 북한의 오판에 의한 핵사용과 핵전쟁을 막기 위해 한국의 자체 핵보유가 필요하다. 그런데 한국의 자체 핵무장은 오랫동안 국제사회와 한국의 비확산론자들에 의해 악마화되고 범죄시되어 왔기 때문에 그들의 강력한 저항에 직면하게 될 가능성이 크다. 그러므로 이 같은 장애물들을 극복하고 기존의 실패한 정책에서 과감히 벗어나 한국의 외교·안보·대북정책의 대전환을 가져오기 위해서는 프랑스의 드골 장군처럼 자강에 확고한 의지를 가진 대통령이 반드시 필요하다.[26]

핵무장을 준비하고 추진할 컨트롤 타워

한국이 미국을 비롯한 국제사회의 반대를 설득하고 제재를 최소화하며 순조롭게 핵자강의 길로 나아가기 위해서는 이를 위한 치밀한 논리와 정교한 전략을 수립하고 실행에 옮길 수 있는 컨트롤 타워가 반드시 필요하다. 이를 위해 국가안보실의 제2차장실이나 제3차장실이 북핵 대응 문제를 전담하고[27] 국가정보원-외교부-국방부-통일부와 전문가 그룹으로 구성된 실무그룹을 운영해야 할 것이다. 그리고 이 실무그룹에는 미국, 북한, 중국, 일본, 러시아. 국제정치, 국제법, 안보, 핵전략, 핵공학, 평화체제, 제재 전문가 등이 참여해야 할 것이다.

국가안보실은 국정원의 협조하에 대통령이 독자적 핵무장 결정을 내릴 경우 이를 신속히 실행에 옮기기 위한 플랜 B를 수립해야 할 것이다. 국가안보실에서 검토하고 추진해야 할 과제들은 대략 다음과 같다.

- 일본과 같은 수준의 핵잠재력을 확보하기 위한 한미원자력협정 개정 협상 방안 수립 및 추진

- 대통령이 독자적 핵무장 결정을 내릴 경우 이를 신속히 실행에 옮기기 위한 플랜 B 수립 (핵자강 로드맵 구체화, 핵개발에 필요한 예산 확보, 조직 신설 등)
- 핵무장에 필요한 핵공학자와 기술자 등 인력과 시설 등 파악 및 확보 방안 수립
- 한국의 핵무장에 반대하는 국가들을 설득하기 위한 정교한 외교전략 수립과 홍보 전개
- 핵무장에 우호적인 국내외 전문가 및 정치인들과의 긴밀한 네트워크 구축
- 핵무장에 우호적인 여론을 형성하기 위한 홍보전략 수립 및 해외 공공외교 지원
- NPT 탈퇴 결정 시 미국(행정부와 의회)과 국제사회 설득 논리와 방안 구체화
- 핵무장 추진 시 대미·대일·대중 설득 방안 수립
- 핵무장 추진 시 반대파 설득 및 초당적 협력 방안 수립
- 핵무장 추진 시 대(對)북한 메시지 관리 방안 수립

초당적 여야협력과 전문가 집단의 지원

한국의 독자적 핵무장에 대한 외부세계의 반대와 압력을 효과적으로 극복하고, 핵자강을 통해 한국의 안보를 튼튼히 하며 한국의 국제적 위상을 높이기 위해서는 초당적 협력이 매우 중요하다. 만약 한국의 여야가 이 사안을 둘러싸고 심각하게 분열된다면 외부의 반대 세력들은 그것을 적극적으로 이용해 핵무장 시도를 좌절시키고 한국사회를 큰 혼란에 빠지게 하려고 할 것이다. 그러므로 한국정부가 핵자강을 추진하기 위해서는 야당을 '적'이나 '타도의 대상'이 아닌 '선의의 경쟁'과 '협

력'의 대상으로 간주해야 한다. 이를 위해 과거 노태우정부와 김대중정부 시기의 여야 협력 경험으로부터 교훈을 얻을 필요가 있다. 대통령이 여야 대표와 안보문제로 수시로 회동을 갖고 정보 공유 및 의견 수렴에 나선다면 핵자강에 대한 초당적 협력을 이끌어내는 데 큰 도움이 될 것이다.

만약 외교·안보 분야의 전문가들과 오피니언 리더들의 대부분이 한국의 독자적 핵무장에 반대한다면 정부는 정책 추진에 상당히 큰 어려움을 겪을 수밖에 없다. 그러므로 최고지도자의 결단도 중요하지만 여론에 큰 영향을 미치는 오피니언 리더들과 싱크탱크들의 협력이 매우 중요하다.

문재인 대통령이 한반도 평화에 대한 강력한 의지가 있었지만 그의 구상이 실현되지 못하고 나중에 김정은에 의해서도 무시당하는 운명에 처한 데는 그가 소수의 참모들과 전문가들에게만 의존해 정교한 협상안을 만드는 데 실패했기 때문이다. 북핵문제 해결을 위해 문재인정부는 북한과 미국 및 중국, 일본, 핵과 미사일, 평화체제, 국제사회의 제재문제 분야의 권위 있는 전문가들의 치열한 토론을 통해 남북한과 미국, 중국 모두 수용할 수 있는 해법을 마련했어야 했다. 그러나 문 대통령은 김정은과 트럼프가 만나 결단을 내리면 북한 비핵화의 진전이 쉽게 이루어질 수 있을 것으로 안이하게 생각했다.

한국의 독자적 핵무장이 성공을 거두기 위해서는 그것을 뒷받침할 한국핵안보전략포럼[28]과 같은 초당적 전문가 집단이 필요하다. 이와 같은 초당적 전문가 단체는 핵자강 문제에 대한 우리 사회 내부의 보수-진보 간 갈등을 완화하고 외국정부와 전문가들을 설득하는 대외 공공외교에서도 중요한 기여를 할 수 있을 것이다. 그리고 정부가 미처 생각하지 못한 새로운 대안을 발굴해 내고 제안하는 데도 이 집단지성의 힘이 큰 역할을 할 수 있을 것이다.

핵자강에 우호적인 국민여론

우크라이나전쟁 이전인 2021년 12월 시카고국제문제협의회(CCGA)가 한국 국민 1,500명을 대상으로 진행한 여론조사에서 71%가 핵무장을 지지했다. 이 조사에서 독자적 개발과 미국 핵 배치 중 어느 것을 선호하느냐는 물음에 '자체 개발'이 67%로 '미국 핵 배치'(9%) 응답보다 압도적으로 많았다. 2022년 아산정책연구원에서 발간한 보고서『한국인의 한미관계 인식』에서도 국민들의 70.2%가 자체 핵무기 개발을 지지했다. 독자 핵무장에 따른 국제사회 제재 가능성을 언급했을 때 유보층(모름·무응답)을 제외한 분석에서 독자 핵무장에 찬성한 비율은 65%로 제재 가능성을 언급하지 않은 경우(71.3%)에 비해 6.3%p 밖에 감소하지 않았다.

최종현학술원이 2023년 1월 발표한 여론조사 결과에 의하면 한국 국민의 3/4 이상인 76.6%가 한국의 독자적인 핵개발이 필요하다고 판단했다. 최종현학술원이 2024년 2월 발표한 여론조사 결과에서도 응답자의 72.8%가 한국의 독자적 핵개발이 필요하다고 답했다. 핵무장 찬성 응답은 전년도(76.6%)보다 4% 포인트가량 낮아졌지만 여전히 70%대로 높은 수준을 보였다.[29] 이처럼 북한의 핵위협에 대한 불안감 때문에 거의 모든 여론조사에서 국민의 과반수가 독자적 핵무장을 지

표 11.1 각종 여론조사에서의 독자적 핵무장 지지율

조사기관	조사 기간	독자 핵무장 지지율
미 시카고국제문제협의회	2021.12.1.~4	71%
아산정책연구원	2022.3.10.~12	70.20%
최종현학술원, 한국갤럽	2022.11.28.~12.16	76.60%
최종현학술원, 한국갤럽	2023.12.15.~2024.1.10	72.80%

지하고 있기 때문에 정부가 그 같은 국민 여론을 정책화하는 것은 지극히 당연하다. 국민들의 높은 지지도는 한국정부가 독자적 핵무장을 추진하면서 일시적으로 제재와 난관에 직면하더라도 그것을 헤쳐나가는 데 큰 힘이 될 것이다.

핵자강에 우호적인 국제환경과 미 행정부의 묵인

한국의 독자적 핵무장을 공개적으로 지지할 국가는 하나도 없겠지만 북한의 핵과 미사일 위협이 커질수록 한국이 독자적 핵무장으로 나아갈 때 그 같은 결정을 마지못해 수용할 국가들은 늘어나게 될 것이다. 2022년 러시아의 우크라이나 침공 이후 북한이 ICBM을 시험 발사해도 유엔 안보리에서 러시아와 중국의 반대로 그 어떤 대북제재도 채택되지 않고 있기 때문에 한국이 국가생존 차원에서 핵무장을 하더라도 미국이 러시아, 중국과 단합해 한국에 대한 제재를 채택할 수는 없는 상황이다.

북한의 제4차 핵실험 이후인 2016년 당시 미국 공화당 대선 후보였던 도널드 트럼프는 한국과 일본이 북한과 중국으로부터 보호받기 위해 미국의 핵우산에 의존하는 대신 스스로 핵을 개발하도록 허용할 것이라면서 현재와 같은 미국의 나약함이 계속된다면 결국 일본과 한국은 핵무기를 보유하고자 할 것이라고 지적했다. 그리고 트럼프는 한국과 같은 동맹국들이 주한미군 주둔비용을 100% 부담하지 않으면 자체 핵개발을 통해 안보문제를 스스로 책임져야 한다고 주장했다.[30]

트럼프는 최근까지도 한국과 일본의 핵무장에 명시적으로 반대한 적이 없다. 2024년 크리스토퍼 밀러 전 국방장관 대행, 엘브리지 콜비 전 미국 국방부 전략·전력 개발 담당 부차관보, 앨리슨 후커 전 백악관 국가안전보장회의 아시아 담당 선임보좌관, 존 볼턴 전 국가안보보좌관,

빅터 차 미국 전략국제문제연구소 아시아 담당 부소장, 폼페이오 전 국무장관 등의 발언을 종합해보면, 트럼프 2기 임기 중에 한국이 핵무기 개발에 나선다면 미 행정부는 이에 상대적으로 강하게 반대하지 않고 한국에 대한 경제제재 조치도 별로 세게 취하지 않을 것으로 예상된다.[31]

빅터 차 미국 전략국제문제연구소 아시아 담당 부소장 겸 한국 석좌는 2024년 3월 『동아일보』와의 인터뷰에서 "트럼프 전 대통령은 한국이 장거리 미사일을 구축하길 원하든 핵무장을 원하든 신경쓰지 않을 것"이라고 발언했다. 미국의 핵우산을 통한 대북 억지에 방점을 둔 조바이든 행정부와 달리 한국의 독자 핵무장을 용인할 수도 있다는 관측이다.[32]

트럼프 1기 행정부에서 북미협상을 담당했던 폼페이오 전 국무부 장관도 2024년 5월 서울 신라호텔에서 열린 아시안리더십콘퍼런스(ALC)에서 "더 견고한 민수 원자력 능력이든 더 나아간 복잡한 핵 프로그램이든 한국인들이 어떤 핵 능력을 증진하기로 결정한다면 미국이 반대할 이유는 없다"라고 말했다. 폼페이오 전 장관은 대담자인 윤영관 전 외교부 장관으로부터 "미국이 확장억제 제공을 중단하거나 미군 철수를 할 경우 한국이 핵무장을 해야 한다고 믿는 한국인도 많은데 어떻게 보나"라는 질문을 받고 이같이 답했다. 그리고 그는 "한국의 북쪽에 고도화된 핵무기 국가가 있다는 점을 고려할 때 그편이 한국인들에게는 합리적인 일일 것 같다"라고 덧붙였다.

폼페이오 전 장관은 "핵연료 재처리나 농축이 일본에는 허용되어 있지만 한국은 하지 못하고 있는데 트럼프 집권 2기 때 협상이 가능한가"라는 질문에도 "왜 안 되겠나(Why not?)"라고 대답했다. 한미 원자력협정 개정을 통해 한국에 핵연료 재처리와 20% 이상 우라늄 고농축을 허용하거나 더 나아가 핵무장을 논의해 볼 수 있다는 취지로 볼 수 있는 것이다.[33] 이처럼 다수의 전문가들이 트럼프의 한국 핵무장 용인 가능성을 높게 보고 있으므로 한국정부는 트럼프 2기 행정부 시기에 자체 핵무장을 적극적으로 추진해 남북 핵 균형을 이루어야 할 것이다.

4. 한국의 단계적 자체 핵무장 추진 전략

한국의 자체 핵무장은 핵자강(자체 핵무장)을 위한 컨트롤 타워 구축 및 핵잠재력 확보의 1단계 → NPT 이행정지(또는 탈퇴) 및 핵개발의 2단계 → 핵개발 완료 후 '사실상의 핵보유국' 지위를 공고화하는 3단계로 나누어 진행될 수 있을 것이다. 자체 핵무장에 대한 대통령의 의지가 확고하고 준비가 치밀하게 이루어진다면 한국정부는 비교적 단기간 내에 국내외의 반대를 최소화하면서 핵개발을 완료할 수 있을 것이다.

1단계: 컨트롤 타워 구축 및 핵잠재력 확보

한국정부가 핵자강의 방향으로 나아가기 위해서는 무엇보다 이 같은 프로젝트를 구체화하고 실행에 옮길 수 있는 지휘부가 있어야 한다. 이를 위해 대통령실 국가안보실의 제2차장실이나 제3차장실이 북핵 대응 문제를 전담하게 하는 것이 필요하다.

  한국의 독자적 핵무장에 반대하는 전문가들의 상당수도 한국이 일본과 같은 수준의 '핵잠재력(nuclear latency)'을 확보해야 한다는 주장에는 대체로 동의하고 있다.[34] 다시 말해 핵잠재력 확보에 대해서는 우리 사회 내부에서 광범위한 공감대가 형성되어 있고 이는 NPT 탈퇴 없이도 추진 가능하다. 그러므로 과거 역대 정부들이 미국을 꾸준히 설득해 문재인정부에 들어서 한미 미사일 지침 개정 및 폐기를 끌어낸 것처럼 현재의 한국정부도 미국을 끈질기게 설득해 최대한 가까운 미래에

핵잠재력

'핵잠재력(nuclear latency)'은 이론적·기술적으로 핵폭탄이나 민간 원자력 에너지 생산을 위한 핵물질을 생산할 수 있는 우라늄 농축 또는 플루토늄 재처리 능력을 갖춘 것을 지칭한다. 핵잠재력은 적국의 공격 비용을 높여 억제력으로 작용할 수 있다.

한미원자력협정 개정을 성공시켜야 할 것이다. 만약 한국이 일본처럼 유사시 신속하게 핵무장할 수 있는 잠재력을 갖고 있다면 북한이 지금처럼 남한을 무시하고 수시로 위협하지 못할 것이다.

특히 트럼프 대통령이 한국에 방위비 분담금의 대폭 증액을 요구하면 한국정부는 그 요구를 상당 부분 수용하면서도 한미원자력협정의 신속한 개정을 이끌어내는 것이 바람직하다. 그래서 한국의 방위비 분담금 증액과 한미원자력협정 개정 합의를 동시에 발표한다면 한국 국민들은 방위비 분담금 증액에 크게 반발하지 않을 것이다.

한국정부는 핵잠재력 확보 차원에서 민간 원자력발전소에 쓸 농축우라늄 생산 및 공급을 위한 국제 컨소시엄 구축도 추진할 필요가 있다. 현재 농축우라늄 시장은 러시아 로사톰이 점유율 46%, 중국이 10~15%를 차지하고 있으며 이들이 세계 450개 민간 원자력 발전소에 농축우라늄을 공급하고 있다. 러시아와 중국이 상업적 농축우라늄 공급망을 과점하고 있는 것이다. 따라서 러시아나 중국이 농축우라늄 공급 규모를 축소할 경우 글로벌 원자력 에너지안보에 심각한 위협으로 이어질 것이다. 그러므로 한국은 에너지안보, 경제안보 차원에서 민간 원자력발전소에 사용할 농축우라늄의 공동 생산 및 공급을 위해 한국, 미국, 일본, 영국(또는 유럽)과 우라늄 최대 부존국인 호주 등이 참여하는 국제 컨소시엄 구성을 적극적으로 검토할 필요가 있다. 그 과정에서 자연

스럽게 한국의 우라늄 농축을 제한해 온 한미원자력협정의 개정을 이끌어낼 수도 있을 것이다.[35]

2023년 9월 김정은은 전술핵공격잠수함 '김군옥영웅함'을 진수하면서 기존 중형잠수함들도 모두 전술핵을 탑재하는 공격형 잠수함들로 개조하려는 '저비용 첨단화 전략'을 공개했다.[36] 북한은 로미오급(1,800t급)과 고래급(2,000t급) 잠수함 20여 척을 보유하고 있는데 만약 이것들을 모두 전술핵 공격이 가능한 잠수함으로 개조한다면 이는 한국뿐만 아니라 일본의 안보에도 심각한 위협이 될 것이다. 북한은 이 밖에도 가까운 미래에 핵잠수함을 건조한다는 목표를 갖고 있다. 북한의 이 같은 잠수함 위협에 대응하기 위해 한국과 일본의 핵추진잠수함 보유가 시급하다. 그러므로 호주의 핵추진잠수함 확보를 위해 협력하고 있는 미국, 영국, 호주의 AUKUS(오커스)처럼 향후 한미일 간에 핵추진잠수함 공동개발을 위한 컨소시엄 구성도 적극적으로 추진하는 것이 바람직하다. 한국과 일본이 핵추진잠수함을 보유하게 되면 한일의 북한 잠수함 견제와 미일의 중국 견제에 큰 도움이 될 것이다.

2단계: NPT 이행 정지(또는 탈퇴) 및 핵개발

북한의 추가 핵실험, 미국의 한미연합훈련 전면 중단, 주한미군의 감축이나 철수 등으로 한국의 안보 상황이 심각하게 악화된다면, 한국정부는 국가생존과 안보를 위해 NPT 탈퇴 문제를 진지하게 고려할 필요가 있다. 만약 한국이 NPT에서 탈퇴한다면 그것은 한국도 핵무장의 방향으로 갈 수 있음을 시사하는 것이 되기 때문에 핵물질 보유에서 한국보다 열세에 놓여 있는 북한이 가장 당황할 것이다. 그리고 중국도 한국의 핵무장이 일본 및 대만의 핵무장으로 연결될 가능성을 우려하게 될 것이다. 그러므로 한국이 NPT 탈퇴로 핵무장 가능성을 열어놓는 것은 한국의 대외 협상력 증대를 가져올 것으로 예상된다.

한국사회 일각에서는 한국이 핵확산금지조약에서 탈퇴하면 국제사회의 심각한 제재에 직면할 것이라고 주장하는데 이는 명백히 사실과 다르다. NPT 제10조 1항은 "각 당사국은 당사국의 주권을 행사함에 있어서 본 조약상의 문제에 관련되는 비상사태가 자국의 지상 이익을 위태롭게 하고 있음을 결정하는 경우에는 본 조약으로부터 탈퇴할 수 있는 권리를 가진다. 각 당사국은 동 탈퇴 통고를 3개월 전에 모든 조약 당사국과 유엔 안전보장이사회에 행한다"라고 규정하고 있다.[37] 그런데 전 세계 어디에도 한국처럼 인접한 국가(북한)로부터 상시적으로 핵위협을 받고 있는 나라는 없다. 그러므로 한국은 북한의 노골적인 핵위협을 이유로 조약 탈퇴를 통고할 수 있다. 그리고 탈퇴가 발효되는 3개월 후 미국과의 협의 결과를 토대로 핵무장 추진 여부를 결정하면 될 것이다. 과거에 북한도 NPT에서 탈퇴했지만 그것 때문에 유엔 안보리의 제재를 받지는 않았다.

북한의 NPT 탈퇴 후 불법적인 핵무기고 보유와 노골적인 대남 핵위협은 한국의 NPT 탈퇴 결정을 위한 기준들을 충족시키고 있다. 북한은 1985년 NPT에 가입했으나 국제원자력기구(IAEA)가 임시 핵 사찰 후 추가로 특별 사찰을 요구한 데 반발해 1993년 탈퇴 의사를 밝혔다가 철회하고 미국과의 교섭에서 대북제재 완화, 경수로 제공을 약속받았다. 하지만 2002년 말 북핵개발 의혹이 또다시 불거져 국제사회 이슈로 부상하자 북한은 2003년 1월 결국 NPT 탈퇴를 선언했다. 이후 북한은 2006년부터 2017년까지 여섯 차례 핵실험을 감행했고, 2017년에는 미 본토를 겨냥한 대륙간탄도미사일 개발에 중요한 진전을 이루었다. 2022년에는 북한이 비핵국가인 남한에 대한 핵 선제 사용까지 정당화하는 핵무력정책법령을 채택했으며 남한의 주요 군사지휘시설, 공항, 항만 등을 대상으로 하는 전술핵 모의 타격 연습까지 진행했다.

이 같은 사실은 분명히 한국의 '지상이익'을 위태롭게 하는 '비상사태'에 해당한다.[38]

한국이 NPT '탈퇴' 대신 '이행정지'라는 카드를 이용하면 국제사회의 직접적인 제재를 피할 수 있다는 지적도 있다. 이창위 서울시립대 법학전문대학원 명예교수는 조약법에 관한 비엔나협약을 보면 조약의 위반 외에도 '후발적 이행불능'이나 '사정의 근본적 변경'도 이행정지를 위한 사유로 원용될 수 있다고 주장한다. 강대국들은 특히 군축조약의 폐기를 주장할 때 조약의 이행정지를 많이 원용한다. 따라서 이창위 교수는 불평등조약인 핵확산금지조약의 당사국이 필요에 따라 조약에서 탈퇴하거나 그 이행을 정지시킬 수 있다고 평가하고 있다.[39]

한국이 독자적 핵무장의 방향으로 나아가기 위해 NPT 탈퇴가 반드시 필요한 것은 이 조약이 핵무기 비보유국은 원자력을 핵무기 개발용으로 전용해서는 안 되며 이를 위해 국제원자력기구의 사찰을 의무적으로 받도록 규정하고 있기 때문이다. 그러므로 한국이 NPT를 탈퇴하지 않은 상태에서 비밀리에 핵무기를 개발하는 것은 불가능하다.

한국이 NPT 탈퇴 또는 이행정지를 선언한 이후에는 비확산체제를 유지하려는 국가들과의 관계가 일시적으로라도 악화되지 않도록 대대적인 외교 캠페인이 필요하다. 비록 한국의 결정이 합법적이라고 해도 기존 비확산체제를 유지하려는 국가들은 한국의 결정에 심각한 우려를 표명하면서 한국이 NPT에 재가입하도록 압력을 가할 수 있다. 그러므로 한국정부는 북한이 NPT에 복귀하거나 북한의 핵위협이 해소되면 다시 NPT에 재가입할 것이라는 점을 공개적으로 천명할 필요가 있다. 그리고 한국은 여전히 미국과 긴밀한 동맹관계를 유지하길 원한다는 입장을 정부와 의회 차원에서 강력히 선언해야 할 것이다. 미국이 한국의 결정을 '마지못해' 수용하는 모습이라도 보인다면 이는 한국이 이후 당면하게 될 수도 있는 위험한 시기를 헤쳐나가는 데 도움이 될 것이다.[40]

NPT 탈퇴선언 후 한국정부는 미국과의 긴밀한 협의 및 묵인하에 핵개발을 추진하는 것이 바람직하다. 트럼프 대통령은 국제규범보다 미국의 국익을 우선시하고 있으므로 한국이 자체 핵개발을 추진하면서 방위비 분담금 증액 요구를 전폭적으로 수용하고 미국이 대중 견제를 위해 반드시 필요한 미국 해군의 현대화 및 전함의 건조와 수리에 적극적으로 협조하며 대만 유사시 확실한 후방 지원을 약속한다면 트럼프 행정부의 묵인을 이끌어내는 것이 불가능하지는 않을 것이다.

한국이 국제사회의 제재를 거의 받지 않거나 형식적으로만 받고 핵보유국이 될 수 있는 또 하나의 방법은 한국과 일본이 동시에 핵무장의 방향으로 나아가는 것이다. 차선책은 한국이 먼저 자체 핵무장을 결정하고 일본이 곧 그 뒤를 따라오는 것이다. 한국과 일본이 동시에 또는 순차적으로 핵무장한다면 미국과 서방세계가 그들에게도 경제적으로 큰 피해를 줄 제재를 채택할 수는 없을 것이다. 따라서 한국이 핵무장을 추진할 경우에는 일본과의 관계를 매우 우호적으로 유지하는 것이 필요하다.

3단계: 핵개발 완료 후 '사실상의 핵보유국' 지위 공고화

핵무장의 방식으로는 고농축우라늄으로 핵무기를 만든 후 이스라엘처럼 핵무장 여부에 대해 공식적으로는 시인도 부인도 하지 않는(NCND: Neither Confirm Nor Deny) 정책을 취하는 방식이 있을 수 있다. 이 방식은 기존 비확산체제나 미국에 부담을 덜 주는 방식이어서 상대적으로 미국과 국제사회가 묵인할 가능성이 크다.

그리고 플루토늄으로 핵무기를 만들고 핵실험을 한 후 '북한이 핵을 포기하면 한국도 핵을 포기할 것'이라는 '조건부 핵무장' 입장을 천명하는 방식이 있다. 이 경우에 미국이나 국제사회의 반대가 있을 수 있지만 이창위 교수는 "한국이 북한의 비핵화가 성공할 때까지 조건부로 핵무장을 한다고 선언하면 국제사회가 반대할 명분은 약해진다"라고 지적하고 있다.[41]

재래식무기 분야에서 한국에 비해 절대적 열세에 놓여 있는 북한이 '완전한 비핵화'를 수용할 가능성은 전무하다. 그러므로 남북이 핵감축 협상을 통해 남북 모두 핵무기 보유량을 일정 수준 이하로까지 줄이는 핵 감축을 현실적인 목표로 설정하고 미국과의 긴밀한 협의하에 북한의 핵감축에 상응해 국제사회의 대북제재를 단계적으로 완화하는 방안을 추진하는 것이 바람직하다.

남북 핵감축 협상을 통해 북한의 핵무기가 줄어들고 유엔 안보리의 대북제재도 완화되면 한국정부는 단계적으로 남북교류협력을 복원하고 확대하는 방향으로 나아갈 수 있을 것이다. 그러므로 진보 진영과 정치권도 독자적 핵무장에 대해 편견과 선입견으로 무조건 반대만 할 것이 아니라 핵자강을 통해 남북 핵감축과 관계 정상화의 방향으로 나아가는 방안을 전향적으로 고려해야 한다.

5. 맺는말

한국의 독자적 핵무장이 '실현 불가능한 목표'라고 미리 단정하고 포기하면 우리는 언제까지나 핵을 머리에 이고 북한의 핵위협하에서 살아야 한다. 그러나 '미국우선주의'를 추구하는 트럼프 2기 행정부의 출범으로 한국이 핵잠재력을 확보하고 자체 핵무장의 방향으로 나아갈 수 있는 '기회의 창'이 열리고 있다.

한국이 자체 핵무장의 방향으로 나아가기 위해 가장 중요한 것은 대미 설득이다. 그런데 트럼프 대통령은 미국의 '세계경찰' 역할에 부정

표 11.2 한국의 자체 핵무장 로드맵

단계	실행 과제
1단계	**핵자강을 위한 컨트롤 타워 구축 및 핵잠재력 확보** • 대통령실 국가안보실의 제2차장실이나 제3차장실에서 북핵 대응 문제를 전담 • 대통령이 독자적 핵무장 결정을 내릴 경우 이를 신속히 실행에 옮기기 위한 Plan B 수립 (핵자강 로드맵 구체화, 핵개발에 필요한 예산 확보, 조직 신설 등) • 민간 원자력 발전소에 사용할 농축우라늄 생산 및 공급을 위한 한·미·일·영·호주 국제 컨소시엄 구축 • 일본과 같은 수준의 핵잠재력을 확보하기 위해 한미원자력협정 개정 (미 행정부가 방위비 분담금의 대폭 증액을 요구할 경우 반대급부로 한미원자력협정 개정 요구) • 전시작전통제권 전환 • 미국의 동의와 협력하에 또는 한미일 컨소시엄을 구성해 핵추진잠수함 건조 (미 행정부의 조선업 분야 협력 요청에 응하면서 원잠 건조에 대한 미국의 협조를 유도) • 핵무장에 필요한 핵공학자와 기술자 등 인력과 시설 등 파악 및 확보 방안 수립 • 한국의 독자적 핵무장에 대한 국내외 여론 분석
2단계	**NPT 이행정지(또는 탈퇴) 및 핵개발** • 북한의 추가 핵실험 시 또는 주한미군의 감축이나 철수 시 한반도 비핵화 공동선언의 폐기 및 NPT 이행정지(또는 탈퇴) • 한국의 NPT 이행정지(또는 탈퇴)와 핵무장에 반대하는 국가들을 설득하기 위한 정교한 외교전략의 수립과 홍보 전개 (미국, 유럽, 일본, 중국, 러시아 설득 방안 구체화 및 대미 의회외교 활성화 방안 수립 등) • 핵무장에 우호적인 국내외 전문가들, 정치인들과의 긴밀한 네트워크 구축 및 이들에 대한 지원 방안 수립 • 핵무장에 우호적인 여론을 형성하기 위한 홍보전략 수립 및 해외 공공외교 지원 • 핵무장 추진 시 야당 설득 및 초당적 협력 방안 수립

계속

단계	실행 과제
2단계	• 일본과의 동시 핵무장 가능성 타진 (한일이 공동으로 핵무장하면 국제사회가 한국에 대해 제재 불가능) • 대미 설득 및 미국의 묵인하에 핵개발 시작 (한국 또는 한일의 핵무장이 미국의 대중 견제에도 도움이 된다는 점을 강조) • 핵개발 기간 중 북한의 선제공격을 피하기 위해 대북 평화/대화 공세 • 핵추진잠수함 개발 가속화
3단계	**핵개발 완료 후 '사실상의 핵보유국' 지위 공고화** • 핵무기 개발 완료 및 배치 후 핵무장 여부에 대해 시인도 부인도 하지 않는(NCND:Neither Confirm Nor Deny) 정책 추진 (고농축우라늄으로 핵무기를 개발할 경우 핵실험이 필요 없어 은밀히 핵개발 완료 가능) • 핵무장 사실을 공표할 경우 북한이 핵을 포기하면 우리도 핵을 포기한다는 '조건부 핵무장' 입장과 '핵 선제 불사용((NFU·No First Use)' 원칙 천명 (우리의 핵무기가 생존용 및 협상용이라는 것을 강조) • 한미 NCG(핵협의그룹)를 NPG(핵계획그룹)로 확대, 발전시킴 • 한미 전략사 간의 협력 확대 • 한미일 핵추진잠수함 공동 운용 • 중국 및 북한과의 핵감축 협상 제안(북한의 핵무기가 감축되는 데 상응해 대북제재 완화, 한미연합훈련의 축소 조정, 북미 및 북일 관계 정상화, 금강산 관광 재개, 개성공단 재가동, 남북중 철도·도로 연결, 평화협정 체결 등 추진)

주: 정성장, 『왜 우리는 핵보유국이 되어야 하는가』(서울: 메디치미디어, 2023), p. 120에서 저자는 한국이 핵무장을 완료한 후 북한의 핵무기 보유량을 10~20개 정도로 줄여 사실상 '준(準)비핵화'를 달성하는 것을 현실적 목표로 설정하고 북한과 핵감축 협상을 진행할 필요가 있다고 주장했다. 그러나 이후 북한이 다양한 투발수단에 탑재 가능한 전술핵탄두 모형을 공개하고 핵탄두의 기하급수적 증산을 추구하게 됨에 따라 '준비핵화'도 달성 불가능한 목표로 전락해 이 글에서는 그 같은 목표를 삭제했다.

적이고 부유한 한국을 미국이 왜 지켜주어야 하는지 모르겠다는 입장이다. 따라서 한국의 자체 핵무장이 미국의 북한 관리 및 대중 견제 목표에 부합하고 한국이 자체 핵무장 후 미국과의 안보협력을 더욱 강화할 수 있는 실질적인 방안을 제시한다면 한국의 핵무장을 묵인할 수 있을 것이다.

현재 미국의 외교·안보정책에서 최대 관심사는 대중 견제다. 그런데 북한이 계속 미 본토를 위협할 수 있는 ICBM 능력을 발전시키고 있고 핵잠수함 개발까지 추진하고 있어 미국이 중국 견제에만 집중하기 어려운 상황이다. 특히 대만 유사시 북한도 한반도에서 도발을 감행하면 주한미군은 한반도에 묶여 있을 수밖에 없다. 그러나 만약 한국이 자체 핵무기를 보유하게 되면 북한을 확실히 억제할 수 있게 되므로 미국은 대중 견제에 집중할 수 있게 된다.

한국에 이어 일본도 핵무장을 하게 되면 동북아 6개국 간 핵 균형이 이루어지게 될 것이다. 북중러는 모두 핵무기를 보유하고 있는데 한미일 중에서 미국만 핵을 보유하고 있음으로써 발생하는 힘의 불균형이 해소될 것이다. 한국과 일본이 자체 핵무기를 보유하게 되더라도 서태평양에서 미국의 도움 없이 중국의 현상타파 시도를 막을 수는 없으므로 한미동맹이나 미일동맹이 깨지는 일은 결코 발생하지 않을 것이다. 오히려 한국과 일본이 서태평양에서 북한과 중국의 군사력을 상당 부분 억제할 수 있게 됨으로써 미국은 국방예산의 상당 부분을 줄일 수 있다.

미국의 2023 회계연도 국방예산은 7,730억 달러에 달하는데 핵무기 관련 예산까지 포함하면 1조 달러가 넘는 예산이 국방비로 지출되고 있다. 미국은 자국의 안보보다 동맹국의 안보를 위해 더 많은 비용을 부담하고 있어 동맹국들이 스스로 안보문제를 해결하면 미국은 국방예산의 4분의 1 정도를 절감할 수 있다. 그렇게 되면 누적되는 재정 적자로 연방정부의 셧다운(shutdown)이 골칫거리인 미국의 예산 절감에 큰 도움이 될 것이며 미군 병력도 감축할 수 있다.[42]

만약 남북한 간 핵 균형이 이루어지게 되면 한국은 북한의 핵위협에 대한 공포에서 벗어날 수 있게 되어 한반도 정세가 지금보다 훨씬 안정되고 남북교류도 재개될 수 있을 것이다. 그리고 북한도 더 이상 한국의 군사력을 무시하지 못하게 될 것이며 핵전쟁을 막기 위해 남북 군비통제 협상에 나서게 될 것이다. 한국이 자체 핵무기를 보유함으로써 북한의 핵을 더 이상 두려워하지 않을 수 있게 된다면 북일 수교나 북미수교를 굳이 반대할 이유가 없고 오히려 북한의 국제사회 편입을 지원해 줄 수도 있다. 그러므로 한국의 자체 핵보유가 북한 주민에게도 나쁜 것만은 아니다.

그러므로 진정으로 한반도 평화와 안정 및 남북관계의 정상화를 원한다면 한국의 외교·안보·대북정책을 대전환해 한국의 자체 핵보유를 통한 남북 핵 균형을 추구해야 한다. 이를 위해서는 자강에 대한 확고한 의지와 외교·안보 분야에서 당파적 분열을 넘어 초당적 협력을 추구하는 담대하고 통합적인 정치지도자가 반드시 필요하다.

⌘ 참고문헌

샤를 드골. 『드골, 희망의 기억』. 서울: 은행나무, 2013.
송의달. 『신의 개입』. 서울: 나남, 2024.
이창위. 『북핵 앞에 선 우리의 선택』. 서울: 궁리출판, 2019.
정성장. 『왜 우리는 핵보유국이 되어야 하는가』. 서울: 메디치미디어, 2023.
_____. 『우리가 모르는 김정은』. 서울: 한울아카데미, 2024a.
_____. "트럼프 2기 행정부의 대 한반도 정책과 한국 외교안보의 과제." 김현욱 외. 『트럼프 2기 행정부 출범과 미국의 대외정책 전망』. 서울: 세종연구소, 2024b.
조비연. "동아시아 비핵국가들의 Plan B: 핵잠재력 확보를 통한 잠재적·보험적 억제력 구축." 『국가전략』, 제27권 4호 (2021년 겨울호).
한반도선진화재단 북핵대응연구회. 『북핵: 방관할 것인가?』. 한선정책 2023-1 (2023. 2.1).
홍우택·박창권. 『북한의 핵전략 분석』. 서울: 통일연구원, 2018.

Esper, Mark T. *A Sacred Oath*. New York: HarperCollins, 2022.
McMaster, H. R. *At War with Ourselve*. New York: Harper, 2024.

한국 핵무기 개발의 기술적 능력 평가

이춘근(한국과학기술기획평가원)

최근 정치권에서 논의되는 핵무장론, 특히 조기에 핵무장이 가능하다
는 주장은 과학적 근거가 부족하고 국내 산업계의 현실과도 맞지 않는
다. 이런 상황을 무시하고 급하게 핵무장을 추진하면 핵무장이 지연되
거나 막히면서 엄청난 국제제재를 받게 될 수 있다. 따라서 핵무장 논
의는 한국 과학기술계의 현실과 능력에 대한 세밀한 분석과 중장기 대
안을 앞세워야 한다. 이를 위해 이 글에서는 핵무기 개발에 필요한 기
초 기술과 과거의 시도, 북한, 일본과의 비교 분석을 통해 한국의 수준
을 평가하고 몇 가지 정책 대안을 제시한다.

1. 핵무기 개발에 필요한 기술과 재료

핵무기를 개발하려면 핵물질 획득과 기폭장치 및 투발수단 개발, 운용과 지원시설 등이 필요하다. 최근 기술발전과 정보 확산으로 기폭장치에 대한 통제가 어려워지면서 많은 나라들이 핵물질 확보 여부를 핵개발의 핵심 지표로 설정하고 있다. 이 절에서는 핵폭발을 일으키는 핵물질의 종류와 생산, 이를 활용한 핵무기 생산경로와 기술들을 간략히 소개한다.

원자력산업과 핵무기

물리학 발전으로 원자의 구조가 밝혀지면서 1930년대 말부터 원자핵의 양성자 수를 변화시켜 원소 자체를 바꾸려는 연구가 시작되었다. 이 과정에서 핵반응으로 질량이 감소하고 그 차이가 막대한 에너지로 전환된다는 것을 알게 되었다. 1g의 우라늄235(U^{235})가 연쇄적으로 핵분열해 생성하는 열은 석탄 약 3톤(약 300만g)의 열량과 같다고 한다. 핵융합에서는 월등히 더 많은 에너지가 발생한다. 이를 알아낸 과학자들이 후에 원자탄이나 수소탄, 원자력발전소 등을 개발하게 된 것이다.

원자력의 활용 범위가 민수분야로 확산되면서 원자력산업이 태동했고 도표 12.1에서 보듯이 핵무기와 민수용 원자력산업이 함께 발전하게 되었다. 이 도표의 상부는 우라늄을 원료로 하는 원자로의 운용과 원자탄 제조, 사용후핵연료의 재처리로 생산한 플루토늄의 이용 공정을 나타낸 것이고 하부는 중수와 리튬을 이용한 수소탄 제조 공정을 나타낸 것이다. 이렇게 원료에서 응용, 그리고 핵분열에서 핵융합까지 이어지는 수준 높은 원자력산업을 보유하면 강력한 핵무기 개발 잠재력을 보유했다고 말할 수 있다.

도표 12.1에서 보듯이 핵무기 생산경로는 5가지로 구분할 수 있다. 즉, ① 우라늄을 육불화우라늄(UF_6)으로 변환한 후 기체확산법으로 농축해 만드는 고농축우라늄(HEU) 원자탄, ② UF_6를 원심분리법으로 농축해 만드는 HEU 원자탄, ③ 우라늄을 원자로에서 태운 후 사용후 핵연료를 재처리해 추출하는 플루토늄(Pu) 원자탄, ④ 리튬을 원자로에서 태워 삼중수소(T)를 생산하고 이를 중수소(D)와 혼용하거나 '리튬6(Li^6)'와 결합시켜 만드는 증폭탄 또는 수소탄, ⑤ Li^6와 중수소를 반응시켜 '중수소화리튬6(Li^6D)'를 만들어 사용하는 증폭탄 또는 수소탄이다.

도표 12.1　　원자력산업과 핵무기

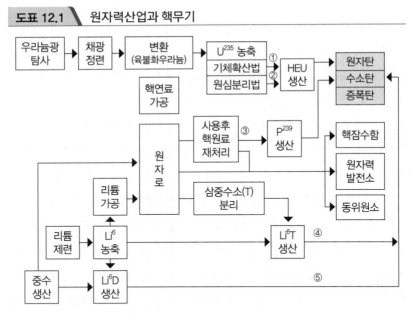

출처: 이춘근, 『북한의 핵패권』(서울: 인문공간, 2023), p. 52.

핵무기용 핵물질의 생산

도표 12.1의 ①, ②, ③에서처럼 비교적 쉽게 핵분열을 일으키는 물질에 우라늄(U^{235}와 U^{233})과 플루토늄(Pu^{239}) 등이 있다. 다만, U^{235}는 자연계 우라늄 중에 0.71%뿐이고 Pu^{239}는 원자로에서 우라늄을 태워 생산해야 한다. 역시 원자로에서 토륨(Th^{232})으로 U^{233}을 만들 수 있지만, 생산과정에서 포함되는 U^{232}가 강한 방사선을 방출하기 때문에 문제가 된다.

우라늄과 플루토늄 모두 다양한 동위원소들이 있고 연쇄적인 핵분열에

표 12.1 우라늄 농축법 비교

방법	원리	장점	단점	비고
기체 확산법	UF_6 가스의 운동 속도 차이를 이용	작동 구역이 작고 대용량 처리가 가능	분리계수가 작고 전력 소모가 큼. 대규모 설비로 경제성이 낮음	초기에 많이 활용되었으나, 현재 거의 도태됨
원심 분리법	UF_6 가스의 원심력 차이를 이용	분리계수가 크고 전력 소모와 설비 규모가 작아 분할 건설 가능	기계적으로 복잡하고 고도의 산업기술이 필요함	현재 가장 널리 활용되고 있음
원자 레이저법	원자, 분자의 레이저 흡수 스펙트럼 차이를 이용	분리계수가 극히 크고 건설비가 적게 듬	우라늄 금속을 고온에서 취급해야 함	주요국에서 연구 중
분자 레이저법		분리계수가 크고 건설비가 적게 듬. UF_6 순환에 적합	극저온 환경과 높은 레이저 기술이 필요함	미국 등에서 실용화 연구 중
화학 교환법	이온교환 반응을 이용	작동 구역과 설비 규모, 에너지 소모가 작음	정상상태 달성 시간이 길고 분리 효율이 낮음	주요국에서 연구 중

필요한 특정 동위원소와 최소 농도 및 중량이 존재한다. 따라서 무기급 핵물질을 얻기 위해 이를 분리, 농축, 정제, 가공하는 복잡한 공정을 거치게 된다. 일반적으로 우라늄 원자탄은 U^{235}가 90% 이상, 플루토늄 원자탄은 Pu^{239}가 93% 이상인 것을 사용한다. 현재까지 개발된 우라늄 농축 방법에는 기체확산법, 원심분리법, 레이저법, 화학교환법 등이 있는데 현재 원심분리법이 경제성과 효율이 우수해 가장 널리 활용되고 있다.

원자로에서 나온 사용후핵연료에는 U^{235}와 U^{238}, Pu 등이 혼재되어 있어 이를 재처리해 원하는 물질을 얻게 된다. 재처리 방법에는 건식법과 습식법이 있는데 건식법은 연구 단계이고 습식법에 속하는 침전법, 용매추출법, 이온교환법 등이 주로 이용된다. 현재 용매추출법인 퓨렉스(PUREX)법이 용매의 안정성과 비휘발성, 비교적 간단한 조작 등의 장점이 있어 가장 많이 사용되고 있다. 퓨렉스법은 사용후핵연료의 냉각과 저장, 절단, 용해와 피복관 제거, 핵분열성 물질 제거, 우라늄과 플루토늄 용액의 분리, 정제, 질산염 제거 및 저장 등의 단계를 거쳐 진행된다.

원자로와 핵무기

원자력산업 중 핵무기 생산과 민수용 발전을 병행하는 핵심 설비에는 원자로가 있다. 원자로는 핵물질의 연쇄적인 핵분열반응을 인공적으로 제어하여 열을 발생시키거나, 방사성 동위원소와 플루토늄 등을 생산하는 장치를 말한다. 원자로의 주요 구성품에는 핵연료, 중성자의 속도를 줄여 핵분열을 조절하는 감속재, 과열을 막기 위한 냉각재 등이 있다. 사용하는 감속재의 차이에 따라 흑연감속로, 경수로, 중수로 등 다양한 유형이 있고 최근에는 고속증식로와 소형 모듈원자로(SMR)가 활발히 연구되고 있다.

흑연감속로는 열효율이 낮고 경제성과 안전성이 떨어지나 건설비용이 싸고 낮은 기술로 건설과 운용이 가능하며, 천연우라늄을 그대로 사용할 수 있다는 장점이 있다. 무엇보다 핵무기급의 고품질 플루토늄을 바로 생산할 수 있어 초기에 핵 강국들이 군사적 목적으로 많이 사용했다. 이후 천연우라늄 대신 1~2%의 저농축우라늄을 사용하고 냉각재 온도를 600도 이상으로 높인 가스냉각 원자로(AGR)가 개발되었다. 이 원자로는 발전효율이 40% 가까이 된다고 한다.

미국에서 개발된 경수로(LWR: Light Water Reactor)는 보통의 물(증류수)을 감속재와 냉각제 겸용으로 사용하는 가장 보편적인 형태의 발전용 원자로다. 일반 상업용 경수로는 2~5%의 저농축우라늄을 핵연료로 사용하지만, 잠수함 추진용은 60% 이상의 고농축우라늄도 사용한다. 경수로는 안전성과 경제성이 우수해 세계 원자로 시장의 70% 이상을 차지할 정도로 널리 사용되고 있다. 다만, 핵무기용 플루토늄 생산에는 부적합하다고 알려져 있다. 북한 신포에 건설하다 중단된 것도 경수로에 속한다.

중수로(HWR: Heavy Water Reactor)는 중수(D_2O)를 감속재와 냉각제로 사용하고 천연우라늄을 연료로 사용하는 원자로로 천연우라늄이 풍부해 농축 필요성이 적은 캐나다에서 개발했다. 흔히 CANDU(CANada Deuterium Uranium)형이라고 불리며 가동 중에도 핵연료를 교체할 수 있으나 많은 폐기물을 배출하는 단점이 있다. 중수로를 이용하면 흑연감속로보다는 못하지만 경수로보다 유리하게 무기급 플루토늄을 생산할 수 있다. 따라서 군사적 용도를 염두에 두는 국가에서 선호하기도 한다.

고속증식로(FRB: Fast Breeder Reactor)는 사용후핵연료 재처리로 추출한 플루토늄과 우라늄의 혼합연료(MOX)를 사용한다. 냉각재로는 액체 금속 나트륨처럼 중성자 에너지 감속 기능이 적은 것을 사용한다. 이 원자로는 고속중성자를 사용해 U^{238} 중 상당 부분을 Pu^{239}로 전환하고 이것이 연소(연료 증식)하여 연료 효율이 극히 높은 장점이 있다. 고속증식로는 프랑스, 러시아, 일본, 미국, 중국 등에서 활발히 연구했으나, 일본 몬주 고속증식로 사고 이후 안전성 문제로 추가 건설이 지연되고 있다.

일반적인 가동 조건에서 핵무기용으로 가장 좋은 플루토늄(Pu)을 생산하는 원자로는 고속증식로이고 다음이 흑연감속로, 중수로 순이라고 할 수 있다. 경수로의 사용후핵연료에서 추출하는 Pu는 Pu^{240} 등의 자발핵분열이 강한 동위원소 비율이 높아 핵무기로는 부적합하다. 최근 기술 발전으로 상업용 경수로에서 추출한 Pu로도 원자탄을 만들 수 있다는 주장이 많으나, 이를 이용해 핵무기를 대량으로 생산한 나라는 아직 없다.

핵폭발 장치와 투발수단

확보한 U^{235}, Pu^{239} 등의 고농축 핵물질을 원하는 장소에 투사해 최대 위력으로 폭발시키려면 고도의 첨단기술과 안전장치, 조종장치 등이 결합된 정교한 핵폭발 장치가 필요하다. 핵폭발장치의 구성요소로는 임계질량 이상의 우라늄, 플루토늄 등의 핵물질, 이 핵물질의 초임계질량 달성과 최대 폭발위력 발휘를 위한 기폭장치, 중성자 발생장치, 연쇄반응을 촉진하는 반사재 등이 있다.

핵물질이 지속적인 핵분열을 일으키려면 일정량 이상의 우라늄이나 플루토늄이 있어야 하는데 이 양을 임계질량이라고 한다. 임계질량은 핵물질의 순도와 밀도가 높을수록, 표면적이 작을수록 감소한다. 국제원자력기구(IAEA: International Atomic Energy Agency)에서 정의하는

20kt(킬로톤) 핵무기급 임계질량으로 의미 있는 양은 우라늄(U^{235} 90% 이상)의 경우 25kg, 플루토늄(Pu^{239} 93% 이상)은 8kg 정도다. 단, 최근 기술 발전으로 이 양이 각각 14kg, 4kg 이하로 감소하고 있다.

고농축우라늄은 자연계의 중성자와도 반응해 서서히 핵분열하고, 플루토늄은 자발적인 중성자 방출로 핵분열하므로 임계질량 상태로 보관하면 지극히 위험하다. 따라서 기폭장치에서도 핵물질을 2개 이상으로 분할하거나 저밀도로 미임계 상태를 유지하다가 고성능 폭약으로 백만분의 1초 이내에 압축시켜 초임계로 전환시키는 장치를 사용한다. 이 장치를 기폭장치 또는 고폭장치라고 칭한다 (기폭장치 구성과 발전과정은 글상자 12.1 참조).

기폭장치의 핵물질 중앙부에는 중성자 발생장치를 설치하는데 최초의 원자탄에는 폴로늄(Po^{210})과 베릴륨(Be)을 혼합한 중성자원을 이용했다. 기술 발전으로 근래에는 외부에 설치한 중성자 발생장치를 많이 이용한다. 핵무기 소형화를 촉진하고 위력을 증대시키는 방안으로 소량의 중수소와 삼중수소 혼합재를 추가해 여분의 중성자를 발생시키기도 한다. 핵분열 시 생성되는 중성자의 외부 이탈을 막고 이를 내부로

글상자 12.1   기폭장치의 발전

원자탄 개발 초기에는 고농축우라늄에 포신형(Gun Type) 기폭장치, 플루토늄에 내폭형(Implosion Type) 기폭장치를 사용했다. 포신형은 핵물질을 2개의 반구형 상태로 분리해 놓았다가 폭발 시 하나로 결합해 초임계상태에 도달시키는 장치로 '히로시마형 기폭장치'라고 부르기도 한다. 구조가 간단하고 고농축우라늄만 있으면 쉽게 제조할 수 있다는 장점이 있다.

계속

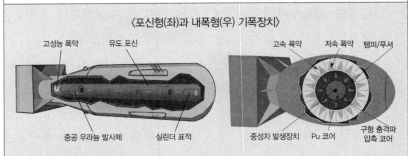

〈포신형(좌)과 내폭형(우) 기폭장치〉

고성능 폭약   유도 포신

중공 우라늄 발사체   실린더 표적

고속 폭약   저속 폭약   탬퍼/푸셔

중성자 발생장치   Pu 코어   구형 충격파 압축 코어

내폭형은 핵물질을 여러 개의 작은 조각으로 분할해 놓았다가 폭발 시 순간적으로 압축시켜 초임계상태에 도달시키는 장치다. 각기 다른 폭발 시간을 가지는 폭약들의 이용과 동공 형성 등에 의해 폭발 충격파가 동시에 플루토늄 구체표면에 미치도록 하는 효과(Lens Effect)를 발생시킨다. '나가사키형 기폭장치'라고 부르기도 하며 구조가 복잡하고 상당한 첨단기술과 정밀도를 요구하므로, 핵실험을 통해 장치를 개량해 나간다.

근래에는 2점형(two point) 등의 개선된 기폭장치를 사용해 미사일 탄두 형상에 맞춘 개량형이 개발되었다. 이때 소량의 중수소(D)와 삼중수소(T) 혼합기체를 내부에 장입해 핵무기 소형화를 촉진하기도 한다. 이런 기폭장치는 다탄두 미사일과 위력조절형 핵탄두 등에 잘 사용된다.

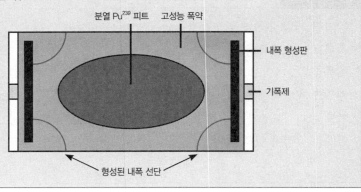

분열 Pu^{239} 피트   고성능 폭약

내폭 형성판

기폭제

형성된 내폭 선단

반사해 폭발위력을 증폭시키기 위해 반사재도 이용한다. 이를 통해 핵무기 소형화도 촉진시킬 수 있다.

초기의 원자탄은 무게가 수 톤에 달하고 부피가 커 폭격기에 의한 항공 투하탄에 의존할 수밖에 없었다. 이후 미국과 소련 간 냉전이 격화되면서 장거리 폭격기와 대륙간탄도미사일(ICBM), 잠수함발사탄도미사일(SLBM)이 주력 투발수단이 되었고, 원자탄이 소형화하면서 단거리 미사일과 야포탄, 어뢰, 지뢰 등의 전술핵으로 투발수단이 다양화되었다. 이를 효과적으로 투사, 활용하기 위한 핵전술도 태동, 발전했다.

핵능력은 크게 관련 산업의 지원 능력과 기술적 능력, 전술적 능력으로 나눌 수 있다. 관련 산업은 자주적인 원자력주기 완성과 고도화 수준을 말한다. 기술적 수준은 핵무기의 크기와 무게, 핵물질 이용률, 신뢰성과 안전성, 정비 용이성 등이다. 전술적 성능은 핵무기의 폭발 위력, 투발수단의 사거리와 정확도, 대응 시간, 생존성과 기동성, 적 방어체계 돌파능력 등이다. 이 안에서 국가 간 차이와 장단점, 차별화된 대응 수단 등이 나타나게 된다.

2. 과거의 핵물질 생산 시도와 수준

한국은 1970년대 플루토늄 기반의 핵무기 개발을 시도했던 사례가 있다. 2000년대 초반에는 레이저에 의한 우라늄 농축 연구를 추진해 IAEA의 집중 사찰을 받기도 했다. 이에 대한 미확인 정보가 확산되면서 한국의 핵능력을 과도하게 높이 평가하기도 한다. 이 절에서는 이 두 사례를 좀 더 상세히 살펴보고 당시의 기술적 수준과 함의를 간단히 분석해 본다.

과거의 우라늄 농축 시도와 국내 수준

국내 원자력산업에서 가장 취약한 분야는 핵물질인 우라늄과 플루토늄, 특히 가장 기본이 되는 우라늄 농축이라고 할 수 있다. 이 두 물질의 생산은 한반도 비핵화 선언에서 한국이 포기한 핵심 부분이고 한미원자력협정 등의 국제규제에서 가장 엄격히 통제하는 부분이다. 우라늄과 플루토늄이 원자력산업의 기본이면서 핵무기 제조에도 없어서는 안 될 핵심 물질이기 때문이다.

핵무기가 아닌 여타 목적으로 이런 물질을 연구하기도 한다. 따라서 핵무기 개발이 아닌 연구 활동이 종종 핵무기 개발 시도로 간주되어 논란이 되기도 한다. 한국도 마찬가지다. 한국은 원자력발전소 건설 초기부터 우라늄 자원을 전량 수입했으나, 기술 수준이 올라가면서 국내산 개발 연구가 시작되었다. 이 과정에서 인광석을 처리해 약 150kg의 금속 우라늄을 자체 생산했고 바닷물에서의 우라늄 추출도 연구했다. 해외에서 우라늄을 농축하고 남은 감손우라늄 일부를 들여오기도 했다.

국제규제와 무관한 우라늄 자원이 확보되자 원자력계에서 인접 분야 연구가 활발해졌다. 감손우라늄은 미국이 걸프전에서 사용해 그 성능이 입증된 날개안정철갑탄 개발에 활용되었다. 당시 북한의 천마호 전차가 출현하면서 기존 대전차탄으로는 관통이 어려울 것으로 판단되었기 때문이다. 다만, 국내외에서 감손우라늄 탄자의 방사능 오염 문제가 대두되면서 개발이 중단되고 유사한 성능의 텅스텐 탄자로 대체되었다.

2000년대 초반 큰 문제가 된 한국원자력연구원의 레이저 우라늄 농축도 이런 분위기에서 시작된 것이다. 레이저에 의한 동위원소 농축은 민군 겸용기술로 우라늄뿐만 아니라 의료용이나 산업용 등의 여타 분야에서도 폭넓게 이용된다. 국내에서도 의료용 가돌리늄(Gd) 등 동위원소를 분리하는 연구를 수행하다가 우라늄 자원이 있는 것을 보고 그

분리를 생각하게 된 것이다. 그 시초가 핵무기보다는 과학자들의 호기심과 인접 분야 연구 의욕에 따른 것이었다는 말이다.

당시의 레이저 설비와 농축 횟수, 시간, 농축도 등에 대해서는 여러 가지 추측과 설들이 있으나, 필자가 연구자들과 면담한 바에 의하면 대략 다음과 같다. 즉, 다양한 동위원소 분리 실험을 하다가 수차에 걸쳐 우라늄을 농축해 무기급에 못 미치는 평균 농도 30%, 최고 농도 77%의 농축 우라늄 0.2g을 얻었다는 것이다. 고농축우라늄(HEU) 원자탄 1개에 약 20kg이 필요하다는 것을 감안하면 한국이 추출한 양(0.2g)은 이의 10만분의 1로 지극히 적은 양이라고 할 수 있다. 여기서 문제가 되는 것은 왜 신고를 안 했느냐? 당시 한국이 핵무기 개발을 시도했느냐? 이 실험을 연장해 핵무기 개발이 가능한가라는 점이다.

이 실험을 할 당시 연구개발 사항은 신고 대상이 아니었다. 이후 제정된 추가의정서 등으로 규제가 강화되자 그동안의 실험들을 신고하게 된 것이다. 관련 설비들도 모두 폐기했다고 전해진다. 아울러 IAEA 등의 사찰 결과로 "우리 연구자들이 핵개발을 목표로 하지 않았고 우리의 HEU 생산량이나 능력이 매우 약했다"라는 결론이 나왔다. 이에 국제 사찰관들도 크게 문제 삼지 않았으나 미국 등이 길들이기 차원에서 엄격히 추궁했다는 전언이다.

그럼에도 불구하고 이 실험에 대한 논란이 계속되는 것은 최근 한국에서 핵무장론이 강하게 제기되면서 그 근거로 당시의 실험을 과대 포장하기 때문이다. 일례로 일부 학자가 "우리 레이저농축 기술로 HEU 20kg을 3.5일 만에 생산할 수 있고, 원자탄 1개도 3주, 늦어도 3달 안에 생산할 수 있다"라고 주장했다. 이 주장의 연장선상에서 한국이 "6달 내에 증폭탄, 1년 내에 수소탄을 생산할 수 있다"라는 설이 나왔고 최근에는 "마음만 먹으면 1년 내에 원자탄을 생산할 수 있다"라는 말까지 나왔다.

그러나 필자가 확인한 결과, 이는 사실이 아니다. "3.5일에 HEU 20kg 생산 가능"이라는 주장은 1977년 5월 26일자『동아일보』기사를 근거로 한 것이다.[1] 이 기사는 미국이 연구 중이라는 '원자증기레이저농축법(AVLIS: Atomic Vapor Laser Isotope Separation)'을 소개하면서 그 초기 연구결과와 가능성을 언급한 것에 불과하다. AVLIS법은 실험실 연구에서 많은 장점을 보여 1970년대부터 20여 개국에서 활발히 연구되었으나, 공정상의 어려움으로 산업화에 실패한 방법이다.

레이저농축법은 원자나 분자의 흡수 스펙트럼이 동위원소별로 차이가 있는 것을 이용한다. 이 방법은 전력 소모가 기존 농축법 중에서 가장 적고 분리계수가 극히 높아 3번 정도로 무기급 농축도에 도달할 수 있다. 또한 이 레이저농축법은 설비 크기가 작고 모듈화가 가능하며 투자 규모가 작고 다른 금속이나 감손우라늄도 분리 농축할 수 있다는 장점이 있다. 이에 미국 에너지부는 1985년 레이저농축법이 기체확산법을 대체하는 미국의 제3세대 농축법이라고 결정한 바 있다.

이때 레이저농축법에도 여러 가지가 있다는 점을 고려해야 한다. 공통적인 것은 "동위원소들의 흡수 스펙트럼 차이가 분명하면서 중첩이 없어야 하고 레이저 출력이 크면서 특정 동위원소의 여기(excitation)에 적합한 파장을 가져야 하며, 격발된 동위원소가 쉽게 영구적으로 혼합물에서 분리되어야 하고 분리 과정에서 중대한 손실이 없어야 한다"라는 것이다. 과학적 원리는 간단하나 공정에서 이를 구현하는 것이 결코 쉽지 않은 것이다.

한국이 수행한 AVLIS법의 주요 설비는 레이저 설비, 우라늄 증발 및 분리 수집기, 우라늄 순환기 세 부분이다. 먼저 한국과 미국은 초창기에 10kw(킬로와트) 저출력의 파장가변형 구리증기레이저를 사용했다. 이런 설비로 분명한 효과를 볼 수 있으나, 공업화하려면 100kw(킬로와트) 이상의 대출력 설비가 필요하다. 단 이런 설비 전체를 국내 조달할 수 없고 일부 수출통제 품목은 최종목적을 기입해 수입해야 한다. 핵무기 연구를 위한 대량 주문이 어렵다는 말이다. 특히 수명이 짧은 것을 대량 주문할 때 큰 문제가 된다.

다음으로 우라늄 금속을 이온빔으로 증기화한 후 레이저 조사 구역으로 보내는데 3,000도 이상의 고온을 장시간 견디는 도가니를 만들기 어렵다. 무엇보다 고온 우라늄 증기의 활성도가 극히 높아 대부분의 금속, 비금속과 반응해 합금이나 화합물이 된다는 문제가 있다. 설비의 부식이 급증하는 것인데 AVLIS법에서 가장 극복하기 어려운 문제로 꼽힌다. 아울러 넓은 전극판에서 부분별로 농축도가 달라지고 이를 모두 채집해 함께 녹이면 최종 제품의 평균 농축도가 낮아지는 문제가 있다. 결국 미국도 이런 공정상 난제들을 해결하지 못하고 분자법으로 전환하고 말았다.

분자법(SILEX법)은 56.5도에서 승화하는 육불화우라늄(UF_6)을 이용하는 방법으로 미국이 호주의 원천기술을 도입해 공업화를 시도했다. 그러나 이 방법도 상온에서 U^{235}와 U^{238}의 흡수 스펙트럼이 넓고 중복되어 분리가 어렵다는 문제가 있다. UF_6를 캐리어 가스(carrier gas)와 함께 초고속으로 노즐을 통과시키면서 단열 팽창해 80k(켈빈) 정도의 극저온으로 냉각하면 스펙트럼이 분명히 분리되지만, 냉각에 전력 소모가 크고 농축산물이 오불화우라늄(UF_5)이므로 재농축하려면 다시 UF_6로의 화학반응을 거쳐야 한다. 결국 미국도 레이저농축법 대신 원심분리법을 사용하고 있다.

한국 내에서 3개월 내 조기 핵무장이 가능하다는 근거로 레이저농축법이 부상한 것은 1977년 『동아일보』 기사를 2000년대 초반 한국 극소량 실험과 잘못 연결한 것이다. 한국은 몇 번에 걸친 초기 연구를 한 것이고 장시간의 공정 연구는 수행한 적이 없다. 이를 사용해 HEU를 생산하려면 설비 구축에 상당한 시일이 소요되고 그 후에는 위에 언급한 공정상 문제점들을 극복해 나가야 한다. 극한 상황에서 또는 시간적 여유가 있을 때 시도할 수는 있겠다.

레이저 동위원소 분리기술이 우라늄 외에도 의료용, 상업용 고가 동위원소 분리에 유용하기 때문에 지속적으로 연구할 필요는 있다. 다만, 현 시점에서 안정적으로 빠르게 우라늄 농축으로 핵무기를 개발하거나 원자로용 저농축우라늄(LEU)을 대량 생산하려면, 세계적인 추세와 같이 원심분리법을 개발하는 것이 좋겠다. 선진국들이 원심분리법 개발에 15~20년이 걸렸으므로 관련 기초연구를 확대하고 민수용부터 빠르게 개발을 시도해야 할 것이다.

과거의 플루토늄(Pu) 추출 시도와 국내 수준

플루토늄은 우라늄에 비해 생산설비와 기술이 간단하고 비교적 짧은 시간 내에 생산이 가능하다는 장점이 있다. 다만, 원자로 이후의 사용후핵연료 재처리공정에서 많은 방사능 오염이 발생하고 원자로 유형과 가동시간에 따라 동위원소 조성이 크게 변하며, 원자탄 제조 시 기폭장치가 상당히 복잡하고 어렵다는 문제가 있다. 따라서 이의 국내 수준을 파악하려면 플루토늄 원자탄 제조 공정과 기술적 난제들을 좀 더 세밀히 살펴볼 필요가 있다.

현재 한국의 핵무장과 관련해 논란이 되는 것은 과거에 시도했던 퓨렉스(PUREX) 재처리설비 도입 시도와 미량의 Pu 추출, 누적된 상업용 사용후핵연료 Pu의 원자탄 사용 가능 여부 등이다. 이를 결합해 "국내에 누적된 사용후핵연료를 재처리해 1년 내에 핵무기를 생산할 수 있고, 그 수량을 1만 개까지 늘릴 수 있다"라는 주장이 제기되기도 했다. 그러나 재처리설비 도입과 상업용 사용후핵연료 플루토늄의 원자탄 생산 가능성은 전 세계적으로 큰 논란거리다. 주요 이슈별로 이를 상세히 살펴보면 다음과 같다.

먼저 1970년대 초반 박정희정부에서 플루토늄 기반의 핵무기 개발을 추진했다는 증언과 자료들이 있다. 여기에는 프랑스의 퓨렉스법 사용후핵연료 재처리설비와 관련 기술 도입, 캐나다의 플루토늄 생산용 실험용원자로(NRX: National Research experimental) 도입, 한국형 지대지미사일(백곰) 개발 등이 포함되어 있었다. 다만, 당시 기술 수준에 대해서는 증언이 엇갈린다. 1977년 독자 개발한 미사일 발사 시험에 성공한 것 외에는 모두 도중에 중단되거나 크게 지연되고 변화되었기 때문이다.

먼저 사용후핵연료 재처리에 보편적으로 적용되는 퓨렉스법(PUREX) 설비를 프랑스 생고뱅(SGN)사에서 수입하려고 했다. 당시의 공장 설계도가 공개되기도 했다. 다만, 1975년 5월 재처리설비와 기술도입 계약을 체결했으나, 연말에 미국의 개입으로 계약이 취소되고 후속 논의도 중단되었다. 여기에는 1974년 인도 핵실험이 큰 영향을 미쳤다고 한다. 한국이 도입하려고 했던 NRX 원자로를 이용해 인도가 원자탄을 개발했기 때문이다. 따라서 캐나다에서 도입하려고 했던 NRX 원자로 관련 논의도 중단되었다.

당시의 한국 기술력이 미흡한 상황에서 세계 최고 수준의 재처리 기술과 일관 설비 공급능력을 가진 프랑스와 협력한 것은 올바른 선택이었다고 할 수 있다. 근래에 대형 재처리공장을 건설한 일본도 프랑스에서 기술을 도입한 바 있다. 한국 원자력연구소에서도 관련 요소 기술 개발을 추진했다고 전해진다. 다만, 공장 규모는 연간 Pu 20kg 생산능력 정도로 그리 크지 않았다. 원자탄 3~4개 분량이다. 먼저 파이로트 규모의 공장을 도입하고 이를 발전시켜 자력으로 대형 공장을 설립하려고 한 것으로 보인다.

플루토늄 생산용 NRX 원자로 도입도 중단되었다. 미국은 한국의 관련 동향을 파악한 후 10년 내에 핵무기와 미사일을 개발할 능력이 있다고 판단했다고 한다. 이에 따른 압력으로 한국은 1975년 핵확산금지조약(NPT)에 가입하게 되었다. NPT 가입은 핵개발을 중단했다는 신호로 받아들여진다. 상황이 불리해지자 "우리 정부가 이를 주한미군 철수 반대 등의 외교적 카드로 활용했다"라는 주장이 제기되는 것도 이 때문이다. 일각에서 당시 수준을 높이 평가하는 것과 다르다는 것이다.

당시 과학자들 상당수도 "화학 처리 위주로 진행된 부분 기술로는 핵무기 생산이 사실상 불가능했다. 설령 개발해도 핵실험 여건이 없었다"라고 증언했다. 실제로 언론에 등장하는 당시 핵개발 참여자 대다수가 원자로와 플루토늄 재처리에 종사할 화학공학 전공자였고, 이후의 원자탄 개발에 필요한 물리학, 금속공학, 유체역학, 전자기학, 토목공학 전공자들이 보이지 않았다. 핵무기는 지상에서 모사하기 극히 어려워 실제 개발과 수많은 반복 실험이 필수적인데, 초기 단계에서 개발이 중단되어 공식 생산과 처리 단계에는 진입하지 못했다는 것이다.

이후 1975년 하순 캐나다의 상업용 중수로(CANDU형 월성 1호기) 도입계약 체결을 하게 되었다. 이 중수로는 1977년 5월 착공해 1982년 8월 핵연료를 넣었고 동년 12월 31일 시험 발전을 시작했다. 천연우라늄을 연료로 사용하고 중수를 냉각과 감속재로 사용하면서 운전 중에 연료를 교체할 수 있는 원자로여서, 흑연감속로 다음으로 무기급 플루토늄 생산에 적합하다고 알려져 있다. 당시 추진되어 지금까지 국내 핵무기 개발의 여지를 남겨놓은 거의 유일한 자산이다.

국내에서 극미량의 플루토늄을 실제로 추출했다는 언론 기사도 있다. 이는 1982년 4, 5월에 서울 공릉동 옛 원자력연구소의 연구용 원자로 '트리가 마크 III'를 이용해 0.85mg 정도의 플루토늄을 추출했다는 것이다. 그러나 이는 핵무기와 관계없는 연구로 핵연료 조사 결과를 실험실에서 확인한 것에 불과했다. 퓨렉스 등의 재처리공정을 거친 것이 아니라는 말이다. 재처리공정은 필연적으로 방사성 폐기물을 배출하므로 안정성이 대폭 향상된 재처리법이 필요하고, 이를 위한 선행연구와 요소 설비 확장, 중간시험도 필요하다.

다음으로 국내에 2만여 톤이 축적된 사용후핵연료 플루토늄으로 핵무기를 만들 수 있는가에 대한 쟁론이 있다. 1940~1950년대에는 모든 핵개발국들이 흑연감속로에서 천연우라늄을 태워 무기급 Pu를 생산했으나, 1960년대 이후부터 중수로와 경수로가 확산되면서 사용후핵연료의 동위원소 조성이 무기급에서 요구하는 조건을 벗어나기 시작했다. 이에 미국이 본격적으로 플루토늄의 동위원소 조성과 조기 핵분열 현상을 연구하게 되었고, 비확산 전문가들과 원자력 대국 사이의 상업용 원자로 Pu의 핵무기 생산 가능성에 입장 차이가 발생하기 시작했다.

펠라우드(Bruno Pellaud)는 상업용 원자로 플루토늄으로 원자탄을 만들 때 직면하는 문제로 다음의 10가지를 지적했다. 즉, ① 더 큰 임계질량, ② 더 큰 크기와 무게, ③ 더 긴 중성자 수명, ④ 더 작은 위력, ⑤ 위력 예측 곤란, ⑥ 큰 조기폭발 가능성, ⑦ Pu 금속의 상변화 위험, ⑧ 높은 표면 방사선 선량과 열, ⑨ 핵폭발 실험 필요, ⑩ 강제냉각 필요 등이다. 요약하면 조기 핵분열과 열복사, 방사선(감마선) 등으로 인해 이것으로 핵무기를 만들면 신뢰할 수 없고, 거대하며 폭탄 생산 근로자에게 위험을 끼친다는 것이다.[2]

원자로에서 낮은 연소도로 연소하면 생성된 Pu 대부분이 U^{238}이 중성자를 흡수해 생성한 Pu^{239}이지만, 연소도가 높아지면 중성자를 더 흡수해 Pu^{240}, Pu^{241}, Pu^{242}의 비율이 증가한다. 별도로 경수로처럼 우라늄 농축도가 높은 핵연료를 사용할 때는 상대적으로 많은 U^{235}가 중성자를 흡수하면서 U^{236}, Np^{239}를 거쳐 Pu^{238}을 생성한다. 여기서 상업용 Pu로 원자탄을 만들 때의 발열과 방사선, 임계질량 등의 제반 문제가 발생한다. 이런 문제로 인해 원자탄으로 부적합하고 전 세계적으로 상업용 Pu를 이용한 원자탄이 생산된 사례가 없다는 것이다.

이에 대해 많은 비확산 전문가들이 특정 기술을 사용하면 상업용 Pu로도 핵무기를 생산할 수 있다고 주장했다. 대표적인 전문가로 존스(Gregory Jones)가 있다. 그는 먼저 경수로 Pu에 1% 이상, 많게는 5% 이상까지 포함되는 Pu^{238}의 발열문제 해법을 거론했다.[3] Pu^{238}이 Pu^{239}의 200배 이상 열을 발생시키므로 냉각장치가 없으면 Pu 금속의 결정상(phase)이 변해 원자탄 피트의 코어(core)가 손상된다. 이에 존스는 Pu 사용량을 2kg 내외로 줄이고 내부 동공(부양, levitation) 기술을 적용하며, 열 방출선(bridge)으로 열을 줄이고 고성능 폭약으로 압축 속도를 높이면 5kt(킬로와트) 정도의 저위력 원자탄을 만들 수 있다고 했다.

다음으로 Pu^{241}의 분열 산물인 아메리슘241(Am^{241}, 반감기 433년)이 무기급 대비 4배의 감마선을 방출하는 문제가 있다. 시간이 지날수록 이 양이 축적되어 50일 만에 12배, 1년이면 14배로 증가하여, 작업자에게 상당량의 피폭을 일으킨다는 것이다. 이에 대해 존스는 수작업 대신 컴퓨터 원격제어로 작업하고, 핵무기 코어 제작 전에 축적된 분열 생성물을 제거하며, 0.5cm 정도의 천연우라늄을 Pu 코어에 피복하면 상당량의 방사선 차폐가 가능하다고 했다. 아울러 이로 인해 임계질량이 증가하지만, HEU보다는 작다고 했다.

다만, 이런 주장은 국제비확산 강화를 위한 기술적 논의일 뿐이고 실제로 입증된 적이 없다는 것이 문제가 되었다. 원자력 강국들은 여전히 상업용 Pu로는 원자탄을 만들 수 없다고 주장한다. 일례로 일본핵물질관리학회의 이와모토(岩本)는 "방열선을 외부로 연장하는 것은 순식간에 내부로 압축하는 내폭 원리와 상충되고, 고성능 폭약은 80도에서 용융하므로 기폭장치에 코어를 장입한 채 장시간 대기, 이동, 비행해야 하는 미사일 탄두에는 상업용 Pu를 사용할 수 없다"[4]라고 했다. 결론적으로 일본이 핵무기를 개발한다면 HEU가 더 쉽다는 것이다.

미국이 원자로급 Pu로 핵무기를 만들지 않는 이유도 "첫째, 기존 무기급 재고가 충분해 더 이상 생산이 필요 없고 둘째, 원자로급 Pu의 방사선 선량이 높아 기존 핵무기 제조시설에서 작업하면 근로자들의 허용치가 미국 안전기준을 초과하게 되며 셋째, 이것으로 원자탄을 만들어도 핵실험을 통해 무기를 재인증해야 한다"라는 것이다. 이는 1992년의 핵실험 유예를 통해 재인증을 금지한 미국의 정책을 위반하는 것이다. 아울러 미국도 근로자 안전기준 초과로 하지 못하는 것을 다른 나라는 할 수 있으니 막아야 한다고 주장하는 것도 모순이다. 국토면적이 좁고 주민 수용성이 낮으며 환경규제가 엄격한 한국도 마찬가지다.

결국 비확산주의자들의 주장은 "다른 방법이 없을 때 상업용 Pu를 이용할 수 있다"라고 보는 것이다. 세계 원자력 강국들은 엄청난 원자로급 Pu를 축적하고 있다. 이론적으로 Pu^{240} 함량이 15%일 때 2kt 폭발위력, 25%일 때 0.2kt 정도 위력의 핵무기 생산이 가능하다고 한다. 이를 넘어서려면 위에 거론한 많은 기술과 방법들을 적용해야 하는데 그 난이도가 너무 크다. 그래도 무기급을 쉽게 얻을 수 없다면 원자로급 원자탄과 비핵국가 중에서 선택해야 한다는 것이다.

미국은 1962년 원자로급 Pu로 만든 원자탄 폭발시험(20kt 이하)에 성공했다. 그러나 이때 사용한 플루토늄을 오늘날 기준으로 분류하면 핵연료급(Pu^{240} 19% 이하)이고, 그 이상(상업용)의 성공 사례는 없다. 올브라이트(Albright)는 이때 사용한 것이 Pu^{240} 12% 정도라고 했고 세계핵협회는 13~14%라고 했다. 이는 한국 내에 축적된 상업용 사용후핵연료, 특히 경수로 사용후핵연료의 Pu^{240} 함량보다 크게 낮은 것이다. 따라서 한국이 국내에 축적된 사용후핵연료를 사용해 수천 개의 원자탄을 생산할 수 있다고 주장하는 것은 근거를 찾기 어렵다.

미국은 위의 핵실험 후 성명에서 "미국은 광범위한 핵실험 DB와 예측 역량을 보유하고 있다. 이 정보와 이번 저위력 시험 결과를 결합하면 원자로급 Pu로 핵무기를 제작할 수 있다는 것을 보여준다"라고 했다. 원자로급 Pu의 핵무기 가능성은 수천 번의 핵실험 데이터베이스(DB)와 이를 근거로 한 예측 능력에 근거한다는 것이다. 한국은 이것이 없다. 하나의 방편으로 국내에 축적된 중수소(D), 삼중수소(T)로 증폭하는 방법이 있다. 그러나 증폭은 원자탄 기본 기술을 개발한 후 여러 번의 핵실험을 통해 자료를 축적해야 가능한 것이다.

3. 한국의 핵무기 기술 수준 평가

한국은 세계적인 원자력 대국이고 우라늄 등의 핵물질 취급과 원자로 운용에서 상당한 기술적 능력을 보유한 것이 사실이다. 다만, 핵무기 개발과 관련해 국제비확산체제에서 철저히 통제하는 분야에서는 기술과 설비, 인력 모두 상당히 취약한 것도 사실이다. 이 절에서는 2절에서 언급한 레이저 농축과 사용후핵연료 재처리를 제외하고, 한국의 핵무기 개발 여건과 기술 수준을 대략적으로 평가해 본다.

우라늄 자원과 활용 여건

핵무기를 개발하려면 기본 요소인 우라늄 자원부터 확보해야 한다. 불행하게도 한국은 우라늄 자원이 빈약해 모든 우라늄을 수입한다. 충청도 일대에서 우라늄 매장이 확인된 적이 있으나, 품위가 낮고 채굴 시 환경오염을 유발해 상업적으로 개발되지 않았다. 따라서 해마다 경수로용으로 400~500t(톤)의 저농축우라늄(UF_6)을, 중수로용으로 약 200t(톤)의 천연우라늄(UO_2)을 수입하고, 몇 년치를 예비로 비축해 놓는다. 이를 원래 용도와 다르게 핵무기 제조에 활용하려면 몇 가지 고려해야 할 사항들이 있다.

먼저 우라늄 자원 수입도 국제비확산체제의 영향을 받으므로 국내에서 핵무기를 개발하려면, 우라늄 자원 활용에 대한 국제제재를 감수하거나 피할 방도를 찾아야 한다. 수입 자원 대부분에 핵무기로의 사용 제한이 걸려 있기 때문이다. 아울러 최근 우크라이나전쟁으로 미국이 러시아산 저농축우라늄(LEU) 수입 중단을 요구하고 있다는 사실을 감안해야 한다. 이는 우라늄 자원 수입에서 러시아의 비중이 큰 한국에 커다란 부담이 된다.

둘째, 핵연료 수입이 천연우라늄과 육불화우라늄(UF_6)으로 나뉘어 있는 것도 부담이 될 수 있다. 예를 들어, 원심분리법으로 우라늄을 농축하려고 할 때 국제제재를 감수한다면 경수로용으로 수입한 UF_6 상태의 LEU를 사용하면 되지만, 이것이 어려우면 중수로용이나 별도로 확보한 천연우라늄을 UF_6로 가공하는 공정을 추가로 개발해야 한다. 한국은 수입한 UF_6에서 불소를 제거해 핵연료로 가공하는 공정과 설비는 있지만, 반대 공정은 없기 때문이다. 불소는 맹독성 물질이므로 이의 취급과 활용에도 상당한 주의와 안전대책이 필요하다.

셋째, 한국 내에서 우라늄을 농축하려면 많은 방사성 물질의 수송과 환경오염, 폐기물 처리를 감수해야 한다. 우라늄 자원의 수송량은 원료와 최종산물의 농축도, 농축설비 성능, 폐기물의 잔류농도 등에 따라 크게 달라진다. 천연우라늄에 약 0.71% 들어있는 U^{235}를 모두 농축해 회수하려면 상당히 많은 원심분리기와 긴 가동시간이 필요하다. 따라서 적당한 농도까지 농축되면 가동을 중단하고 남은 것을 감손우라늄으로 배출한다. 이 배출 농도가 자원 수송량과 폐기물 양에 커다란 영향을 미치는 것이다.

일반적으로 4.5%의 원자로용 LEU 1kg을 생산할 때 배출 농도를

0.3%로 하면 천연우라늄 주입량 10.2kg에 감손우라늄 배출량 9.2kg 정도가 된다. 따라서 연간 LEU 수입량 400~500t(톤)을 국내에서 농축해 충당하려면, 4,000t(톤) 이상의 천연우라늄을 수입해야 하고 이 중 3,500t(톤) 이상이 감손우라늄으로 국내에 축적된다. 이는 한국 내에 축적되는 사용후핵연료를 월등히 넘어서는 막대한 양이다. 배출 농도를 줄이면 수입량과 감손우라늄 양을 어느 정도 줄일 수 있지만, 총량이 막대한 것에는 변함이 없다.

배출되는 감손우라늄의 농도를 어떻게 결정할 것인가는 한국이 확보한 우라늄 자원과 개발한 원심분리기의 분리 능력, 환경 요인 등에 따라 달라진다. 원심분리 능력이 부족할 때는 많은 양의 천연우라늄을 사용하면서 배출 농도를 높게 하고, 반대로 분리 능력이 클 때는 천연우라늄 사용량을 줄이면서 배출 농도를 낮출 수 있다. 이는 우라늄 자원이 많을 때는 적은 양의 원심분리기를 사용해 배출 농도를 높게 하고, 반대로 우라늄 자원이 적을 때는 분리 능력을 높여 배출 농도를 낮게 할 수 있다는 의미도 된다.

넷째, 원자로용을 넘어 90% 농축도의 무기급 고농축우라늄(HEU)을 얻으려면 단위 HEU 생산에 필요한 우라늄 원료 수입량이 더 많아져야 한다. 다만, 이때는 핵무기에 필요한 우라늄 양이 원자력발전소에 필요한 양보다 상당히 적다는 점을 감안할 수 있다. 일반적으로 1t(톤)의 HEU를 생산하려면 약 180t(톤)의 천연우라늄이 필요하다고 한다. 원자탄 1개에 약 20kg의 HEU를 사용한다고 하면 한국의 1년 우라늄 수입만으로도 수백 개 이상의 원자탄을 생산할 수 있다는 것이다. 따라서 한국이 국내에서 우라늄을 농축하더라도 그 규모와 국내 소요 자원 공급율을 어느 정도로 할 것인가를 신중히 결정해야 한다.

국내 원자로용 원료 수입량이 핵무기 생산에 필요한 양을 월등히 초과한다는 것은 한국이 섣불리 경제제재를 감수하면서 핵무기를 개발하기 어렵다는 것을 말해 준다. 국제제재를 감수하면서 핵무장을 추진하면 원자탄 생산에 필요한 우라늄 자원을 국내 비축분 등에서 충분히 공급받을 수 있다. 그러나 이를 통해 국내 우라늄 수입이 중단되면 그 경제적 피해 규모가 실로 막대하고, 파급효과도 국가 에너지 공급과 산업 전체에 미친다는 것을 알아야 한다.

원자로 유형과 활용 여건

핵무기 생산에는 잘 연결되고 고도화된 원자력산업이 필수적이다. 상대적으로 폭발위력이 작은 원자탄은 일반적인 원자력주기 구축으로 가능하지만, 수소탄까지 생산하려면 리튬과 중수소, 삼중수소 등의 핵융합물질 생산설비를 추가해야 한다. 그 중심에 원자로가 있다. 이 안에서 해당 국가가 처한 상황과 전략에 따라 우라늄탄, 플루토늄탄, 수소탄 등의 특정 경로가 선택되고 군수와 민수의 역할 구분이 이루어진다.

한국은 오랫동안 원자력산업을 육성해 왔고 오늘날 세계적인 원자력 발전 대국이 되었다. 2024년 기준으로 6곳의 원자력발전소와 26기의 원자로를 가동해 발전량 기준으로 세계 6위에 올라 있고 이를 통해 국내 전력 수요의 약 30%를 원자력발전으로 충당하고 있다. 세계 2위 규모의 회사인 한국수력원자력이 있고 몇 개 대학에 전문학과를 설치해 인력을 양성하고 있다. 원자력연구원과 같은 세계 수준의 전문연구원이 있고 그동안 일부 핵연료 국산화와 한국형 원자로 개발에 성공했으며 원자로 수출도 하고 있다.

이런 원자로를 활용해 핵무기를 생산하려면 국제 비확산 관련 규제 외에도 다음과 같은 것들을 고려해야 한다. 먼저 경수로와 중수로의 핵무기 생산 적합성을 면밀히 살피고 우선순위를 정해야 한다. 국내 원자로의 대부분을 차지하는 경수로는 LEU를 연료로 사용하고 장시간 연소하므로 사용후핵연료의 Pu 생성량이 많으나, 자발핵분열이 강한 Pu^{240} 등의 함량도 높아 핵무기에 부적합하다.

천연우라늄을 연료로 사용하는 월성의 중수로는 4기 중 1기를 폐쇄하고 3기를 운용 중이다. 사용후핵연료 누적량이 상당히 많고 핵연료 사용량에 비해 생산되는 Pu의 양이 적지만, 가동시간을 줄여 단기 조사하면 무기급의 Pu를 추출할 수 있다는 장점이 있다. 이로 인해 IAEA 등의 집중 감시를 받고 있고 현재까지 누적된 사용후핵연료의 Pu도 Pu^{240} 비율이 20~40%로 높다고 알려져 있다. 첨단기술이나 핵실험 없이 이를 이용해 자력으로 핵무기를 만들기는 지극히 어려운 것이다.

둘째, 원자탄을 넘어 증폭탄이나 수소탄까지 고려한다면 월성 중수로가 상당히 유용한 자원이 될 수 있다. 중수로에 상당히 많은 양의 중수를 냉각재로 사용하고 있고 가동 중에 핵무기 생산에 충분한 양의 삼중수소(T)가 생산되기 때문이다. 지금까지의 누적 생산량도 상당히 많다. 삼중수소는 증폭탄이나 수소탄뿐만 아니라 전술핵 등의 소형 원자탄이나 위력 조절형 원자탄, 특수목적 핵무기 등에 폭넓게 사용되는 유용 자원이다. 다만, 월성 중수로의 설계수명이 수년 내에 종료되고 2025년 국회를 통과한 "고준위방사성폐기물 관리 특별법"에 따라 그 수명 연장도 어려울 수 있다는 문제가 있다.

아울러 삼중수소는 방사성 기체로 취급이 어렵고 베타붕괴로 헬륨가스를 생성하면서 저장 용기의 압력이 증가한다는 문제를 가지고 있다. 반감기가 12.3년으로 짧아 핵무기에 사용하려면 주기적으로 확인하고 보충해야 한다. 이를 극복하기 위해 고체 상태의 중수소화리튬6(Li^6D)로 대체하기도 한다. 리튬6(Li^6)는 자연계 리튬 중에 7.5% 정도로 많이 존재하고 화학적 농축도 가능하므로 국내 기술로 충분히 개발할 수 있다. 다만, Li^6D를 사용하려면 리튬 농축과 중수와의 반응 공정을 별도로 개발해야 하고 핵무기 소형화에 다소 불리하다는 단점이 있다.

증폭탄이나 수소탄은 기본이 되는 원자탄을 보유한 후에야 개발이 가능하다. 또한 삼중수소 등의 핵융합 반응을 지상에서 예측하거나 모사하기 어렵고 많은 실험 자료가 없으면 세밀한 조정도 어렵다. 따라서 이런 유형의 핵무기는 많은 횟수의 핵실험을 통해 신뢰성을 검증한 후에야 개발이 완료된다는 점을 고려해야 한다. 한국은 국토면적이 좁고 인구밀도가 높으며 환경규제가 심하므로 다수의 핵실험을 수반하는 핵무기 개발은 별도의 장벽을 넘어야 한다는 것이다.

셋째, 현재 폭넓게 연구 중이고 일부 실증로 건설이 논의되고 있는 소형모듈원자로(SMR)도 생각해 볼 수 있다. 다양한 유형 중에서 우라늄 농축도 20% 정도의 핵연료를 사용하는 원자로가 있다. 이를 건설한다면 자연스럽게 핵연료 조달을 위한 농축설비 도입이나 해외 구입을 논의할 수 있다. 고속증식로와 유사하게 혼합연료(MOX)를 사용하는 SMR이 진척되면 국내 사용후핵연료 재처리도 논의할 수 있다. SMR 용도의 재처리는 설비 규모를 작게 할 수 있으므로 핵무기 개발에도 유용하게 활용될 수 있다.

핵잠수함용 SMR도 활발히 논의되고 있다. 한러협력으로 러시아에서 핵잠수함에 적합한 원자로 기술을 습득하고 국내 후속 연구로 상당한 진전이 있다는 설이 있다. 다만, 현재 산업자원부에서 건설하려는 SMR 실증로는 경제성을 위해 다소 큰 용량을 목표로 하고 있고 우라늄 농축도에도 차이가 있다. 잠수함용 원자로는 지상에 실증로를 건설해 다양한 실험을 한 후 탑재하는 것이 일반적이다. 아울러 국내 항구에 고준위 방사성 물질을 저장, 장입, 배출, 이송할 시설이 없다는 점도 고려해야 한다.

기폭장치와 투발수단, 지원 능력

핵물질을 확보한 후에도 이를 기폭장치에 장입하기 위해 여러 단계를 거쳐야 한다. 특히 Pu는 여러 종류의 결정체가 있고 이에 따라 그 밀도와 부피, 임계질량이 크게 변한다는 문제를 가지고 있다. 이를 동소체(allotrope)라고 한다. Pu 금속은 온도에 따라 알파(α)에서 입실론(ε)까지로 결정체가 변이하는데 알파상에서의 밀도($19.86g/cm^3$)가 가장 높고, 델타(δ)상에서 밀도($15.92g/cm^3$)가 가장 낮다. 이에 따라 체적이 변하고 압축 특성도 달라지므로 임계질량은 알파상에서 10kg이지만, 델타상에서는 19kg으로 거의 2배 가까이 증가한다.[5]

이러한 상전이(phase transition)를 내폭에 이용할 수 있다. 일례로 탬퍼(tamper)가 없는 델타상의 Pu 15kg을 구형으로 만들면 임계 이하이지만, 이를 압축시켜 알파상이 되면 임계를 초과하게 되는 것이다. 다만, 1기압 하에서 델타상은 319도~451도의 고온에서만 존재하므로 이를 유지하면서 보관하는 것이 상당히 어렵다. 따라서 이를 극복하기 위해 갈륨(Ga) 등과의 합금을 만들어 이용한다. 약 1.8%의 Ga을 첨가해 합금을 만들면 영하 75도에서 영상 500도까지 델타상을 유지하는 것이다. 여기에 압력을 가하면 알파상으로 전이할 수 있다.

이런 합금도 쉽게 만들어지는 것이 아니다. Pu의 임계사고 위험이 상당히 높고 치명적이므로, 적은 양이지만 Pu에 Ga을 섞는 것이 아니라 Ga에 Pu를 조금씩 첨가하는 것이다. 실제로는 금속 Pu 취급이 위험하므로 이를 삼불화플루토늄(PuF_3)으로 전환한 후 용융한 Ga 중에 서서히 첨가하는 방법을 사용한다. Ga이 Pu를 환원시키면서 합금이 만들어지는 것이다. PuF_3는 사용후핵연료 재처리공정에서 얻어진 질산플루토늄($Pu(NO_3)_3$)을 불화수소(HF)와 반응시켜 만든다.

이러한 Pu의 상변이와 합금 특성은 사용후핵연료 재처리로 Pu를 얻은 후에도 핵무기 제조에 상당히 어려운 과제들이 남아있다는 것을 말해 준다. 따라서 금속 Pu와 화합물을 연구하고 필요한 경험을 축적하는 것이 핵무기 개발에 상당히 중요하다. 자칫하면 자체 발열 등으로 델타(δ)상이 입실론(ε)상 등으로 변하면서 원자탄의 코어가 손상을 입을 수 있다. 임계사고가 나거나 원자탄이 정상 작동하지 않게 되는 것이다. 원자로급과 같이 발열이 특히 많은 Pu에서 이런 위험이 증가한다.

그러나 한국에는 금속 Pu이나 화합물을 다루어본 연구자가 없다. 따라서 핵무기 개발에 중요한 국내산 금속 Pu의 방사선과 취급, 상변이, 밀도 변화 등의 관련 연구 경험과 자료 축적도 존재하지 않는다. 외국 유학 때 참여자로 일부 취급한 연구자가 극소수 있지만, 이는 핵무기와 무관한 연구가 대부분이었다. 이런 것들은 문헌이나 정보자료만으로 확실히 장악했다고 말할 수 없는 것들이다. 우리가 잘 아는 미국의 해커(Hecker) 박사가 Pu 전공의 금속공학자인 것도 미국이 이러한 특성을 반영한 것이라고 할 수 있다.

여기에 Pu 코어와 반사재, 고성능 폭약, 중성자 발생장치, 내폭 렌즈 등의 기폭장치 구성품들을 개발해야 하고 이를 조합해 정상 작동 여부를 확인해야 한다. 통상 이런 장치들은 여러 학문 분야 전문가들이 긴밀히 협력하면서 만들어야 하는데, 이 과정에서 많은 시행착오와 문제점들이 발견된다. 마지막으로 핵실험을 통해 신뢰성을 입증해야 한다. 특히 상업용 Pu는 변수가 많고 신뢰성이 낮아 핵실험에 의한 교정과 신뢰성 제고가 필수적이라고 할 수 있다. 국내에는 이런 요소기술의 조합 경험이 없는 것이다.

기폭장치 개발 후에도 탄두와의 결합에 많은 노력과 경험이 필요하다. 이른바 전술적 능력이다. 한국이 미사일 분야에서 상당히 높은 기술을 보유했지만, 핵탄두와의 결합에는 또 다른 변수가 존재한다. 핵탄두는 일반 탄두와 무게중심이 다르고 열에 민감하며, 정밀한 기폭장치

구성품들은 미사일 비행 시의 충격과 가속도, 온도, 습도, 압력 등에 민감하다. 따라서 핵탄두 모사 장치를 탑재한 비행시험 등을 통해 문제점들을 철저히 개선한 후에야 배치할 수 있다. 투발수단 종류가 다양해지면 이런 절차도 더욱 고도화되어야 한다.

아울러 개발 잠재력과 운용 유지상의 기술 수준을 고려해야 한다. 핵무기의 개발과 생산, 운용, 유지, 전력 발휘, 수송, 폐기물 처리, 보안 등을 위해 최고 수준의 종합조정 기구가 필요하고, 관련 산업에서도 핵무기 운용에 필요한 분야와 설비를 보완하고 발전시켜야 한다. 한국이 외국의 지원 없이 독자적으로 핵무기를 개발하면 이러한 군수 지원상의 문제점도 크게 부각된다.

마지막으로 핵무기 개발에 필요한 전문인력이 크게 부족하다는 것을 생각해야 한다. 한국은 많은 원자력 전문가들을 양성했으나 대부분 원자력발전소 건설과 운용에 특화되어 있다. 우라늄 농축과 사용-후핵연료 재처리, 고농축우라늄과 무기급 플루토늄 등의 금속 처리 및 가공, 내폭기술과 기폭장치 설계, 제작, 핵탄두 개발 관련 인력들은 거의 없는 실정이다. 군의 운용부대에서도 기술 전문가를 대거 채용하고 교육 훈련을 강화해야 한다. 이는 핵물질이 없는 한국의 또 다른 취약점이라고 할 수 있다.

4. 북한, 일본과의 분야별 비교 평가

북한이 6차례의 핵실험을 감행하고 원심분리기에 의한 HEU 대량생산에 성공하면서 한국의 핵능력이 북한에 비해 크게 열세라는 지적이 대두되었다. 아울러 한미원자력협정과 미일원자력협정을 비교하면서 한국에 없는 농축과 재처리 권한을 확보해야 한다는 주장이 큰 호응을 얻고 있다. 이 절에서는 핵물질과 핵탄두 개발, 투발수단, 지원시설 등으로 나누어 남북한과 한일의 기술 수준을 간략히 분석해 본다.

북한과의 비교

원자력산업에서 한국과 북한의 가장 큰 차이점은 목적과 주력 분야라고 할 수 있다. 한국은 상업용 원자력발전을 중심으로 산업을 형성하고 동 분야에서 세계적인 수준에 올라섰으나, 우라늄 자원과 농축, 재처리 분야가 빠져 원자력주기 전반을 완성하지 못했다. 이에 비해 북한은 상업용 원자력발전소 없이 핵무기 생산을 위한 원자력산업을 육성했고, 원료에서 농축과 재처리를 포함한 전반적인 원자력주기를 완성했다. 아울러 한국은 전력 판매로 많은 수익을 거두고 이를 재투자하지만, 북한은 수익 없이 오직 국가 투자에만 의존한다는 차이도 있다.

이러한 목적상의 차이가 산업 규모와 원자로 노형에 그대로 반영되고 있다. 한국은 26기의 대형 원자로를 운영하면서 해마다 수백 톤의 우라늄을 수입하지만, 북한은 소규모의 5MW(메가와트) 원자로 1기에 1회분 50t(톤) 정도를 장입하는 데 그치고 있다. 북한이 최근 자체적으로 경수로를 건설해 시험가동에 들어갔다는 보도가 있으나, 핵연료 장입과 정상 가동 여부는 아직 불투명한 실정이다. 원자로 노형은 한국의 경우 대부분 핵무기용 Pu 추출에 부적합한 경수로이고, 유사시 무기급 전용이 가능한 중수로 3기를 운영하고 있다. 이에 비해 북한은 무기급 Pu 추출에 가장 적합한 흑연감속로를 가동하고 있다.

이러한 규모 차이는 종종 핵무기의 생산 가능 수량에 대한 오해를 낳기도 한다. 한국의 원자력산업 규모가 북한을 월등히 능가하지만, 핵무장에 필요한 원자로와 핵물질 양은 그리 많지 않아도 된다. 일반적으로 HEU 1t(톤) 생산에 천연우라늄 180t(톤) 정도가 필요하다고 한다.

HEU 1t(톤)으로 50개 정도의 원자탄을 만들 수 있으니 한국이 중수로용으로 수입하는 천연우라늄 1년분 200t(톤) 정도로도 수십 년 축적한 북한과 대등한 수준의 핵무기를 만들 수 있는 것이다. 그러니 굳이 무기급에 적당하지 않은 경수로를 동원할 필요가 없다.

세부적인 남북한의 차이는 도표 12.1에 소개한 핵무기 개발경로에 자국 실정을 대입하면서 살펴볼 수 있다. 먼저 한국은 핵물질 전량을 수입하는 데 비해 북한은 국내 광산에서 전량을 생산해 조달한다. 즉, 북한은 한국에 없는 탐사와 채광, 정련, 변환 설비와 기술, 경험을 가지고 있는 것이다. 핵연료 가공에서도 한국은 북한이 가지고 있는 육불화우라늄(UF_6) 생산설비와 축적된 기술이 없다. UF_6 생산은 국내 기술로도 충분히 가능할 수 있으나, 불소가 맹독성 물질이므로 강한 환경규제를 받는다는 문제가 있다.

다음으로 농축 분야가 있다. 한국은 2000년대 초반 레이저농축으로 극소량을 추출한 경험 외에는 설비와 기술이 없다. 이에 비해 북한은 1980년대부터 레이저농축과 원심분리법을 포함한 우라늄농축 전반을 국가계획으로 연구해 왔고, 현재 적어도 수천 대 이상의 원심분리기를 가동해 HEU를 생산하고 있다. 북한이 최근 공개한 농축공장을 보면 과거의 마레이징강 로터를 사용한 것보다 성능이 우수한 탄소섬유로 교체한 듯한 조짐이 나타나고 있다. 한국의 산업기술이 우수하지만 일반적으로 선진국들이 원심분리기 연구에서 생산까지 15~20년이 걸렸다는 점을 감안하면, 이는 상당한 차이라고 할 수 있다.

셋째, 사용후핵연료 재처리가 있다. 한국은 1970년대 습식 퓨렉스법 기술과 설비를 도입하려다 실패했고 현재 건식인 파이로프로세싱(Pyro-processing) 공법을 연구하고 있다. 다만, 파이로프로세싱 기술도 실증 단계에 진입하지는 못하고 있고 이 공법의 핵무기 활용 가능성도 아직 낮은 실정이다. 이에 비해 북한은 전 세계 핵무기 생산에 대부분 활용되는 퓨렉스법 재처리공장과 기술, 경험을 가지고 있고, 공장 규모와 처리 능력도 기존 5MW(메가와트) 원자로 추출분을 넘어서고 있다.

넷째, Pu 금속과 처리, 원자탄 코어 생산 분야가 있다. 한국은 Pu 금속을 다루어본 연구자가 없는 반면 북한은 재처리 Pu를 금속화하고 이를 처리해 원자탄 코어를 만드는 기술과 설비, 경험을 가지고 있다. Pu 동소체와 상변이 연구, Ga과의 합금도 연구했을 것이고, 이에 전문성을 가진 과학자들과 군 전문인력들도 양성했을 것이다. 북한은 계획경제에 의존하는 사회주의국가로서 졸업생의 취업을 국가가 지정하므로 최고 수준의 전문인력들을 이 분야에 배치했을 것이다.

다섯째, 기폭장치 실험과 핵실험 분야가 있다. 재래식 탄약의 기폭장치와 고성능 폭약, 발파공학 등에서는 첨단기술과 설비를 보유한 한국이 앞섰을 것이다. 다만, 핵무기에 필요한 내폭형 기폭장치와 이에 필요한 부속품, 수많은 폭발실험 분야에서는 북한이 많은 경험을 쌓아 한국을 앞섰다고 볼 수 있다. 아울러 여섯 차례의 지하핵실험을 통해 핵무기 성능을 분석, 확인하고 개량하며 실험의 안전성을 확보하는 기술과 경험도 한국을 앞선다고 볼 수 있다.

여섯째, 원자탄을 넘어서는 증폭탄과 수소탄이 있다. 도표 12.1에서 보는 것처럼 수소탄은 원자로에서 삼중수소를 만들어 이용하는 방법(④)과 원자로를 거치지 않고 고체 상태의 Li^6D를 만들어 이용하는 방법(⑤)으로 생산한다. 여기서 원자로를 거치는 방법은 한국이 앞섰다고 볼 수 있다. 월성 중수로에서 매년 700g 정도의 삼중수소를 추출하고 있고 누적 생산량도 상당히 많기 때문이다. 북한은 삼중수소 생산 여부가 불투명하고 5MWe 원자로를 이용한다고 해도 연간 수십g 이하에 그칠 것으로 평가되고 있다. 다만, 원자로를 거치지 않는 방법과 실제 개발, 실험에서는 북한이 크게 앞섰다고 볼 수 있다.

마지막 일곱 번째로 투발수단이 있다. 핵탄두가 아닌 재래식 투발수단에서는 한국이 크게 앞선 것으로 보인다. 오래전부터 고성능 미사일 고체추진제를 개발해 왔고 항법과 제어, 유도, 신관, 폭약 등에서 앞선 기술과 경험을 축적했다. 미사일의 다양성과 이동식발사대(TEL: Transport Elector and Launcher) 등의 이동 수단, 발사 플랫폼도 한국이 우수하다. 다만, 핵탄두 개발 관련 설계와 생산, 실험 분야에서는 북한이 한국을 앞섰다고 볼 수 있다. 만약 한국이 핵탄두 개발에 성공한다면 투발수단은 빠르게 북한을 압도할 수 있을 것이라 생각된다.

일본과의 비교

일본은 한국과 유사하게 원자력발전 위주로 관련 산업을 발전시켜 왔고 한국을 능가하는 원자력발전소 운영 경험과 규모를 유지해 왔다. 비록 2011년 후쿠시마 원자력발전소 폭발 사고로 상업용 원자력발전소 가동이 크게 줄어들었으나, 핵무장 잠재력은 크게 손상되지 않고 유지·발전되고 있다. 일본의 원자력산업에서 한국과 크게 다른 점은 농축과 재처리를 포함한 원자력주기를 높은 수준으로 완성했고, 재처리 이후의 Pu 취급과 고속증식로 건설, 운영에서도 상당한 기술과 경험을 쌓았다는 것이다.

일본은 비핵국가 중에서 농축과 재처리 능력, 경험이 풍부한 유일 국가로 수십 기의 원자로와 수십 년의 가동 이력, 수십 톤의 경수로 재처리 Pu를 국내외에 보관하고 있다. 이러한 일본의 원자력주기 완성과 고도화는 오랫동안 일관되게 추진해 온 '비핵 3원칙(생산, 보유, 도입)'과 폭넓은 핵심기술 연구, 수준 높은 관료들의 정책 수행, 높은 주민 수용성 등으로 국내 기반을 구축하고, 첨단기술과 많은 투자를 매개로 한 국제협력으로 우군을 확보했기에 가능했다.

일본 원자력산업의 또 다른 특징은 제2차 세계대전 이후 최대 규모의 초대형 국가 중장기 프로젝트를 통해 특정 지역에 밀집했다는 것이다. 지역 균형발전정책의 일환으로 도카이 지역에 이어 로카쇼 지역에 대규모 단지를 건설했고, 주변 거주민 채용과 다양한 지원사업을 통해 지역주민과의 상생과 협력 분위기도 조성했다. 이를 통해 긴밀한 산학연 협력체제와 세계 최고 수준의 기술력을 확보했고, 고속증식로 등의 후기 공정 좌절과 대형사고(몬쥬, 후쿠시마), 소요경비 폭증에도 불구하고 초기 정책을 변함없이 추진할 수 있었다.

먼저 일본의 원자로 노형은 1966년 최초로 건설해 1998년까지 가동한 도카이발전소 1호기가 흑연감속로인 것을 제외하면 모두 경수로를 채택했다. 이 흑연감속로는 발전용량이 166MW(메가와트)로 작았지만, 천연우라늄을 원료로 사용하고 무기급 Pu를 추출하는 데 유리하다는 점에서 경계의 대상이 되었다. 다만, 여기서 나온 사용후핵연료는 유사한 노형과 재처리시설을 갖춘 영국으로 전량 반출했다고 한다. 한국이 보유한 중수로가 없다는 점에서 일본 상업용 Pu의 핵무기 전용 가능성은 낮다고 할 수 있다.

둘째, 일본의 농축 연구는 상당히 오래전부터 시작되었다. 1959년부터 이화학연구소에서 원심분리기 연구를 시작했고, 1961년부터 원자력연료공사에서 이를 이전받아 개량형 원심분리기를 개발했다. 1992년 원심분리기공장이 로카쇼 지역으로 이전했고, 2012년 신형 탄소섬유 로터를 개발하는 데 성공했다. 일본의 원심분리기는 분리능력 50~60SWU/y(* SWU는 분리작업단위)인 유렌코의 TC-21보다 우수하다고 한다. 일본의 농축 허가량은 1,500tSWU으로 국내 LEU 수요의 1/3~1/4을 충족할 수 있으나, 현재 450tSWU 정도만 운용하고 있다. 레이저농축도 한국이 중단한 원자법뿐만 아니라 미국과 공동으로 분자법의 공업화까지 연구한 바 있다.

일본은 우라늄 자원이 빈약하므로 국내 소요량 전부를 천연우라늄이

표 12.2 일본 로카쇼 원자력단지 주요 시설(2022년 12월 기준)

시 설	규 모	공사 기간(년)	건설비(엔)
우라늄농축 공장	150tSWU/y로 조업 개시, 최종 1,500tSWU/y 규모	공사 개시 1988 조업 개시 1992	약 2,500억
저준위 방사성폐기물 매립센터	124,672m³(200L드럼통 623,360개) 최종 약 60만m³(약 300만 개)	공사 개시 1990 조업 개시 1992	약 1,600억[a]
사용후핵연료 재처리공장	최대 처리능력 800tU/y, 폐연료 저장 용량 3,000tU	공사 개시 1993 준공 시기 2026	약 2조 1,930억[b]
MOX 연료공장	경수로용 연료집합체 생산, 최대 가공 능력 130tHM/y[c]	공사 개시 2010 준공 시기 2027	약 6,000억
고준위 방사성폐기물 저장 관리센터	폐기물 저장용량(유리 고화체) 약 2,880개	공사 개시 1992 조업 개시 1995	약 1,250억

a) 저준위 방사성 폐기물 약 20만m³(200L 드럼통 약 100만 개)분의 건설비
b) 2021년 발표: 14조 4,400억 엔
c) HM(heavy metal): MOX 내 플루토늄과 우라늄 금속 성분의 질량을 나타내는 단위

나 저농축우라늄(LEU) 형태로 수입해 왔다. 이 중에서 염가의 러시아 산 LEU를 약 30% 수입했으나, 후쿠시마원자력발전소 사고와 국내 원 전 가동 중단으로 수입량이 크게 줄어들었다. 최근에는 우크라이나전 쟁으로 미국이 러시아산 우라늄 수입을 제한하자, 일본이 동참하면서 수요량 축소 상황을 첨단기술 연구와 경쟁력 확보 기회로 삼으려 하고 있다. 신형 원심분리기 확장과 함께 국제 농축시장 참여와 지분 확대를 노리고 있는 것이다.

셋째, 재처리 분야에서도 일본은 일찍부터 국내 사용후핵연료 전량 을 재처리해 고속증식로에 사용한다는 정책을 추진해 왔다. 초기에는 프랑스에서 재처리를 했고 이후 생고뱅사 설계로 도카이에 연간 210t

처리 능력의 공장을 건설해 1977년부터 가동했다. 다만, 각종 사고와 고장으로 2006년까지의 총 처리량은 1,130t 정도에 그쳤다. 1993년부터 생고뱅사의 800t 처리능력 설계를 도입해 건설을 시작했으나 20번이 넘는 설계 변경과 중단으로 현재까지 정상 가동을 못하고 있다.

넷째, Pu 생산 이후의 원자탄 개발 공정이 있다. 일본은 수십 톤의 상업용 재처리 Pu를 국내외에 보유하고 있고, 고속증식로 몬주를 건설해 운영하면서 약 50kg의 고순도 Pu를 생산하기도 했다. 이 과정에서 상당한 Pu 관련 연구와 취급 경험을 축적한 것이 한국 대비 큰 장점이라고 할 수 있다. 다만, 일본도 한국과 같이 기폭장치 개발과 핵실험을 수행한 적이 없다. 중수로가 없으므로 삼중수소를 사용하는 증폭탄, 수소탄 분야도 잠재력이 약하다고 할 수 있다. 투발수단도 한국보다 다양하지 못하고 공격 수단이 적으나, 이는 기술이 없어서가 아니므로 크게 취약하다고 할 수는 없다.

일본의 이런 정책과 거대 설비, 경험 곳곳에 핵무장 잠재력이 녹아들어 있다. 일각에서는 일본이 국내외에 보유한 수십 톤의 재처리 Pu를 가장 앞세운다. 일본의 첨단기술로 어려움을 극복하고 단시일 내에 1만 기 이상의 핵무기를 생산할 수 있다는 것이다. 그러나 이는 앞에서 거론한 것처럼 상업용, 특히 경수로에서 추출한 Pu로는 원자탄을 만들기 어렵고 국제 사례도 전무하다는 것을 간과한 것이다. 다른 경로가 없으면 최후 수단으로 이를 활용할 수 있으나, 일본은 한국보다 핵무기 개발이 가능한 경로가 더 많다.

일본은 ① 원심분리기에 의한 HEU 생산, ② 레이저농축에 의한 HEU 생산, ③ 기존 원자로 단기 가동 후 재처리한 Pu, ④ 고속증식로에서 증식한 Pu 사용, ⑤ 전용 Pu 생산로 건설, ⑥ 고속임계실험장치(FCA)에서 HEU와 Pu 회수 6가지 경로를 예시하고, 이 중 ①과 ⑥을 유사시 최우선 순위로 거론하고 있다. 일본의 첨단 원심분리기로 HEU 조기

획득이 가능하고, Pu를 사용하는 경우에도 FCA 또는 고속증식로의 슈퍼그레이드 Pu를 활용하는 것이 경수로의 상업용 Pu보다 쉽고 신뢰성도 높다. 한국은 이 중에서 중수로를 이용하는 ③(⑤ 포함)이 가장 앞서 있고 ②에서 일부 역량이 있으나 여타 분야는 일본 대비 열세다.

5. 맺는말

이상에서 소개한 바와 같이 한국의 핵무기 개발 경과와 수준은 아직도 많이 미흡하다. 이런 상황에서 성급하게 핵무기 개발을 시도하면 상당한 국제제재를 감수해야 하고, 이러한 제재가 국내 원자력계에 치명타를 가할 수 있다. 이는 1970년대 박정희정부 시절의 핵개발 시도 때와 2000년대 초반의 레이저농축 관련 사찰 당시 크게 경험했던 일이다. 이런 제재는 당시의 핵무기 개발 관련 활동을 넘어 평화적 목적의 인접 분야까지 크게 위축되는 결과를 낳았다. 그러므로 핵무기 개발은 정치권이 요란하게 떠들 일이 아니고, 국내 산업계가 입을 피해를 최소화하면서 필요 자원만 집중해야 하는 것이다.

따라서 최근 국내 정치권에서 많이 제기되는 조기 핵무장론도 좀 더 깊이 숙고하고 자제할 필요가 있다. 특히 "마음만 먹으면 3개월, 6개월, 또는 1년 내에 핵무장이 가능하니, NPT를 탈퇴하고 즉시 핵무기를 개발해야 한다"라는 주장은 한국 원자력계의 현실과 크게 동떨어졌다는 것을 인식해야 한다. 한국은 세계적인 원자력 대국으로 국가 에너지 공급의 상당 부분을 원자력발전에 의존하고 있다. 핵무기 개발에 필요한 우라늄 자원과 관련 산업 지원 분야는 국내 원자력산업에서 상당히 작은 일부를 차지할 뿐이다. 이런 상황에서 엄혹한 국제제재를 야기하는 조기 핵무장론에 매몰되면 안 된다.

일부 과학자 중에서 과거 한국이 추진했던 레이저 우라늄 농축과 플루토늄 추출을 과대평가해 조기에 핵무장이 가능하다고 주장하는 것도 문제가 된다. 1970년대의 재처리 시도는 공식 실행에 들어가지 못했다. 2000년대에 논란이 된 레이저농축도 실험실에서 수십만분의 1 단위로 한 것이고 생산 공정을 염두에 둔 대형 실험은 하지 못했다. 이런 연구설비 중 상당수는 수출통제 품목으로 사용 목적을 기재하고 제한된 수량만 수입해야 한다. 따라서 성급하게 핵무장을 선언하면 필요 이상의 국제제재로 핵무장 소요 시간과 노력이 커지고 개발경로가 틀어지며 결국 좌절될 가능성이 크다.

최근 많이 거론되는 핵자강이나 핵잠재력 확보 등도 현실 과학기술계에는 적합하지 않은 용어다. 이는 국내 준비가 미흡한 상태에서 경제적 목적을 내세워 국제제재를 피하면서 역량을 확보해야 할 과학기술계에 정리되지 않은 안보 수요를 씌워 엄혹한 규제를 당하고 결국 능력 확장도 못하게 할 개연성이 충분하기 때문이다. 따라서 정치와 과학기술정책, 국내와 대외정책, 장기와 단기정책 등을 구분하고 민간 역량을 비축하면서 단계적으로 역량을 강화할 필요가 있다. 단계별 접근은 핵무장 주장 단체와 반대하는 단체, 역량 강화를 주장하는 단체 간의 대화와 협력 공간을 넓히고 대외 협상력도 높일 수 있게 한다.

사실 현 상황에서 핵잠재력 확보라는 말은 원자력 기술 고도화, 평화적 목적의 원자력주기 완성이라는 용어와 별 차이가 없다. 한국이 세계적인 원자력 대국이지만, 국제비확산체제와 과거 핵개발 시도, 북한 핵무장 등과 연동되어 우라늄농축과 사용후핵연료 재처리가 엄격히 통제되고 있다. 한국 정도의 원자력산업을 가지면서 농축과 재처리를 못하는 나라는 한국이 거의 유일하다고 할 수 있다. 따라서 현 원자력계의 당면 연구과제에 농축과 재처리를 포함시키는 것은 당연한 것이라 할 수 있다. 원자력주기 완성은 평화적 목적의 원자력산업 육성과 고도화에 필수적이기 때문이다.

원자력주기 완성과 기술 고도화에는 장기 계획과 지속적인 추진, 상당한 경비 투입, 인력 양성 등이 필요하다. 원심분리기는 핵물질 관련 학과뿐만 아니라 화학공학, 기계공학, 재료공학, 유체역학, 전자기학 등 인접 분야 전문가들이 모여 장기간의 공동연구를 해야 하고, 이에 필요한 기초연구도 꾸준히 수행해야 개발할 수 있다. 이는 최근과 같이 과학기술 예산이 축소되고 원자력 관련 연구와 인력 양성이 위축된 상황에서는 지극히 부담스러운 과제다. 능력개발이나 잠재력 확보는 말로만 되는 것이 아니라는 것이다.

이를 위해 정치권과 과학기술계, 언론계 등의 소통이 필요하다. 오류와 갈등, 정치 편향과 잦은 정책 변화를 줄이고, 공동 학습으로 전문성을 함양하며 토론과 합의를 존중하는 기풍을 조성해야 할 것이다. 주요 이슈에 대한 검증과 관련 전문가 초청 심층 세미나, 토론 등을 활발히 추진할 수 있다. 대학과 정부 연구소 등에 전문 프로그램을 만들어 이런 활동을 추진할 수도 있다.

정치권에서는 관련 법규 제정과 갈등 해소에 힘을 써야 할 것이다. 한국은 엄격한 환경규제 관련법을 가지고 있는 데 비해 농축과 재처리처럼 고준위 방사선폐기물을 처리하는 법제는 미흡한 실정이다. 2025년 고준위 방사선폐기물 저장과 처분 관련법이 국회를 통과했을 뿐이다. 이는 저장, 처분 관련법이고 처리 관련 법의 제정은 요원한 실정이다. 과거 부안사태 등에서 보듯이 이런 폐기물을 배출하는 공장을 설립해 운영하려면 지역주민과의 대화와 갈등 해소, 수용성 개선 등이 필수적이다.

정치권에서 거론되는 한미원자력협정 개정은 군사·안보적 필요성보다 경제적 필요성을 앞세우고, 용어도 핵잠재력보다 원자력주기 완성이나 관련 기술 고도화 등으로 변경할 필요가 있다. 미일원자력협정과 비교하면서 농축과 재처리 권한을 요구해야 한다는 주장이나 일본과의 공동 핵무장 주장도 전후 관계를 잘 살펴야 한다. 일본은 비핵3 원칙을 철저히 고수하면서 경제적 목적을 앞세웠고 각종 사고와 환경오염에도 불구하고 막대한 경비를 투입했다. 이에 비해 한국이 안보를 내세우면서 일본 수준의 권한을 요구하면 국제사회의 동의와 신뢰를 받기 어렵다.

국내 핵무장 추진은 남북관계에도 큰 영향을 미친다. 이는 한반도 비핵화 선언을 명시적으로 포기하는 것이고, 북핵을 용인해 향후 협상에서 군축이 앞서는 결과를 초래할 수 있다. 아울러 북한 비핵화 과정에서 북한의 평화적 목적 원자력주기 유지, 건설을 허용하고, 이를 제한하면 상호 조치로 북한이 한국 원전 감축을 요구할 명분을 주게 된다. 북한의 비핵화가 진전되어도 평화적 목적 농축과 재처리를 용인하게 되면, 한국이 상당히 긴 시간을 소요해야 개발할 수 있는 농축 분야에서 북한이 언제든지 HEU 생산을 재개할 수 있게 한다.

현 상황에서 한국이 평화적 목적으로 실질적인 잠재력을 강화할 수 있는 분야에 우라늄농축이 있다. 기존 한미원자력협정에서도 미국의 동의하에 20%까지 우라늄을 농축할 수 있다. 따라서 소형모듈원자로(SMR)처럼 규제가 적고 연구 능력이 있는 분야에서 적극적인 대외협력을 추진하고, 이에 필요한 소규모 농축을 추진하면서 기술을 축적할 필요가 있다. 여러 SMR 중에 20% 농축 우라늄을 연료로 사용하는 노형도 있기 때문이다.

기존에 개발, 활용된 수많은 농축기술들 중에서 원심분리법이 가장 많이 운용되고 기술 진보가 빨라 세계적인 대세로 자리잡고 있다. 다만, 원심분리기 선진국들도 기기 개발과 캐스케이드 구성, 파이로트 공장 가동을 거쳐 생산을 정상화하기까지 15~20년이 걸렸다는 것을 고려해야 한다. 한국이 상당히 뒤져 있다는 것이다. 한국의 인접 분야 기술력이 상당하므로 국가적인 투자를 집중한다면 이들보다 빠른 시일 내에 일정 수준에 도달할 수 있을 것이다.

최근 우크라이나전쟁 등으로 러시아 저농축우라늄(LEU) 공급에 문제가 생겼으므로, 자유세계 주요국이 연합해 기술 개발과 생산, 공급 체계를 재편하려는 움직임이 나타나고 있다. 따라서 이에 편승하면 새로운 기회를 만들 수도 있다. 민수와 연계해 원심분리기와 부품 생산, 분리기술 연구, 공정 개발과 최적화 등을 체계적으로 추진하고, UF_6 변환공정 개발과 시험공장 건설도 병행 추진해야 할 것이다. 한국의 역량이 높아지면 자연스럽게 대외 협상력도 높아지고 핵무장 잠재력도 갖추게 될 것이다.

⌘ 참고문헌

시그프리드 헤커 지음. 천지현 옮김. 『핵의 변곡점』. 서울 창비, 2023.
이춘근. 『북한의 핵패권』. 서울 인문공간, 2023

Jones, Gregory S. *Reactor-Grade Plutonium and Nuclear Weapons:Exploding the Myths*. Nonproliferation Policy Education Center, 2018.
Pellaud, Bruno. "Proliferation aspects of plutonium recycling." *C. R. Physique* 3 (2002).

多田將. 『核兵器』. 東京: 明辛堂, 2019.

13장

한국의 핵무기 개발에 대한
국내외 여론과 함의

마상윤(가톨릭대 국제학부), 이경석(인천대 정치외교학과)

최근 한국도 자체 핵무기 개발에 나서야 한다는 주장과 이를 둘러싼 논란이 사회적으로 계속 커지고 있다. 이러한 논란은 일차적으로는 북한의 핵무기 개발이 고도화되면서 핵위협이 커졌다는 배경에서 불거졌다. 북한의 핵개발은 김일성 시대로까지 거슬러 올라가지만, 김정은 집권 이후 핵무기와 미사일 등의 전략무기 개발에 노력을 집중적으로 기울였고 실제로 상당한 성과를 거두고 있다. 2018년 초부터 북한이 한국 및 미국과 잇단 정상회담에 임하면서 북핵 및 한반도 평화문제 해결의 가능성이 커지는 듯했지만, 2019년 2월 베트남 하노이에서의 제2차 북미정상회담 결렬된 이후 북한은 핵무기와 미사일 등 전략무기 개발에 더욱 진력했다. 국제사회는 현재 북한을 정당한 핵국가로 인정하지 않지만 그렇다고 북한이 핵무기 수십 기를 보유하고 있다는 사실을 부인할 수는 없다.

　미국의 확장억제 제공에 대한 의구심도 핵무기 개발 논란의 또 다른 기반을 제공했다. 한국은 현재 북한 핵위협에 대한 억제력을 미국의 핵우산, 즉 확장억제에 전적으로 의존하고 있다. 그런데 북한이 장거리 미사일 개발에 진전을 이루고 있는 것으로 알려지면서 북한이 직접 미국 본토를 핵무기로 공격할 수 있게 될 경우에 대한 우려가 겹치기 시작했다. 북한의 한국에 대한 핵공격 발생 시 미국이 즉각적으로 북한을 핵으로 보복할 것이라는 전망이 확실시된다면 북한의 한국에 대한 핵공격이 억제될 수 있다. 한국에 대한 핵공격은 북한의 자멸을 의미하기 때문이다. 그런데 북한이 핵무기로 미국을 장거리 타격할 수 있게 되면 과연 미국이 핵공격을 감수하면서까지 한국에 핵우산을 제공할지 의구심이 제기될 수 있는 것이다.

　이렇게 북핵위협이 가중되면서, 또 미국의 확장억제에 대한 의구심이 제기되면서 한국도 핵무기를 개발하여 핵균형을 맞추어야 한다는 주장이 전문가 그룹 일각에서 제기되기 시작했다. 그리고 이러한 주장은 일반 여론에도 점차 퍼지기 시작했다. 여러 국내 연구기관이 핵개발에 관한 국내 여론조사를 시행함으로써 핵개발에 대한 대중여론의 추이를 확인할 수 있게 되었는데, 핵개발 지지도가 높게는 70%에 이르는 것으로 나타났다. 이러한 여론조사 결과는 언론을 통해 널리 알려졌고, 국제적으로도 한국의 핵개발 가능성에 관한 관심과 우려를 높였다. 한국의 핵개발은 국제적 핵비확산 규범을 위배하는 것으로 미국과 국제사회의 우려 사항이 되고 있다.

　한국정부는 핵무기 개발 의지를 공식적으로 밝힌 바 없다. 물론 박정희정부가 1970년대 초 미국의 대한방위공약에 의구심을 갖고 자주 국방력을 발전시킨다는 차원에서 비밀리에 핵개발을 시도했자만, 미국의 강력한 압박으로 결국 핵개발 프로그램을 포기했던 바 있다. 이후 한국에서 핵개발은 일종의 금기어가 되었다. 그러나 자체 핵무장 지지 여론이 국내에서 확산하는 가운데 2023년 초부터 윤석열 대통령은 자체 핵무기 개발 추진의 가능성을 암시하는 발언을 반복함으로써 국제적 관심과 경각심을 크게 고조시켰다.

2023년 4월 개최된 한미정상회담에서 한미 핵협의그룹(NCG: Nuclear Consultative Group) 설치 등의 내용이 포함된 워싱턴 선언이 발표되었다. 그 핵심은 미국의 확장억제 제공에 대한 신뢰도를 높이는 것이었다. 이후 한국정부의 핵개발 가능성을 암시하는 발언은 거의 사라졌다. 그러나 핵개발을 지지하는 여론은 여전히 활발하다. 특히 2025년 1월 트럼프의 재집권 이후 미국과의 동맹에 대한 의구심이 커지면서 한국의 독자 핵개발을 주장하는 견해는 다시 주목받는 상황이다.

하지만 핵개발 주장이 대두되면서 이를 우려하는 목소리도 높다. 특히 외교·안보 분야의 전문가들은 핵개발에 수반되는 비용을 걱정한다. 즉, 한국이 자체 핵무기 개발에 나서면 곧바로 직면하게 될 외교, 안보, 경제 등 다방면에서의 문제가 크다는 것이다. 여론조사에서도 이러한 비용의 측면이 초기에는 제대로 설문에 반영되지 못한 상태에서 비교적 높은 핵개발 지지 여론을 확인했다. 그러나 제반 비용의 측면을 설문에 반영하여 실시한 최근의 여러 여론조사 결과는 한국의 대중이 단순히 핵개발 지지로 기울어있다고 해석할 수 없음을 보여주고 있다.

한편, 전문가 집단의 여론은 대중여론과도 일정한 차이를 가질 수 있다. 민주주의 국가에서는 일반대중의 여론이 정책에 영향을 미치지만 그 영향이 꼭 직접적이지는 않다. 특히 외교·안보정책은 여론을 직접 반영한다기보다 정책엘리트 간의 내부 논의에 따라 결정되는 경우가 많다. 로마 시대의 철학자 세네카는 "민심에 거스르기만 하면 국민에 의해 망할 것이고, 민심에 따르기만 하면 국민과 함께 망할 것이다"라고 했는데 이는 외교정책과 여론의 관계에도 적용될 수 있다. 정책결정자는 여론을 중요하게 고려하지만 그렇다고 여론을 무작정 따르지는 않는다. 이러한 점에서 정책결정 과정에 투입되는 전문가 견해가 중요한데 외교·안보 전문가들은 대체로 핵개발에 수반되는 여러 비용과 문제점을 일반인보다 더 심각하게 고려하는 것으로 나타난다.

이 글에서는 첫째, 자체 핵개발에 대한 한국 대중의 여론을 각종 조사 결과를 기반으로 정리하고 둘째, 핵개발에 따르는 각종 비용을 여론조사 설문에 반영했을 때 결과가 어떻게 변화했는지를 살필 것이다. 셋째, 외교·안보정책 수립에 좀 더 직접적으로 영향을 미치는 전문가 집단의 여론은 어떠한지를 검토할 것이다. 그리고 마지막으로 한국의 핵개발에 대한 미국 내 여론동향을 분석할 것이다.

1. 핵개발에 대한 국내 여론

한국의 자체 핵무장에 대한 여론조사와 공론화는 2013년을 기점으로 본격화되었다. 2013년 4월 정몽준 전 국회의원은 미국 워싱턴 DC에서 열린 카네기 국제핵정책회의(Carnegie International Nuclear Policy Conference) 기조연설에서 북한의 2009년 2차 핵실험 이후 고조된 핵위협에 대응하기 위해 한국의 독자적 핵무기 개발 필요성을 공개적으로 주장했다. 그는 한국이 미국의 확장억제에만 의존할 것이 아니라 자체 핵무장을 통해 북한의 핵위협에 대응해야 한다고 강조했다. 이러한 발언은 당시로서는 파격적이었으며, 이를 계기로 한국 사회에서 자체 핵무기 개발에 대한 체계적인 여론조사가 시작되었다. 도표 13.1은 2013년부터 2024년까지 한국 대중들의 자체 핵무장 찬성도 변화추이를 나타내고 있다.

먼저 아산정책연구원의 데이터에 따르면, 2013년부터 2024년까지

한국 대중들의 자체 핵무장 찬성도 변화추이 (2013~2024년)

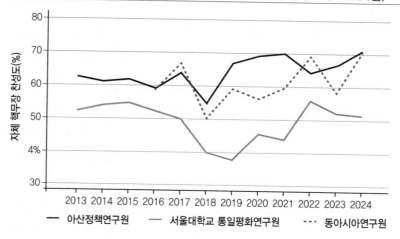

한국 대중들의 자체 핵무장 찬성도는 60~70%대를 유지하고 있는 것으로 나타났다. 핵무장 찬성이 가장 높았던 시기는 2021년으로 약 70% 수준을 기록했으며, 가장 낮았던 시기는 2018년으로 약 55% 수준까지 하락했다. 변화 추이를 자세히 살펴보면 2013년 약 62% 수준에서 시작하여 2014~2017년까지는 60~62% 정도의 비교적 안정적인 수준을 유지했다. 그러나 2018년에 급격한 하락을 보였는데, 이는 당시 진행된 남북정상회담과 북미정상회담 등 한반도 비핵화를 위한 외교적 노력이 활발히 이루어졌기 때문이다. 서울대학교 통일평화연구원의 조사 결과는 아산정책연구원보다 전반적으로 낮은 찬성률을 보이고 있으나 변동 패턴은 유사하다. 2013년 약 53% 수준에서 시작하여 2018년에는 38%까지 급격히 하락했고 이후 상승세로 전환되어 2022년에는 56%까지 상승했다가 2024년에는 52% 수준을 유지하고 있다. 2016년부터 실시된 동아시아연구원 조사는 아산정책연구원과 매우 유사한 변동 패턴을 나타낸다. 2018년의 급격한 하락 이후 꾸준한 상승세를 보이

며 2022년과 2024년에는 아산정책연구원의 수치와 유사한 70% 수준의 찬성도를 보인다.

그렇다면 한국 대중들의 자체 핵무장 지지에 영향을 미치는 요인들은 무엇일까? 가장 주요한 요인은 북한으로부터의 핵위협 증대다. 북한의 핵위협은 핵탄두 능력과 투발 수단 능력을 중심으로 평가할 수 있는데, 북한은 2006년 첫 핵실험을 감행한 이후 2009년에 2차 핵실험을 단행했다. 특히 2012년 김정은체제 출범 이후 핵개발에 더욱 박차를 가해 2013년부터 2017년까지 총 4차례의 핵실험을 실시했으며 2017년 9월에는 수소폭탄을 시험했다. 2023년에는 전술핵탄두인 화산-31형도 공개했다. 스톡홀름 국제평화연구소(Stockholm International Peace Research Institute)에 따르면, 북한은 2024년 기준 50여 개의 핵탄두를 보유하고 있는 것으로 추정된다.[1] 이처럼 점진적으로 증가하는 북한의 핵탄두 보유량으로 인해 한반도에서 남북 간의 군사적 균형은 무너졌으며, 한국은 북한의 핵무기로 인한 실존적 안보위협에 직면하게 되었다.

더욱이 북한은 투발 수단의 능력도 급격히 증강 중이다. 핵탄두 운반 능력은 일반적으로 육상체계(탄도미사일), 해상체계(잠수함 발사 탄도미사일), 공중체계(전략폭격기)로 구분되며 이 셋을 핵 삼각체계(nuclear triad)라고 통칭한다. 북한은 전략폭격기는 보유하고 있지 않으나 육상 발사 및 잠수함발사탄도미사일의 성능을 다종화·고도화하고 있다. 지금도 북한이 보유한 여러 탄도미사일에 전략·전술 핵탄두 탑재가 가능하며 핵탄두의 소형화·경량화가 지속되면 거의 모든 탄도미사일에 핵탄두 탑재가 가능해질 것이다. 또한 북한이 우크라이나전쟁에서 러시아를 지원하는 핵심 파트너로 부상하면서 지원의 대가로 러시아의 첨단 군사기술 이전 가능성이 제기되고 있다. 러시아가 핵추진 잠수함 등 민감한 첨단기술을 전면 이전할 가능성은 낮지만 혹시라도 북한이 이를 확보하게 된다면 한국에는 심각한 위협이 된다.

북한의 고도화되는 핵능력에 대한 한국 국민의 우려가 날로 커지고 있다. 2024년 2월 발표된 최종현학술원의 '북핵위기와 안보 상황 인식' 여론조사에 따르면, 응답자 1,043명 중 약 91%가 북한의 비핵화가 불가능하다고 응답했다.[2] 이러한 인식은 서울대 통일평화연구원의 연례 통일의식조사에서도 확인되는데 2017년부터 2024년까지의 조사에서 남북 및 북미 비핵화 회담의 진전으로 수치가 75.1%까지 하락했던 2018년을 제외하고는 80~90%의 국민이 북한의 비핵화가 불가능하다고 인식하고 있다. 특히 주목할 점은 북한의 핵보유에 대한 위협 인식이 꾸준히 상승하여 2017년 70.6%에서 2018년 78.6%로 급증한 후 2021년 이후에는 80%대로 진입했고, 2024년에는 85.9%까지 상승했다는 것이다.[3]

한국 대중은 외교·안보 전문가들과 달리 탄도미사일 제원, 사거리, 용도 등 북한 핵전력 관련 전문 지식은 부족하지만, 언론이 북한의 핵실험과 탄도미사일 발사를 중요하게 보도함으로써 핵위협 인식을 형성하고 있다. 특히 최근 연구에 따르면, 북한의 핵실험이 탄도미사일 발사보다 대중들의 핵무장 찬성 요인 상승에 5배 더 큰 영향을 미치는 것으로 분석되었다.[4] 결과적으로 북한의 지속적인 핵실험과 탄도미사일 발사는 국민의 북한 비핵화에 대한 불신을 심화시키고, 핵위협 인식을 강화하며 남북 간 핵 불균형으로 인한 안보불안감을 고조시켜 한국 대중들의 핵무기 개발 찬성 여론을 강하게 추동하고 있다.[5]

한국 대중의 자체 핵무장 견해 형성에 영향을 미치는 또 다른 핵심 요인은 미국의 확장억제 신뢰도다. 1953년 한미상호방위조약 이후 한미동맹은 한국안보의 근간이 되어왔으며 한국은 핵무기 개발 역량을 보유하고 있음에도 미국의 핵우산에 의존해 북한의 군사위협을 억제해 왔다. 미국은 여러 경로를 통해 한국에 대한 방위공약이 확고함을 지속해서 표명해 왔다. 예를 들어, 2023년 4월 한미정상회담에서 바이든 대통령은 북핵위협으로부터 한국을 방어하기 위한 미국의 확장억제가 철통같음을 강조했으며 북한의 핵공격 시 모든 핵능력을 동원해 북한 정권을 궤멸시키겠다고 천명했다.[6] 이러한 선언적 안보공약은 한미 국방·외교장관 회의를 비롯한 여러 고위급회의에서도 일관적으로 나타난다. 미국의 확고한 안보공약 선언이 한국 대중의 자체 핵무장 선호도를 낮추는 것으로 분석된다.[7]

　미국은 또한 선언적 차원을 넘어 실질적인 군사정책을 통해 방위공약의 신뢰성을 높여왔다. 현재 한국에는 2만 8,500명의 미군이 주둔하고 있으며 이는 일본(약 5만 명), 독일(약 4만 명)에 이어 세 번째로 큰 규모다. 한국에 주둔하는 미군은 유사시 인계철선(trip wire)으로 기능함으로써 적국의 군사적 도발을 억제하는 기능을 한다. 북한의 군사적 도발로 인해 주한미군에게 피해가 발생하면 미국이 한반도에 개입하게 되므로 이는 북한의 군사적 공격을 저지하는 효과적인 수단이 된다. 따라서 주한미군의 존재 자체가 한국에 대한 미국의 확장억제 신뢰도를 가늠하는 핵심 증표라고 할 수 있다.

　북한 핵위협 고도화에 따른 한국 대중의 미국 확장억제 신뢰도 변화 추이는 자체 핵무장 찬반 여론과 밀접하게 연관되어 있다. 미국의 방위공약을 신뢰할수록 독자적 핵무기 개발 및 보유에 대한 찬성도가 낮아지기 때문이다. 미국의 확장억제 신뢰도에 큰 영향을 미친 사건은 2017년 7월 북한의 대륙간탄도미사일 화성-14형 시험 발사이다. 이전까지 북한은 미국 본토를 직접 타격할 수 있는 투발 능력을 보유하지 못했는데, 화성-14형 시험 발사는 북한이 미 본토에 이를 수 있는 대륙간탄도미사일(ICBM) 개발에 진전을 이루고 있음을 보여준 것이다. 물론 아직 북한이 탄도미사일의 대기권 재진입 기술을 확보했는지는 확인되지 않으므로 북한의 대륙간탄도미사일 능력은 미완성으로 볼 수 있다. 그러나 북한이 ICBM 기술개발에 예상보다 빠른 진전을 보여줌에 따라 미국의 한국에 대한 안보공약이 흔들릴 수 있다는 우려가 퍼지기 시작했다. 북한이 한국을 향한 군사적 도발을 감행하면서 미국의 군사적 개입을 차단하기 위해 미국 본토를 직접 핵공격하겠다고 위협할 경우, 과연 미국이 로스앤젤레스를 희생하면서 서울을 지킬 것인가라는 의문이 제기되기 시작한 것이다.

최종현학술원에서 2022년 12월과 2023년 12월에 실시한 한국인의 확장억제 신뢰도 조사 결과, 1년 동안 한국 대중들의 미국 확장억제 신뢰도가 크게 낮아진 것으로 파악되었다. 2022년 11월에 응답자의 51.3%가 미국은 한국이 북핵공격을 당했을 경우 핵무기를 사용할 것이라고 응답했다. 반면, 1년이 지난 2023년 11월에는 오직 39.3%의 응답자만이 미국이 한국을 방어하기 위해 핵무기를 사용할 것이라고 답했다. 불과 1년 만에 미국의 확장억제 신뢰도가 12%포인트 감소한 것이다.[8] 2024년 8월에 동아시아연구원에서 실행한 여론조사에서는 응답자의 41.2%만이 북핵위협 대응을 위해 미국이 제공하는 확장억제가 충분하다고 응답했다.[9] 다시 말해 한국 국민의 미국 확장억제 신뢰도 하락이 자체 핵무장 찬성으로 표출되고 있는 셈이다.[10]

마지막으로 핵무기의 안보적 효용을 넘어선 국가적 위상 제고 및 독자적 외교·안보정책 구축도 핵무장에 대한 대중의 지지를 이끄는 주요 동인으로 작용하고 있다. 핵무기는 군사적 가치를 넘어 강력한 정치적 상징성을 가진 무기체계다.[11] 마치 19세기에 전함과 철도가 강대국의 상징이었듯이 현대에는 핵무기가 군사 강대국 클럽의 입장권과 같은 역할을 하고 있다. 또한 자체 핵무장은 한국의 외교·안보 자율성의 확대를 의미하기도 한다. 일반적으로 핵 후견국-피후견국(nuclear patron-protege)관계에서 피후견국의 핵무기 개발은 자국의 외교·안보정책의 자율성 증진으로 이어진다. 피후견국의 독자적 핵능력 추구는 핵 후견국과의 관계를 근본적으로 변화시킬 수 있다. 전략적 자율성 측면에서 자체 핵무장은 후견국의 확장억제에 대한 의존도를 낮추고 독자적인 억제능력 보유를 의미한다.[12] 이는 후견국의 선호와 다를 수 있는 안보이익을 추구할 수 있게 되며 후견국의 중재 없이도 적대국과 직접적인 억제관계를 수립할 수 있게 됨을 의미한다. 또한 안보와 외교 정책 사안에서 후견국을 상대로 한 협상력이 강화되고 후견국의 압박 이나 방기 위협에 대한 취약성이 감소한다. 즉, 한국의 핵무기 보유를 통해 한국과 미국의 관계가 보다 대등한 관계로 발전할 수 있다.

독자적 핵무장을 통해 한국이 세계 핵클럽에 가입하여 국제적 위상이 높아지는 경우 한국 대중의 61.8%가 자체 핵무장을 찬성하는 것으로 나타났다. 또한 미국의 영향력에서 벗어나 보다 자주적인 외교·안보정책을 추진할 수 있을 때 61.1%가 핵무기 개발에 동의하는 것으로 조사되었다.[13] 특히 주목할 만한 점은 핵무장의 안보편익과 국가 위상 편익을 비교했을 때 한국 국민은 국가 위상 제고에 관한 정보를 접했을 때 자체 핵무장 찬성률이 10%포인트 더 높게 나타났다는 사실이다.[14] 이는 한국 국민이 핵무장을 단순한 안보 수단을 넘어 국가적 위상과 자주성 확보의 핵심 수단으로 인식하고 있음을 시사한다.

달리 말하면 한국 대중들이 핵무장을 지지하는 배경에는 순수한 안보적 고려를 넘어서는 국가적 위상 제고에 대한 열망도 존재한다. 이는 세계적 경제 강국으로 성장했음에도 안보 측면에서는 여전히 미국의 보호에 의존해야 하는 현실에 대한 불만족과 밀접하게 연관되어 있을 가능성도 있다. 또한 산업화와 민주화를 성공적으로 달성하고 세계 10위권의 경제 규모를 갖춘 한국이 자체 핵무장 능력을 보유하게 된다면 이는 단순한 군사력 강화를 넘어 진정한 강국의 반열에 올랐다는 상징적 의미를 지닐 수 있다. 이러한 맥락에서 핵무장은 단순히 북한의 핵위협 대응을 넘어 국제사회에서 한국의 전략적 자율성과 발언권을 강화하고 강국으로서의 위상을 공고히 하는 수단으로 대중들에게 인식되는 것 같다. 마치 프랑스가 드골 시대에 핵무장을 통해 미국으로부터의 독립적인 전략적 자율성을 확보하고자 했던 것처럼 한국의 핵무장 지지 여론에도 이와 유사한 국가적 자부심과 독립성에 대한 열망이 일부 반영되어 있다고 볼 수 있다.

2. 비용 고려 시의 핵개발 찬반 여론

앞서 아산정책연구원, 서울대학교 통일평화연구원, 동아시아연구원 등에서 발표한 한국 대중의 핵무장 여론을 소개했다. 세 기관뿐만 아니라 통일연구원, 최종현학술원, 통일과 나눔, 중앙일보, 시카고 국제문제위원회(Chicago Council on Global Affairs) 등 여러 국내외 기관도 한국 대중들의 핵무장 여론을 조사했다. 2010년부터 2017년 북한의 6차 핵실험 전까지 19개 설문조사의 평균을 분석한 결과, 한국 대중의 59%가 자체 핵무장을 선호하는 것으로 나타났다. 또한 북한의 6차 핵실험 이후 2023년 말까지 총 36개의 설문조사를 분석한 결과, 61%의 한국 대중들이 독자적 핵무기 개발을 찬성하는 것으로 나타났다.[15] 하지만 대부분의 설문조사는 자체 핵무장에 수반되는 비용을 응답자들에게 설명하지 않고 대중들의 핵무기 개발 의견을 문의했다. 그렇다면 한국이 핵무기를 개발했을 때 수반되는 비용은 무엇이며, 그러한 비용을 인지했을 경우 자체 핵무장에 대한 여론조사 결과는 어떻게 바뀌는가?

한국의 독자적 핵무기 개발에 뒤따르는 비용은 안보, 규범, 경제, 동맹, 환경적 측면 등 다차원적으로 분석된다. 첫째, 안보적 측면에서 발생할 수 있는 비용으로는 남북 간 저강도 군사충돌의 가능성 증대다. 이는 안정성-불안정성 역설로 설명되는데 핵억지로 인한 전략적 수준의 안정성이 역설적으로 낮은 수준의 군사적 갈등을 촉발할 수 있다는 것이다. 핵보유국들은 전면전의 위험을 피하면서도 제한된 군사적 도발을 시도할 수 있게 된다. 실제로 중국-인도, 인도-파키스탄 간의 지속적인 국경 충돌은 이러한 안정성-불안정성 역설을 잘 보여준다. 한반도의 경우, 2010년 천안함 사건과 연평도 포격 이후 중대한 군사적 충돌은 없었으나 만약 한국이 핵무장을 해서 북한과 핵 균형에 이르면 국지 군사도발이 더욱 빈번해질 위험이 있다.

둘째, 한국의 핵무기 개발로 지역 내 안보딜레마가 심화할 수 있다. 방어적 성격의 핵무기 개발은 그 의도와 관계없이 주변국에 심각한 안보위협으로 받아들여질 수 있으며 이는 지역 전체의 군사적 긴장을 고조시키는 결과를 낳았다. 한국의 경우, 핵개발이 중국과의 군사적 긴장을 고조시켜 오히려 더 큰 안보위협에 직면할 가능성이 있다. 핵무기 개발 과정에서 북한의 선제공격 위험도 존재한다. 과거 이스라엘이 1981년 이라크와 2007년 시리아의 핵시설을 선제적으로 타격한 사례에서 볼 수 있듯이 핵개발을 저지하기 위해 국가들은 군사작전을 수행한다. 이러한 맥락에서 한국이 핵개발을 시도할 경우, 개발 기간 동안 북한의 선제타격 위험에 노출될 수 있다. 마지막으로 한국의 핵무장은 일본과 대만 같은 잠재적 핵능력 보유국들의 핵무기 개발로 이어질 수 있다. 이 국가들은 이미 상당한 수준의 기술적 역량을 보유하고 있어 언제든 핵무기 개발에 착수할 수 있으며 역내 군사적 긴장감을 높일 수 있다.

셋째, 자체 핵무장에는 핵비확산이라는 국제규범을 위반했다는 도덕적 낙인과 외교적 고립 같은 규범적 차원의 비용도 따른다. 1970~1980년대부터 국제사회에서는 핵무기의 반인도적 성격에 대한 인식이 강화되었다. 핵무기는 그 파괴적 영향력 때문에 국제사회에서 용납할 수 없는 대량살상무기로 규정되었으며 이는 핵무기금지조약(Treaty on the Prohibition of Nuclear Weapons)과 같은 국제적 반대 움직임으로 이어졌다. 이러한 규범적 환경의 변화로 인해 새로운 핵보유국들은 과거와 달리 핵 강국으로서의 위신을 얻기보다는 국제사회의 무책임한 일탈자로 낙인찍히게 된다. 또한 한국의 핵무기 개발 시도는 심각한 외교적 제재와 국제적 비난으로 이어질 가능성이 높다. 특히 핵확산금지조약(NPT) 가입국이 핵무기를 개발할 경우, 이는 국제법적 의무 위반으로 이어져 국제원자력기구(IAEA) 유엔 안보리 보고와 같은 공식적 제재를 받게 된다. NPT 탈퇴를 시도하더라도 국제사회의 강력한 반발과 평판 손상을 피할 수 없으며 이는 양자 및 다자간 외교관계 전반에 걸친 신뢰 상실로 이어진다.

도표 13.2-A에서 나타나듯이 한국 대중들이 자체 핵무장에 따르는 안보비용을 고려했을 때 핵개발 찬성도가 낮아지는 것을 확인할 수 있다. 핵무장으로 인해 남북 저강도 군사충돌 증가(49.9%), 중국과 군사 긴장감 증가(49.2%), 북 선제타격 위험(49.8%), 일본 핵무장(47.3%)으로 이어진다고 가정했을 때 자체 핵무장 찬성도는 47~50%에 머무는 것으로 조사되었다. 나아가 한국 대중이 규범 비용을 고려할 때 자

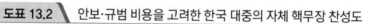

도표 13.2　안보·규범 비용을 고려한 한국 대중의 자체 핵무장 찬성도

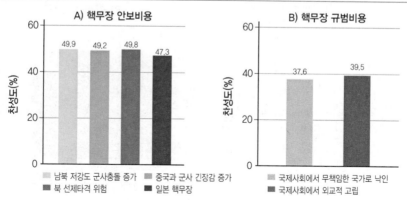

출처: Lee and Jeong (2025) 2024. 7. 설문시행, 그래프 저자 재구성.

체 핵무장 찬성도는 더 감소하는 것으로 나타났다. 도표 13.2-B를 통해 확인할 수 있듯이 한국이 독자적 핵무기 개발로 인해 국제사회에서 무책임한 국가로 낙인이 찍힌다고 했을 때 핵무장 찬성도는 37.6%로 나타났으며 외교적 고립으로 이어질 경우 대중의 약 40%만 독자적 핵무기 개발을 찬성하는 것으로 나타났다.[16] 이러한 결과는 2023년 통일연구원에서 발표한 내용과 유사하다. 2023년 통일연구원에 따르면 한국의 핵개발로 안보위협이 심화하고 평화 이미지가 손상될 것이라고 보는 의견이 70% 및 72.2%에 달하는 것으로 조사되었다. 또한 자체 핵무장으로 한국의 안보위협이 심화할 시 39.6%의 대중만이 핵무장을 찬성하고, 평화 이미지가 훼손될 때 37.7%의 응답자만이 핵무장을 옹호하는 것으로 나타났다.[17]

넷째, 한국의 독자적 핵무기 개발은 다양한 형태의 경제제재를 초래할 수 있으며 이는 경제에 심각한 충격을 가할 가능성이 높다. 먼저 국제사회로부터의 제재가 있을 수 있다. 유엔 안전보장이사회를 통해 제

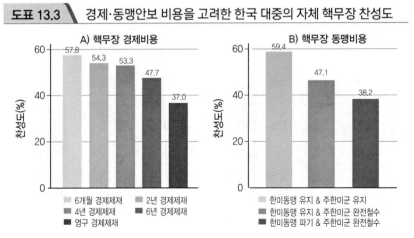

도표 13.3 경제·동맹안보 비용을 고려한 한국 대중의 자체 핵무장 찬성도

출처: Lee and Jeong (2025) 2024. 7. 설문시행, 그래프 저자 재구성.

재결의안이 채택될 가능성이 있으며 이는 무역 제한, 자산 동결, 금융 거래 제한 등을 포함할 수 있다. 또한 미국은 국내법에 따라 한국에 양자적 차원의 경제제재를 가할 가능성이 있다. 핵확산을 금지하는 미국의 국내법으로는 원자력법(Atomic Energy Act, 1946), 무기통제 및 군축법(Arms Control and Disarmament Act, 1961), 사이밍턴·글렌 개정안(Symington and Glenn Amendment), 핵확산 금지법(Nuclear Nonproliferation Act) 등이 있다.[18] 이를 바탕으로 한국의 자체 핵무장은 경제 타격으로 이어질 공산이 크다.

미국뿐만 아니라 중국의 독자적 제재 가능성도 있는데 이 또한 한국에 큰 경제적 타격을 줄 수 있다. 한국의 독자적 핵무기 개발이 북핵 대응 차원에서 이뤄진다고 하더라도 핵무장한 한국은 중국에 큰 위협이 될 수 있다. 한국의 최첨단 미사일과 항공기에 핵탄두를 탑재한다면 중국 본토 전역이 한국의 핵공격 사정권 안에 들어오기 때문이다. 이러한 맥락에서 한국의 자체 핵무장에 따른 중국의 경제제재는 2016년 미국이 고고도미사일방어체계(THAAD)를 한국에 배치했을 때보다 더 강력할 수 있다. 수출 의존도가 높은 한국경제의 특성상 주요 교역국들의 수출입 제한은 치명적인 타격이 될 수 있다. 반도체, 자동차, 조선 등 한국의 주력 산업이 심각한 타격을 받을 것이며, 특히 미국, 중국, EU, 일본 등 주요 교역국과의 무역이 제한된다면 경제의 급격한 위축이 예상된다. 또한 금융 부문에서도 스위프트(SWIFT) 국제은행 간 통신 시스템 접근 제한, 국제 금융기관과의 거래 제한, 외화조달 어려움 등이 발생할 수 있으며 이는 원화 가치 하락, 외화 보유액 감소, 신용등급 하락으로 이어져 결과적으로 국가 부채 증가와 경제 불안정성 심화를 초래할 수 있다.

한국 대중의 핵무기 개발 지지도는 이러한 경제제재의 강도와 지속 기간에 따라 변화를 보이는 것으로 분석되고 있다.[19] 예를 들어, 1997

년 IMF 수준의 경제 타격이 예상된다고 했을 때 핵무장 찬성도는 25% 포인트 감소했다.[20] 그러나 흥미로운 점은 경제제재 기간에 따른 자체 핵무장 지지도 차이다. 도표 13.3-A에서 볼 수 있듯이 경제제재에 따른 연간 개인 소득이 25% 감소하더라도 제재 기간이 6개월로 한정된다면 약 57.8%가, 2년으로 한정된다면 54.3%, 4년으로 예상될 때도 53.3% 이상이 자체 핵무장을 지지하는 것으로 나타났다. 경제제재가 4년 내로 한정된다면 절반 이상의 국민이 한국의 독자적 핵개발을 찬성하고 있다. 반면, 경제제재로 인한 소득 감소가 영구적이라고 한다면 지지도가 37%로 급감했다. 이러한 조사 결과는 한국 대중들이 경제제재의 심각성을 인식하면서도 그 지속 기간이 한정적일 경우에는 여전히 상대적으로 높은 수준의 핵무장 지지를 유지한다는 것을 보여준다.

또한 한국의 자체 핵무장은 한미관계에 근본적인 변화를 초래할 가능성도 존재한다. 한미동맹은 70년간 한국안보의 근간이 되어왔으며 한국은 핵무기를 개발할 능력이 있음에도 불구하고 한미동맹에 의존함으로써 외부 안보위협에 대응해 왔다. 하지만 한국의 독자적 핵무기 개발은 한국이 더 이상 미국의 안보공약에 의존하지 않고 독자적으로 북한 핵위협에 대응한다는 것을 뜻한다. 이 경우 한미동맹은 해체 또는 약화하고 주한미군도 철수할 수 있다. 1970년대 박정희정부가 핵개발을 시도했을 때 미국은 실제로 동맹 약화 가능성을 거론하며 핵개발 포기를 압박한 적이 있다.[21]

물론 다른 의견도 존재한다. 설령 한국이 자체 핵무장을 하더라도 한미동맹이 유지될 것이며 주한미군도 그대로 주둔할 가능성이 크다는 의견이다. 이 견해는 한국의 지정학적 특수성에 근거한다. 동북아시아에서 중국을 견제하려는 차원에서 보면 미국에 한국은 중요한 전략적 요충지다. 또한 70년간 이어진 동맹의 관성으로 인해 한미동맹이 지속될 가능성이 높다. 도표 13.3-B에서 볼 수 있듯이 한미동맹이 유지되고 주한미군이 그대로 한국에 주둔할 경우 60%에 가까운 대중이 한국의 핵무기 개발을 찬성하는 것으로 나타났다. 하지만 한미동맹만 유지되고 주한미군이 완전히 철수한다면 핵무장 찬성도는 12.3%포인트 하락한 47.1%이며, 동맹 해체로까지 이어질 경우 자체 핵무장 찬성도는 38.2%에 머무는 것으로 조사되었다.[22] 통일연구원에서도 이와 비슷한 결과를 보고하고 있는데 한국의 자체 핵무장이 한미동맹 파기로 이어질 수 있다고 인지하는 대중들은 60% 이상으로, 한미동맹이 파기될 가능성을 고려할 때 독자적 핵무기 개발 찬성도는 37.2%에 머무는 것으로 분석되었다.[23]

한국의 핵무장은 한미 간 첨단 과학기술 협력에도 장애가 될 수 있다. 한미동맹은 21세기 지정학적 변동과 기술경쟁 심화라는 환경 속에서 단순 군사동맹을 넘어 복합동맹으로 빠르게 진화해 왔다. 한미동맹은 2009년에 포괄적 전략동맹으로, 그리고 2022년에는 글로벌 포괄적 전략동맹으로 비전을 확대했다. 이를 바탕으로 한미 양국은 군사협

도표 13.4 동맹경제·환경 비용을 고려한 한국 대중의 자체 핵무장 찬성도

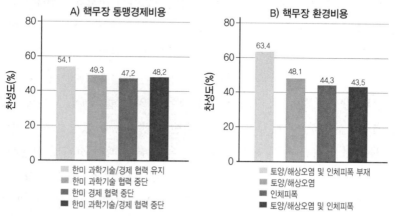

출처: Lee and Jeong (2025) 2024. 7. 설문시행, 그래프 저자 재구성.

력을 넘어 글로벌 공급망, 첨단 과학기술 분야로까지 협력을 확대하고 있다. 특히 한국의 경제안보전략 차원에서 이러한 동맹 확장은 여러 의미를 지닌다. 반도체·배터리·인공지능·양자컴퓨팅·우주기술 등 첨단 기술 분야에서 한미 간 공동 연구개발 및 공급망 협력은 기술 디커플링 (decoupling) 위험을 최소화하고 기술혁신 역량을 제고하는 데 결정적 역할을 한다. 더불어 경제와 안보의 연계가 강화되는 현 국제질서하에서 한미동맹은 첨단 방위산업 협력, 핵심 광물 협력, 에너지안보 증진, 디지털무역 규범 공동 수립 등의 분야로 확장되고 있다. 이러한 광범위한 협력체계는 한국이 격변하는 국제정치경제 환경에서 전략적 자율성을 확보하면서도 글로벌 가치사슬 내 위상을 강화하고 지속가능한 경제발전을 추구할 수 있는 제도적 기반으로 기능한다. 하지만 한국이 핵무장을 추진할 경우, 미국은 한국을 신뢰할 수 없는 파트너로 인식할 가능성이 높다. 이는 단순히 군사적 협력의 축소에 그치지 않고 경제안보 차원의 협력 위축과 첨단기술 접근의 제한으로 이어질 수 있다. 특히 첨단산업 분야에서 한국의 장기적 성장과 혁신이 저해될 수 있으며 이는 한국경제의 미래 성장 동력에 심각한 위협이 될 수 있다.

다섯째, 핵무기 개발에는 심각한 환경파괴라는 비용이 수반된다. 핵 실험 과정에서 발생하는 토양 오염은 특히 우려할 만한데 오염 지역의 토양은 수십 세대에 걸쳐 농업적 이용이 불가능해지며 토양 미생물 군 집과 지하 생태계의 구조적 변화를 초래한다. 해양 환경에서는 수중 핵 실험과 방사성 물질 유출로 인한 오염이 해양 생물의 DNA 손상과 돌연변이를 유발하고 해양 먹이사슬 전반에 생물농축 현상을 통해 방사성 물질이 축적된다. 특히 방사성 물질은 해류를 따라 장거리 이동하며 광범위한 해양 오염을 일으킨다. 핵개발은 인체 피폭위험도 포함하고 있다. 핵무기 개발 시설 주변 지역사회에서는 만성적 저선량 방사선 노출로 인한 장기적 건강 영향이 우려되며 이는 면역체계 약화, 생식능력

저하, 유전적 변이 증가 등의 형태로 나타날 수 있다. 이런 문제점을 고려할 때 핵무기 개발을 위한 핵실험을 과연 어디서 할 수 있을 것인지, 과연 어느 지역이 핵실험을 수용할 수 있을지 의문시된다.

　도표 13.4-A에서 보듯이 핵무장으로 인해 한미 과학기술 및 경제협력에 차질이 빚어진다면 자체 핵무기 개발에 대한 찬성도가 낮아지는 것으로 나타난다. 자체 핵무장으로 인해 한미 과학기술협력이 중단될 경우 응답자의 49.3%, 경제협력이 중단될 경우 47.2%, 과학기술 및 경제협력이 모두 중단된 경우 48.2%만 자체 핵무장을 옹호하는 것으로 조사되었다. 또한 도표 13.4-B에서 알 수 있듯이 핵무장에 수반되는 환경적 비용 역시 대중들의 핵무장 지지도를 낮추는 것으로 나타났다. 핵실험에 따른 환경오염 및 인체 피폭이 없다고 했을 때 핵무장 찬성도는 63.4%에 달했으나, 토양·해상 오염이 초래될 경우의 찬성도는 약 15%포인트 하락한 48.1%에 머물렀으며, 핵실험으로 인체 피폭이 일어날 경우의 핵무장 찬성도는 44.3%로 더욱 낮아졌다. 환경오염 및 인체 피폭이 모두 발생한다면 대중의 핵무장 찬성도는 40% 초반에 머무는 것으로 분석되었다.[24]

　종합하면 북한의 6차 핵실험 이후 2023년까지의 조사에서 한국 대중의 61%가 독자적 핵무기 개발을 찬성하는 것으로 나타났으나 이는 핵개발이 초래할 비용 요인을 고려하지 않은 수치다. 핵무장이 수반하는 안보비용(남북 저강도 군사충돌 증가, 중국과의 군사적 긴장, 북한의 선제타격 위험, 일본의 핵무장), 규범비용(국제사회에서의 낙인과 외교적 고립), 경제비용(국제사회와 미국의 경제제재), 동맹안보비용(한미동맹 약화와 주한미군 철수), 동맹경제비용(한미 과학기술 및 경제협력 중단), 환경비용(토양·해양 오염 및 인체피폭 위험) 등을 고려했을 때 핵무장 찬성도는 상당히 하락한다. 특히 규범비용을 고려할 경우의 찬성도는 37~40%로, 경제제재가 영구적일 경우에는 37%로, 한미동맹 파기 시 38.2%로, 환경오염 및 인체 피폭이 발생할 경우에는 40%대 초반으로 각각 감소하는 것으로 나타났다.

3. 핵개발에 대한 전문가 여론

한국의 외교·안보 정책결정 과정에서 일반대중의 여론이 일정한 영향을 미치지만, 정책수립에 더 직접적으로 영향을 미치는 집단은 외교·안보 전문가들이다. 따라서 독자적 핵무기 개발에 대한 이들의 견해는 한국의 자체 핵무장 여부를 가늠할 수 있는 더 중요한 지표다. 일반 대중과 다르게 외교·안보 전문가들은 국제정치의 복합성에 대한 전문성을 가지고 있고 대중이 쉽게 접할 수 없는 정보에 접근할 기회가 더 많고 다양하다. 우선 2017년 9월 북한의 6차 핵실험과 대륙간탄도미사일 발사 시험은 미국의 한반도 안보공약에 대한 신뢰도를 급격히 하락시켰다. 한 연구에서 2022년 3월 전·현직 고위공무원, 군 장성, 국책연구원 연구위원, 교수 등 157명의 외교·안보 전문가들을 대상으로 실시한 독자적 핵무기 개발 여부와 미국의 확장억제 신뢰도에 대한 설문조사 결과에 따르면, 도표 13.5-A에서 볼 수 있듯이 미국의 확장억제 전반에 대한 높은 신뢰도를 확인할 수 있다. 65.6%의 전문가들이 미국의 확장억제는 신뢰할 수 있다고 대답했다. 하지만 설문 내용을 더 구체화하자 미국의 안보공약에 대한 신뢰도가 하락하는 것으로 나타났다. 예를 들어, 북한이 미국 본토를 향해 핵공격을 감행할 시 미국은 로스앤젤레스나 괌을 포기하고 한국을 지킬 것인가에 대한 질문에 대해서는 오직 22.3%의 전문가들만 동의했다. 또한 52.9%의 외교·안보 전문가들은 미중 전략경쟁의 심화에 따라 주한미군이 재배치될 가능성이 있다고 응답했다. 고도화되는 북핵위협과 미중 전략경쟁으로 약화할

수 있는 미국의 확장억제 신뢰성으로 인해 도표 13.5-B에서 볼 수 있듯
이 46.5%의 외교·안보 전문가들은 자체 핵무장을 찬성했고, 53.5%의
전문가들은 독자적 핵무장을 찬성했다. 거의 절반에 가까운 외교·안보
전문가들이 한국은 독자적 핵무기 개발을 해야 한다는 의견을 표명한
것이다.[25]

　미국의 방위공약에 대한 외교·안보 전문가의 의구심은 한국의 자체
핵무장 논쟁을 촉발했고, 급기야 2023년 1월 국방부와 외교부의 신년
업무보고 자리에서 윤석열 대통령은 한국 대통령으로는 처음으로 한국
의 독자 핵무기 개발 가능성을 언급했다. 한국 대통령의 공식 석상에서
의 이러한 발언은 미국에서 상당한 파장을 일으켰다. 핵비확산은 미국
이 중요시하는 최우선 외교·안보정책 목표 중 하나인데 한국의 독자적
핵무장은 자칫 50년 동안 성공적으로 유지되어 온 미국 중심의 핵비확
산체제에 균열을 초래할 수 있기 때문이다. 한국의 자체 핵무장으로 미
국 동맹국들 사이에 핵 도미노가 촉발된다면 미국이 구축해 온 글로벌

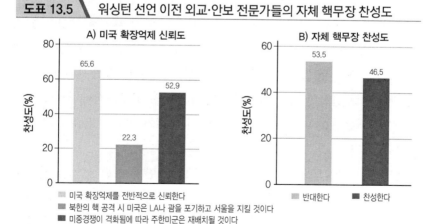

도표 13.5 　워싱턴 선언 이전 외교·안보 전문가들의 자체 핵무장 찬성도

A) 미국 확장억제 신뢰도

- 미국 확장억제를 전반적으로 신뢰한다
- 북한의 핵 공격 시 미국은 LA나 괌을 포기하고 서울을 지킬 것이다
- 미중경쟁이 격화됨에 따라 주한미군은 재배치될 것이다

B) 자체 핵무장 찬성도

- 반대한다
- 찬성한다

출처: 이경석 (2025) 논문, N=157명의 외교·안보 전문가, 그래프 저자 재구성.

동맹시스템에도 상당한 악영향을 미칠 수 있다. 그래서 미국은 한국의 핵무기 개발 가능성을 잠재우기 위해 2023년 4월 워싱턴 선언을 통하여 한미 핵협의그룹(NCG) 창설에 동의했다. NCG는 세계적으로 유례를 찾아볼 수 없는 양자 간 핵 협의체로 미국이 자국의 핵무기 운용과 작전 측면에서 동맹국과 긴밀히 협조하는 첫 사례다. 미국이 NCG 창설에 동의한 이유는 NCG를 통해 한국에 대한 미국의 확장억제 신뢰도를 높임으로써 한국의 핵무장 움직임을 방지하기 위해서다. 실제로 워싱턴 선언에서 한국은 핵확산금지조약의 의무에 대한 한국의 오랜 공약 준수를 재확인했다.

워싱턴 선언과 NCG 창설로 미국의 안보공약에 대한 신뢰도가 한국 외교·안보 전문가들 사이에서 크게 높아졌고 독자적 핵무장 지지도 하락한 것으로 조사되었다. 2024년 1~3월경 미국 전략국제연구센터(CSIS: Center for Strategic and International Studies)는 한국 외교·안보 전문가 175명을 대상으로 설문조사를 시행했다.[26] 175명의 외교·안보 전문가들은 한국의 학계, 연구원, 전·현직 공무원, 국회의원 및 기업 엘리트로 구성되었는데 도표 13.6-A에서와 같이 53%는 독자적 핵무장에 반대하는 것으로 나타났고, 34%만이 자체 핵무장을 옹호하는 것으로 조사되었다. 동아시아연구원(EAI: East Asia Institute)에서 2024년 8월 26일부터 9월 4일까지 한국의 외교·안보 전문가 102명을 대상으로 실시한 북한 핵위협과 자체 핵무장 설문조사에서도 78.5%가 자체 핵무장을 반대하고, 19.5%만이 핵무기 개발을 옹호하는 것으로 나타났다.[27]

도표 13.5와 도표 13.6을 비교하면 2023년 워싱턴 선언을 전후로 한국의 외교·안보 전문가들의 자체 핵무장 찬반 비율이 많이 변한 것을 확인할 수 있다. 변화의 가장 큰 이유는 미국의 확장억제 신뢰성 강화를 꼽을 수 있다. 한미 양국은 2024년 7월 한미 한반도 핵억제 핵작전

2024년 7월 윤석열 대통령과 바이든 대통령의 회담에서 한미 핵협의 그룹(NCG) 출범 이후 진전을 재확인하고 양국 국방부 간 「한미 한반도 핵억제 핵작전 지침」에 서명했다. 이 공동지침 문서는 한미 일체형 확장억제 협력 강화의 토대를 제공한다. NCG는 워싱턴 선언의 이행을 위한 양자 협의체로 확장억제에 대한 한미간 협력을 강화하고 북한의 핵 위협에 대응하여 한국 국민과 한반도 주둔 미군의 안전 보장에 중점을 두고 있다. 공동지침 문서는 보안절차 및 정보공유 확대, 위기 및 유사시 핵 협의 절차, 핵 및 전략기획, 한미 핵·재래식통합을 통한 유사시 미국 핵 작전에 대한 한국군의 재래식 지원, 전략적 메시지, 연습·시뮬레이션·훈련·투자 활동, 위험감소 조치 등의 내용을 포함한다.

지침(U.S.-ROK Guidelines for Nuclear Deterrence and Nuclear Operations on the Korean Peninsula)을 최종 승인했는데 이는 한미 안보협력에서의 획기적 전환점으로 기록될 만하다.

　외교·안보 전문가들은 한미 정상이 승인한 다음과 같은 내용의 공동 지침이 미국의 확장억제 신뢰성을 크게 높였다고 본다. 첫째, 한미 간 민감한 핵 관련 정보 공유 확대와 안전한 통신 시스템 구축, 둘째, 미국 핵전력 배치에 관해 한국과 미국 지도자 간 즉각적인 협의를 보장하는 절차의 시행, 셋째, 다양한 군사적 상황에서 한국의 재래식무기를 미국의 핵능력과 통합하기로 한 합의, 마지막으로 NCG 주도의 도상훈련(TTX: tabletop exercise)과 군대군(military-to-military) 도상훈련을 통해 NCG 프로토콜을 연습하기로 한 합의. 이전에는 미국이 시간이 촉박한 상황에서만 전략자산 배치에 대해 한국에 통보하고 협의했으나 이제 한미 파트너십은 평시에도 지속적 정보 공유와 미국 전략

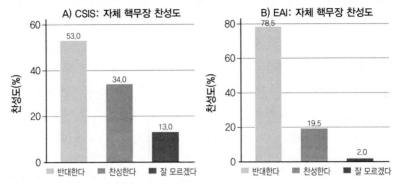

도표 13.6 워싱턴 선언 이후 외교·안보 전문가들의 자체 핵무장 찬성도

A) CSIS: 자체 핵무장 찬성도

찬성도(%)

53.0 반대한다
34.0 찬성한다
13.0 잘 모르겠다

B) EAI: 자체 핵무장 찬성도

찬성도(%)

78.5 반대한다
19.5 찬성한다
2.0 잘 모르겠다

출처: 미국 전략국제연구센터(CSIS) (2024), N=175명의 외교·안보 전문가, 그래프 저자 재구성; 동아시아연구원(EAI) (2024), N=102명의 외교·안보 전문가, 그래프 저자 재구성.

자산 배치에 관한 긴밀한 협력을 포함하도록 발전한 것이다. 이로써 전반적인 미국의 확장억제 신뢰도가 크게 향상되어 북핵위협 대응을 위해 자체 핵무장을 추진하자는 의견이 한국의 전문가 그룹 내에서 상당히 감소했다.

마지막으로 한국의 외교·안보 전문가들은 한국의 자체 핵무장에 수반되는 제반 비용과 문제점을 명확히 인식하고 있다. 한국의 자체 핵무장에 비용에 결정적인 영향력을 미치는 변수는 미국의 승인이다. 미국이 한국의 핵무장을 암묵적으로라도 동의하지 않을 경우, 한국은 앞서 서술한 안보, 규범, 경제, 동맹 차원의 비용을 모두 떠안아야 할 것이다. 도표 13.7에서 볼 수 있듯이 한국의 외교·안보 전문가들이 가장 크게 걱정하는 것은 바로 규범적 비용과 경제적 비용이다. 한국은 그동안 국제사회에서 책임 있는 국가로서의 입지를 잘 다져왔고 한국을 향한 국제사회의 신뢰도 커졌다. 한국이 핵개발에 나선다면 아무리 NPT 10조 1항에 따라 NPT를 탈퇴한다고 하더라도, 국제사회에서의 평판 훼손은 피할 수 없을 것이다. 도표 13.7-A에서 보듯이 외교·안보 전문

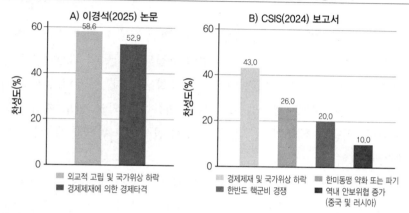

도표 13.7 외교·안보 전문가들의 인지하는 자체 핵무장 비용

A) 이경석(2025) 논문

B) CSIS(2024) 보고서

출처: 이경석 (2025) 논문, N=157명의 외교·안보 전문가, 그래프 저자 재구성; 미국 전략국제 연구센터(CSIS) (2024), N=175명의 외교·안보 전문가, 그래프 저자 재구성.

가의 60%는 자체 핵무장에 따른 외교적 고립 및 국제사회 위상 하락을 우려한다. 나아가 절반 이상의 외교·안보 전문가들이 자체 핵무장에 대한 경제적 타격을 우려했다. 한국이 핵무기 개발을 추진하면서 이에 대한 미국의 묵인을 얻지 못한다면 한국은 국제사회와 주요 교역국의 경제제재를 받게 될 것이기 때문이다. 도표 13.7-B에서 보듯이 대다수 전문가는 경제제재 및 국제위상 하락을 가장 주요한 핵개발 비용으로 인식한다. 뒤이어 전문가의 26%는 한미동맹 약화 또는 파기를 우려했으며 한국의 자체 핵무장에 따른 한반도 핵 군비 경쟁 및 역내 군사 긴장감 상승도 위험 요소로 인식하고 있다.

4. 한국의 핵개발에 대한 미국의 반응과 여론

앞에서 살펴본 바와 같이 한국의 핵무장 관련 정책 논의에서 핵심 변수
는 미국이다. 미국의 암묵적 승인 없이 추진되는 한국의 핵개발은 감당
하기 어려운 정치적·경제적 비용을 초래할 것이다. 미국의 정책을 결
정하는 핵심 주체는 정치엘리트, 특히 대통령과 외교·안보 핵심 참모
진이다. 이들이 한국의 핵무장을 어떻게 인식하고 판단을 내리는지가
가장 중요하다.

미국의 외교·안보 전문가 중에는 한국의 핵무기 개발은 한국이 주권
국으로서 스스로 판단해야 할 문제이며 미국이 개입해서는 안 된다고
주장하는 인사가 있다.[28] 하지만 중론은 한국의 독자적 핵무기 개발과
보유를 완강히 반대하는 것이다. 미국이 한국의 핵개발에 매우 민감한
이유는 NPT체제의 붕괴를 가져올 수 있기 때문이다. 한국이 핵개발을
추진하고 NPT에서 탈퇴한다면 이는 미국의 주요 동맹국이 미국의 핵
우산을 더 이상 신뢰하지 않는다는 점을 알리는 것이어서 다른 동맹국
도 동요할 가능성이 크다. 즉, 한국의 핵개발은 연쇄적인 핵개발 도미
노를 촉발할 수 있다. 핵무기 확산이 광범위하게 이루어진 세계는 전쟁
의 위험성이 높아질 수 있다. 그뿐만 아니라 핵을 가진 국가에 대한 미
국의 영향력도 축소될 수 있다는 점에서 미국의 이익에 반한다.

한국의 핵개발이 초래할 이상과 같은 문제점을 미국의 외교·안보 전
문가와 여러 정치엘리트 대부분은 잘 인식하고 있다. 그러나 외교·안
보에 관한 미국 일반 대중의 이해 수준이 전문가와 같지는 않다. 게다
가 장기적으로 보면 미국 대중의 인식이 정책결정자들의 판단에 어느
정도 영향을 미칠 수 있으므로 한국의 핵무장에 대한 미국의 여론동향
도 검토해 볼 필요가 있다.

미국 대중의 집단의식 속에는 핵 금기가 자리잡고 있는데 이는 히로

시마와 나가사키 원폭 투하가 초래한 참상에 대한 충격에서 비롯한다. 이러한 충격은 점차 핵무기의 사용뿐만 아니라 보유 자체를 제한해야 한다는 규범적 믿음으로 점점 확장되었다. 핵무기 비사용과 비확산 사이의 인식적 연결은 '도덕적 의식 고양'이라는 과정을 통해 구축되었으며, 이를 통해 핵확산은 도덕적 문제로 규정되고 인류 존립에 관한 근본적 위협으로 인식하게 되었다.[29] 그런데 주목할 점은 미국 대중이 핵확산에 대해 이중적 태도를 보인다는 사실이다. 미국인들은 북한이나 이란과 같은 적대국의 핵무기 획득에는 강력히 반대하는 반면, 동맹국들의 핵개발에 대해서는 상대적으로 관대한 경향이 있다. 핵비확산 규범의 선택적 적용은 핵 금기가 국가 정체성, 정치체제 유형, 그리고 동맹 관계 인식과 같은 다양한 요소들과 복잡하게 상호작용함을 보여준다.

최근 실시된 여러 설문조사는 미국인들이 핵비확산 원칙을 적용하는 데 일관되지 못하다는 것을 보여준다. 다양한 핵위협에 대한 순위를 매길 때 미국인들은 핵확산이라는 추상화된 현상을 두려워하기보다 중국, 러시아, 이란, 북한과 같은 특정 국가의 핵능력을 심각하고 구체적인 위협으로 인식했다. 이는 미국인들이 핵확산을 추상적 개념으로 이해하기보다 특정 국가 행위자와 연관해 위험을 평가하는 경향이 있음을 시사한다.[30] 원칙적으로는 핵비확산을 지지하면서도 실제로는 특정 국가에 대한 우려에만 집중하는 이러한 태도는 '핵 금기의 선택적 허용'이라는 현상을 반영한다. 미국 여론은 미국정부가 추구해 온 '책임 있는' 핵 국가와 '무책임한' 핵 국가라는 이분법적 구도를 내면화하여 핵확산 자체를 일률적으로 거부하기보다 특정 국가의 핵보유만 선택적으로 문제시하는 경향을 보인다.

한국의 핵무장에 대한 미국 대중의 의견은 이와 같은 맥락에서 이해할 필요가 있다. 도표 13.8에서 보듯이 2024년 11월 여론조사에서 미국 대중의 43.7%가 한국의 독자적 핵개발을 지지하는 것으로 나타났다.[31] 주목할 점은 한국의 자체 핵무장이 미국 주도의 글로벌 핵비확산 체제의 붕괴로 이어질 수 있다는 추가 정보가 제시되었음에도 43.6% 의 미국인들이 여전히 한국의 핵무장에 찬성한다는 사실이다. 이러한 결과는 앞서 설명한 핵비확산에 대한 미국 대중의 이중적 기준에서 기 인할 가능성이 높다. 즉, 미국 대중의 핵 금기에 대한 선택적 허용 인식 이 동맹국들의 핵확산을 용인하는 방향으로 발현된 것으로 해석할 수 있다. 또한 글로벌 핵비확산체제의 복합적 메커니즘을 이해하는 데 필 요한 전문적 지식이 일반 대중에게 부족하기 때문일 수도 있다. 한국 의 핵무장이 촉발할 수 있는 동맹국 핵 도미노 현상과 그에 따른 글로 벌 핵비확산체제 붕괴가 미국의 국익에 미칠 파장이 일반 대중에게는 추상적으로만 인식되고 미국의 안보에 미치는 영향을 명확히 인지하지 못하는 것으로 보인다.

이러한 조사 결과는 미국의 정치 엘리트들과 일반 대중들 사이에 뚜 렷한 인식 차이가 존재함을 보여준다. 미국의 외교·안보 정책결정자들 은 핵비확산을 외교정책의 최우선 과제로 간주해 왔으며 동맹국들의

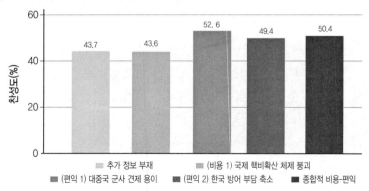

도표 13.8 \ 미국 대중들의 한국 핵무장 찬성도

출처: Lee, Kim and Ryu (2025) 2024. 11. 설문시행, 그래프 저자 재구성.

독자적 핵개발을 강력히 통제해 왔다. 이는 미국이 핵 우위를 바탕으로 동맹국에 대한 강력한 외교·군사적 영향력을 유지하기 위한 전략적 선택이었다. 한국의 핵무장에 대한 미국 정치엘리트들의 반대 역시 한국의 자체 핵무장이 글로벌 핵비확산체제에 미칠 수 있는 광범위한 파장을 그들이 충분히 인식하고 있기 때문이다.

한편, 한국의 핵무장에 관하여 미국의 정치엘리트들과 일반 대중들 사이에 인식적 합의가 존재하는 영역이 있는데 바로 한국 핵무장의 대중국 군사 견제 효과다. 중국의 급속한 부상과 함께 미국 사회 전반에 걸쳐 중국 위협론이 현저히 강화되고 있다. 다수의 여론조사 결과는 미국인들의 중국에 대한 위협 인식이 상당히 높은 수준에 도달했음을 보여준다. 2024년 퓨리서치 센터 조사에 따르면, 미국인들의 중국 비호감도는 81%라는 압도적 수치를 기록했으며[32] 2023년 시카고 국제문제위원회 여론조사에서는 미국 유권자의 58%가 중국을 미국의 핵심 경쟁국으로 지목했다.[33] 이는 1990년부터 실시된 동일 조사에서 가장 높은 수치다. 글로벌 영향력 평가에서도 미국인들은 10점 척도에서 미국을 8.4점, 중국을 7.5점으로 평가하여 양국 간 영향력 격차가 2002년 이래 가장 좁혀졌다고 인식한다.

이러한 중국에 대한 위협 인식은 동아시아 동맹국들의 전략적 중요성을 부각하는 배경이 되고 있다. 미국의 상대적 패권 약화 추세 속에서 미국 대중은 대중국 견제를 위한 동맹국의 더 적극적인 역할을 기대하고 있으며 이는 미국 정치엘리트들 사이에서도 공유되는 시각이다. 예를 들어, 트럼프 2기 행정부의 국방부 정책차관으로 임명된 콜비(Elbridge Colby)는 그동안 미국의 국가 총역량을 대중국 견제에 집중해야 한다고 주장하면서, 인도·태평양지역 동맹국들의 대중국 견제 노선 동참 필요성을 강조해 왔다. 그는 과거에 북한 억제를 위해 주둔 중인 주한미군을 대중국 견제에 활용하기 위해서는 한국의 핵무장 용인도 검토할 필요가 있다는 견해를 제시한 바도 있다.[34] 이러한 전략적 맥락에서 실시된 여론조사에서 미국 유권자의 52.6%가 한국의 자체 핵무장이 미국의 대중국 견제에 도움이 된다면 찬성한다고 응답했다.

또 다른 주목할 결과는 도표 13.8이 보여주듯이 한국의 핵무장이 미국의 한국 방어 부담을 줄여준다면 미국인의 49.4%가 이를 긍정적으로 인식하는 것으로 나타났다. 이러한 높은 찬성률은 미국 대중들의 동맹시스템에 대한 인식 변화에서 그 원인을 찾을 수 있다. 현재 미국 사회에서는 미국의 상대적 쇠퇴론과 세계 경찰 역할에 대한 회의론이 광범위하게 확산하고 있다. 특히 우크라이나전쟁을 계기로 미국 주도의 동맹시스템 유지에 대한 근본적 의문이 제기되고 있다.

미국의 동맹시스템에 대한 이러한 인식 변화를 촉발한 요인은 크게 재정적, 군사적 측면으로 구분할 수 있다. 재정적 측면에서 미국 유권자들은 한국과 같은 주요 동맹국들이 이미 경제적으로 선진국 수준에 도달했음에도 불구하고 미국이 여전히 이들의 안전보장을 책임져야 하는지 의문을 제기하고 있다. 군사적 측면에서는 왜 미국 군인들이 동맹국의 안보를 위해 목숨을 희생해야 하는지에 대한 회의론이 증가하고 있다. 이러한 여론 변화는 한국에 대한 미국의 정책적 접근에도 영향을 미치고 있다.

최근 들어 대중국 견제에 집중하기 위한 인도·태평양지역 미군 재배치 가능성이 활발히 논의되고 있다. 이러한 논의의 맥락에서 미국 대중들은 동맹국들의 자체 핵무장이 미국의 재정적, 군사적 부담을 축소하면서도 지역안보를 유지할 수 있는 대안이 될 수 있다고 인식하는 경향이 있다. 이와 같은 맥락에서 미국 유권자의 49.4%가 한국의 핵무장을 지지하는 현상은 미국의 글로벌 역할 재정의, 국방비 부담 경감 욕구, 그리고 변화하는 지역안보 환경에 대한 현실적 인식이 복합적으로 작용한 결과로 볼 수 있다. 즉, 미국 내에서 세계 경찰 역할에 대한 피로

감이 증가하는 가운데 한국과 같이 경제적으로 성장한 동맹국의 안보를 위해 미국이 지속적으로 자원을 투입해야 하는지에 대한 의문이 제기되고 있으며 한국의 자체 핵 억제력 확보는 이러한 부담 분담에 부합하는 해결책으로 여겨지는 것이다.

그러나 앞에서 설명했듯이 한국의 핵무장에 관한 미국 대중여론과 정책결정자들의 인식 사이에는 상당한 거리가 있음을 간과해서는 안 된다. 한국의 자체 핵무장에 대한 한국 국내 여론과 전문가 의견 사이에 존재하는 차이와 마찬가지로 미국 내에서도 일반 대중과 외교·안보 전문가들 사이에 뚜렷한 인식 차이가 있다. 미국의 외교·안보정책을 실질적으로 결정하고 영향력을 행사하는 주체는 대중이 아닌 전문가 집단과 정책 엘리트들이다. 이들의 관점에서 한국의 핵무장은 미국이 50여 년간 유지·주도해 온 글로벌 핵비확산체제의 근본적 약화 및 붕괴를 초래할 수 있는 중차대한 문제로 인식된다. 이러한 맥락에서 한미 간 긴밀한 전략적 공조 없이 추진되는 한국의 독자적 핵무기 개발은 한국의 국익에 회복하기 어려운 손상을 가져올 가능성이 높다.

5. 맺는말

북한의 핵능력이 고도화되면서 한국사회에서 자체 핵무장을 주장하는 목소리도 커졌다. 핵무기 위협에 대응할 수 있는 수단은 핵무기뿐이라는 것이다. 북한의 핵위협에 대응하며 미국이 확장억제 제공을 약속하고 있지만, 미국의 약속을 얼마나 신뢰할 수 있는지 의문을 제기하기도 한다. 북한이 대륙간탄도미사일 등의 개발에 빠른 진전을 이루고 있는데 북한이 실제로 미국 본토에 직접 핵공격을 가할 수 있게 된다면 과연 미국이 자신이 입을 피해를 감수하면서까지 한국을 위해 나서겠느냐는 의문이다. 이렇게 북핵 고도화와 미국 확장억제에 대한 의구심이 결합하면서 한국도 자체 핵개발에 나서야 한다는 주장이 일부 외교·안보 전문가 그룹을 중심으로 제기되기 시작했다.

이러한 일각의 주장은 언론의 주목을 받으며 점차 대중여론으로 확산했다. 여러 기관이 핵개발에 대한 여론조사를 앞다투어 실시했고 이를 통해 최근 들어 높게는 70%에 달하는 핵개발 찬성 여론을 확인할 수 있었다. 이러한 국내 여론동향은 다시 언론을 통해 국내외로 전파되어 한국이 핵개발을 추진할지에 대한 관심과 경각심을 고조시켰다. 특히 2023년 미국 바이든 행정부는 이러한 한국의 여론동향을 주시하면서 한국정부와 한미 핵협의그룹(NCG) 창설에 합의함으로써 확장억제 제공 신뢰성에 대한 한국의 의구심을 불식시키고자 했다. 이 과정에서 한국정부는 한국의 여론동향을 미국의 적극적 조치를 촉구하는 레버리지로 활용하기도 했는데 윤석열 대통령의 핵개발 가능성 언급은 이런 각도에서 해석할 수 있을 것이다.

그러나 한국의 핵개발 열망은 과장된 측면이 있다. 이는 여론조사를 통해 확인된다. 한국이 국제사회의 반대를 무릅쓰고 핵개발을 강행하면 각종 안보, 경제, 환경, 평판 등에서 상당한 불이익과 비용을 감수해야 한다는 조건을 제시했을 때 그럼에도 핵개발을 추진해야 한다는 의견은 대폭 감소한다. 게다가 한국의 외교·안보 전문가 대상 인식 조사에서는 핵개발 추진에 대한 반대 및 우려 의견이 일반여론에 비해 상당히 높은 것으로 확인되었다. 전문가 및 정책 엘리트 그룹이 실제 외교·안보정책에 미치는 영향은 일반여론보다 직접적이다. 정치엘리트들은 일반대중보다 전문적인 식견과 풍부한 경험을 지니고 있어 외교·안보정책의 복잡성과 사안 간 연계성, 그리고 다른 분야로의 파급효과를 종합적으로 고려할 수 있는 능력을 갖추고 있기 때문이다.

국제사회 특히 미국의 태도는 한국의 핵개발 추진 여부에 영향을 미칠 수 있는 핵심 변수다. 만약 한국의 핵개발이 국제사회와 미국의 반대를 무릅쓰고 추진된다면 한국은 경제제재와 안보동맹 파기 등의 여러 불이익에 직면할 것이며 이는 핵개발 강행을 막는 강력한 요인이다. 따라서 미국이 한국의 핵개발 추진을 암묵적으로라도 허용할지가 핵개발 추진의 중요한 관건이다. 이와 관련해 미국의 정책 엘리트와 전문가 대부분은 핵비확산체제 유지에 대한 확고한 신념을 지니며 한국의 핵개발에 대한 시각도 매우 부정적이다. 한국의 핵개발은 핵 도미노를 촉발하여 핵비확산체제의 현저한 약화와 붕괴로까지 이어질 수 있다고 인식하기 때문이다.

다만, 미국의 일반인들은 한국의 핵무장에 보다 긍정적인 것으로 조사된다. 한국의 핵무장이 미국 주도의 글로벌 핵비확산체제 붕괴를 초래할 수 있다는 정보가 제시되었음에도 43.6%의 미국인들이 여전히 한국의 핵무장을 지지했다. 게다가 한국 방어에 대한 미국의 부담 축소라는 실질적 혜택이 제시되었을 때와 대중국 군사 견제 강화라는 전략적 이점이 언급되었을 때 찬성률이 50% 전후로 상승했다. 이러한 여론조사 결과는 미국 대중들이 핵비확산체제 붕괴라는 추상적이고 장기적인 비용보다 대중국 견제와 방위 부담 경감이라는 직접적이고 구체적인 편익을 더 중요시함을 보여준다.

2024년 11월 미국 대통령 선거에서의 승리로 트럼프 2.0 시대가 찾아왔다. 재집권 초부터 트럼프는 각종 대내외정책을 거침없이 펼치며 큰 파란을 일으키고 있다. 트럼프 행정부는 미국 우선주의(America First)를 내세우며 미국이 일방적으로 자유주의 국제질서 유지의 부담을 지는 것을 거부하고 미국 이익을 위해서라면 자유주의 질서의 파괴도 서슴지 않고 있다. 동맹국에 대한 안보 제공도 더 이상 당연시할 수 없게 되었고 상호관세라는 이름으로 고율 관세 부과를 일방적으로 선언하는 등 미국에 대한 신뢰성 약화를 야기하고 있다. 이는 미국에 안보를 의존하는 동맹국으로서는 심각한 문제다. 북핵위협 대응을 미국의 확장억제에 의존하는 한국으로서는 특히 그러하다. 만약 미국의 확장억제를 전혀 신뢰할 수 없는 상황이 된다면 핵개발 추진이 불가피할지 모른다. 그리고 한국의 핵개발에 비교적 수용적인 미국의 여론동향과 트럼프 행정부의 대중영합주의적 경향, 그리고 미국 내 일각의 한국 핵개발 추진 허용론은 핵개발 추진을 돕는 요인으로 작용할 수 있다.

하지만 트럼프 행정부가 미국의 패권을 전적으로 포기하기로 작정하지 않는 한 이상과 같은 가정적이고 극단적인 상황이 현실화하기는 힘들다. 핵무기의 확산은 핵 독과점을 통한 강대국의 영향력이 축소될 수 있음을 의미하기 때문이다. 물론 일방적으로 상호관세를 부과한 것처럼 트럼프 행정부가 핵확산 허용이라는 또 다른 자해적 정책을 추진할지도 모른다. 그럴 가능성이 전혀 없는 것은 아니겠지만 적어도 아직은 그런 조짐이 없다. 오히려 트럼프는 국제적인 핵 군축의 필요성을 강조하고 있으며 국무부는 한국에 대한 확장억제 제공 약속도 재확인하고 있다.[35] 그러니 한국이 극단적 상황을 가정하고 이에 기초해 자칫 자해를 초래할 수 있는 정책을 앞서서 추진하는 것은 바람직하지 않다.

⌘ 참고문헌

김범수·김병로·장용석·최은영·황수환·이성우·김택빈·김민지. 『2024 통일의식조사』. 시흥: 서울대학교 통일평화연구원, 2024.
김양규. "[EAI 이슈 브리핑] 2024 한국인의 핵무장지지 분석: 워싱턴 선언의 안심 효과 사라졌나?" 『EAI 논평·이슈 브리핑』 (2024-10-22).
이경석. "컨조인트 실험을 통해 본 한국 대중들의 핵무장 비용 민감성." 『통일과 평화』 제16집 3호 (2024).

이상신·민태은·윤광일·구본상·Antonio Fiori·Marco Milani. "KINU 통일의식조사 2023: 한국의 자체적 핵보유 가능성과 여론." 통일연구원. 『KINU연구 총서』 23–10 (2023).

피터 리·강충구. "미국 동맹국들의 확장억제에 대한 신뢰 비교." 아산정책연구원 ISSUE BRIEF 2024–01(S).

최종현학술원, "제2차 '북핵 위기와 안보상황 인식' 갤럽 여론조사 결과 공개," 2024년 2월 6일, https://www.chey.org/Kor/Event/eventView.aspx?seq=186&V_SEQ=143.

Cha, Victor. "Breaking Bad: South Korea's Nuclear Option." Center for Strategic and International Studies (2024), https://www.csis.org/analysis/breaking-bad-south-koreas-nuclear-option.

Chicago Council of Global Affairs, "Americans Feel More Threat from China Now Than in past Three Decades." 12 November, 2023 https://globalaffairs.org/research/public-opinion-survey/americans-feel-more-threat-china-now-past-three-decades.

Engle, Benjamin A. "'The Only Thing': The US Response to South Korean Nuclear Weapon Development in the 1970s." *IIA Issue Brief* 2023–1 (2023).

Ko, Jiyoung. "Alliance and Public Preference for Nuclear Forbearance: Evidence from South Korea." *Foreign Policy Analysis* 15–4 (2019).

Kwong, Jamie. "Messaging and the Bomb: Public Attitudes toward Nuclear Proliferation." *The Nonproliferation Review* 30:1–3 (2023).

Lee, Kyung Suk. "The Microfoundation of Nuclear Proliferation: Evidence from South Korea." *International Journal of Public Opinion Research* 35–4 (2023).

_____. "South Korean Cost Sensitivity and Support for Nuclear Weapons." *International Interactions* 50–3 (2024).

_____. "Who Follows Whom: Non-Elected Elite Responsiveness to Public Support for Nuclear Weapons." *Working Paper* (2025).

Lee, Kyung Suk and Sangmi Jeong, "Mapping the Complex Terrain of Public Nuclear Proliferation Beliefs: Evidence from a Conjoint Experiment in South Korea." *Working Paper* (2025).

Lee, Kyung Suk, Hye-Sung Kim and Jeheung Ryu. "U.S. Public Opinion on Allied Nuclear Proliferation." *Working Paper* (2025).

Morrow, James. "Alliances and Asymmetry: An Alternative to the Capability Aggregation Model of Alliances." *American Journal of Political Science* 35–4 (1991).

Pew Research Center. "Americans Remain Critical of China." May 1, 2024 https://www.pewresearch.org/global/2024/05/01/americans-remain-critical-of-china/

Sagan, Scott. "Why Do States Build Nuclear Weapons: Three Models in Search of a Bomb." *International Security*, 21–3 (Winter 1996/97).

Son, Sangyong and Jong Hee Park. "Nonproliferation Information and Attitude Change: Evidence from South Korea." *Jounral of Conflict Resolution* 67–6 (2023).

Son, Sangyong and Man-Sung Yim. "Correlates of South Korean Public Opinion on Nuclear Proliferation." *Asian Survey* 61–6 (2021).

SIPRI. "SIPRI Yearbook 2024, 연감: 한국어 요약." https://www.sipri.org/sites/default/files/2024-10/yb24_summary_kr.pdf.

Tannenwald, Nina. "The Nuclear Taboo: The United States and the Normative Basis of Nuclear non-use." *International Organization* 53–3(1999), pp. 433–468.

_____. "Stigmatizing the Bomb: Origins of the Nuclear Taboo." *International Security* 29–4 (2005).

Trump, Donald. "Remarks by President Trump at the World Economic Forum." January 23, 2025, https://www.whitehouse.gov/remarks/2025/01/remarks-by-president-trump-at-the-world-economic-forum/.

"북핵 인식 여론조사 … "국민 91% 북한 비핵화 가능하지 않아"." 『연합뉴스』. 2024년 2월 5일.

"Ex-Pentagon official stresses need for war plan rethink, swift OPCON transfer, USFK overhaul." *Yonhap News*, 7 May 2014, https://en.yna.co.kr/view/AEN20240508000300315.

"U.S. Commitment to Defense of S.Korea Remains Ironclad: State Dept.." *Yonhap News Agency.* 11 April 2023.

"Should South Korea Build its Own Nuclear bomb?." *Washington Post.* 7 October 2021.

"Should South Korea go Nuclear? That's a decision for Seoul, not Washington." *Washington Post.* 24 April 2023.

14장

핵정책의 사활적 중요성:
국가 운명을 좌우한다

김계동(건국대 안보·재난관리학과)

핵무기 개발은 국가의 운명을 걸고 추진해야 할 사활적으로 중요한 선택이다. 2003년 미국과 영국은 이라크가 핵무기를 개발한다는 이유 하나만으로 전면 공격을 하여 후세인 정권을 몰락시켰는데, 추후 이라크는 핵무기 개발을 하지 않은 것으로 밝혀졌다. 이와 같이 핵무기를 개발한다는 확증이 없고 의혹만 있어도 국제사회는 개발 의혹이 있는 나라를 고립시키고 제재하고 무력공격까지 한다. 그래서 핵무기를 개발하는 국가들은 극도로 비밀리에 추진한다. 시작단계에서는 극비리에 진행하지만, 어느 정도 진행이 되면 핵무기 개발 사실을 외부 혹은 경쟁국에 약간씩 흘리면서 NCND(시인도 부인도 하지 않는) 전략을 구사한다. 왜냐하면 개발 사실을 부인만 하면 핵무기 보유에 따른 상대적인 안보적 이점을 누리기 어렵기 때문이다. 시인을 하더라도 국제사회에서 명시적인 인정 수준에 못 미치도록 하여 제재나 공격을 피할 정도로만 시인한다.

그런데 한반도에서 벌어지고 있는 핵무기정치는 완전 공개 하에 선언, 논의 및 추진되고 있다. 북한은 1993년 3월 NPT 탈퇴선언을 하고 공개적으로 핵무기 개발 의혹을 보이기 시작했다. 당시 북한의 경우는 이전에 다른 핵무기 보유국들이 핵무기를 개발할 당시와는 다른 목적으로 핵무기 개발 의혹을 보였다. 앞의 3장에서 언급했다시피 1993년 북한이 NPT를 탈퇴하여 핵무기 개발 의혹을 보일 당시 국제상황은 냉전이 종식되고 화해 및 협력의 방향으로 나아가는 시점이었고 동북아 및 한반도에도 평화의 기류가 흐르고 있었다. 북한은 남한과 고위급회담을 하여 기본합의서를 체결했고 미국 및 일본과 관계개선 및 관계정상화 회담을 진행했으며, 북한 스스로 경제난을 극복하기 위해서 나진·선봉을 자유무역지대로 선정하고 대외경제개방을 시작했다. 북한이 군사적 위협을 받을 만한 사건이 전혀 없는 안보적 환경이었다. 탈냉전이라는 새로운 화해시대를 맞이했지만, 공산주의의 패배로 귀결된 탈냉전이었기 때문에 북한 입장에서는 체제를 수호할 만한 강력한 도구가 필요했고, 그 방편으로 핵무기 개발 의혹을 도구로 벼랑끝 외교, 특히 미국에 대한 적극적 외교를 추진한 것으로 평가된다.

지금 국내적으로 핵무기 개발에 대한 치열한 논쟁을 벌이고 있는 남한의 경우는 북한의 개발 동기와는 많이 다르다. 북한의 경우는 체제보존을 위한 외교적 도구로서 핵무기 개발 의혹을 보이기 시작한 것으로 추정되는 반면, 남한은 핵무기를 보유한 북한에 대한 핵 억지력을 확보하기 위한 군사무기로서의 핵무기 개발을 논의하는 것이다. 모든 국가가 군사용으로 무기를 개발할 때는 비밀리에 개발한다. 특히 현재는 전 세계적으로 비핵화의 방향으로 나아가고 있기 때문에 핵무기가 절실하게 필요할 경우 절대로 비밀리에 추진해야 한다. 그러나 지금 한국 내에서는 마치 토론을 하여 핵무기 개발을 결정할 것 같이 공개적인 논쟁을 벌이고 있다. 심지어 대통령마저 핵무기를 개발할 필요가 있다는 언급을 하고 있다.

원칙적으로 핵무기를 개발하려면 비밀리에 개발해야 한다는 데 대해서 요즘 세상에 그런 중대 작업이 과연 비밀로 유지되겠느냐고 의문을 제기하는 사람들이 있다. 그래도 비밀리에 개발하려는 의지는 가져야 하고 비밀이 새어 나가도 부인해야 한다. 그래서 NCND라는 말이 나온 것이다. 지금 공개적으로 핵무기를 개발해야 한다는 사람들이 접근하는 방식이나 태도를 보면 그들 때문에 핵무기를 개발하지 못할 상황이 올 수도 있다는 우려가 생긴다. 우선 핵무기 개발론자들이 주장하는 논리가 너무 단순하다. 단순히 ① 북한이 핵무기를 보유했고 비핵화를 하지 않을 것이기 때문에, ② 우리의 동맹국인 미국이 북한이 핵공격을 할 경우 우리를 보호해 줄지(확장억제)에 대해서 신뢰가 가지 않기 때문에, ③ 국민 70% 이상의 대다수가 핵무장을 지지하기 때문에 핵무기를 개발해야 한다고 강조한다. 이러한 주장은 큰 줄거리상 틀린 말은 아니다. 그런데 이 세 가지 요인들을 보다 심층적으로 파고 들어가야 핵무기 개발의 필요성을 명확하게 판단할 수 있다.

앞 장들에서 한국이 핵무기를 개발해야 하는가의 명제에 대해서 논의하고 설명하는 다양한 요소들에 대해서 다루었다. 이 장은 이러한 여러 가지 요인들을 종합하면서, 북한과 남한 모두에 해당되는 핵무기 개발이라는 매우 복합적이고 중층적인 주제 중에 추가적으로 제기되는 명제에 대해서 심층 분석한다.

1. 사용하지 못할 무기?: 핵무기 사용 자제 사례

핵무기 개발의 필요성을 논하기 위해서는 우선 핵무기 자체의 역사에 대해서 보다 현실적으로 살펴볼 필요가 있다. 우리가 일반적으로 핵무기에 대해서 논할 때 핵무기는 1945년 딱 두 번 사용된 이후 80년 동안 한 번도 사용되지 않았다는 언급을 하는데 그 이유는 핵무기는 인류를 멸망시킬 수 있는 수준의 무기라서 감히 사용할 수 없고, 사용할 조짐만 보여도 반드시 예방적 보복이 시행되기 때문이다. 핵무기는 1945년 제2차 세계대전을 종식시키는 데 사용된 이후 크게 두 번에 걸쳐서 사용될만한 수준의 위기가 있었다. 첫째, 1950년 한국전쟁 당시 중국군 참전으로 유엔군이 빠른 속도로 후퇴를 하여 한반도를 공산 측에 잃을지도 모르는 위기감에서 미국이 핵무기 사용을 적극적으로 논의한 적이 있었다. 둘째, 1960년대 초반 소련이 쿠바에 핵미사일을 배치하려고 했을 때 미국이 이를 무력으로 봉쇄하려는 시도를 하여 핵무기 대결의 위기가 발생한 적이 있었다. 이러한 엄청난 위기 시에도 핵무기는 결국 사용되지 않았다.

한국전쟁에서 미국의 핵무기 사용 논의

1945년 제2차 세계대전이 끝난 이후 일단 표면적으로 평화가 수립되었으나, 세계대전 때문에 겉으로 드러나지 않고 잠재해 있던 강대국들 사이의 이념대결이 시작되어 군사대결로 이어졌고 냉전질서 수립 후 세계가 양분되어 일촉즉발의 위기를 맞게 되었다. 그러나 세계대전의 처절함을 경험한 세계지도자들과 인류는 더 이상의 무력충돌을 피해야 한다는 자제력이 발휘되었고, 결국 실질적인 무력충돌보다는 수위가 낮은 냉전 대결이 시작되었다.

유럽에서 시작된 냉전은 아시아지역으로는 보다 격화되어 실질적인 무력충돌을 하는 열전으로 전파되었고 그 첫 지역이 한반도였다. 한국 전쟁은 북한이 남한을 침공한 내전으로 시작되었지만, 개전 이후 며칠 지나지 않아 유엔이 개입하고 미국을 비롯한 서방 16개국이 참전하여 국제전으로 진화되었다. 1950년 6월 25일 시작된 한국전쟁은 선제공 격의 이점을 배경으로 북한군이 파죽지세로 남진해 남동부 구석 지역 인 낙동강 유역을 남기고 남한지역을 거의 점령했다. 유엔 안보리 결의 에 의해 형성된 유엔군을 지휘한 미군 장성 맥아더의 인천상륙작전 성 공으로 유엔군은 순식간에 38선에 도달했고, 38선 이북으로 진격하여 평양을 점령하는 등 한반도 통일을 목전에 두게 되었다. 이에 대한 맞 대응으로 중국이 참전했고 인해전술을 구사하여 순식간에 전세를 38선 이남 지역으로 밀어내는 데 성공했다.

파죽지세로 밀고 오는 중국군의 남진으로 미군 역사상 최장의 후퇴를 하게 된 미국은 한반도 전체를 공산 측에 잃을지도 모른다는 위기를 느 꼈고 이에 미국 군사·정치지도자들은 핵무기 사용을 구상하기 시작했 다. 1945년 일본 히로시마와 나가사키에 핵무기를 투하할 당시에는 비 밀리에 준비하여 투하했으나, 한국전쟁 당시 트루먼(Harry S. Truman) 대통령은 핵무기 사용 가능성에 대해 공개적으로 언급했다. 중국군의 대규모 참전 직후인 1950년 11월 30일 기자회견에서 트루먼은 한국전 쟁을 수행하는 데 필요한 모든 방안을 강구하고 있다는 성명을 발표했 다. 이에 대해 기자들이 핵무기 사용도 고려 중이냐는 질문을 하자, 미 국은 핵무기 사용에 대한 '적극적 고려'를 항상 해 왔으며 "이러한 무기 의 사용에 대한 권한은 전투사령관이 가지고 있다"라고 선언함으로써 핵무기 사용 권한을 맥아더에게 위임한 것과 같은 인상을 줬다. 트루먼 은 대통령만 핵무기 사용을 명령할 수 있는 권한을 가진다는 1946년의 원자력법(Atomic Energy Act)을 인지하고 있었지만, 마치 맥아더에게 위임한 것 같은 발언을 통해 중국에게 치명적인 군사보복을 할 것이라는 점을 중국인들에게 경고하려는 의도를 가졌던 것으로 보인다. 트루먼의 성명이 발표되자마자 이 뉴스는 전 세계에 유포되었고 이 성명이 미치는 부정적인 외교적 파급 때문에 백악관은 즉시 정정 성명을 발표하여 '법적으로 대통령만 핵무기 사용 권한'을 가지고 있으며 대통령은 맥아더에게 핵무기 사용권을 이양하지 않았다고 해명했다.[1]

핵무기 사용 가능성에 대한 트루먼의 성명이 나올 수 있는 근거는 충분히 있었다. 실제로 미국정부는 특히 1950년 10월 중국의 참전 이후 핵무기 사용에 대한 검토를 하고 있었다. 11월 4일 국무부의 니츠(Paul Nitze) 정책기획국장은 육군의 원자력 전문가인 로퍼(Herbert B. Loper) 장군을 만나 중국의 참전에 대응하기 위한 핵무기 사용 가능성에 대하여 논의했다. 니츠는 둘 또는 세 개의 핵무기를 전술적으로 사용하면 민간인의 대량 살상을 피하면서 더 이상의 중국 개입을 억지할 수 있을 것으로 전망했다. 핵무기 사용은 소련의 개입을 초래하고 아시아 인민들의 미국에 대한 반감을 조장할 우려가 있으므로 핵무기는 반드시 유엔의 동의하에 사용되어야 한다는 점을 강조했다. 니츠는 유엔에서 이 문제를 공론화하면 적에 대한 심리적 가치를 가지게 될 것이라고 생각했다.[2] 전세 역전을 위해 핵무기를 사용할 의지는 있었지만, 엄청난 피해와 국제적 비난을 예상하여 독자적인 결정보다는 유엔의 이름을 빌려 사용하려는 생각을 갖고 있었다.

일부 미국인들, 특히 군부 인사들은 핵무기의 군사적 가치만 생각했지 핵무기를 사용하게 되면 어떠한 문제가 생기는지에 대해서는 별 관심이 없어 보이는 듯했다. 미 군부 인사 대부분은 중국이 전면적으로 개입한다면 미국은 중국의 병력집결지와 병참기지에 대하여 핵무기를 사용해야 한다고 생각하고 있었다. 합참은 중국이 즉각적으로 군대를 한반도로부터 철수하지 않는다면 미국은 만주의 군사목표물에 대하여 핵무기를 사용할 것이라는 내용의 공개 경고를 해야 한다고 주장했다. 트루먼이 문제의 기자회견을 하기 하루 전인 11월 29일 합참 합동전략 기획위원회(Joint Strategic Plan's Committee)는 미군이 한국전에서 패배하는 것을 막기 위하여 핵무기를 사용해야 할 상황으로 발전될 가능성이 크다고 보고했다.[3] 분명히 한국전쟁에 중국이 참전한 이후 워싱턴에서는 핵무기 사용에 대한 논의가 상당히 있었고 많은 사람들이 이에 대하여 찬성의견을 보인 것도 사실이다.

한편, 군인들과 달리 외교관들은 핵무기 사용에 대해 매우 조심스러운 모습을 보였다. 국무부 극동국 기획관이었던 에머슨(John K. Emmerson)은 핵무기는 군사적 고려에 바탕하여 중국에 대해서만 사용되어야 한다고 강조했다. 만약 핵무기 사용을 결정한다면 미국은 우호적인 유엔 회원국의 동의를 받은 후 사용하여야 하고, 그렇게 하지 않으면 전략적인 이득을 잃게 되는 정치적 손상도 각오해야 할 것이라고 관측했다. 대체로 미국인들은 핵무기를 사용하여 결정적인 결과를 얻을 수 있을지에 대해서 확신하지 못했다. 중국에 핵무기를 사용하여 원하는 성과를 거둘 수 없다면 미국의 우방국, 즉 유럽 및 서방국가들에 대한 미국의 위상과 신뢰에 흠이 날 것이라는 우려도 있었다.[4] 핵무기의 위력은 전세를 역전시키는 데 결정적 역할을 할 것이라는 기대감은 있었으나, 막대한 피해, 그리고 이에 따른 국제적 비난, 인해전술을 활용하는 중국의 전술을 핵무기로 붕괴시킬 수 있을지에 대한 의구심이 미국으로 하여금 핵무기 사용을 자제하도록 만들었다.[5]

결국 한국전쟁에서 핵무기는 사용되지 않았다. 핵무기를 사용하게 되면 완전히 새로운 전쟁이 되는 것이고, 소련도 참전하여 제3차 세계대전으로 발전될 가능성이 컸다. 한반도의 지정학적 위치가 핵무기를 사용하기에 너무 부담이 크고 위험한 모험이 되는 것이었다. 결국 핵무기 사용은 득보다 실이 많은 것으로 예상되었기 때문에 실제 사용에 대해서는 부정적인 의견이 지배적이었다. 전략적인 효율성 문제가 매우 중요하게 제기되었는데 핵무기를 사용하더라도 중국군의 진격을 막을 수 있을지 또는 소련을 억제할 수 있을지에 대한 의구심이 제기되었다. 전술적인 차원에서 핵무기 공격을 위해서는 적절한 목표와 정확한 위치를 설정해야 하는데 당시 정보력으로는 거의 불가능하다는 판단이 있었다. 그리고 핵무기 사용 후 발생할 대량 사상자를 위한 의료부대도 준비해야 하고 불가피하게 발생할 민간인 피해자들에 대한 의료지원도 필수적으로 준비되어야 했다. 요컨대 한반도에는 핵무기를 사용하기에 적절한 목표가 없고, 민간인을 비롯한 대규모 사상자 발생이 예상되어 핵무기 사용이 적절하지 않다는 전술적·전략적 결론을 내렸다. 핵무기는 세계대전을 끝내기 위해서 개발되고 사용되었지만, 이후 국지전의 경우에는 세계대전으로 발전될 우려 때문에 핵무기 사용이 포기되었다.

한국전쟁은 핵보유국이 비핵국가와 전쟁을 수행하면서 패배에 직면하더라도 과감하게 핵무기를 사용하는 데는 제한적이라는 사실을 알려주는 첫 사례였다. 당시 소련의 입장도 핵무기 사용과 관련하여 눈여겨볼 만한 사례다. 전쟁 시작부터 소련은 전쟁개입을 고려하지 않았는데, 그 가장 큰 이유는 핵무기를 보유한 소련이 개입하면 미국의 전쟁전략이 핵무기 사용으로 나아갈 것이라는 우려가 컸던 것으로 평가된다. 한국전 직전인 1949년에 핵무기 개발에 성공한 소련은 자신들이 보유한 핵무기의 성능과 수준에 대해서 확신하기가 어려웠다. 미국은 1945년에 실제로 핵무기를 사용하여 자체적인 성능을 확인했지만, 소련은 사용 경험이 없어서 함부로 미국과의 전쟁에 개입하기가 어려웠던 것이다.

핵보유국가가 비핵국가와 전쟁을 하여 패배를 하더라도 끝까지 핵무기를 사용하지 않은 사례는 베트남전이 대표적이다. 미국은 산악지형에서 재래식무기로는 지형에 익숙한 적을 물리치기 어렵다는 점을 간파했고 나아가 패배를 했지만 핵무기를 사용하지 못했다. 이 외에도 비공식적인 핵무기 보유 국가들인 인도, 파키스탄, 이스라엘의 경우에도 처참한 지역분쟁을 계속 겪으면서도 어렵게 개발한 핵무기를 사용하지 못하고 있다. 전쟁에서 패배하면서도 사용하지 못하는 핵무기는 성능 좋은 재래식무기보다 효용성이 떨어지는 무기가 된 것이다.

쿠바 핵미사일 위기

성격은 조금 다르지만 냉전대립이 한창 고조되던 1962년 쿠바 미사일 위기 당시도 핵무기가 사용될 가능성이 있었다. 카스트로(Fidel Castro)가 쿠바에 공산정권을 수립한 후 소련의 흐루시초프(Nikita Khrushchev)는 미소 간 핵미사일의 능력 차이를 극복하는 방법으로 쿠바를 이용하겠다는 결심을 굳혔다. 사건은 흐루시초프가 쿠바에 소련의 핵미사일을 배치하겠다는 아나디르작전(Operation ANADYR)으로부터 시작되었다. 이 작전은 핵탄두 탑재 중거리 및 대륙간탄도미사일을 쿠바에 배치하는 임무 수행이었다. 흐루시초프는 쿠바에 소련 핵무기를 배치한다면 세 가지 측면에서 유리하다고 판단했다. 첫째, 소련이 약소국이면서 피침 우려가 큰 국가인 쿠바를 보호한다는 의지를 과시할 수 있다. 둘째, 쿠바에 중거리 미사일을 배치함으로써 미소 간의 핵균형을 이룰 수 있을 것이다. 셋째, 미국과의 핵균형은 소련의 국제적 지위를 크게 향상시킬 것이다.[6]

소련의 공군 방어 시스템이 쿠바에 건설된 것은 미국의 영상정보에 의해서 밝혀졌다. 소련의 쿠바 미사일 배치를 확인하기 위해서 미 국가안보국은 통신과 전자신호를 모니터하여 SA-2 지대공 미사일과 같은 군사장비가 배치되고 있다는 점을 밝혀냈다. 추가적인 영상정보 수집에 의하여 미 분석관들은 쿠바에 추가로 건설되는 시설이 소련에 있는 중거리 탄도미사일(IRBM) 발사시설과 유사하다는 점을 밝혀냈다. 소련은 비밀리에 쿠바를 핵미사일 기지로 만들고 있었다. 궁극적으로 소련은 쿠바에 40기의 탄도미사일 발사기지를 건설하려고 했다. 또한 소련은 미그 전투기들과 4만 5,000명의 군대를 파견할 계획을 수립하고 있었다. 비록 미국과 소련은 대륙간탄도미사일(ICBM)로 상대방에게 심각한 피해를 입힐 수 있는 능력을 보유하고 있었지만, 비밀리에 카리브해에 소련의 핵무기가 배치된다는 사실은 미국에 심리적으로 매우 큰 충격을 가져다주는 것이었다.

소련의 쿠바 미사일 기지 건설에 대한 정보를 1962년 10월 16일 아침 국가안보보좌관 번디(McGeorge Bundy)가 케네디(John F. Kennedy) 대통령에게 보고했다. 케네디는 즉각적으로 국가안보회의(NSC) 상임위원회를 개최하고 새로운 상황 전개에 대하여 미국이 어떻게 해야 할지를 논의했다. 소련이 쿠바에 미사일 기지 건설을 시작했을 때 미국이 택할 수 있는 세 가지 대안은 쿠바에 건설 중인 미사일 기지에 대한 폭격, 쿠바에의 군대 파견, 소련의 미사일이 쿠바에 상륙되지 못하도록 하는 쿠바 해안봉쇄였다. 첫째와 둘째 대안은 전쟁발발의 위험이 높다는 이유로 택하기가 어려웠다. 특히 핵전쟁이 발생할지도 모른다는 우려가 있었다. 따라서 케네디정부는 세 번째 대안을 선택했다. 케네디정부는 쿠바로 향하는 모든 소련 선박을 봉쇄하는 쿠바 '고립화'를 선택했다.

1962년 10월 22일 케네디는 쿠바에서 소련의 미사일이 발견되었다는 점을 밝히면서 쿠바로 향하는 모든 선박에 대해 봉쇄정책을 구사할 것이라고 선언했다. 이와 더불어 케네디는 이미 쿠바에 배치된 미사일을 철거할 것을 요구했다. 이후 며칠 동안 미국과 소련 사이에 핵전쟁이 발생할 듯 보였다. 카스트로정부는 미국의 개입을 막아내기 위해 25만 명 이상을 동원했고 핵을 장착한 전술미사일로 무장된 쿠바주둔 소련군은 경계 상태에 돌입했다. 미국 내에서 충격에 휩싸인 전국의 시민들은 핵 재앙에 대비하기 위해 사재기에 돌입했다. 소련에도 이러한 위기에 대한 뉴스가 방영되었지만 이에 대한 공포는 미국보다 덜했다.

이러한 위기가 계속되는 상황에서 몇 차례의 협상 이후 위기는 마침내 해결되었다. 10월 26일 흐루시초프는 미국이 쿠바를 침공하지 않는다는 조건으로 미사일을 쿠바로부터 철수하겠다는 제안을 했다. 그 대신 흐루시초프는 미국이 터키에 배치한 미국 미사일을 철수하라는 요구를 했다. 더욱이 10월 27일 미국의 U-2 첩보기가 쿠바 상공에서 격추되면서 상황은 더욱 악화되었다. 그러나 같은 날 대통령의 동생인 케네디(Robert Kennedy) 법무장관이 도브리닌(Anatoly Dobrynin) 소련대사와 만나 극적인 타결을 봤는데 그 내용은 소련 미사일을 쿠바에서 철수하고, 그 대신 후속 조치로 미국이 공표하지 않고 터키에서 미사일을 철수하는 것이었다. 다음날 흐루시초프는 쿠바에서 미사일을 철수할 것이라고 발표했다. 미국의 감시하에 소련 선박이 핵미사일들을 본국으로 운송했다.

결국 극한적인 냉전 대치상황에서도 핵무기의 존재는 두려움의 존재였다. 사용하면 원하는 바를 얻을 수 있을지 모르지만 모두를 멸망시킬 수도 있는 무기여서 함부로 사용할 수 없는 무기였다. 독재자 스탈린도 재임 중 핵무기를 사용할 만한 위기 국면이 여러 번 있었으나 사용하지 못했다. 미국도 한국전쟁 당시 제3차 세계대전으로 발전될 것이 두려워 핵무기를 사용할 수 없었다. 쿠바 미사일 위기는 미국과 소련이 직접 핵무기로 충돌하게 되는 상황으로 전개되는 것을 우려하여 봉쇄 정도로만 대응책을 마련했고 소련도 이를 받아들일 수밖에 없었다. 이후 수많은 분쟁이 발생했지만 핵무기를 사용하겠다는 고려를 한 전쟁 당사국은 없었다.

2. 김일성의 핵카드: 탈냉전의 위기 극복을 위한 과감한 도전

이스라엘, 인도, 파키스탄의 핵무기 개발은 이유와 대상이 분명했지만 북한의 핵무기 개발은 모호한 측면이 있다. 북한 핵무기 개발의 명시적인 의혹은 1993년 3월 NPT 탈퇴선언으로부터 시작되었다. 앞의 3개국은 극한적인 분쟁에서 패배하지 않거나 승리하기 위해서 핵무기를 개발 및 보유할 필요가 있었다. 그런데 1993년 당시 북한이 핵무기를 개발할 군사적인 명분과 동기는 별로 없었다. 1989년 탈냉전을 전후하여 북한은 체제붕괴를 막기 위해서 평화적인 외교정책과 대남정책을 추진하기 시작했다. 당시 핵무기를 개발할 정도로 군사적 위기에 처한 상황이 아니었음에도 불구하고 북한은 왜 핵무기 개발 의혹을 보이며 벼랑끝 외교를 시작했을까?

NPT 탈퇴선언과 핵무기 개발 의혹은 김일성 생전 시 추진된 김일성의 작품이다. 이후 북한의 핵문제는 30여 년 동안 3대를 거쳐 김정일, 김정은으로 계승되고 있다. 이 흐름을 주시해 볼 필요가 있다. 우선 김일성이 무슨 의도로 핵무기 카드를 들고 나왔는지 파악하는 것이 북한의 핵개발 목적을 규명하는 데 중요하다. 김일성은 1993년 3월 12일 NPT 탈퇴선언을 한 후 1년 4개월 후인 1994년 7월 8일에 사망했다. NPT 탈퇴선언을 한 이후 김일성 사망 시까지 핵카드를 둘러싼 두 가지 큰일이 있었다. 첫째, 북한의 NPT 잔류를 위한 북미고위급회담이 1993년 6월에 개최되었다. 강석주-갈루치 차관보급 회담에서 미국은 북한의 주권을 인정하고 내정간섭을 하지 않을 것이며 핵공격 등 선제공격을 하지 않겠다는 큰 선물을 김일성에게 안겨 주었다. 그 대신 북한은 NPT 탈퇴를 유보했다. 둘째, 1994년 6월 미국의 카터 전임 대통령이 북한 핵문제를 해결하기 위해 추진한 방북 계획을 김일성이 받아들였으며 카터가 추진한 남북정상회담도 수용하는 태도를 보였다. 이러한 점에서 김일성은 핵무기 개발 의혹이라는 카드를 활용하여 미국과 직접 협상을 하는 기회를 획득하고 미국으로부터 체제안전을 보장받는 목적을 수립했던 것으로 보인다.

추가적으로 김일성이 사망한 후 100일 정도 지난 1994년 10월 21일 제네바에서 미국과 북한 사이에 북핵 관련 기본합의가 이루어졌다. 북한이 현재와 미래에 핵동결을 하는 대신, 미국이 핵무기 제조가 거의 불가능한 경수로 원자로를 건설해 주고 매년 중유 50만 톤을 제공하는 내용에 더하여 북미가 수교를 하는 관계정상화까지 나아가는 내용을 포함하는 합의였다. 이 합의는 김일성 사망 이후 이루어졌지만, 김정일이 권력승계를 한 직후 짧은 시간에 독자적 판단으로 이를 추진했을 가능성은 별로 없고 김일성이 추진하던 것을 김정일이 완성시킨 것으로 보인다. 이 합의를 계기로 북한은 미국과 핵뿐만 아니라 포괄적인 한반도 문제에 있어 외교적 파트너십을 유지할 수 있게 되었고, 북한이 '통미봉남'정책을 구사한다는 말이 나올 정도로 한반도에서 남한정부를 소외시키고 안정적인 영향력을 미국과 더불어 행사할 수 있게 되었다. 여기까지가 김일성이 핵개발을 활용한 벼랑끝 외교의 목표였을 것이다.

이러한 점에서 북한의 1993년 3월 NPT 탈퇴선언은 탈냉전 이후 공산주의 국가들이 직면한 위기를 탈피하여 안정적으로 체제를 유지하기 위한 김일성의 도전이었다고 생각된다. 과거 1950년대 중반부터 소련과 중국이 심각한 수준의 분쟁을 겪을 때 북한은 다른 공산주의 국가들과 달리 중소 양국에 대해서 등거리 외교정책을 추진하면서 체제를 유지할 수 있었다. 당시 공산국가들 중 북한만 유일하게 중소 양국에 대해서 등거리 외교를 펼쳤다. 대부분의 공산국가들은 중국이나 소련 중한 국가를 선택하여 의존하면서 체제보존을 했지만, 북한은 양쪽을 오가면서 국익을 최대한 고양시키는 전략을 구사했다. 1961년 김일성은 중소분쟁 와중에 어느 한 국가에 의한 일방적 점령을 피하기 위해 양국을 방문하면서 별도의 동맹조약을 체결했다. 김일성의 정치외교는 독재와 독선을 기반으로 하고 있었으나 내부적인 견제가 없어서인지 거침없이 도전하는 과감성을 보였다.

NPT 탈퇴도 위기를 기회로 만드는 김일성의 과감한 외교적 성향을 반영하는 것으로 풀이된다. 1993년 3월 북한이 NPT 탈퇴를 선언하고 핵개발 의혹을 보일 때 많은 사람들이 의아해했다. 남한과 고위급 회담 및 기본합의서 체결을 하고 미국 및 일본과 관계개선 회담을 추진하고 나진·선봉을 중심으로 경제개방을 추진하여 어느 정도 성과를 거두고 있었는데, 왜 북한이 이러한 유리한 판을 뒤집을 수도 있는 자충수를 두는지 의아해하는 사람들이 많았다. 돌이켜보면 김일성이 추구한 NPT 탈퇴 등 일련의 도전은 판을 뒤집기 위한 것이 아니라, 그 판을 북한이 확실하고 안정적으로 유지하고 심지어 주도하겠다는 의미를 내포하고 있던 것으로 평가된다. 공산주의 진영의 패배로 끝난 냉전 종식 이후 북한은 다행히 체제 붕괴는 면했지만, 세계 유일 초강대국이 된 미국과 파트너십을 가지는 것은 언젠가 닥칠지 모를 체제위기를 극복하고 안정적으로 살아남기 위해 절실하게 필요한 것이었다.

김일성이 북한의 비핵화를 위한 카터의 방북을 받아들이고 남한의 김영삼 대통령과 정상회담까지 수용한 것을 보면, 김일성은 장기적으로 핵무기를 정식 무기로 개발해 군사적으로 활용하여 국제적 압박과 제재를 받을 의사는 없었던 것으로 판단된다. 김일성 밑에서 승계학습을 받던 김정일은 김일성의 핵무기 카드의 목적을 알고 있었기 때문에 김일성 사망 이후 미국과 제네바 합의를 하여 많은 이득을 챙긴 후 핵개발 카드를 일단락시켰다. 핵개발 의혹에 따른 외부의 압박으로부터 자유로워진 김정일은 1994년부터 2000년까지 승계 이후 내부 권력 안정을 도모하여 권력장악에 성공할 수 있었다. 김정일은 2000년부터 핵개발이라는 부담없이 대외활동을 시작하여 김일성이 추진하다가 이루지 못한 미국 및 일본과의 관계개선, 남한과의 우호협력관계 유지, 대외개방을 다시 시작했다. 남한의 김대중 대통령과 정상회담을 개최하여 남북한이 높은 수준의 교류와 협력을 하게 되었고 신의주 개방을 추진하여 체제발전을 도모했다. 새로운 개혁·개방정책을 추진할 때 또다시 걸림돌이 된 것은 미국 부시 정권의 등장이었다. 북한을 악의 축으로 규정하고 북한을 실패국가로 인정한 미국의 강압외교를 이겨내기 위해 김정일은 다시 핵카드를 들고 나왔다. 북한으로서는 미국이라는 강대국의 외교적 압박에 대응할 수 있는 수단은 그것밖에 없었던 것이다.

김일성이 시작한 핵카드를 김정일, 김정은은 체제유지에 적절히 활용했고, 세월이 지나면서 핵카드의 조건은 점점 업그레이드되어 현재는 군사화의 길로 나아가고 있지만, 북한 핵카드의 성격은 김일성이 시작할 때 구사했던 외교적 도구에서 크게 벗어나지 않고 있다. 김정은의 입장에서도 핵무기를 군사무기로 계속 유지할 경우 군사적으로 표적이 되고 경제적으로는 제재를 받기 때문에 체제발전에 이롭지 않다는 점을 인식할 것이고, 유리한 조건만 성사된다면 비핵화 협상을 재개할 의사는 아직 가지고 있을 것으로 보인다. 80년 동안 극단적인 상황에서도 사용되지 않은 핵무기를 품고 주변국가들로부터 비난, 제재, 압박을 받기보다는 비핵화 협상에 성공하여 핵무기를 폐기하고 정상적인 국가로서의 활동을 하는 것이 김정은의 당연한 선택지라고 판단된다. 따라서 한국은 북한의 핵무기에 대응하여 자체 핵무기를 개발하기보다는 비핵화 협상을 다시 추진하여 핵 없는 한반도를 모색하는 것이 바람직하다고 생각된다. 핵무장은 비핵화 협상이 완전히 실패하고 남북한 무력충돌이 심각해질 경우에 고려해야 할 선택지다.

3. 비핵 한국의 대북 핵억지 능력

제2차 세계대전 이후 발생한 전쟁들을 보면 핵무기를 보유한 국가들끼리 벌인 전쟁은 거의 없었다. 당연히 미국이 개입하여 벌인 전쟁은 모두 핵국과 비핵국 사이의 전쟁이었으며 대표적인 것이 한국전쟁과 베트남전쟁이었다. 미국은 한국전에서 승리하지 못했고 베트남전에서 패배하면서도 핵무기를 사용하지 못했다. 미국과 상대한 국가가 비핵전력으로 핵보유국의 재래식무기에 의한 공격을 효율적으로 방어한 측면이 있지만, 미국이 패배를 하면서도 감히 핵무기를 사용하지 못한 측면은 핵무기의 군사적 효용성에 대해 생각하게 해준다. 우크라이나전쟁 발발 직후에 러시아는 핵무기 사용을 암시했지만, 결국 사용하지 못하고 있다. 이러한 관점에서 보면 비핵국이 핵보유국을 억지할 수 있는 능력의 평가에는 핵보유국이 함부로 핵무기를 사용하지 못한다는 전제도 고려되어야 한다.

북한의 핵전력 및 전략 능력 평가

핵무기를 보유하지 않은 남한이 핵무기를 보유한 북한을 억지할 수 있는가에 대한 평가는 그야말로 다양한 요소를 포함하고 있기 때문에 하나의 정답을 찾아내는 것은 불가능하다. 한국전쟁 휴전 이후 70여 년 동안 의미있는 수준의 무력충돌이 거의 없었던 남북한 사이에 핵무기를 사용할 만한 수준의 전쟁이 발생할 가능성은 얼마나 있는가? 북한이 남한과의 전쟁에서 지금까지 강대국도 패배에 직면해도 사용하지 못한 핵무기를 사용할 수 있겠는가? 북한이 개전 당시에는 핵무기를 사용하지 못하더라도 어느 시점에 어떠한 상황에 직면했을 때 사용할 가능성이 있는가? 전쟁 초기에 북한이 핵무기를 사용하지 못한다면 남한은 초기에 재래식전력으로 북한의 핵무기를 무력화시킬 능력과 전략을 보유하고 있는가? 북한은 핵무기를 보유하고 있는 미국과의 전쟁 시 초반부터 유리한 국면으로 전세를 이끌 수 있는 수준으로 핵무기를 사용할 수 있는 전략을 수립하고 있는가?

한국이 북한의 핵공격이 두려워서 핵무기를 개발해야 한다면 앞의 질문들에 대해 명확한 정답을 제시하면서 핵무기 개발을 준비해야 할 것이다. 한국의 군사전문가들은 80년에 걸친 핵무기 역사에서 핵보유 국이 패배에 직면해서도 핵무기 사용을 자제했다는 사실보다, 전쟁이 발발하면 북한이 거의 확실히 핵무기를 사용할 것이라는 전제를 대북 핵억지의 명제로 삼고 있다. 이 책의 공저자인 한국국방연구원의 함형 필 박사는 북한이 핵무기의 기본 역할을 '전쟁 및 침략을 억제'하는 것으로 전제하지만, "억제가 실패하면 적보다 선제적으로 핵무기를 사용함으로써 유사시 정권의 생존을 담보하겠다는 강력한 의지를 내비치고 있다"라고 주장한다. 이어서 그는 북한이 핵무기를 억제 수단으로서뿐만 아니라 유사시 '확전 방지와 전쟁의 장기화를 방지하기 위한 역할' 도 명시하고 있다고 강조한다. 군사전문가 대부분은 북한이 핵무기를 '선제타격이나 예방타격의 수단'으로 활용할 것이며, '유사시 공격 준비를 위한 타격' 등 전쟁 국면에서 작전상 주도권 확보를 위한 수단으로 사용할 것이라고 한다. 북한의 경우 핵무기 자제보다 사용에 방점을 찍고 있다.

이와 같이 일부 군사전문가들은 핵무기도 군사무기이기 때문에 전쟁이 발생하면 사용될 것이라는 원칙적인 주장을 하지만, 북한이 핵무기를 사용함에 따라 치러야 할 비용에 대해서도 의미를 부여한다. 이에 대해 함형필 박사는 다음과 같이 강조한다.

북한의 핵사용은 북한을 국제사회에서 더욱 고립시키고 이전보다 더 가혹한 군사 및 경제제재를 불러오게 되며, 이에 따라 북한 정권의 생존이 더욱 위태로워질 수 있다. 또한 핵무기 사용 이후 북한 내부에서 발생할 수 있는 정치적 불안정이나 군부 내 반발 등도 정권 유지에 부정적인 영향을 미칠 수 있다 (함형필, 6장 북한의 핵전략: 억제, 강압, 그리고 전쟁 수행).

이와 더불어 함형필 박사는 북한이 아직 군사적인 측면에서 핵무기를 전쟁에서 사용할 만한 수준으로 준비되어 있지 않다고 주장한다. "물리적인 측면의 태세도 완성하지 못한 상태이지만, 나머지 환경적 측면과 위협 인식에 관한 부분도 북한의 제한 핵전쟁태세 구축에는 기회보다 도전 요인으로 작용할 가능성이 크다"라고 한다. 그는 북한이 전쟁발생 시 핵무기를 사용할 의지는 갖고 있지만, 핵무기를 효율적으로 사용할 만한 군사적 태세는 아직 갖추지 못하고 있다고 분석한다. 북한의 핵전력은 많은 취약점을 가지고 있다는 평가를 한다.

우선 북한의 실질적 핵능력과 과대하게 포장된 핵능력 간 수준 차이가 북한 핵 위협의 신뢰도를 저하하고 있다. 북한의 핵전력은 아직 탄두 재진입 성능 등 완전한 대미 타격 능력을 보여주지 못하고 있고 정확한 표적 탐지 및 조기경보 능력이 부재하며, 핵전력의 생존성을 보장한 미사일 방어능력도 미미하다 (함형필, 6장 북한의 핵전략: 억제, 강압, 그리고 전쟁 수행).

한국의 핵무기 개발을 주장하는 논자들은 이러한 평가에도 불구하고 핵무기를 개발해야 하는지, 아직은 재래식전력만으로도 북한에 대한 전쟁억지가 가능한지에 대해서 결정해야 할 것이다. 핵무기를 완벽하게 사용할 태세가 되어 있는 미국도 전쟁에서 패배하는 상황에서도 사용하지 못한 핵무기를 북한이 준비도 완전하지 못한 상태에서 사용할 수 있을지에 대해서 생각해봐야 할 것이다. 북한의 핵무기 전력 및 사용 전략에 대해서 정확한 평가를 한 후 이에 대한 대응으로 남한도 핵무기를 개발해야 한다고 주장해야 합리적인 설명으로 이해가 될 것이다.

북한핵에 대한 한국 비핵전력 평가

다음으로 논의되어야 할 주제는 한국이 비핵전력으로 북한의 핵전력에 대한 억지능력을 갖추고 있는지, 향후 갖출 수 있는지에 대한 평가다. 핵무기는 선제공격용으로 사용하기 어렵고, 핵보유국이 전쟁 발생 이후 최악의 상황에서만 사용한다는 차원에서 생각해 보면 비핵전력이 전쟁 전반기에는 매우 중요한 역할을 한다는 점이 인정된다. 미국과 같이 핵무기를 보유한 국가가 월등한 국력과 군사력을 보유했음에도 불구하고, 북한과 북베트남 등과 재래식전력으로 전쟁을 하다가 성공하지 못한 사례를 보면 실제로 현대전에서 핵무기가 얼마나 중요한 효용성을 가지는지에 대해서 의문이 제기된다. 특히 전쟁 초기에는 거의 사용할 수 없는 무기라는 점이 입증되고 있다. 따라서 전쟁 초기에 한국이 재래식전력으로 북한의 군사력을 효율적이고 압도적으로 물리칠 수 있으며, 특히 북한이 핵무기를 사용할 수 없도록 초토화시킬 능력을 갖췄는지 여부가 한국의 핵무기 개발 여부를 판단하게 해주는 것이다.

대체로 군사전문가들의 평가에 의하면, 한국의 전략 수준, 군사과학 발전에 따른 전력 수준이 상승한 점을 감안하면 한국이 보유한 비핵전력은 핵무기 없이 북한과 벌이는 전쟁에서 충분히 승기를 잡을 수 있다. 이 책의 공동저자인 합참 핵WMD 대응센터 차장 출신이자 숙명여대 교수인 김광진 장군은 한국의 비핵억제 및 대응능력은 한반도 핵무기 환경 속에서 변화를 거듭하여 '한국형 3축체계, 국방과학기술 기반 킬웹, 한미 핵·재래식통합 개념'까지 도달했다고 주장한다. 그는 특히 킬웹 개념의 중요성을 강조한다.

비핵전략무기의 효과는 한국의 비핵전력이 킬웹 개념을 통해 전 영역에서 우세를 달성할 때 예상되는 모습이기도 하다. 그리고 이 효과가 상대방에게 신뢰할 만한 위협으로 전달될 경우, 비핵억제도 달성될 수 있다. 따라서 한국 비핵전력에 대해 킬웹 개념과 같은 최신 군사 트렌드를 적용하면 비핵억제 역할에 기여하게 될 것이다 (김광진, 9장 북한의 핵무기에 대한 한국의 억제 및 대응정책).

요컨대 한국의 비핵전력이 북한의 핵전력에 대한 억지능력을 가질 수 있다는 설명이다. 그는 한국의 비핵전력이 충분한 핵억지 능력을 갖추기 위해서는 '첨단 군사과학기술의 적시적 확보와 적정 연구개발 투자 결정' 등 극복해야 할 도전 요인들이 있는데, 이는 민군겸용기술의 확대로 극복 가능하다고 주장한다. 오늘날 비핵전략무기의 기반 기술인 '첨단 정보통신, 컴퓨터, 데이터 처리, 센서 기술' 등이 민군겸용기술로도 많이 확산되는 현상은 도전 요인 극복에 도움이 될 것이라고 강조한다.

비핵전력의 '장거리 신속 비핵 타격 능력과 최첨단 미사일 방어 능력'은 핵무기 보유국을 상대로 성공적인 '선제공격'을 감행할 수도 있다는 믿음을 가져다줄 수도 있다. 김광진 장군은 비핵국이 이러한 선제공격 능력을 보유할 경우 핵보유국으로 하여금 "계획보다 더 빨리 핵무기를 사용하도록 압박할 수 있고 그 결과는 비의도적 확전과 핵무기 조기 사용으로 이어질 위험이 있다"라고 경고한다. 그러나 앞에서 언급한 것처럼 핵무기는 선제공격으로 사용하기 어렵고, 지금까지 극단적인 패배 상황에도 핵무기가 사용되지 않은 점을 감안하면 핵무기의 조기 사용은 거의 불가능하다는 것이 통설이다. 이와 같이 비핵국이 선제공격하여 압도할 수 있는 능력을 확보한다면, 오히려 핵보유국이 의도적으로 전쟁을 일으키거나 침략 위협 요인을 제한하는 억지 효과가 존재할 수도 있다.

북한 핵무기의 대상

이와 관련하여 북한의 핵무기 개발은 어느 국가를 대상으로 한 것인가를 분석할 필요가 있다. 한국을 대상으로 한 것이 아니라면 한국의 북한 핵무기 대응은 과도하게 신중하게 접근하여 자체 핵무기 개발까지 할 필요가 없고 비핵전력으로 억지 능력을 충분히 보유하면 되기 때문이다. 1993년부터 북한은 남한이 아니라 미국을 대상으로 하여 핵무기 개발 의혹을 보이기 시작했고 이후 미국만 협상 대상으로 상정했다. 핵무기 개발 의혹을 보이거나 실제 핵무기를 개발하면서 초반에 북한은 핵무기를 활용하여 남한을 위협하거나 비핵화를 위해서 남한과 협상을 하려는 태도를 거의 보이지 않았다. 북한은 국제사회나 미국 등 서방국가들이 비핵화를 요구할 때마다 미국의 북한에 대한 적대시정책을 포기해야 비핵화를 할 의사가 있다는 발언을 중점적으로 했다.

북한은 김영삼정부를 비롯해 이명박, 박근혜 등 남한의 보수정부가 북한과의 대화 시 북한의 핵문제를 전혀 거론하지 않도록 봉쇄를 했다. 더구나 이명박정부가 대북정책으로 '비핵개방 3000' 정책을 제시하면서 대북정책에 북한의 핵무기에 대한 내용을 삽입했을 때 북한은 강력하게 비난하는 태도를 보였다. 그러나 의외로 문재인정부가 들어선 후 북한은 남한이 북한의 비핵화에 개입하는 데 대해서 수용하는 태도를 보였다. 2018년 4월 27일 판문점에서 개최된 남북정상회담 이후 발표된 판문점 선언의 가장 큰 특징은 당시까지 남북대화에서 전혀 거론되지 않던 북한의 핵문제가 '완전한 비핵화를 통해 핵 없는 한반도를 실현하는 공동의 목표'를 수립한다는 내용으로 거론된 것이다. 북한은 남한과의 대화에서 핵문제가 다루어지는 것을 수용했지만, 남한이 북한과 단독적이고 직접적으로 비핵화 협상을 하는 것이 아니라 미국과 북한이 비핵화 협상을 하는 데 남한정부가 중간입장에서 도움이 되기를 희망했다. 특히 남한의 안보실장과 국정원장이 미국 트럼프 대통령을 방문하여 북미정상회담 개최를 설득하여 트럼프의 승낙을 받아내고 이

글상자 14.1 | **판문점 남북정상회담, 2018년 4월 27일**

2017년 5월 문재인정부가 등장한 이후 북한은 다양한 형태의 무력시위를 했다. 장거리 탄도미사일 화성-12형, 화성-14형, 화성-15형을 발사했고 제6차 핵실험을 한 후 수소폭탄 시험도 했다. 그러나 2018년 들어서 남북한관계의 극적인 반전이 이루어졌다. 북한이 2월 8일부터 평창에서 개최된 동계올림픽 일부 종목에 선수단을 파견하여 남한과 단일팀을 구성하여 참가하는 화해 분위기가 조성되었다.

이러한 화해 분위기는 2018년 4월 27일 남북한 정상이 판문점에서 만나 정상회담을 하여 판문점선언의 발표로 이어졌다. 판문점선언의 내용은 크게 남북한 관계개선과 발전, 남북 간 군사적 긴장상태 완화와 전쟁위험의 실질적 해소, 한반도의 평화체제 구축을 위한 협력을 포함했다. 남북한 관계개선을 위해 앞에서 채택된 남북 선언들을 이행하고 남북 간 협력을 위해 남북공동연락사무소를 개성지역에 설치하기로 했다. 남북의 경제협력을 위해 동해선과 경의선 철도 및 도로를 연결하고 현대화하겠다는 내용도 포함되었다. 남북 간 군사적 긴장 상태 완화를 위해서는 먼저 일체의 적대행위를 중단하기로 했다. 이에 따라 2018년 5월 1일부터 군사분계선 일대에서의 확성기 방송과 전단살포 등을 중지하도록 했다. 또한 서해 북방한계선 일대를 평화수역으로 만들어 우발적인 군사적 충돌을 방지하기 위한 실제적 대책을 세워가기로 했다. 이와 더불어 남북은 완전한 비핵화를 통해 핵 없는 한반도를 실현한다는 공동의 목표를 확인했다고 명시했다. 또한 판문점선언에서 남북은 서로에 대한 불가침 합의를 재확인하고 이를 통해 단계적으로 군축을 실현해 나가기로 합의했다.

들이 미국 현지에서 북미정상회담 개최를 발표하는 모습을 보고 북한의 김정은은 북미 대화에 남한을 활용할 구상을 했던 것으로 보인다.

판문점에서 정상회담을 하고 야외 벤치에서 문재인과 김정은이 장시간 대화를 나누는 모습이 비쳐졌다. 두 사람이 개인적인 문제에 대한 대화를 나누었을 가능성은 없고, 아마도 남북한에 얽혀 있는 다양한 이슈와 북한의 핵문제에 대해서 대화를 나누었을 것으로 보인다. 특히 북한의 비핵화에 대해서 중점적인 논의를 했을 것으로 생각된다. 문재인은 북한이 비핵화 과정을 시작하면 미국이 북한에 대해서 적어도 제재를 완화하기 시작할 것이고, 이에 대해서 자신이 중재할 의사가 있다고 설득했을 가능성이 있다. 김정은은 문재인이 북한 편에서 미국을 설득할 것으로 기대했을 것이다. 이후 북미정상회담이 실패하고 비핵화와 제재 해제에 대한 논의가 더 이상 진전되지 않자 북한이 남한과의 대화를 중단하고 트럼프보다 문재인을 더 비난한 것을 보면 김정은이 문재인에게 어느 정도 의존했다는 사실을 추정할 수 있다.

지금까지의 북한핵에 대한 협상과정 및 결과를 분석해 보면 북한은 남한 때문에 남한으로부터 뭔가 얻어내기 위해서 핵무기를 개발한 것으로 보이지는 않는다. 그리고 남한에 대해서 핵무기로 위협하거나 핵무기 보유로 남한과의 군비경쟁에서 우위에 서고 실제 무력 충돌 시 핵무기를 선제적으로 사용하기 위한 것이 핵무기 개발의 제1 동기는 아닌 것으로 보인다. 안보는 최악의 상황에 대비해야 한다는 점에서 북한이 핵무기를 보유하고 있기 때문에 한국도 핵무기를 보유해야 한다는 주장에 대해서는 반박의 여지가 없다. 그러나 핵무기 개발을 하면 엄청난 비용과 대가를 치러야 한다는 점에서 북한의 핵무기 개발 대상이 누구인지, 사용 가능성이 얼마나 큰지에 대해서 정확한 판단을 한 후 핵무기 개발 여부에 대한 정책결정을 해야 한다.

4. 한국의 핵무기 개발에 대한 미국의 입장과 동북아 정세 전망

1993년 3월 북한이 NPT 탈퇴선언을 했을 때 미국이 매우 심각하게 접근했던 이유는 세계적으로 NPT체제가 붕괴될지도 모른다는 우려 때문이었다. NPT는 1970년에 25년 기한으로 발효되었다. 1995년에 NPT 기한이 끝나기 때문에 그 전에 전 가입국이 재체결을 해야 될 상황인데, 기한이 끝나기 직전인 1993년 북한이 탈퇴선언을 하여 미국은 무척 당황한 모습이 역력했다. 그러지 않아도 핵무기가 필요하고 핵무기 개발 능력이 있는 국가들이 NPT에 대해서 국제적으로 핵무기 보유를 인정받은 5개국의 쇼비니즘이라는 비판을 하고 있었다. 이 상황에서 북한의 탈퇴선언은 NPT에 대한 비판을 하던 세력들에게 힘을 북돋아 주는 기회가 되었다.

미국은 군사적 응징, 전면 봉쇄를 통한 제재 등 채찍을 들어 북한의 NPT 탈퇴를 포기시키려는 계획을 세웠다. 그러나 이 방법이 북한의 강한 반발 및 중국의 북한 옹호정책으로 실현되지 않자 북한에게 당근을 주어서 북한이 NPT체제에 남도록 시도했다. 이에 따라 북미는 강석주-갈루치 차관보급 고위급회담을 개최했고 이 회담 결과, 미국은 북한의 주권인정, 내정불간섭, 불가침을 약속했고 북한은 NPT 탈퇴를 유보했다. 이 정도로 미국에게 NPT체제의 유지는 매우 핵심적인 대외정책 중 하나였고 지금도 그렇다. 북한의 핵개발이 동북아 질서를 변화시키고 한반도 세력균형의 추를 변경시키는 계기가 되는 것도 심각한 문제이지만, 미국으로서는 세계 유일 초강대국의 위상을 유지하기 위해서 국제적 핵비확산을 주도해야 할 의무가 있는 것이다.

한국이 핵무장을 해야 한다고 주장하는 사람들은 NPT를 탈퇴하고 핵무기 개발을 해야 한다고 주장한다. NPT에 가입해 있으면서 핵무기를 개발하는 것은 NPT 규정을 어기는 것이기 때문에 NPT를 탈퇴하고 공개적이고 합법적으로 핵무기를 개발하자고 주장한다. NPT 규정은 핵무기 개발 자체를 불법적인 행위로 간주하는데, NPT를 탈퇴한다고 해서 핵무기 개발이 합법적인 행위가 되는지는 생각해 볼 문제다. 이러한 규범적인 문제를 떠나서 한국이 NPT를 탈퇴하고 핵무기를 개발하는 데 대해서 NPT를 주도하고 있는 미국이 어떠한 태도를 보일지에 대해서 논의해 볼 필요가 있다. 한국의 핵무기 개발은 미국의 시각에서 볼 때 NPT 위반일 뿐만 아니라 한미동맹 차원에서도 심각한 도전으로 받아들일 가능성이 있다. 특히 한국의 핵무장 시 한국을 위해서 미국이 제공하는 '확장억제'에 대해서 미국정부가 어떤 방향설정을 할지에 대해서 면밀히 살펴볼 필요가 있다.

동맹과 확장억제의 연결성

동맹의 의미는 동맹조약을 체결한 국가 중 한 국가가 외부로부터 침략을 받으면 다른 체결국이 개입하여 같이 싸워주는 것이다. 한국이 북한으로부터 공격을 받으면 미국이 참전하여 침략을 막아내고 필요한 경우 반격을 하는 것이다. 여기에는 당연히 핵무기에 의한 공격도 포함된다. 북한이 남한을 핵무기로 공격할 경우 미국이 군사적 지원을 하면서 연합하여 전쟁을 수행하는 것인데, 핵무기는 일반적인 무기와 다른 대량살상무기이기 때문에 북한이 핵무기를 개발 및 보유한 이후에는 특수한 억지책으로 '확장억제'가 강조되고 있다. 한국에는 동맹조약에 의거하여 미군까지 주둔하고 있기 때문에 한국전쟁 휴전 이후 한국의 미국에 대한 안보적 의존은 절대적이었다. 작전통제권을 인수받아야 한다는 목소리가 크게 나올 때 가장 먼저 이를 반대한 사람들은 한국의 군부다. 아직 한국의 군사능력은 북한의 공격을 독자적으로 막아내지 못한다고 하면서 작전통제권을 인수하면 안 된다고 강조했다.

한국의 지도자들도 미국에 안보를 맡김으로써 절약되는 군사예산을 경제성장에 활용하여 소위 '경제 기적'을 만들 수 있었다. 그런데 그들은 핵무기의 경우에 다른 목소리를 내고 있다. 미국의 확장억제를 신뢰할 수 없으니 자체적으로 핵무기를 개발하여 보유해야 한다고 주장하는 사람들이 많다. 특히 윤석열 대통령은 공공연하게 한국이 핵무장을 해야 한다는 언급을 하기도 했다. 핵무기는 일반적인 무기와 달리 대량 살상을 목적으로 하고 있어 북한의 핵무기에 대해 우려하는 그들의 심정이 이해는 되지만, 한미동맹조약은 특정 무기에 대한 언급이 없이 위기 시 상호 군사지원을 하기로 되어 있기 때문에 핵무기만 따로 분리하여 신뢰성 문제를 따지는 것은 옳지 않다.

미국의 '확장억제'가 중요한 것은 확장억제의 신뢰성 정도에 따라 한국의 핵무장에 대한 주장이 달라지기 때문이다. 현재 미국의 확장억제에 대한 한국인들, 특히 군사전문가 및 학자들의 시각은 대부분 긍정적이다. 함형필 박사는 한국과 미국이 '미국의 확장억제와 한국의 재래식 전력을 유기적으로 통합'하여 북한의 핵전쟁 위협을 효과적으로 억제 및 대응하고 있다고 주장한다. 그는 한국의 생존과 번영이 '한미동맹의 확장억제 협력'에 달려 있기 때문에 한미동맹이 와해되거나 '한국에 대한 미국의 확장억제 공약이 무실화'되기 이전에 핵무장을 선택할 필요가 없다고 한다. 이 책의 공동저자인 서울시립대 황지환 교수는 미국의 한국에 대한 확장억제는 강력하게 유지되고 있다고 강조한다.

한국에 대한 미국의 확장억제는 비교적 강력한 모습으로 유지되었다고 평가할 수 있다. 특히 확장억제를 의미하는 표현 자체가 '자조와 상호원조'에서 '핵우산'을 거쳐 '핵, 재래식, 미사일 방어능력을 포함한 모든 범주'로 진화해 왔다는 점은 미국의 확장억제 강화 과정을 상징적으로 보여준다. 이런 관점에서 그동안 미국의 확장억제 신뢰성에 제기된 우려는 실제보다 과장된 것으로 보인다 (황지환, 10장 한미동맹과 미국의 확장억제: 핵우산 제공의 가능성과 한계).

특히 황지환 교수는 미국의 한국에 대한 확장억제는 보다 광범위한 측면에서 과거보다 강화되고 있다고 주장한다. 그에 따르면 확장억제는 '핵우산보다 더 포괄적인 개념'이며, 확장억제는 '핵무기뿐만 아니라 재래식전력과 정치외교적 수단 모두를 동원하여 동맹국에 대한 억지력을 제공하는 것'이다. 확장억제에서 핵억지가 중요하지만 핵억지가 확장억제의 전부는 아니라고 주장한다.

확장억제의 핵심은 핵 능력을 포함한 군사적 능력과 전략의 변화뿐만 아니라 동맹관계를 정치, 경제, 외교, 군사적으로 어떻게 운용하느냐의 문제에도 달려 있다. 이런 면에서 한반도에 대한 미국의 확장억제 신뢰성이 그동안 큰 타격을 받았다고 보기는 어렵다. 오히려 변화하는 안보 상황에 따라 나름 진화하는 모습을 보여주었다고 평가할 수 있다 (황지환, 10장 한미동맹과 미국의 확장억제: 핵우산 제공의 가능성과 한계).

이와 같이 미국은 미국의 안보이익과 한국과의 동맹관계 유지를 위해 확장억제의 중요성을 인지하고 한국과의 협력을 통해 확장억제의 수준을 높여 가고 있다. 그럼에도 불구하고 한국이 핵무장을 하기 위해 NPT를 탈퇴하고 핵무기 개발을 시작하면 미국은 어떠한 반응을 보일까? 한미관계 전문가들과 학자들의 의견을 들어보면 미국은 핵무기를 개발하는 한국에게 상상도 할 수 없는 제재를 가할 것이 거의 분명하다.

한국 핵무기 개발에 대한 미국의 입장

한국이 핵무기 개발을 선언하면 미국이 어떠한 조치를 취할 것이냐에 대해서는 구체적으로 밝히기 어렵다. 핵무기 개발을 선언할 당시의 국제적 상황, 동북아 정세, 한미관계의 상황, 미국 리더십의 성향에 따라 다양한 형태의 대응이 이루어질 것이다. 기본적으로 미국의 한반도 및 동북아에 대한 기본 이익은 동북아에서 미국의 세력과 영향력을 유지하는 것이다. 통상적으로 동북아 질서는 4강에 의해서 형성되고 만들어진다고 하는데, 그들은 미중일러다. 이 중에서 미국은 동북아 국가가 아니다. 특정 지역에 영토가 없으면서 그 지역에 세력을 유지하는 방법은 무엇인가? 이 지역의 국가들을 미국에 의존 또는 종속시키는 방법이 그 지역에 세력권을 형성하는 가장 효율적인 수단이다. 유럽지역에서 미국이 NATO를 통하여 영향력을 행사하는 것과 같이 동북아에서 미국의 세력유지에 가장 큰 역할을 하는 것은 한미동맹과 미일동맹, 그리고 주한미군과 주일미군이다. 이 두 동맹이 가장 가치있고 효율적으로 유지되기 위해서는 한국과 일본의 미국에 대한 안보적 의존이 강력하게 유지되어야 한다. 한반도에 완전한 평화가 이루어지면 한미동맹의 가치가 떨어지고 주한미군의 역할이 감소되어 미국의 이익을 훼손시킬 수 있기 때문에 미국은 한반도 평화를 구체적으로 제시한 적은 거의 없다.

한국이 핵무기를 개발하게 되면 한반도에 평화가 이루어지는 것은 아니지만, 한국이 미국의 도움 없이 북한에 대한 억지력을 가지기 때문에 미국의 동북아에서의 이익의 큰 부분이 사라지게 된다. 핵무기를 보유하게 된 남한은 북한의 핵무기 위협에 대한 대응으로 미국의 확장억제에 의존하던 입장에서 벗어나 독자적인 방위태세를 구축할 것이다. 대체로 전문가들은 한국이 핵무기를 개발하면 미국이 한국과의 동맹관계를 파기할 가능성이 높다고 한다. 한국이 미국에 안보적 의존을 하지 않는 상황에서 한미동맹은 미국의 동북아에서의 세력 강화에 아무 도움이 되지 않는다는 것이다.

반면, 미국이 중국과 경쟁 및 대립하는 상황에서 미국의 동맹인 한국이 핵무기를 보유하면 대중견제 또는 봉쇄에 도움이 되기 때문에 미국이 한국의 핵무기 보유를 인정하고 동맹관계를 유지할 것이라고 주장하는 사람들이 있다. 그러나 미국이 한국이 보유한 핵무기를 사용할 수 있는 권한을 가지지 못하게 되면 한국 외교안보정책의 방향을 미국이 통제하기 어렵게 될 것이다. 이러한 점 때문에 미국은 한국의 독자적 핵무기 보유 혹은 사용을 수용하지 않을 것이다. 핵무기를 보유했다는 부담 때문에 한국은 미국과 중국에 대한 등거리 외교를 추진할 가능성이 있으며, 이는 미국의 이익에서 벗어나는 것이기 때문에 한국의 핵무기 보유를 수용하지 않을 것이 확실하다. 특히 한국의 핵무기 개발에 대해서 중국이 적대적 태도를 보이게 되면, 미국은 위험한 한국과 보조를 맞춰서 중국을 견제하는 부담을 가지지 않을 것이다.

한국이 핵무기를 개발하게 되면 미국이 추진하던 확장억제도 중단될 것이라는 시각이 지배적이다. 이 책의 공동저자 김광진 장군은 미국의 확장억제와 한국의 독자 핵무장은 서로 즉시 교환 가능한 옵션들이 아니고 상충된다고 주장한다. 따라서 한국이 독자적 핵무장을 하면서 미국의 확장억제 약속도 함께 유지할 가능성은 거의 없다. 김광진 장군은 다음과 같이 한국의 핵무장을 섣부르게 추진하면 안 된다고 주장한다.

미국의 확장억제를 즉시 대신할 수도 없으면서 확장억제 공약을 무력화시킬 수도 있는 독자적 핵무장은 상당히 위험한 선택일 수 있다. 결국 현재 한국의 무조건적인 독자 핵무장은 지양해야 할 옵션인 셈이다. 그보다는 미국의 확장억제 속에서 한국 비핵전력의 능력을 활용하여 억제력을 향상시키며, 핵무장에 필요한 선결 요건들부터 단계적으로 갖춰 나가는 것이 전략적으로 유리한 선택일 것이다 (김광진, 9장 북한의 핵무기에 대한 한국의 억제 및 대응정책).

황지환 교수도 미국이 한국의 핵무장을 절대로 반대할 것이기 때문에 한국의 핵무장 시 확장억제는 유지되기 어려울 것으로 예측한다. 그는 미국이 확장억제의 신뢰성을 높이기 위해서 꾸준히 노력해 왔기 때문에 실제로 확장억제가 강력하게 유지되어 왔다고 평가한다. 한국의 독자 핵무기 개발을 막기 위해서 확장억제를 강화해 왔는데, 한국이 이를 무시하고 핵무기를 개발하게 되면 미국은 제재 수준이 아니라 보복까지 고려할 가능성이 크다. 무엇보다 확장억제는 동맹 차원에서 기획되고 전개되는 것이기 때문에 확장억제가 중단되면 동맹도 폐기될 가능성이 높다.

한국이 핵무기 개발을 할 경우 일본이 어떠한 입장을 보일지는 상당히 궁금한 사항이고 흥미로운 상상을 유발한다. 한국이 핵무기를 개발하면 남북한, 미중일러를 포함한 동북아 6개 세력 중에서 일본만 핵무기를 보유하지 않게 된다. 일본의 안보적 입장은 분단국가인 한국과 다르기 때문에 한국의 핵무장 시도에 일본이 바로 따라서 핵무장을 할 가능성은 낮다. 핵을 가진 북한과 직접 대립을 하고 있는 한국과 달리 일본은 직접적으로 핵위협을 받고 있지는 않기 때문이다. 그리고 일본의 대미 동맹관계는 한미 동맹관계보다 훨씬 끈끈하다.

한국이 핵무기를 개발하면 미국은 일본에 대해서 확실한 핵우산을 마련해 주는 등 일본이 핵무기를 개발하지 않도록 유도할 것이다. 일본의 입장에서 한국을 따라서 핵개발을 하여 한국과 패키지로 국제적 압박, 비난, 제재를 받는 수모보다는 핵무기를 개발 안한다는 점을 활용하여 미국으로부터 강화된 안보공약을 보장받으며, 동북아에서 유일하게 핵무기를 보유하지 않은 사실을 강조하면 이를 통해 보다 우월한 외교를 진행함으로써 일본의 위상을 오히려 강화할 수 있다. 결국 한국이 핵무기를 개발하면 한미동맹은 파기되고 미일동맹은 보다 강화될 것이다. 과거 한미일 남방 3각관계 대 북중러 북방 3각관계의 균형에서 한국이 빠지게 됨에 따라 세력의 추가 북방 3각관계로 기우는 것을 상쇄하기 위해서 미국은 일본과의 관계를 보다 강화할 것이다.

5. 맺는말

북한은 핵무기의 질과 양을 늘려나가면 구체적으로 무엇을 얻을 수 있는가? 핵무기를 고도로 군사화한다고 해서 무슨 이익을 획득할 수 있을까? 세계적으로 핵무기가 처음 사용된 이후 80년 동안 사용되지 않았는데, 북한은 전쟁 발생 시 열세를 만회하고 전장의 확대를 막기 위해서 과연 핵무기를 사용할 수 있을까? 이러한 질문들에 대해서 명확하게 긍정적인 대답을 스스로 할 수 없다면 북한은 결국 비핵화를 직접 시도하지는 못하더라도 미국, 한국과 서방국들이 비핵화 협상을 제안하면 이를 거부할 이유와 명분은 사라지게 된다.

북한은 1993년 핵개발 의혹을 보이면서 벼랑끝 외교를 추진하기 시작한 이후 핵무기 관련 카드를 계속 업그레이드시켜 왔다. 핵개발 의혹에 대해 시인을 했고 핵무기 보유 선언을 했고 핵실험을 했고 핵무기 운반수단인 장거리 미사일 개발을 시도하고 있다. 핵카드를 업그레이드시키다 보니 군사무기화의 방향으로 나아가게 되었지만, 아직 핵무기를 실제로 사용할 만한 전력과 전략적 능력은 보유하지 못하고 있는 것으로 평가되고 있다. 북한은 아직도 비핵화 협상에 미련을 가지고 있는 것으로 보인다. 지금의 시점은 북한이 핵무기를 군사적으로 더 고도화하여 확실하게 핵무기 보유국으로 나아가는가, 아니면 보유가 부담되고 실제로 사용하기 어려운 핵무기를 활용하여 국익에 도움이 되는 비핵화 협상을 추진하느냐 기로에 서 있다. 표면적으로는 핵무기를 자랑하면서 과시하고 있지만, 내부적으로는 외교적 부담이 되는 핵무기를 계속 보유하는 데 대한 중압감이 존재할 가능성이 있다.

핵무기를 개발 및 보유하고 있는 북한의 목적과 의도를 파악하기 위해서는 핵무기 개발을 선언한 처음으로 다시 돌아가 볼 필요가 있다. 1993년 3월 NPT 탈퇴를 선언하고 핵무기 개발 의혹을 보이기 시작한 김일성의 의도는 무엇이었을까? NPT 탈퇴 후 1년 4개월 만에 사망했기 때문에 그의 정확한 의도를 알 수 없지만, 그동안 있었던 일을 돌이켜 보면 그의 의도는 장기적인 것이 아니었고 단기간에 미국과 비핵화 관련 협상틀을 만들어서 체제를 보존하겠다는 꿈이 있었던 것으로 보인다. 한국전쟁, 중소분쟁, 이후 경제난 등 다양한 위기 속에서 김일성은 도전적인 외교안보정책을 활용하여 살아남았고, 1993년 NPT 탈퇴 선언도 그러한 차원에서 추진된 것이라고 판단된다. 1993년 6월 NPT 잔류를 조건으로 한 미국과 차관보급 고위급회담에서 받아낸 주권인정, 내정불간섭, 불가침이 1차적 결실이었고, 비록 김일성 사망 후에 이루어졌지만 1994년 10월 21일의 북미 제네바 기본합의가 김일성이 의도한 최선의 결실이었을 것으로 판단된다. 북한은 카터의 방북, 김영삼과의 정상회담(김일성 사망으로 불발)을 계기로 자신감있는 외교정책을 추구하여 나진·선봉 개방정책을 성공하여 체제발전을 모색했을 것이다.

　이후 권력을 승계한 김정일과 김정은은 김일성이 남겨 놓은 핵무기의 굴레에서 벗어날 탈출구를 찾지 못했고, 전 지도자의 사망에 의해 갑자기 승계를 받은 권력을 안정화시키는 데 유용하기 때문에 핵카드를 계속 유지할 수밖에 없었다. 김정은은 핵무기를 보유하고 있는 이상 아무 조치를 취하지 않고 있으면 핵무기의 가치가 떨어지기 때문에 군사적 활용도를 높이기 위한 전략을 구상하고 있을 것이다. 이 점이 북한에게 부담이 될 수도 있다. 핵무기를 보유한 북한을 자세히 들여다보면 핵무기의 가치를 제대로 활용하지 못하는 것처럼 보인다. 우선 북한이 핵무기를 보유할 만한 동기가 뚜렷하지 않고 어떠한 계기에 어떠한 방식으로 핵무기를 사용할지에 대해서도 불분명하기 때문에 공식적으로 핵무기 보유국이라는 인정도 받지 못하고 있다. 구체적 전략이나 준비가 없는 상태에서 단지 소유하고 있다는 점만 적대적 상태에 있는 남한에 위협을 안겨 주고 있는 것이다.

한국에서 핵무기 개발을 주장하는 사람들이 점점 늘어나고 있다. 북한과 대치하고 있는 상태에서 북한이 핵무기를 보유했기 때문에 한국도 핵무기를 보유해야 한다는 주장에 원칙적으로 동의한다. 그런데 국제사회에서 금지하고 철저하게 감시하며 적발 시 강력한 제재를 하는 핵무기 개발은 매우 신중하게 생각하고 논의하고 결정해야 한다. 핵 자강론자들의 주장과 논리를 자세히 들여다보면 비교적 단순한 편이다. 북한이 비핵화를 하지 않을 것이기 때문에, 미국의 확장억제 공약을 신뢰할 수 없기 때문에, 그리고 한국의 여론조사 결과 70퍼센트 이상의 국민이 원하기 때문에 핵무기를 개발하여야 한다고 주장한다.

북한이 비핵화를 하지 않을 것이기 때문에 핵무기를 개발해야 한다는 주장은 매우 주관적인 판단이다. 핵무기를 개발해야 한다는 논리를 전개하기 위해서 편향된 시각을 가지고 보는 것이다. 북한이 어떠한 구상을 하고 있는지 불분명하고 미래에 다양한 변수가 있기 때문에 비핵화 협상이 전개될지 아닐지에 대해서는 좀 더 기다려 봐야 하고, 한국 정부 입장에서는 핵무기 개발보다는 비핵화 협상을 하여 해결하는 것이 훨씬 바람직한 방법이다. 미국이 제공하는 확장억제의 신뢰성에 대해서는 앞에서 자세히 밝혔다시피 전문가들 대부분은 미국의 확장억제는 한국의 비핵전력과 조화를 이루면 신뢰할 만한 수준이라고 평가하고 있다.

한국 내 여론조사 결과 70% 이상의 국민이 핵개발에 찬성한다는 데 대해서 이 책의 공동저자인 가톨릭대학 마상윤 교수와 인천대 이경석 교수는 제13장에서 핵무기 개발이 초래할 대가와 비용요인을 설명한 후 여론조사를 하면 핵개발 지지율이 50% 수준도 안 나온다고 주장한다.

핵무장이 수반하는 안보비용(남북 저강도 군사충돌 증가, 중국과의 군사적 긴장, 북한의 선제타격 위험, 일본의 핵무장), 규범비용(국제사회에서의 낙인과 외교적 고립), 경제비용(국제사회와 미국의 경제제재), 동맹안보비용(한미동맹 약화와 주한미군 철수), 동맹경제비용(한미 과학기술 및 경제협력 중단), 환경비용(토양·해양 오염 및 인체피폭 위험) 등을 고려했을 때 핵무장 찬성도는 상당히 하락한다. 특히 규범비용을 고려할 경우의 찬성도는 37~40%로, 경제제재가 영구적일 경우에는 37%로, 한미동맹 파기 시 38.2%로, 환경오염 및 인체 피폭이 발생할 경우에는 40%대 초반으로 각각 감소하는 것으로 나타났다 (마상윤·이경석, 13장 한국의 핵무기 개발에 대한 국내외 여론과 함의).

마상윤과 이경석 교수는 한국의 외교·안보 전문가를 대상으로 조사한 결과 핵개발 추진에 대한 반대 및 우려 의견이 일반국민의 여론에 비해 크게 높은 것으로 나타난다고 강조한다. 그들은 미국 내 여론도 일반 국민들의 여론과 정책결정자들의 인식에 차이가 있다고 주장한다. 미국의 외교안보정책을 결정하고 영향력을 행사하는 전문가 집단과 정책 엘리트들의 관점에서 "한국의 핵무장은 미국이 50여 년간 유지·주도해 온 글로벌 핵비확산체제의 근본적 약화 및 붕괴를 초래할 수 있는 중차대한 문제로 인식된다. 이러한 맥락에서 한미 간 긴밀한 전략적 공조 없이 추진되는 한국의 독자 핵무기 개발은 한국의 국익에 회복하기 어려운 손상을 가져올 가능성이 높다"라는 것이 마상윤, 이경석 교수의 결론이다.

70여 년 전 한국전쟁이 휴전된 이후 남북한 사이에는 대규모 무력충돌이 없었다. 유엔사령부가 휴전협정을 관리하는 이유도 있지만, 지정학적 측면에서 남북한에 대규모 분쟁이 발생하면 미국과 중국 등 동맹국들이 개입될 가능성이 있기 때문에 분쟁이 억지되는 측면이 있다. 남한이 핵무기를 보유하지 못하고 북한만 핵무기를 보유한다고 해서 그동안 발생하지 않은 대규모 분쟁이 발생할 가능성은 거의 없다. 오히려 핵무기를 가진 북한이 분쟁이 발생하지 않도록 주의할 가능성이 더 높다. 북한의 핵무기에 대응하여 질적, 양적으로 확대·발전한 남한의 비핵전력이 우위에서 분쟁을 주도할 가능성이 있기 때문이다. 이러한 상황에서 한국이 핵무기를 개발하여 국가가 붕괴되는 수준의 비용을 치르는 것이 올바른 선택인지 신중히 평가하고 결정해야 한다. 한국안보는 미국에 과도하게 의존하고 있었기 때문에 한미동맹이 파기되면 북중러 3각 동맹에 대적할 능력이 거의 없어지고, 대외통상에 많은 의존을 하고 있는 한국경제는 핵개발로 인한 경제제재 시 버티기 어려울 것이다.

마지막으로 어쩌면 북한이 핵무기를 보유하고 있는 한 한국의 핵무기 개발은 당연한 옵션이다. 그러나 핵무기 개발은 비용이 엄청나게 들기 때문에 북한 핵무기에 대한 다른 모든 방법을 강구해 보고 실패할 경우 선택할 옵션이다. 현재 북한 비핵화 협상은 아주 불가능하게 종식된 것은 아니고 아직 재개될 여지가 남아 있다. 1993년 이후 남한은 북한 비핵화에 대해서 독자적으로 북한과 협상을 한 적이 한 번도 없다. 핵개발 선언 이후 북한은 한국과 북한핵에 대해서 협상하는 것을 절대로 원하지 않았기 때문에 협상이 이루어지지 않다가 2018년에 처음으로 남북한 정상이 한반도 핵문제를 다루었다. 2018년 4월 27일 판문점 남북정상회담이 끝난 후 남북정상은 '완전한 비핵화를 통해 핵 없는 한반도를 실현하는 공동의 목표'를 수립했다고 발표했다. 5개월 뒤인 9월 19일 평양에서 개최된 정상회담 이후 발표한 공동선언에서 발표된 비핵화 분야의 내용은 "동창리 엔진 시험장과 대륙간 탄도 미사일 발사대를 유관기관 참관 아래 영구적으로 폐기하며, 미국의 상응 조치에 따라 영변 핵시설 역시 영구적 폐기"한다는 내용을 포함했다. 이 공동선언을 되살려 남한은 북한과의 비핵화 협의를 적극 추진할 필요가 있다. 북한의 비핵화를 하려면 어쩌면 북한에게 많은 보상을 할지도 모른다. 이

보상비용은 핵무기를 개발함으로써 지불해야 할 비용과 대가보다 아주 많이 저렴할 것이다.

⌘ 참고문헌

김계동. 『남북한 국가관계구상: 대북정책의 뉴 패러다임』. 서울: 명인문화사, 2023.
_____. 『남북한 체제통합론: 이론·역사·정책·경험, 제2판』. 서울: 명인문화사, 2020.
_____. 『북한의 외교정책과 대외관계: 협상과 도전의 전략적 선택』. 서울: 명인문화 사, 2012.
_____. 『한국전쟁: 불가피한 선택이었나』. 서울: 명인문화사, 2014.

주

제1부 ❘ 북한의 핵무기 정치

1장 국제사회에서 핵무기의 가치와 의미

1) "The perils of the world's third nuclear age," *The Economist*, 20 Novermber 2024 (https://www.economist.com/the-world-ahead/2024/11/20/the-perils-of-the-worlds-third-nuclear-age).
2) "Frequently Asked Questions #1," Radiation Effects Research Foundation https://web.archive.org/web/20070919143939/http://www.rerf.or.jp/general/qa_e/qa1.html#. (접속일: 2024.11.21).
3) Andrew Futter 지음, 고봉준 옮김, 『핵무기의 정치』 (서울: 명인문화사, 2016), pp. 20−23.
4) "아인슈타인 E=mc², 인공태양 기적의 문을 열다," 한국핵융합에너지연구원 블로그, https://blog.naver.com/nfripr/221804937922 참조.
5) Jeremy Bernstein, *Nuclear Weapons: What You Need to Know* (Cambridge: Cambridge University Press, 2008), p. xi.
6) Futter (2016), pp. 31−32.
7) 위키백과, 핵무기 자료, https://ko.wikipedia.org/wiki/%ED%95%B5%EB%AC%B4%EA%B8%B0 (검색일: 2025년 3월 28일).
8) https://www.facebook.com/search/top/?q=%EC%84%9C%EC%9A%B8%EC%8B%9C%EB%AF%BC%20%ED%9D%94%EC%A0%81%EB%8F%84%20%EC%97%86%EC%9D%B4%20%EC%86%8C%EB%A9%B8, 검색일: 2025년 3월 28일.
9) 국민안전재난포털 웹사이트 자료 참조.
10) 전봉근, 『비핵화의 정치』 (서울: 명인문화사, 2020), pp. 33−35.
11) 김일수·유호근, "미국의 국가안보와 핵억지전략의 변화: 트루먼-트럼프 행정부까지," 『세계지역논총』 제37집 4호 (2019), pp. 10−12.
12) 김일수·유호근, "미국의 국가안보와 핵억지전략의 변화: 트루먼-트럼프 행정부까지," pp. 15−20.

13) U.S. Department of Defense, *Nuclear Posture Review*, February 2018, https://media.defense.gov/2018/Feb/02/2001872886/-1/-1/1/2018-NUCLEAR-POSTURE-REVIEW-FINAL-REPORT.PDF

14) 손한별, "제3차 핵시대의 핵전략: 한국의 국방 패러다임 전환을 위한 시론적 검토," 『국가전략』 제31권 1호 (2025) 및 필자가 개인적으로 정리

15) "Trump's Embrace of Putin Has Germany Thinking of Nuclear Weapons," *The Wall Street Journal*, 7 March 2025 (https://www.wsj.com/world/europe/germany-nuclear-weapons-trump-956f9d10).

제2부 ▎북한의 핵무기 정치

▒ 3장   북한 핵무기 개발 환경: 탈냉전의 동북아와 한반도정치

1) 김계동, "북방정책과 남북한관계 변화," 『통일문제연구』 제3권 4호 (1991년 겨울), pp. 198–199; 『동아일보』, 1988년 11월 1일.

2) 윤해수, 『북한곡예외교론』 (서울: 한울, 2000), pp. 284–285; 국토통일원, 『북한 및 공산권 동향』 (1990년 1월), p. 65; 통일원, 『월간 북한 및 주변 정세』 (1991년 6월), p. 6; 통일원, 『월간 북한 동향』 (1991년 12월), p. 132.

3) 외무부, 『외교백서 1991』 (서울: 외무부, 1991), pp. 73–74.

4) 김계동, "한국의 대유엔 외교정책," 유재건 편저, 『21세기 한국의 외교정책』 (서울: 나남출판, 1999).

5) 『로동신문』, 1991년 5월 29일.

6) 김계동, "제1장 한국외교정책의 유형과 변천," 김계동 외, 『한국의 외교정책과 대외관계』 (서울: 명인문화사, 2023), pp. 28–29.

7) 김계동, 『남북한 체제통합론: 이론·역사·정책·경험, 제2판』 (서울: 명인문화사, 2020), pp. 136–137.

8) 『로동신문』, 1993년 12월 9일.

9) 한국무역협회, 『주요북한경제지표 1995』, pp. 29–30, 38; 『동아일보』, 1995년 3월 25일.

▒ 4장   북한의 핵무기 개발과 보유 과정

1) Georgy Kaurov, "A Technical History of Soviet-North Korean Nuclear Relations," in James Clay Moltz and Alexander Y. Mansurov eds., *The North Korean Nuclear Program: Security, Strategy, and Perspectives from Russia* (New York: Routledge, 2000), pp. 15–16.

2) Kaurov (2000).

3) 김보미, "북한 핵프로그램의 시작과 성장: 1950년대와 1960년대를 중심으로," 『통일정책연구』 제28권 1호 (2019), p. 190.

4) Kaurov (2000), pp. 16-17.

5) Obyedinenniy institut yadernykh issledovanity (Dubna: United Institute for Nuclear Research, 1994), pp. 4-5; Alexander Y. Mansurov, "North Korea's Road to the Atomic Bomb," *International Journal of Korean Unification Studies* 13-1 (2004), p. 30.

6) Charles K. Armstrong, *Tyranny of the Weak: North Korea and the World 1950-1992* (Ithaca, NY: Cornell University Press, 2013), p. 132.

7) Conversation between Soviet Ambassador in North Korea Vasily Moskovsky and North Korean Foreign Minister Pak Seongcheol, 24 August 1962, AVPRF, Fond 0102, Opis 18, Papka 93, Delo 5, Listy 22-23.

8) Report, Embassy of Hungary in North Korea to the Hungarian Foreign Ministry, August 1962, MOL, XIX-J-1-j Korea, 11. doboz, 24/b, 002304/1/RT/1962.

9) "Report, Embassy of Hungary in North Korea to the Hungarian Foreign Ministry," 23 February 1979, History and Pubic Policy Program Digital Archive, MOL, XIX-J-1-j Dél-Korea, 1979, 81. doboz, 82-5, 002289/1979.

10) Report, Embassy of Hungary in North Korea to the Hungarian Foreign Ministry, August 04, 1983, History and Public Policy Program Digital Archive, MOL, XIX-J-1-j-Korea, 1983, 78. doboz, 81-40. Obtained and translated for NKIDP by Balazs Szalontai.

11) Report, Embassy of Hungary in North Korea to the Hungarian Foreign Ministry, March 09, 1985, History and Public Policy Program Digital Archive, MOL, XIX-J-1-k-Korea, 1985, 76, doboz, 81-532, 2745/1985. Obtained and translated for NKIDP by Balazs Szalontai.

12) "Report, Embassy of Hungary in North Korea to the Hungarian Foreign Ministry," 30 May 1988, History and Public Policy Program Digital Archive, MOL, XIX-J-1-k Korea, 1988, 58. doboz, 81-5. Obtained and translated for NKIDP by Balazs Szalontai.

13) Victor D. Cha and David C. Kang, *Nuclear North Korea: A Debate on Engagement Strategies* (New York: Columbia University Press, 2003).

14) Jacques E. C. Hymans, "Assessing North Korean Nuclear Intentions and Capacities: A New Approach," *Journal of East Asian Studies* 8 (2008), p. 273.

15) 『조선중앙통신』, 2006년 10월 3일.

16) Jacques C. Hymans, "Assessing North Korean Nuclear Intentions and Capacities: A New Approach," *Journal of East Asian Studies* 8 (2008), p.

273.
17) 『조선중앙통신』, 2009년 5월 25일.
18) 『로동신문』, 2013년 5월 21일.
19) 이호찬, 이상규, 정관, "북한 4, 5차 핵실험의 기술적 평가," 『한국군사과학기술
   학회지』 20권 3호 (2017년 6월), p. 457.
20) 『조선중앙통신』, 2016년 9월 9일.
21) 『조선중앙통신』, 2024년 9월 13일.
22) 『로동신문』, 2023년 3월 28일.
23) Ankit Panda, *Kim Jong Un and the Bomb: Survival and Deterrence in North Korea* (New York: Oxford University Press, 2020), p. 138.
24) Panda (2020).
25) 국방부, 『2014 국방백서』 (서울: 국방부, 20014), p. 26.
26) 이경행·임경한, "북한 잠수함탄도미사일의 실증적 위협분석과 한국 안보에의
   함의," 『국가안보와 전략』 제15권 3호 (2015), p. 120.
27) 『로동신문』, 2021년 1월 9일.
28) "리태성 외무성 담화," 『조선중앙통신』, 2021년 9월 23일.
29) "김여정 조선로동당 중앙위원회 부부장 담화," 『로동신문』, 2022년 4월 5일.
30) 『로동신문』, 2021년 1월 9일.
31) 『로동신문』, 2019년 10월 3일.
32) 『로동신문』, 2021년 1월 9일.

▨▨ 5장   북한 핵무기 개발 목표: 체제안전보장 위한 벼랑끝 외교 수단

1) 전봉근, 『북핵위기 30년: 북핵외교의 기록과 교훈』 (서울: 명인문화사, 2023), p. 6.
2) 이춘근, 『북한핵의 문제』 (성남: 세종연구소, 1995), p. 60.
3) 정옥임, 『북핵 588일: 클린턴 행정부의 대응과 전략』 (서울: 서울프레스, 1995), p. 17.
4) 김계동, 『북한의 외교정책과 대외관계: 협상과 도전의 전략적 선택』 (서울: 명인
   문화사, 2012), pp. 147-148; 전봉근 (2023), p. 15.
5) 전봉근 (2023), p. 17.
6) 『로동신문』, 2002년 11월 2일, 11월 4일; 유호열, "북한의 핵개발 현황과 대미
   전략," 『국제문제연구』 제3권 1호 (2003), p. 52.
7) 『조선중앙통신』, 2003년 4월 18일.
8) George Wehrfritz and Richard Wolfe, "How North Korea Got the Bomb," *Newsweek*, 27 October 2003, pp. 18-21.
9) 『로동신문』, 2003년 4월 27일; 『중앙통신』, 2003년 4월 29일; 『민주조선』, 2003년 4월 29일.
10) 『로동신문』, 2003년 7월 16일, 7월 21일.

11) 북한 외무성 대변인 담화 2003년 10월 2일, 10월 16일.

12) 『조선중앙통신』, 2005년 2월 10일.

13) 『조선중앙통신』, 2007년 5월 15일; 『평양방송』, 2007년 5월 16일.

14) 황지환, "제8장 북핵문제와 한국의 안보전략," 김계동 외, 『한국안보의 이해』 (서울: 명인문화사, 2025).

▦ 6장   북한의 핵전략: 억제, 강압, 그리고 전쟁 수행

1) 함형필, "북한의 핵전략 변화 고찰: 전술핵 개발의 전략적 함의," 『국방정책연구』 통권 제133호 (2021), pp. 7–43.

2) 박용한 & 이상규, "북한의 핵탄두 수량 추계와 전망," 『동북아안보정세분석』, 한국국방연구원 (2023), p. 8.

3) John K. Warden, "Limited Nuclear War: The 21st Century Challenge for the United State," *Livermore Papers on Global Security* 4 (2018), pp. 27–40.

4) 함형필, "북한의 핵·미사일 능력 평가 및 전망: 러·북 군사기술 협력이 미칠 영향," 『한국국가전략』 제9권 1호 (2024), pp. 105–107.

5) 브루스 베넷, 최강 외, "한국에 대한 핵보장 강화방안," 『RAND-아산정책연구원 연구보고서』 (2023). p. 18; 박용한 & 이상규 (2023), p. 3.; 함형필 (2024), p. 105.

6) Kelsey Davenport, "Nuclear Weapons: Who Has What at a Glance," https://www.armscontrol.org/factsheets/Nuclearweaponswhohaswhat (검색일: 2025년 1월 27일).

7) SIPRI, *SIPRI Yearbook 2024* (Stockholm: SIPRI, 2024), p. 272.

8) 국방부, 『2022년 국방백서』 (서울: 국방부, 2022), p. 29.

9) 박용한 & 이상규 (2023), pp. 4–7.

10) "경애하는 김정은 동지께서 핵무기연구소와 무기급핵물질생산기지를 현지지도 하시였다," 『조선중앙통신』, 2024년 9월 13일.

11) Shane Smith and Paul Bernstein, "North Korean Nuclear Command and Control: Alternatives and Implications," *Defense Threat Reduction Agency* (2022).

12) Joseph Jr. Bermudez, Victor Cha, and Lisa Collins, "Undeclared North Korea: Missile Operating Bases Revealed," Beyond Parallel, 12 November 2018. https://beyondparallel.csis.org/north-koreas-undeclared-missile-operating-bases/ (검색일: 2024.12.18).

13) 익명의 군사전문가 인터뷰 결과, 2024년 7월 1일.

14) "군, 北 신리 시설 내부노출 최소화 ⋯ ICBM 등 핵심무기 연관," 『동아일보』, 2020년 5월 7일.

7장 북한 핵무기 개발에 대한 국제제재: 내용과 효과

* 이 원고는 한국국방연구원 안보전략연구센터 허민우 인턴이 수집한 대북제재 자료를 활용해 작성했다.

1) Bryan R. Early, *Busted Sanctions* (California: Stanford University Press, 2015).
2) Lisa L. Martin, *Coercive Cooperation: Explaining Multilateral Economic Sanctions* (New Jersey: Princeton University Press, 1992).
3) T. Clifton Morgan, Navin Bapat and Yoshi Kobayashi, "The Threat and Imposition of Sanctions: Updating the TIES dataset," (2014), pp. 541-558. (https://sanctions.web.unc.edu/)
4) Robert A. Pape, "Why Economic Sanctions Do Not Work," *International Security* 22-2 (Autumn 1997), pp. 106-110.
5) Navin Bapat and Bo Ram Kwon, "When are sanctions effective? A bargaining and enforcement framework," *International Organization* 69-1 (2015), pp. 131-162.
6) Nicholas L. Miller, *Stopping the Bomb* (New York: Cornell University Press, 2018).
7) 권보람 외, 『대이란 제재의 성공요인 분석과 대북제재와의 비교 연구』 (서울: 한국국방연구원, 2015).
8) 이만석, 함형필, 『미국의 핵전략』 (서울: 플래닛미디어, 2024), pp. 292-296.
9) 전경주, "북한 핵개발 성공 요인에 대한 고찰: 이라크와의 비교를 중심으로," 『국제정치논총』 제62집 1호 (2022).
10) 박효민, "유엔 안보리의 대북한 제재 연구- 분야별 주요 내용 및 주요국의 이행을 중심으로," 『법제연구』 제57호 (2019), p. 185.
11) 박효민 (2019), p. 186.
12) 박효민 (2019), pp. 189-200.
13) 박효민 (2019), p. 201.
14) Benjamin Habib, "The enforcement problem in Resolution 2094 and the United Nations Security Council sanctions regime: sanctioning North Korea," *Australian Journal of International Affairs* 70-1 (2016), pp. 50-68.
15) Patrick Porter, "Why America's Grand Strategy Has Not Changed," *International Security* 42-4 (Spring 2018), pp. 9-46.
16) T. Clifton Morgan et al. (2014).
17) 황수환, 김석진, 서보혁, 권재범, 도경옥. "미국의 경제 제재정책: 2차 제재 방식을 중심으로." 『KINU 연구총서』 23-24 (2023), pp. 160-162.
18) 박효민 (2019), p 204.
19) Dianne E. Rennack, "North Korea: Legislative Basis for U.S. Economic Sanctions," May 2023.

20) 신용도, "UN 안보리 결의안 제2270호의 대북제재가 북한경제에 미치는 영향분석,"『한국테러학회보』제9권 1호 (2016), p. 20.

21) 황수환 외 (2023), pp. 145-146.

22) http://carnegieendowment.org/2016/03/30/u.s.-treasury-secretary-jacob-j.-lew-on-evoluti on-of-sanctions-and-lessons-for-future/ivpl

23) Peter D. Feaver and Eric B. Lorber, "Diminishing Returns? The Future of Economic Coercion," *Center for New American Security* (November 2015).

24) Todd Williamson, "Too Big to Sanction," *Foreign Policy* (2016).

25) U.S. Congress, "Secondary Sanctions against Chinese Institutions: Assessing their Utility for Constraining North Korea," Hearing before the Subcommittee on National Security and International Trade and Finance of the Committee on Banking, Housing, and Urban Affairs, U.S. Senate, 115th Congress (May 10, 2017)

26) 박효민 (2019), p. 203.

27) 이석 외 (2021), pp. 28-34.

28) 박명희, "일본의 대북제재 현황과 주요 쟁점," 국회입법조사처, 『이슈와 논점』 제1839호 (2021), pp. 5. 26.

29) 이석, "대북 경제제재와 북한무역-2000년대 일본 대북제재의 영향력 추정," 한국개발연구원, 『한국개발연구』제32권 2호 통권 107호 (2010).

30) "일본, 대북제재 일부 해제 … 인적 왕래, 송금 허용,"『연합뉴스』, 2014년 7월 4일.

31) 이영학, "북한의 세 차례 핵실험과 중국의 대북한 정책 변화 분석,"『국제정치논총』제53집 4호 (2013), pp. 191-223.

32) 이희옥, "중국의 대북한 영향력과 북중관계의 '재정상화',"『중화연구』제42권 3호 (2018 가을), pp. 14-16.

33) Statesmen's Forum: Wang Yi, Minister of Foreign Affairs, PRC, CSIS (2016. 2. 25).

34) Liudmila Zakharova, "Economic cooperation between Russia and North Korea: ew goals and new approaches," *Journal of Eurasian Studies* 7 (2016), pp. 151-161

35) 박정민, "북핵문제에 대한 러시아의 전략과 대응: 북한의 제1~4차 핵실험을 중심으로,"『한국과 국제정치』제32권 제2호 (2016 여름), pp. 73-102.

36) https://www.38north.org/2024/06/from-reluctant-enforcer-to-outright-saboteur-russias- crusade-against-north-korea-sanctions/

37) 이지헌, "대북제재 감시 유엔 패널 내달말 종료…러, 연장 거부·中 기권,"『연합뉴스』, 2024년 3월 29일.

38) https://www.dw.com/en/can-the-us-and-its-allies-monitor-north-korea-sanctions/a-7059 0164

39) https://www.armscontrol.org/act/2024-05/news/russia-ends-north-korean-sanctions-panel

40) https://www.iiss.org/online-analysis/online-analysis/2024/12/a-new-mechan ism-for-north-korean-sanctions-monitoring/

41) 이중구, "북·러 군사협력에 의한 북한 군수산업 영향과 군사능력 변화," 한국국 방연구원, 『안보전략 Focus』 제12호 (2025. 3. 11).

42) Stephen Haggard, "Negotiating a Korean Settlement: The Role of Sanctions," *Korea Observer* 47-4 (Winter 2016), pp. 939-961.

43) Frank Aum and Ankit Panda, "Pursuing Stable Coexistence: A Reorientation of U.S. Policy Toward North Korea," Carnegie Endowment for International Peace. 2025.

44) 안토니 루기에로, 미중 경제안보검토위원회(U.S.-China Economic and Security Review Commission) 청문회 보고자료. 2025년 2월 20일. https://www.uscc. gov/hearings/axis-autocracy-chinas-relations-russia-iran-and-north-korea

45) 이석 외, "대북제재의 영향력과 북한의 경제적 미래," 『KDI 연구보고서』 2021- 01 (2021), pp. 354-363.

46) 임수호, "대북제재 6년의 평가와 시사점," 『이슈브리프』 485호 (2023), pp. 2-4.

47) Nicholas L. Miller and Vipin Narang, "North Korea Defied the Theoretical Odds: What Can We Learn from its Successful Nuclearization?," *Texas National Security Review* 1-2 (March 2018).

48) Miller and Narang (2018), pp. 71-73.

49) 전명훈, "북한 용덕동 핵시설 가동중… 폭발구와 유사한 구덩이도 포착," 『연합 뉴스』, 2025년 5월 2일.

50) Mark E. Manyin, Mary Beth D. Nikitin, "Nuclear Negotiations with North Korea," *Congressional Research Service* (11 December 2023), pp. 20-22.

51) 이상규, "미북 비핵화 협상 전망과 도전요인," 한국국방연구원, 『안보전략 FOCUS』 제9호 (2025. 2. 28).

52) Ankit Panda, Vipin Narang, Pranay Vaddi, "Nuclear Proliferation will haunt 'America First'," *War on the Rocks*. 10 March 2025.

53) 이석 외 (2021), pp. 361-362.

54) 황철환, "美석학 후쿠야마, '미국 억제력 신뢰 잃으면 한일 핵무장 고려'," 『연합 뉴스』, 2025년 5월 7일.

55) Panda et al. (2025).

제3부 ▌ 남한의 핵무기 정치

▚ 8장 탈냉전기 한국의 북한 비핵화 외교와 평가

1) 한용섭, 『핵비확산의 국제정치와 한국의 핵정책』 (서울: 박영사, 2022).
2) 전봉근, "2003년 위기설 전망과 한·미·북 삼각관계," 『한국과 국제정치』 제18집 3호 (2002).
3) 전봉근, 『북핵위기 30년: 북핵외교의 기록과 교훈』 (서울: 명인문화사, 2023).

▚ 9장 북한의 핵무기에 대한 한국의 억제 및 대응정책

1) Jonathan Shimshoni, *Israel and Conventional Deterrence: Border Warfare from 1953 to 1970* (Ithaca: Cornell University Press, 1988), p. 2.
2) Glen Snyder, *Deterrence and Defense: Toward A Theory of National Security* (Princeton: Princeton University Press, 1961), p. 8.
3) John Mearsheimer, *Conventional Deterrence* (Ithaca: Cornell University Press, 1983), p. 8.
4) Shimshoni (1988), pp. 25–26.
5) Karl Mueller, "The Continuing Relevance of Conventional Deterrence," in Frans Osinga and Tim Sweijs (eds.), *Netherlands Annual Review of Military Studies 2020, Deterrence in the 21st Century* (Hague: Springer, 2021), p. 50.
6) Shimshoni (1988), p. 25.
7) "다기능·고효율의 선진국방'을 위한 국방개혁 기본계획(2012~2030)," 『국방부 보도 참고자료』, 2012년 8월 19일.
8) Lawrence Freedman and Jeffrey Michaels, *The Evolution of Nuclear Strategy* (London: Palgrave, 2019), p. 296.
9) James J. Wirtz, "How Does Nuclear Deterrence Differ From Conventional Deterrence," *Strategic Studies Quarterly* 12–4 (Winter 2018), p. 60.
10) Barry Posen, *Inadvertent Escalation: Conventional War and Nuclear Risk* (Ithaca: Cornell University Press, 1991), p. 9.
11) Snyder (1961), p. 8.
12) William T. Lee, "Soviet Nuclear Targeting Strategy," in Desmond Ball and Jeffrey Richelson (eds.), *Strategic Nuclear Targeting* (Ithaca: Cornell University Press, 1986), p. 86.
13) Austin Long and Brendan Rittehhouse Green, "Stalking the Secure Second Strike: Intelligence, Counterforce and Nuclear Strategy," *The Journal of Strategic Studies*, 38–1,2 (2015), p. 65.
14) Keir A. Lieber and Daryl G. Press, "The New Era of Counterforce: Technological

Change and the Future of Nuclear Deterrence," *International Security* 41-4 (Spring 2017), p. 48.

15) Keir A. Lieber and Daryl G. Press, "The New Era of Nuclear Weapons, Deterrence, and Conflict," *Strategic Studies Quarterly* 7-1 (Spring 2013), p. 5.

16) 국방부, 『2016 국방백서』 (서울: 국방부, 2016), p. 132.

17) Ian Bowers and Henrik Stalhane Hiim, "Conventional Counterforce Dilemma," *International Security* 45-3 (Winter 2020/2021), p. 19.

18) Shimshoni (1988), p. 15.

19) Terrence Roehrig, *Japan, South Korea and the United States Nuclear Umbrella: Deterrence after the Cold War* (New York: Columbia University Press, 2017), p. 34.

20) 함형필·이만석, "한국의 재래식 전력의 한반도 억제 태세 기여와 역할: 확장억제 신뢰성 제고를 중심으로," 『국가안보와 전략』 제22권 2호 (2022), p. 152.

21) Brad Roberts, *The Case for U.S. Nuclear Weapons in the 21st Century* (Stanford: Stanford University Press, 2016), p. 178.

22) 노현석·차두현·홍상화, "한미 미사일 지침 개정과 한국의 국방력 발전 방향," 『ASAN Report』 (2023), p. 44.

23) Andrew Futter and Benjamin Zala, "Strategic Non-Nuclear Weapons and The Onset of A Third Nuclear Age," *European Journal of International Security* 6-3 (2021), p. 263.

24) Roberts (2016), p. 18.

25) Joshua H. Pollack and Minji Kim, "South Korea's Missile Forces and Emergence of Triangular Strategic (in)stability" *The Nonproliferation Review* 27-1/3 (2020), p. 90.

26) 양혜원, 『한국의 미사일 방어』 (서울: 로열컴퍼니, 2022), p. 153.

27) 양혜원 (2022), p. 176; Pollack and Kim (2020), p. 90.

28) 양혜원·유근환, "한미 미사일 지침 해제 과정과 함의," 『사회융합연구』 6권 2호 (2022), p. 75.

29) 노현석·차두현·홍상화 (2023), p. 47.

30) "미사일지침(NMG) 개정," 『국방부 보도자료』, 2012년 10월 7일.

31) "튼튼한 안보 구현'을 위한 2013년 국방부 업무보고," 『국방부 보도자료』, 2013년 4월 1일.

32) Pollack and Kim (2020), p. 91.

33) 국방부, 『2014 국방백서』 (서울: 국방부, 2016), p. 57.

34) "제2창군 수준의 국방 재설계, AI 과학기술강군 육성, 「국방혁신4.0 기본계획」 발표," 『국방부 보도자료』 2023년 3월 3일.

35) "제23차 한미 통합국방협의체(KIDD) 회의 결과," 『국방부 보도자료』, 2023년 9월 18일.

36) "이종섭 국방부 장관 특별기고: '워싱턴 선언', 한미가 함께하는 '한국형 확장억

제," 『국방일보』, 2023년 5월 1일.

37) Futter and Zala (2021), p. 265

38) Michael Raska, "The Sixth RMA Wave: Disruption in Military Affairs?," *Journal of Strategic Studies* 44-4 (2021), p. 457.

39) Futter and Zala (2021), p. 267.

40) https://sgp.fas.org/news/2002/01/npr-foreword.pdf

41) Bowers and Hiim (Winter 2020/2021), p. 31.

42) Freedman and Michaels (2019), p. 296.

43) Ernest R. May and Catherine McArdle Kelleher, "History of the Development and Deployment of Battle Nuclear Weapon," in Stephen D. Biddle and Peter D. Feaver (eds.) *Battlefiled Nuclear Weapons, Issues and Options* (Lanham: CSIA Harvard Universty, 1989), p. 23.

44) Stephen Peter Rosen, "지상전투의 성격 변화와 그 경향," 육군력 포럼 기조연설, 이근욱(편), 『21세기 한국과 육군력, 역할과 전망』 (서울: 한울, 2016), p. 244.

45) 김정섭, "핵전략의 내재적 딜레마와 북핵 대응전략의 선택," 『국가전략』 제27권 2호 (2021), p. 51.

46) Justin Anderson and James R. McCue, "Deterring, Countering, and Defeating Conventional-Nuclear Integration," *Strategic Studies Quarterly* (Spring 2021), p. 21

47) Timothy Andrew Sayle, "A Nuclear Education: The Origins of NATO's Nuclear Planning Group," *Journal of Strategic Studies* 43-6/7 (2020), p. 941.

48) J. Michael Legge, "Theater Nuclear Weapons and the NATO Strategy of Flexible Response," *RAND R-2964-FF Report* (April 1983), p. 16.

▦ 10장 한미동맹과 미국의 확장억제: 핵우산 제공의 가능성과 한계

1) 김정섭, "한반도 확장억제의 재조명: 핵우산의 한계와 재래식 억제의 모색," 『국가전략』 제21권 2호 (2015); 이진명, "미국의 핵우산, 신뢰할만한가?," 『국제정치논총』 제57권 3호 (2017); 박휘락, "북핵 고도화 상황에서 미 확장억제의 이행 가능성 평가," 『국제관계연구』 제22권 2호 (2017); 김성한, "미국의 한반도 확장억제 평가," 『국제관계연구』 제25권 제2호 (2020); 황지환, "미국의 한반도 확장억지는 약화되어 왔는가?: 확장억지의 진화와 신뢰성의 재평가," 『국가전략』 제27권 3호 (2021).

2) David C. Kang, "International Relations Theory and the Second Korean War," *International Studies Quarterly* 47-3 (2003).

3) "208. Letter From the Assistant Secretary of Defense for International Security Affairs (Sprague) to the Assistant Secretary of State for Far Eastern Affairs (Robertson), Washington, January 21, 1958," FOREIGN RELATIONS OF THE UNITED STATES, 1958-1960, JAPAN; KOREA, VOLUME XVIII.

4) 김일영, "이승만 정부의 북진, 반일정책과 한미동맹의 형성," 하영선, 김영호, 김명섭 공편, 『한국외교사와 국제정치학』 (서울: 성신여대 출판부, 2005), pp. 222-223.

5) "V. January 2-April 26, 1953: New look at Korea under the Eisenhower administration," FOREIGN RELATIONS OF THE UNITED STATES, 1952-1954, KOREA, VOLUME XV, PART 1.

6) 김일영 (2005), pp. 225-226.

7) Office of Joint History, "The Joint Chiefs of Staff and National Policy Volume VIII 1961-1964," History of the Joint Chiefs of Staff, Office of the Chairman of the Joint Chiefs of Staff, Washington, DC, 2011. p. 279.

8) 황지환, "1990년대 비대칭적 한미동맹 변화와 한국의 선택," 『한국과 국제정치』 제34권 4호 (2018).

9) "National Defense Authorization Act for Fiscal Years 1990 and 1991."

10) U.S Department of Defense, "A Strategic Framework for the Asia Pacific Rim: Looking for the 21st Century," 1990.

11) George H.W. Bush, "U.S.-Soviet Nuclear Forces Reduction," An Address to the Nation, 27 September 1991.

12) 노태우, 『노태우 회고록: 하권-전환기의 대전략』 (서울: 조선뉴스프레스, 2011), pp. 366-370.

13) 전봉근, "북핵문제와 북미관계," 김계동 외, 『현대 한미관계의 이해』 (서울: 명인문화사, 2019), pp. 328-330.

14) Paul. K. Huth, "Deterrence and International Conflict: Empirical Findings and Theoretical Debate," Annual Review of Political Science 2 (1999), pp. 25-48.

15) Richard C. Bush, Vanda Felbab-Brown, Martin S. Indyk, Michael E. O'Hanlon, Steven Pifer, and Kenneth M Pollack, "U.S. Nuclear and Extended Deterrence: Considerations and Challenges," The Brookings Institution Report, 7 June 2010.

16) Avery Goldstein, Deterrence and Security in the 21st Century: China, Britain, France, and the Enduring Legacy of the Nuclear Revolution (Stanford: Stanford University Press, 2000), p, 35.

17) Christopher Achen and Duncan Snidal, "Rational Deterrence Theory and Comparative Case Studies," World Politics 41-2 (1989); Scott D. Sagan, "The Perils of Proliferation: Organization Theory, Deterrence Theory, and the Spread of Nuclear Weapons," International Security 18-4 (1994); Robert Powell, "Nuclear Deterrence Theory, Nuclear Proliferation, and National Missile Defense," International Security 27-4 (2003).

18) 이 부분은 황지환 (2021)의 내용에 기반하고 있음.

19) Paul K. Huth and Bruce Russett, "Deterrence Failure and Crisis Escalation,"

International Studies Quarterly 32-1 (1988), pp. 15-18.

20) 설인효, "미국의 핵전략과 맞춤형 확장억제정책의 이해," 『주간국방논단』 제1488
호, 2013년 11월 11일.

21) 대한민국 정부, "대한민국과 미합중국 간의 상호 방위 조약," 1953년 10월 1일.

22) 대한민국 국방부, 제11차 한미연례안보협의회의 공동성명서, 샌디에고, 미국,
1978년 7월 27일.

23) 대한민국 국방부, 제38차 한미연례안보협의회의 공동성명서, 워싱턴 D.C, 미
국, 2006년 10월 20일.

24) 대한민국 정부, "미 핵우산·증원전력 보장은 전작권 환수와 무관: 국방부, 조선
일보 '안보불안' 기사에 반론," 대한민국 정책브리핑, 2006년 10월 24일.

25) White House, Joint vision for the alliance of the United States of America
and the Republic of Korea, Washington D.C., 16 June 2009.

26) 청와대, "한미동맹 60주년 기념 공동선언," 워싱턴 D.C., 미국, 2013년 5월 7일.

27) U.S. Department of Defense, "Joint Statement for the Inaugural Meeting
of the Extended Deterrence Strategy and Consultation Group" December
20, 2016.

28) 대한민국 국방부, "미래 한미동맹 국방비전," 2019년 11월 15일.

29) 대한민국 국방부, "제52차 한미연례안보협의회의 공동성명서," 워싱턴 D.C., 미
국, 2020년 10월 14일.

30) 청와대, "한미동맹 60주년 기념 공동선언," 워싱턴 D.C., 미국, 2013년 5월 7일.

31) White House, "Washington Declaration," April 26, 2023; White House, "The
Spirit of Camp David: Joint Statement of Japan, the Republic of Korea, and
the United States," 18 August 2023.

32) 김성한 (2020), pp. 47-52.

33) NATO 핵공유의 전반적인 내용은 다음을 참조. NATO webpage, "NATO's Nuclear
Sharing Arrangements," https://www.nato.int/nato_static_fl2014/assets/
pdf/2022/2/pdf/220204-factsheet-nuclear-sharing-arrange.pdf

34) David S. Yost. "Assurance and US Extended Deterrence in NATO," *International Affairs* 85-4 (2009), p. 764.

35) Tytti Erästö, "The Role of Umbrella States in the Global Nuclear Order," SIPRI
Insights on Peace and Security, No. 2023/06 (June 2023), p. 3.

36) Mira Rapp-Hooper, *Absolute Alliances: Extended Deterrence in International
Politics*, Ph.D. Dissertation, Columbia University (2015), pp. 246-250.

37) Eric Heginbotham & Richard J. "Samuels Vulnerable US Alliances in Northeast
Asia: The Nuclear Implications," *The Washington Quarterly* 44-1 (2021).

38) Chuck Hagel, Malcolm Rifkind, Kevin Rudd, and Ivo Daalder, "When Allies
Go Nuclear: How to Prevent the Next Proliferation Threat," *Foreign Affairs*
(2021).

39) Brad Roberts, "The Case for U.S. Nuclear Weapons in the 21st Century,"

Stanford Security Studies (December 2015).

40) Jon B. Wolfsthal and Toby Dalton, "Seven Reasons Why Putting U.S. Nukes Back in South Korea Is a Terrible Idea," *Foreign Policy* (11 October 2017).

41) 김정섭 (2015), pp. 14−15.

42) Andrew O'Neil, "Extended nuclear deterrence in East Asia: redundant or resurgent?" *International Affairs* 87−6 (2011), p. 1451.

43) "Washington Declaration goes beyond 'nuclear-sharing': US official," *The Korea Herald*, 6 May 2023.

44) Adam Mount, "The US and South Korea: The Trouble with Nuclear Assurance," *Survival* 65−2 (2023).

45) 김정섭 (2015), pp. 8−9.

46) O'Neil (2011), p. 1456.

47) Kenneth N. Waltz, "Nuclear Myths and Political Realities," *American Political Science Review* 84−3 (1990); Kenneth N. Waltz, "More May Be Better," in Scott D. Sagan and Kenneth N. Waltz, *The Spread of Nuclear Weapons: A Debate Renewed* (New York: W.W. Norton & Company, Inc., 2002).

48) 김정섭 (2015), pp. 18−19.

49) Austin Long, "Deterrence: The State of the Field," *New York University Journal of International Law and Politics* 47−2 (2014/15), pp. 370−373.

50) Denis, *Healey, The Time of My Life* (London: Penguin Books, 1989), p. 243.

51) 황지환, "월츠(Kenneth N. Waltz)의 핵확산 안정론과 북한 핵문제," 『국제·지역연구』 제27권 1호 (2018).

52) Kenneth N. Waltz, "More May Be Better," in Scott D. Sagan and Kenneth N. Waltz, *The Spread of Nuclear Weapons: A Debate Renewed* (New York: W.W. Norton & Company, Inc., 2002).

53) 김정섭 (2015), pp. 10−12.

▨ 11장 북한 핵위협에 대한 적극적 대응: 한국의 자체 핵무장

* 본고는 필자가 2023년에 발간한 『왜 우리는 핵보유국이 되어야 하는가』(서울: 메디치미디어, 2023)의 발간 이후 북한의 핵무기 투발 수단의 발전, 2024년 북러 간의 신동맹 조약 체결, 2025년 트럼프 2기 행정부의 출범 등 변화된 정세를 반영해 기존의 글을 대폭 수정 보완해 작성한 것임.

1) Global Fire Power, "2025 Military Strength Rank," https://www.globalfirepower.com/countries-listing.php (검색일: 2025.03.03).

2) 북한 핵무기는 내부를 향한 정치적 측면도 있다. 핵보유국이라는 것 자체가 주민들의 사기를 끌어올리는 효과가 있다. 홍우택·박창권, 『북한의 핵전략 분석』(서울: 통일연구원, 2018), p. 92.

3) "조선로동당 중앙위원회 제7기 제5차전원회의에 관한 보도," 『로동신문』, 2020년

1월 1일.

4) "우리 식 사회주의건설을 새 승리에로 인도하는 위대한 투쟁강령 – 조선로동당 제8차대회에서 하신 경애하는 김정은동지의 보고에 대하여," 『로동신문』, 2021년 1월 9일.

5) "조선로동당 중앙위원회 제8기 제6차전원회의 확대회의에 관한 보도," 『로동신문』, 2023년 1월 1일.

6) 정성장, 『우리가 모르는 김정은』 (서울: 한울아카데미, 2024), pp. 281–330 참조.

7) "조선민주주의인민공화국 최고인민회의 법령 조선민주주의인민공화국 핵무력정책에 대하여," 『로동신문』, 2022년 9월 9일 참조.

8) 정성장, "북한의 핵지휘통제체계와 핵무기 사용 조건의 변화 평가 — 9.8 핵무력정책 법령을 중심으로," 『세종논평』 2022–06 (2022.09.14.) 참조.

9) "경애하는 김정은동지께서 조선인민군 전술핵운용부대들의 군사훈련을 지도하시였다," 『로동신문』, 2022년 10월 10일 참조.

10) "핵반격가상종합전술훈련 진행," 『로동신문』, 2023년 3월 20일.

11) 김선한, "北 EMP 공격 시 미 전력망 마비" … 복구까지 18개월," 『연합뉴스』, 2017년 3월 14일.

12) 윤근영, "[삶-특집] '북한 EMP탄 투하하면 … 한국상공 비행기들 거의모두 추락할수도'," 『연합뉴스』, 2025년 3월 4일.

13) 함형필·이만석, "한국의 재래식 전력의 한반도 억제태세 기여와 역할: 확장억제 신뢰성 제고를 중심으로," 『국가안보와 전략』 제22권 2호 (2022), p. 153.

14) "[제6차 세종국방포럼] 전략사령부 창설, 어떻게 볼 것인가," https://www.youtube.com/watch?v=h9CF3ii5u10 (검색일: 2022.11.1) 참조.

15) 김형구·강태화, "[단독] 트럼프 외교안보 최측근 '한국 자체 핵무장 고려해야'," 『중앙일보』, 2024년 4월 25일.

16) 김동현, "[일문일답] '北 비핵화 목표 비현실적…美, 北ICBM 사거리제한에 집중해야'," 『연합뉴스』, 2024년 5월 8일.

17) 정성장, "트럼프 2기 행정부의 대 한반도 정책과 한국 외교안보의 과제," 김현욱 외, 『트럼프 2기 행정부 출범과 미국의 대외정책 전망』 (서울: 세종연구소, 2024b) 참조.

18) 임성수·박민지, "트럼프 '한국은 머니머신… 방위비 100억 달러 내게 할 것'," 『국민일보』, 2024년 10월 17일.

19) H. R. McMaster, *At War with Ourselves: My Tour of Duty in the Trump White House* (New York: Harper, 2024), p. 260.

20) 백나리, "[하노이 담판 결렬] 트럼프 대통령 기자회견 문답(종합2보)," 『연합뉴스』, 2019년 3월 1일.

21) 이민석, "에스퍼 "트럼프, 툭하면 미군 철수 얘기 … 또 당선맨 한국 방위력 약해질 것"," 『조선일보』, 2022년 5월 23일.

22) Mark T. Esper, *A Sacred Oath: Memoirs of a Secretary of Defense During Extraordinary Times* (New York: HarperCollins, 2022), pp. 547–549 참조.

23) 피터 워드·정성장, "트럼프 행정부의 대 우크라이나 군사원조 중단이 한국에 주는 시사점," 『세종포커스』(2025.03.14) 참조.

24) 샤를 드골, 『드골, 희망의 기억』(서울: 은행나무, 2013), pp. 331-332.

25) 샤를 드골 (2013), pp. 395-396.

26) 정성장 (2024a), pp. 356-365.

27) 한반도선진화재단 북핵대응연구회, 『북핵: 방관할 것인가?』, 한선정책 2023-1 (2023.2.1.), p. 47 참조.

28) 한국핵안보전략포럼의 LinkedIn 페이지: https://www.linkedin.com/company/rokfns/

29) 신지혜, "'독자 핵무장' 찬성 여론, 지난해 이어 70%대…"북한 비핵화 불가능" 91%," 『KBS뉴스』, 2024년 2월 5일.

30) David E. Sanger and Maggie Haberman, "In Donald Trump's Worldview, America Comes First, and Everybody Else Pays," *The New York Times*, 26 March 2016.

31) 송의달, 『신의 개입』(서울: 나남, 2024), pp. 93-95 참조.

32) 조은아, "빅터 차 "트럼프 재선시 주한미군 철수 가능성…韓 핵무장도 신경 안 쓸 것"," 『동아일보』, 2024년 3월 19일.

33) 김진명, "한국도 日처럼 핵 재처리 할 수 있나' '트럼프 2기 땐 협상 가능'," 『조선일보』, 2024년 5월 23일.

34) 이영종, "천영우 '수 만명 죽은 뒤 응징보복 소용없어…핵무장 잠재력 확보해야'," 『뉴스핌』, 2023년 5월 17일 참조.

35) 정성장, "한국의 핵잠재력-핵잠수함 확보 필요성과 한·미·일 협력방안," 국민의힘 국회의원 유용원 주최 대한민국 핵잠재력 확보전략 정책토론회(2024. 07. 09.) 발제문 참조.

36) 『로동신문』, 2023년 9월 8일.

37) 이창위, 『북핵 앞에 선 우리의 선택』(서울: 궁리출판, 2019), p. 309 참조.

38) Daryl G. Press, "South Korea's Nuclear Choices," 2022 한미핵전략포럼 발표 논문 (2022.12.17.) 참조.

39) 이창위 (2019), pp. 31-34 참조.

40) Press (2022) 참조.

41) 이창위 (2019), p. 40.

42) 이창위 (2019), pp. 40-41.

12장 한국 핵무기 개발의 기술적 능력 평가

1) "손쉽게 만들 원자탄의 열쇠, 우라늄의 레이저농축," 『동아일보』, 1977년 5월 26일.

2) Bruno Pellaud, "Proliferation aspects of plutonium recycling," *C. R. Physique* 3 (2002), pp. 1067-1079.

3) Gregory S. Jones, *Reactor-Grade Plutonium and Nuclear Weapons: Exploding*

the Myths (Nonproliferation Policy Education Center, 2018).

4) 이와모토, "원자로급 플루토늄으로 원자탄을 만들 수 있는가?," 비공개 자료.

5) 多田將, 『核兵器』(東京: 明辛堂, 2019), pp. 271-274.

■■ 13장 한국의 핵무기 개발에 대한 국내외 여론과 함의

1) "SIPRI Yearbook 2024, 연감: 한국어 요약," https://www.sipri.org/sites/default/files/2024-10/yb24_summary_kr.pdf, p.14.

2) "북핵 인식 여론조사 … "국민 91% 북한 비핵화 가능하지 않아," 『연합뉴스』, 2024년 2월 5일.

3) 김범수·김병로·장용석·최은영·황수환·이성우·김택빈·김민지, 『2024 통일의식조사』(시흥: 서울대학교 통일평화연구원, 2024).

4) Kyung Suk Lee, "The Microfoundation of Nuclear Proliferation: Evidence from South Korea," *International Journal of Public Opinion Research* 35-4 (2023): edad033.

5) Lee (2023); Sangyong Son and Man-Sung Yim, "Correlates of South Korean Public Opinion on Nuclear Proliferation," *Asian Survey* 61-6 (2021), pp. 1028-1057.

6) "U.S. Commitment to Defense of S.Korea Remains Ironclad: State Dept.," *Yonhap News Agency*, 11 April 2023.

7) Lee (2023); Jiyoung Ko, "Alliance and Public Preference for Nuclear Forbearance: Evidence from South Korea," *Foreign Policy Analysis* 15-4 (2019), pp. 509-529.

8) 최종현학술원, "제2차 '북핵 위기와 안보상황 인식' 갤럽 여론조사 결과 공개," 2024년 2월 6일, https://www.chey.org/Kor/Event/eventView.aspx?seq=186&V_SEQ=143; 피터 리·강충구, "미국 동맹국들의 확장억제에 대한 신뢰 비교," 아산정책연구원 ISSUE BRIEF 2024-01(S).

9) 김양규, "[EAI 이슈 브리핑] 2024 한국인의 핵무장지지 분석: 워싱턴 선언의 안심 효과 사라졌나?," EAI 논평·이슈 브리핑 2024-10-22.

10) Lee (2023); Son and Yim (2021); Ko (2019); Sangyong Son and Jong Hee Park, "Nonproliferation Information and Attitude Change: Evidence from South Korea," *Jounral of Conflict Resolution* 67-6 (2023), pp. 1095-1127.

11) Scott Sagan, "Why Do States Build Nuclear Weapons: Three Models in Search of a Bomb," *International Security* 21-3 (Winter 1996/97), pp. 54-86.

12) James Morrow, "Alliances and Asymmetry: An Alternative to the Capability Aggregation Model of Alliances," *American Journal of Political Science* 35-4 (1991), pp. 904-933.

13) Kyung Suk Lee and Sangmi Jeong, "Mapping the Complex Terrain of Public Nuclear Proliferation Beliefs: Evidence from a Conjoint Experiment in South

14) Lee and Jeong (2025).

15) Victor Cha, "Breaking Bad: South Korea's Nuclear Option," Center for Strategic and International Studies (2024), https://www.csis.org/analysis/breaking-bad-south-koreas-nuclear-option.

16) Lee and Jeong (2025).

17) 이상신·민태은·윤광일·구본상·Antonio Fiori·Marco Milani, "KINU 통일의식조사 2023: 한국의 자체적 핵보유 가능성과 여론," 통일연구원, 『KINU연구 총서』 23-10 (2023), p. 96.

18) 이경석, "컨조인트 실험을 통해 본 한국 대중들의 핵무장 비용 민감성," 『통일과 평화』 제16집 3호 (2024).

19) Son and Park (2023); 이상신·민태은·윤광일·구본상·Antonio Fiori·Marco Milani (2023); Lee, Kyung Suk, "South Korean Cost Sensitivity and Support for Nuclear Weapons," *International Interactions* 50-3 (2024), pp. 506-536.

20) Lee (2024)

21) Benjamin A. Engle, "'The Only Thing': The US Response to South Korean Nuclear Weapon Development in the 1970s," *IIA Issue Brief* 2023-1 (2023), p. 16.

22) Lee and Jeong (2025).

23) 이상신·민태은·윤광일·구본상·Antonio Fiori·Marco Milani (2023), p. 96.

24) Lee and Jeong (2025).

25) Kyung Suk Lee, "Who Follows Whom: Non-Elected Elite Responsiveness to Public Support for Nuclear Weapons," *Working Paper* (2025).

26) Cha (2024).

27) 김양규 (2024).

28) "Should South Korea Build its Own Nuclear bomb?," *Washington Post*, 7 October 2021; "Should South Korea go Nuclear? That's a decision for Seoul, not Washington," *Washington Post*, 24 April 2023.

29) Nina Tannenwald, "The Nuclear Taboo: The United States and the Normative Basis of Nuclear non-use," *International Organization* 53-3 (1999), pp. 433-468.; Nina Tannenwald, "Stigmatizing the Bomb: Origins of the Nuclear Taboo," *International Security* 29-4 (2005), pp. 5-49.

30) Jamie Kwong, "Messaging and the Bomb: Public Attitudes toward Nuclear Proliferation," The Nonproliferation Review 30:1-3 (2023), pp. 5-33.

31) Kyung Suk Lee, Hye-Sung Kim, and Jeheung Ryu, "U.S. Public Opinion on Allied Nuclear Proliferation," Working Paper (2025)

32) Pew Research Center, "Americans Remain Critical of China," 1 May 2024, https://www.pewresearch.org/global/2024/05/01/americans-remain-critical-of-china/

33) Chicago Council of Global Affairs, "Americans Feel More Threat from China Now Than in past Three Decades," 12 November 2023, https://globalaffairs.org/research/public-opinion-survey/americans-feel-more-threat-china-now-past-three-decades

34) Song Sang-ho and Kim Dong-hyun, "Ex-Pentagon official stresses need for war plan rethink, swift OPCON transfer, USFK overhaul," *Yonhap News*, 7 May 2014, https://en.yna.co.kr/view/AEN20240508000300315.

35) "Remarks by President Trump at the World Economic Forum," 23 January 2025, https://www.whitehouse.gov/remarks/2025/01/remarks-by-president-trump-at-the-world-economic-forum/; "트럼프 행정부, 한국 핵무장 반대 공식화···'NPT 강력 지지'," 『뉴시스』, 2025년 4월 10일, https://www.newsis.com/view/NISX20250419_0003145535.

▰ 14장 핵정책의 사활적 중요성: 국가 운명을 좌우한다

1) Public Papers of the Presidents: Harry S. Truman 1950, pp. 724–728.

2) *Nitze memorandum*, 4 November 1950, FRUS(Foreign Relations of the United States) 1950, 7:1041–1042.

3) Joint Strategic Plan's Committee memorandum, 28 November 1950, JCS Records, 383.21 Korea, Box29 RF218, NA(National Archives); Schnabel and Watson, *History of the Joint Chiefs of Staff*, 3:1:372–373; Barton J. Bernstein, "New Light on the Korean War," *The International History Review* 3-2 (April 1981), pp. 262–263.

4) *Emmerson to Rusk*, 8 November 1950, FRUS 1950, 7:1098–1100.

5) 김계동, 『한국전쟁: 불가피한 선택이었나』 (서울: 명인문화사, 2014), pp. 222–225.

6) Wayne C. McWilliams and Harry Piotrowski, *The World since 1945: A History of International Relations*, 3rd ed. (Boulder: Lynne Rienner Publishers, 1993), p. 93.

찾아보기

ㅎ

편저자소개

김계동 (kipoxon@hanmail.net • 3, 5, 14장)

연세대 정치외교학과 졸업
옥스퍼드대 정치학 박사

현 건국대 안보·재난관리학과 초빙교수

연세대 교수
국가정보대학원 교수(교수실장)
한국국방연구원 연구위원
외교부 국립외교원 명예교수
한국전쟁학회 회장/한국정치학회 부회장/국가정보학회 부회장/
　국제정치학회 이사
국가안보회의(NSC)/민주평통 자문회의/국군기무사/군사편찬연구소
　자문위원
연세대, 고려대, 경희대, 성신여대, 국민대, 숭실대, 숙명여대, 동국대,
　통일교육원 강사 역임

주요 논저
Foreign Intervention in Korea (Dartmouth Publishing Company)
『남북한 체제통합론: 이론, 역사, 정책, 경험, 제2판』 (명인문화사)
『남북한 국가관계 구상』 (명인문화사)
『북한의 외교정책과 대외관계: 협상과 도전의 전략적 선택』 (명인문화사)
『한반도 분단, 누구의 책임인가?』 (명인문화사)
『한국전쟁, 불가피한 선택이었나』 (명인문화사)

『현대유럽정치론: 정치의 통합과 통합의 정치』 (서울대학교출판부)
"다자안보기구의 유형별 비교연구: 유럽통합과정에서의 논쟁을 중심으로" (한국정치학회보)
"한반도 분단·전쟁에 대한 주변국의 정책: 세력균형이론을 분석틀로" (한국정치학회보)
"한미동맹관계의 재조명: 동맹이론을 분석틀로" (국제정치논총)
"남북한 체제통합: 이론과 실제" (국제정치논총)
"북한의 대미정책: 적대에서 협력관계로의 전환모색" (국제정치논총)
"국제평화기구로서 유엔역할의 한계" (국제정치논총)
"강대국 군사개입의 국내정치적 영향: 한국전쟁시 미국의 이대통령 제거 계획" (국제정치논총) 외 다수

이상현 (shlee@sejong.org • 1장)

서울대 외교학과 졸업
서울대 외교학 석사
일리노이주립대(어바나-샴페인) 정치학 박사

현 세종연구소 수석연구위원
  한국핵물질관리학회(INMM-K) 이사
  핵비확산 및 군축을 위한 아태리더십 네트워크(APLN) 이사, 한국 멤버

세종연구소 소장
외교통상부 정책기획관
스웨덴 스톡홀름 안보개발정책연구소 (ISDP) 객원연구원, 워싱턴 DC, Stimson Center 방문연구원 역임

주요 논저
『바이든 행정부의 대외정책과 한반도』 (공저, 세종연구소)
Two Presidents, One Agenda: A Blueprint for South Korea and the United States to Address the Challenges of the 2020s and Beyond (공저, Wilson Center)

『신국제질서와 한국외교전략』(공저, 명인문화사)
『신외교안보 방정식: 네트워크 경쟁과 전략문화』(공저, 전략문화연구센터)
『현대 한미관계의 이해』(공저, 명인문화사)
『사이버안보: 사이버공간에서의 정치, 거버넌스, 분쟁』(공역, 명인문화사) 외
　다수

전봉근 (jun2030@mofa.or.kr • 2, 8장)

서울대 외교학과 졸업
서울대 외교학 석사
오레곤주립대 정치학 박사

현 국립외교원 명예교수

대통령비서실 국제안보비서관
KEDO 뉴욕본부 전문위원
통일부 장관정책보좌관
국립외교원 외교안보연구소장 직무대리
한국핵정책학회 회장 역임

주요 논저
『북핵위기 30년: 북핵외교의 기록과 교훈』(명인문화사)
『비핵화의 정치』(명인문화사)
『한반도 국제정치의 비극』(박영사)
『신 국제질서와 한국 외교전략』(명인문화사, 공저)
『북한의 오늘 2』(서울대 국제문제연구소 총서, 공저)
『북한 핵 교리의 특징 평가와 시사점』(국립외교원 주요국제문제분석)
『북핵위기의 데자뷰와 북핵협상 악순환 차단 전략』(국립외교원 주요국제문제
　분석)
『미중 경쟁 시대 정체성 기반 국익과 신 외교원칙 모색』(국립외교원 주요국제
　문제분석) 외 다수

김보미 (bk.bomi@gmail.com • 4장)

미시간대 정치학과 졸업
뉴욕대 정치학 석사
북한대학원대 북한학 박사

현 국가안보전략연구원 연구위원
　서강대 공공정책대학원 대우교수
　합동참모본부 정책자문위원
　통일부 정책용역평가 심사위원

통일부 정책자문위원
민주평화통일자문회의 자문위원
한국원자력통제기술원(KINAC) 비상임 이사
통일연구원 프로젝트연구위원 / 중앙대 강사 역임

주요논저

"김정은 시기 북한의 국방력 발전 계획: 억제력의 강화 과정을 중심으로"
　(INSS 연구보고서)
"냉전의 종식과 핵보유국의 태동: 중러가 북한의 핵프로그램에 미친 영향
　(1980–1994)" (세계정치)
"북한 사이버위협의 특징과 대응방안: 김정은 시대를 중심으로" (INSS 연구보
　고서)
"북한은 파키스탄의 길을 가고 있는가: 북한과 파키스탄의 전술핵무기 역할과
　핵지휘통제 비교" (국방연구)
"북한의 핵개발 전략 변화: 냉전기에서 핵무력 완성기까지(1948–2017)"
　(INSS 연구보고서)
"북한의 핵전력 지휘통제체계: 이론적 예측과 안전성 전망" (INSS 연구보고서)
　외 다수

함형필 (hpham@kida.re.kr • 6장)

육군사관학교 물리학과 졸업
MIT 핵공학 석사
MIT 핵공학 박사

현 한국국방연구원 안보전략연구센터장
　한국국방연구원 책임연구위원
　외교부, 합참, 연합사, 국방부 군비통제검증단, 국군화생방사령부 자문위원

외교부 국방협력관/북핵평화 자문관
국방부 북핵대응정책과장, 한국국방연구원 북한군사연구실장 역임

주요논저
『김정일 체제의 핵전략 딜레마』(KIDA Press)
『대량살상무기 이해와 실제』(편저, 국방부)
『미국의 핵전략』(공저, 플래닛미디어)
"북한 핵전략 변화 고찰: 전술핵 개발의 전략적 함의"(국방정책연구),
"한미 확장억제 태세 평가 및 발전방향"(국제관계연구)
"How fear of entrapment shapes South Korean public opinion on
　conflicts with North Korea under US extended deterrence" (*The
　Nonproliferation Review*) 외 다수

권보람 (brkwon@kida.re.kr • 7장)

이화여대 정치외교학과 졸업
고려대 국제정치학 석사
노스캐롤라이나주립대-채플힐 정치학 박사

현 한국국방연구원 안보전략연구센터 연구위원
　통일부 정책자문위원회 위원

민주평통 자문회의 위원, 국회미래연구원 자문위원
싱가포르 난양공과대 라자라트남 국제대학원 방문학자, 고려대 정책대학원
　객원교수 역임

주요논저

『한미 동맹 70주년, 전환기 한미 동맹 국방협력』 (편저, 한국국방연구원)
"Revisiting the Drivers and Conditions of South Korea's Defense Industry
　Development" (*Defence Studies*)
"Detente or Degradation: Would ROK Nuclear Weapons Hinder or
　Facilitate Inter-Korean relations?" in Clint Work and Andy Hong
　eds. The South Korean Nuclear Armament Debate. Korea Economic
　Institute of America. March 2023.
"The Conditions for Sanctions Success: A Comparison of the Iranian and
　North Korean Cases" (*The Korean Journal of Defense Analysis*)
"When are Sanctions Effective? A Bargaining and Enforcement
　Framework" (공저, *International Organization*) 외 다수

김광진 (kwangkai@gmail.com • 9장)

공군사관학교 국제관계학과 졸업
국방대 군사학 석사
미주리대 정치학 박사

현 숙명여대 석좌교수
　국가안보실 정책자문위원
　예비역 공군 준장

한국정치학회 부회장, 공군대학 총장, 합참 핵WMD대응센터 차장
공군 제3훈련비행단장, 공군 F-16 전투기 조종사 역임

주요논저

The Stages of Development and the Termination of Wars Between States:
    A Strategy for Conflict Management (Edwin Mellen Press)
『민주국가의 전쟁: 이라크전쟁과 코소보전쟁 그리고 한미동맹』(서강대 출판부)
『제복과의 대화: 제1차 세계대전과 제2차 세계대전에서 라이벌과 민군관계』
    (서강대 출판부)
『우크라이나 전쟁의 시사점과 한국의 국방혁신』(공저, 로열 컴퍼니)
"우크라이나 전쟁에서 핵무기의 효용"(세종정책브리프)
"미국의 대만사태 대응 전망과 한국의 안보"(전략연구) 외 다수

황지환 (whang38@uos.ac.kr • 10장)

서울대 외교학과 졸업
서울대 외교학 석사
콜로라도대 국제정치학 박사

현 서울시립대 국제관계학과 교수

게이오대 정치학과 특별초빙교수
미국 가톨릭대 정치학과 방문학자
조지워싱턴대 정치학과 강사
명지대 북한학과 조교수
서울대 통일연구소 선임연구원 역임

주요논저

North Korea, Nuclear Risk-Taking and the United States (Lexington
    Books)
Engaging North Korea (공저, Routledge)
『한국안보의 이해』(공저, 명인문화사)
"Disillusioning Pyongyang's Nuclear Deterrence Strategy" (KJDA)
"미국과 중국은 '투키디데스 함정'에 빠져 있는가?"(동서연구)
"미국의 한반도 확장억지는 약화되어 왔는가?"(국가전략) 외 다수

정성장 (softpower@sejong.org • 11장)

경희대 정치외교학과 졸업
파리 낭테르대 정치학 석사
파리 낭테르대 정치학 박사

현 세종연구소 한반도전략센터 센터장
　　한국핵안보전략포럼 대표

청와대 국가안보실 정책자문위원회 위원
외교부 자체평가위원회 위원
한미연합군사령부 정책자문위원회 자문위원
국방부 및 합동참모본부 정책자문위원
통일부 정책자문위원회 위원 역임

주요논저
Idéologie et système en Corée du Nord (L'Harmattan)
『日韓同時核武装の衝撃』(ビジネス社)
『왜 우리는 핵보유국이 되어야 하는가』(메디치미디어)
『우리가 모르는 김정은: 그의 정치와 전략』(한울아카데미)
『현대 북한의 정치: 역사·이념·권력체계』(한울아카데미) 외 다수

이춘근 (cgleena@naver.com • 12장)

서울대 섬유공학과 졸업
서울대 섬유고분자공학과 공학박사
북경사범대학 국제 및 비교교육연구소 교육학박사

현 한국과학기술기획평가원 초빙전문위원
　　국방부 군비통제검증단 자문위원
　　국군화생방방호사령부 자문위원

중국 연변과학기술대학 생물화학공학과 교수, 부총장
과학기술정책연구원 선임연구위원, 국제협력국장
미국 스탠포드대학 아시아태평양연구센터 방문학자 역임

주요논저

『과학기술로 읽는 북한핵』(생각의 나무)
『북한의 과학기술』(한울아카데미)
『북한의 핵패권』(인문공간)
『중국의 우주굴기』(지성사)
『북한체제의 이해』(공저, 명인문화사) 외 다수

마상윤 (sangyoonma@catholic.ac.kr • 13장)

서울대 외교학과 졸업
서울대 외교학 석사
옥스퍼드대 국제정치학 박사

현 가톨릭대 국제학부 교수
　　통일부 정책자문위원

한국국제정치학회 회장
외교부 외교전략기획관
브루킹스연구소 객원연구원 역임

주요논저

『한국 문제에 대한 제네바회의』(국립외교원)
『한미일중 100년 II: 냉전 해체와 중국의 부상』(공저, 일조각)
『세계질서의 미래』(역저, 명인문화사)
"미중 경쟁과 한국의 대응: 냉전의 역사로부터 교훈 찾기"『한국과 국제정치』
"Risk and Threat Perception in the Indo-Pacific: Republic of Korea"
　　(*Konrad Adenauer Stiftung*) 외 다수

이경석 (lee.kyungsuk@inu.ac.kr • 13장)

장로회신학대 신학과 졸업
연세대 국제학 석사
아메리칸대 국제학 석사
텍사스 A&M대 정치학 박사

현 인천대 정치외교학과 교수
　　인천광역시 선거여론조사심의위원회 위원
　　한국정당학회 연구위원회 위원
　　한국세계지역학회 기획이사
　　한국유엔체제학회 연구간사

대전대 안보군사연구원 조교수
텍사스 A&M 대학교 정치학과 강사
한국국제정치학회 총무간사 역임

주요논저

"Nuclear Weapons and Low-Level Military Conflict" (*International Studies Quarterly*)

"South Korean Cost Sensitivity and Support for Nuclear Weapons" (*International Interactions*)

"The Impacts of U.S. Foreign Policy on Taiwanese Public Support for Independence: Evidence from Experimental Analysis" (*Journal of Chinese Political Science*)

"The Microfoundations of Nuclear Proliferation: Evidence from South Korea" (*International Journal of Public Opinion Research*)

"US Allies' Foreign Policy Alignment in an Era of Great Power Competition: An Analysis of Domestic Politics" (*Contemporary Security Policy*) 외 다수

명인문화사 정치학 관련 서적

정치학 분야

정치학의 이해 Roskin 외 지음 / 김계동 옮김
정치학개론: 권력과 선택, 제15판 Shively 지음 / 김계동, 민병오, 윤진표, 이유진, 최동주 옮김
비교정부와 정치, 제12판 McCormick & Hague & Harrop 지음 / 김계동, 민병오, 서재권, 이유진, 이준한 옮김
정치이론 Heywood 지음 / 권만학 옮김
정치학방법론 Burnham 외 지음 / 김계동 외 옮김
정치 이데올로기: 이론과 실제 Baradat 지음 / 권만학 옮김
민주주의국가이론 Dryzek, Dunleavy 지음 / 김욱 옮김
사회주의 Lamb 지음 / 김유원 옮김
자본주의 Coates 지음 / 심양섭 옮김
신자유주의 Cahill & Konings 지음 / 최영미 옮김
정치사회학 Clemens 지음 / 박기덕 옮김
정치철학 Larmore 지음 / 장동진 옮김
문화정책 Bell & Oakl 지음 / 조동준, 박선 옮김
시민사회, 제3판 Edwards 지음 / 서유경 옮김
복지국가: 이론, 사례, 정책 정진화 지음
여성, 권력과 정치 Stevens 지음 / 김영신 옮김

국제관계 분야

국제관계와 글로벌정치, 3판 Heywood 외 지음 / 김계동 옮김
국제정치사 Kocs 지음 / 이유진 옮김
국제정치경제 Balaam, Dillman 지음 / 민병오 외 옮김
국제관계이론 Daddow 지음 / 이상현 옮김
국제개발: 사회경제이론, 유산, 전략 Lanoszka 지음 / 김태균, 문경연, 송영훈, 최규빈, 김보경 옮김
국제기구의 이해: 글로벌 거버넌스의 정치와 과정, 제3판 Karns, Mingst, Stiles 지음 / 김계동, 김현욱 외 옮김
글로벌연구: 이슈와 쟁점 McCormick 지음 / 김계동 외 옮김
글로벌 거버넌스: 도전과 과제 Weiss 외 편저 / 이유진 옮김
현대외교정책론, 제4판 김계동, 김태균, 김태효 외 지음
세계화와 글로벌이슈, 제6판 Snarr 외 지음 / 김계동 외 옮김
세계화의 논쟁: 국제관계 접근에서의 찬성과 반대논리, 제2판 Haas, Hird 엮음 / 이상현 옮김
현대 한미관계의 이해 김계동, 김준형, 박태균 외 지음
현대 북러관계의 이해 박종수 지음
중국의 외교정책과 대외관계 Shambaugh 편저 / 김지용, 서윤정 옮김
한국의 외교정책과 대외관계 김계동, 김태균, 김태환 외 지음
글로벌 환경정치와 정책 Chasek 외 지음 / 이유진 옮김
핵무기의 정치 Futter 지음 / 고봉준 옮김
비핵화의 정치 전봉근 지음
비정부기구의 이해, 제2판 Lewis 외 지음 / 이유진 옮김
한국의 중견국 외교 손열, 김상배, 이승주 외 지음

지역정치 분야

동아시아 국제관계 McDougall 지음 / 박기덕 옮김
동북아 정치: 변화와 지속 Lim 지음 / 김계동 옮김
일본정치론 이가라시 아키오 지음 / 김두승 옮김
현대 중국의 이해, 제3판 Brown 지음 / 김흥규 옮김
현대 미국의 이해 Duncan, Goddard 지음 / 민병오 옮김
현대 러시아의 이해 Bacan 지음 / 김진영 외 옮김
현대 일본의 이해 McCargo 지음 / 이승주, 한의석 옮김
현대 유럽의 이해 Outhwaite 지음 / 김계동 옮김
현대 북한의 이해 Buzo 엮음 / 박영호 옮김
현대 동남아의 이해, 제2판 윤진표 지음
현대 아프리카의 이해 Graham 지음 / 김성수 옮김
현대 동북아의 이해 Holroyd 지음 / 김석동 옮김
현대동아시아의 이해 Kaup 편 / 민병오, 김영신 외 옮김
미국외교는 도덕적인가: 루스벨트부터 트럼프까지 Nye 지음 / 황재호 옮김
미국정치정부론: 정치발전과 제도의 변화 Jillson 지음 / 민병오 옮김
미국정치와 정부 Bowles, McMahon 지음 / 김욱 옮김
한국정치와 정부 김계동, 김욱, 박명호, 박재욱 외 지음
일대일로의 국제정치 이승주 편
중일관계 Pugliese, Insisa 지음 / 최은봉 옮김

북한, 남북한 관계 분야

북한의 외교정책과 대외관계: 협상과 도전의 전략적 선택 김계동 지음
북한의 체제와 정책: 김정은시대의 변화와 지속 체제통합연구회 편
북한의 통치체제: 지배구조와 사회통제 안희창 지음
남북한체제통합론: 이론·역사·경험·정책, 제2판 김계동 지음
남북한 국가관계 구상: 대북정책의 뉴 패러다임 김계동 지음
한반도 평화: 분단과 통일의 현실 이해 김학성 지음
한국전쟁, 불가피한 선택이었나 김계동 지음
한반도 분단, 누구의 책임인가? 김계동 지음
한류, 통일의 바람 강동완, 박정란 지음

안보, 정보 분야

한국안보의 이해 김계동, 김재관, 박영준, 유인태 외 지음
국가정보학개론: 제도, 활동분석 Acuff 외 지음 / 김계동 옮김
국제안보의 이해: 이론과 실제 Hough, Malik, Moran, Pilbeam 지음 / 고봉준, 김지용 옮김
국제안보: 쟁점과 해결 Morgan 지음 / 민병오 옮김
국가정보: 비밀에서 정책까지 Lowenthal 지음 / 김계동 옮김
국가정보의 이해: 소리없는 전쟁 Shulsky, Schmitt 지음 / 유섭 옮김
테러리즘: 개념과 쟁점 Martin 지음 / 김계동 외 옮김